中国银行四川省分行
百年行史编撰委员会

主   编：王　果

副   主   编：张立波　宋玉红

编   委：窦　波　王　军　左　焜　侯建国

                 傅　晓　陈　龚　阳　勇　郑　斌

                 梁卫华　龙　兵　李俊民　陈建明

                 蒋先龙

编 辑 部 主 任：李凌清

编辑部副主任：陈　秀

编 研 组 成 员：倪宏伟　　王福希

行 史 撰 稿 人：倪宏伟

中國銀行

四川分行编年史

（1915—1949）

中国银行四川省分行百年行史编撰委员会　　编撰

四川人民出版社

图书在版编目（CIP）数据

中国银行四川分行编年史：1915—1949 / 中国银行
四川省分行百年行史编撰委员会编撰 . — 成都：四川人
民出版社，2023.5
ISBN 978-7-220-13218-6

Ⅰ.①中⋯ Ⅱ.①中⋯ Ⅲ.①中国银行—银行史—四
川— 1915-1949 Ⅳ.① F832.96

中国国家版本馆 CIP 数据核字（2023）第 060139 号

ZHONGGUO YINHANG SICHUAN FENHANG BIANNIANSHI（1915—1949）
中国银行四川分行编年史（1915—1949）
中国银行四川省分行百年行史编撰委员会　编撰

出 品 人	黄立新
责任编辑	王定宇
特约编辑	梁　明
封面设计	李其飞
版式设计	戴雨虹
责任校对	何佳佳
责任印制	祝　健
出版发行	四川人民出版社（成都三色路238号）
网　　址	http://www.scpph.com
E-mail	scrmcbs@sina.com
新浪微博	@四川人民出版社
微信公众号	四川人民出版社
发行部业务电话	（028）86361653　86361656
防盗版举报电话	（028）86361661
照　　排	成都木之雨文化传播有限公司
印　　刷	成都蜀通印务有限责任公司
成品尺寸	184mm×260mm
插　　页	8
印　　张	37.25
字　　数	690千字
版　　次	2023 年 5 月第 1 版
印　　次	2023 年 5 月第 1 次印刷
书　　号	ISBN 978-7-220-13218-6
定　　价	68.00 元

图1　中国银行总经理张嘉璈与《中行生活》

图2　1932年7月四川中行创刊《四川月报》

图3　1935年3月四川中行创刊《川边季刊》

图4　四川中行第六任经理
周询（1920—1935，源自全国报
刊索引网《经济名人汇志》）

图5　四川军阀各军戍区图（1927）

图6　四川中行门首、营业厅及员工（1934）

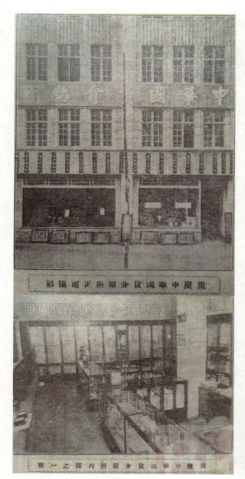

图7　四川中行国货介绍所大楼及大厅（1934）

图8　1948年1月四川中行创刊《渝行通讯》

图9　1940年版面值50元中国银行渝券　　　　　图10　1940年版面值100元中国银行渝券

图11　1944年版面值100元中国银行渝行节约建国储蓄券

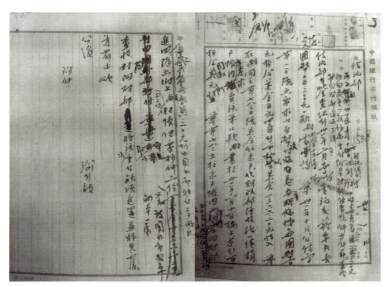

图12　中行重庆分行向财政部追还重复托解蒋介石款项致中行总管理处信托部的函

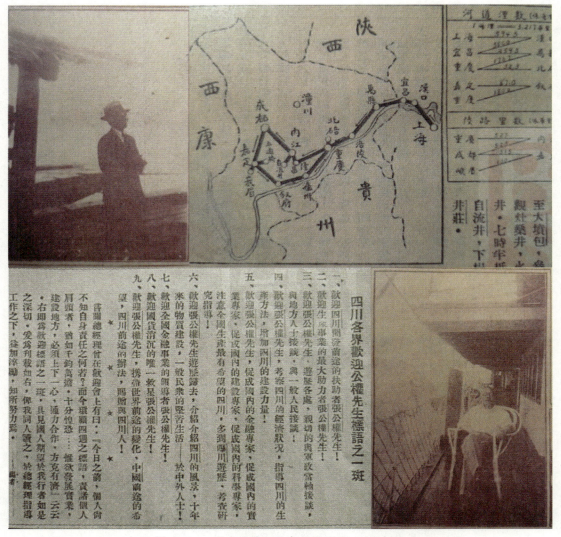

图13　1934年中国银行张嘉璈总经理四川之行照

图14　中行总处一行参观自流井与同人合影

图15　在内江糖房与内江中行同人合影

图16　在内江、自贡之间与百龄采药翁合影

图17　中行总处一行
在四川大学及薛涛井留影

图18　张嘉璈总经理
参观乐山凤翔丝厂及五通桥

图19　中行总处一行在峨眉山间于万年寺合影　　图20　张嘉璈总经理在内江讲话之记录稿

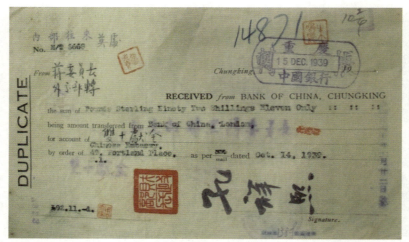

图21　伦敦中行开具，由重庆中行解付、收款人为蒋委员长的转账凭证（1939）

图22　纽约中行开出的美元光票，由重庆中行解付的救济难童捐款，收款人为蒋宋美龄夫人（1944）

图23　万县中行
奉节办事分处开具现金
支票，由重庆中国银行
验付，收款人为军政部
何应钦部长（1943）

图24　戴季陶在中国
银行开具此至重庆小樑子
的现金支票（1939）

图25　梁实秋在中国
银行开具此至重庆小樑子
的现金支票（1939）

图26　陶行知
在中国银行开具此至
重庆小樑子的现金支
票（1945）

图27　巴达维亚中行开具美元支票，由重庆中行解付，收款人为国民革命军第八路军代表廖承志（1939）

图28　香港药行商会通过广东中行汇往重庆国民政府林森主席的信汇通知书，至重庆中行解付（1939）

图29　纽约中行开出内部往来凭据，收款人为重庆财政部孔祥熙，汇款用途为双十献金为救济伤兵难民之捐款，由重庆中行解付（1943）

图30　重庆中行出具收入传票，收款人为驻香港中行之中行宋子文董事长（1940）

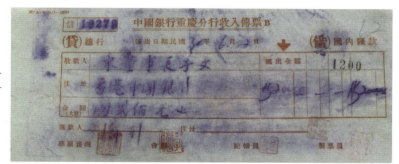

图31　重庆中行为陈嘉庚开具金额1.2万美元之旅行汇信（1940）

图32　1941年7月中国银行总管理处于重庆创办《中行农讯》月刊

图33　1939年1月四川中行农贷股创办《农放月报》，共存续三年又八个月

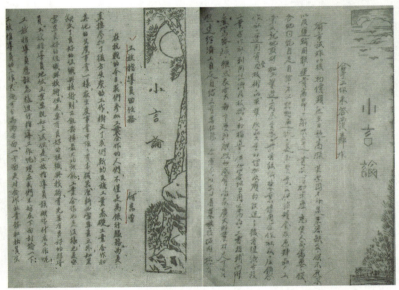

图34　《农放月报》所刊载之系列"小言论"

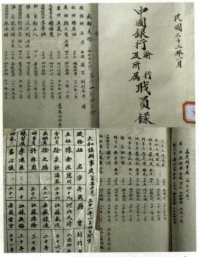

图35　中行内江支行于1940年5月创办《经济商业调查月刊》

图36　1943年1月中国银行渝属职员录

在鸦片战争后民族金融兴起的大背景下，随着辛亥革命运动中由大清银行遗嬗组建中国银行的历史进程，在动荡变化的四川省政治军事局势下，中国银行四川分行于 1915 年 1 月 18 日应运而生。

日征月迈，斗转星移，在 108 年波澜壮阔的历史风云之中，中行四川分行成长于极为特殊的艰危地域环境，历经沧桑更替，历经风雨洗礼，苦心开拓，积厚成器，成为近代四川省一个极为重要的金融机构，对近代四川乃至中国都曾做出过令人瞩目的历史贡献。深厚的历史底蕴给予了中行四川分行战胜困难、执着向前的深沉力量，更镌刻着中行及其四川分行独特的品牌文化和价值内核。

鉴往启智，以文化人，既指历史具有继承性，现实是历史的发展，通过修史可以启智，为当代提供资政辅助之参考；又指修史可以问道于中行及四川分行前辈所积淀的文化传统之价值内核，使人们了解中行及四川分行历史，弘扬中行及四川分行文化，达到鉴往知来、增强认同、凝聚合力的育人目的。正如中行前董事长王启人所言："了解中国银行历史，研究中国银行历史，以史为鉴，可以兴行。……我们要在中行系统内提倡知我中行、爱我中行、建我中行的风尚。继承和发扬中行的良好传统，增强中行意识，弘扬中行文化。"

一、回望来路，编史存言

《中国银行四川分行编年史（1915—1949）》于 2019 年 7 月启动编撰，历时三年半，终于在 2022 年 12 月封稿付梓。总的来看，全书以"力争编撰出一本可读性较强和时代背景宏阔的编年行史"为目标，共分为五章内容：中国银行四川分行组建历史，军阀混战时期四川中行艰苦创业史，川政统一时期四川中行成长发展史，全面抗日战争时期四川中行历史贡献史，抗战后至新中国成立时期四川中行略史。受客观因素的制约，该史撰写有略有详。史料略者，以说明历史事实基本原委为旨要；史料详者，则深入编研，以述为主，辅以记、志、传、图、表、录等，多侧面与多方式地反映四川省中行历史事件的内在联系与资治要点。有鉴于此，全书对三段历史详加记述，以资镜鉴。

第一，全面记述军阀割据及相互混战时期四川中行艰苦创业史。通过"四川中行草创时期之艰危地域环境""四川中行早期业务经营之概貌特征""成都支行于最艰危环境中艰难创业""四川中行于风雨飘摇之中努力支撑"等史实，阐明四川中行草创时期地域环境之艰危以及成渝两行艰难创业之经历。

第二，全景叙述中国银行总经理张嘉璈视察四川中行及培育文化经过。通过"张嘉璈四川之行缘由""视察四川分行行务整个经过""对外一展银行业领袖风采""对内情茂词切培育企业文化""中行文化思想得以高度升华"等视角，全景展现中国银行早期公司文化风采。

第三，全景展现四川中行抗战建国农贷史实及农贷报国精神。抗战时期，四川中行作为战时管辖区域最广、辖属机构最多、业务量最大的分行，1944 年资产额与负债额分别占全国中行总资产额的 25% 和总负债额的 32%；四川中行也是供应军钞的代理国库分行，战时的汇兑业务中心和战时的收解侨汇枢纽，以及是在中行投资事业、保障民生的投资中占比达 58.82% 的最大分行。然仅有这些数据及梗概性史料，总有些史述的欠缺与遗憾。幸得四川中行抗建农贷详尽史料，于是通过叙述川中行农贷经营机制与社会成效，和川中行抗建报国之农贷群体意识与农贷感人故事等典型史实，立体地展现四川中行金融报国经历及其农贷报国精神。

二、鉴往启智，以文化人

民国时期，战乱频仍，经济凋敝，社会动荡，银行竞争激烈，中行四川分行在艰难创业和坎坷发展过程中，积淀了一些有效的银行经营模式及其理念，凝结出具有时代先进价值内核的"金融报国"文化精神，时至今日亦值得我们致礼与镜鉴。

（一）草创期间："规范经营，稳健主义"的经营文化传统

草创时期，实现近代化是中国银行的首要任务。四川分行在总行"细则要点，管理规范"的近代化银行经营理念引领下，构建起本行及所属机构严谨的"办事细

则"与"业务要点",使各项工作纳入规范管理之途。同时,在清末民初复杂、恶劣的币制环境下,一国之各省、一省之各州县所流通的货币,均存在五花八门的"银两及银圆种类、铜圆与制钱种类、不同纸币种类";一地所流通使用的多种银币、铜币、纸币之间又存在"固定汇率"或"浮动汇率";全省及全国各地之间的货币流通,还存在观之目眩的"平砝种类、作汇兑法、输运现金价目"。由此,四川分行开启了非凡复杂的经营历程,形成了"以必报眼花缭乱之货币银市情形为经营前提,以把握五言一体营业情形为经营要旨,以做好十言一体金融情形调研为拓展业务支撑"的经营机制,历经艰难创业和坎坷发展,逐步形成"稳健主义、规范经营、寻机赢利"之经营机制与文化传统,使四川中行在战乱频仍、经济凋敝的19个年度的早期经营过程中,仍有10个年度伴随着战事而盈利,而且川属多个分支机构亦能在艰危时局中,寻缝隙之机而盈利。而中行"细则要点,工作规范"的文化传统,即便是在1948年战火纷飞、社会动荡、物价上涨、民不聊生之险恶环境中,川行行员亦不忘严守制度。在民国时期四川中行全宗档案里,有一则1948年1月9日《中国银行重庆分行关于向财政部追还重复托解蒋介石款项致中国银总管理处信托部的函》,则足以说明这一点。

（二）早期创业：立行与治事理念，创业与职业精神

1915年1月18日中行四川分行成立。同年12月,袁世凯宣布恢复帝制。次年初,四川成为讨袁护国战争主战场。护国战争胜利后不久,南北大军阀及川滇黔地方军阀为争夺四川省统治权,展开了长达17年的军阀割据与混战,这与四川中行早期创业过程是相互伴随的。四川中行披荆斩棘,艰苦创业,"外融关系,收券清欠,维持行务于惊涛之中;内强管理,巩固行基,得使川中行进步甚速"。1933年9月,"二刘大战"结束,速成系军阀刘湘统一全川,标志着四川省17年军阀混战的终结,四川由此进入统一时期。四川中行把握机遇,在业务发展和文化培育等方面取得了长足进展。纵观创业初期,四川中行积淀了立行方针、绾行治事理念,展现出"斩荆披棘,用命履责"的创业精神,兴起商品研究以谋经济复兴的"调研报国"精神,"推心相结,互相砥砺"的团体精神,"久于其任,生平镜清"的职业精神,以为今人之镜鉴。

第一,立行方针:对外报国,对内重德。1933年冬,在总行文化框架下,四川中行周宜甫经理演绎出本行"对外之旨功不仅在行而须在国;对内之旨人不徒重才而先重德"的立行方针。一指在"我国的工商事业,从前都是一盘散沙,各人干各人的"的国情下,充分认识到"中国为整个的中国,中国银行为整个的中国银行。倘各地工商业,皆得中国银行之扶助,则分言之功在各地之事业,合言之即功在中国全国之事业"。二是主张银行人事管理为行务之基础，缺乏好的行员不足以言办银行。故经营银行，首必富有德性和精神及社会观念之行员，方能第二步从事于信用和信誉之建设。由此，在中行系统内率先将"重德"的标准分解为对行员公私两方面的考核，并取得良好效果。即对公的方面，考核行员勤劳、用心、合作、才具、应对；对私的方面，考核诚恳、修学、容像、公德、习惯、健康。这些考成标准，颇有难能可贵之处。如公的方面，"勤劳"的考核要点是"于公事繁多之时，不积压至于翌晨"，这与海尔公司"日事日毕"理念内涵一致；"用心"的考核要点为"对于日常工作，肯思索而怀疑，因而产生问题，提出研究"；"才具"的考核要点为"所做工作表现的本领，比事务表面的要求，为高而深而广"。再如私的方面，考核公余之时的修学、公正高尚思想习惯的形成等，这些理念堪为当代企业 HR 所镜鉴。更重要的是，川中行对员工公私两方面的考核理念，更与当今"培育良好企业文化要从培育员工私德做起"理念高度吻合，即要求员工讲私德（牺牲自己眼前利益而顾及自己长远利益），从长期来看就能换取员工讲公德（为银行多做贡献）的空间效果，足见其难能可贵。

第二，绾行治事原则：拙诚主义（待人以诚，治事以拙）。1920 年，"黄叶凋颜如客老，青山不语看人忙"的周宜甫出任四川中行经理。"彼时川局忽南忽北，执政者又数月或年余一变。在此情况之下，中国银行总行不肯再调资金入川。人民对于川中行，不肯再来存款。似此资金既全归呆滞，未收回的中行兑换券又如是其多，因总行及联行均不能接济，存款又无来源，川中行实已陷于毫无办法地位。"面对内忧外患的局势，川中行如欲得以生存发展，必先攘外，而后方可治行。饱学中国经典诗书的周宜甫，善于从古人治事经典理念中吸取智慧，运用先贤曾国藩"惟天下之至诚，能胜天下之至伪；惟天下之至拙，能胜天下之至巧"的"拙诚主义"理念，作为绾行治事原则，以应对军阀混战时期指不胜屈的"非理要求之事"，从而"竟化难事为无事"，拯救川行于惊涛骇浪之中。1935 年底，周宜甫临退休时亦将"待人以诚，治事以拙"二语作为与众人的临别赠言，为四川中行留下了一笔"立身两字惟诚拙，想见生平似镜清"的宝贵精神财富。

第三，"斩荆披棘，用命履责"的创业精神。这种精神是指，在军阀混战时期，透过川中行周宜甫经理"躲停歇走历险赴任记，渝城战乱临危护行记，用命履责对抗勒借记"，"外融关系，收券清欠，维持行务于惊涛之中"，"内强管理，巩固行基，得使川中行进步甚速"等史实，和成都中行经理于 1918 年 2 月靖国战争中在"城中异常惊惶，各机关主体逃匿一空"情形下，"仍逐日照常办事，使行款亦未受损失"的史实，以及 1932 年 10 月在省门之战激烈巷战中，"繁盛街市各商号均闭门歇业，人心恐慌万状"的混乱状况下，成都中行经理仍"偕各主任到行办事"等感人史实，展现出一种面对艰难险阻、清除障碍、克服困难、护行守业的创业毅力与精神面貌。中行张嘉璈总经理对川行周宜甫经理"对于川行，应付有方，行为端正，历年于风雨飘摇之中，努力支持"的评价，则正是对这种"斩荆披棘，用命履责"创业精神的褒奖与赞誉。

第四，兴商品研究谋经济复兴的"调研报国"精神。在中国金融史上，中国银行百年调研及百年办刊文化传统独树一帜，赢得了宝贵的文化声誉。在总行调研文化理念框架下，1932年还在军阀混战后期，四川中行就开始了筚路蓝缕的调研与办刊历程。创办《四川月报》，开展"如何改进今日之四川"征文活动，率先提出"国人欲图自爱自救须对己先有相当认识与研究"之命题，将爱国的必要前提界定为：通过调查来认识我国与本省之现实问题，从而找到应对之策。由此，在"我国国际收支逐形成极不平衡之局势"乃至"全国经济总崩溃迫于眉睫"的严峻形势下，国际汇兑银行要以"推广国产使达自足自给"为应对之策，从而"兴起商品研究，谋我国经济之复兴"系列调研活动，先后出版或研究了《四川省之药材》《四川省之糖》《四川省之山货》《重庆市之棉织业》《四川省之夏布》等书籍或课题，确立了"资助土产贸易"的业务重心，这既对四川中行当时的业务发展起到了重要的参谋作用，而且以商品研究谋经济复兴的"调研报国"研究成果，在抗日战争情况下，使川行农贷策略走了一条符合当时四川农村情况的道路。

第五，"推心相结，互相砥砺"的团体精神。首先，培育"一堂之内，互相砥砺"的行内团体精神。早在1921年周宜甫上任之初，就针对川行"人党现象"予以严厉制裁。时值总行饬令厉行裁员之机，将全辖机构人员由120余人减为50余人，达到"所留者，仅不偏不倚、勤朴办事，虽才具不必尽优，然内容却臻团结"的整肃效果。同时在行内培育"一堂之内，相视莫逆，互相砥砺，事尽获益"的内部合作精神，收到"得使川中行进步甚速"之管理效果。其次，身体力行构建"推心相结，协力从公"的班子协作风气，经过励精图治，行务发展更速，"全行同人只数十人，均相为识，和睦如家人。行务又蒸蒸日上，均激励奋发，行员虽自晨至暮无少暇，然精神之愉快，终能克服身体之疲乏"。他所推行的这种行内团体精神和班子协作风气，也是对先贤"至诚""至拙"的做人做事大智慧的一种有效践行。

第六，"久于其任，生平镜清"的职业精神。周宜甫于1915年入职成都中行任经理，1920年升任四川分行经理，1935年底退休，他受任于川行危难之际，卸职于川行繁荣之时，拯救川行于惊涛骇浪之中。周宜甫一生"久于其任，生平镜清"之职业经历及精神证明，他是一个功德圆满的典型人物。中行总管理处关于"周宜甫先生为川省名宿，在金融界资格最老，经验最富，对外与军政各界周旋应付，有左右逢源之妙，煞费苦心"的评价，主要源于其"久于其任"的任事才能的增强效应。而周氏"生平镜清"的职业精神，则是指川行同人对他一生功绩的"铜山久著廉隅誉，曾系安危二十年""立身两字惟诚拙，想见生平似镜清"的形象概括。该诗句所隐喻的精神实质，一指他在川行这座"铜山"（泛指金钱）长期工作，弥久著成"廉隅"（端方不苟行为）信誉，曾系成渝中行之安危长达二十年。二指他以"待人以诚，治事以拙"为处世原则，一生像镜面一样洁净。而周宜甫退休时所赠"入世竞夸金穴好，同心惟抱玉壶清"之诗句，既是他对川行晚辈的勉励，更是自己一生清廉从公操守的真实写照。

（三）成长时期：张嘉璈四川之行情茂词切培育中行及川行文化

1934年4月28日，四川军政统一之初，在中国银行各行处正将各项工作导入新的战略框架及文化常态的时点上，总经理张嘉璈一行数人从上海出发，溯江西上，开启了视察四川中行行务之行程，至6月11日再返上海，历时45天，其中在川逗留31天。在逾百年行史之中，张嘉璈是以中国银行总经理身份赴川考察时间最长之人。张嘉璈在有利于"转换脑经（筋），增加新的思想"的四川之行中，一路视察，一路演讲，曾以行员的好朋友、校长、家长、"娘家一位老管家"等多种亲切身份，情茂词切谆谆训导，讲述中国银行的故事，成为传播中行早期公司文化的虔诚布道者、行动感召者、卓越激励者。张嘉璈1934年四川之行对中行企业文化及对中国金融史的思想贡献，大致如下：

1．对中国银行报国使命进行了全面与全域性完善

基于永葆中行同业领袖地位的情怀，1934年5月30日，张嘉璈在重庆商界的空前盛会作演讲时，再次向全社会昭示中国银行"服务大众，改进民生"之报国使命，并对其进行了全面与全域性的完善，提出了"中国银行整个的组织，是帮助中国所有一切事业的，四川所有分行，是为帮助川省一切事业的，中国银行根本就是中国四万万同胞的银行"的宏阔使命宣言。

2．对中国银行的愿景进行了至为恰当的概括

中行张嘉璈总经理关于将中行建成"最进步和最稳固之银行"的愿景，至今仍是对商业银行愿景最为简明恰当的理论概括。"最进步"的愿景，是对银行可持续发展的最为贴切的目标描述，它还涵盖了"创新""改革"等语义。"最稳固"的愿景，则代表了银行经营风险的根本诉求——审慎性。

3．对员工实行"愿景激励"的超前性

中行张嘉璈总经理在四川分行的激情演讲中，曾以类似现代"愿景激励"的方

式，向员工描绘了"最进步、最稳固之银行"的五幅愿景画面："理想的中国银行"画面、"理想的中国银行行员"画面、理想行员的类比事例画面、行员与中行双方愿景相互交融之画面、双方愿景相互交融的类比事例画面，并以此五幅画面每日去激励行员，即"诸君心中能加具这一幅做人的图画，天天理想这一幅做人的图画，则全行空气，必焕然一变"。这一富有人文关怀的愿景激励举措颇具超前性。

4. 重视银行法人伦理建设的独到性

第一，中行法人竞争伦理价值思想的独到性。即以中行行员的人格与能力为竞争之工具，要谋中行各分支行及其人员的信用之平均发展；行长人人以模范自居，行员以行长为标准做事，使中行做一个永久的银行界领导者。

第二，提出了银行吸收存款的终极管理假设。张嘉璈在成都中行的"存款行的职责"演讲中，将赢得"民众对中行的信仰"作为营销存款的终极管理假设，即"竞争之点，我行决不在多量钞票之发行，须从巩固民众信仰着手；民众对本行既有信仰，则存款自能逐渐增加也"。他还进一步强调说："中国银行之基础，实建筑于民众的心理之上。顾社会之变幻，与日俱新，本行断不能硁硁自守，以此为足，必须日谋进步，以期获得更多数民众之信仰。"

5. 对经营理念进行了高屋建瓴式的概括

第一，"革新谋发展，创造图改善"的发展经营理念。张嘉璈在入川途中，将"希望大家随时去找寻新的境地，再由新的境地，达到特别新的阶段"的革新精神，作为实现"总要使我们中国银行站在最前线，做一个永久的领导者"之目标的重要路径。之后，张嘉璈在视察内江中行的演讲中进一步提出：以革新精神谋本行业务之进展，以创造能力图一切事物之改善。

第二，"稳健之主义，进步的保守"的审慎经营理念。张嘉璈在入川途中训话时，概括出"进步的保守"之审慎经营理念，即"我们中行，在外界素有保守之名。保守二个字，并不是一个坏名词。不过保守要分进步与不进步二种。我所希望的，是进步的保守"。"进步的保守"理念与原有的"稳健之主义"理念，一同构成了中行至关重要的"稳健之主义，进步的保守"的审慎经营理念。这也是中行在国内连年战争、金融市场枯窘、交通运输梗阻、各业都受影响的形势下，依然能够在坎坷中韧性发展的根本原因所在。

6. 关爱行员与培育理想行员的系统性与独创性

第一，青年行员应具之性格：一是保持旧道德；二是培养新精神；三是用旧的识见贯彻新的精神，以"旧"驭"新"，而加以"整个化"，成为中国银行理想中的行员。理想的中国银行行员之标准是：健全之智识，道德的观念，强健之体格，互助的精神。

第二，培育行员的全行智识：力谋中国银行"人"的统一，就要使"人人要做成整个的中国银行行员；人人要有全行的智识，为全行服务的精神"，"必须迅速的培养本行人才，使其才能、道德、人格、学识诸端，成为'中国银行型'，到处受社会之重视，斯为当务之最要者"。

第三，营造中行行员工作氛围之理念："上下和衷共济，一如家庭；彼此不惮研究，一似大学校；全体活泼愉乐，更若俱乐部。"其中，"彼此不惮研究，一似大学校"，"银行好似一个大学校"，则具有当代学习型组织的影子。

抚今追昔，张嘉璈四川之行的思想火花，既是他对银行经营管理思想精髓的概括，也是对中国银行早期企业文化的总结。同时，张嘉璈四川之行之于四川分行行员来说，则可谓：四川之行育文化，人文关怀盈满满。

（四）抗战时期：敢为天下先的农贷经营成效及农贷报国精神

第一，敢为天下先的农贷经营模式。在严峻的战争形势和国内经济的压力下，以及中行张心一等农业经济专家的积极建议下，1937年夏，由川省政府主办合作社、中国银行提供农贷资金、农科部门及院校提供技术支持的三者一体的复兴农村抗战建国的宏观农贷体制，首先在四川内江及其周边各县建立。在此宏观兴农体制下，四川中行相继建立起"坚持一个助农责任前提"和"压实四方（贷款、直接借款、间接借款、行政等四主体）13项农贷管控责任"的农贷微观经营机制，以及依靠调研开拓农贷的发展机制，总结出独特的贷前调查与贷后辅导方法，还构建起多层级农贷视察及检查网络，将整个农贷业务管理过程置于严密的稽核控制之下。从抗战全面爆发至1942年整整五年间，由中行内江支行贷放生产资金的内江甘蔗试验场，"实于吾川及全国为首创独举"，"蔗糖产销合作试验区，合行政、金融、农工、技术于一炉"，被称为"完美细致之操典"。与此同时，以李效民为首的四川中行农贷集体，"作为旧时代下特殊的知识分子群体，他们及与之合作的农贷人员中亦不乏中共地下党员、革命者及爱国进步人士，他们有理想，有抱负，满腔热血。他们的爱国情怀、历史责任、高洁操守在中国革命史、抗战史、农贷史上书写了光彩夺目的一页"。仅以1941年为例，在四川省四行局贷出农贷总额14796.4万元中，四川中行贷出总额占四川省之四行局贷出总额的41.9％；在中国银行19515.3万元贷出总额中，四川中行贷出总额占全国中行各省农贷总额31.77％，居中国银行系统第一位；在全国四行局50028万元贷出总额中，四川中行贷出总额占全国农贷总额12.39％。由此，最终取得了"农贷逐年增加，部分缓解农村金融枯竭，促进了农业生产和大后方的社会安定，推动了合作事业，培养了社员经营能力，贷款多能按期收回并实现了良性循环”的抗建成效。

第二，川行农贷报国群体意识及其精神。纵观四川中行抗建农贷史实，我们可以从他们的群体言论中，感知到强大的气场和“金融报国”之精神。

——农贷抗建使命：吾人之使命，在以国家经济力量，使农民生活安定，接受政府指导成为完善国民。只要吾人负责区域内，有一社员尚未达到吾人理想标准，吾人之努力，即不应一日中断。

——农贷群体精神：我行农村工作人员，要以高超的理想，抱牺牲的精神与百折不回之志愿，摩顶放踵，焦唇敝舌，献身于合作事业和繁荣农村的重大使命。对社会则希望有微薄之贡献，职是之故。愿同人各本斯旨，上下一体，和衷共济，使事业益臻于完善，苟有成就，非特同人之幸，抑亦社会之福也。

——办理农贷态度：办理农贷非深入农村，朝夕与农民接触，逐渐取得农民之信任不可。欲求得农民之信任，须有传教师之信仰，必抱“无我”之精神，取尊重农民之态度，必须有家人父子间之真诚，以身作则，举凡本身日常生活习惯，无有逾越良善国民应有之标准，后出全力以赴之，事乃有济。

——农贷工作作风：在做一件事开始的时候就抱一种必成的信念，以公事当私事去办的热忱态度而对事业尽十二分的努力去做，再通过到处学习，择善而随，不善而改，并在共信互信和乐于助人的基础上造成共同的意志，从而完成为老百姓服务的使命。

与此同时，我们可以从他们的动人故事与激愤诗歌中，感知到强大的力量，体悟到中行“高洁坚”伦理精神在另种场景的传承与弘扬。

——堪称“社会服务家”的中行农贷领导的故事，显示了那个时代中国主流知识分子的历史使命感、社会责任感和独立人格，以及为贫苦农民服务的坚定信念。

——从脚踏实地抱有信念的川行农贷员群体史述中，看到他们“均能以事业为重，不辞艰苦。十载以还，精神如一。且多数同人中，均能不顾名义之高低，待遇之厚薄，乐于在中行担任清苦之农贷工作者”的群体风貌。

——从《农贷生活散记》中，可以感受到川行农贷员“背着背包，头上挂着一顶蓑叶笠，脚上穿着包谷鞋，手里提着一根结实的手杖，荷包里塞得涨鼓鼓的，配合着我们每一个铁牛般的体格，以一种庄严的稳健的步法，踏入农村去了”的特殊装束与昂扬面貌，以及忠于农贷使命的坚韧、乐观、向上的品质。

——从“我们要拿工作去答复寇机大轰炸”的记述中，可以体会到川行农贷员那种浓厚的“积极辅助农民，增加农业生产，以厚国力”的“职务报国”精神。

——从川行农贷员豪迈的诗文中，可以深深地感知到中行“高洁坚”伦理精神在另种场景的传承与弘扬："农产未丰我辈责，从今愿更着先鞭"之诗句，展现出忠于职务即忠于国家的"高"品德；"褛被一肩甘自苦，残书几册足平生。清俭从公安素志，愿同野老嚼藜羹"之诗句，展现廉洁从公的"洁"操守；"数年萍踪寄山林，客地奔驰路万千。野店炊烟聊就食，荒村落日暂趋眠。蓬头垢面神仍壮，尝胆卧薪志益坚"之诗句，则展现了任事不避艰险的"坚强"品格。

——值得一提的还有，中行内江支行荣昌办事处主任辅导员马丹祖在80多年前就憧憬着以农贷促进农业立体发展的远景："合作社的组织将以农场为单位，农贷以农场为贷款的对象；原始技术因农贷的促进将被代以机器工作；农田水利事业的高度进展使农民靠天吃饭的心理减到最小的程度；农业技术的发展以及交通的发达使农村中自给自足情形代之以商业化；农业技术的发达和农村用工的减少使部分农业劳动力流入城市而被发展中的工业所吸收。"今天，当我们看到他所憧憬的农贷远景终于在2021年中国全面脱贫伟大运动中得以基本实现后，不禁会对这个内江中行小伙子高远而坚定的信念由衷感到敬佩。

（五）战后时期：恤贫精神、牺牲私利以全公益精神、家行一体精神

在抗战胜利后复员东迁、全面内战，以及国统区经济衰败、金融崩溃的严峻形势下，四川中行业务经营窘境诸多，勉力苦撑。尽管行内亦存在"清高孤傲，聊以自慰"的苗头。然而，四川中行行员们仍总体上坚韧地保持着对积极正向的文化价值的传承与弘扬。

第一，"外改风气，内厚心田"之恤贫义举及其精神。1948年12月，在金圆券币改引发的物价上涨、挤兑金银、倒闭成风的恶劣外部环境下，"值此天寒地冻，薪桂米珠之日，人群多困于啼饥号寒之境"，川行赵宗溥经理以体念贫苦之饥寒为志，抱"有一分力，救一个人；救一个人，尽一分责"之宗旨，"节衣缩食，作推食解衣之举，外以改良社会之风气，内以厚培恻隐之心田"，并在行内带头募捐开盘，同人响应热烈，急贫苦当救者之所急。当款到领款人手时，"不意得到如此之多，更不意领得如此之速，愁云惨雾之额眉间，顿时露出欢悦之情，称谢不已"。赵经理及同人更积极策划扩充办法，成立川行同人公益协助会，持续做好公益，体现出一种"外改风气，内厚心田"之恤贫精神。

第二，同舟共济于暴风雨中的牺牲私利以全公益之精神。1949年4月发生钞荒，川行无法以现钞支付行员薪资，只能陆续以本票支取。赵宗溥经理以"风雨同舟，协力共济"为训，言："当此难关若为自了计，本可设法规避，不过余负此重任，若畏难而退，并非健者，临危苟免，尤为良心所不许，我当尽力以赴之！"语气沉痛，意味深长，听者均为感动，黯然相对。寥寥数语却收"振臂一呼，创病皆起"之效，

同人俱能体谅行方之困难，牺牲私利，以全公益。由此，川行前辈周仲眉及赵宗溥经理"绎思"出同舟共济于暴风雨中的牺牲私利以全公益之精神内涵：一是守法不如守理，守理实为吾人对行应尽之天职；二是重利不如重义，重义实为今日稳定脚跟之实地；三是为人处事应当谨记责人不如责己，凡人均应以自己为改良环境之中心；四是消极不如积极，应求积极建设之方，建设好自己的小环境，并影响大环境；五是值精神烦闷时当力寻精神出路，亟宜砥砺廉隅，同心合作，在这惊涛骇浪之中，合力向安全之岸驶去。

第三，家行一体的立行使命之价值传承。1948 年 8 月，四川中行赵宗溥经理以"勤俭"二字勖勉全体同人，并鼓励同人业余阅读曾文正公家书，以为立身处世之根本，"鄙人爱以银行业务习用名词，及曾文正公家书内成语，撰银行员家庭对联一副"，联曰："存放汇储，借贷损益，愿大家留心行务；考宝早扫，书蔬鱼猪，看小子仿立家规。"其联语中，上联"存放汇储，借贷损益，愿大家留心行务"之本质，就是将"中行真正安乐"的业务目标加以具体化；下联"考宝早扫，书蔬鱼猪，看小子仿立家规"，则以曾国藩公的治家之道"早、扫、考、宝；书、蔬、鱼、猪"之深刻道理，对中行"全行安乐、同人精神快乐，同人家庭快乐"的立行使命达成路径予以细则化。

拂去百年风尘，值《中国银行四川分行编年史（1915—1949）》出版面世之际，回溯中行及四川分行历程，追忆前辈足迹，让信仰之光从历史的窗口照进未来，激励斗志，鼓舞前行，传承中行前人"金融报国"使命，在将中行建设成全球一流现代化银行集团的新征程中，中行四川省分行将继续做出积极与重要的贡献。

中国银行四川省分行党委书记、行长　王果

2022 年 12 月 26 日于蓉城

凡例

一、断限原则

《中国银行四川省分行编年史（1915—1949）》（下称本史）的断限原则：本史上限为 1915 年 1 月 18 日中国银行四川分行成立之时；行史背景追溯到 1912 年 2 月 5 日中国银行成立之时；国家金融背景可追溯到大清银行成立乃至鸦片战争爆发之时；本史下限为新中国成立后的成都解放之时，即 1949 年 12 月 27 日；在成渝中国银行获得新生之历史梗概中，略述至 2005 年。

二、记述范围

1. 隶属性记述范围

中国银行四川分行作为中国银行在四川地区的派出机构，与中国银行总行之间具有历史性交集关系，要理清四川分行相关史料的来龙去脉、历史背景，则需概要阐明中国银行某个时期的行史背景，方能对本行历史有一个整体性的把握。

2. 历史唯物主义的地域性记述范围

四川行省建置始于 1286 年的元朝，一直沿袭到明、清两朝及民国时期。现在重庆直辖市及其所属市县在民国时期均属四川省建制。1935 年 1 月，原四川省西康行政督察区及第 17、18 行政督察区所属 50 个县组成西康省，设省委员会于雅安县，至新中国成立后于 1955 年撤销，复将雅安及西昌专区、甘孜藏族自治州及凉山彝族自治州所属县份划归四川省管辖。再有，民国时期中国银行分支机构设置和管辖区划分原则是"经济为主，政治为辅"，省分行设置并非一定在省会城市；省分行管辖区不限于所在省的地域之内，以利于更好地发展业务。有鉴于上述两点，本史的"历史唯物主义"地域性记述范围，其含义有三。

第一，民国时期，中国银行四川分行设于重庆，在那时的中国银行体系内，中国银行重庆分行、中国银行四川分行、重庆中国银行、川中行、渝中行等概念是等值的。所以，本史在叙述时，根据史料不同情境，采用因境而变的上述几种称谓的混用记述方法。这种设置情况与中国银行之山东分行设于青岛、福建分行设于厦门的情况是相类似的。再有，地名加中国银行之组合称呼亦是那时的主要称呼方式，如中国银行成都支行亦称成都中国银行等。

第二，抗战时期，中行曾在西康省境内设立雅安、西昌办事处，归中行成都支行管辖，因而属于本史的地域性历史唯物主义记述范围。

第三，抗战时期，昆明中行曾于1939年在西康省境内（今四川省境内）设立过会理县中行办事处，亦应属于本史的地域性历史唯物主义记述范围。

3. 现实唯物主义的地域性记述范围

第一，在中国银行分行管辖区划分原则下，1938年12月贵阳支行划属重庆分行管辖后，重庆分行川、康、黔三省中行机构管辖分行，也是战时管辖区域最广，辖属机构最多，业务量最大的分行。1946年8月，昆明支行亦划归重庆分行管辖，四川中行遂成为西南四省的区域管辖行。尽管按历史唯物主义的地域性记述原则观察，贵阳支行、昆明支行在重庆分行管辖时期的历史亦应纳入本史记述范围，但依据现实唯物主义地域性视角权衡，不作为本史记述的重点。

第二，1997年3月14日重庆直辖市设立，为了体现编修本史的现实意义，在尊重过去"大四川"框架下史实的基础上，尽量编写一些关于成都支行、自贡支行、内江支行及其所属"小四川"机构的行史史料，以示与当今"中行重庆分行行史"内容有部分区别，或可避免一些"当今的中国银行四川省分行"在编撰"现在的中国银行重庆市分行行史"之纠葛。

三、章节设计

第一章　中国银行四川分行组建历史经过（1840—1915）；第二章　军阀混战时期四川中行艰苦创业（1916—1933）；第三章　川政统一时期四川中行成长发展（1933—1937）；第四章　全面抗战时期四川中行历史贡献（1937—1945）；第五章抗战后至新中国成立时川中行略史（1945—1949）。

附　录：民国时期中行四川分行编年大事记

四、编撰体裁、文体、注释方法

本史有述、记、志、传、图、表、录等七种编撰体裁，以述为主，多体配合，以便多侧面、多方式反映事物的内在联系与本质。

本史采用规范的语文体、记述体，以第三人称记述。

本史兼用脚注、尾注、文中夹注等注释方法。

五、引史原则

为尊重史实原貌，增加历史厚重感，体悟往昔文章及其文字之深意，本史整段整文的史料引用主要采取用楷体字表述的方式，而正文则用宋体字，标题用黑体字。

中国银行四川省分行编年史编撰组

2019 年 6 月 6 日

第一章

中国银行四川分行组建历史经过
（1840—1915）

鸦片战争之后，外国银行扼住我国金融咽喉，中国开始了自办银行的实践，中国第一家国家银行户部银行于 1905 年 9 月 27 日成立，至 1908 年 2 月 27 日改名为大清银行。1911 年 10 月 10 日，辛亥革命之武昌起义爆发。1912 年 1 月 1 日，孙中山就任中华民国临时大总统。1 月 24 日，临时大总统孙中山批准将大清银行改为中国银行。2 月 5 日，中行在上海大清银行旧址开业并举行成立大会。2 月 12 日，南北政府议和达成南北统一协议。4 月，设中国银行筹备处于北京。8 月 1 日，中国银行总行在北京大清银行旧址成立开业，并于全国各地陆续设立了分支机构。这就是辛亥革命后，由大清银行遗嬗组建中国银行的历史过程。与此同时，在辛亥革命后四川局势动荡的大背景下，中行四川分行也随之应运产生。

第一节　鸦片战争后中国民族金融之兴起

一、鸦片战争后民族金融兴起概况

　　1840 年，英国政府悍然向中国发动鸦片战争，并战胜了腐败的清政府，1842 年 8 月 29 日签订了不平等的《中英南京条约》，美、法等国随之而来，肆意破坏中国的独立和主权完整，强占中国领土，设立租界，利用五口通商，打开了中国市场。在此背景下，外国银行也随之逐步扼住了中国金融咽喉。

（一）外国银行扼住我国金融咽喉

　　鸦片战争后，英国政府为适应英国商人在贸易活动中亟须专门的金融机构为之服务的需要，在 1844 年制订了《银行特许证条例》（即"皮尔条例"），鼓励中小银行向海外发展，还与印度合资开办银行，使银行成为英国侵华的十分重要的工具之一。由西印度银行（Bank of Western India）改称的丽如银行，又称东方银行（Oriental Bank）于 1845 年在广州、香港设行，1847 年在上海设行，这是英国所有海外殖民地银行中第一个得到"皇家特许证"的银行，也是最早在中国设立的外国银行。从此，以英国为主的 10 家左右的外国银行在中国大地上形成了一个网络，主宰着中国的金融：垄断中国国际汇兑业务，加紧对华资本输出，对中国政府提供大额政治贷款，在中国境内自由发行钞票，经管中国的对外赔款。尤其是在对清政府提供大额政治经济贷款方面，汇丰银行对中国政府贷款次数多，数额大，获利惊人。当时英国报界承认，"汇丰这样高的利润是伦敦任何银行所未曾有过的"。随后，各资本主义国家先后在华设立银行 25 个，在国内 30 个以上城镇设立机构，上海则是他们的大本营，无一例外地都设有其机构。在 1904—1909 年的短短 6 年中，据不完全统计，外商银行帮其主子掠走赔款和借款纹银 2.0646 亿两。其中，道胜银行 0.6215 亿两占 30.1%，汇丰银行 0.5822 亿两占 28.2%，德华银行 0.4250 亿两占 20.6%，东方汇理银行 0.1142 亿两占 5.5%，这 4 家银行共计掠夺 1.7429 亿两占 84.4%，也说明这 4 家银行是掠夺中国财富的主要帮手[1]。正如毛泽东所指出的："帝国主义列强经过借款给中国政府，并在中国开设银行，垄断了中国的金融与财政。因此，它们就不但在商品竞争上压倒了中国的民族资本主义，而且在金融上、财政上扼住了中国的咽喉。"

（二）自办银行酝酿及其办行实践

中国的传统金融机构，自南宋到清末，在组织形式、管理制度、经营方法、盈余分配等方面的发展已经达到极限，日益暴露出其落后性，若要厚集资力，扩大经营规模，开展现代业务，排除外国金融势力，就非突破旧的体制不可。而实现这种突破，就得依靠银行。面对鸦片战争之后外国银行扼住我国金融咽喉的现状，人们逐步认识到：首先，外国的银行、银圆、货币使中国在经济上受到很大的损害，影响本国财政收入，威胁政权，甚至关系到民族存亡。其次，我国的官银钱号、民间钱庄等老式金融业已无法与外国银行相抗衡，甚至有些已沦为外国银行的附庸。再次，只有兴办本国银行才是解决问题的出路。而且，在长期与外国银行的接触中，人们对银行从陌生到熟悉，从习惯到酝酿试办，有了充分与普遍的心理准备、人员准备与知识准备[2]。

---

① 黄鉴晖. 中国银行业史. 太原：山西经济出版社，1994：83.
② 孔祥贤. 大清银行行史. 南京：南京大学出版社，1991：60—66.

中国人自办银行的设想和酝酿在 19 世纪中叶已经初露端倪。最早提出兴办银行的是太平天国干王洪仁玕，1859 年提出"兴银行"之后，他曾与投向太平军的中国首批留美知识分子容闳在 1860 年 11 月谈论并倡议建立资本主义银行，由于太平天国当时已处于衰落阶段，未能如愿。同时，中国早期资产阶级改良派马建忠、薛福成也有过开办银行的想法。一些清廷官员也主张兴办银行，如御史张忻奏请发钞票、银圆，设银行，认为"大利之源莫急于商务，商务之本莫先于银行。……不一年而银行可成，不三年而商务毕举，货亏之数，岁可减三四成，入官之款，岁可增一千万"。1876 年，福建船政大臣兼福建巡抚丁日昌曾准备办一家大银行，并在英国、日本的大城市设分行。1878 年，洋务大臣左宗棠想仿照西方国家"设立公司之例"建立银行，"以中国之银，供中国之用"[①]。但在 19 世纪 70 至 80 年代，中国自己创办银行主要还停留在少数知识分子和改良派的议论之中，到了 90 年代，才从探索进入实践阶段。

中国第一家本国银行是中国通商银行，创办人盛宣怀是清政府的太常寺少卿、督办铁路事务大臣。他在 1896 年奏折上报，几经周折，终于得到政府批准，于 1897 年 5 月 27 日在上海成立。该行实收资本 250 万两，盛宣怀和一些官吏出面投资 73 万两，占了相当比重；该行是仿效西方银行成立的有限股份制银行，设董事会和总董，是中国银行业第一家以"银行"命名的银行，从此结束了我国银行业只有牌号（如账局"祥发永"、票号"日升昌"、钱庄"福康"等）没有"银行"字样的历史[②]，揭开了中国金融机构发展史上新的一页。然而，"虽为新纪元，实际上去意大利凡尼斯银行，相差达 725 年，去英格兰银行相差达 202 年，以视英商麦加利银行在沪成立，亦较迟 39 年"。

二、中国第一家国家银行创办梗概

尽管通商银行在庚子年间遭帝国主义的焚掠而一蹶不振，但这并未能遏阻中国银行业兴起的第一次高潮，到 1904 年大清朝廷决心要创办自己的国家银行了。

（一）大清户部银行之创立经过

1903 年，清廷派振贝子、那桐、张允言三人到日本去考察财政币制金融情况，研究筹设银行的问题。1904 年 3 月 14 日，奕劻于上奏的《试办大清户部银行推行银币》折中提出，由户部设法筹集股本，采取各国银行章程，斟酌损益，迅即试办银

---

① 卜明. 中国银行行史（1912—1949）. 北京：中国金融出版社，1995：9—10.
② 黄鉴晖. 中国银行业史. 太原：山西经济出版社，1994：83.

行，以为财币流转总汇之所，清廷批准了户部的建议。随后，户部拟订了《试办银行章程》32条，于三月间折奏，并经清廷批准。经过一年多筹备，中国历史上第一家国家银行——户部银行，于1905年9月27日在北京成立，政府任命曾任户部郎中后任营口山海关监督的张允言为总办。按章程，资本400万两，官商股各半。其400万两资本，分作4万股，每股库平银100两，户部认2万股，出款200万两，招商股200万两，户部银行因而也是一家官商合办银行，具有双重职能，即代理国库、发行纸币和从事各项信贷业务。代理国库和发行纸币具有中央银行性质，从事工商各项存放汇业务属于商业银行性质，可见户部银行是综合性的国家银行。同年，户部银行在上海、天津设立了分行。此后两年又在汉口、济南、库伦、张家口、奉天、营口开设了分行。

（二）户部银行改名为大清银行

1906年户部更名为度支部。1908年2月，度支部奏厘定各银行则例折，将"户部银行"改名为"大清银行"，同月清廷批准了度支部拟定的"大清银行则例"廿四条及另三个则例。度支部虽在正月即奏准改名为"大清银行"，但因准备不及，即"查户部银行前拟更名为大清银行，奉部奏准札知在案，当以图记、照牌等项均须次第备办，且各省分行道路远近不一，应换各物亦须一律领齐方能实行。现在各件均已办齐，即各行亦经派人前来领讫，自应择日更定，以符名实。今拟总分各行于本年七月初一日凡图记照牌票据等件，统行更换大清银行字样，惟账簿所存空白尚多，全行注销未免靡费，应暂行应用，加盖大清银行戳记，以示区别。至行使之银票、银圆票，前经印齐，市面行用甚多，一时未能印出新票，拟暂准照旧行使，一俟新票镌齐，再行逐渐换回，以期划一，而昭信用"。故而直到1908年7月28日，户部银行之总分各行才正式改名为大清银行，其英文名称是："TA CHING GOVERMENT BANK"，早期所译，前面有"THE"[①]。

户部银行自1905年9月成立，到1908年7月全国各分支行改名为大清银行，历经两三年时间，完成了向中央银行的过渡，开始行使中央银行权利；添招股本600万两，股本总额达1000万两，仍官商各认股一半[②]。

大清银行的机构分为三级，总行、分行、分号。总行也办理业务，因此有直属分号。在不够设分号而又有一定业务之处，有的设汇兑所，也有一些事毕即撤的临时业务小组。此外，大清银行还办有银行学堂直属总行。自1905年9月户部银行成

---

① 孔祥贤. 大清银行行史. 南京：南京大学出版社，1991：74—75.
② 黄鉴晖. 中国银行业史. 太原：山西经济出版社，1994：93.

立起，截至1911年7月，在短短六年多时间里，户部银行暨大清银行发展很快。总行设于北京西交民巷，在天津、上海、汉口、济南、张家口、奉天、营口、库伦、重庆、南昌、杭州、开封、太原、福州、长春、广州、芜湖、长沙、西安、昆明、江宁设分行21个；在总行隶属下设保定、张家口、北京阜通南号、阜通东号4个分号；在分行隶属下，于宜昌、沙市、周村、烟台、青岛、锦州、大连、盖平、铁岭、安东、乌里雅苏台、成都、自流井、五通桥、归化、运城、九江、温州、宁波、周家口、厦门、吉林、哈尔滨、香港、汕头、安庆、富庄、常德、湘潭、镇江、扬州设分号31个，全国共计设总行和分行号57处，可谓遍及天下主要商镇。大清银行也是清末规模最大的银行。

辛亥革命后，大清银行上海分行于1912年2月2日宣布收账和实行清理，到此时为止，户部银行暨大清银行共存续六年又四个月时间。尽管大清户部银行的组织形式还很落后，管理水平非常低下，经营规模并不很大，人员素质极差甚至相当腐败，但它却是一家突破了旧式金融业框框的现代银行。

（三）大清银行在四川的机构设置

据《大清银行行史》记述：大清银行于1908年3月在四川省设立重庆分行，行址在千厮门正街。1908年7月，大清银行设成都分号，行址在成都暑袜北街；1910年2月，大清银行设自流井分号和五通桥分号。以上各分号均隶属大清银行重庆分行。根据大清银行机构设立规定，在分支机构设立之前，先要派员调查当地经济状况，监督认为可行，然后筹备设立。这可视作由大清银行遗嬗组建中国银行四川分行的起源。大清银行重庆分行的资本金情况，1908年3月到1911年6月底的经营概况，以及重庆分行重要人员任职情况，分别见以下各表：

大清银行重庆分行资本金情况（1910年）[1]

行名	原领资本（两）	增加资本（两）	浮存股本（两）	合计
重庆分行	200000		200000	400000
总计	200000		200000	400000

---

[1]　孔祥贤. 大清银行行史. 南京：南京大学出版社，1991：113.

大清银行重庆分行收支项目分期统计表[①]

行名	年次	发行纸币		现银存库数	存款	放款		
		银两票	银圆票			押款	借款	拆款及其他
重庆分行	7			22773	1156673	17274	1392137	79659
	8	11996		54046	1046600	17274	1676076	97906
	9	36243	34073	134387	2038756	157696	2404412	40541
	10	51671	39695	294461	1942791		1427402	875274
	11	28604	18690	351907	1372182		1314165	164409
	12	33271	23098	101907	1334670		1986774	101907

大清银行重庆分行收支项目分期统计表

行名	年次	付出存款利息	收入利息			汇水		生财（提还）	销费	盈余	公积
			押款	借款	拆款等	收入	付出				
重庆分行	7	91727	15495	99549	10617	27422	2586	727	24862	40955	8000
	8	66779	990	78913	3478	31840			13926	47762	
	9	67634	1532	75664	14027	126543		1465	15747	152581	39600
	10	62788	3241	65120	11946	92442			25706	95076	
	11	59375		23976	910	34550		1360	21133	35340	22038
	12	35322		31932	2272	6291			27163		

注：（1）以上各表以两为单位，两以下一律删去。

（2）"年次"指总结期，7—12年次分别对应如下：

1	光绪卅一年底（1905）	7	光绪卅四年底（1908）
2	光绪卅二年六月底（1906）	8	宣统元年六月底（1909）
3	光绪卅二年底（1906）	9	宣统元年底（1909）
4	光绪卅三年六月底（1907）	10	宣统二年六月底（1910）
5	光绪卅三年底（1907）	11	宣统二年底（1910）
6	光绪卅四年六月底（1908）	12	宣统三年六月底（1911）

---

① 孔祥贤. 大清银行行史. 南京：南京大学出版社，1991：367.

大清银行重庆分行重要人员任职情况

行名	职名	姓名	任职年月	退职年月	退职原因	备注
重庆分行	总办	刘宇泰	光绪卅三年四月（1907）	宣统二年九月（1910）	调任杭州行总办	
	总办	王文瀚	宣统二年九月（1910）			
	经理	叶昭敦	光绪卅四年三月（1908）	宣统二年九月（1910）	辞职	
	经理	王文光	宣统二年六月（1910）			
	协理	周宗霈	光绪卅四年三月（1908）			

第二节　大清银行遗嬗组建中国银行过程

一、组建中国银行的历史背景及其过程

《中国银行民国十八年度营业报告》明确指出：中国银行系由大清银行遗嬗而来，亦即中国银行是在大清银行客观遗留的基础上变化转移而来的。民国伊始，由大清银行遗嬗组建中国银行的史实过程大致如下。

（一）辛壬春秋中国政治制度的重大变化

辛亥年（1911）十月至壬子年（1912）三月，短短的四五个月中，中国政治制度从形式上发生了重大变化。然而，帝国主义在华势力和封建土地所有制，并没有发生任何变化，打倒了皇帝，却换来了袁世凯北洋政府的军阀统治。因此有人把这四五个月称为"辛壬春秋"，其历史脉络如下。

孙中山先生领导的资产阶级民主革命，经多年的宣传组织和发动，终于随着1911年10月10日武昌起义的一声炮响而爆发。各地积极响应——长沙、西安、九江、太原、南昌、昆明、贵阳、杭州、苏州、桂林、安庆、广州、福州、济南、成都、南京等地先后起义，或宣布独立组成各地军政府，由此推翻了清专制政府，结束了封建王朝对中国几千年的统治。

1912年1月1日，南京临时政府成立，孙中山就任临时大总统，政府内阁由陆军部、海军部、司法部、外交部、财政部、内务部、教育部、实业部、交通部的各

总长黄兴、黄钟瑛、伍廷芳、王宠惠、陈锦涛、程德全、蔡元培、张赛、汤寿潜等组成。南京临时政府成立时，清帝尚未退位，因而有南北政府议和之举。

清帝委内阁大臣袁世凯为全权代表，南京临时政府委外交部总长伍廷芳为全权代表，经过反复商讨，南京临时政府允给清帝退位后以优待，1912 年 2 月 12 日，清帝宣布退位。2 月 13 日，袁世凯在北京组织临时共和政府。清帝宣布退位的次日，南京临时政府大总统孙中山即以就职时的誓词"颠覆满清专制政府，巩固中华民国，图谋民生幸福，此国民之公意，文实遵之，以忠于国，为众服务。至专制政府既倒，国内无变乱，民国卓立于世界，为列邦公认，斯时文当解临时大总统之职"为由，提出辞职，并以"此次清帝退位，南北统一，袁君之力实多，发表政见，更为绝对赞同，举为公仆，必能尽忠民国"，推荐袁世凯任大总统。参议院于 1912 年 2 月 15 日，举行会议通过袁世凯为大总统，临时政府仍定都南京。于是，孙中山致函袁世凯请南下就任大总统，并组成欢迎专使九人办理袁南下事宜。而袁世凯则心怀鬼胎，故意拖延南下，于 1912 年 2 月策划了"北京二月兵变"，阴谋独揽中华民国大权，在北京设立了北洋政府。

（二）两政府批准改大清银行为中国银行

在辛壬春秋的几个月中，大清银行遗嬗组建中国银行以南北两政府相继批准由大清银行改组为中国银行的法理为依据而开始发端。

第一，孙中山批准将大清银行改组为中国银行。1912 年 1 月 1 日，中华民国成立。临时大总统孙中山提出临时政府内阁名单，原大清银行副监督陈锦涛任财政总长。同日，大清银行商股联合会上书孙中山，建议"就原有之大清银行改为中国银行，重新组织，作为新政府的中央银行"。1 月 24 日，孙中山同意将大清银行改为中国银行，由财政部批复大清银行商股联合会，任命吴鼎昌、薛颂瀛为中国银行正副监督。1 月 28 日，大清银行商股联合会召开股东大会传达财政部批复，大会议决由商股联合会职员组成"中国银行临时理监事会"，管理全行事务，并代表股东与正副监督筹订章程。2 月 2 日，大清银行宣布收账，停止营业，实行清理。2 月 5 日上午，中国银行在上海汉口路大清银行旧址举行成立大会，各界领袖、华侨代表暨股东百余人到会，《中国银行行史（1912—1949）》（下称《中行史》），将中国银行成立的正式日期确定为 1912 年 2 月 5 日。

第二，袁世凯追认改大清银行为中国银行决定。1912 年 2 月 12 日，当南北议和已达成协议，袁世凯将接替孙中山受任第二任临时大总统之际，大清银行商股联合会抓紧时机报请袁世凯追认孙中山批准的将大清银行改为中国银行的决定，并同意中国银行继续中央银行权利。袁世凯即复电："旧大清银行本具中央银行性质，新政府自应继续办理。统一政府即日成立，当将前此批准之件，核计统一办法。仍由股东会妥善筹议，以期重振。"与此同时，财政总长陈锦涛还电询孙中山，在南北统一政府成立后，南京临时政府有关财政金融的法令规定是否继续有效。孙中山当即电复："清帝退位，民国大定。新总统系承受现在临时政府之事，凡民国现行财政事宜，如公债、外债、中国银行之创办，及一切财政之已经施行者，当继续有效，绝无疑问，可由财政部宣布。"至此，大清银行商股联合会报告提出的将大清银行改为中国银行并继续中央银行权利的要求，在短短两个月中得到了南北政府两位大总统的批准，使"报告"成为财政总长处理中国银行问题的主要根据。

第三，南北统一后清理大清银行与组建中行过程。随着南北政府的统一，由大清银行遗嬗组建中国银行总行及其分行的过程大致如下。

1912年2月5日，中行在上海大清银行旧址成立开业后，又于2月14日根据政府要求在南京设立了分行。3月18日，中行临时理监会电陈袁世凯，请通令东北原大清银行一律改名中国银行，袁交由度支部于3月22日电复照准。3月19日，袁世凯批准联合会的请求，北方各大清银行一律改名为中国银行。4月，设中国银行筹备处于北京。6月上旬，中国银行筹备处与大清银行清理处分别成立。7月31日，大清银行的营业事项、发行货币、支付股息，到本日为止。8月1日，北京中央政府清理大清银行，在此基础上组建中国银行，中国银行总行在北京大清银行旧址成立并开业。9月，财政部向国务院提出《拟将中国银行完全组织并将大清银行清理处归并办理议案》，9月27日经国务会议公决通过。12月25日，袁大总统批准公布《中国银行兑换券暂行章程》。1913年4月15日，财政部制定《中国银行则例》经大总统批准，由财政部公布施行。该则例对中行享有的中央银行特权都有具体规定；财政部设立国税厅筹备处统一全国国税颁定金库章程，委托中国银行掌理总金库及全国分支金库亦渐收金库统一之效。

与此同时，1912年中行先后设立上海、南京（后即撤销）、天津等分行。1913年先后设立汉口、河南、长春、山东、山西、浙江等分行。1914年先后设立南京分行（重新成立）、福建分行、长春分行（改名东三省分行）、广东分行。1915年先后设立贵州分行、重庆（四川）分行、陕西分行，南昌分号改组为江西分行，安庆分号改组为安徽分行。1917年设立香港分行等。

（三）两总统批准改大清银行为中行窥视

第一，孙中山和袁世凯之所以都迅速批准了将大清银行改为中国银行的建议，究其共同原因——前后两政府都急需银行负起筹饷的责任。对南京临时政府来说，外有列强的干涉钳制，内有保守妥协势力的拆台活动，从财政上封锁与扼杀，筹措军费成为南京临时政府的燃眉之急。而一部分革命党人热衷于和议，使云集在长江中下游各省北伐军队师疲饷匮，成为严重的财政负担。在此情况下，列强却故意扣留关税，以加重南京临时政府的财政危机。因此，孙中山把大清银行改为民国中央银行，将其筹措军费之责视为当务之急。对北洋政府说来，由于当时全国金融形势异常紧迫，银行业大批倒闭，大清银行搁浅清理，政府对财政失去依托。因此不设立国家银行，纸币不能发行，国库无从统一，税源日竭，财政极为困难。在这种形势下，北洋政府财政部向参议院提出提案云，"民国成立，百端待理，而整理财政尤为先务之急。然军兴以来，本国各种金融机关全然破坏，金融全权操诸外人之手。苟中央不急设一完全之金融机关，则纸币不能发行，国库无从统一，金融滞塞，汇兑不通，工商坐困，税源日竭，虽欲整理财政，亦决无着手之处。故中央银行之创办，在今日中国财政梦如、币制混乱、金融窘迫之秋，诚不可一日或缓"，并提出中国银行则例三十条，请参议院审议。随即经参议院议决并于1913年4月15日公布执行，这就是中国银行的由来。

第二，之所以中国银行作为官商合办股份制银行又具有中央银行职能，这是因为：大清银行清理结果表明，银行损失非常严重，原资本1000万两，最后移交的只有"京、沪各行屋基生财等合价一百二十八万一千元"，组建中国银行只能选择官商合办股份制银行之形式。中行则例规定，资本为6000万元，官商各半，政府拨付一半因财政困难无以拨付，使资本集中相当缓慢。自1912年8月1日至1918年底，实收官方资本才达到1228万元，距6000万元规定资本相去甚远。直到1928年，南京国民政府成立以及银行业向上海的集中，蒋介石才懂得要维护其统治，维持军政费用支出，除加强赋税等苛征外，还必须建立属于自己控制的强大银行，这时国民政府中央银行才出现，中国银行则由南京临时政府和北洋政府的中央银行，改组为南京国民政府特许的国际汇兑银行。

二、四川中行之组建过程及其时代省情

辛亥革命前后，四川的政治与军事局势深刻地影响着四川省日后的历史发展趋势以及四川中行诞生后所面临的外部环境。

（一）辛亥革命前后四川政治军事局势

1911—1913年间，四川省先后发生了保路运动、重庆起义、成都起义、成都兵变、四川统一、西征之役、二次革命讨袁之役等重大历史事件，这也是四川中行诞生时所面临的外部环境与时代背景。

1. 四川保路运动成为辛亥革命导火线

19 世纪末以来，帝国主义列强为进一步奴役中国人民和掠夺中国财富，开始对中国进行铁路投资，争夺铁路的修筑权。因粤汉、川汉铁路是沟通南北和深入内地的两条重要干线，因而成为帝国主义列强争夺的目标。20 世纪初，随着帝国主义侵略势力的深入和中国民族资产阶级力量的逐渐增长，收回铁路主权的呼声日益高涨。1903 年 9 月，清政府推行"新政"，允许招商局集商股成立铁路公司。此后各省的铁路公司陆续成立，商办铁路开始兴建。同年新任四川总督锡良，在四川人民的强烈要求下，不得不奏请自办川汉铁路，于 1904 年成立"川汉铁路公司"，采用征集"民股"的办法，由地方政府在税收项下附加租股、米捐股、盐捐股、房捐股等，来筹集筑路的资金。经过几年的筹集，不仅四省的绅商、地主成了股东，连一些农民也握有股票。川汉铁路从宜昌到万县的一段也已动工。从当时情况看，这两条铁路是可以靠自力修成的。

1911 年 5 月，清政府宣布"铁路干线国有政策"，强收川汉、粤汉铁路为"国有"，旋与美、英、法、德四国银行团订立借款合同，公开出卖川汉、粤汉铁路修筑权。四川人民从 1904 年就开始自办的铁路，即将被清政府既夺路又夺款。6 月，清政府与四国银行团签订的借款合同寄达成都后，成都各团体 2000 余人在铁路公司开会，成立"四川保路同志会"，仅数天成都一地签名入会的已超过 10 万人。全川各地闻风响应，陆续成立"保路同志协会"。7 月，清政府对保路运动采取严厉的高压政策，责令各省官吏对参加保路运动的人"严行惩办"，这就加剧了人民对它的仇恨。8 月，新任川督赵尔丰带着"从严干涉"的命令来到成都，川汉铁路股东特别大会在成都召开，群众性的罢市罢课风潮在成都发端，迅速席卷全川各地。在同盟会会员的宣传、组织下，把"保路同志会"改为"保路同志军"，使这场保路运动转为反清的武装斗争。9 月 1 日，川汉铁路公司股东会议通告全川不纳粮税，抗粮抗捐斗争在全省蓬勃兴起，捣毁各地经征局、厘金局和巡警局。风潮所播，遍及全川。9 月 7 日，赵尔丰诱捕保路同志会和股东会首要人物数人，封闭铁路公司和同志会。成都数万群众相率奔赴总督衙门请愿，要求释放被捕人员。赵尔丰竟下令清兵当场枪杀请愿群众 30 余人，制造"成都血案"。此后十余天内，成都附近州县的同志军皆呼号而起，从四面八方把成都围住，起义队伍总数不下 20 万。由于缺乏统一的组织指挥和作战经验，同志军围攻成都十几天而未能攻下。同志军遂决定改变战略，除留下部分兵力继续围城外，其余同志军分兵进攻各府州县，把反清烈火引向全川。10 月初，四川保路运动已演变成全川同志军的武装大起义，就连西昌地区的彝族和川西北的藏族与羌族群众，也都加入同志军的行列同清军作战。清政府一面命端方率领鄂军入川"认真查办"，一面令赵尔丰"切实镇压"。10月10日，由于清廷急派湖北新军前去四川镇压保路运动，造成武昌空虚的局面，这就为辛亥革命首役——武昌起义取得成功奠定了基础。值得一提的是，在四川武装保路斗争中，荣县的群众基础较好，9月25日，同盟会员吴玉章、王天杰领导四川省荣县独立，建立了辛亥革命时期先于武昌起义之第一个县级资产阶级革命政权，即荣县军政府。

总之，声势浩大、规模壮阔的四川保路运动，沉重地打击了帝国主义及清王朝在中国的统治，极大地鼓舞了资产阶级革命党人的斗志，直接导致了辛亥革命的总爆发，为中国资产阶级民主革命立下了不朽的功绩。

2．辛亥革命期间四川的军政局势变化

武昌起义胜利五天后，中华民国政府成立，举黎元洪为都督，接着全国多地先后起义或宣布独立组成各地军政府。孙中山先生领导的资产阶级民主革命，经多年的宣传发动和组织，终于取得了成功，从而推翻了清封建专制政府。

重庆起义。在四川保路武装斗争的高潮中，在各省积极响应武昌起义并在本地起义或宣布自治的过程中，重庆地区川籍同盟会首领杨庶堪、张培爵、谢持联络新军军官夏之时、林绍泉、朱之洪等发动起义，于1911年11月22日宣布重庆独立，建立起蜀军政府，由张培爵出任都督，夏之时任副都督，杨庶堪为顾问，并宣布同盟会的政治纲领。史称重庆起义。广义的四川军阀混战由此发端。

成都起义。在四川保路武装斗争的高潮中，在各省积极响应武昌起义并在本地起义或宣布自治的过程中，1911年11月27日，入川镇压四川保路武装起义的湖北新军在四川资中反正，杀死还未到任的新任川督端方。孤立无援的川督赵尔丰被迫在成都宣布四川独立，将川省事务暂交咨议局议长蒲殿俊自治，成立大汉四川军政府，众推保路同志军蒲殿俊为军政府都督，第十七镇统制朱庆澜为副都督，清朝在四川的反动统治彻底覆灭。史称成都起义。

成都兵变。1911年12月8日，不甘失败的赵尔丰秘密调集四川巡防军进入成都，趁蒲殿俊阅兵之时以索饷为名发动暴乱，成都城中秩序大乱。巡防军四出焚劫，劫银数百万两，大火三日不熄。大清银行成都分号也遭哗变士兵抢劫，损失颇巨，随即停业。至12月21日，军政部长尹昌衡借城外凤凰山新军士兵平息了兵变，遂经张调提名，川籍军官"公选"继任大汉四川军政府都督，咨议局副议长罗纶任副都督，蒲、朱政权因此垮台，不久公开处死赵尔丰。史称成都兵变。是役在广义的四川军阀之战中，又谓"辛亥之役"。

四川统一。四川起义（重庆起义和成都起义合称）后，川省出现了成、渝两个军政府并存之局面。尹昌衡曾打算武力统一全川，而重庆蜀军政府也曾邀滇军入川

帮助统一全川。后经双方调解协商，尹昌衡放弃武力统一打算，滇军也退出四川。成渝两个军政府于 1912 年 1 月派代表会商，2 月 2 日双方协定：以成都为政治中心，设四川军政府，以成渝两处都督分任正副都督；重庆为重镇，设镇抚府，四川宣告统一，组成中华民国四川都督府。尹昌衡任四川军政府都督，张培爵任副都督，重庆镇抚府以夏之时为镇抚总长，国民党实业团系军阀也走上舞台。四川统一后的一段时间内，川政尚能统一。1912 年 5 月，尹昌衡改革军制，整合清政府时期的各镇、巡防军和保路同志军和重庆革命军，改编为五个师：周俊为第一师师长、彭光烈为第二师师长、孙兆鸾为第三师师长、刘存厚为第四师师长、熊克武为第五师师长。五师师长，除熊克武①以外（第五师是在辛亥革命时，由上海的川籍军校学生所组建的蜀军演变而来，革命性较强），全部师出四川武备学堂，以尹昌衡为首的四川武备系军阀基本控制了四川的军政大权。

西征之役。1912 年 6 月，英国煽动西藏、川边独立分子叛乱，危及四川。7 月，北洋政府任命尹昌衡为西征军总司令，电令其出川平叛，历时一年有余，历尽艰辛，收复大部分地区，平息了边境骚乱。

3. 二次革命期间四川讨袁之役及政局

1913 年 2 月，中国首次根据《临时约法》的规定，进行国会选举。国民党获得议席最多，预备由国民党理事长宋教仁出任内阁总理。3 月 22 日，宋教仁在上海被暗杀，孙中山决定领导国民党人讨伐袁世凯，准备发动"二次革命"。

1913 年 6 月，袁世凯解除了尹昌衡川督职务，降任川边经略使。又任命拥袁派胡景伊②为新任四川都督，将四川掌握在自己手中。其时，正处在"二次革命"酝酿和爆发之际，胡景伊在军事方面，各级军官中都以日本士官同学及武备系学生为基础；政治上秉承袁世凯的旨意，镇压四川革命党人，企图编遣熊克武之川军第五师。7 月，孙中山发起"二次革命"讨袁，江西、江苏、安徽、广东、福建、湖南等省宣布独立并成立讨袁军。

熊克武面临胡景伊的压迫，对起兵反袁还在犹豫，但重庆革命党人和第五师旅团官兵群情愤怒要求起兵，熊克武于 8 月 4 日决定起兵，响应二次革命，宣布重庆

---

① 熊克武（1885—1970），字锦帆，四川井研县人。1904 年留学日本，会见了孙中山，加入同盟会，属黄兴一派。1918 至 1924 年成为四川省之实际统治者。刘伯承、贺龙曾是熊克武的部下。新中国成立后，他历任西南军政委员会副主席、全国政协委员、全国人大第一至三届常委、民革中央副主席。周总理曾用精练而准确的话来概括和评价熊克武：识大体，顾大局。

② 胡景伊（1878—1950），汉族，字文澜，重庆巴县人。1901 年赴日本留学，回国后任四川陆军武备学堂监学兼教习。辛亥革命后投靠袁世凯，1912 年 7 月任护理四川都督，1913 年 6 月任四川都督。1915 年 4 月为袁世凯所迫交出军政大权。

独立，联合杨庶堪等国民党成员成立四川讨袁军，重庆成为"二次革命"最后宣布独立的重要地区。然而，这时南方各省讨袁军已经陷入颓势，四川只有熊克武一支革命军，势单力薄，失败已成定局。9月11日，四川讨袁军在川军四个师和陕军、滇军、黔军等部联合夹击下以失败告终，熊化名出川，逃亡日本。9月12日，黔军占领重庆。对川军等大开杀戒，讨袁军或被杀或逃亡，很快瓦解。四川讨袁之役失败，同时整个二次革命战争也完全沉寂。

（二）四川境内中行机构嬗变组建过程

在动荡的四川政局形势下，在大清银行遗嬗组建中国银行及其分支机构过程中，四川中行及其首批分支机构应时而生。1915—1916年，在大清银行四川境内分支机构基础上遗嬗组建或新设立之中国银行"百年老店"有七家：渝行（重庆分行）、成都分号、泸州分号（旋改汇兑所）、万县汇兑所（旋改分号）、自流井（今自贡）分号、五通桥分号、潼川（今三台）收税处，其遗嬗组建经过如下。

1. 中国银行四川（重庆）分行组建经过

大清银行于1908年3月在四川省设立重庆分行。1911年11月22日，重庆起义成功，蜀军政府成立，大清银行重庆分行停业并被蜀军政府接收，改名为大汉银行。1912年2月2日，成都大汉军政府与重庆蜀军政府合并，组成四川都督府，四川宣告统一。四川军政府成立后，曾以四川银行名义，在一年之间发行军用银票1500余万元，由于兑换无期，币信丧失，币值日落。

1912年9月，北京中央政府通过《拟将中国银行完全组织，并将大清银行清理处归并办理议案》，提议将中行筹备处和大清银行清理处归并到中国银行。1913年4月15日，《中国银行则例》公布施行。在中行享有央行特权的全国背景下，在四川军政府以四川银行名义发行军用银票兑换无期、币值日落的川省金融背景下，1914年12月，四川省财政厅电请北京政府财政部转饬中国银行总行来川开办分行，并建议先从收回军用银票着手，以救眉急而纾积困。本负有收回各省滥发纸币及维持地方金融之责的中国银行，在接到川省财政厅电文后，于1914年12月11日派王丕煦等到重庆对四川省情况进行调查，并携来中行兑换券，为筹设重庆分行做前期准备。是年筹建渝行人数为9人。

1915年1月18日，中国银行四川分行在重庆设立，管辖四川省中行分支机构，行址设于市区曹家巷27号，首任经理为王丕煦（字揆垚）。主要业务是代理国库，代收盐务款项，发行银两和银圆两种兑换券，经大总统照准，公私收支一律通用。由大清银行遗嬗组建中国银行分支行事宜，采取"设清理处进行清理并拟定清理办法""清理机关附属于中国银行内"的方式加以进行。为此，北京政府批准成立大清银行成渝清理处，该清理处附设在重庆中国银行内，由其对大清银行重庆分行遗嬗组建中国银行重庆分行之事宜进行清理。[①] 奉北京函，大清银行成渝清理处清理员邓孝然，于 1915 年 5 月 24 日在重庆《西蜀新闻》刊登公告："订于农历五月一日到八月一日止，远近绅商如其存有大清银行本票、银两票、银圆票、钞票者，务于此三个月内持赴清理处兑取，到期截止，未来兑取者，即作无效。除详请巡按使署立案并通饬各县知事一体出示暨重庆清理处登报申明，以期周知而昭信用外，特此布闻。"这就是说，中国银行重庆分行及其分支机构，将从 1915 年农历五月一日至八月一日，清偿由大清银行重庆分行遗嬗组建中国银行重庆分行的遗留债务。在此之前，整理四川各种票存由濬川源银行代办，至此则由重庆中行办理。这就是中国银行四川（重庆）分行的组建经过。

2. 中国银行成都分号组建经过

1908 年农历七月，大清银行成都分号成立，行址设在成都暑袜北街，隶属大清银行重庆分行。1911 年 11 月 27 日，大汉四川军政府成立，成都宣告独立。仅 10 天后，省门之乱发生，防军四出焚劫，并将藩库、当铺、银号、票号、盐号及大商富室、城外铺户一律抢空，劫银数百万两。大清银行成都分号也遭哗变士兵抢劫，损失颇巨，随即停业。兵变后，代之以尹昌衡继任都督的新军政府，并设四川银行。在此背景下，1915 年 4 月 4 日，中国银行成都分号成立，负责接办大清银行成都分号各项业务，并发行中行兑换券。行址亦设在原大清银行成都分号旧址——成都暑袜北街，成都分号隶属中行重庆分行。

3. 中国银行泸县分号组建史实

大清银行并未在泸县设立机构，中国银行设立泸县机构是为了就近收取川南盐务稽核分所的盐税。1915 年 3 月，中国银行泸县分号开始筹备，筹备管事为张宗濬（字恩泉）。5 月 13 日，四川境内第三家中国银行机构即泸县分号成立，首任管事不详，行址为钮子街 37 号。泸县分号成立后不到 4 个月，即于同年 9 月 3 日被中行总处降格改为泸县汇兑所，管事为于毓林（字翰巨）。泸县汇兑所到 1915 年底共营业 7.5 个月，但却是渝辖机构唯一的开门营业就亏损的机构。

4. 中国银行万县汇兑所组建史实

大清银行并未在万县设立机构，中国银行设立万县机构的必要性如下：万县在清末被辟为通商口岸之后，依托长江航运之便，扼川东门户之利，一跃为长江上游重要商埠。万县东扼三峡，连接鄂、湘、黔、陕，背靠整个西南、西北地区，尽占

---

① 重庆金融编写组. 重庆金融. 重庆：重庆出版社，1991：110.

地利。当时没有铁路可通，公路运输也不十分畅通，然其凭借长江航道和五省通衢之地理优势成为川东的经贸中心，势所必然。为适应当时经贸的特殊需求，万县金融业也日趋活跃和繁荣①。而且，"万县商务不及重庆繁盛，在川省中比较于二等地位，以出进口货会萃此地转销他埠，就情形言之，可称为一转运机关。明年（1916）分设海关，凡进口行销下川东一带各货可以直指万县，不必由重庆转运下来。出口货亦可经由万县报关，其繁盛必不止此"。

1915 年 7 月 4 日，中国银行万县汇兑所成立，行址为二马路 92 号，首任管事为朱劼（字星骧）。由此，川境中行第四家"百年老店"诞生。同年 9 月 3 日，万县汇兑所被中行总处准改（升格）为万县分号，分号管事仍为朱劼。

5. 中国银行自流井分号组建史实

1910 年农历二月，大清银行设自流井分号，隶属大清银行重庆分行。辛亥革命后，自流井分号停业，后由大清银行成渝清理处负责对大清银行自流井分号进行清理，并拟定清理办法。因川南盐务稽核所于 1915 年 6 月由泸县迁于自流井，中国银行以经收盐税而设立分号。1915 年 4 月，中国银行开始筹建自流井分号，筹备期管理为刘观珩；5 月，筹备管理人更换为刘鸿云（字朴生）。1915 年 8 月 6 日，中国银行自流井分号正式成立，分号首任管理为王纶言（字丝如），行址为八店街 80 号，而《自贡市志》则记述，中行自流井分号行址在陕西庙侧原大清银行旧址。川境中行第五家"百年老店"诞生。

6. 中国银行五通桥汇兑所组建史实

1910 年农历二月，大清银行设五通桥分号，主要征收关税和盐税，隶属大清银行重庆分行。五通桥分号亦于辛亥革命后停业，后亦由大清银行成渝清理处负责对大清银行五通桥分号进行清理，并拟定清理办法。1915 年 7 月，中国银行开始筹建五通桥汇兑所，筹备管事为陈鼎言。同年 12 月 29 日，中国银行五通桥汇兑所在大清银行五通桥分号基础上改组而成，首任管事仍为陈鼎言（字作孚）。据《乐山市志》记述：1915 年 12 月 29 日，大清银行五通桥分号经过停业清理，改建为中国银行五通桥汇兑所，设所员 2 人，主要征收关税和盐税，隶属中国银行重庆分行管辖。川境中行第六家"百年老店"诞生。

7. 中国银行潼川分号相对复杂的设置过程

大清银行并未在潼川设立机构，中国银行设立潼川（今三台县）分号之目的主

---

① 篮文惠，陈天菊. 抗战时期的万县金融. 中国人民政治协商会议西南地区文史资料协作会议编. 抗战时期西南的金融. 重庆：西南大学出版社，1994.

要是代收川北盐场盐税等业务，潼川分号设置过程相对曲折。

开始筹建。1915 年 11 月，因川北盐务稽核分所拟定从射洪县洋溪镇迁移到潼川镇，中国银行成都分号受重庆分行指示，派人在潼川镇租用柴市街民房办公，开始筹备建立潼川分号，筹备管事为杨兆熊（后任成都分号副管理），1915 年《中国银行所在地一览表》中有潼川机构之记载。

提前营业。设立潼川分号是为了代收川北盐务稽核分所之盐税，因该所有从射洪县洋溪镇迁移到潼川之议，但迁移潼川之议尚未最终确定时，潼川分号于 1916 年 2 月 18 日提前对外营业。据三台县《人民银行大事记》记述："1916 年 2 月 18 日，中国银行潼号成立，代收川北盐税款，19 日即函告其管辖行渝行：'查聚兴银行手揽收川北各场盐款，对我行实有障碍，现我行可望接收三台，洋溪镇再处盐款，其余属于川北者有九场，如不请总处力于挽回，则必受其影响，倘能概归我行接收，计之于目前，诚不免有损失，计之于将来，其利益正未可量也。'"这就是说，当时聚兴银行着手揽收川北各场盐款，对中行实有竞争之障碍，潼川分号筹建者于 2 月 18 日开始对外营业，2 月 19 日紧急函告其管辖行渝行，敦请中行总管理处力于挽回，并直陈代收潼川、洋溪镇及其余川北盐场之盐款，对于中行业务发展的利害关系。而且，1916 年 4 月 15 日，中国银行最早之刊物《中国银行业务会计通信录》（下称《通信录》）亦刊载了《潼川分号办事细则》并转发全国中行（详见下），这说明潼川分号于 1916 年 2 月 18 日对外营业是有根据的，但并非是指"1916 年 2 月 18 日中国银行潼号成立"。因为，"潼川分号"之"潼川"是否为川北盐务稽核分所之最后动迁之目的地，尚未最终确定。

动迁绵阳。1917 年 6 月 15 日《通信录》第三十期记述："潼川分号原系潼川分号移设绵阳，今仍移潼川。"这里"原系"，应指 1916 年 5 月至 1917 年 3 月间，川北盐务稽核分所曾有过从射洪县洋溪镇迁移到绵阳县之议。这就是说，中行筹备建立代理川北盐务稽核分所之盐税之机构，1916 年 5 月至 1917 年 3 月间，曾有过将中行潼川分号移设绵阳，并改为中行绵阳分号之举。正因为中行筹备建立的这一代理盐税机构的牌号迟迟不能最终确定，所以"1916 年 2 月 18 日中国银行潼号成立"这一说法是不符合史实的，而只能说：暂定牌号为潼川分号之机构因竞争代理盐款之需要，于 1916 年 2 月 18 日提前对外营业。

正式成立。《通信录》第三十期还记述："潼川分号于民国六年四月六日开业，管事为成元明（字朗斋），注：原系潼川分号移设绵阳，今仍移潼川。"这就是说，1917 年 3 月后，川北盐务稽核分所最终决定仍由射洪县洋溪镇移至潼川，而不是移至绵阳，于是川境中行第七家"百年老店"——潼川分号于 1917 年 4 月 6 日正式成立，次任管事为成元明。同时，《通信录》第三十期还刊登了《潼川中国银行洋溪镇办事处规则》，说明在川北盐务稽核分所从射洪县洋溪镇移至潼川期间，中行还在洋溪镇增设机构，并将其置于潼川分号管辖之下。潼川分号首任管事为杨兆熊，次任管事为成元明，受中国银行重庆分行管辖。

行址考证。据省金融志记述：中行潼川分号地址设于三台县上南街，首任管事杨兆熊，继任行长王守铭（字鼎新），下设一个办事处，受中国银行重庆分行领导。而《民国三台县志》则记述："民国肇建改为中国银行，性质仍旧，四年由总行派人来县经理，租柴市街民房开幕，继乃设机关于稽核分所，专储分所入款。十年迁上南街，袁姓宅门首大书中国银行四字……"这说明，中行潼川分号地址先设于三台县柴市街，再设机关于川北盐务稽核分所，到 1921 年时，才迁址于三台上南街袁姓之宅。

第三节　四川中行"百年老店"开业情形

一、朴实而严谨的开张营业情形

四川中行"百年老店"开业时情形，可从《通信录》两篇历史文献中得悉。

（一）中行自流井分号开业情形

1915 年 8 月 7 日，中国银行自流井分号向中行总管理处报告开业时情形，有六方面内容[1]。

第一，对行屋外观进行时尚粉饰。查井埠商场习惯时尚粉饰外观，我行初设未便尽依本地习惯，然为联络商情起见，亦不可不勉为俯从。

第二，借开业之日大力吸收存款。开幕日计收暂存款（名曰敬财神银两），竟达至八万余两。兹择殷实商家及拟往来者，收六万余两入正式账。其余零数均次日璧还绅商。

第三，开业之日接受来宾朝贺礼品。共送贺礼计泥金匾一架、黑漆金字匾一架、黑漆金字楹联一副、缎呢软匾各一架、大餐桌一张、衣架一对、木座钟二架、帽筒花瓶各一对、玻璃屏四幅、金笺对联三十副、戏三台、席三十二座。

---

[1]　参见《中国银行业务会计通信录》第九期，业务类：井号致总管理处函，四年八月七日书字第元号，为报告开业时情形。

第四，开业之日为朝贺的来宾安排食宿。借东邻山西会馆为招待所，竟日秩序安静计，本日增添酒席费、赏钱及临时警察等费约用二百三十余元。

第五，高度重视开业典礼的安保。长住护兵，因警察现无枪支，故暂借防护军四名住行内。查防护军现驻扎山西会馆，与我行房舍比邻，来往便利，每名每月贴饷六元。外门请警察所设长岗一名，本行不另津贴。惟井埠市面辽阔又无墙垣，现闻西南乡稍有不静，嗣后当察看情形，再行添增护兵以资保卫。

第六，注重营业房舍及金库情况。又营业房舍及金库均大致完备，另案呈报。

（二）中行万县汇兑所开业情形

1915 年 7 月 19 日，中国银行万县汇兑所向中行总管理处报告开业时情形，有如下五方面内容[①]。

第一，开业前房屋租赁情况。敝所现已赁就南津街真原堂巷子房舍一所，作为营业地址，规模粗具，择于七日四日开幕，特此奉达。

第二，市面金融状况及银两平色行情。敝处现行货币银市行情另单奉阅尊处，市面金融状况及银两平色行情等项，亦请详细示知（详见后）。

第三，汇兑密码密押等情况。本所电报系总行通用密码，现在万县电局挂定银字明码 6892，以代中国银行四字，并拟定电汇押脚另纸附上，请即录存备查。尊处此项押脚字暨电局挂定某字，亦请即日寄下为盼。本所汇票应用各种图记，并敝管事签字印章另纸附上，祈察收备考，并希将尊处签字印章暨汇票上各项图记，赐寄一份以备参考。

第四，委托解款注意事项。尊处如有委解之款，本所自当代为应付。惟数目若在三千元以上，务祈先行电商，以便参酌行市涨落，体察库存多寡，预作准备。

第五，会计事项报告规则。本所隶属渝行，将来与尊处往来收解事项，即请查照总司账记法各种报告单规则，办理可也。

由上可见，自流井分号开业情形六方面内容，主要反映了银行机构开业时的接待与保安情况；万县汇兑所开业情形五方面内容，则反映了银行机构开业时的内部业务管理规章制度的准备情况。将此两相汇总观察，足见四川中行"百年老店"周全严谨的开张营业之情形。

二、建立"细则要点"管理机制

《中国银行行史（1912—1949）》（下称《中行史》）认为：细则要点，即办事细

[①] 参见《中国银行业务会计通信录》第八期，业务类：万所开业及现行货币银市情形报告书，四年七月十九日。

则和业务要点之统称，是中行经营管理之殊点及中行文明作风的一个组成部分。全行总的制度叫作"办事细则"，分部门的制度补充规范叫作"业务要点"，各分行再根据当地习惯加以补充。其管理效用即为使各项工作规范管理。据《通信录》之系列史料记述，1915—1921 年间，中国银行在全行逐步形成了以"办事细则"和"业务要点"为体系的规范化管理。

（一）总行"办事细则"与"业务要点"

纵观中国银行总行早期"办事细则"和"业务要点"，可以作"中国银行总的制度（办事细则）、中国银行补充规范（业务要点）"两大划分。

1. 中国银行总的制度（办事细则）

《中国银行总管理处组织释义》民国三年订；

《中国银行分行章程》民国三年十月一日改订；

《中国银行汇兑所章程》民国三年十月一日改订；

《中国银行代理店规》民国四年十一月订；

《中国银行货币交换所分支所办事大纲》民国四年十一月十九日订；

《中国银行押汇规则》民国四年十月订；

《中国银行活支汇款规则》民国四年十月订；

《中国银行招集商股章程》民国四年订；

《中国银行货币交换所分支所办事大纲》民国四年十一月十九日，附归并各所移交及办事处开幕日期。

2. 中国银行补充规范（业务要点）

《中国银行民国二年份总分行行员暂行酬劳办法》；

《中国银行民国三年份行员奖励金办法》民国三年订；

《总管理处总稽核职掌大纲》民国三年七月十六日批准实行；附总管理处总稽核所属各员职掌清单附说明；

《中国银行考选练习生办法》民国三年九月总管理处订；

《中国银行总分行号练习生服务规程》民国三年十月总管理处修订；

《中国银行监视员职权简章》民国四年订；

《中国银行行员请假暂行规则》民国四年六月一日修正，附表格；

《中国银行总管理处预备员章程》民国四年七月改订；

《预备员考试办法》民国四年七月订；

《中国银行总管理处调行试用人员办法》民国四年八月订；

《中国银行总分行号练习生服务规程》民国四年八月修订；

《中国银行任用人员条例》民国四年八月十一日公布；

《中国银行行员恤养金规则》民国四年八月十六日公布；

《中国银行考试预备员练习生规则》民国四年九月订；

《中国银行考试预备员练习生监考人员须知》民国四年九月订；

《中国银行考试预备员练习生评分及算分办法》民国四年九月订；

《中国银行行员俸薪章程》民国四年十二月订定，附表格；

上述这些规定，大致相当于"业务要点"。

（二）分行"办事细则"和"业务要点"

纵观中国银行各分行早期"办事细则"和"业务要点"，亦可进行"中行分行总的制度（办事细则）、中行分行补充规范（业务要点）"两大划分。

1. 中国银行重庆分行办事细则

1915 年 11 月，《中国银行重庆分行办事细则》刊载于《通信录》第十一期，这说明中行四川分行在成立后七八个月内，就建立起较为完善的省分行之"办事细则"。纵观《中国银行重庆分行办事细则》之三章 104 条规定：

第一章总则（第 1～13 条）：主要言明了本细则根据中国银行分行章程第六条规定；本细则凡总管理处已有特别规定者概不列入；本行营业范围依中国银行分行章程第 7 条之规定；本行办事人员依中国银行分行章程第 17 条至 22 条之规定，设置下列各员，分股办事，经理一员，副经理一员；同时规定：本行营业时间、休业日期；本行文件、票据查寻手续；本行如有关系各股重大事件，得由经理召集各股主任开行务会议征集意见。

第二章分则（第 14～102 条）：严密规定各部门职责要求及办事程序。

第一节文书股职责及程序（第 14～24 条）：主要职责是撰拟文牍函电，收发文书及保管文卷，保管未发行兑换券及登记兑换券准备金账，登记交换券各账并编制各表，其他不属于各股之事务。

第二节营业股职责及程序（第 25～51 条）：主要职责是依照分行章程第 7 条规定之范围营业、调查市况、各行号所之往来。各项往来利息定以 6 月 25 日及 12 月 25 日为结算之期。

第三节出纳股职责及程序（第 52～68 条）：其主要职责是现金及各种票据之保管及收付，登记出纳各账并编制各表，保管兑换券准备金，经售印花票并登记各账编制各表，收支兼保管国库金并登记各账编制各表。

第四节会计股职责及程序（第 69～80 条）：主要职责是传票之复核，主要账之登记，总行往来账之登记，各分号汇兑所往来账之登记，总行往来账利息之计算，各分号汇兑所报告之复核，营业各表报之复核，办理决算。

第五节国库股职责及程序（第81~102条）：主要职责是全省金库出纳事务，稽核支库派办处及代理店出纳事务，金库主要辅助各簿之登记，本分库及支库派办处表册之编制及报告，本分库区域内转移金之分配，本股账簿、传票、表册及证凭书类之保管。

第三章附则（第103~194条）：规定了未尽事宜和窒碍难行之处的处理原则，本细则俟总管理处核准实行，从而使整个办事细则详尽规范，浑然一体。

2．潼川分号及其所属洋溪镇办事处之办事细则

《通信录》第十六期刊载了1916年3月左右形成的《潼川分号办事细则》，共三章22条款，这说明中行的分号也同样有"办事细则"，其是根据中国银行分号章程第四条规定，其框架内容如下：第一章总则（第1~15条）；第二章分则（第16~20条），包括文书系、营业系、出纳系、会计系、国库系等五节内容；第三章附则（第21~22条）。

又据《通信录》第三十一期记述，地处射洪县洋溪镇的中行洋溪镇办事处，也建构起《潼川中国银行洋溪镇办事处规则》共19条。这说明分号所属办事处也有其办事细则。主要内容：第一，办事处依据分号章程第3条设立之定名为潼川中国银行洋溪镇办事处；第二，营业范围，包括汇兑事务，经收各种存款，代收盐税款项，各种货币之买卖，听潼号之指挥代理承接业务；第三，办事处设立主任一员、助员一人或二人，以事务之繁简由潼号酌定；第四，办事处对于各分行号所汇兑，账目及接洽事宜，均由潼号承转；办事处设日记账一册，分户账一册，现金分类账一册，开支明细账一册；第五，办事处额支经费由潼号规定之，总以格外节省为宜；第六，办事处主任因公离处或请假，他往时须先报明潼号，核准并派员代理方能离处；第七，办事处损益归潼号担任，其办事处各员成绩，应由潼号考核与潼号行员一律办理；第八，办事处如无相当屋宇，得附设于妥实庄号以内，按月酌给津贴房饭金以节糜费。

由上可知，川境中行"百年老店"开业时经营管理一般情形就是：事事有规章，办事有依规。

（三）分行经营管理"业务要点"窥视

关于重庆分行经营管理具体事项之"业务要点"，可从以下文中窥见一斑。

1915 年 3 月 6 日《节总管理处复渝行函——为核复不准永久设立旧账簿事》一文[1]，则反映出在会计记账工作中，实行规范化管理的特点："渝行台鉴：来函谓营业股内因行员多系本埠旧商，于新账未能熟悉，是以另设旧账一分以便核对等语。查本行现行账簿办法，所有六十余处分行号均已照办，并未另设旧账且亦并无窒碍。至于管账人员固非熟悉新账者不可，但新旧账簿形式虽殊其理则同。凡在银钱庄号司账有年之人，苟于本行现行新账加以研究，不数月即可全体了然，旧商办人在本行号管账者甚多，其成绩均不劣，实明证也。姑准暂行一决算期，惟将来无论何行何号不得援以为例。"

三、川行百年老店开张盈利情况

据《中国银行行史资料汇编（1912—1949）》（下称《行史资料》）记述，1915 年末，川境中行"百年老店"大多数机构实现了开张盈利[2]。

（一）民国四年渝属中行机构盈利情况

1915 年，袁世凯紧锣密鼓地进行着帝制复辟丑剧，12 月 12 日建立了"中华帝国"。由于国家尚未分裂，1915 年四川境内基本无战事。因此，川境内重庆、成都、万县、自贡的四个机构，尽管营业时间最长为 11 个月，最短近 4 个月，但到当年底均有盈利。唯有泸县汇兑所，其营业时间 6.5 个月，但到年末为经营亏损。

重庆分行，1915 年 1 月 8 日成立，当年营业 11 个月，纯益 118371.31 元。

成都分号，1915 年 4 月 4 日成立，当年营业约 9 个月，纯益 2941.27 元。

泸县分号，1915 年 5 月 13 日成立，9 月 3 日被降格为汇兑所，到年末营业 6.5 个月，纯损 207.68 元。

万县汇兑所，1915 年 7 月 4 日成立，9 月 3 日被升格为万县分号，到年末营业近 4 个月，纯益 5408.10 元。

自流井分号，1915 年 8 月 6 日成立，当年营业近 5 个月，纯益 3230.16 元。

五通桥汇兑所，1915 年 12 月 29 日成立，当年未经营。

（二）渝属各行号分派行员的奖金数量

重庆分行，经理，银 3654.93 元；副经理，银 2097.45 元；办事员 22 人，银 11068.10 元。办事员人均奖金 503.10 元，经理与副经理、办事员的奖金比例为 7.26∶4.17∶1，正副职奖金比例为 1∶0.57。

---

① 参见《中国银行业务会计通信录》第三期，会计类：节总管理处复渝行函——四年三月六日账字第三号：为核复不准永久设立旧账簿事。

② 卜明. 中国银行行史资料汇编（1912—1949）. 南京：档案出版社，1991：1811、1824.

成都分号，管理，银 832.84 元；办事员 19 人，银 2036.91 元。办事员人均奖金 107.21 元，管理与办事员的奖金比例为 7.77：1。

万县分号，管理，银 401.68 元；办事员 8 人，银 804.25 元。办事员人均奖金 100.53 元，管理与办事员的奖金比例为 4：1。

自流井分号，管理，银 412.68 元；办事员 8 人，银 750.83 元。办事员人均奖金 93.85 元，管理与办事员的奖金比例为 4.4：1。

泸县汇兑所，管事，银 415.00 元；办事员 4 人，银 425.60 元。办事员人均奖金 106.4 元，管理与办事员的奖金比例为 3.9：1。

第二章

军阀混战时期四川中行艰苦创业

（1916—1933）

四川中行诞生于近代中国军阀割据与混战的动荡年代。若要了解军阀混战时期四川中行艰苦卓绝的创业史，须先了解四川中行艰苦创业的艰危历史环境。

第一节　四川中行草创时期之艰危地域环境

一、四川军阀长期混战之历史渊源

近代中国军阀割据与相互混战时期，通常指自 1916 年袁世凯死后，到 1928 年"东北易帜"，持续时间约 13 年的战乱时期。然而，全国只有四川一省，军阀林立，长期割据，混战不断，长达 20 多年。广义上讲，在辛亥革命成功的同时，四川即开始内乱，可以说"四川内战是与中华民国同时诞生的"，而且"第一次革命时，保路同志会领袖蒲殿俊、罗伦等，以四川人的四川省为口号，实行武装，联合排满志士，据险称雄，于是四川遂发生割据之势"①，而且"兵连祸结者二十四年"，直到 1935 年中央军入川后统一四川省军政之时为止。狭义上讲，四川军阀混战，是指从 1917 年川滇黔军阀为争夺川省领导权而发生三次大战时算起，直到 1933 年"二刘大战"结束，在这 17 年中军阀们为争夺各自地盘与利益而引发的相互混战。考四川军阀混战之外部渊源与内部原因，大致有四方面内容。

（一）中央政权"统而不一"引发军阀混战

1916 年袁世凯死后，无人有足够力量支配整个中国，使我国中央政权"统而不

---

① 神田正雄. 民国以后之四川. 新四川月报，第 1 期. 1937 年 6 月.

一"。各帝国主义没有了在华有力的统治代言人，担心其在华利益遭到损失，转而寻求建立地方上的统治代言人，向其提供经济与技术上的支持。帝国主义与封建军阀相互利用，形成了分而治之的政治格局。

军阀混战的中央层面原因。袁世凯死后，无人具有足够能力统领整个北洋军队及政权，北洋军队便分裂为以段祺瑞为首的皖系、以冯国璋为首的直系、以张作霖为首的奉系等三大派系。为争夺北洋政府的控制权，发生了直皖、直奉等一系列战争，北洋政府的控制权亦经历了从皖系到直系再到奉系的三个统治时期。1926年，广州国民政府组织国民革命军起兵北伐，基本消灭吴佩孚、孙传芳的主力后，北伐军又在西北冯玉祥和山西阎锡山等倒戈易帜军阀的加入下，于1928年攻克北京，北洋奉系军阀张作霖撤往东北时被日本刺杀于皇姑屯，其子张学良于1928年12月宣布"东北易帜"，至此北伐完成，北洋军阀统治也由此覆灭。

军阀混战之地方层面原因。1912年，袁世凯逼迫清帝退位并成为中华民国大总统，在名义上统治中国后，其真正能控制的地盘只是北洋新军控制的地盘，南方及西北数省则归各地实力派新军控制。袁世凯死后，北洋军阀分裂为三派系，这些大军阀集团通过网罗地方军阀以壮声势，而各省军阀们又以投靠各大军阀集团以求自保，促使了地方军阀割据势力的迅猛发展。经过混战与兼并，形成了以下地方势力：一是南方军阀势力，如滇系军阀唐继尧、龙云等，桂系军阀陆荣廷、李宗仁等，四川军阀刘湘、刘文辉、杨森等，粤系军阀陈炯明、陈济堂等，还有势力相对较弱的黔、湘两系军阀。二是西北军阀势力，包括晋系军阀阎锡山、傅作义等，西北"五马"军阀以及冯玉祥的西北系军阀。

（二）南北对峙及投机护法者加剧混战

1917年9月，为维护临时约法、恢复国会，以孙中山为首的资产阶级革命党人，联合西南军阀在广州成立护法军政府，共同进行反对北洋军阀独裁统治的斗争，使中国进入了南北政府对立时期。1917年至1925年3月的七八年间，孙中山领导的反对北洋军阀独裁统治的斗争，可分为第一次护法运动（1917.7—1918.5）、第二次护法运动（1920.11—1922.8）、孙中山改组国民党（1922.12—1925.3）、孙中山逝世后之国民政府（1925.3—1928.12）等四个时期。在南北政府对峙的大背景下，由于四川省独特的战略环境和地方正统思维相互碰撞，引发出政治的投机心态和混乱的政治环境，从而加剧四川军阀混战。

第一，四川地处西南腹地，独特的地理环境和民殷物阜的经济状况，使四川具有了重要的战略意义。民国初年，中央政权"统而不一"，使得四川地方势力受中央的控制力较小，自身的权力变大，因此他们既对北方政府阳奉阴违，又对南方政府的指令置之不理，为川军割据的形成创造了重要条件。

第二，四川处于南北政权之间，政治上成为南北争取的对象。一方面，南北政府每一届中央执政者都希望能够培植势力以控制四川，达到其政治上的优势，从而实现全国的统一（中央统一思维）。另一方面，尽管四川地方势力远离中央政治中心，具有割据的条件、欲望及行为，但在其习惯思维中，仍将中央看作正统的象征，使其均想获得中央的承认与任命，从而更加名正言顺和更具号召力（地方正统思维）。这就是说，地方正统思维与中央统一思维相互碰撞，便会影响到四川的政局，每次南北政府中央的政局变动也会影响到四川时局的变化。

第三，封建割据意识与地方正统思维又引发出政治上的投机心态，造成混乱的政治环境，使得四川军政府及川军各军事首领，以各自利益为核心，忽而攀南，忽而附北，多次参与南北政府争夺四川的军阀混战，促成了四川政治的四分五裂。

（三）南方政府内部矛盾引发军阀混战

1915 年 12 月，滇军创始人与领导者唐继尧[①]与蔡锷、李烈钧联合宣布云南独立，唐继尧任中华民国护国军总司令，打响了护国讨袁战争的第一枪。1916 年 5 月，滇、黔、粤、桂四省护国军在广东肇庆共组护国军中央机构军务院，以代行北京国务院的职权，推唐继尧为抚军长。护国战争结束后，护国军参谋长兼滇军总司令罗佩金暂署四川督军，执行唐继尧之"强滇弱川"政策，引起川军公愤，于 1917 年 4 月引发了刘罗之战，狭义上的四川军阀混战由此发端。1917 年 8 月，孙中山发起第一次护法运动，在广州成立护法军政府，选举孙中山为大元帅，唐继尧、陆荣廷为元帅。缺少实力的孙中山，按其"依南讨北"理念，把护法的希望寄托于南方军阀，尤其寄希望于桂系陆荣廷和滇系唐继尧为首的西南地方实力派。然而，唐继尧则以机会主义态度参加孙中山的护法运动，以自命靖国军总司令的方式，对四川虎视眈眈，这就使得南方政府对四川的拉拢与争夺的政治背景更为复杂，并由此引发了川、滇、黔军阀之间的多次混战。

（四）川军派系林立为争夺防区而混战

近代四川军阀的出现，既具有近代中国军阀割据及混战的产生逻辑，又具有其自身演变发展之特点，主要表现之一是军阀派系林立，为争夺防区加剧混战。考四川军阀派系林立和混战不断的渊源，川军各派系人员主要来源有三：各军校师生、同盟会与国民党人、地方袍哥与民军。清末民初，在反对清政府与北洋军阀的统治

---

① 唐继尧（1883—1927），滇军创始人与领导者，滇系军阀首领。1913 年秋，唐继尧继蔡锷之后出任云南都督，开始执政云南长达近 14 年，在中国近代史上是一位颇受争议的人物。

中，四川国民党（前期为同盟会）势力与地方民众势力不断壮大发展，与军事学堂学生军的力量呈犬牙交错之态势，演生出四川军阀的众多派系，加剧了四川军阀的相互混战。再考川军军事首脑人物之中，以标榜"学派"而结成派系，且历时较久，并对川省政局变化影响较大者，有五大军阀派系。

第一，四川武备系军阀。四川武备学堂是 1902 年四川创办的第一所军事学堂，其学堂教官由留学日本士官学校的尹昌衡、胡景伊、周骏、刘存厚、徐孝刚、周道刚、钟体乾等担任，与武备学堂学生刘成勋、王陵基、胡忠亮、彭光烈、孙兆鸾等为师生关系。在四川历史舞台上，武备系军阀初兴于 1912 年尹昌衡、胡景伊先后任川督之时期，初衰于 1916 年陈宧①督川战败出川之时。武备系军阀再兴于 1916 至 1917 年，北京政府先后任命川军第一师师长周道刚和第四师师长刘存厚为四川督军时，再衰于 1921 年四川南督军驱逐北督军的驱刘之战结束之时。

第二，四川国民党系军阀：实业团系与九人团系。

国民党实业团系军阀，指四川同盟会内，以谢持为负责人，骨干人物包括张培爵、夏之时、颜德基、黄复生、卢师谛、吕超等的第一个小团体，成立于 1909 年，主要由四川高等学堂师生和教育界人士组成。实业团系军阀兴起于 1912 年 2 月组成的中华民国四川都督府之时，张培爵任副都督，夏之时为重庆镇抚府镇抚总长，形成了与驻成都武备系军阀实力不相上下的军阀集团。该系军阀衰落于 1920 年 11 月靖川之战结束之时，倒熊川军之实业团系军队战败出川。

国民党九人团系军阀，是指四川国民党内以熊克武为首的四川国民党派别，其成员有但懋辛、李蔚如、喻培棣、余际唐、张冲、吴秉均、刘光烈、龙光八人，他们早年均留学日本东京，都是同学同乡，过往甚密，在辛亥革命与捍卫民主与共和制的斗争中，九人如影随形，形成派别。四川靖国战争后，熊克武执掌四川军民两政，任命九人团成员掌握了四川军、民、财大权，九人团系势力形成。该系势力最终于 1924 年 4 月在四川讨贼大战中战败出川。

第三，四川速成系军阀。速成系军阀指川军中主要以四川陆军速成学堂出身的军人结成的派系。其前身为 1906 年川督锡良开办的四川陆军弁目队，1907 年川督赵尔丰开办的四川陆军速成学堂。主要人物有刘湘、杨森、潘文华、唐式遵、王缵绪、马德斋、陈国栋等。

---

① 陈宧（1870—1939），字养铦，湖北安陆人。1895 年秋入湖北武备学堂。1912 年助黎元洪、袁世凯杀张振武、方维。1913 年，通过政治拉拢、军事策反、经济收买等手段，帮助袁世凯镇压了各地的二次革命。1915 年任四川督军。1916 年和蔡锷护国军停战，宣布四川独立，反对袁世凯称帝。

速成系一号首脑刘湘①。1920 年 8 月在靖川之战时，刘湘被熊克武委为川军第二军军长。1921 年 6 月，熊克武驱逐刘存厚后，熊克武推出刘湘主持川中军民两政，实行联省自治。此后，刘湘在四川军阀内战过程中历经退居山野、东山再起、易帜整军、二刘争川的复杂过程，使速成系军阀势力不断膨胀，成为川军中最为强悍的军阀派系，于 1933 年统一全川。

速成系二号首脑杨森②。1921 年 6 月，刘湘就任川军总司令，杨森代理第二军军长。杨森自 1922 年在川军站稳脚跟后，为了独占四川，依靠北洋军阀势力，与川军各部角逐达六年。1928 年 10 月，杨森组织八部联盟向旧二军刘湘部发起下川东之战，结果杨森败北，经此一战而寄人篱下，失去了争霸四川的资本。

第四，四川保定系军阀。所谓保定系军阀，是由四川陆军小学、陆军中学、陆军预备学校三校升入保定军官学校的军人所结成的川军派系。该系出身的四川军阀首脑人物有邓锡侯③、田颂尧④、刘文辉、向传义、吕超、陈鼎勋、夏首勋、孙震等，并以邓锡侯、田颂尧、刘文辉为首。1925 年 4 月，刘湘发起倒杨之战，杨森战败出川。此战中刘文辉崭露头角，并与邓锡侯、田颂尧一同进驻成都，成为保定系三首脑。川军易帜时，刘文辉被任命为二十四军军长，邓锡侯为二十八军军长，田颂尧为二十九军军长，三军在成都设立三军联合办事处。1927 年、1929 年、1931 年刘文辉先后发动驱刘（成勋）倒赖（心辉）之战、对战四川军官系军阀之上川东之战和北道之战，三战皆胜。1932 年秋，四川军阀规模最大的"二刘之战"爆发，保定系内部分裂，刘田"省门之战"，刘邓"毗河之战"相继爆发。1933 年刘湘乘机进攻，刘文辉部全线瓦解，率残部退守西康。经此一战，保定系内部元气大伤，仅邓锡侯在川还有一定实力。

---

① 刘湘（1888—1938），谱名元勋，字甫澄，法号玉宪，四川成都大邑人，民国时期四川军阀，国民革命军陆军一级上将。四川陆军速成学校毕业。1921 年 7 月，被推为四川各军总司令兼省长。1937 年 10 月率领川军带病奔赴抗日前线，1938 年 1 月 20 日在汉口去世。

② 杨森（1884—1977），字子惠，原名淑泽，又名伯坚，四川广安县人，祖籍湖南衡阳草堂寺，川军著名将领，国民革命军陆军二级上将。他经历了辛亥革命、护国战争、军阀混战、抗日战争等历史时期，既有早年讨袁护国，炮击英舰，保护朱德、陈毅、胡志明的正义之举，又有勾结吴佩孚破坏革命、制造"平江惨案"和积极追随蒋介石打内战的斑斑劣迹，最后逃至台湾而以 93 岁高龄去世。

③ 邓锡侯（1889—1964），字晋康，四川营山县人。历任护国军营长，川军连长、营长、团长、师长、军长、集团军总司令。中华民国陆军二级上将、著名抗日将领。新中国成立后历任西南军政委员会副主席兼水利部长、四川省人民政府副省长、民革中央委员、全国人大代表等。

④ 田颂尧（1888—1975），四川简阳人，陆军上将。1910 年加入同盟会。1918 年 12 月任川军第二十一师师长，1926 年 12 月任国民革命军第二十九军军长。1949 年 12 月在四川彭县参加起义，后任西南军政委员会参事、四川省人民政府参事、民革四川省委委员、民革中央团结委员会委员。

第五，四川军官系军阀。所谓军官系军阀，是指川军中以李家钰[①]、罗泽洲[②]为首的四川陆军军官学堂的军人结成的派系。1927年，军官系学生李家钰作为二十八军邓锡侯名义部下，由第一师师长升任四川边防军总司令，时驻遂宁，占据乐至、安岳、简阳等七县之防区，时号"遂宁王"；军官系学生罗泽洲被委任四川陆军第十一师师长，驻顺庆，占据广安、蓬安、营山等七县，称"顺庆王"，两人遂成为军官系的首脑。川军易帜后，李家钰、罗泽洲为扩大地盘，与驻万县的杨森部合作，形成与成都保定系军阀、重庆速成系军阀之三足鼎立局面。随后李罗二部作为速成系、保定系对立一方，先后参与了1928年讨杨逮吴之战、下川东之战和1929年的上川东之战，最后在1931年的北道之战中战败而衰落。

二、四川军阀长期混战之演变过程

1915年四川中行诞生，1916年四川成为讨袁护国战争主战场。1917年起到1933年为止，17年之狭义上的四川军阀混战，是与四川中行草创时期高度吻合的。现将伴随四川中行创业早期的四川军阀混战概况整理如下。

（一）陈宧图川与讨袁之战事

1915年，时值川滇黔尚由地方实力派控制，川督胡景伊虽然拥袁，但非北洋嫡系出身。袁世凯抱称帝野心，乃命亲信陈宧率伍祥祯、冯玉祥、李炳之三个混成旅入川，并改编川军，控制全省政务，创设筹安会，川军因不堪压迫，乃谋倒袁。1915年12月12日，袁世凯宣布恢复帝制。12月25日，唐继尧、蔡锷、李烈钧、戴戡[③]等在云南宣布独立，成立护国军，号召各省参加讨袁。

1916年元旦，袁世凯在北京正式称帝，云南军政府亦发起武力讨袁之护国战争，蔡锷率护国军第一军三个团先行入川，以左路主攻宜宾，以中路主攻泸州，以戴戡部为右路入黔，向原四川綦江、重庆一带进攻。袁世凯急调曹锟、张敬尧、李长泰率兵三个师入川，并联络陈宧率伍祥祯、冯玉祥、李炳之三个混成旅，而与护国军战于叙府、泸州、綦江之间。与此同时，二次革命战败出川的川军将领熊克武组织

---

① 李家钰（1892—1944），字其相，四川蒲江县人。早年隶属川军邓锡侯部，为四川军阀中最小派系——军官系首领。曾任四川边防军总司令，国民革命军第四十七军中将军长。抗战时期殉国，被国民党政府追赠为二级陆军上将，准入祀忠烈祠，举行国葬。1984年，经四川省人民政府追认为革命烈士。

② 罗泽洲（1891—1950），四川军阀，早年是邓锡侯属下，军官系二号人物。曾镇压刘伯承领导的顺庆起义，打劫吴佩孚的卫队，扩充占地，号称顺庆王。后任新编二十三师师长，1935年部队被刘湘收编。1936年11月9日任四十七军副军长。1950年自杀。

③ 戴戡（1880—1917），贵州贵定县人，进步党，云南护国第一军第四梯团第七支队长，后改为滇黔联军右翼总司令。另有史料记述，戴戡为云南都督府左参赞，云南护国第一军第四梯团长。

约 5000 人的四川义军，配合护国军作战。经蔡锷秘密策动，川军二师师长刘存厚①亦在川南纳溪策兵反袁，使护国军遂得以长驱入川，树立护国旗，发起讨袁军。经数月激战，护国军节节胜利，陈宧亦于 5 月 22 日易帜叛袁，6 月 30 日，日滇黔川护国联军攻入成都，袁军卒归失败，反帝讨袁大功乃成。

（二）讨袁之战后刘存厚乱川

袁氏死后，民国再造。黎元洪继任民国大总统，段祺瑞为国务总理。1916 年 7 月 6 日，北京政府命蔡锷为四川督军兼省长，戴戡为四川军务会办。蔡锷就职四川督军未久便东渡日本治病，行前保举滇军实力人物罗佩金②暂署四川督军，推荐刘存厚任川军第一军军长。1916 年 11 月 8 日，北京政府以罗佩金继任四川督军，戴戡得任四川省长并仍兼军务会办；刘存厚未得升任，心中不满。

川滇刘罗之战（1917.4）：1916 年冬，罗佩金奉行唐继尧"强滇弱川"政策，提出针对川军的"削藩"计划。1917 年 3 月，罗佩金以武力解散川军第四师，川军将领刘存厚乘机联络川军各部共谋驱罗。同年 4 月 18 日，刘罗之战爆发，致成都巷战。四川省长戴戡因觊视督军位置，所部黔军在刘罗巷战时采取中立态度，不出助罗，意收渔翁之利。4 月 24 日，罗佩金之滇军战败被迫分路退出成都。北京政府免去罗佩金督军职和刘存厚之职，由省长戴戡兼任四川督军。

川黔刘戴之战（1917.7）：1917 年 6 月，值北京政变与张勋复辟，张勋曾支持刘存厚为四川巡抚，刘当时未表明态度。戴戡继任川督后，欲以黔军统一川局，借刘存厚与张勋复辟有关之名，逼其解职，因而发生了刘戴之战。同年 7 月 5 日，刘、戴在成都展开激战，黔军势孤，退守皇城，求救滇军，罗佩金虽表示援助，但始终按兵不动。戴戡因弹尽粮绝于 7 月 17 日乔装突围，刘存厚派兵沿途截击，陷入绝境的戴戡自杀身亡。北京政府即任命川军第一师师长周道刚为四川督军。

驱逐滇黔军之战（1917.8—1917.10）：刘存厚在驱逐罗佩金、逼杀戴戡后，招来滇系头领唐继尧、黔系头领刘显世的报复。滇黔军多部在川南云集 4 万之众，一部由叙府、嘉定转战青神、眉州，一部则经荣县、威远而袭仁寿、叙府、泸州。刘存厚则提出"川人治川"的口号，联合第一师周道刚、第三师钟体道发起对入川的滇黔军的驱逐之战。到 10 月底，联合起来的川军击退了入川之滇黔联军。

（三）护法时期之熊克武主川

1917 年 6 月，执掌中央政府的段祺瑞拒绝恢复被张勋废黜的《中华民国临时约

---

① 刘存厚曾在云南任管带，系蔡锷旧部，又是士官同学。

② 据《云南护国都督府和护国将佐名单》记载，罗佩金（1878—1922），云南省澄江县人，同盟会员，护国第一军第一梯团长，辖刘云峰、邓泰中两个支队，后任蔡锷第一军参谋长。

法》，妄想通过操纵国会按照自己意图"再造共和"。同年9月，孙中山在广州组建护法军政府，与段祺瑞控制的北京政府公开决裂，号召出师讨伐段祺瑞。1917年10月，第一次护法战争爆发。段祺瑞既对湖南用兵以制两广，又对四川用兵以制滇黔；既任命刘存厚为四川军务会办，又派长江上游总司令吴光新率兵入川。缺少实力的孙中山则把护法的希望寄托于滇系唐继尧等南方实力派。然而，唐继尧则与孙中山保持若即若离的关系，以机会主义投机心态加入护法运动。

1. 第一次护法之四川靖国战争（1917. 11—1918. 2）

唐继尧在川军驱逐滇黔军出川之战后，为实现控制四川的野心，便借孙中山"护法"的大旗，组织滇黔靖国联军并自任司令，于1917年11月13日以川军刘存厚阻碍滇军为名，率滇黔靖国联军发动了靖国战争。此战属于四川军阀夹杂在南北政府之间的南北大战，主要由四川国民党九人团熊克武部与实业团石青阳、黄复生各部响应孙中山号召联合成立四川靖国军，并与唐继尧之滇黔靖国联军一道，共同对战附北的四川军务会办刘存厚部和四川督军周道刚部及段祺瑞派入四川的北洋军吴光新部。此战开始后，吴光新因其靠山段祺瑞于11月22日下野[1]，乃不得不由重庆移驻宜昌。吴退走后，四川督军周道刚亦战败撤出重庆，滇黔靖国军乘机于12月4日攻入重庆。12月15日，川滇黔三省靖国联军汇集重庆，共同推举唐继尧为川滇黔靖国联军总司令，熊克武为四川靖国各路军总司令，并决定兵分三路会攻成都，合力讨伐北京政府于1917年12月8日新任命的四川督军刘存厚。1918年2月25日，熊克武部攻克成都，靖国联军各部亦先后进驻成都，刘存厚败退陕南。孙中山抢先委任国民党实业团成员及川军第五师师长吕超[2]为四川督军，吕超以唐、熊势大，不敢就职。2月25日，唐继尧则以靖国联军总司令名义，任命熊克武为四川督军兼省长。3月8日，孙中山被迫以广州军政府大元帅名义，任命熊克武为四川督军，杨庶堪为四川省长。

2. 熊克武入主四川之功与过（1918. 2—1920. 4）

1918年3月，熊克武在三次入川、两度败逃后终于完成了他的革命目标，开始执掌四川军政两权，他任命九人团成员分别掌握了四川军、民、财大权。据《民国高级将领列传》[3]记述，熊克武执掌四川军政两权后，为治理好四川，做了许多工

---

① 1917年在继任的冯国璋总统任期内，就解决南北分裂、统一中国的方式问题，段祺瑞与冯国璋发生第二次府院之争，段于11月22日辞职（1918年3月22日复职）。

② 吕超（1890—1951），名平林，字汉群，四川宜宾人，四川国民党实业团成员，川军高级将领，国民革命军陆军中将加上将衔。同盟会会员，曾任京津同盟会军事部长。毕业于保定陆军军官学校。1917年5月，被广东军政府任命为川军第五师长。1920年8月被广东军政府任命为川滇联军副总司令兼川军总司令。

③ 王成斌. 民国高级将领列传（第七集）. 北京：解放军出版社，1989年5月.

作，包括缩编军队、实行清乡、停止苛捐杂税、整顿货币、振兴实业和教育、依法召集四川省议会，开展禁烟工作，并在维护国家的独立和尊严方面做了许多努力。总之，熊克武主持川政两年多以来，四川的局面和人民生活是辛亥革命以来最稳定的时期。然而，"熊克武因得云贵两军的援助而握全川政权，乃划叙府、泸州、重庆等富庶之区作为云贵军防地，而由其防地供给其军饷，此实四川防区制开端"。也就是说，1919 年 4 月，为避免川境内各系军阀为争抢地盘而发生武装冲突，熊克武在不得已中颁布"四川靖国各军驻防区域表"，确定各系军阀的地盘及主客各军"就防划饷"之决定，由此种下了四川军阀防区制的祸根。从 1920 年到 1933 年，川省内先后出现了十多个集防区内军政财权于一身的"独立王国"，致使四川一省内养兵过百万，遂演成循环不已的四川内战。

（四）护法解体后之两次大战

1918 年 5 月，广州军政府内部分裂，非常国会强行通过了《修正军政府组织法案》，取消大元帅制，实行军政府"七总裁合议制"。非常国会选举唐绍仪、唐继尧、孙中山、伍廷芳、林葆怿、陆荣廷、岑春煊七人为政务总裁，以岑春煊为主席总裁。改组后的军政府完全由桂、滇军阀及其附庸政学会所控制，使护法成为空名。孙中山愤然离广东赴上海，第一次护法运动宣告失败。在南方政府"七总裁合议制"期间复杂的政治背景下，孙中山为获得唐继尧的支持，达成驱逐桂系军阀陆荣廷出粤边而重组广州军政府的目的，于 1920 年 3 月致电唐继尧，支持其在四川发起倒熊之战。倒熊之战后，四川又发生了南督军熊克武与北督军刘存厚联合发起的驱逐滇黔军之靖川之战。

1. 在南方政府复杂政治背景下之倒熊之战（1920.4—1920.7）

尽管在熊克武主持川政两年多里，四川的局面和人民生活是辛亥革命以来最稳定的时期，但随着时间推移，熊氏主川时期之政治矛盾亦不断累积。

第一，四川国民党内部九人团与实业团两派的政治矛盾。由于两派政见各异，熊氏督川后，利用整编军队之机，对实业团成员等部军民多所排挤，双方矛盾激化；熊氏对孙中山任命的省长杨庶堪心感不满，使其政令不畅，杨则对熊氏心生怨恨。

第二，熊氏与滇黔军阀之间的利益矛盾。靖国战争时，云南唐继尧、贵州刘显世帮助过熊克武入主四川，但只是为了拉拢熊，以将川滇黔三省军政民划入联军司令部管辖，这自然遭到熊克武的强烈反对，川滇黔矛盾亦公开化。

第三，熊氏与孙中山之间的政见矛盾。国民党高层存在着孙中山为首的激进派和黄兴为首的稳健派之政见分歧，反映在四川国民党内部，九人团系熊克武的革命思路与黄兴极为相似，实业团系杨庶堪等人革命思想则与孙中山深入一致。靖国战争快结束时，孙中山更希望实业团吕超等人控制川局，当吕超攻入成都后，孙中山绕过唐继尧、熊克武，任命吕超为四川督军，并主张军民分治，推荐杨庶堪任四川省长，以扼制熊克武的权力。与此相对，在广州护法军政府排挤孙中山时，熊克武曾致电祝贺广州军政府改组为"七总裁合议制"，并就任了改组后军政府委任的四川督军职。考虑到国民党政学系与熊克武的一致关系及孙中山与政学系的矛盾，孙之"倒熊"也在所难免。

1920年4月，倒熊之战爆发。此战由唐继尧所率滇黔联军与以吕超为总司令合组而成的倒熊川军一道，共同对战九人团系熊克武之川军。同年5月，在唐、熊双方来回争夺中，川军新秀第二师师长刘湘，最终选边站队于熊克武，川军第四师刘成勋、第八师陈洪范亦退出倒熊川军而拥熊并联兵讨伐唐继尧，取得不少胜利。同年7月，在孙中山催促下，滇黔联军和倒熊川军全面反击，熊克武撤出成都，退往川北阆中整编。吕超率军进入成都，实业团取得暂时胜利。然而，滇黔联军却设川滇黔三省联军总部于成都，以唐继尧为统帅，川省军、民、财各政统归联军总部管理，吕超形同傀儡。

2. 南北督军联合驱逐滇黔军之靖川之战（1920.8—1920.11）

上战落败的熊克武，为彻底驱逐滇黔军阀在四川的势力，于1920年8月把北洋政府委任的四川督军刘存厚从汉中请回四川，熊以驱逐滇黔客军相号召，化敌为友，共同对付滇黔联军及倒熊川军吕超等部。双方商定，战事未决胜负前，熊刘均不作四川督军，而以刘湘为川军前敌各军总司令，负责统一指挥。9月，刘熊联军攻占成都，滇军战败退出四川。10月，刘熊联军会攻泸州时，滇军第二军参谋长兼独立团团长杨森加入川军。刘熊联军又攻占重庆，黔军残部逃回贵州。实业团吕超部亦被逐出四川，杨庶堪亦辞省长职赴广州，到11月，实业团在川政治势力宣告瓦解，这为四川第二代军阀之速成系刘湘势力的崛起提供了契机。

（五）联省自治与速成系崛起

1920年8月，由孙中山支持的驻闽南之粤军陈炯明部发起粤桂战争，由闽回粤讨伐窃据广东之桂系军阀，10月，粤军将桂系逐回广西。11月，孙中山由上海抵广州，重组军政府，发起第二次护法运动。1921年5月，广州护法军政府取消，代之以中华民国政府，孙中山宣誓就任中华民国非常大总统。6月，民国政府发动粤桂战争，打败桂系，统一广西。1922年5月，孙中山又北伐江西之直系军阀；6月粤军陈炯明叛变，炮轰总统府，孙中山避入永丰舰，在同叛军奋战近两个月后，于8月9日被迫回到上海，中华民国正式政府遂告瓦解，孙中山领导的第二次"护法运动"失败。在此背景下，四川进入联省自治时期，先后发生了驱刘之战、川鄂之战、一二军之战等三次军阀混战。

1. 四川南督军驱逐北督军的驱刘之战（1921.3）

靖川之役中，熊克武与刘存厚本为一时利害而结合，驱逐客军之后，其共同目标即已消失，于是熊刘之间又发生利害冲突。战后刘存厚在成都打起北洋政府任命的四川督军公署招牌，熊克武在重庆恢复广州军政府任命的四川督军公署，形成了一省同时存在着南北政府各自任命四川督军之对立态势，北京政府希图对此加以调解，于1920年12月按照刘存厚所拟方案发出命令，任命刘存厚为四川督军，熊克武为四川省长，刘湘为重庆护军使，遭到熊克武、刘湘等坚决反对。与此同时，孙中山发起第二次护法运动，正谋求成立取代北京政府的正式政府。熊克武考虑到自己不被孙中山信任的尴尬政治处境，主张"既不附南，亦不附北"，刘湘亦多附和熊克武，与川军各军将领一致赞同四川自治。

1921年2月28日，熊克武、但懋辛、刘湘、刘成勋等联名通电，宣布刘存厚违反民意，是四川自治之一大障碍，应予驱逐，四川南督军驱逐北督军的驱刘之战于是年3月随之展开。以但懋辛第一军（九人团）、刘湘第二军、刘成勋第三军分三路夹击成都，共同对阵北督军刘存厚之邓锡侯、赖心辉、田颂尧、刘斌等部。刘存厚再受压迫，于3月20日通电下野，间道离川再逃陕南。其部下邓锡侯、田颂尧，虽曾在新都、广汉与熊、刘两军决战，但后来邓、田亦离脱刘存厚之关系而自立门户，初步形成以邓锡侯为首的四川保定系派别。

2. 川军向外发展之川鄂战争（1921.8—1921.12）

1921年6月，川军各将领在重庆召开驱刘之战的善后会议，由熊克武主导，刘湘被推举为四川各军总司令和四川省省长，四川省正式宣布联省自治，重申与南北政府脱离关系。此时川中各军均势已经形成，刘湘第二军实力与但懋辛第一军不相上下。在此背景下，熊刘二人认为，要避免四川内战，川军应向外发展。恰逢原鄂军请求川湘两省出兵支援，协力驱逐直系军阀两湖巡阅使兼湖北督军王占元，以便湖北实行自治。湘督已决定出兵援鄂，熊克武为了以"联省自治"之名对抗北洋政府，同刘湘商定，组织川军一、二军联合援助湖北自治运动。1921年8月中旬，刘湘自任援鄂军总司令，兵分两路攻鄂，先攻占巴东，随即夺取秭归，进逼宜昌。9月初，川军两次猛攻宜昌不克。吴佩孚攻下湖南岳州后，即回师西援，于9月22日解宜昌之危，随后收复鄂西。11月下旬，吴佩孚恐奉军南下和南军北进，遂与刘湘于12月21日议和，川军遂分期全部撤回川境。

3. 九人团与速成系之一、二军之战（1922.7—1922.8）

川鄂战争失败，川军对外发展受阻，内部矛盾激化，一、二军互相责难，引起两军交恶。当熊克武获知刘湘与孙传芳结盟[①]后，深感于己不利，便借军队编制、防区划分等问题，煽动川军各部联合与刘湘为敌。刘湘则密谋采用整军手段，逐步削弱第一军力量，以乘其驻地分散，相机各个击破。但懋辛闻讯，即急电省方各部首脑，指责刘湘、杨森借改编为名，阴谋诱骗第一军部队。一时舆论哗然，省方各军群起谴责刘湘，鉴于川军各部多已站在熊方，刘湘只得以退为进，于1922年5月通电辞去本兼各职，所兼第二军军长职交杨森接充。杨森接任后，意欲扩充自己的实力，另立新二军系，遂与刘湘密谋，决定先消灭第一军，然后统一四川。同年7月9日，杨森带兵突袭驻忠县之第一军，一、二军之战爆发。熊克武则组织省联军讨伐杨森，推第三军军长刘成勋为川军临时总司令，推第三师师长邓锡侯，四川边防军司令赖心辉为正、副指挥，进攻重庆，支援第一军。8月9日，省联军攻破重庆，8月20日，杨森再退到湖北宜昌，依附吴佩孚。此战之中刘湘以在野之身，回到安仁镇老家栖隐。

（六）刘成勋短暂主政及混战

一、二军之战后，在熊克武主导下，第三军军长、川军总司令兼省长刘成勋主持四川军政。孙中山来电让刘成勋舍弃武力，趋向实业，但刘认为川中群雄竞起，没有强大军力则一事无成，对孙的忠告置之不理。刘成勋虽然一时炙手可热，位高权重，但并不能控制全川各旅军队。

1. 一、三、边军与三、七、廿一师内讧之战（1923.1—1923.4）

1922年10月，刘成勋在成都主持召开善后会议，第三师邓锡侯、第七师陈国栋自恃有功，要求升任军长。第三军刘成勋、第一军但懋辛、四川边军赖心辉为巩固既有势力，在会上提出废军长制和分期裁兵方案。邓锡侯、陈国栋及第廿一师田颂尧竭力反对，但因第一、三、边军人多，遂获通过，使双方结下仇怨。1923年1月5日，刘成勋以川军总司令名义通令全军裁兵。1月29日，刘成勋借口陈国栋擅自收编何金鳌部，电令解除陈国栋第七师师长职，派兵武力解决陈部。邓锡侯与陈国栋同为保定军校同学，又一起反对废军长制，于是起兵援陈。2月10日，刘成勋遂下令第三军讨伐陈国栋第七师和邓锡侯第三师，但懋辛第一军、赖心辉边军则举兵响应，形成一、三、边军与三、七师之战。邓、陈退至德阳时，田颂尧率第廿一师支援，遂形成一、三、边军与三、七、廿一师之战。3月下旬，邓锡侯突发奇兵，间道偷袭成都，围熊克武、刘成勋于孤立无援的空城。此时第九师师长刘文辉亦率兵

[①] 川鄂战争中，川军劳师动众援鄂，虽一无所获，但刘湘从中找到外援，在汉口有了立足点。经过互派代表晤谈，1922年1月，刘湘与孙传芳结拜为盟兄弟，订下密约：如孙传芳遭受攻击，刘湘出兵支援；如四川发生战争，孙传芳亦以兵力和械弹援助刘湘，随即刘湘又在汉口设立办事处，成为对外活动的中心。

抵达成都①，经协商，刘成勋等让出成都，交刘文辉接管，刘文辉则负责把邓锡侯部阻隔在东门外以北地区，让刘成勋等部由东南两路撤退。3 月 30 日，刘成勋通电辞职停战，率部撤离成都，退往新津。4 月 2 日，刘文辉入成都，以成都卫戍司令名义维持成都秩序，在成都兵工厂装备了 5 个步兵团的枪支。4 月 5 日，邓锡侯、陈国栋、田颂尧部开入成都，刘文辉把成都交给邓锡侯等，退回原防地，保定系军阀刘文辉由此崛起。

2. 夹杂在南北政府之间的四川讨贼大战（1923.4—1924.4）

1923 年 4 月，就在川军内讧大混战将结束时，直系军阀吴佩孚为武力统一中国，乘机动员直、豫、鄂、陕、甘五省兵力，组成援川军，拥杨森回川，邓锡侯、陈国栋、田颂尧、刘存厚等附北川军予以呼应。与此同时，孙中山组织粤、滇、桂军联军，攻打叛军陈炯明部，于 1923 年 1 月攻下广州。孙中山重返广州后于 3 月正式成立陆海军大元帅大本营，自任大元帅，下令兴师讨伐吴佩孚。4 月，孙中山说服熊克武，再度与四川国民党实业团系联合讨贼。6 月，孙中山任命熊克武为四川讨贼军总司令，刘成勋为川军总司令兼省长，赖心辉为前敌总指挥，统率一、三、边军与实业团石青阳、吕超、颜德基等部讨贼。云南唐继尧为当"西南王"，亦与贵州刘显世一起派兵入川，助熊讨贼，由此形成夹杂在南北政府间的四川讨贼大战。此战自 1923 年 4 月起，至 1924 年 4 月为止，历时一年。战争分两个阶段，4 月至 10 月为第一阶段，11 月至次年 4 月为第二阶段。

第一阶段战事：4 月，杨森攻占熊克武部占据之重庆；5 月，熊克武集合一、三、边防军夺回成都；6 月，唐继尧和刘显世之滇黔军入川助熊讨贼，讨贼军再次攻克重庆；7 月，吴佩孚见四川战事成胶着状态，便调整部署，任命黔军总司令袁祖铭为援川军总司令，并在附北川军众将领共同拥护下，任命刘湘为四川清乡督办，统驭反熊川军等部，协同杨森反攻，杨部再次夺取重庆。9 月，讨贼军会集重庆，至 10 月 16 日，讨贼军再次攻克重庆，杨森退往万县。

第二阶段战事：吴佩孚专以孙中山任命的熊克武第一军为进攻对象，对第三军刘成勋和边防军赖心辉进行秘密拉拢，致使熊克武第一军陷入困境。11 月，援川军攻梁山、垫江、长寿，讨贼军溃败。12 月，袁祖铭之援川军及刘湘之附北川军再克重庆，熊克武部退往川北。关键之时，第三军刘成勋和赖心辉边防军一起宣布中立，退出战场，断绝和熊克武第一军合作关系，导致讨贼盟军瓦解。1924 年 1 月，杨森

---

① 内讧之战时，刘文辉既支持邓锡侯等保定同学，调三个团兵力由宜宾来成都参战，又通过赖心辉疏通，接受刘成勋任命，升为第九师师长兼成都卫戍总司令。

出兵直扑川北潼川熊克武总指挥部，熊险中脱逃。1月底，刘湘、杨森、袁祖铭等占领成都，刘成勋率残部退往川南及康定地区。3月及4月，熊克武联合滇军两次袭击重庆均遭失败。熊克武因所部叛离，遂败走出川到广东向孙中山辞职，国民党九人团控制的川军第一军在川势力瓦解，孙中山发动的四川讨贼之战亦告失败。役后，四川速成系军阀杨森取得了四川最高统治权——四川善后军务督办，速成系军阀刘湘在经过退居山野后也再度崛起。

（七）刘杨争雄期间三次战争

1924年5月，北京政府任命杨森为四川军务督办，邓锡侯为四川省长，刘湘为川滇边防督办，袁祖铭为川黔边防督办，刘存厚为川陕边防督办，田颂尧为四川军务会办。也就是说，吴佩孚为加强直系军阀在北京政府的声势，既重用杨森，也利用川省多头，分别加官赐名，以示其号令能及于四川及西南之势。四川亦进入了速成系军阀刘湘与杨森之间的争雄年代。

1. 杨森争夺川军各军防区发起统一之战（1925.4—1925.5）

杨森自占领成都和任四川军务督办后，握有成都兵工厂、造币厂，乘机尽量扩充，实力远超各军之上，操纵军政大权，成为北洋政府在四川的代理人，企图武力统一四川。刘湘与杨森之间的矛盾已不可调和，速成系军阀分裂成刘湘的旧二军（潘文华、唐式遵、王陵基等师）和杨森的新二军系统（王缵绪、王兆奎、郭汝栋等师）。1925年4月9日，杨森在成都召开军事会议，决心以武力打破防区，他以督署统拨盐款为名，派所部王兆奎师进驻自流井，各军群起反对。4月12日，杨森借口统一，分兵五路，向赖心辉边军、刘成勋三军、刘文辉九师、陈国栋七师等部发起进攻。因杨森兵锋直指占据自流井富庶之地的刘文辉，刘抵挡不住杨森的凌厉攻势，被迫撤兵到重庆，向刘湘靠拢以求自保。赖心辉、刘成勋等部也退往重庆，依靠刘湘。段祺瑞恐杨森坐大不好统驭，便电令其交出自流井盐税，杨根本不予理睬。杨森仅用两个月时间，连战告捷，地盘扩大，军队也有大的扩充。

2. 刘湘组织川军联盟并联合黔军发起倒杨之战（1925.7—1925.9）

1925年5月，段祺瑞见杨森咄咄逼人，便明令免去其四川军务督办职务，调往北京署理总参谋长，以刘湘取代其军务督办职，并改任邓锡侯为四川清乡督办，另委赖心辉为四川省省长。杨森深知一旦兵权旁落，便会受制于人，于是只在成都遥领参谋总长职，继续留在四川。刘湘深感于己不利，既与川军刘成勋、刘文辉、赖心辉组成"三刘一赖"反杨联盟，又拉拢黔军袁祖铭组成川黔联军，共同倒杨，还对杨森所属王缵绪师进行策反。同年7月14日，杨森与刘湘、赖心辉、邓锡侯等之和议决裂，川军同盟军推黔军袁祖铭为总司令，共同发起驱杨之战。7月中旬，双方开始激战，月底杨森部主力师王缵绪部背叛杨森，投向刘湘，战局急转直下。8 月 4 日，联军强渡沱江，全线推进，杨森退守嘉定，随后派员与刘湘输诚。倒杨联军要求杨森交出兵权，杨森只好接受，愿只身出川游历。8 月 10 日，联军攻克成都。9 月 4 日，杨森被迫通电将所部交由刘湘节制，自率残兵再逃往万县。11 月 1 日，杨森乘船去武汉，再投吴佩孚。战后，杨森所部大多为刘湘收编，其余各军亦各有所得。刘湘让刘文辉接管杨森在川东的部分防区，刘文辉与保定系邓锡侯、田颂尧组成联军共同进驻成都。

3. 刘湘复联合杨森对战黔军的联杨驱袁之役（1926.1—1926.5）

1925 年 12 月 6 日，倒杨联军刘湘、赖心辉、刘文辉、邓锡侯、刘成勋、袁祖铭等齐集成都，召开军事善后会议，目的是以兵工、造币两厂及盐款为主要目标实行分赃，再次划分各军防地。袁祖铭因倒杨之役尽了相当力量，但未得到刘湘曾表示由成都兵工厂赶造步枪补充黔军的满足，负气返抵重庆。邓锡侯、田颂尧等亦与刘湘分赃失和，各方不欢而散。1926 年 1 月 24 日，袁祖铭抵重庆后发动江巴事变，进攻刘湘驻渝部队，至月底刘湘主力被袁祖铭逐出重庆。与此同时，杨森被逐到达汉口后，正遇吴佩孚打出讨伐奉系军张作霖"十四省讨贼联军总司令"的旗号招兵买马，杨森即被任为讨贼联军川军第一路总司令，遂回川收集旧部。由于刘湘决定驱袁祖铭出川，杨森急欲打回四川，两下一拍即合，签订"丙寅公约"，言明归还杨森原属兵权，商定由杨森统驭所部，与刘湘所部共同驱逐黔军袁祖铭，收复重庆后，下川东为杨森统治范围。1926 年 5 月 5 日，川军兵分上川东①、下川东②两路，由刘湘、杨森分别统领，夹击重庆。刘文辉亦在川南发起攻击，进攻袁军前敌总指挥吕超部于叙南。5 月 21 日，刘杨联军进占重庆，袁祖铭率黔军离川返黔。经此战役，杨森实力和地盘大为扩展，控制了下川东各县，再次成为川中一霸。

（八）川军易帜之后三次战事

孙中山因病逝世后，广州国民政府履行孙中山遗嘱，经第二次东征、南征，统一了广东革命根据地，为北伐创造了有利条件。1926 年 6 月，广州国民革命军出师北伐，深入湖南，攻克长沙、岳阳，兵锋直指武汉，川省震动。四川军阀纷纷派代

---

① 上川东，地区名，指四川盆地东部偏南部分，范围包括今重庆市区大部，涪陵、黔江二区和四川省达州、大竹、广安、武胜、邻水等市县。

② 据史料载，明洪武四年（1371 年），大明政府将设于四川省东部之重庆府（治今重庆市渝中区）、夔州府（治今重庆市奉节县）各划为一个监察区，即以重庆府为上川东道，以夔州府为下川东道。因夔州府在重庆府之东，古以东为下，以西为上，上、下川东道即以此得名。下川东，作为地域名，范围大致包括今重庆市万州区、开县、梁平、云阳、奉节、巫山、巫溪、城口八区县，以及四川省达州市所辖之通川区、达县、开江县、宣汉县、万源市（县级）。

表向国民革命军输诚。10 月，北伐军攻克武汉，声威大震，四川军阀见大势所趋，表示服从国民政府，同意军队易帜改编。1926 年 12 月 5 日，汪精卫由广州迁都武汉，成立武汉国民政府。1927 年 4 月 18 日，蒋介石在南京另立南京国民政府，以与武汉国民政府对峙（宁汉分裂）。8 月 25 日，蒋介石宣布下野，武汉国民政府迁往南京并入南京国民政府（宁汉合流）。1928 年 4 月 7 日，蒋介石在徐州誓师北伐，6 月 8 日，国民革命军开入北京，12 月 29 日，张学良通电"东北易帜"，北伐至此宣布成功，南京国民政府成为代表中国的合法政府，中国长达 13 年的军阀割据及混战暂告结束。然而，四川仍处战乱之中。

1. 四川军阀易帜改编后的川省态势（1926）

驱袁之战后，杨森控制了下川东各县，势力与刘湘不相上下，彼此都寻找吃掉对方，进而独统全川之机会。然而，全国政治形势的发展，迫使川军将领做出服从国民政府的抉择。广东国民政府则分别委任杨森、刘湘、赖心辉、刘成勋、刘文辉为国民革命军第二十、二十一、二十二、二十三、二十四军军长；任命邓锡侯、田颂尧为第二十八、二十九军军长。至此，川军全部易帜，改挂青天白日满地红旗帜，名义上归属国民政府统辖，然明争暗斗，未尝稍改旧观。蒋介石尚无力深入四川，就利用各军对立，多方挑拨，以毒攻毒，从中操纵川军。是年底，川军防区情况如下：二十军杨森所部拥有 7 万多人，控制了下川东各县；二十一军刘湘所部约 11 万人，驻重庆及上川东 20 余县；二十二军赖心辉所部人数较少，驻泸州、合江、江津、永川、纳溪、古蔺等县；二十三军刘成勋所部，驻新津、邛崃、蒲江、大邑、崇庆、名山、雅安等县；二十四军刘文辉所部 10 余万；二十八军邓锡侯所部约 6 万人，驻华阳、新都、广汉、彭县、郫县、新繁、崇宁、温江、灌县及松潘、理县、懋功、茂县等 20 余县；而邓锡侯所属李家钰师和罗泽洲部，俨然另成为两个小防区；二十九军田颂尧所部约 4.5 万人，驻成都及川北绵阳、三台等 20 余县。

2. 夹杂在南京与武汉两政府间的武汉之战（1927.4—1927.6）

国民党在北伐战争中成立过两个国民政府：1926 年 12 月汪精卫建立的武汉国民政府，1927 年 4 月蒋介石建立的南京国民政府。1927 年 4 月 29 日，刘湘、刘文辉、邓锡侯、杨森、刘成勋、赖心辉、田颂尧等部川军通电拥护南京国民政府。蒋介石指使粤桂川黔军阀，兵分六路，会同两湖军阀会攻武汉国民政府。蒋介石以占有汉阳兵工厂为条件，电请杨森出兵鄂西，攻打武汉国民政府。杨森见有利可图，于 5 月 5 日带兵 4.5 万人自万县东下，"奉命出兵，讨伐武汉"。当时，武汉国民政府独立第十四师师长夏斗寅亦被蒋介石收买，见杨部到来，即率部顺流而下，为杨军开路。5 月 21 日杨军占领武汉外围仙桃镇，夏斗寅部占领汀泗桥、贺胜桥。武汉国民政府主力部队已赴河南作战，留守武汉的叶挺部急赴前线，击溃夏斗寅师。同时，武汉国民政府急调唐生智第八军李云杰师包围进犯仙桃镇的杨森部，仙桃镇之战，杨森被歼7个团。6月8日，杨军大败逃至潜江，立足未稳，又遭到追击。武汉国民政府又调动鄂北一带部队截击西逃的杨军，杨森于6月24日乘福川轮逃回四川。当杨森欲退回万县时，刘湘已趁杨森出兵湖北之机派唐式遵部进驻夔州、万县，将杨森拒于夔门之外。随后，邓锡侯等部乘虚进袭重庆，刘湘即让回万县给杨森，回师击退邓锡侯等部的进袭。

3. 刘文辉为争夺防区发起驱刘倒赖之役（1927.6—1927.12）

在川军易帜后的7个军格局下，以二十二军赖心辉部和二十三军刘成勋部势力较弱。刘文辉为争夺防区，壮大实力，于1927年发起了驱刘倒赖之役。

驱刘之役。刘文辉率军驻成都，据有下川南眉山、青神、仁寿、宜宾、南溪、屏山、资阳、威远、容县等20余县，实力日渐强大，决心统一全川。但从宜宾、乐山至成都的通道，却被刘成勋所占据的彭山、双流、新津等县隔断，阻碍了刘文辉势力发展。尽管刘成勋与刘文辉是大邑同乡，然而在1927年6月刘文辉却突然出兵，分三路向刘成勋二十三军发动猛烈攻击，刘成勋终因实力悬殊，节节败退，仅半个月防地尽失。刘成勋逃出雅安至荣经，于6月29日通电下野，脱离政坛，息影林泉。刘文辉则占领了西康、邛崃、雅安地区。

倒赖之战。1927年冬，赖心辉和他的亲家刘成勋一样，也遭到刘文辉的突然袭击，丢失了泸州、合江、永川、纳溪、古蔺等大片防地。

4. 刘湘奉南京政府令组织讨杨逮吴之战（1928.2—1928.5）

1927年11月，吴佩孚因在武汉国民政府于武昌举行的第二次北伐中战败，便入川投靠杨森。杨森对吴佩孚倍加关照，此举遭到四川各界人士激烈反对和指责。1928年1月，南京国民政府明令免除杨森职务，由其师长郭汝栋取代第二十军军长职，但杨森不肯交权，与其部将矛盾激化。2月，刘湘奉蒋介石令，联合赖心辉、郭汝栋、范绍增、吴行光等四部，组织讨杨逮吴联军，于4月对万县形成战略包围，杨森退出万县，将主力向开江转移。5月，倒杨联军在开江与杨森部决战，杨森幸得二十八军十一师罗泽洲部之助，反败为胜，倒杨联军却遭败北。罗泽洲表面是为吴佩孚护卫，实际上是觊觎吴的卫队武器。

（九）川军三足鼎立三次大战

1927年驱刘倒赖之战后，川省内形成速成系军阀、保定系军阀、军官系军阀三足鼎立态势：速成系刘湘之二十一军长期占领重庆及下川东20余县，控制长江，势力不断坐大；保定系之刘文辉二十四军、邓锡侯二十八军、田颂尧二十九军结盟，在成都设立三军联合办事处，实行省城之军政、民政、财政三统一，以与驻重庆的刘湘之速成系相对抗；以李家钰、罗泽洲为首领的军官系军阀①，则与驻万县的杨森部合作，形成与保定系和速成系相抗衡的态势。

1. 川军新旧二军之间的下川东之战（1928.10—1928.12）

1928年9月23日，速成系刘湘与保定系刘文辉、邓锡侯、田颂尧在资中县举行会议，就统一意志、裁编军队、组织省政府三大问题达成协议。这次会议将川军其他各部屏之于外，激起各军怨恨。10月10日，杨森、刘存厚、赖心辉、郭汝栋、黄隐、李家钰、陈书农、罗泽洲八部联合成立"国民革命军同盟各军军事委员会"（八部同盟），推杨森为主席，同盟决定联合向重庆刘湘进攻，发动了下川东之战。刘湘即拉拢刘文辉，将资中、内江、荣昌、隆昌等防地交第二十四军接防，以换取刘文辉牵制驻遂宁的李家钰等各部，致使真正能向重庆进攻的仅有杨森、罗泽洲两部。杨、罗原计划联合同时进攻，不料罗泽洲为抢占重庆，于10月中旬率先出兵，以至孤军突进。10月17日，刘湘集结主力在江北一碗水地区迎战罗泽洲，罗部溃败。10月20日，刘湘在长寿铁山坪发起猛攻，杨森部大败，逃入李家钰防区。杨森因防地尽失，所部仅剩六个残缺不全的旅，只得退入渠县。经此一战杨森寄人篱下，失去了争霸四川的资本。此役后，南京政府中政会于1928年10月31日通过组织四川省政府会议，任命刘文辉、刘湘、邓锡侯、田颂尧等十三人为委员，任命刘文辉为四川省主席，刘湘为四川裁兵委员会委员长，川军战争演变成四巨头（刘文辉、刘湘、邓锡侯、田颂尧）两大派系（速成系与保定系）分割全省的局面。

2. 刘文辉对战军官系之上川东之战（1929.4）

八部同盟在下川东之战失败后，深怨刘文辉支持刘湘，牵制了李家钰等部不敢动作，导致战争失败，决心报复。同时，罗泽洲、杨森在下川东之战失去防地后，与李家钰部同处一隅，僧多粥少，也必须往外发展。1929年4月9日，李家钰、罗泽洲、杨森、黄隐四部在顺庆组织同盟军，推李家钰为总指挥，决定兵分三路进攻刘文辉的资中、内江防区，发动了上川东之战。4月16日，同盟军出动，由遂宁经乐至向资中、内江发起进攻。4月19日，两军交战，刘文辉部守将向传义先收缩兵力，后发制人。激战两天后，突然全军出击，同盟军败北，退出遂宁。刘文辉遂占据了遂宁、顺庆等县。后经邓锡侯、田颂尧出面调停，李家钰、罗泽洲、杨森始得退回原防地，上川东战事遂告结束。此战之后，刘文辉已拥有12万以上兵员；防区

---

① 李家钰原为邓锡侯部下，罗泽洲原为李家钰部属，却在自己防区内，独断专行，发号施令，就地筹饷，预征田赋，抓丁派夫，扩充部队，形成尾大不掉之势。1926年两人成为军官系的首脑。

共计 60 余县，等于大半个四川，且多是富庶之区，四川已渐成"二刘并立"局面。

3. 保定系对战军官系及速成系的北道之战（1931.2—1931.5）

1930 年 11 月，第十一师师长罗泽洲因内部哗变被扣。罗部隶属邓锡侯第二十八军，邓早有去罗之心，即升陈鸿文为师长，到顺庆接管该师，但邓锡侯宽待罗泽洲将其释放。1931 年 2 月，罗泽洲逃到李家钰部，李、罗联合杨森，向顺庆进攻，企图以武力强迫陈鸿文交出该师，挑起了北道之战（今遂宁及南充地区）。陈鸿文不敌李、罗、杨三部联合进攻，败退成都。3 月 20 日，邓锡侯联合保定系刘文辉和田颂尧两部，攻打李家钰、罗泽洲部。李家钰兵败，求刘湘援助。3 月 30 日，刘湘自重庆出兵助李家钰等抗击邓锡侯，随后进占合川。5 月间，全川大小军阀队伍在顺庆城周围云集，形成互相对峙和牵制局面，后经刘湘与刘文辉合作调解，邓、李双方被迫罢战言和。经此战后，四川军官系从此衰落。

（十）二刘抗争及其附属之战

1931 年 4 月 20 日，国民党政府改组四川省政府，仍以刘文辉为省主席，任命刘湘为四川善后督办。北道之战后，川中仅剩下刘湘、刘文辉两强，双方的政治与军事势力对比态势如下：第一，刘文辉身兼四川省政府主席、川康边防总指挥、二十四军军长等职，防区包括川康一带 81 县，几乎占四川总面积的一半，地盘大而且富，兵力达 12 万人，在四川各派中首屈一指，与此同时，刘湘任四川善后督办、二十一军军长，防区有川东南和鄂西一带计 46 个县，特别是控制着四川水陆交通的枢纽、进出口要津重庆，位置极为重要，兵力约 11 万人，地盘上虽稍次于刘文辉，但兵力上与之旗鼓相当；第二，川内其他军阀，如邓锡侯、田颂尧、杨森、李家钰、罗泽洲、刘存厚等人，各有兵力或四五万，或一二万，单独皆无力与二刘中的任何一方抗衡，但他们合起来近 15 万人，无疑成了二刘均势天平上起作用的砝码；第三，刘湘和刘文辉均怀统一四川之大志，尽管刘湘为刘文辉之嫡堂侄，但由于其军事实力并驾齐驱，争当雄长，已发展到"一林不能藏二虎"的地步。然而，从政治上讲，刘湘比刘文辉更为善谋。刘湘早在川军易帜后，就采取远交近攻策略，对外竭力讨好蒋介石。在国民党新军阀几次混战中，刘湘始终站在蒋介石一边，曾出兵相助。而刘文辉则数次与反蒋派结盟反蒋，南京国民政府曾两度在川重建国民党，都因遭到川军抵制无法完成，尤其是刘文辉极力反对国民党在其防区内活动，国民党计划要在四川召开全省党员代表大会也未能实现。蒋介石对二刘的爱憎可想而知。

1. 第一次"二刘大战"（附刘田省门之战）（1932.10—1932.12）

战事背景。第一，1931 年秋，刘湘在川江入口处扣留刘文辉用巨款从国外购买来的一大批军火，刘文辉乃亲自赴渝与刘湘开诚商谈。但协商没有什么结果，反使刘文辉备受刺激，快快而返，两方裂痕更大。第二，前几战中连战皆败的杨森、李家钰、罗泽洲等部，对刘文辉怀恨在心。他们寄于刘湘篱下，极想挑起二刘之战，以便依靠刘湘从刘文辉手中夺回防地。第三，保定系内部，邓锡侯拥兵4万，田颂尧拥兵5万，是二刘均势天平上最起作用的砝码。然而，为进一步扩大实力，"刘文辉煽动田颂尧部下王思忠叛变，买收邓锡侯部之陈鸿文陈书农，以致结怨邓、田，使保定系关系为之恶化"，邓田二人为自保，终于结成了反刘文辉联盟。第四，1932年夏，刘湘把解决刘文辉的计划转交蒋介石，蒋亲笔复函，对刘湘倍加慰勉，批准他便宜行事。

前期战事。1932年10月初，刘湘唆使李家钰和罗泽洲部，首先从南充下游李渡场向刘文辉部林云根部开火，遭到第二十四军的反击，揭开了二刘大战的序幕。刘文辉因防线过长，北起顺庆，东迄永川、江津，南北绵亘数百里，兵力分散难支，战不几日，即主动后撤，退守沱江防线。刘湘即令联军各部自后紧随，分道攻取，连克多地。11月18日，刘湘令所部越过沱江，相继攻占内江、富顺、自流井，同时围攻泸州，但半月未克。

省门之战。趁二刘泸州激战时，田颂尧调动约三十团兵力，企图逼迫刘文辉军队退出成都。刘文辉决定先用武力击溃田部，再集中力量对付刘湘。刘文辉遂弃主就从，抽调大量部队到成都，发动对田颂尧的省门之战。11月14—20日，刘、田双方军队激烈巷战于成都。因刘文辉军队数倍于田军，几经争夺，田军不敌刘军并向刘文辉求和，后经邓锡侯从中调解，双方罢兵，刘、田达成停战协议，刘文辉让开成都北道交通线，田颂尧向新都撤退，只留下一个团在城内，由邓锡侯负责执行中立任务和维持城内治安。

荣威决战。省门之战虽以刘文辉胜利而告终，但也牵制了刘文辉的军队，让泸州战役激战正酣的刘湘有机可乘，刘湘采用武力威逼和金钱收买，使守泸州城的刘文辉之部属接受刘湘的改编，11月底，刘湘进驻泸州。省门之战一结束的刘文辉，乃请邓锡侯代他守成都，将所部大部分兵员东调，筹划在荣县、威远一带与刘湘决战。12月10日，二刘荣威决战全面展开。刘文辉攻势凌厉，刘湘军全线失利，刘文辉收复富顺、泸州等地。刘湘渐感有全线动摇之势，便派人到眉山向刘文辉请和，又电请求邓锡侯、田颂尧出兵抄刘文辉后路，还分化拉拢刘文辉部将，此三招果然使局势突变，刘文辉三面受敌，优势顿失，兵力损失虽少，防区丧失甚多。此时刘湘新占防区尚需整理，且此战中邓锡侯所属部分军队宣布中立，刘湘估计兵力尚不足以彻底击败刘文辉，对邓锡侯也无充分把握。于是二刘于1932年12月21日，在老君台签订停战书：刘文辉二十四军仍驻节成都并拥有现存防地；二十四军不得向邓锡侯报复，如进攻邓部，刘湘将出兵援邓。刘文辉遂率部回驻成都，刘湘夺得川北、上川东、下川南的 30 多个县。

2. 第二次"二刘大战"（附刘邓毗河之战）（1933.5—1933.9）

战事背景。刘文辉将上次战败原因都归罪于邓锡侯，愤恨邓锡侯在上次战役中不讲信义，决定不惜一切与邓拼搏一场，以解其恨。刘文辉还仍图以叔侄关系取得刘湘支持，消灭邓部，另辟新局面，这也更予刘湘以可乘之机，刘邓毗河之战，实为刘湘从中操纵所促成。

毗河之战。1933 年 5 月 9 日，刘文辉突入邓锡侯防地，两军在郫县、灌县一带发生激战，邓军退守毗河待援。毗河是成都平原上一条大灌溉渠，邓军为便于防守，将毗河源头都江堰上的分水马槎砍断，把外江的水引入内江，以使毗河水位升高，阻止刘军渡河。刘文辉军则用水雷去炸毁都江堰上飞沙堰，把内江的水泄入外江以降低毗河水位，造成了内外江水量失调，使正在栽种水稻的农民损失甚大。刘文辉本想凭借兵力上优势迅速打败邓军，但事与愿违。由于刘军多属挖墙脚方式得来，人数虽多，内部凝聚力不强，刘军屯于毗河边一月有余不能取胜。刘邓两军长期毗河对峙，却给刘湘可乘之机。

安川之战。毗河之战时，邓锡侯派员赴重庆向刘湘作"秦庭之泣"，刘文辉的八个师长也联名电呈刘湘，共保刘文辉。此时蒋介石正欲责令刘湘一意对付川北红军，继见双方相持不决，遂认为彻底推毁刘文辉此正其时。1933 年 7 月 4 日，安川战役正式揭幕。刘文辉见举目皆敌，取胜无望，于 7 月 8 日清晨放弃成都，命所部死守灌县至乐山长四百余里的岷江江岸。7 月 19 日，刘湘进据成都，赓即向岷江进攻。8 月 15 日，各军先后渡过岷江，进占乐山、眉山、新津、崇庆等县。刘文辉再退守雅安，凭雅河防守。联军环攻雅安，刘文辉不能支持，再向西康一带撤退。康藏地区高寒贫瘠，将士多不愿前往，刘文辉所部多被刘湘改编，刘文辉只率残部两万余人退往汉源。刘湘见大局已定，不愿看到邓锡侯得利坐大，便令各军停止追击。9 月，刘湘达到削弱刘文辉的目的后，为了保持四川军阀内部的平衡和顾全叔侄情面，二刘两军媾和。刘湘同意将雅安、荥经、天全、芦山、宝兴、名山、洪雅等县划为第二十四军的防地，刘文辉得以重回雅安，狭义的四川军阀混战之最后一场混战，至此宣告结束。

此役小结。此役属于川军各派系之间的战事，也是四川军阀混战时期 400 多次战争中规模最大的一次混战及最后一次混战。二刘之战结束，标志着长达 17 年的四川军阀混战亦告结束。

三、四川军阀混战极为特殊之特征

17年间，在中央政权统而不一，南北政府相互对峙，西南军阀投机护法，南方政府内部争斗，滇黔军阀觊觎控川野心的外部形势下，四川军阀割据与混战，呈现出居全国之最的"混战形式独特、割据形式奇特、混战危害甚烈"三个特征。

（一）四川军阀混战形式全国独特

第一，时间最长，次数最多。广义上讲，从1911年12月"成都之乱"算起，到1935年中央军入川统一川政时为止，川军混战持续20多年，如时人所言"民国以来二十三年间四川混乱之大略情形，大小战争四百八十余次，平均每月有两次战争"。狭义上讲，从1917年川滇黔争川之战算起，到1933年二刘争川大战结束时止，川军混战持续17年，比全国军阀混战的持续时间更长。

第二，弱肉强食，内斗酷烈。川军派系实质上都以争夺地盘、扩张实力的共同利害为前提，以同乡同学等关系为幌子，所结成的封建军阀集团犹如一条弱肉强食的食物链。他们时而信誓旦旦，相互利用；时而翻脸无情，互相火并。各派系间及各派系内部，不惜师生相杀，同学互残，党内分离，互相火并，使相互征战此起彼伏，连绵不断。纵观四川军阀混战类型有五类：（1）川军派系之间弱肉强食的相互征战，如驱刘之战，一、三、边军与三、七、廿一师内讧之战，上川东之战等；（2）川军派系内部弱肉强食之相互征战，如新旧二军系统之下川东之战，保定系军阀内部的刘田省门之战、刘邓毗河之战等；（3）川军同乡及亲戚间相互翻脸之战，刘湘曾组织"三刘一赖"联盟发起倒杨森之战（刘湘与刘成勋、刘文辉为大邑县同乡，赖心辉与刘成勋为亲家），后来刘文辉为争夺防区发起驱刘（成勋）倒赖（心辉）之役；（4）川军内部下属背叛上司的相互征战，如，熊克武与刘湘之间一、二军之战，刘湘旧二军与杨森新二军之战，即下属对战上司之战；（5）川军派系联盟之间的相互背叛之战，如熊克武之但懋辛第一军、刘成勋第三军、赖心辉边军本是同盟军，但到讨贼大战后期，刘成勋和赖心辉一起退出战场，断绝和熊克武的合作关系，导致熊克武军最终瓦解。

第三，分而不统，关门厮杀。四川军阀没有像中国其他省区一样，形成统一而势力庞大的地方势力（如奉系军阀、晋系军阀等）。时人曾作打油诗讽刺四川军阀五将领相克不相生："四川五将领，名称备五行；水火木金土，骄贪狡诈横。害人终害己，相克不相生；统一成虚语，大家搞不成。"与此同时，四川军阀在本省之内混战不休，而极少向外省扩张地盘，川省各军阀曾被外界指责为"有野心而不务远略"。但当外来军队入川时，四川各军阀势力就会联合起来，一起驱逐外来势力。如驱逐滇黔军之靖川之战、四川讨贼之战、联杨驱袁之役即如是。

第四，盗亦有道，穷寇勿追。四川军阀之间每次打仗，打赢的一方，从来不作穷寇之追，形成独特的"盗亦有道"游戏规则。二刘大战后，刘湘达到削弱刘文辉实力的目的后，为保持川军内部的平衡和顾全叔侄情面，遂与刘文辉媾和。

（二）防区制之割据形式川省独有

四川军阀割据呈现出一大特色即所谓防区制。防区制既是一种确保军阀地盘和势力的高度发展的军阀割据形式，也是一种以争夺防区为混乱之源的恶劣武装割据现象，由此给四川人民造成了深重灾难。其割据特征如下。

第一，各自为政，几同郡国。防区制时期，四川军阀在省内"各划防区"，割据数县、十数县乃至数十县，拥兵称雄，集防区内的军政财权于一身，自委官吏，征收租税，大肆扩兵；防区之间则各自为政，互不相属，彼此独立，仅成都一市就分隶三军之防区；各路军阀对省外共拒客军，对中央则违抗"朝命"。1928 年 12 月国民党宣布全国统一，但直到 1934 年为止，四川基本保持独立。一省之内形成了大大小小的俨然古之封建诸侯郡国的"省中之国"。

第二，战乱频仍，防区常变。防区制时期，川军各派系为保存实力，对外政治上，善变投机，趋南附北，然其军阀本质没有改变。四川各派军阀之间则矛盾重重，你争我夺，战乱不已，致使一省之内，养兵百万。每经一次战役，防区即有一次变动，而每次战争之起源又均为争夺防区。1932 年，天津《大公报》曾发起"川局酝酿与中央处置"的讨论，对川军混战作了颇切实际的概括："查川省养兵百万，巨酋六七，成都一地，分隶三军，全省割裂，有同异国。其最大特色，为兵愈打而愈多，帅时离而时合，亦友亦仇，随和随战。要之，万变不离其宗者，为扩张私利，保存实力，诛求无厌，剥削地方。故夫人欲横流，百般诈谲，捐输苛酷，并世无两。……论其民生困苦之情状，则此天府之国，早陷入地狱底层。盖兵益多则饷益绌，饷益绌则争益甚，军阀之莫能相安者，势则然也。"

第三，军、团、匪横行肆虐。川省内军阀、团阀、土匪肆虐，人民生命财产毫无保障，是防区时期政治特征之一，故有"匪如梳，兵如篦，团防好比刀子剃"之谚，整个社会混乱已极。

（三）军阀混战导致经济严重破坏

第一，捐税繁苛，无奇不有。如在二十四军刘文辉发家之地宜宾，可查证的税捐名目竟高达 44 种之多，弄得民不堪命：（1）以农村土地为对象有 11 个税种：粮税、团练费、团练租捐、借垫无着粮款、补缴无着粮款、参议会粮税捐、指导委员会粮税捐、学务费、烟苗捐、懒捐、锄头捐。（2）以工商运输业为对象有 21 个税种：百货统税、护商税、烟类专卖税、酒类专税、烟酒牌照税、丝烟税、糖税、油税、栈号捐、茶馆捐、戏剧捐、船捐、码头捐、契税、劝学所中资捐、公告费、屠宰税、印花税、斗秤捐、猪牙捐、筵席捐。（3）承认并助长社会犯罪的特别税有 5 种：鸦片烟土税、鸦片经征税、红灯捐、妓女花捐、赌税。（4）以城镇劳动群众、居民为对象有 3 个税种：房捐、马路捐、灯油捐。

值得一提的是，都说旧社会是地主残酷剥削农民，然而在四川防区制时期，所呈现出的真实情况是四川捐税之繁重，农民、地主、商人均被敲剥。属于地主者捐税有：田亩捐、特别捐、鸦片烟捐、门户捐、清乡费、预征粮税；属于农民者捐税有：烟窝捐、押佃捐；属于商人者捐税因防区制，其征收之捐不特名目繁多，亦且关卡林立，是以捐款有较货物成本增至数倍者。尤其是"若地主于到期付捐时而不付者，即以抗捐罪征办，是以卖妻鬻儿之事，数闻不鲜。川省之脂膏，几为官方剥削殆尽"[①]。不难看出，由于捐税繁苛，四川的地主都被逼得常常"卖妻鬻儿"，实乃全国罕见！此外，有些防区甚至对粪担、茅厕都有捐税，民间曾有"自古未闻粪有税，于今只剩屁无捐"联语讽之。

第二，预征无限，全国屈指。指在四川防区制下，税收除田赋这一主要税种外，还有许多附加税和预征税。以附加税而言，四川各防区驻军就地划响筹粮，各军阀在征收田赋正供不足时，更拼命附加，使田赋附加多达 20 余种，征额超过正税几倍甚至几十倍，如田颂尧二十九军防区之射洪县一年竟征 14 粮。再以预征税而言，四川军阀征收税款随心所欲，毫无限制，一年预征三四年甚至几十年的田赋，使人民被压榨得痛苦不堪。如 1933 年刘湘防区已征粮税至 1962 年，刘文辉防区征到 1959 年，杨森防区内征到 1954 年，邓锡侯防区内则变了花样，每年预征三次。据《四川粮食工作大事记》记述，1934 年春，四川田赋征额为江西、山西、江苏等省平均数的 4 倍，日本的 10 倍，美国的 21 倍，最终致使全省广大农村出现"闾里萧条，炊烟断绝，流离荡析，十室九空"的悲惨景象。

第三，关卡林立，护商坑民。防区制时期，军阀将商运通过土匪时常出没的地方时由商人结队而行并派军队护送过境的护商行为，巧立名目地制定为护商办法并作为正式税收项目，其实就是一项坑民捞钱的手段。护商分陆路、水路两种，各定护送费。对人民苛扰更甚的还是"关卡林立"，不论商品或自用物品，每过一卡，即抽收一次手续费，而且守关卡人员常常提出种种理由来进行贪污，致使四川苛捐杂税之繁重，甲于全国。1934 年 4 月，中国银行总账室主任刘驷业抵重庆中行公务时，

---

① 四川苛捐杂税之繁重. 中行月刊，第 2 卷第 10 期，1931：61—62.

见川省人民受军阀压榨勒索的情形，曾有感而发以诗曰："千里江山万顷田，从无水旱与凶年。而今乞丐林中土，祸自人来莫怨天。"

（四）军阀混战导致金融极度混乱

四川军阀为了护军和混战的需要，聚敛扩军资财的手段恶劣，除在各个防区都毫无例外地预征田赋和摊派苛捐杂税以外，还利用货币金融工具榨取民脂民膏，使四川金融环境具有以下奇特之点。

第一，争相造币，三币滥造，民毙于币。所谓争夺造币厂，指军阀们争夺造币厂与广设私人铸币以聚战争之财源。如军阀混战期中，成都造币厂先后十易其主；重庆铜元局从1915年至1925年的十年内，换了30次头目。1927年刘湘、刘文辉、邓锡侯、田颂尧及所部，在成都、灌县、遂宁、雅州、高县、重庆、合川、广安、叙府、汉州、中江、新津、彭县、江北、合江等地的造币厂达28处。

所谓滥造三币，指军阀割据时期，滥铸银圆、滥造铜圆、滥发纸币，致使川中币制紊乱情形甲于天下。正如中行总管理处对川省金融混乱的调研结果所言："溯自民国以来，川省无不在混乱之中，币制紊乱，种类繁多。在川东与下川东一带是刘湘的防区，重庆对岸的造币厂一所，规模甚大，日出铜圆数十万，其他各小军旅统治下的私人造币机关，成为私人渔利的工具；在全部川南、一部川东、一部川西为刘文辉的防区，其防区的造币厂，是随他的师旅长驻防之区而设定，在表面上已取消公开的私人造币厂；在川西与川北一大部与川东一小部，为邓锡侯的防区，造币厂在成都、顺庆、合川三处。由此可见，四川的币制混乱到已不可收拾的地步，政局不稳定，形成的防区制度是主要因素。"[①]

所谓民毙于币，亦如1923年8月《川报》发表文章认为，四川军阀割据及连年混战的结果是："农毙于田赋，商毙于捐税，平民毙于货币，正在萌芽之工业则更无法抬头矣。滥铸银圆，滥造铜圆，滥发纸币，影响所及，其赋予人民之痛苦，较前二者诸甚。"那时，四川货币之复杂、紊乱，为全国各省中所仅有。

第二，广设银行，选币流通，强提勒借。所谓广设银行，指防区制时期，四川军阀纷纷开办银行钱庄，作为聚敛钱财的工具之一。如以刘成勋、赖心辉为首的省军在成都办的四川官银号，在重庆办的重庆官银号；以刘湘、杨森、袁祖铭为首的联军办的四川银行；二十四军刘文辉办的裕通银行，二十八军邓锡侯办的康泰祥银行，二十九军田颂尧办的川西北银行等。这些金融机构既不向中央政府申请注册，领取营业执照，又多无固定的营运资本。军阀可利用其军政力量，滥发纸币，强制

---

① 中行月刊，第14卷第4期，1936：162－165.

流通，不负兑换现银的责任，使得货币的地方色彩更浓，地方金融机构基本成为地方军阀筹措军费的源泉。

所谓选币流通，指四川军阀实行防区制后，政治上的分裂和连年的军阀混战，使货币的地方色彩更浓，尤其是军阀们"各选货币，流通本区"，严重影响了各地商品交换与流通，致使川省币制进入最混乱的时期。据《中行生活》之"四川货币名称表"记述，1934 年全省所使用的货币仍有银币 8 种、铜币 7 种和纸币 14 种，但除"袁头大元""川板及杂板大元"两种货币可在省内各地通用外，其余 20 多种货币均只能在省内部分地方使用。

所谓强提勒借，指军阀混战时期，全川大小军阀凭借武力，向金融业借垫、提款，强迫行事；有的军阀还强提公办银行，包括中国银行等行之库存，有的军阀还向商业银行、钱庄强行摊派勒索，导致四川金融不振（见后）。

第三，易主易币，随行随废，风潮四起。所谓易主易币，随行随废，指防区时期，四川军阀所控制的银行、钱庄、银号等金融机构，都会随着主政者的频繁更替，各军阀防区的变动，军阀势力的消灭，而兴灭无常；所发行之钞券兑现困难，钞价惨跌，使川省币制因军阀割据和混战，而乱到了登峰造极之地步。如 1923 年 6 月，刘湘杨森与黔军组成的联军驻守重庆，以军事急需为名擅自设立四川银行发行兑换券 80 万元；同年 10 月，熊克武、赖心辉等组成的省军攻击重庆，联军败走，对所发行的纸币弃置不顾；省军进驻重庆后，又另行设立重庆官银号发行兑换券 100 万元；同年 12 月，联军再度反攻，省军退离一走了之，所发行的纸币全部留在商民手中等同废纸。

所谓风潮四起，指军阀混战时期，军阀银行存废无常，一般商业银行及钱庄受军事进退和投机之风的影响极大，再加上受军阀强提勒借和民众时有挤兑的影响，致使银行业倒闭成风，金融风潮连绵不断。如川省钱庄极盛时，重庆、成都各有 50 多家，自贡有 30 余家，到 1935 年就仅存重庆 7 家，成都 12 家，自贡 10 余家，万县 3~5 家。

明末欧阳直《蜀警录》有言"天下未乱蜀先乱，天下已治蜀未治"，从一定意义上说明了"天下治乱"与"蜀地盛衰"之间的关系。从历史长河视角反观四川的治乱与盛衰，清末辛亥年间，四川发动了声势浩大的保路运动，成为辛亥革命的导火线，建立了第一个革命党人组成的县级军政府，即为"天下未乱蜀先乱"之事实。再从近代中国军阀混战动荡局面来看，从 1916 年起到 1928 年东北易帜时止，共持续 13 年，而四川军阀仍连年混战，直到 1933 年 9 月川政才基本统一，这正是"天下已治蜀未治"的事实。由此，成都武侯祠有一副"攻心联"，上联：能攻心则反侧自消自古知兵非好战，下联：不审势即宽严皆误后来治蜀要深思。

值得一提的是，抗日战争爆发后，川军分三路奉命开赴抗日前线，川军以贫弱之师转战大江南北，在历次大会战中，战绩卓著，给予日本侵略者以沉重打击，成为人所称道的铁血之师。川军将士包括川军混战时的部分军阀们，都以血肉之躯捍卫祖国，为挽救民族危亡立下了卓越功勋，一雪军阀二十多年内战之耻辱。

综上所述，四川中行诞生于一个近代全国军阀割据与混战及更为甚烈的四川军阀割据与混战的动荡年代。1915 年诞生以后，其早期创业过程与狭义上的四川军阀 17 年混战是相互伴随的。要了解四川中行早期创业史，尤须了解其创业的艰危历史环境，方知四川中行早期创业之复杂性与艰难性。四川中行即在艰难险阻历史背景下，经历了"斩荆披棘，筚路蓝缕"的艰苦创业过程。

第二节　四川中行早期业务经营之主要特征

一、必报眼花缭乱之货币银市情形为前提

民国成立，百端待兴，整理财政与成立中央银行尤为当务之急。1913 年 4 月 15 日，北京政府公布了《中国银行则例》，中国银行"实系国家之中央银行"，所承担的央行职责有三项：委托经理国库，包括代收税款、经理外债本息的偿付；协助政府办理公债事务，包括销售和投资公债、整理公债；发行货币，以发行中国银行兑换券，收兑军用票券及地方发行之兑换券。据此，四川中行成立之初所承担的央行职责主要有代收国库税款、发行兑换券、收兑军用票券及四川省发行之兑换券。然而，川行办理这些业务，都要以必报眼花缭乱之货币银市情形为经营前提，以把握"五言"营业情形和"十言"金融情形为经营要旨。

（一）清末民初四川币制复杂性及恶劣性

清末民初，西南地区的货币和货币市场情况相对复杂，不仅各省货币种类繁多，而且市场更是不统一，其中尤以四川地区复杂情况最为突出。

第一，清代货币制度是不完整的银铜平行本位制度。银两、制钱都作为货币同时流通，但银两不是本位币，制钱不是辅币，彼此之间没有固定的法定价值联系。1891 年重庆开埠，英、美、日等国商人相继来川开洋行、办保险，倾销商品，掠夺资源，客观上推进了四川进出口贸易的发展。随着商品交换规模的扩大，外国银币

和广东、湖北、安徽等地铸造的银圆、铜圆，相继流入四川。1895 年，四川总督鹿传霖奏准，设蜀通官钱局，发行银票，发商生息。1901 年及 1903 年，四川先后设立银铜元局，铸造银圆、铜圆。1889 年和 1908 年，中国通商银行与大清银行先后在重庆发行银两票、银圆票。其间四川各地的商号、票号，亦发行银票、钱票，代替现银、现钱流通市面，银两与制钱并行的货币制度受到严重冲击。1905 年，为抵制外钞，户部银行及各地分行开始发行银两票、银圆票、钱票等三种钞票，国家银行开始发行纸币。至清末，金属铸币与纸币并行，金属铸币既有银类货币，也有铜类货币，而每种形态的货币又有许多种类不同的货币形式，其数量之多，类别之奇特，极为罕见。由此，致使四川省内各地市面上，已呈银圆、银两、制钱、铜圆及各种银钱票类纸币，混相行用的紊乱局面。1910 年，清政府度支部颁布《币制则例》，规定银圆为本位货币，但因辛亥革命爆发而未能实施。

第二，民初北洋政府统治时期货币制度，是清末币制的延续，即银两、银圆、铜圆、制钱、各种纸币仍然同时流通使用。银类货币主要有银锭与银币，银锭自清末 1901 年成都造币厂开始铸造银币后，逐年减少。民国元年（1912）以后都市上之交易，多不用银锭而通用银币。通用之银币，有清代龙元、袁头银币、旧新汉字大元、五角旧银币（龙纹）、五角新币（汉字）、一二角银币、半角银币、云南银币等数种。同时川省通用铜圆种类之多，可谓各省之冠，而币面价值亦以四川为最大。通行铜圆之种类，除省外十文铜圆外，本省计有四川军政府汉字式、大清龙纹式、五色国旗式、中华民国式。各式中文有省板、渝板、遂板、棰板等分别。至铜圆币面价值有十文、廿文、五十文、一百文、二百文、四百文等。制钱正面刊有光绪通宝、乾隆通宝，以及嘉庆、道光、同治等年号之通宝；反面为满文，均为清户部宝泉局、工部宝源局，及四川成都之宝川局所铸造①。

总之，在此混乱的货币制度背景下，银行的经营前提，就是必须明了一省之内各州县所使用的通用货币及当地使用的货币的情况，更需要弄清各地现行货币银市情形，以此作为银行汇兑业务及存贷业务的经营前提。

（二）货币银市情形报告书及其经营原理

据《中国银行业务会计通信录》（下称《通信录》）之《泸所报告泸县现行货币行情情形书》《万所现行货币银市行情报告书》《万号调查万县市面金融情形报告书》《八年上期成支行本埠金融状况报告》等文献记述，可以管窥川中行早期经营时，观之令人目眩的"本地现行货币银市情形"所隐含的经营机制及经营原理。这与现代

① 刘志英，张朝晖等. 抗战大后方金融研究. 重庆：重庆出版社，2014：56—57.

银行经营的会计记账准则相似，亦是银行货币经营之前提。

报告书一：

民国四年六月泸县现行货币行情情形

（一）查泸县现行货币，内地各省银圆一律通用。开元十角作大洋一元，每元作九七市平七钱一分，并无涨落；其外国鹰洋站人等均与内地洋一律折合。本省军用票，每元现折实洋四角七分，时有升降。通用银两，只有老票银一种，即在泸县交易，无所分别。如与渝城通用之新票银比较，每千须贴水二两，各埠如有汇款交易，务须注明老票字样，老票以七钱一分折合本位币注账。

（二）利用官钱庄所出之铜圆票，一百二百者两种，街市买卖交易一律通用。惟只能週行，无处兑现，以致铜圆制钱稀少。尽以此种纸票交易，每洋一元可换二吊左近，如换铜圆制钱每元一吊四五百文。

（三）泸县汇兑生意，止有渝埠一处，收交尚通，成都、自流井亦间或有之，无甚成宗，其余申汉各埠均属寥寥，现时汇水行情，泸交老票一千，渝收新票一千须贴水二两，若泸银根稍紧，则可泸交老票渝收新票两不贴水。

（四）平砝种类：泸县九七平较比库平，每百小四两零七分；京公子砝平比泸县九七平，每百大四钱六分；京市平与泸县九七平同；沙市砝比泸县九七平，每百大四钱；申公砝比泸县九七平，每百大一两九钱；长沙平比泸县九七平，每百大一钱五分；常德平比泸县九七平，每百大二两零一分。

报告书二：

民国四年七月万县现行货币银市情形

（一）货币种类。查万地现行货币，内地各省银圆一律通用，每元作九七市平七钱一分，并无涨落。鹰洋站人等均与内地洋一律行使，惟各种小洋概不通行。本省军用票，现折实洋四角六分，惟有行无市且亦不甚通用。银两只有票色银一宗，无论新票老票，必经公估局估量成色低昂，以定补水之升耗，再以七钱一分折合本位币记账。

（二）市面利用。查万地利用铜圆、（铜）制钱两种，街市买卖交易一律通用。惟铜圆时价与制钱比较，稍有差数，以洋一元可换铜圆一千五百三四十文，如换（铜）制钱每元换一千五百五六十文。

（三）市面行情。查万地汇兑只有渝汉收交尚通，沙市次之，成都、自流井、宜昌、上海交易无多。现时汇水行情，万交净银，渝收周行，每千得汇水一百四十三两，万交汉票每千得费十二两，均是对期收交，其余别埠现均无市。

（四）平砝种类。沪万交易，用沪规元每千两折合万地九七平票色银九百五十两；库平比较万地九七平，每百两大九七平四两二钱；新沙平比较万地九七平，每百两大三钱五分；常德平比较万地九七平，每百两大一两八钱五分；长沙平比较万地九七平，每百两大五分；京公砝平比较万地九七平，每百两大四钱六分；市平与万地九七平一律。

报告书三：

民国四年十一月万县市面金融情形报告书

（一）区域位置。（二）出进口情形。（三）商务情形（详见后）。

（四）纸币种类：1. 万县通用现银、现洋，纸币只有本省军票一种，然为数亦极少，不过藉为完纳粮税之用，市面概不通行。2. 本行渝券（川行发行的纸币）有由上下军商携带来万兑现者，月约数千元，不久本号即将发行（渝券），以准备之充足，卜之将来，定见发达也。

（五）平砝种类。万县平砝，以川九七平一种为最通用，又有新沙市平，以购往汉（汉口）收之票多用此平，故用时亦多，其与库平、京公砝平（之间的）大小（即汇率）比较如下：库平，每百两比京公砝大三两七钱四分；川九七平，每百两比库平小四两二钱；新沙平，每百两比库平小三两八钱五分；川九七平，每百两比京公砝小四钱六分；新沙平，每百两比京公砝小一钱一分。

（六）银两种类。万县通用银两，只有十两锭票色银一种，无分新票老票有无耗色，经公估局估定市面即作十足通行，决无争议。但该局估量耗色未见确有把握，不过当地习惯可以畅行，如运现出口时仍不免照估定成色有多少耗色耳。

（七）银圆种类。万县通用银圆，除外国鹰洋站人、坐人等及本国各省小洋概不用外，凡新币及本省龙纹汉字两种并各省龙洋一律通行，每元合川九七平银七钱一分，并无涨落，至零星尾数即以铜圆补助之。

（八）行市种类。1. 万县汇兑平色照算现时每千两行市，渝票万交九百九十两；2. 渝收一千两，汉票万交九百八十六两，汉收一千两成票万收一千零三十两成交一千两；3. 沙票万交九百五十两沙收一千两，时有涨落，其余各埠概属零星汇款。不过遇时有之货币行市，每元合川九七平银七钱一分并无涨落。

（九）作汇兑法。万县对于汉、渝两埠汇兑，各有直接行市，惟对沪埠（上海）收交绝少，向无行市，偶有交易间接听之重庆；如现时渝汇申票，渝交九七平九百七十两，申收规元一千两，则万汇沪款行市亦即按此计算，增减几岁耳。

（十）输运现金价目。万县运送现金上至重庆，每千元输费四元，下至宜昌每千元输费二元，至于运往成都纯系陆路，计十五站，每千元夫价，约四五元之谱。此不过按由万至成，每夫能挑银圆千四百元，该给夫价六元计算，其实并无运现事，实缘各商家需款均由重庆调拨，加以现时道路荆棘，更不愿冒此危险也。

报告书四：

民国八年上期成支行本埠金融状况

（一）本埠僻在西陲，交通不便，外国货币向无来源，目前通行银两仅十两川锭一种，名为九七平，每七钱一分折合银圆一枚大银圆。

（二）以前军政府造新国币四川银币为最通行，余如广东、江南等省银圆，亦甚流行，统以七钱一分计算，并无涨落。

（三）本期金融稍觉活动，成收渝交款，往年均贴水二三十两，今则至三四两，月每千反得三四十两。盖因渝息甚大，赶作成收渝交，再因各处货帮向为办货之期，适值路途不靖，邮政停寄、保险包裹是以不敢冒险从事，银洋存底虽枯，只因去路稀少，反越常规而得汇水至五六两。月间渝轮已通，下货渐动，故汇水逐渐增高，但时局尚未解决出口各货，难望畅行，现虽每千贴水三四十两者，然行市涨落无定，仍难望起色也。

不难看出，上述货币银市情形报告书与金融情形报告书的关系如下。

第一，所谓货币银市情形报告书，包含货币种类、市面利用、市面行情、平砝种类等内容。其中报告货币种类，就是在银两、银圆、铜圆、制钱和各种纸币同时流通之金融环境里，须说明本地通用的所有货币类别。报告市面利用，即要说明主币银币与辅币铜币之间的兑换行情。报告市面行情，即要说明本地与外地之间进行货币汇兑时的现时汇水行情。然而，报告现时汇水行情的前提是：必须说明平砝种类，及其各地平砝之间的比兑行情即"汇率"。川属中行分支机构在早期业务经营时，要以上报本地现行货币银市情形报告书为经营前提。

第二，所谓金融情形报告书，是对货币银市情形报告书的进一步详尽说明，可分为七个细项：平砝种类、纸币种类、银两种类、银圆种类、行市种类、作汇兑法、输运现金价目。其中报告纸币种类、平砝种类、银两种类、银圆种类，是对观之目眩的货币银市情形之再细分，以此作为银行经营货币业务的会计记账准则；报告行市种类、作汇兑法、输运现金价目，则是做好当时中国银行主要业务之一的汇兑业务的经营前提。

不难看出，在上述货币银市情形报告书与金融情形报告书的内容中所隐含的银行经营机制及经营原理，大致如下。

1. 经营前提：明了本地通用货币之种类及细项

因为民初时期，四川之货币制度仍呈银两、银圆、铜圆、制钱、各种纸币同时流通使用的紊乱局面，所以四川中行各分支机构在报告本地货币银市情形时，首先需说明本地现行使用的货币种类，包括银两种类、银圆种类、铜币种类、纸币种类，这是货币经营的首要前提之一。

第一，银两种类和银圆种类，指当时流通的银类货币主要有银锭（银两）与银币（银圆）两类。就四川而言，1901年成都造币厂开始铸造银币后，银锭逐年减少；1912年以后多不用银锭而通用银币，主要有清代龙元、袁头银币、旧新汉字大元、五角旧银币（龙纹）、五角新币（汉字）、一二角银币、半角银币、云南银币等数种。然而，这些银两和银圆在各地流通情况不同，均需要报告说明。

第二，铜币种类，指由于川省通用铜圆种类之多为各省之冠，铜币的面值亦以四川为最大，即将面值当一十文、当二十文铜圆，铸成当五十、当一百（小铜圆）、当二百文（大铜圆）。因此各分支机构在报告"市面利用"时，需说明本地现行使用的铜圆和铜制钱的使用情况。

第三，纸币种类，指既要报告当地所流通的所有纸币，更因中国银行是代表国家的发钞银行，则还需报告四川中行所发行的纸币（渝券）之信用和价格。

比如，万县现行通用货币种类包括以下几种。（1）银两种类：十两锭票色银（分新票老票）；（2）银圆种类：新币（民国之中山大元、袁头大元），本省龙纹、汉字（大清银币），各省龙洋，鹰洋站人（外国发行的银圆），唯各种小洋概不通行；（3）铜币种类：有铜圆和铜制钱两种；（4）纸币种类：本省军用银票，川中行兑换券。

再如，泸县现行通用货币种类包括以下几种。（1）银两种类：只有老票色银一种；（2）银圆种类：各省银圆，外国鹰洋站人；（3）铜币种类：官钱庄所出之铜圆票，面值为当一百、当二百者两种，铜圆制钱稀少；（4）纸币种类：本省军用票。

2. 经营前提：明了平砝种类及平砝间的差异

所谓平砝，指称量银两的单位，平砝因地区和使用单位而异。川中行各分支机构在报告本地货币银市行情时，尤其需要说明平砝种类及其差异。据考民国初期，全国各地平砝约有170余种。其中平砝分官平与市平两大类。官平由中央政府规定，包括库平、漕平、关平等。库平为清政府征收各项租税所用，但中央政府的库平与各省的库平之间存有差异。1908年，清政府农工商部和度支部拟定划一度量衡制度，规定库平一两等于 37.301 克，库平七钱二分即 26.86 克，以此为权衡单位。1914 年 2 月 6 日，北京政府国务院召开币制会议，公布国币条例，规定以银圆为货币本位，每一银圆重库平七钱二分，含银九铜一。元以下为角、分、厘，对银、镍、铜辅币的种类、重量、成色也作出规定。

所谓报告平砝种类，指既要报告中央政府平砝与全国各地平砝之间的比兑行情或曰"汇率"，又要报告本地平砝与外地平砝之间比兑行情或曰"汇率"。从渝行"为请更正沙平折合本位币定价事"致中国银行总管理处函中，可看出平砝种类是中行早期经营最重要的会计准则之一，其原文如下："前敝处对于沙平本按 71 合本位币，目下发现困难，因沙平周行内有军事票三成，非按 1004 升成 97 平周行，再将军银三成按 71 合军票始克止，确前敝处未曾虑及军票一层，现已改，凡过沙平，无论周行纯银均先按 1004 升九七平后，再行按定价折合。"① 可见，报告平砝种类，这更是银行经营货币业务记账之前提与基础。而且，各机构报告的平砝种类及其差异，更是令人观之目眩、眼花缭乱。其情形如下。

第一，北京政府本位货币与川省通行九七平之间存在差异。如，北京政府公布国币条例，规定以银圆为货币本位，每一银圆重库平七钱二分。所谓川九七平，是指川省通行的银两（十两川锭），每七钱一分折合银圆一枚；川省通行的前军政府所造的新国币即四川银币，统以七钱一分折合银圆一枚。不难看出，国币条例规定每一银圆重库平七钱二分，而川省九七平则为每七钱一分折合银圆一元，说明中央库平与川省九七平之间，存在着"汇率"差异。再如，万县平砝以川九七平最通用，但川九七平与中央库平比较，每百两比库平小四两二钱。而泸县九七平较中央库平，每百小四两零七分，说明中央库平与川省各地九七平之间也存在着"汇率"差异。

第二，京库平、京公子砝平、京市平在各地的比兑差异。如，在泸县九七平较库平，每百小四两零七分；泸县九七平较京公子砝平，每百小四钱六分；泸县九七平与京市平相比，尚无差异。又如，在万县，北京政府库平每百两比京公砝大三两七钱四分，京公砝平比较万地九七平每百两大四钱六分，京市平与万地九七平一律。

第三，全国各地平砝之间也存在着比兑差异。如，在万县，新沙平比较万地九七平，每百两大三钱五分；常德平比较万地九七平，每百两大一两八钱五分；长沙平比较万地九七平，每百两大五分。又如，在泸县，沙市砝比泸县九七平，每百大四钱；申（上海）公砝比泸县九七平，每百大一两九钱；长沙平比泸县九七平，每

① 参见《中国银行业务会计通信录》第五期，会计类：渝行致总管理处函，四年四月三十日账字第十七号，为请更正沙平折合本位币定价事。

百大一钱五分；常德平比泸县九七平，每百大二两零一分。

第四，各地平砝与北京平砝之间的比兑差异各不相同。在万县，万地九七平与中央库平比较，每百两小四两二钱，然而新沙平与中央库平比较，每百两小三两八钱五分。万地九七平与京公砝平比较，每百两小四钱六分，然而新沙平与京公砝平比较，每百两小一钱一分。

3. 经营前提：弄清本地通用货币之间比兑行情

各分支机构在报告"市面利用"情况时，需说明本地现行流通使用的多种银币、多种铜币、多种纸币之间的"固定汇率"或"浮动汇率"，这就是说，本地通用货币之间比兑行情，也是银行货币经营的前提之一。

如，泸县所使用的各种货币间比兑行情有以下几种。（1）银圆的市面利用情况，开元十角作大洋一元，每元作泸地九七市平七钱一分，并无涨落，即"固定汇率"；外国鹰洋站人等均与内地洋一律折合。（2）银两的市面利用情况，通用银两，只有老票银一种，在泸县交易，无所分别。如与渝城通用之新票银比较，每千须贴水二两，各埠如有汇款交易，务须注明老票字样，老票以七钱一分折合本位币注账。（3）铜币的市面利用情况：官钱庄所出之面额为一百元和二百元两种铜圆票，以此种纸票交易，每银洋一元可换二千元左右的铜圆票；每银洋一元如换铜圆制钱，则可换一千四五百文。（4）纸币的市面利用情况，本省军用票，每元现折实银洋四角七分，时有升降，属"浮动汇率"。

再如，在万县所使用的各种货币之间的"汇率"有以下几种。（1）银圆的市面利用情况，内地各省银圆，每元作万地九七市平七钱一分，并无涨落，属"固定汇率"。（2）银两的市面利用情况，银两只有票色银一宗，无论新票老票，必经公估局估量成色低昂，以定补水之升耗，再以万地九七市平七钱一分折合本位币记账。（3）铜币的市面利用情况：万地利用铜圆、铜制钱两种，街市买卖交易一律通用。惟铜圆时价与制钱比较，稍有差数，以洋一元可换铜圆一千五百三四十文，如换铜制钱每元换一千五百五六十文。（4）纸币的市面利用情况，本省军用票，现折实洋四角六分，属"固定汇率"，唯有行无市且亦不甚通用。

4. 经营前提：弄清本地与外地的现时汇水行情

各分支机构在报告本地货币行情时还须报告"市面行情"，即本地与外地的现时汇水行情。如，泸县汇兑生意，只有重庆一处，收交尚通；成都、自流井亦间或有之，无甚成宗；上海、汉口各埠均属寥寥。现时汇水行情，上海交老银票一千，重庆收新银票一千须贴水二两，若上海银根稍紧，则可上海交老银票，重庆收新银票时，两不贴水。再如，万地汇兑只有重庆、汉口收交尚通，沙市次之，成都、自流井、宜昌、上海交易无多。现时汇水行情，万县交净银，重庆收周行，每一千元得汇水一百四十三两，万县交汉口银票每一千元得费十二两，均是对期收交，其余别埠现均无市。上海与万县交易，用沪规元每一千两折合万地九七平票色银九百五十两。同时，在报告"市面行情"时，还可细分为行市种类、作汇兑法、输运现金价目三个细项。如，前述万县市面金融情形之行市种类、作汇兑法、输运现金价目。再如，《八年上期成支行本埠金融状况报告》记载："本期成收渝交款，往年均贴水二三十两，今则至三四两，月每千反得三四十两。"

综上可见，在中央政权统而不一和军阀割据的环境下，在银两及银圆、铜圆及制钱、各种纸币同时流通使用的币制环境下，所谓市面金融状况及银两平色行情，相当于在半殖民地半封建社会里，一国之内各省之间、一省之内各州县之间所流通使用的货币均是五花八门，省与省、州县与州县之间均存在眼花缭乱的货币兑换汇率，这也就成为四川中行货币经营的会计记账的前提条件。

二、把握"五言"营业和"十言"金融情形为要旨

四川中行成立之初，各分支机构还要以"五言一体"的营业情形报告书和"十言一体"的金融情形报告书之相关要求，作为业务开展的要旨。

（一）川属机构"五言一体"营业情形

1917年6月的《通信录》第三十期按营业状况、市面情形、兑换券情形、损益实况、下期进行方针的"五言一体"格式，分别记述了1916年渝行及所辖成都、自流井、万县、泸州等五个机构的营业情形报告。从史学价值上看，这五个机构相继成立于1915年，1916年营业情形报告书则记述了这些机构一个完整年度之经营概况。在这一年中，外部发生了两件大事：一是，同年1~7月四川爆发了护国讨袁战事；二是，同年5月北洋政府发布了"中国、交通两银行，自奉令之日起，所有该两行已发行之纸币及应付款项，暂时一律不准兑现付现"的停兑令，使四川中行所发行的兑换券之信用受损，券价大跌，严重影响了业务经营。这一年，四川中行早期七个机构（重庆、成都、自贡、泸州、万县、潼川、五通桥）处于齐装满员的经营状态。其"五言一体"营业情形报告书内容如下。

1. 从万县分号营业情形报告书看早期经营要旨

第一，营业状况，主要报告当期外部形势及相应经营情况。即"万县当军兴之时，北来军队纷纷过境，民船被封，商业因之阻滞，市面萧索已极。敝处此时存款，应付军用，备尝困难。叙泸战起，大军云集重庆，供输饷糈，尤须协助，渝行以资接济。其后停兑令下，汇款止做，更无营业可言。未几而防军生变，敝号还渝。迨

时局渐靖，下货发动，顾军兴之后，金融蹶竭，交汇汉票每千得费至七十余两，尚无收受。当此时敝号返万未久，正从事筹备复业，库存无几，无从著手，虽有机会亦等于无殊可惜也"。这就是说，护国战争军兴时，万县分号存款应付军用，备尝困难，只有通过渝行以资接济；5月，北京政府停兑令下，汇款业务停止叙做，更无营业可言；不久驻防军生变，万县分号又离万还渝以避战乱；军兴之后，金融蹶竭，交汇汉票每1000两得汇费70余两，尚无收受；当年7月万县分号由渝返万后，筹备复业时又因库存无几，暂时无从着手。

第二，市面情形，应说明当期本行所在地商贸业及银钱业经营状况。即"川省遭兵灾之余，盗匪充斥，道路至今梗塞，影响商业实属不浅。万县本期羊皮最为畅销，其次桐、油、药材各货，邻邑因匪风而无现金来万，以致银紧异常。乘此时期，资本充足者获利固丰，其他如庆太和兴记实丰长等因卖预期桐油亏折，致受银紧之影响而倒闭。钱庄益源亦同时受累搁浅，至由汉口调运现金来万，而营运其间者，如聚泰和敦信永川源各钱庄，皆获厚利。其后下货松动，市面始现平稳，如此银风近年所未有也"。

第三，兑换券情形，应说明当期中行兑换券在本地的发行量、市面兑现价格等信用情况。即"敝处当发行兑换券之初，惕于时局不靖，即以审慎推行为宗旨。逮后虽受停兑影响，而万券发行无多，现时成渝各券在万市面虽行使滞碍，然为数无几，俟开兑有期，本券信用便立可恢复也"。

第四，损益实况，应说明本行当期经营结果的财务损益及其构成情况，即"万县居川东下游，当水陆之冲，战事发生，警耗时有，邮电交际一切增多，又加兵变迁渝各费，故本期亏累不免耳。综计利息摊提、开办费及营业用器具各项开支下，共纯损洋7852.21元，皆因时变之后而无营业所致，不然当不至有此也"。

第五，下期进行方针，即对本行今后行动方向加以预判。即"万地为川东各货出口萃集之区，营业以购买外票为大宗交易，亦以现银为主。现时川局虽属渐定，然匪风仍炽，道路梗塞，收款极淡，兼之本券开兑尚无确期，暂无进行之机缘。一俟本券开兑，信用恢复，敝处对于进行事宜当时体察情形请示办理也"。

2. 从渝行营业情形报告书看当年经营特征

第一，营业状况。"自滇黔军事发生，川省适当其冲，敝处实无营业之可言；所有营业金准备金悉数垫付，遂致兑券停止兑现，营业中止，所有垫付军饷款四百余万，均无丝毫利息，损失之巨，不可胜计。至决算时，能稍获赢余者，皆赖财政厅四百万借款一项，取得余利耳。"

第二，市面情形。"川省在军事期内，交通阻塞，因而市面壅滞。自军务宁息后，各路土匪出没无常，抢掠时闻，道路仍前梗塞云。至进出口货锐减，商况不振，加以我行兑换停止兑现，以后市面金融阻滞，现银缺乏，月息陡涨，计自一分五六增至二分三四。由于我行无力营业，其他钱帮因此获利甚丰，而各商帮均采观望态度矣。"

第三，兑换券情形。"查本年上期兑券发行数，截至六月三十日止，系 4386880元。本期发行数截至十二月三十一日止，增至 5590363 元。推其增多之原因，由于停兑后，所有军饷垫款及各户提取存款均以兑券应付之。故券既停兑，信用必减。敝处曾与本省官厅极力磋商，凡税款除盐税仍收券现各半外，其余全收兑券，以广兑券用途，借维价格。当时官厅需用现款，未能照办，仍以券现各半收税，致现金日贵，兑券日益低落，市面遂生贱视兑券之结果。"

第四，损益实况。查本行上半年，纯益 63197.72 元，年末纯益 5128.05 元，未达账在外。具体如下：利益项下，利息 69876.43 元、余水 2448.62 元、汇水 663.24元、平色 7457.10 元、手续费 300.62 元、贴现息 324.66 元、杂损益 8.94 元；损失项下，摊提开办费 759.79 元、摊提营业用器具 638.38 元、各项开支 28882.98 元、代理金库经费 5575.99 元。

第五，本决算期内之其他情事。"查敝处以往营业获利最巨者惟汇兑业务，而汇兑额最大者是盐税。但本年八到十一这四个月，盐税拨归本省厅用，汇兑上遂失莫大之利益，此本决算期内，获利不丰之大原因也。又盐税本应全部收兑换券，其始七八月间，虽经五月份以来的停止兑换券兑现大洋，本行兑换券价格犹在九六或九七折。自盐税拨归本省用后，罗佩金督军坚持搭收兑换券和现金各半，敝处力争无效，兑换券价逐渐低落，由九六或九七折降至八三或八四折，此又为敝处兑换券价格低落之一原因也。"

第六，下期进行方针。"（1）清理军饷垫款，要求政府归还作为开兑基金，并速设法开兑活动。（2）疏通各处汇兑，极力与稽所接洽搅汇临款。（3）接洽本省当道，将金库完全归划我行代理，期收统一之效。"

综上可见，四川中行早期营业情形报告书一般格式有五部分：营业状况，即说明本行当期如何应对外部环境进行经营；市面情形，即说明当期商贸及银钱业的经营情况；兑换券情形，即说明当期本行所发行兑换券之信用情况；损益实况，是当期经营的财务状况；下期进行方针，则是对今后的行动方向之预判，并积淀出有价值的经营理念。总之，以上"五言一体"的营业情形报告书形成一体，反映了各分支行的整体经营要旨。

（二）万县分号"十言一体"金融情形

《通信录》第十二期刊载《万号调查万县市面金融情形报告书》，还包含了中行及川行成立之初的业务调研雏形。可以说，中国银行"百年调研"文化传统，起源于成立之初就开始实行的"十言一体"（区域位置、出进口情形、商务情形、平砝种类、纸币种类、银两种类、银圆种类、行市种类、作汇兑法、输运现金价目）的调查金融情形的报告制度。

1."十言一体"金融情形报告书内容概览

（一）区域位置。万县居川之东，城临江岸，在川省中比较，为水陆交通地点，左由梁山、大竹等县，陆路达成都相距千三百余里，上距本省属之重庆八百余里，小轮二三日内到达，下距湖北属之宜昌九百余里，小轮一日到达。但至冬初春末水枯滩险，小轮停驶，行旅商贾悉载民船上下，不惟交通不便，有时易滋危险，此为缺点耳。

（二）出进口情形。万县出口货物以牛皮、羊皮、桐油为大宗，菜油、黄表纸、桔子、山货、红白糖次之，药材、生丝、杂粮又次之，皆由邻近各县运万成庄转运汉售者。进口货物以棉花、棉纱为大宗，煤油、匹头、杂货次之，亦由万转销邻近各县。另分出口、进口表列如下。

出口货物：牛羊皮行销汉口转销外国，常年行销额约值银圆一百六七十万元。桐油，行销汉口转销美国，常年行销额约值银圆一百四五十万元。菜油，行销汉口转销日本，常年行销额约值银圆五十万元上下。黄表纸，行销汉口转销北数省，常年行销额约值银圆五十万元上下。桔子山货，行销汉口转销外国，常年行销额约值银圆四五十万元。红白糖，行销汉口、宜昌、沙市转销湖南北各县，常年行销额约值银圆四十万元上下。药材，行销汉口转销各省，常年行销额约值银圆三十万元上下。生丝，行销汉口，常年行销额约值银圆二十万元上下。杂粮，行销汉口类中，以麦为多，视川省岁收丰歉以为，行销增减其权操之夔州关署，年丰准其出口，荒则禁之，大约销额丰年约值银圆四五十万元，荒年或不及十万元耳。

进口货物：棉花，行销邻近各县，常年行销额约值银圆近百万元。棉纱，行销邻近各县，常年行销额约值银圆一百七八十万元。煤油，行销本地及邻近各县，常年行销额约值银圆五十万元。匹头、杂货，行销本地及邻近各县，常年行销额约值银圆四五十万元。

（三）商务情形

1. 万县商务不及重庆繁盛，在川省中比较于二等地位，以出进口货会萃此地转销他埠。就情形言之，可称为一转运机关。明年分设海关（刻已在筹办中），凡进口行销下川东一带各货可以直指万县，不必由重庆转运下来。出口货亦可经由万县报关，其繁盛必不止此。

2. 现有同行三家，即濬川源、聚兴诚、保泰（银行），除均办理汇兑买卖渝汉两票外，聚兴诚一家兼办出口各货。

3. 银钱庄十余家，即永川源、泰和敦、信祥顺、泰祥记、益源德记、源兴、正永泰、庆永泰、兴多数均以买卖渝汉两票为主要营业，永泰数家独偏重于放款，汉阳帮五家即正记、彭长、泰洪、兴永、复昌源隆记，皆是买办牛羊皮货。

4. 洋行四家，美孚专卖煤油，其来专卖桐油，礼和、武林两行均是采办牛羊皮及山货，全年商状四五六等月为最萧索，十冬腊等月为最繁盛，以每年秋过冬初新桐油登市，牛羊皮亦出货较多加此两种商务故也。

（四）纸币种类。

（五）平砝种类。

（六）银两种类。

（七）银圆种类。

（八）行市种类。

（九）作汇兑法。

（十）输运现金价目（见前）。

2. "十言一体"金融情形报告书特征窥探

"十言一体"金融情形报告书的调研项目，既具有经营管理的规范性，又反映出业务经营的复杂性，不失为指导一百多年前中行进行早期业务经营的严密要旨，这十大调研项目之间的经营逻辑如下。

第一，调查"区域位置，出进口情形，商务情形"，就是把握当地经济环境的关键，它也决定着当地的金融状况。

第二，明了眼花缭乱、观之目眩的"平砝种类，纸币种类，银两种类，银圆种类"，则是有效把握当地金融情形的重要指标，它体现出在半殖民地半封建社会的特定历史背景下，中国银行货币业务经营管理的复杂性。

第三，把握"行市种类，作汇兑法，输运现金价目"，是搞好当时中行主要盈利业务即汇兑业务之必要前提。所谓调查作汇兑法，是因为川中行成立之初，商业银行的存贷款业务还处起步阶段，汇兑业务成为主要盈利的商业银行业务，作汇兑法就是在眼花缭乱的币制下，明了本地与外地之间汇兑业务的差价。所谓调查输运现金价目，就是要把握本地运送现金到外地的人工费用。

当然，该调查市面金融情形报告书缺欠"铜币种类"调查项目，使金融情形调查缺乏相对完整性。然而，"十言一体"金融情形报告书对于中行早期经营要旨的认知，仍具有瑕不掩瑜的重要意义。另据《通信录》第三十三期"万号报告市面金融及特别情形"记述，还可看出当时还有"一事一报"金融情形报告制度。如，民国六年九月三日万县市面金融及特别情形："现在时令虽已入秋，而银根仍属平和。推其原由，不外各商对于时局有所观望。查本星期内，汉票生意虽有十万零，而情形数易。如星期一二日，万交汉每千扣四五两时，出票者多而受票者少。（一）固由申地钞价顿跌；（二）实无人肯出多受。至星期五六日情形又异，盖出票者见受票者甚少，即便加价以八九两出卖汉票万地余款，各商见汉票汇水渐涨，意欲磨转活票希图获利，为出票者察知情势，不但不愿加价，即仍照六两亦不愿出，此种情形虽系商家惯技，亦足见市面非真有生意矣。"

（三）以业务要点指导贷存款业务

四川中行成立之初，除了以必报眼花缭乱的现行货币银市情形为经营前提，以把握"五言"营业情形和"十言"金融情形为经营要旨外，还以"业务要点"为开展存贷业务的指导，其案例如下。

第一，调查放款各字号一切情形。从《通信录》之《为瞩调查放款各字号一切情形》一文，可窥视出川中行成立之初贷款业务的开展之一斑："查关于尊拟放款各字号，尚有左列各节，须详细调查：一、东家及经理之年岁；二、东家及经理平常名誉如何；三、东家系创业人抑系继业人；四、东家若系继业人继业已若干年；五、东家另有何职业；六、东家另治有何项产业及各项产业之盈亏；七、经理在本字号有否股份；八、经理在本字号已办事几年；九、经理在本字号前系办何事并在何处办事；十、经理除在本字号办事外自己有无他项生意及与人合资等事；十一、各该字号在本地已开设几年；十二、各该字号有无联号；十三、各该字号会否易主及易主已几年暨因何事易主；十四、各该字号在本地商界占何等地位。"不难看出，中行早期信贷业务拓展之调查事项，与当今银行发放小微企业贷款的调查事项相比，亦毫无逊色之处。该调查事项分三大类。

（1）调查贷款商号的所有者情况：东家之年岁；东家平常名誉如何；东家系创业人，抑系继业人；东家若系继业人，其继业已若干年；东家另有何职业；东家另治有何项产业及各项产业之盈亏。其中，"继业人继业年限"关乎继业人的学习经验曲线及其能力，这对当今给"富二代"掌门人企业贷款，颇可借鉴。

（2）调查贷款商号的职业经理人情况：经理之年岁；经理平常名誉如何；经理

在本字号有否股份；经理在本字号已办事几年；经理在本字号前，系办何事并在何处办事；经理除在本字号办事外，自己有无他项生意及与人合资等事。其中，"经理在本字号有否股份"关乎经理人的激励效应大小；"经理除在本字号办事外，自己有无他项生意及与人合资等事"关乎经理人的操守，亦颇有借鉴意义。

（3）调查贷款商号本身的情况：该字号在本地已开设几年；该字号有无联号；该字号会否易主，及易主已几年，暨因何事易主；该字号在本地商界占何等地位。其中"各该字号在本地商界占何等地位"是其市场竞争力的有力表现。

第二，为定期放款不得作为存放各银行往来存款事。1915 年 3 月 15 日《通信录》第三期《节总管理处致渝行函——为定期放款不得作为存放各银行往来存款事》一文如下："渝行台鉴（中略）：尊十一号函称，放出九七平周行银行四万五千两，此款系以十日十三日定期存放于和济义厚生等五家，渝埠银钱庄号共约一百数十家，此五家股东家产素丰，信用最著，故似相与往来等因，查此项放款既定有期限，始能提取，不得作为存款，希台洽（下略）。"可以看出，该文可视作"业务要点"之补充，具有规范存款管理之特点。

三、发行中国银行兑换券与艰难整理川券

四川中行早期承担的央行职责主要有代收国库税款、发行兑换券、收兑军用票券及四川省发行之兑换券。在四川军阀混战时期，川中行开启央行业务，首先是从承担收回川省军票和整理川券使命开始的，而要收回军票就需代表国家发行中国银行兑换券，川中行由此踏上了斩荆披棘的经营历程。

（一）借款收回军票与发行中行纸币

军票，即军用银票。就全国军票而言，主要由三部分构成：第一，孙中山为推翻清政府，曾发动过多次起义，所需经费浩大，由此发行了名目繁多的筹饷票券。第二，南京临时政府成立后，由于财政极度困难，又发行了两种军用钞票。第三，辛亥革命后全国各省相继成立军政府，为维持运转，也发行了许多军用银票。而这三大类军用钞票，均需于民国政府成立后，由承担央行职责的中国银行予以整理与收兑。就中总行而言，孙中山领导的南京临时政府发行军用钞票共 500 万元，中行于 1912 年 10 月已基本收回。然而，辛亥革命后四川军政府亦发行过军用银票，因此收回军票就成为川中行成立之初的重要使命之一。

1. 四川省军政府先后发行军用钞票概况

1911 年 12 月 28 日，成都宣布独立，成立大汉四川军政府，随即设立四川银行，在行址未建和资本未筹情况下，便专以大汉四川军政府名义，发行四川军用银票，

分一元、五元两种，并规定一年之内不得兑换现银。1912年1月，四川银行发行四川军用银票达300万，又由军政府设立钱庄专发银票，分一百文、二百文、五百文三种，规定每千文换军用银票一元。2月2日，大汉四川军政府与重庆蜀军政府合并成立了四川都督府，继续以四川银行名义发行军用银票，到1912年末已达1500余万元，由于兑换无期，币信丧失，币值日落，票价跌至三四折。到1914年12月，四川省财政厅电请北京政府财政部，转饬中国银行来川开办分行，并建议中行先从收回军用银票着手，以救眉急而纾积困。这就是四川中行成立后，首先应当承担的收回四川军政府发行的军用票券之使命。

2. 川行借款给省财政厅作收回军票基金

1915年3月，袁世凯为复辟帝制计，特派亲信陈宦以会办四川军务、四川巡按使身份赴四川坐镇。同年7月，四川中行第二任经理唐瑞铜上任，应四川财政厅要求，为解决"川省军票充斥，扰乱金融"的问题，就借贷中行兑换券以收回军票事与川省当局达成协议。同年11月27日，四川财政厅长黄国瑄与重庆中国银行经理唐瑞铜订立借款合同，其合同条款如下："（一）借款数目定额中行兑换券400万元。（二）自借款之日起，财厅须通饬各征收机关凡收解正杂各税适用中行兑换券，但濬川源银行发行之兑换券一律收用，濬川源兑换券数不得逾现行200万元之额。（三）财厅须详请将军、巡按使通饬军政各机关自合同实行日起一切俸饷用中行兑换券发给，各该承领机关不得拒绝收受。至濬川源银行兑换券仍得一体收用。（四）中行交付财厅兑换券日期，限定本年12月1号在成都交300万元，在重庆交100万元。（五）此项借款按年五厘计息。（六）起息日期以中行将兑换券交付财厅之日为始。（七）此项借款暨利息，财厅分作十年、每年分作四期偿还（详略）。每期应还本息若干，另附本息偿还计算书，经双方认可。（八）此项借款本息，财厅按年列入预算，每期前五日，中行得通知财厅发支付命令，在于所收军票附加税项下拨还。若所取军票附加税不足偿还借款本息时，中行得要求财厅发支付命令在所收他种税款项下补足之。（九）中行每期收回财厅借款本息，当缮具正式收据，交给财政厅收执。待十年期满本息收清时，财厅将中行历次所具收据送还中行，本合同即行取消。（十）本合同缮具四份，财厅、中行各执一份，其余两份由财厅分详财政部、四川巡按使批准备案。（十一）本合同经双方签字，盖用厅印行章后即发生效力。"[1] 1916年1月26日，四川巡按使陈宦致电北京政府财政部，报备了四川财政厅拟向重庆中国银行借贷兑换券400万元，用以逐月分筹准备金，以五折收回川省军票事项，并

---

① 卜明. 中国银行行史资料汇编（1912—1949）. 南京：档案出版社，1991：709—710.

抄报了双方草签的借款合同及本息偿还计划。1916 年 2 月 28 日，财政部复电陈宦，同意此借款事宜："详查所订合同，尚属妥洽，应准备案。惟此次所借兑换券，专为收回军票及弥补军票亏损之用，应将订立合同以前所收军票数目及该厅军票亏损细数，分别造册报部，以凭核办。相应咨复贵使，即希转饬遵照办理可也。"

川中行承担收回川省军票和发行纸币使命的史实如下。

第一，中国银行作为中央银行就需要整理货币，而整理货币则应从收回军用钞票开始；作为地方政府，要收回军用钞票，则需弥补省财政厅因军票造成的金库亏款。为此重庆中行作为四川省金库的代理者，需要先为川省金库垫款，帮助省财政厅弥补金库亏款；重庆中行要为川省金库垫款，只有代表国家发行新制兑换券，并以愿借中行兑换券 400 万元给川省财政厅，才能用其作为逐月分筹准备金以五折收回川省军票之用途。正如中行总经理张嘉璈所言，中行早期经营是从"为各省金库垫款，因垫款而发行钞票"开始的。

第二，因合同规定"中行交付财厅兑换券日期，限定 1915 年 12 月 1 号在成都交 300 万元，在重庆交 100 万元，按年五厘计息"，由此该借款的利息收入，也就构成川行 1915—1916 年业务经营的重要盈利来源之一。1916 年，川中行"自滇黔军事发生，川省适当其冲，敝处实无营业之可言"，但"至决算时能稍获盈余者，皆赖财政厅四百万借款一项，取得余利耳，纯益 5128.05 元"。

3. 川中行因借款给财政厅而发行兑换券

四川中行要为川省金库垫款以弥补其亏空，只有代表国家发行新制兑换券，并借中行发行之兑换券 400 万元给川省财政厅，以备川省收回军票之用。为保证川中行纸币发行后能够正常流通，还在上述借款合同中，以第二、第三条之规定，作为对川省军政当局必须履行的两点约束条件：第一，保证四川中行发行纸币能够正常流通的约束条款，即"自借款之日起，四川省财政厅须通饬各征收税款机关，凡收解正税和杂税时，应当适用中国银行兑换券；四川省财政厅还须详请将军、巡按使，通饬全省军政各机关，自合同实行日起，其所有人员的一切俸饷，均应用中国银行兑换券发给，各该承领机关不得拒绝收受"。第二，约束濬川源银行发行的地方兑换券的约束条款。由于四川省当时流通用的纸币中，除四川银行发行的四川军票外，还有濬川源银行代表四川军政府发行的地方兑换券。为此在上述借款合同中，川中行要求川省当局对濬川源银行之地方兑换券加以约束的条件是"自借款之日起，濬川源银行发行之兑换券仍得一体收用，但濬川源兑换券流通之数量不得逾现行 200 万元之额"。这大概是因为陈宦督川后为收回军用银票的权衡之策。据《四川金融大事记（初稿）》记述："1915 年 12 月陈宦督川后，订借中国银行兑换券 400 万元，又令濬川源银行发行纸币 200 万元，专作五折收回军用银票基金。这一时期，川省纸币骤多。"

4. 收回军票初有成效但因军兴遂行中止

1915 年 12 月，川中行以发行中国银行银两兑换券和银圆兑换券的方式，借给四川财政厅中行兑换券 400 万元，作为逐月分筹准备金，以五折收回川省军票之用途。当时"川省行用纸币，有四川军票与濬川源银行兑换券两种。四川军票原发 1500 万元，由中央借拨银款，并由中国银行借拨银券，设处开收，先后收回 500 余万元，并提毁盐款军票 300 余万元，再加前财政司在商会截毁 60 万元，及重庆中国银行所存盐款军票 280 余万元，统计已收回者 1140 万元。后因军事告兴，饷需迫逼，收票之事，遂行中止"①。

这就是说，四川省通用纸币有四川军票与濬川源银行兑换券两种。四川军票原发 1500 万元，约在 1915 年 12 月或 1916 年 1 月，全省统计已收回者达 1140 万元，仅 360 万未收回。然而，在收销四川军票过程中，袁世凯于 1915 年 12 月称帝，蔡锷等遂在云南起义讨袁，并于 1916 年初进军北上到达四川，由于军情紧急，收销军用票停止。川督陈宧将借供收销军用银票的款项移供军需，先后强提重庆中国银行库款 180 万元，曾一度引起市面挤兑中券风潮（见后）。

（二）"停兑令"影响与艰难整理川券

所谓整理川券，是一个比收回军票范围更大的概念，指四川中行作为央行派出机构，既负有收回军票之使命，又负有收回于辛亥革命前后由四川省地方银行所发行的地方兑换券之职责。辛亥革命前，全国各省官钱局和官银号都有发行权，到民国成立后地方银行又滥发纸币，更甚于清末。由于各省对纸币管理不善，到 1914 年的全国发行额已达 1.4 亿银圆，而发行纸币的准备金只查有 500 万元，以致币信低落。其中，广东、四川和东北三省，纸币价格跌到面额的一半至三分之二，大部省区也在七成左右。因此北京政府于 1914 年 3 月开始整理各省纸币。

在此背景下，四川中行成立之初，整理川券也成为其主要使命之一。为此，大清银行成渝清理处清理员邓孝然奉北京函，于 1915 年 5 月 24 日在重庆《西蜀新闻》刊登公告："订于农历五月一日到八月一日止，远近绅商如其存有大清银行本票、银两票、银圆票、钞票者，务于此三个月内持赴清理处兑取，到期截止，未来兑取者，即作无效。除详请巡按使署立案并通饬各县知事一体出示暨重庆清理处登报申明，以期周知而昭信用外，特此布闻。"这就是说，四川中行及所属机构，将从当年农历

---

① 刘志英，张朝晖等. 抗战大后方金融研究. 重庆：重庆出版社，2014：56—57.

五月一日至八月一日清偿大清银行重庆分行的遗留债务。或者说，整理四川各种票存（川券）首先是从川中行清偿大清银行重庆分行各种票存开始的，此前这项工作则由濬川源银行代办；而四川中行负责收回大汉四川军政府发行的四川军用银票及四川都督府以四川银行名义发行的军用银票，则属于整理辛亥革命后川省地方兑换券范畴。

然而，正当四川中行着手整理川券之时，1916 年 5 月 12 日却发生了震惊全国的"停兑令"事件，自此之后的多年里，川中行就在应对"停兑令"恶劣影响过程中，艰难整理川券，力逾数年。

北洋政府"停兑令"之由来。民国之初，北洋政府经济上十分虚弱，每年财政入不敷出，除了增税、借内债和外债外，只能依靠银行增发纸币即兑换券勉强维持。最初为解决财政窘迫而增发纸币，还具有一定的可兑现性（纸币兑白银）。1915 年袁世凯为恢复帝制，滥发中国银行和交通银行钞票为其作巨额垫款，到年底中交两行发行额分别从 1913 年末 502 万元和 893 万元，猛增到 3844 万元和 3729 万元。到 1916 年 3—4 月，中交两行现金库存枯竭的消息传到民间，从北京、天津、上海等地的交行和广东、浙江中行开始的挤兑风潮逐步蔓延到全国。到 5 月 11 日晚，北京中交两行库存白银只有 71 万两，政府下令封存。为解决挤兑危机，经总统府秘书长梁士诒策划，于 1916 年 5 月 12 日由内阁执政段祺瑞下达了"中国、交通两银行自奉令之日起，所有该两行已发行之纸币及应付款项，暂时一律不准兑现、付现"的命令，简称"停兑令"。尽管上海中行毅然抗拒乱命，使得"停兑令"对上海的影响减小到最低。然而停兑令的颁布，还是使得中行在全国的信用大减，元气大伤，尤其是对川中行整理川券的进程，带来了雪上加霜般的恶劣影响。

"停兑令"对四川中行之影响。1916 年 5 月 12 日，北京政府国务院通令中交两行停兑止付，四川一度酿成挤兑风潮。当时四川军政当局和四川中行鉴于川中券发行以来，现金准备充足，食用素著，且全省官俸军饷均赖以周转，一致主张继续兑现，维持川中券币信。四川中行得到重庆钱帮的支持，照常兑现，平息了挤兑风潮。1916 年 6 月 3 日，在中行总处督促下，重庆中行宣布执行国务院停兑令，其后四川中行兑换券价格跌至七八折，且逐年下跌，最低时跌至 3.6 折。据《通信录》第三十期记述，北京政府通令中交两行停兑止付后，致使川中行所属机构当年经营严重受损。

——重庆分行受损情形：敝处实无营业之可言，缘自滇黔军事发生，川省适当其冲，军需急迫。敝处所有营业金准备金悉数垫付，遂致兑券停兑，营业中止，所有垫付饷款 400 余万，均无丝毫利息。本期发行兑换券数增至 559 万元，是由于停兑后，所有军饷垫款及各户提取存款均以兑券应付之。故券既停兑，信用必减。自盐税拨归本省用后，罗佩金督军坚持搭收兑换券和现金各半，敝处力争无效，兑换券价逐渐低落，由九六或九七折降至八三或八四折。

——成都中行受损情形：敝处上期发行兑换券仅 100 余万，继因川省独立政府勒提 200 余万，其在市面流通的兑换券总额乃达 200 余万元。自奉国务院令停止换券兑现以后，本行换券在市面上虽稍失信用，而人民遵军署之命令，尚不敢显然歧视。嗣因省政府出示开放始有敷水之说，而兑换券之价值乃愈趋于下，继由北京政府财政厅通饬各征收税款机关，一律收受兑换券，于是兑换券价值又年增值，然信用终难恢复原状。

——自流井分号受损情形：井号为领兑机关，上年发行额已达至 11 万元，市面行便。嗣因滇事发生，均经陆续收回。自奉国务院令停止兑换券兑现，市面对于本券信用，因之薄弱，查目下价格，本券一元作现八角。……若不早筹开兑，恐为奸商盘剥，券价愈趋愈下，将有不可收拾之日矣。另，1916 年 5 月 19 日，自流井中行因总行不准兑现，而各军队仍要措拨军饷，在秩序混乱中被劫停业。后于 7 月 14 日，经重庆中行经理康瑞桐到自流井与南军联系，并受盐务稽核所催促，始恢复代收盐税。

——万县分号受损情形：敝处当发行兑换券之初，惕于时局不靖，即以审慎推行为宗旨。逮后虽受停兑影响，而万券发行无多，现时成渝各券在万市面虽行使滞碍，然为数无几，俟开兑有期，本券信用便立可恢复也。

——泸县汇兑所受损情形：敝处自开办以来，向未发行兑券，然兑券之流通泸地已达 10 余万元。盖以信用素孚，靡不称便，有时本券缺乏，尚有以洋易券而不得者有之。及至停兑令下，商民复恐，又蹈川中军票之旧辙，故始而九折零，继而八几折，甚有时不到八折之价者，良可太息。现在调查此间兑券，较上期又增七八万元之多，价亦跌至八一二折，因陆军七师驻扎此地，饷需多系我行兑券，且常川持大票至敝处易一元券者，直如山阴道上应接不暇。是以去冬特赴管辖行运一元券五万元至泸，以备掉换，免生他事，倘此刻即能筹备兑现，则本券信用不难恢复，抑亦不充塞于市面矣。

总之，1916 年全川纸币陆续停兑后，无法清理，市面纸币流通数达 1000 余万元，其中中国银行券 570 万元，交通银行券 50 余万元，浚川源银行券 200 万元，云南中国银行券 180 万元。

（三）护国军中行券对整理川券影响

值得一提的是，1916 年初云南护国军中国银行随云南讨袁部队入川后，曾发行纸币达 180 万元，该行还曾占据中行泸县汇兑所行址，既增加了川中行整理川券的难度，又造成了泸州汇兑所的经营困境，乃至长期停业之悲剧。

1. 云南护国军中国银行券入川之始末

（1）护国军中国银行携云南中国银行券入川之由来。1915 年下期，中国银行曾在昆明设云南中国银行筹备处，当云南中国银行券运至昆明而该行尚未开幕时，蔡锷将军于 1915 年 12 月起义反袁，时管滇中行者弃云南中国银行券而逃，蔡将军遂将彼之所弃云南中国银行券携来，设护国军中国银行，随着护国军攻入四川后，带入川中发行并使用（周询语），所发者以成都、泸州、宜宾、自流井一带最多。到 1916 年底，全川纸币陆续停兑后，无法清理，市面流通数达 1000 余万元，其中含云南中国银行券达 180 万元。

（2）川督罗佩金与北京政府商议整理云南中国银行券办法。1917 年 3 月 31 日，暂署四川督军罗佩金就整理云南中国银行券之策（一由中央划拨善后之款，将兑券全数收回。二以川省烟酒税作抵，息借商款，将兑券陆续收回面由税内按月偿还借款，以还清之日为止。三宣布停兑通令各征税机关照四川中濬两券一律收解，略示维持。）致电民国大总统、国务院财政部；4 月 4 日，国务院以公函第 628 号批复到财政部，财政部于 4 月 13 日回电四川督军罗佩金："卅一电悉。查护国军中国银行所发纸币现尚流通市面，应令财政厅设法维持。至拨款收回一节，由国务会议议决应将该行支出详细数目用途实发票数与办理情形报部后，再行核办。盼速查复。"

（3）四川省临时议会及军政府有关整理云南中国银行券之片史。1916 年 11 月 23 日，四川省临时议会曾就护国军中国银行为银行的骈枝旁梗，其兑换券券额若干，准备金若干均不明了，向四川省长提出质问。

1917 年 5 月 13 日，议会对罗佩金提出弹劾案，认为罗佩金在四川督军兼省长任内随意供支军政费用，任意低落中国、交通、浚川源等银行纸币价格，以经营其护国军中国银行，从而独握全川财政。

1917 年 7 月，四川督军罗佩金在川黔刘罗之战败走出川，护国军中国银行因此被撤销，护国军中国银行撤销，在川流通的云南中国银行券几成废纸。

1918 年，熊克武执政期间，经过整顿货币之改革，收兑了大部分的云南中国银行兑换券（见后）。

2. 护国军中国银行占据泸县中行行址概况

（1）护国军中国银行占据泸县中行行址之由来。1916 年初，四川讨袁护国战争爆发，中国银行泸县汇兑所为避战祸暂迁重庆而歇业，此时入川之护国军中国银行将泸县汇兑所行址据为己有。同年 8 月，泸县汇兑所人员由重庆返回泸县营业时，原住行址仍被护国军中国银行占去，并将账表器具扣留。泸县汇兑所向护国军中国银行求退不允，屡争无效，特向重庆中行请示办法，重庆中行乃将此情况上报中行总管理处，中行总处于同年 11 月 25 日在将此情况报告财政部，财政部则于同年 12 月 18 日向中行总处转达了罗佩金督军的回复，其往来电文如下。

——中国银行致函财政部："案据重庆分行电称：'据泸所函称：敝所前因避乱迁渝，回泸后原住行址为护国军中国行占据不肯退让，并将账表器具扣留，屡争无效，暂借住南河公司，地甚湫隘，近收盐税几 30 万，无库存储，耽险匪勘，请示办法等情前来。查成都、泸县均设有护国军中国行，该行原为行军而设，目前政局已定，与我行不免抵触，由敝电争决难有效，拟请钧处转商财政部，能电请罗督取销归并更善，否则请先将泸所有库储款，免生危险，账表器具亦应一并归还，俾资办公，并乞迅复'等语，查库藏关系至为重要，未便久任借住，致滋危险，相应函恳大部准予电咨四川罗督军电饬迅予迁让，以安行业而重库储，并希赐复，不胜盼祷之至。"

——财政部函复中国银行："前据贵行函请致电四川罗督军转令护国军中国行速将泸州汇兑所房屋迁让等情，业经本部转电去后，兹据复称：'已饬该行克日觅地迁让，并将账簿器具逐一点交'等语前来，相应钞录来电，函达贵行查照。"

（2）泸县中行因军兴及行址被占再度亏损后长期停业。泸县分号作为川境中国银行"百年老店"，成立以后的生存轨迹，具有浓厚的悲剧性色彩。

该分号正式成立于 1915 年 5 月，同年 9 月即被降格为泸县汇兑所，是年该所营业 7 个半月，却是渝辖机构唯一开门即亏损的机构。

1916 年讨袁战事起，该汇兑所又面临恰似"屋漏又逢连天雨"的经营困境：先是离泸返渝以避战乱，继而行址被护国军中国银行占据。8 月返泸，求退不允，敝乃另觅房屋，略为布置继续营业。惟时值兵灾之后，各业尚未恢复，又兼运盐公司亦在摇动之间，税款无收，库存如洗，只得清理前期事务。与此同时，因停兑令下，泸县汇兑所虽未发行过兑换券，然流通到泸地的中行兑换券已达十余万。商民复恐，又蹈川中军票之旧辙，故始而九折零，继而八几折，甚有时不到八折之价者。因陆军七师驻扎此地，饷需多系中行兑券，且常川持大票至敝处易一元券者，直如山阴道上应接不暇。同年 12 月 18 日，尽管得到罗佩金督军"已饬护国军中国银行克日觅地迁让，并将账簿器具逐一点交泸县汇兑所"的电复，但为时已晚，到年末泸所全年经营损益两相冲抵，纯损 4347.74 元，即成立之后的第二个年头再度亏损。

1917 年 4—11 月，川滇黔军阀争夺川省政权的川滇刘罗之战、川黔刘戴之战、川滇逐客之战相继发生，这对泸县汇兑所的经营更是雪上加霜，最终于 1917 年 6 月后停业，直到重庆分行 1933 年 6 月再设立泸县寄庄时为止，该所停业时间长达 16 年之久，几乎与狭义上的四川军阀混战时期相重合。

总的来看，四川中行消除"停兑令"影响，艰难整理川券的大致历程如下。1917 年，四川发行纸币 985 万余元，其中中国银行重庆分行兑换券达 592 万多元。1918 年 2 月，熊克武摄行四川军民两政后推出系列改革措施，川中行抓住机遇回收川券 500 万元和收回官欠 500 万元。1922 年 7 月至 1929 年 12 月间，四川中行所属各机构整体降格划归第三区域汉口分行管辖。由于停发兑换券，完全以现金营业。其中 1927 年北伐战争节节胜利时，上海中行始允透支 30 万元给四川中行，幸使川中行信用渐固，存款逐年加增，力量逐渐活泼。到 1929 年秋，四川中行应商民要求，在川内分支行又重新发行兑换券 70 万，虽为数不多，然实力又增，川中行券至此始得复活。1935 年四川实行法币政策时，川中行所发行的印有发行地名的兑换券，经财政部核准，一体作为法币行使。

四、在代理金库过程中屡遭军阀强提硬借

四川中行成立之初所承担的中央银行职责之一就是代收国库省库税款，而代理省金库的重点即代收盐务税款，在四川自流井、潼川、泸县、万县、五通桥所设立机构的原因，均是为方便就近代收盐务税款。四川中行代理金库之起始，如戴戡省长所言："四川省公帑收支，民国成立以来，始由濬川源银行及四川银行照金库方法办理。民国四年，前将军陈宧因中行借款收回军票，复将金库交由该行代（中行）办，一年以来尚称妥协。"再从《通信录》第十三期的《成都分金库出纳款项简章》中，可以看出四川中行设置成都分库的要旨如下：第一，四川中国银行依金库条例及总金库之规定设置成都分库，受四川财政厅之委托，管理四川全省岁出入款项之出纳保管事务，分金库地点设在成都，称成都分金库。第二，金库于出纳频繁之各县属，得设置支金库或支库派办处，或选定殷实之代理店经理该地方之出纳事务。所有各支库、派办处及代理店之一切出纳款目，统由分库与财政厅结算。第三，各机关缴解款项，先将解款公件报由财政厅考核相符划清款目，填入财政厅纳款三联单，盖用厅印，以通知单一联交解款人持赴金库纳款，金库查照通知单内所列金额核收后，填入金库收款三联单，盖用库印，以报告单一联通知财政厅，以收据一联交纳款人送财政厅换取批回存根，一联留库存查，各项三联单由厅库双方分别自行备置。总的来说，代理金库对川中行业务而言，既增强了川中行资金活动能力，并为开展商业银行业务奠定了基础；但从 1916 年四川陷入军阀混战时起，全省各地中行机构屡遭驻军逼借勒索，强提硬借，甚至抢劫滋扰，致使全行业务极不正常，即

"自前年军兴，兑券价跌，行业歇闭，各属军用繁多，始则解到拨支，继则各军自向税局提取，财政紊淆，达于极点"。

（一）川属机构屡遭军阀强提勒索库款

四川中行遭遇军阀强提硬借的首笔史料，据《四川金融大事记》记述："1915年5月20日，省军以军需孔急，向成都各银行派借20万元，其中，中国银行已交3万元。"再据对多种史料的梳理，四川中行及其分支机构在代理金库时期，屡遭川滇黔军阀强提硬借、逼借勒索的史实，大致如下。

1. 护国战争期间军阀强提勒借代理库款

1916年1月，云南护国军入川讨袁，四川巡按使陈宧将收兑川省军用银票的款项（系川省财政厅借重庆中国银行兑换券400万）之部分移作军用，强提中国银行库款180万元，曾一度引起市面挤兑中行券之风潮。

1916年3月23日，四川军务会办及驻重庆之长江上游总司令曹锟，提走中国银行兑换券100万元。

1916年5月24日，袁世凯调川督陈宧入京，在入京之前，陈宧先后向成都中行估提现金和兑换券120万。7月17日，重庆分行就此事电告中行总管理处："据成号函报，陈将军代保管兑券120万元，临行函告，全数提用，嗣后仍由财厅归还。"7月17日，重庆分行又电中行总处："陈将军7月20日至渝，汪振声（重庆分行副经理）往谒，面询提去120万元兑券之事，称已全部使用，曾电达国务院及陆参两部，候备印函交成号叙明，日后由财厅归还在案。当告以财厅透支，据成号报称已达95万，再加此数，所欠更巨，大局定后，财厅必不能应时归还，则本行必为所累，殊难善后，因恳电中央将该款由盐税项下拨还。"7月29日，中行总处将此事件函报财政部：据上两情，陈将军"则提存都督府保管，出有印收之兑券120万元，系由陈将军于未经离省之前全数使用，并据电达国务院及陆参两部有案，是项兑券别无接收保管之人"。

1916年6月25日，四川招讨军杨维将成都中行库款17.8万，印花票价22元、现洋4元余、铜圆900串，扫数提去，并扣留数名中行人员为人质，其缘由如下。同年5月22日川督陈宧被迫宣布四川独立，袁世凯任命周骏[①]为第十五师师长，督

---

① 周骏（1884—1923），字吉珊，四川金堂人，川军将领。早年毕业于四川武备学堂、日本陆军学校中国队第六期步科。参加过辛亥革命，1912年任川军第一师师长，后投靠北洋政府。护国战争爆发后，四川将军陈宧于1916年5月22日被迫宣布独立，袁世凯任命周骏为第十五师师长，督理四川军务，周派所部王陵基西上驱陈，于6月26日进入成都。仅过四天，护国川军刘存厚部就进入成都，周部溃逃。7月6日，北京政府命蔡锷为四川督军兼省长。7月20日，周被迫交出兵权，残部由川北卫戍司令钟体道节制。

理四川军务。6月25日陈宦退出成都，周骏派王陵基部西上于6月26日进入成都。然而，就在陈宦退出成都，周骏部未达成都的缝隙之时，驻成都附近招讨军杨维[①]部则先于周骏部进入成都，派兵到成都中行强提硬借库款若干并扣留该行数人为人质。7月19日，中行总处将成都分号来电内容函报财政部。7月24日，国务院秘书厅将中行电文抄交四川罗督军佩金："据中国银行函据成都分号电称：……被司令杨维军队提去。请饬如数检交该行收存等语，希查饬遵照。"7月29日，驻资州蔡锷将军就此事件亦向财政部复电称："皓电敬悉，锷疾舆西上，计程勘日抵省城，中行事俟抵省后即详查核办，特先电复。"

1916年7月10日，中国银行致函财政部，转报了成都中行自军兴以来"金融停滞日甚一日，库储现金兑付罄尽"的困难情形，详述该行当年五六月间被南北各路军阀强提硬借库款的系列事实，即被强提勒借约265万，包括以下几部分。

一是军阀强提硬借成都分号兑换券85万：5月16日军需课因军饷所需，提借兑券3万元；5月26日都督府因军需课前借兑券3万元支用已罄，续函借兑券7万元；6月3日都督府因警备司令部需饷孔殷，函借兑券5万元；6月7日都督府因军需紧急，函借兑券1万元；6月13日都督府因财厅库款支绌，函借兑券20万元；6月15日都督府又因财厅需款，嘱再提借兑券15万元；6月16日都督府又因财厅需款，嘱再提借兑券30万元，均经收入财厅库账拨用。以上各款连同前已函报之警备司令部军务课借款，先后共计提借兑券85万元，都督府嘱俟库储稍裕，即由财厅如数拨还，敝皆分别照交，掣有印函印领存查。

二是都督府因军饷立需现洋提借成都中行兑换券10万交由商会：6月15日，都督府因军饷立需现洋，敝处无从筹措，饬由商会向各商号筹借现洋5万元，嘱敝提借兑券10万元交由商会，以5万元分别封交债权之手，以5万元封存商会，此款系借作抵押，并不开用。

三是因唐瑞铜经理处理自流井分号兵变之善后事宜提借成都中行兑换券50万：6月16日，唐瑞铜经理以井号兵变以来，善后一切亟应整理，遂随同南稽所张经理起程赴井，即在敝处提拨兑券50万元，有唐经理亲笔字据一纸存查。

四是都督府强行代为保管成都中行兑换券120万：敝处库存兑券除前项拨借各款外，尚余130余万元，昨因时势日急，当提出120万元送请法国教堂代为保存。都督府于6月17日致敝一函，略谓时机危急，备函并派员队到行，立同赴教堂，将

---

① 杨维（1887—1928），字莘野，四川省叙永县人。1906年加入中国同盟会。1915年12月在成都策动反对袁世凯复辟帝制，遂召集旧部，攻取灌县，建四川招讨军司令部。川督陈宦被迫宣布四川独立后，任杨维为兵工厂总办。蔡锷任四川督军后，乃任杨维为川南巡阅使。熊克武任四川督军时，杨维任警务处处长。

寄存之兑券 120 万元提往都督府代为保管，以免他虞。敝居权力之下，不能不俯首听从，只得将前寄存法教堂之兑券 120 万元如数提出，亲自送交都督府验收，掣有陈都督印收存查。

由此可见，仅从 1916 年 7 月 10 日中国银行函报中就可知成都中行在当年五六月间被军阀强提硬借的上述四方面库款，共约 265 万之巨。这也正如《四川金融大事记》所记述：成都中国银行因五六月间被各路军阀将库存现银及兑券提空，行员多被拘押，只得将中行所代理的金库交浚川源银行代理，到同年 8 月，成都中行则专收盐款，对外停止营业。

2. 川滇黔军阀混战又屡遭军阀强提硬借

1917 年，在川滇刘罗之战、川黔刘戴之战、川滇逐客之战期间，成都、自流井、潼川等中行机构先后被军阀强提硬借中行代理之库款。

1917 年 5 月 29 日，中国银行向财政部函报了自流井分号被滇军罗佩金部刘法坤旅长强提硬借库款之事件："顷据自流井分号电称：罗督军于 5 月 24 日派驻井刘旅长法坤以命令来行查账，勒提各县局征收解款，势甚汹汹，无法对付，共计提去现券计洋 51748.534 元，由刘旅长出有印收两纸，如不应付，恐有意外危险，只得任其提去，请速转陈总处报部，设法维持，等情。除电告川财厅外，合亟据情电陈。" 6 月 16 日，财政部函复中国银行总处，兹准四川戴省长电称："驻自流井滇军刘旅长法坤勒提中国银行税款万余元，未据该旅长具报，亦未准罗前督咨明有案。已遵电转询罗前督行查，并令饬所部严行禁止，不许勒提。"

1917 年 5 月 10 日，成都中行以代理金库，各军迫胁提款时有其事，而四川财政厅又不能负责，函请该行重庆分行设法补救。

1917 年 7 月，值川黔之战，省城内半成灰烬，成都中行库款全被政府提去，又暂停营业。7 月 5 日，四川省财政厅函促成都中国银行代付公债利息，但川黔两军于是日起在成都巷战十余日，该行库存已被各军提去，只得以重庆收款万余元开始付息。同日，成都中国银行设临时草账簿记账，因各军借提之款，包括营业库存与国库库存，无法确实区分，不能强为记载。至同年 10 月 9 日取消草账时，计各军提用中银券 54.6 万元。

1917 年 7 月 25 日，中国银行总行函报北京政府财政部，陈述了成都中行在川黔刘戴之战中再次被军阀强提硬借的情形："成号急函称：城区司令田颂尧派袁副官来行提券 5 万元，库空如洗，无款应付，遂将华会计管押司令部，并将正副管理监视，生命攸关，请速汇款以解倒悬，等情。查此次成事发生，该师已向成号提取券现 13.3 万元，现成都市房大半焚毁，十室九空，富商均避而他走，一时欲汇无从，事关生命，应恳钧处迅商财陆两部速电成都刘积之师长，俯念成号款已提净，重庆欲汇无从，即将华会计释放，并勿监视陈、杨管理，或觅与刘莫逆之人电刘见谅，更较稳妥。……迅乞急电示遵，并转唐经理。"

1917 年 8 月 2 日，中国银行总行函报财政部，再次陈述成都中行在川黔刘戴之战中被强提硬借的情形："据成都分号陈（征祥）管理、杨（兆熊）副管理 7 月 14 日先后函称：此次战事发生，自 7 月 5 日结账以后，各款库存被提殆尽，计戴督提去生洋 4 万元、兑券 35 万元；第二师骑工团团长兼城区司令田颂尧两次提去生洋 1.5 万元、兑券 2.5 万元。又，军司令部军需处处长唐能智提去生洋兑券共 9.3 万元，合计共提去银券 52.3 万元，均取具该提款人印收，交由陈管理保存，理合将成号被提各款情形具函陈报，至乞察洽转部。"

1917 年 8 月 13 日，中国银行向财政部函报了四川潼川分号被军阀强提硬借的情形："据潼川分号八月五日电称：'三师右翼司令陈，派人持印收公函声称前方需饷，向敝借 2 万元，银券各半。敝库仅存数千，推却不允，言词激烈，其势甚汹，限本月六日凑交，情形危迫，请维持。'军队强迫提款，敝处实无法维持，应恳尊处迅商财陆两部急予设法电阻，无任企盼。"

3. 靖国战争中成都中行被军阀强提硬借

1917 年 11 月—1918 年 2 月，四川爆发了靖国战争，成都中行所代理的金库款项又被军阀强提硬借。

1918 年 1 月 6 日，四川督军刘存厚、省长张澜以军饷需要，向成都官商银行索借 50 万元，浚川源、裕商公、聚兴诚三家各认 5 万元，成都中行库存兑券仅 4000 元，准备将金库兑券 4 万余元挪拨。

1918 年 1 月 15 日，成都中国银行因军事影响，库空如洗，自去年夏以后，新旧存户概停付还。现循存户要求，函请渝行同意将旧有存款改为有息存款，但在该行开兑以前，不得取走本息。

1918 年 2 月 19 日，刘督军、张省长于是夜离开成都出走，中国银行将行门紧闭，并函川财厅称，照总处指示申明暂停代理金库。全市商号停贸。

1918 年 2 月 23 日，成都中行因军政借款无力应付，奉总处指示进入收缩期中，靖国军攻入成都，令该行将库存扫数提解，以供军需。该行决定将部款、厅款陆续支付后，准备歇业清理。

4. 讨贼大战中重庆中行被军阀强提硬借

《中行史》曾记载了自上海分行抗拒袁世凯停兑命令获得社会称许之后，各行经理都以不牺牲行款，不屈从军人胁迫为能尽职守，养成一种风气的史实。其中，

1923 年四川分行经理周询曾被当地军人拘留而不肯屈从。再据周询自述："军界向商会筹款，在 1923 年之中一共闹了十三回，平均每月一回。只说商场上及公共团体直接所受的损失，共有七百余万元。我们中国银行所受的损害，虽幸不甚巨，然某次系如何应付，实在说不完。"而且，他还留下了"用命履责以对抗黔军强提勒借"故事。

5. 统一及倒杨之战成潼两行遭强提硬借

1925 年 4—9 月，四川爆发了杨森为争夺防区发起的统一之战，以及刘湘组织川军联盟及联合黔军发起倒杨之战，据《四川金融大事记》记述，在此期间中行成都、潼川两行又遭军阀强提硬借。

1925 年 4 月 20 日，川境战云密布，军队纷纷开向成都。成都中国银行在风声鹤唳中，将库款全部调出，对各联行委托解款，不论大额小数，一律止做，业务陷于停顿。

1925 年 8 月 8 日，潼川驻军自 7 月 23 日以来，半月之内换防三次，每次都要当地筹款。潼川中国银行先后对二混成旅、十三师、独立一团的三次派款，以库内空虚婉拒，虽三次幸免，又因田颂尧即将到达，仍以一时恐难平静为苦。

6. 下川东之战期间重庆中行被强提硬借

1928 年 10 月，四川爆发了川军新旧二军系之间的下川东之战，由杨森新二军等八部同盟对战刘湘旧二军系。据《四川金融大事记》记述，其间刘湘因军队开拔，于 1928 年 12 月向重庆中行、聚兴诚、美丰三家银行各借 5 万元，中、聚两行如数照借。美丰因有刘湘股份，只交 2 万元了事。

7. 二刘大战中成都中行遭军阀强提硬借

1932 年 10—12 月第一次"二刘大战"及 1933 年 5~9 月第二次"二刘大战"期间，成都中行又遭各路军阀强提硬借。

1932 年 6 月 4 日，二十四军刘文辉因出兵康藏需款，由经理处处长李光普向成都中国银行以期票贴借 20 万元，该行推拒不成，只得借给 10 万元。10 天后，该军十师师长陈鸿文在简阳又通过财政厅长文和笙向该行强借 5 万元。

1932 年 12 月 15 日，成都自上月中下旬因"刘田省门大战"发生巷战后，各行业停业，二十四军刘文辉退出，二十八军邓锡侯、二十九田颂尧两军进驻成都，田颂尧向成都中国银行借款 4 万元。

1933 年 2 月 14 日，二十九军田颂尧向成都中行、聚兴诚两银行强迫借款各 5 万元，共 10 万元，专作"剿赤"之用。

1933 年 7 月 8 日，二十四军刘文辉离开成都前，向成都银钱业公会派垫款 8 万余元，勒令中行、聚兴诚两行再垫 4 万元。

（二）强提勒索对川属机构的经营影响

川中行所属分支机构在代理国库和省库期间，屡遭川滇黔军阀强提硬借、逼借勒索，对其早期经营造成了严重影响。

1. 川中行机构遭军阀强提硬借的特点

（1）四川中行机构遭军阀强提硬借的数额巨大。仅在 1916 年 4 月 29 日至 1918 年 4 月 23 日的两年时间内，有案可查的强提硬借款项即达 40 笔总计 394 万余元。到 1920 年冬，周宜甫任川中行经理时，四川军政府欠四川中国银行之款，有从前定约借用者，有以强权提借者，合计将及 1000 万元。所谓"从前定约借用者"，指为收回军用钞票，四川省财政厅向四川中行借款 400 万元；所谓"以强权提借者"，即如上述之各路军阀强提硬借四川中行库款竟高达近 600 万。

（2）四川中行机构遭军阀强提硬借的时间跨度长，几乎与 17 年军阀混战时间相重合。从 1915 年 5 月发生首笔强提硬借款项开始，直到 1935 年川政国有化以前的时期，由于四川军阀混战，导致兵饷浩繁，筹垫之举纷至沓来，前款甫经开始分还，后款又复发生，且因军饷所关，急于星火，四川中行一直是军阀借垫的主要对象之一，以至垫款愈积愈多。

（3）强提硬借造成川中行机构间断经营。各路军阀强提硬借造成四川中行所属成都、自流井、泸县等机构的间断经营，其中尤以成都中行的间断经营案例最为典型。现仅以自流井分号为例，从中观察由于军阀强提硬借库款所造成其间断经营之史实。自流井分号作为川境中行"百年老店"之一，1915 年成立当年仅营业三个多月，就纯益 3230.16 元。然而，其后的生存发展过程，不得不说也具有悲剧性的间断经营之经历，究其起始原因，可以从《自流井分号民国五年下期营业情形报告书》加以推断。

营业状况。本年上期因滇事发生，商务停顿迫。5 月本号被劫，遂即停业，直至下期 7 月中，始行复业。然只专收盐税，划拨军饷开支，日益累增，利益则无法可图。重以川省本券尚在停兑期内，汇兑阻滞，更无营业可言。岁暮川省盐款停拨军饷，始有盐款汇泸，而本期决算届矣，间有购买渝票，借获汇水，而旷持日久，得不偿失，此本期营业大概情形也。

市面情形。本号上下有期，因遭际时变，停止营业，金融呆滞，维持无方，加以道路不靖，运款维难，考之 7 月汇水最高极度，井交渝收每千两扣银 190 两，诚属罕见，凡业斯者均获厚利。厥后大局渐定，转运因之稍活，致汇水亦降至 60 两，犹有日挫之势。其余各行，因进货缺乏，故陈年底货亦全行售出，无存预算，本岁各业均属有盈无绌。

本期损益实况。本期纯益，收入方汇水 705.09 元，利息 3.48 元，余水 150.68 元，手续费 20.10 元，杂损益 10.41 元，纯损方各项开支 4366.94 元，代理金库经费 2325.88 元，摊提营业用器具 238.06 元，平色 10.10 元，摊提开办费 470.85 元，两抵纯损 6522.07 元。

总的来看，从护国之战起，自流井分号就于 1916 年 5 月 19 日因参加讨袁战事各军队需要措拨军饷，在秩序混乱中被劫，遂造成第一次停业。同年 7 月 14 日，经中行重庆分行经理唐瑞桐到自流井与护国军联系，并经盐务稽核所催促与斡旋后，自流井分号始行复业，恢复代收盐税。1917 年 5 月，自流井分号再被滇军罗佩金部刘法坤旅长强提硬借库款 5 万多元，从此该行一直处于间断性歇业状态：1917—1918 年歇业，1922—1923 年降为收税处并歇业，1924—1927 年改为办事处，1928 年再降为收税处，1930—1933 年歇业长达 4 年。另据 1932 年 8 月《四川中国银行各地近状》记述，自流井中行办事处，前奉上海总行命令裁撤，所有经收盐税事宜，一律停止。其各方存汇款项，亦限期前往结束，实该处已遵令将手续于 6 月底办理完善。直到 1933 年，中国银行复又在自流井设寄庄之时为止，自流井分号均处于间断经营之中。

2. 乐山中行智抗军政逼借勒索库款故事

值得一提的是，四川中行嘉定（今乐山）办事处成立于 1932 年 4 月 25 日，半年后"二刘大战"爆发。同年 12 月 15 日，因战事紧急，乐山中行中弹甚多。在此背景下，发生一段嘉定中行智抗政府及军阀逼借勒索的轶事。现据《四川月刊》刊载"乐山县政府向中国银行强迫借款"一文，以及渝行档案 1933 年 2 月 20 日"侯文麟关于陈述乐山县县长赵世杰强迫中行嘉定办事处借款一事详情"之史料，将嘉定中行智抗政府及军阀逼借勒索的轶事还原如下。

乐山当时为二十四军刘文辉的防地，乐山县府因军需紧急，曾于 1932 年 11 月间，先后向乐山中国银行借款数千元，借款时曾有由乐山县征局粮税收入项下拨还借款之约，但迄未实行。1933 年 1 月之间，县府赵世杰又动议借款，计划再借乐山中行 2000 元，向乐山的华新、凤翔两丝厂各借 1000 元。筹议至再，却无结果。至 1933 年 1 月 15 日，乐山县府忽用硃单（类似红头文件）将中行行员传入拘押。后经裕通商号经理赴县劝解，直至晚上始释中行行员。中行侯文麟[1]自撄此打击，即致电

---

① 侯文麟，应为当时的嘉定（今乐山）办事处主任。

向驻眉山的二十四军刘文辉军长（字自乾）及张道尹①（字富安）等呈诉此事经过，并从是日起，悬挂一纸牌，通告乐山社会各界，乐山中行暂行停止业务。嗣又经张道尹委托二十四军沈眉生团长与中行再三接洽，并邀请驻乐山城中的最高级长官夏伸实师长、杜少棠道尹及华新、凤翔两丝厂之经理等，与中行及乐山县府互释误会，允将前有（1932 年 11 月）借款，缓期设法归还，并盼中行即日复业，以维市面。经过此番调停后，乐山中行即又悬牌通告，于 1933 年 1 月 23 日照常营业。

从乐山中行化解乐山县政府为军阀逼借勒索的故事中，既可看出乐山办事处经营的艰险性，及其主管人员抗拒乐山县政府向中行强迫借款的智慧，也可看出乐山企业与乐山中行具有良好外部关系，并由此增强了中行抵御外部不确定性的能力，还可看出乐山中行主管人员任事坚韧之品质。

所谓经营艰险性，指乐山中行抗拒县政府因筹军需紧急而强迫借款时，县府居然用"砵单"将中行行员传入拘押。

所谓抗拒强迫借款的智慧，指乐山中行"从是日起，悬牌通告各界，暂行停止业务"，这就等于将乐山县政府为军阀之需而强迫向中行借款事实与责任公之于众，张道尹不得不"委托沈眉生团长与中行再三接洽，邀请城中最高级长官夏伸实师长、杜少棠道尹及华新、凤翔之经理等，与中行及县府互释误会"，由此乐山中行取得了"允将前有借款，缓期设法归还，并盼中行即日复业，以维市面"的解决问题之主动权，因而在 1933 年 1 月 16 日至 22 日期间停业一周并妥善解决问题后，从容地于 1 月 23 日复业。

所谓中行与企业之间的良好关系体现在：1 月 15 日，乐山县府忽用"砵单"将中行行员传入拘押后，"经裕通经理赴县劝解，至晚始释"；还有，华新、凤翔之经理参与了由张道尹主持的，有夏伸实师长、杜少棠道尹出席的，中行与县府互释误会之斡旋会，共同解决问题。

所谓任事坚韧之品质体现在：一个管理区区七八人②的办事处主任，当行员被县府拘押后，"即电向眉山刘军长及张道尹等呈诉经过"，并未因级别不够而不敢直接向刘军长及张道尹反映问题，也未请示上级行——重庆分行来协调处理，而是以任事坚韧的品质，勇于自己解决自己所面临的外部环境之复杂问题。

---

① 道尹，民国时期的官名。1914 年 5 月，袁世凯公布省、道、县官制，分一省为数道，全国共 93 道，改各省观察使为道尹，管理所属各县行政事务，隶属省长。

② 据《中行生活》第二十九期记述：渝行 1933 年共有 14 个分支行处，员工总数 162 人，平均年龄 27 岁；再据 1947 年《四川分行辖属办事处人员配置情况（6~15 人）比较表》综合判断，1933 年乐山办事处有七八人。

第三节 成都支行于最艰危环境中艰难创业

一、成都处于军阀割据与混战最激烈中心

四川军阀混战时期，谁能控制重庆，谁即管制了四川门户，扼制各军运输；谁能控制成都，谁就能把持四川政权，支配兵工厂、造币厂。成都、重庆遂成为军阀必争的据点。相比较而言，成都则处于军阀混战之最激烈中心，其军阀割据形式最具典型性，其军政局势格外险恶，成都中行于最艰危环境中艰难创业。

（一）军阀争夺成都战事最具酷烈性

据对诸多史料综合梳理，1916—1933 年 18 年间，四川军阀以成都为争夺之中心所引发的系列酷烈之战事，大致如下。

1916 年 1—6 月，护国讨袁战争中，成都就是讨袁护国联军与附北拥袁军之激烈争夺之中心。

1917 年 4 月，为了争夺四川军政大权，川军刘存厚与滇军罗佩金之间爆发刘罗之战，致酿成都巷战，使成都人民遭受空前浩劫。

1917 年 7 月，为争夺四川军政大权，川军刘存厚与黔军戴戡之间爆发刘戴之战，再次巷战于成都，使成都人民再次遭受浩劫。

1918 年 2 月，靖国战争后期，靖国各军兵分三路直取成都，联合讨伐附北督军刘存厚部，于 2 月 25 日攻克成都，刘存厚败逃陕南。

1920 年 4—7 月，四川爆发倒熊之战，国民党实业团军阀吕超部经过激战，于 7 月占领成都，熊克武部退往阆中。

1920 年 8—10 月，四川附南与附北两督军联合发起驱逐滇黔军之靖川之战，川军于 9 月 8 日攻占成都，接着川军又与滇军在成都近郊及龙泉山展开决战，双方激战十二昼夜，刘、熊联军艰难取胜，滇军战败。

1921 年 3 月，四川南督军熊克武发起驱逐北督军刘存厚的驱刘之战，熊克武命川军一、二、三军，分三路夹击成都，刘存厚再度被逐往陕南。

1923 年 1—4 月，川军一、三军及边军与三、七、二十一师内讧之战期间，成都又成为各路军阀争夺中心而被攻占与易手。

四川讨贼大战期间，亲北川军邓锡侯、陈国栋、田颂尧三部于 1923 年 4 月开入成都；5 月下旬，熊克武集合一、三军及川边军夺回成都。到 1924 年 1 月 31 日，刘

湘、杨森、袁祖铭等再次占领成都。

1925 年 4—9 月，在统一之战与倒杨之战期间，杨森从成都发起战争，倒杨联军于 8 月攻克成都，刘文辉、邓锡侯、田颂尧组成联军，共同进驻成都。

1932 年 10—12 月，第一次二刘大战期间，套发了保定系军阀刘文辉与田颂尧之间的省门大战，又酿成成都巷战。

总之，就军阀争夺成都战事之酷烈性而言，成都曾遭四次巷战，仅据《四川军阀史料》（第五辑）记载就知其战事之酷烈："成都巷战从 11 月 14 日起，先在成都西门外草堂寺附近和东门外兵工厂一带战斗两日，发展到城内巷战，24 日停止战斗，共为 11 天。人民所受的损失很大。"再据四川文史馆所编《辛亥革命后四川大事稿》记载："两部官兵死伤约 7000 余人，民众死伤达 2500 余人，被灾难民数万，不动产损失约 200 余万元，商业方面损失约 700 余万元。"

（二）成都军阀割据形式最具独特性

1925 年 8 月，倒杨之战后期，倒杨联军刘文辉、邓锡侯、田颂尧三部一同进驻成都，四川军阀割据史上最为奇特的"三军共管成都制"由此发端，并从三军共管成都演变成三军共同加重盘剥成都人民，其典型特征如下。

1. 割据独特性：三军共管成都一地

川军易帜后，刘文辉为二十四军军长，邓锡侯为二十八军长，田颂尧为二十九军军长，他们在成都设立三军联合办事处，实行省城之军政、民政、财政三统一。据《四川月报》第一卷第二期《成都治安问题》记述："成都自三军合驻，在行政上，俨同一国三公，将全市划为三个势力范围。各部驻军，除相当的维持治安外，最重要者，为保护各种收入财政之机关。时局承平时，尚可相安无事；一遇战事发生，则互相警戒，如临大敌。治安上虽有省会军警团联合办事处之组织，由三部各拨兵一旅，计正处长一人，副处长二人，自成立后，向育仁以名望关系，即连任处长至今。惟终以部队复杂，不易调度，故其权力，仅较市政府及城防部略胜一筹而已。兹将各军治安区域及系统，列表如下，即成都市三军治安区域表：二十四军：（司令部驻将军衙门）新西门及南门内外一带（城防部、禁烟局）；二十八军：（司令部驻皇华馆）东门以西及新东门一带（市政府、造币厂）；二十九军：（司令部驻山西馆）西北两门及外东区（兵工厂），以上三处由省会军警团联合办事处统辖。"

2. 割据独特性：三军加重盘剥人民

据《四川月报》第二卷第三期《成都商人之罢市运动》记述："1933 年 2 月 16 日，成都市各业公会商店，因求政府裁撤苛杂捐税，罢业游行，向省政府请愿，于午前九时公会商店代表绘纷到会，约万余人。在未出发前，即由该处所组之宣传队分头出发，散发宣言，并向市民宣传请愿意义。至十时许集队游行，群众由市商会出发，旋抵省府，群众集侯于省府门内之大广场，即由市商会主席王剑鸣及各同业公会主席代表三十名人，入内晋见。由省府赵秘书香畹，出面接谈，允为尽□婉陈政府，兹将当日各代表相互商谈请愿条件之要点，分述如下：（一）新设关卡一律撤销。（二）已取销（消）之伪国税印花机关立予撤销。（三）已有报导遵令撤销之邮件统捐所须立予撤销。（四）已自报遵令撤销之成都关税须立予撤销。（五）撤销自由设置成华水陆稽征所。（六）撤销成都关邮件稽征所。（七）撤销府河船捐局。（八）油盐柴炭米粮等经过任何关卡均不得征税。（九）成都市府须改组为市政府委员会。以上各条件旋由二十四、二十八、二十九军各代表，分别答复，由请愿群众等认为此次成绩圆满后，如整队返市商会解放云。"

仅从成都市各业公会、商店代表向省政府请愿的九大事项中，足见成都之军阀割据的三军加重盘剥人民之典型特点。

成都市各业公会商店代表要求取消伪国税印花机关、邮件统捐、成都关税、成华水陆稽征所、成都关邮件稽征所、府河船捐局等。足见三军在其所割据的成都地盘上，苛捐杂税名目之多。

油盐柴炭米粮等经过任何关卡均不得征税。反过来说，三军共管成都时，就连成都人民的油盐柴炭米粮等民生必需品，在经过三军任何关卡时都要征税，由此足见三军共同加重盘剥成都人民之一斑。

新设关卡一律撤销。这与四川防区制期间"关卡林立，护商坑民"案例极其相似。因为有了防区制，即订出护商办法，作为正式税收，其实就是一项巧立名目捞钱的手段，护商分陆路、水路两种，各定护送费。对人民苛扰更甚的还是关卡林立，不论商品或自用物品，每过一卡，即抽收一次手续费，而且卡员常常提出种种理由来进行贪污。再据《中行月刊》第二卷第十期《四川苛捐杂税之繁重》记述："以成渝千里陆程而言，每运货一挑（指力夫一人所担而言约八十斤），由成都到重庆，除运货力夫工资不计外，沿途各种税捐，亦需征洋三十元，大小税卡，须经过二十三种，以致关乎民食以及其他农产品，皆未敢起运。查上述各种护商统捐印花等费机关，系指其总处而言，其外尚须于沿途分验卡，每离三十里五十里不等，商货每经过一卡，又需缴出手续费一角二角不等，总计由成都到重庆之手续费，又在二元以上，此成渝陆军道上苛捐，尚如是其紧重，其他水路各埠，商艰苦痛，当十倍于此。各种实业不得发达之原因，间接固由有外货之充塞抵制，而直接阻碍运输，实在捐税之重重遍地。"

（三）成都金融币制混乱已登峰造极

第一，争夺成都造币厂及大肆滥造货币。如，1916 年 6 月滇黔护国联军进占成都，7 月 9 日因军阀之间争夺成都兵工厂引发动武事件，成都中行于 7 月 14 日向上级行函报了此情："查杨维为陈宦前督委任为第一师师长兼兵工厂总办，驻兵工厂内。周将军[1]视事半月，杨迄未入城，日夜在厂赶造枪炮，以备自卫。及杨提款以后，敝处多方托人请杨退还，并面恳周将军力予支持，无如杨未受周将军节制，虽遣人往问，未得要领。本月九日，杨军以进城解运子弹赴厂，经守卫兵盘诘，两方开枪，大起冲突，旋为周军击退。是夜，周派兵围攻兵工厂，自寅达午，双方死伤甚众，终被周军将厂占有，杨军远飏。敝管理昨又托人请周将军代为清查，尚无复音。……" 8 月 3 日，中行总处又将此情函报了财政部。又如，1927 年后，邓锡侯占有成都造币厂后，大肆鼓铸半元银币和二百文小铜圆，每年所收造币余利就有 120 万元。尽管军阀混战时，四川工商凋敝，百业萧条，唯独军阀的造币厂机器从未停止过转动，而且战争越是激烈，造币厂的工作越是紧张。1923 年 8 月 12 日《川报》报道："八师当局在造币厂提银款八万元，次日即解赴前方。造币厂因目前工作繁巨，员工异常劳顿，一部分员额及薪额略有调更。" 而老百姓则称货币为"祸币"，叫造币厂是"造毙厂"。当时有人在成都少城公园陈列馆内一尊铜菩萨身上贴一张纸条，名曰"请菩萨爷保重身体，谨防明天变铜圆"，人民怨毒之深，可以想见。

第二，滥设银行以聚敛钱财。各军阀无不把开银行、办钱庄视为摇钱树，作为他们的军需外库和筹饷机关，由此导致成都金融不振。这一时期，在成都先后成立的这类银行有：以刘成勋、赖心辉为首的省军在成都办的四川官银号，二十四军刘文辉办的裕通银行，二十八军邓锡侯办的康泰祥银行，二十九军田颂尧办的川西北银行等。三军共管成都时期，行庄开设，由商总会报市政公所转呈三军部批准即可，军阀官吏趁机纷请开立银钱行庄，使全市银钱行庄骤增到 60 家，其中多为银号、钱庄。邓锡侯二十八军有 17 家银号或银行，田颂尧二十九军有 8 家银号或银行，刘文辉二十四军有 6 家银号或银行，除 34 家隶属于各军系的银钱行号外，由私商办的银行、钱庄和较大字号，也有 40 余家之多。另据统计，1928 年，除中国银行和聚兴诚银行在成都的分行外，经成都市政公所批准发行"执照"的银钱行号共 54 家。

第三，成都银铜两币种类烦杂令人目眩。据《川省币制紊乱之概状》[2] 记述："我国币制紊乱，人所共知，然各省终不若四川之甚，川省内又以成都为最复杂。"

---

① 周将军，系蔡锷委任之川军第一师师长周道刚。

② 参见《中行月刊》第七卷第三期。

（1）银币行情：据成都李明良先生 1933 年 3 月 10 日调查，成都银币有 20 种，每日行市各异，观之目眩。成都市银币价值一览表如下。

银币名称	每元易铜圆价格	银币特征
成都厂造大元	20900 文	成都造币厂制造，阳面文字为军政府造，四川银币一元；阴面为汉字，周围有十八圈及中华民国元年造等字
成都厂造半元	12300 文	成都造币厂制造，与成都厂造大洋同一形式文字而银质则不及之
云南板大洋	17800 文	清时民初铸，银质似较厂造大洋更佳
云南钢板半元	12000 文	系云南铸造之五角洋，银质不佳，声音尖锐，故称钢板
重庆厂造大洋	18000 文	与成都厂造大洋同一成分。因地域关系而价高，阴面之汉字周围线纹有一线穿出，达于小围中
人头中元	16800 文	袁世凯中元，银质极佳。原铸文字每二枚当一元，每枚为五角
重庆青岗坝大洋	17000 文	与成都厂造大洋同，惟字迹笔画较粗，且汉字同围之线纹，有二条穿出，直入一小圈中
厂造光哑大洋	18000 文	一般人鉴别银币真伪，概用敲声拌响法，久之则失声面哑。行使太久，则字迹花纹，诸多不明。故价值减低
龙须大洋	19000 文	为清时成都造成者，上有龙纹，同时有一种龙而无须者，则与成都厂造大洋价同。龙而有须者，价值稍低
搬卷藏元	16000 文	乃英人在印度造成者，上刊英藏汉三种文字，同为一元之义。大约均为 1911 年造成者。藏人用此，而拒用国币
杂板半元	7000 文	为 1927—1928 年间，四川军人竞设造币私厂而造。同一部队长官，各自设厂铸币。甚至私人家庭，亦在伪造银币，故呼为杂板
金字旁大洋	18000 文	为重庆老厂所造。即银圆之阳面所印四川银币之银字，其金旁正为金字。与成都造之金字为四划者大别
双毫角洋	12000 文	即广东二角小洋也。但在宜昌泸县自井一带，行使颇便。约以十二毫作大洋一元计。但在成都价值极低
一毫角洋	11000 文	即单毫也。乡镇农人，素不接受
杂板光板	5800 文	即杂板也。行使已久，字迹磨去，不甚明显。或杂板不易行使，故意磨光，模糊不清，以与厂板混杂，俾人不辨其为真伪。惟 1927 年成都因杂板半元充斥，币潮发生
杂板哑板	4500 文	即原为杂板，行使市面，被人敲声或拌响，久之声哑，其价值更低
外省大洋	16000～17000 文	除四川以外之大洋，市面偶有之，乡人完全拒而不用。但亦有目不识丁，而又少用银币者，一经入手，断难用出
袁世凯大洋	21100 文	又分为 1914 年或 1914 年以后铸出者之别。凡 1914 年以下者，价值较低数百或一千文。又开眼者闭眼者，价值又低二三千文

续表

银币名称	每元易铜圆价格	银币特征
孙文大洋	20900 文	尚不多见，普通约占百分之五六。而价值则与厂造大洋同
伪大洋		每元易铜圆为能行使。即完全假洋，如由铅或铜铸成而外钱以银质者，每混入整数银币封内

（2）铜币行情：据成都李明良先生于 1933 年 4 月 25 日调查，成都有铜币 16 种，每日行市各异，观之目眩。成都市铜币价值一览表如下。

铜币名称	每枚所值铜币	铜币特征
小毛钱	当 10 文	即前清民间私铸之钱，用以混入整串钱中。今则因市面找补零星尾数，或银贩敢受银圆，每以 10 文束成一串，共作 100 文计之
清制钱	当 20 文	即鼓鼓钱，如乾隆道光之铸。在成都则每枚合 10 文，而在仁寿、荣县等地，则又每枚合 50 文。有时又作 20 文行使之。已不多见
清当 10 铜圆	当 100 文	即清时铸成者，阴面有龙面为红铜者。在前数年成都造币厂铜斤缺乏，会运同制钱，大价敢买，熔铸大 200 铜圆，故市面上颇少
清当 20 铜圆	当 100 文	亦清末铸出者，形式文字，与清当十文者同。第形式稍大，今则每枚当 100 文
汉当 10 铜圆	当 100 文	为民初年所造，阴百有汉字，阳面刊有当制 10 文。今亦当作 100 文。唯此种铜币全为青铜所铸成
汉当 20 铜圆	当 100 文	亦民初年所造，形式文字，与汉当 10 铜圆全同，第形式稍大，面质微重，刊有当制钱 20 文等字
汉当 50 铜圆	当 100 文	1915 始开铸，悉为铜造成，最初由重庆铜元局造出，不数月，成都大开鼓铸，数目多于当 10 当 20
汉当 100 铜圆	当 1500 文	1928—1929 年间，因铜斤来源太少，运转不便，兼之滇铜不能入川，故改铸 100 者，以佐军饷民
小当 100 铜圆	当 100 文	自 1926 年起更以铜斤缺乏，收买制钱亦嫌远道不便，故将汉字当 50 及当 100 者熔铸成小 100 小 200
民大当 200 铜圆	当 200 文	1919—1920 年间，因军款无着，铜斤缺少，特赶制成大 200 者，以维军费，形式文字与当 100 同
民小当 200 铜圆	当 200 文	因感军款难筹，伙饷过难，以至大当 200 者停铸，改铸小 200 文
川北板当 200 铜圆	当 200 文	此种铜币，川江自远陵以下，积不远行。此种铜币系军阀或土豪私行鼓铸，铜质极坏，文字更行漠铜均成红铜色

续表

铜币名称	每枚所值铜币	铜币特征
捶板当200铜圆	当200文	此系奸人用汉当20文者加热，装以模型，便字迹翻成当200枚等字，混入通常小200文者，流行市面，闻亦有提出拒用者
宰割铜圆	每1/4当50文 每1/2当100文	即将民大当200之铜圆用刀韧割成二分之一，或四分之一，便利零星找补，以济当50当100之不数均名地自行切分者
错板铜圆	成都不用	1928—1929年，各地私造铜圆者多，一般农民拒用假币，故各县城或乡镇即用黑铅铸成铜圆形式，亦作为100或50之用，上印县或镇名
竹片锯刻代钱	成都不用	亦1928—1929年时，乡镇人民，因感铜圆多伪造者，且铜质过劣，为便于找补及行使之用，有由系甲制出竹片锯刻书字，刻之为两片，作为当10文或20文之用，不数月伪削竹片亦多，随即废去，今则已无用者

总之，军阀争夺成都造币厂与私设造币厂滥造银铜两币，致使成都市面银铜两币币价一路下跌，由1912年以后每银洋1元换铜圆800余文，先跌至每银洋1元换铜圆8000~9000文。再到川中1916年军兴以后，不数年间，铜圆更由8000~9000文铜币换银洋1元，跌至20000余文铜币始换银洋1元。成都币制之混乱真可谓登峰造极。

第四，成都银钱业因易主易币而风潮数起。据对史料综合梳理，民国早期之四川督军及省长的更替简史如下。

1912年2月，成、渝两军政府合并，尹昌衡被推任四川都督府都督。

1913年6月，袁世凯任命胡景伊为川督；1915年5月，袁世凯任命亲信陈宧督川；1916年7月，北京政府任命蔡锷为四川督军兼省长；9月，任命罗佩金暂代四川督军，戴戡任省长；1917年4月，北京政府任命戴戡暂代四川督军；7月，任命周道刚为四川督军；12月，任命刘存厚为四川督军。

1918年3月，广州军政府任命熊克武为四川督军，杨庶堪为省长。

1920年12月，熊克武通电解除自己督军职而退居幕后操纵；1921年6月，刘湘被川军各将领及省议会推选为川军总司令及川省省长，标榜四川自治；1922年5月，刘湘通电辞职，省长交向楚代行；11月，刘成勋被川军各将领及省议会推为川军总司令及川省临时省长。

1923年10月，北京政府任命刘湘为四川善后督办；1924年5月，北京政府任命杨森为四川军务督办，邓锡侯为四川省长；1925年2月，北京政府免邓锡侯省长职，赖心辉继任四川省长；5 月，免去杨森四川军务督办职，由刘湘取代。

国民政府于 1928 年 10 月任命刘文辉为四川省府主席；1930 年 2 月，任命刘湘为四川善后督办；1931 年 4 月，以刘文辉为省主席，刘湘为四川善后督办；1934 年 12 月，蒋介石任命刘湘为四川省主席和川康绥靖公署主任。

不难看出，由于四川主政者频繁更替，各军防区势力此兴彼衰，四川军阀所控制的银行、钱庄、银号等金融机构，都会随着主政者频繁更替，各军防区势力兴灭无常而"随行随废，易主易币"。

据统计，1928 年，除中国银行和聚兴诚银行在成都的分行外，经成都市政公所批准发行"执照"的银钱行号共 54 家，到 1933 年二刘大战后，全市银钱行号幸存者不足 20 家，再到 1934 年只剩 8 家。尤其是刘文辉在此战中败退，致使裕通银行随之倒闭，宣布清理结束，全部存款只按二成兑付，由此就拖垮了有往来的信成、信义、志合、兴泰、隆泰、福庆、钧义、合益、颐丰等九家行号。不仅如此，作为兵家必争之地的成都，一遇风吹草动，常有持票挤兑，存户提存的风潮发生，军阀混战期间四川发生的较大的金融风潮有：1915 年，四川军用票发现重复号对折收兑；1916 年，中行、睿川源等银行库款被提、钞票停兑；1918 年，云南护国军中国银行券停用；1923 年，四川官银号纸币作废；1927 年，成都聚兴诚银行挤兑；1928 年，成都厂杂板半元发行过滥；1930 年，成都因新大元发行使银钱商号成批倒闭；1932 年、1933 年，成都中国银行两次被挤兑等。

二、成都中行前六任经理之艰难履职经历

在成都军阀争夺战事最具酷烈性，军阀割据形式最具独特性、金融币制混乱已登峰造极的艰危险峻之外部形势下，成都中行踏上了艰难困苦之创业历程。

（一）成都中行前六任经理任职期限考

中行开业之初，在各地设分行、分号、兑换所、汇兑所四种下属机构，分行设经理，分号设管理，兑换所、汇兑所设管事。1919 年调整机构，所有分号、兑换所、汇兑所等名称一律取消，改为分行、支行两级，主管人员统称为行长。1928 年起，分支行长名称改为经理。所谓成都中行早期经理即为管理、行长的统称。据本史考证，成都中行前六任经理如下：

1. 第一任管理邓孝然（1915.3—1915.8）

据《通信录》记述，1915 年 3 月 15 日，成都分号在筹备中，管理为邓孝然；同年 4 月 4 日，成都分号开幕，到 4 月 15 日成都分号管理仍为邓孝然。邓孝然同时也

是大清银行清理处重庆清理分处清理员[①]。同年 5 月 24 日，大清银行清理处奉北京函，由大清银行清理处之重庆清理处清理员邓孝然在重庆《西蜀新闻》登报公告，由中国银行清理大清银行本票、银两票、银圆票、钞票等。邓孝然任成都分号首任管理截止期，应当是 1915 年 8 月。

2. 第二任管理周询（1915.9—1917.4）

据《通信录》记述，1915 年 9 月 15 日，成都分号管理为周询（字毅夫，后改为宜甫），这是周询任成都分号管理的最早任职时间之史料。再据《周询年谱》记述："1915 年，周询旋得重庆中国银行唐经理士行（名瑞铜）之荐，奉中国银行总行派管成都中国银行，八月回省，家居成都石马巷。"这就是说，周询经唐瑞铜经理举荐而奉中国银行总行令于 1915 年 8 月就任成都分号次任管理。唐瑞铜举荐周询的原因，除周的才干与经历外，可能与其贵州同乡情节有关。周询祖籍贵州麻江，其父宦游入川，从 1893 年周询 23 岁移居贵阳应恩科乡试起，到 1902 年周询 32 岁赴京引见并奉旨以知县发往四川试用之时为止，他在贵州居住过近十年。而唐瑞铜为贵州省贵阳人，1915 年 7 月任重庆中国银行经理。

次任管理周询任职截止期应为 1917 年 4 月左右。据《通信录》记述：1917 年 1 月 15 日和 2 月 15 日，成都分号管理为陈征祥（字寿民）。又据周询《十八年来我的中行生活》记述："我自民四进行以来，中间只有民六因病辞职，歇息了七个月。"还据《周询年谱》记述："1917 年，周询仍管成都中国银行。值戴勘若将军督川，周询辞去成都中行管理之职，五次电请，始复准暂时休息数月。10 月，成都中行经理陈征祥、副经理杨兆熊（字孟候）同时辞退，渝行经理丁葆源力荐周询管理成都中行，10 月到行视事。"综合此三个有出入的史料推之：周询任职成都分号次任管理截止时间应在 1917 年 4 月左右，此时北京政府免去罗佩金四川督军职，任命黔军将领戴戡暂代四川督军；这便与《周询年谱》所指"值戴勘若将军督川"相吻合，也与其回忆录"只有民六因病辞职，歇息了七个月"的时间相吻合，即 1917 年 4 月病辞歇息与 1917 年 10 月到行视事之间为 7 个月。而《通信录》之"1917 年 1 月 15 日成都分号管理为陈征祥"，则可能是因周询从 1917 年 1 月起就电请暂休（周曾五次电请暂休），总处此时就作出由陈征祥接替周询的人事安排，但陈征祥实际到职接替日

---

① 1912 年 9 月，北京政府财政部议案提议将中行筹备处和大清银行清理处都归并到中国银行，使三者合而为一。清理处的归属问题，随着工作的变化，有时同中行分开，有时又归并到中行。从 1912 年 6 月清理处成立到 1918 年 3 月结束时止，近 6 年时间内，大约有一半时间同中行在一起，并由中行总裁兼管清理工作。清理处明令撤销后，有些地方因工作尚未结束，仍然保留清理处名义，机构和工作都同中国银行合在一起，由中行负责人代管，例如广东 1927 年还保留着大清银行清理处名称。

期为 1917 年 5 月 3 日。

3. 第三任管理陈征祥（1917.5—1917.10）

据《通信录》记述：1917 年 1 月 15 日和 2 月 15 日，成都分号管理为陈征祥、副管理杨兆熊。尽管这说明成都分号第三任管理陈征祥任职时间为 1917 年 1 月。但据民国渝行档案史料梳理，与中行成都分号管理陈征祥、副管理杨兆熊有关的史料还有：1917 年 5 月 3 日，中行成都分号副管理杨兆熊移交陈征祥管理接件清单；同年 5 月 9 日，中行成都分号关于检送本号管理陈征祥到职日期的通函；同年 10 月 22 日，中行成都分号关于陈征祥、杨兆熊已将所有经手保管各要件开具底册点交周询接收清楚致中行重庆分行的函。由此可见，陈征祥到职第三任管理的日期为 1917 年 5 月 3 日，同年 4 月下旬周询因病离职后，应为副管理杨兆熊代理主持工作，5 月 3 日，杨兆熊向陈征祥移交工作；第三任管理陈征祥的离职时间为 1917 年 10 月 22 日，他将所有经手保管各要件开具底册点交周询接收清楚。

4. 第四任管理（行长）周询（1917.10—1920.9）

据对民国渝行档案及《行史资料》第七章《四川成都分号管理》等史料梳理，这一时期与成都分号管理陈征祥、副管理杨兆熊相关史料有多个，而且史料之间有的相互矛盾，经本史综合推断的史实如下：中行总处曾有"改派杨兆熊为成都分号管理以资熟手"的电文，但最终到 1917 年 11 月 19 日中国银行函报财政部时仍称："成都分号管理陈征祥、副管理杨兆熊恳请辞职，业经照准，所遗成都分号管理一职派周询接充。"可见此时杨兆熊仍被称为副管理，也就是说杨兆熊并未实际任成都分号管理一职。成都分号第四任管理（行长）应为周询，其任职期间为 1917 年 10 月至 1920 年 9 月，其中，该任管理于 1919 年改称行长。

5. 第五任行长（经理、主任）周荣光（1920.12—1931.12）

据对民国时期渝行档案的梳理，成都中行第五任行长为周荣光。他 1919 年 7 月时为重庆分行国库股主任，1920 年 12 月 27 日代理成都支行行长；1921 年 7 月 29 日正式到职任中行成都支行第五任经理；1922 至 1929 年，周荣光改任中行成都办事处主任；1929 年 12 月 27 日，周荣光复改任中行成都支行行长；1931 年 12 月，周荣光辞职，重庆分行曾清理过其在行时所借的各种款项。

6. 第六任经理陈征祥（1931.12—1933.8）

据对民国时期渝行档案的梳理，现对有关成都支行第五任经理周荣光与第六任经理陈征祥之间的更替过程及陈征祥任职期限的史料，综合推断如下。

（1）四川中行派陈征祥到成都支行加强领导力量。中行总处于 1930 年 5 月 15 日派陈征祥充任中行重庆分行襄理，并常驻成都支行考察业务；7 月 10 日，陈征祥到职成都支行考察业务。这可能是为加强成支行领导力量的应对之策。

（2）周荣光请假时陈征祥曾代理过成都支行经理。中行总处于 1930 年 10 月 18 日准予成支经理周荣光因母病请假，所遗职务暂派中行重庆分行襄理陈征祥代理；10 月 31 日渝行致函总处转知陈征祥代理成都支行经理职务日期；11 月 13 日渝行致函总处告知成都支行经理陈征祥卸任及周经理销假到职日期；同日，中行总处致函渝行：准予挽留成都支行经理周荣光在成都治丧及假满催促其到职。可见，1930 年 10 月 18 日至 11 月 13 日期间，周荣光因母病请假，陈征祥曾代理过成都支行经理一职。

（3）第六任行长陈征祥任职期限推断。从 1932 年 1 月 9 日渝行拟具本行前经理周荣光在行借各款扣还办法致中行总处的函，1 月 28 日中行总处关于成支前经理周荣光未到年终即辞职并不支给年终津贴致中行重庆分行的函，以及 1932 年 2 月 8 日陈征祥关于接洽中行成都支行与四川省财政厅纠纷案解决事宜致张禹九的函，可以推知：周荣光未到 1931 年底即辞职，陈征祥接替周荣光任成都支行第六任经理。再从 1933 年 8 月 16 日中行重庆分行关于本行代理副经理陈征祥已到职致中行总处的函，以及 8 月 29 日中行总处关于代理副经理陈征祥到职日期已悉致中行重庆分行的函，可以推知：陈征祥于 1931 年底接任成都支行第六任经理后，又于 1933 年 8 月 16 日升任重庆分行代理副经理。

总之，从 1930 年 5 月到 1933 年 8 月，陈征祥曾协助、代理、实际主持成都支行工作，其间正处于"二刘大战"最艰危时期，他为成都中行发展做过大量工作，在民国渝行历史档案中留下了数量颇多的有作为之档案史料。

（二）第二任经理周宜甫之履职艰危性

周询，字宜甫，祖籍贵州麻江，清同治九年（1870 年）三月初五日辰时出生于四川宜宾县署。其父为举人，官至内阁中书。周氏一族至清末出现了"祖孙父子叔侄兄弟皆举孝廉""一门五举人"盛况。周询简历如下：1894 年中举，1898 年赴京会试得中贡士；1902 年奉旨以知县发往四川试用，先奉充委四川武备学堂文案，又奉奏派充清查藩库局文案；1903 年充四川督署文案；1906 年奉委署广安州知州；1907 年委充四川督署文案；1909 年任隆昌知县数月，又奉调充藩署财政公所委员等；1910 年委署华阳县事。总之，在大清年间，周询先后任隆昌、华阳知县，广安知州，并供职四川督署文案，历事三公，为川督岑春煊、锡良、赵尔巽所重用；还兼任过厘金局官员、藩署查库局委员、藩署财政公所委员、清理财政局科长等职务，是以洞悉四川财政情形。同时，周询勤奋克己，才干卓著，任职隆昌时，"本管叙州知府李仁宇称周询治术为合郡第一"；任职华阳时，"每日五鼓即起治事，三鼓始休息"；周询还具有正义感，于 1911 年 6 月营救过保路同志会革命者 57 人。进入民国，周询于 1914 年奉大总统令任命巴县知事；1915 年托病请辞，于同年 8 月弃官从商，至 1920 年 9 月先后两任成都中国银行管理；1920 年 10 月至 1935 年 12 月升任重庆中国银行经理，即从 45 岁入职中国银行，到 65 岁退休，服务中行年限达 20 年。可以说，周询在中行服务 20 年经历本身，就是一部四川中行早期经营与创业的行史。

据对彭文伶的《周询年谱》和田茂德等的《四川金融大事记》等相关史料的梳理，周询任成都中行第二任管理期间，其艰难遭遇与积极作为之片史如下。

1. 弃官从商，承担收回军票主办行职责

1915 年，是岁周询仍任巴县知事，又奉筹赈总局留充川东赈务局提调。未几托病请辞。旋得重庆中国银行唐经理士行之荐，奉中国银行总行派管成都中国银行，开启了他弃官从商的 20 年之经历。同年 8 月回省，家居成都石马巷。

1915 年 12 月，陈宧督川后，四川财政厅与重庆中国银行订立借款合同，订借中国银行兑换券 400 万元，专作五折收回军用银票之基金。借款合同言明：四川中行交付财厅兑换券的日期，限定为 1915 年 12 月 1 号，而且是在成都交付 300 万元，在重庆仅交付 100 万元。可见，成都是收回川省军用钞票主战场，成都中行则是四川中行收回军用钞票的主办行。

2. 蜀中军兴，周询艰难应对动荡之时局

1916 年，周询仍管成都中国银行，移居成都三槐树街。是年初，蔡锷率云南护国军入川，讨伐袁世凯军队，蜀中大乱。讨袁部队设护国军中国银行，将携来的云南中国银行纸币 100 万元在四川陆续发出，以成都、泸州、宜宾、自流井一带最多，忽又增加了成都中行收军用钞票之难度。自川省兵变后，川内异常萧条，各界交困，以致金融恐慌，百业停滞。到下半年，嗣因大局渐平，商务渐复旧观，惟各业较之上年大为减色，幸商民谨慎从事，尚无特别消长也。周询曾存文《蜀乱行》曰："自洪宪祸起，蜀中内战日烈。附南附北一岁数变，党同伐异，祸接兵连。"在此背景下，周询艰难地应对蜀中军兴之动荡时局。

是年，军兴以来饷糈浩大，计成都中行共垫拨军饷数在 200 万元以上，致库空如洗，官商存款应付无方，不得已于 6 月 23 日停业，所有各项营业从此束手。成都中行上年发行中行兑换券仅 100 余万，继因川省政府勒提成都中行兑换券 200 余万，当年流通总额乃达 200 余万。

是年，尚幸成都中行平日对于定期放款及存款各银行之款，素趋稳健，故地方虽糜烂已极，而本行对于商号等放款未受损失。不过，政府勒提之款过多，故致本

年决算纯损 2586.77 元。所谓政府勒提，即指军阀强提勒借成都中行库款，如 1916 年 5 月 24 日，袁世凯调川督陈宧入京，陈向成都中行估提现金和兑换券 120 万；同年 5 至 6 月间，成都中行被各路军阀强提硬借库款计约 265 万；同年 6 月 25 日，陈宧退出成都，招讨军杨维派参谋长郭延章带兵到成都中行，洗劫库存兑换券 17.8 万余元，行员多人被拘押，成都中行只得将所代理金库交浚川源银行代理，而专收盐款，对外停止营业。

是年 6 月，四川自战事发生，金融奇紧。成都中行因现银阻隔在重庆，一时不能兑现，市面恐慌。四川都督府令将省城备荒的丰豫仓存谷 13.77 万余石扫数变卖，按市价可得银 20 余万元，借与该行供兑现之用。不难看出，四川都督府之所以将备荒存谷扫数变卖得银 20 余万借给成都中行供兑现之用，其中也应包含周询艰难周旋之功。

3. 战乱又起，周询家里也被洗劫一空

1917 年，周询仍管成都中国银行。但他因病于年初即向上级行提出辞去成都中行管理之请求，经五次电请始复准暂时休息数月。然而，就在周询请求辞职暂休与新任管理未到任之时川战又起，川军刘存厚与时任四川督军的滇军首领罗佩金，为争夺四川军政大权于同年 4 月在成都爆发了刘罗之战。

1917 年 4 月 18 日，刘存厚率部围攻驻成都皇城之滇军罗佩金部，罗佩金则以武力压迫川军刘存厚，致酿成都巷战。据《东城碧血录》[①] 记述："省城自四月十八号战事发生后，东门、武城两门均严闭未启，城外人多未逃避者。十九号武城门外人民，见城上抛下已杀之尸身三十余具，此后连日均抛尸多具。凡抛下之尸，一般贫民多往剥尸衣服，剥衣后，城上滇军将尸体掀入大河中。二十六号，凡经武门外过者，被城上之滇军击毙，人民因之皆视武城门外为畏途而不敢往。综计武城门外前后死毙八百余人，可谓三百年未有之惨剧也。然此不过武城门外之一部而已。……""有唐姓者由合川返省，被滇军执往兵工厂，除银圆一百数十元被劫外，更以川军侦探及退伍兵目之而欲枪毙。唐见在一点钟内枪毙平民三十余，均弃尸河内，更有附近之某姓二幼女，年约十三四岁，被奸污……后以刀刺其肠，将二女之肠连结，谓之放美人风筝……牛市口全场除代办邮政之商店幸免外，余均被劫，大多数皆被搜数次，然此不过记者一人之见闻，其他被害者尚不知若干也。"4 月 19 日，川滇两军

---

① 原载于《罗戴祸川记实》副册。

在成都城内激战通宵，因周询与成都西川道周恭寿①及四川省长戴戡均有贵州乡缘关系，因而请黔军保护成都中行，虽未受损失，但又因混战而暂停营业。4 月 24 日，滇军罗佩金战败逃离成都以后，北京政府又任省长戴戡暂代四川督军，周询始得离职病休。同年 5 月 3 日，陈征祥到任成都中行第三任管理。

然而，就在周询始得离职病休期间，川军刘存厚又与暂代四川督军的黔军首领戴戡，为争夺四川军政大权，于 1917 年 7 月爆发了川黔刘戴之战。川兵与黔军又在成都巷战，后戴戡溃逃而出，自杀身亡。周询胞侄周恭寿因偕戴戡来成都简授西川道，在此战中随戴戡溃逃时亦被川军追捕被俘。周询则设法救出周恭寿于险兵，幸躲入周询家中，并由周询护得周全，暗送出城，逃过一劫。但周询所住的成都三槐树街家里，也被川军洗劫一空。事定后始移居骆公祠，后来他因之而作诗曰："怕从劫后说生涯，廿四年中两毁家。列屋无端成瓦砾，比邻入望尽虫沙。人余九死一生泪，魔舞千红万紫花。不是儿孙食旧德，怎逃封豕与长蛇。"由此也不难看出成都中行早期经营的艰危性，以及周询经理在战乱中的遭遇。

（三）第三任经理陈征祥短暂艰危经历

陈征祥，字寿民，生卒年限不详。1917 年 5—9 月任成都中行第三任管理，在他任第三任管理的五个月短暂期间内，四川先后爆发了川黔刘戴之战、川滇逐客之战，有关陈征祥任职期间之艰危大事记如下。

1. 成都中行复业后又遭军阀强提硬借

1917 年 4 月，因川滇刘罗之战，成都中行暂停营业。5 月 3 日，成都中行第三任管理陈征祥到任，不久成都中行复业。5 月 10 日，成都中行以代理金库，各军迫胁提款时有其事，而四川财政厅又不能负责，函请重庆分行设法补救。

1917 年 7 月，川黔刘戴之战爆发，川黔军队又在成都酿成激烈巷战。据《刘戴成都巷战血迹记》② 记述："昨夜（农历五月十八日）枪炮之声，通宵不息。而民间哭声与呼杀声，震天动地，惨不忍睹，闻之使人泪下。……十二时，城之西各街，火亦大作，由过街楼起，延至守经街、四道街、焦家巷、栅子街、笆笆巷、三道街、通顺街等，虽未烬灰，然被焚者，亦属十之五六。西北门战事，较他门为烈，更继之以火，人民逃至城南一带。高等校、梓潼宫、南城小学、江渎庙、县府文庙、武庙、延庆寺等处，均为难民所居，贫富相杂，拥挤异常，咸莫以为食也。东桂街之

---

① 周恭寿（1876—1950），字铭久，为周询胞兄周诚长子，光绪庚子辛丑科举人。历任四川西川道尹、遵义知县、贵州大学校长、贵州首任教育厅长及国大代表等职，是近代知名教育家。周恭寿与周询虽然名为叔侄，但年龄相仿，情同手足，早年"齿长阿咸才五年，芸窗忆共读书天"。

② 作者余承基，河北省通县人，时在成都某女校任教员。

文昌宫，住有红十字分会，亦收留难民无数，不一时，竟有数千人之多，至无容身之地而后止。……己末，黔队败溃，悉退入皇城，川军围攻，大战竟日，终莫能破。两方死者甚伙。总计之：川约四五百、黔约三四百，居民则无由查考。而火势自前夜起，蔓延数十街，迨兹犹未少息，闻已达三四千户之多。嗟呼！良足悲矣……川军又在四城楼上，用大炮攻击皇城，城内亦时还攻，其声贯珠，其势若瞥电，自朝自暮，互有损伤，人民误被流弹击中者，死伤甚众。……昨夜，川军以硫磺弹攻皇城，城内未防范，伤亡甚多，皇城外饮弹丸死者，不计其数，红会员往救，亦有被流弹击中者。"由此可见，仅从当年目击者的部分实录，足见刘戴成都巷战为祸之烈，人民被蹂躏之苦。

1917 年 7 月 5 日，四川省财政厅函促成都中行代付公债利息，但川黔两军于是日起在成都巷战十余日，该行库存已被各军提去，只得以重庆收款万余元开始付息。同日，成都中国银行设临时草账簿记账。因各军借提之款，包括营业库存与国库库存，无法确实区分，不能强为记载（至 10 月 9 日取消草账时，计各军提用成都中行库存银券 54.6 万余元）。

1917 年 7 月 14 日，成都中行上报重庆分行：刘戴之战发生，自 7 月 5 日结账以后，各款库存被提殆尽：计戴戡川督提去生洋 4 万元、兑换券 35 万元；第二师骑工团团长兼城区司令田颂尧两次提去生洋 1.5 万元、兑换券 2.5 万元。又，军司令部军需处处长唐能智提去生洋兑券共 9.3 万元，合计共提去银券 52.3 万元，均取具该提款人印收，交由陈征祥管理保存。

1917 年 7 月 25 日，驻成都城区司令田颂尧派袁副官来成都中行提券 5 万元，库空如洗，无款应付，遂将成都中行华会计管押司令部，并将正副管行长监视，生命攸关。在此次事件中，该师已向成都中行提取券现 13.3 万元，现成都市房大半焚毁，十室九空，富商均避而他走，一时欲汇无从，事关生命。希望中总行迅商财政部、陆军部速电成都刘存厚师长，俯念成都中行款已提净，重庆中行欲汇无从，即将该号华会计释放，并勿监视陈征祥、杨兆熊二位管理。

1917 年 7 月 27 日，川黔刘戴之战期间，成都处于军阀混战中心，成都中行多次遭军阀强提硬借，在此艰危形势下，成都中行管理陈征祥、副管理杨兆熊联名发出"关于电文措辞务请和平的函"。总之，陈征祥接事不久，值川黔之战，省城内半成灰烬，库款全被政府提去，又暂停营业。

2. 陈征祥任职之去留惊动总行及京师

从《行史资料》之"成都分号管理问题"的四封往来函电，以及民国时期渝行五则档案史料中，可以了解如下的史实。

　　档案一：1917 年 7 月 27 日，成都中行管理陈征祥、副管理杨兆熊联名发出"关于电文措辞务请和平的函"。

　　档案二：1917 年 7 月 29 日，中行成都分号致函重庆分行，询问四川陆军第一军司令部军需处所称调陈征祥、杨兆熊、华瑾前往北京事是否属实及行务如何处理、各员生和行役如何安置？

　　档案三：1917 年 9 月 5 日，中行成号关于杨兆熊辞职及请升任李学孔为本号副管理职务致中行重庆分行的函。

　　档案四：1917 年 10 月 22 日，中成分号关于陈征祥、杨兆熊已将所有经手保管各要件开具底册点交周询接收清楚并寄送移交清册致中行重庆分行的函。

　　档案五：1917 年 10 月 25 日，中行成号关于本号前管理陈征祥已前往重庆及国库系员赵宗靖请假及其职务由徐树勋暂代致中行重庆分行的函。

　　函电一：1917 年 8 月 20 日，成都刘存厚致电财政部：奉佳电，饬仍将成行管理陈征祥、杨兆熊两君护送入京，当即遵照。兹据成行函称：未奉到总管理处及管辖行电，未便率行起程，等语。可否查照东电所请，哲准仍充旧职，以资管理？谨电达，请示遵。刘存厚叩，筱，印。

　　函电二：1917 年 8 月 25 日，中行致函财政部，据成都刘存厚……等因，并将原电一纸抄送到行。查本行前于 8 月 10 日以陈杨二员业经派有要差，急待来京各情，呈由大部转电刘师长，仍将该两员护送出境，并由本行电饬渝行遴派妥人赴成都，亲与该管理副管理接洽。旋于 8 月 11 日复经改派杨兆熊为成都分号管理，以资熟手，至陈征祥一员仍恳刘师长妥送至渝，亦经分电渝行暨电知刘师长各在案。兹奉前因，除径电渝行饬仍照前电妥与陈杨二员接洽并电刘师长查照外，相应函请大部俯予转电刘存厚，将陈征祥一员仍照原电妥为护送出境，所有成都分号事宜即由杨管理留成接洽，以资熟手，实纫公谊。

　　函电三：1917 年 9 月 12 日，周道刚督军电复财政部：支电悉，杨兆熊接管成都中行，自应遵电随时接洽，除电成都军财各机关外，特复。

　　函电四：1917 年 11 月 19 日，中国银行文字 90 号函报：成都分号管理陈征祥、副管理杨兆熊恳请辞职，业经照准，所遗成都分号管理一职派周询接充。

　　由上可见，成都中行陈征祥管理、杨兆熊副管理在川黔刘戴之战期间的史实及其史实推断，大致如下。

　　第一，1917 年 7 月 5 日，刘戴之战爆发，成都又酿巷战，成都中行再遭强提硬借，因有 7 月 27 日陈征祥、杨兆熊联名发出的"关于电文措辞务请和平的函"。

　　第二，1917 年 7 月 29 日，中行成都分号询问四川陆军第一军司令部军需处所称调陈征祥、杨兆熊、华瑾前往北京事是否属实及行务如何处理、各员生和行役如何安置？这说明，在川黔刘戴之战期间，中行总行及渝行曾有过调陈征祥、杨兆熊进京公干的传闻。

第三，1917年8月10日，中行总处可能出于下级机构负责人的安全需要，以陈、杨二员业经派有要差并急待来京为由，请财政部转电成都刘存厚师长，将陈、杨二员护送出境，总处并电饬渝行遴派妥人赴成都亲与成都中行管理、副管理接洽。这说明陈、杨二人的安危已惊动了中国银行、财政部及成都刘存厚师长。

第四，1917年8月11日，也许因形势多变，中国银行旋又请财政部转电成都刘存厚师长称："中国银行复改派杨兆熊为成都分号管理以资熟手；所有成都分号事宜即由杨管理留成接洽；请求将陈征祥仍照原电妥为护送出境。"由此也许可以认为杨兆熊曾任过成都分号管理，然而，从时间顺序上不难看出：副管理杨兆熊并未实际任职成都分号管理。因为，8月11日中行改派杨兆熊为成都分号管理，但这是8月25日中行函报财政部时所言；8月20日刘存厚奉财政部电准备将陈、杨二人护送入京时，成都分号却以未见总行及重庆分行来电不便启程，既然如此，能否让他们仍充旧职，以资管理？但到9月5日，杨兆熊即请求辞职。所以，中行改派杨兆熊为成都分号管理的决定是8月25日中行对函财政部说的，但仅十天后的9月5日杨兆熊便请求辞职。而且，11月19日中国银行文字90号函也称杨兆熊为成都分号副管理。由此推断，即便是总行曾"改派杨兆熊为成都分号管理"，然而杨兆熊并未实际到职。

第五，1917年9月12日，四川督军周道刚电复财政部表明：杨兆熊接管成都中行，除电成都军财各机关外，自应遵电随时接洽。周道刚于9月初才得到这一信息，这可能因为周未到成都赴任而暂驻重庆，其信息滞后所致。

第六，1917年10月22日，陈征祥、杨兆熊已将所有经手保管各要件，开具底册点交给周询接收清楚。10月25日成都中国银行前管理陈征祥已前往重庆。

这说明陈征祥自5月3日实际到任，至10月22日与第四任管理周询交接，其任职期限仅五个多月。其中，任职仅三个多月时，总行曾有改派杨兆熊为成都分号管理的打算，这既与军阀混战有关，也与总行某种缘由有关。

第七，1917年11月19日，中国银行函报财政部：成都分号管理陈征祥、副管理杨兆熊恳请辞职，业经照准，所遗成都分号管理一职派周询接充。

（四）第四任经理周宜甫战乱中之作为

1917年9月，成都中行管理陈征祥、副管杨兆熊恳请辞职，重庆行经理丁志兰力荐周询再度主持成都中行工作。周询在当年病休近七个月后，复于10月22日到行视事，接充成都分号第四任管理一职。再至 1920 年 10 月周询升任重庆分行经理时为止，在任成都支行第四任管理期限为三年。在其任期内，四川于 1917 年 11 月至 1918 年 2 月爆发了靖国战争。靖国战争后，熊克武执掌四川军政两权，从 1918 年 3 月至 1920 年 3 月，四川度过了军阀混战期间唯一基本没有战火的两年。其后，四川又于 1920 年 4—11 月连续爆发了倒熊之战、靖川之战。在此背景下，现据《周询年谱》《四川金融大事记》所记述的靖国战争中成都中行的遭遇和周询于战乱及战乱间歇期积极作为的片史，整理如下。

1. 靖国战争中成都中行遭遇及业绩

1918 年 1 月 15 日，成都中国银行循存户要求，函请渝行同意将旧有存款改为有息存款，但在该行开兑以前，不得取走本息。因自去年夏以后，该行新旧存户概停付还。

1918 年 2 月，熊克武总司令之兵入成都，刘督军存厚退走，乘除之际，城中异常惊惶，各机关主体逃匿一空，机关门首皆由西川道加以封条。唯中国银行仍逐日照常办事，行款亦未受损失。2 月 19 日，刘督军、张省长于是夜离开成都出走，成都中行将行门紧闭，并函川财厅称，照总处指示申明暂停代理金库。2 月 23 日，靖国军又入成都，令成都中行将库存扫数提解，以供军需，该行决定将部款、厅款陆续支付后，准备歇业清理。

周询家里在刘戴之战被洗劫后，于 1918 年 3 月移回三槐树街居住。夏初，周询大病十余日，误于药，几不起。尽管如此，到 1918 年 7 月，成都中行上半年营业有盈余，多为利息收入。

1918 年 9 月 20 日，成都中行向渝中行报告，本期因干戈满地，盗贼纵横，运输极其艰难，数月以来无货物运输出口，商号亏折者居多数，银行仅收关税盐税，但兑券价高于浚川源银行券。

不难看出，靖国战争期间，周询于战乱之中带领成都支行积极作为的创业史实如下：第一，1918 年 2 月，成都中行在"城中异常惊惶，各机关主体逃匿一空"情形下，仍逐日照常办事，行款亦未受损失。第二，成都中行函请渝行"同意将旧有存款改为有息存款，但在该行兑券开兑以前，不得取走本息"，以应对信用危机。第三，1918 年上半年成都中行在"干戈满地，盗贼纵横，运输极其艰难，数月以来无货物运输出口，商号亏折者居多数，银行仅收关税盐税"的经营困境中，仍取得了"兑券价高于浚川源银行券；上半年营业有盈余"的经营业绩。亦即在成都中行 1915 至 1933 年的经营中，只有一个半年度有盈利记述，即 1918 年上半年成都中行营业有盈余，多为利息收入。

2. 熊克武执政系列改革之背景情况

1918年，熊克武执掌四川军政两权后，为治理好四川，在缩编军队、实行清乡、停止苛捐杂税、整顿货币、振兴实业和教育、依法召集四川省议会等方面做了许多改革工作，使四川的局面和人民生活成为辛亥革命以来最稳定的时期。

自辛亥革命以来，浚川源银行发行的军用券以及中国银行和交通银行在四川发出的大量纸币，在人民群众中犹如废纸。为了安定人民生活，平衡财政收支，熊克武下令停止200文的铜圆流通，改用50文的铜圆流通市面。对于纸币，根据当时币值和物价的情况，首先提高纸币币值，把原来一元面额的纸币，折合为硬币一银圆五角，这样市面流通的纸币逐渐减少，纸币币值稳定而不再低落。币值稳定了，市场价格得以平定，人民生活安定了下来，使成都经济金融情况有所好转。据《通信录》载1919年上半年成都金融经济状况记述："本期金融稍觉活动……工业则比户而居，约占市面十之六七，盖其成品不特供本埠之取求，省外各属皆多来省购贩也。官设工厂在前清以劝工局，卓著成效。改革以后，凋敝不堪，至民间自设者为织布制凉帽各厂，成品较多，尚有进步。"这种情况延续到1920年一季度，即"本年一二月内银根平稳，市面月息亦低"。到1920年4月倒熊之战爆发，成都金融状况恶化，即"四月后，军事发生，熊督军就地筹饷，募集有奖公债二百万元，分作三批收。第一批入十万元，就省城房租及成华两县田亩，暨省城商家、绅富摊派催交，市面现银空虚，顿呈恐慌之象。收汇渝款每千贴至七八十两以上，需款之家虽出重息称贷亦难入手，陕、汴、津各帮纷纷远避，棉纱各帮因此停业，收庄者十余家。银根紧混可见一斑。须俟军事敉平，生意或有起色"。

3. 抓住机遇回收兑券与清理官欠款

在此背景下，1918年6月，熊克武召集财政会议，由财政、银行、税务等负责人会商，决定整顿川省纸币办法。不久，成都中行管理周询建议熊克武将川省征收税捐改为七银三券，薪饷以七成现洋核发，以缓解四川政府财务危机，此议后被熊氏采纳。1919年1月1日，川政府颁布命令，各属税款一律按银七券三征收，对中国银行兑换券概照五折收兑，并加盖"停用"戳记交回中行，用于归还历年官厅欠债；对浚川源银行兑换券概照五折收兑，并随收随销。《二十年来之中行业务》[①] 及《四川财政经济纪略》[②] 两篇文献，较详尽地记述了周询抓住熊克武整理川省纸币之机遇"收券清欠"，共回收川中行兑换券500万元，收回四川军政府官欠款500万元

① 刊载于《四川省经济月刊》，第五卷第二、三期，1936年。
② 刊载于《中行月刊》，第三卷第五期，1931年。

的史实经过，大致如下。

（1）信用状况。第一，纸币市况：1917 年末，四川省纸币流通额达 960 万元，其中，中国银行渝券 569 万元，四川省银行濬川源券 200 万元，云南中国银行券 180 余万元，三项共有 960 万元。第二，官欠借款：1915 年 12 月，四川财政厅为收回军票向中行借款 400 万元，其后三年间各军阀强提硬借四川中行分支机构库款 500 多万，合计 900 余万元。第三，信用状况：渝行此时外遭本省军政当局之压迫和受时局之牵制，在内部自停兑令下和挤提风波后，中行总管理处似感到川行资金全归呆滞，未收回兑券又如是其多，即不再拨款入川，联行亦不愿接济，市民不来存款，致使渝行业务踟蹰，行务拮据，几已濒临山穷水尽之地步。

（2）熊克武整顿四川纸币之改革措施的由来。1918 年 3 月，熊克武摄行四川军民两政后，面对自辛亥革命以来，流通川省的濬川源银行军用券、中国和交通两行兑换券的市价均已跌至三折的纸币市况，以及"政府收税与支发余饷，均按'半银半券'收付，每券一元仍作现洋一元计算，公家收入既觉吃亏，领薪俸者，每十元亦止实得六元五角"的现状，在成都中行周询经理的建议下，迭次召集省议员及军政绅商各界，筹议收销纸币的改革办法，遂于 1919 年 1 月颁布命令，全省各属税款一律改按"银七券三"征收，政府公务人员俸饷改按七成现洋发给，以此腾出三成兑换券予以回收并销毁。其中，对中、濬两行兑换券概照五折收兑，对回收后的濬行兑换券随收随销毁，对回收后的中行兑换券加盖"停用"戳记返交回中行，以此金额归还四川军政府历年所欠四川中行之债务近千万。

（3）熊克武整顿纸币之改革措施的执行情况。为收回川省 960 万市价仅值三折的纸币，熊克武考虑到川省税收及盐税每年有 2400～2500 万收入，以其十分之三计算，不过一年有余，便可将 960 万兑券收兑完毕。尽管有滇黔客军驻川，未必能一律严格遵行"银七券三"收税办法，然而若将此法放宽执行至两年，全省则有约 5000 万税收，以其十分之三计算，总可收尽川省各兑券，使币值恢复原状。熊克武还担心川省时局不定，急谋将全部市面兑换券收兑完毕，于是 1919 年中又改税收为每十元按"七银六券"征收，将每券一元作为五角，然以市价三折计之，每完税十元仍须实洋八元八角。政府方面，虽改按五折收兑各种兑换券，然政府收得兑换券后，将中行券截交中行，中行仍按券面十足收账。

总之，此法自 1919 年实行，四川中行抓住熊克武之改革机遇，到 1921 年的三年中，共收回川中行兑券 500 万，至 1921 年末，川中行兑券市面流通额仅为 69 万。川中行在收回兑券的同时，还意味着将四川军政府拖欠中行的借款额从 900 多万减少到 400 余万，即三年共收回官欠借款 500 万。因此，熊克武在成都中行周询经理建议下所推行的改革举措，收到了四川军政府和四川中行双赢的效果：一方面，对四川军政府而言，既将全省纸币收回 900 多万，又归还了四川中行的旧欠 500 万，因此扫清了川省金融障碍；另一方面，对四川中行而言，既收回市价仅值三折的兑换券 500 万元，有利于了清社会债务，又收回了官欠 500 余万元，使官欠从 900 多万减少到 400 余万，降低了经营风险。

（五）第五任行长周荣光乱世守成概貌

周荣光于 1920 年 12 月 27 日代理成都支行行长，1921 年 7 月 29 日任成都支行第五任经理，1922—1929 年改任成都办事处主任，1929 年 12 月复改任成都支行行长，1931 年底辞职，在任成都支行行长达 11 年。总的来看，周荣光属于乱世守成型行长。周荣光任职期间正处于四川军阀防区割据及连绵混战之时期，其间遭遇了靖川之战、驱刘之战、川鄂战争、一二军之战、内讧之战、讨贼大战、统一之战、倒杨之战、驱袁之役、武汉之战、讨杨逮吴之战、下川东之战、上川东之战、北道之战等系列战事。与此同时，1922—1929 年，中国银行因统一营业及发行并为处理事务便利，将全国划为四个区域行，四川中行所属分支机构整体降格，并划归第三区域行汉口分行管辖，成都支行亦降为办事处。1915—1933 年，成都中行缺少有经营迹象的年份有八年，即 1922—1924 年、1926—1930 年，这八年均在周任职期内。

据现有史料可知，周荣光任职初期还是有积极作为的，如 1922 年 1 月 8 日"周荣光关于改革业务致中国银行重庆分行的函"，其内容有 22 页之多。然而，周荣光任职后期，也有明显失误：第一，成支行历年决算时，为图面子好看，往往将应付未付利息本期少算若干，或将应收未收利息多估若干，以致次期受损，历年累积账面竟有八九万元之巨；第二，历年兑换亏耗 10 万，此系周荣光经手之厂半银圆亏耗，共计 36 万。周荣光任职后期自律性亦较差：从 1932 年 1 月 9 日重庆分行关于拟具本行前经理周荣光在行借各款扣还办法致中行总处的函，以及 1932 年 1 月 28 日中行总处关于成支行前经理周荣光未到年终即辞职并不支给年度津贴致重庆分行等函中可以看出，周荣光任职后期，因母病及治丧未曾及时销假到职，而且在行任职时，他个人曾向成都支行借出款项；还有，他还未到 1931 年底即行辞职，这说明周荣光任职后期自律性较差。

（六）第六任经理陈征祥受命于危难中

在民国渝行历史档案中，留下过陈征祥任职期间积极作为的为数颇多的档案史料，在民国四川中行史上留下浓墨重彩的一笔。陈征祥于 1930 年 5 月—1931 年 11 月期间曾协助、代理主持成都支行工作；1931 年 12 月—1933 年 8 月任成都支行第六任行长。也就是说，1930 年 5 月 15 日，陈征祥在任成都支行第三任管理的十三年后，复又充任中行重庆分行襄理并常川驻成都支行考察业务。1931 年 12 月，陈征祥正式接任成都支行第六任经理。1933 年 8 月 16 日，陈征祥升任重庆分行代理副经理，但他实际主持成都支行工作的时间延续到 1933 年 12 月，即 1931 年 12 月至 1933 年 12 月，陈征祥主持成都支行工作整两年。此外，陈征祥于 1934 年初到任中行重庆分行代理副经理，约一年半后离职退休。

1. 于艰危环境之际偕各主任到行办事

（1）陈征祥受命于艰危环境之际任第六任管理。1930 年 5 月，陈征祥充任中行重庆分行襄理并常驻成都支行考察业务，此时保定系对战军官系及速成系的北道之战正处于尾声阶段。在狭义四川军阀混战史上，规模最大的两次"二刘大战"均发生在陈征祥任期内，由此可见陈征祥是受命于艰危之机。如，第一次"二刘大战"期间，套发了刘田省门之战。《四川月报》曾根据成都支行上报情况刊登了《成都巷战》一文，记述了省门大战期间成都两次巷战之艰危情况。

第一次巷战："起于 1932 年 10 月 21 日。先数日，田军即调至军队约二十团上下，分驻北门内外一带。二十四军亦调二十余团之众，分驻南门内外。自十九日起，两军交界处，警戒即异常严密。二十一日夜，二十四、二十九两军哨兵，在金禅寺口，发生冲突。鸣枪四百五响，相持约两小时，天明始止。二十二日，二十八军邓晋康氏，亲赴田刘两军，筹商治安办法。午后又忽闻枪声。入夜哨兵警戒愈严。是日伤亡约三十人。二十三日晨，各城门开城约一钟，人民惶恐愈甚。时战事已停，惟两方警戒工事则未拆卸。后经二十八军及当地绅耆出面调停，将双方军队调遣出省，市面始渐复旧观。"

第二次巷战：始于 1932 年 11 月 16 日。"当省军在北道及东路迭受巨创之后，是日午后一钟直至次日晨止，枪声始息，尤以十二钟为最烈。地点在少城、西城根、棚子街、娘娘庙、长顺街等处，其中以长顺街、顺城街与山西馆（田军司令部）为剧。刘军以长梯由铁足巷登屋踏房至山西馆口，置机关枪于屋上射击，夺一街中工事，惟不能冲越山西馆。又以大炮置巷口向田军行营司令部痛击，乃尽队顺城街中，无一中行营者。新东门方面以新化街为剧，刘军以汽车前置大铁板掩护机器，后随步兵，又以载重车，拖迫击炮随之。居民伤亡极众。皇城内两军争取煤山，伤亡俱众。附近居民及学校等皆一同罗此浩劫。十七日战事移城外，在青羊宫、草堂寺等地，城内自日至夜间皆平息。十八日亦然，惟城内间有枪声。十九日，刘撤资中军返省，城内大战又作，田军城外失败，刘军包围西北及新东门等。是夜大炮步枪，盈夜不停。二十日午前八钟始止。以后数日，虽仍有枪声，惟无大战。巷战中，渝方飞机莅临二次。头次一艘，未掷弹。二次二艘，掷弹于少城西二道街，炸死数人，又掷二弹于兵工老厂，落于池中，未炸。是役，民众及文化损失均大，人民方面，损失统计，刻正在调查中，而尤以四川大学受祸最烈，校舍即毁，图书仪器等亦损失殆尽，加以滥军横行，强拉人民，搉诈钱财，造成极端之恐怖现象。"

（2）从史料名称窥视陈征祥在艰危之际之积极作为。1932—1933 年，陈征祥在任成都支行行长的两年中，留下了众多的工作史料，仅从史料名称即可看出陈征祥受命于艰危之际的积极作为。

1932 年史料：2 月 8 日，接洽成都支行与四川省财政厅纠纷案解决事宜；2 月 17 日，预备申款，筹设中行万县办事处、自流井办事处营业；3 月 1 日，调查内江商业状况并洽办内江添设办事处、设立寄庄事宜；4 月 2 日，告知成都支行挤兑风潮经过情形及清准备现金以资周转情形；4 月 13 日，陈述成都支行亏损弥补事宜及运送现金等情形；□月□日，告知成都支行人员调派与四川省财政厅纠纷经过及业务收缩等情形；□月□日，告知结清四川省财厅旧欠存款案；6 月 8 日，陈述成都支行行务、时局、商业等方面情形；7 月 2 日，告知 1932 年上半年成都支行损益实际情况；约 7 月，关于中行潼川办事处代理主任王鼎新辞职及接洽该处整顿事宜的往来函；10 月 23 日，告知成都战事状况及成都支行休业、现金库存情形；11 月 23 日，检送二十四军、二十九军发生巷战情形。

1933 年史料：1 月 7 日，陈述成都支行上年下期决算利息亏损原因及更正情形；7 月 9 日，告知成都军队设立公债派捐情形及成都支行拟休业；8 月，成都中国银行为便利商民汇兑，缩短时间起见，凡汇往汉口天津上海等埠，均用航空兑往，并不加收汇水；9 月 9 日，关于合作努力提高中行重庆分行业务的函；9 月 16 日，成都支行经理陈征祥与渝行襄理张嘉铸前往嘉定办事处、五通桥办事处视察业务；10 月 24 日，告知成都支行及所属人事应洽商各点的函；12 月 23 日，告知清理成都支行归欠，推广新业务情形的函。

（3）从史料详情窥视陈征祥在艰危之际之积极作为。从"陈征祥关于告知成都战事状况及中国银行成都支行休业及现金库存情形等致张禹九、周宜甫的函"中，既可以看出二十四军刘文辉与二十九军田颂尧省门之战期间，成都市在"繁盛街市各商号均闭门歇业，人心恐慌万状"的混乱状况，又可看到"征偕各主任到行办事"的感人情形，这里"征"即为陈征祥。

窃廿四、廿九两军近来各调集部队二三万人，纠集省垣，战机一触即发。虽人民推举代表呼吁和平，迄未容纳。二十一日夜间一钟，二十九军派队接收北门城防，枪声大作约数百发间，有机关枪声。闻廿四军自动退让，故未正式冲突，但双方军队均在街市以石条作障碍，断绝交通，显呈作战状态。

廿二日，征偕各主任到行办事，同人因交通梗阻未能到齐。本日洽系星期六正午十二钟，遂闭门休业。少城内军队更多往来行人搜检极严，故少处①清晨即未开门，库存款项已移入成支行库内，该处仅存尾数二百余元。

廿二日下午三时，东较场一带廿四、廿九两军冲突激战三小时，略有死伤。廿四军旋即引退，该处为廿九军占据。现省垣东北两门由廿九军占领，西南两门由廿四军占领。各城门俱闭，只东门尚可出入。繁盛街市各商号均闭门歇业，人心恐慌万状。本日系星期，明日如情形不能和缓，我行只有继续闭门休业，以免危险。敝处库存现洋壹百壹拾余万元，金条肆百余两。虽经设法赶调渝、沪，但即期渝申款一时不易购入，且存款日增，故虽一面调出而库存仍不能减少，好在库房尚属坚固，只须城中秩序不大紊乱或可无碍。以后情形如何容再续陈。

2. 积极弥补本行历年呆账及暗藏亏耗

1932 年 7 月 2 日，陈征祥关于告知 1932 年上半年中国银行成都支行损益实际情况致张禹九、周宜甫的函如下：

窃成支行本年上期决算，计纯损 21.5 万，除内有 14 万系属历年旧亏外，至本年上期实际所亏数目只 7 万余元。兹将损益实际大概情形，缕述如下：

甲、损失项下：（一）利息：付出 17.04 万元。查成支行历年决算时，周前经理为图面子好看，往往将应付未付利息本期少算若干，或将应收未收利息多估若干，以致次期受损，历年累积账面竟遏有 8、9 万元之巨。兹为缴实账目起见，拟将此项遏欠利息于本年上下两期决算时，悉数清出，分两次平均付账，计每次约 4 万余元，以免前后套搭，账目不清，此本期利息付出较多之原因也。（二）历年兑换：亏耗 10 万元。此系周前经理经手之厂半银圆亏耗，共计 36 万余元，除二十年②底付账 16 万余元外，本年③上下两期各摊付 10 万元。（三）各项开支：2.7 万余元。（四）查本期用度稍大，系因领运兑券及开办少处等，费用增多；又各员生以前积欠 4000 余元，经陈奉总处核准，于本期付账之故。

乙、利盈项目：（一）利息：收入 2.7 万余元。本期因迭奉渝行函转，奉总处函示，对于放款限制极严，不准多做，故一月至四月放出之款甚少。五月征到成后，

---

① 成都中行少城办事处。

② 二十年指 1931 年。

③ 本年即 1932 年。

因存息担付过重，特择殷实可靠之商号，酌做放款，计增加放款 20 余万元，因为日无几故，收入利息仍属有限。又本期有呆滞账款（均系周荣光前经理经手）30 余万元，转入催收，均未计息，故利息骤行减少，至联行利息 3 万余元，系归入应收利息项下计算，合并陈明。（二）兑换：13.7 万元。本期所做规元、申票，尚属顺利，计获益 3.7 万余元。（三）汇水：12.08 万元。此系本期门市收汇，及购入汇丰票，所获汇水之数。以上收付两抵计，纯损：21.5 万余元。

查成都支行历年所放呆账及暗藏亏耗，为数极巨。故本期各员生虽努力服务，业务亦较有进步，而决算仍亏折不少，殊深歉仄[①]，现只有陆续清理，先求账缴实。一面推广发行，扩充业务，使本行实力增厚，收入利益渐次增加，方有逐渐发达之望。好在成支行近来声光[②]尚好，其他银行号均远不如我行，兑换券极易推行，存放汇兑等业务亦可设法进展，前途极有希望，此则差堪上纾[③]。

综上可见，陈征祥任职半年之中，总收入达 28.48 万，其中摊销历年累积账面旧亏 4 万，摊销历年兑换亏耗 10 万元，当期实际亏损只 7 万余元。

3. 响应总分行号召推进国货介绍工作

1932 年 9 月 2 日，在中国银行主导下，中华国货产销合作协会成立。同年 10 月 1 日，四川中行在重庆成立了除上海总行以外的第一个省级国货介绍所。在此背景下，陈征祥响应总行及省行号召，推进国货介绍工作。1933 年 1 月 24 日，陈征祥在《成支行定期半月通讯》第一号，向重庆分行周宜甫经理和张禹九襄理报告了成都支行推进国货介绍工作的打算："国货介绍，诚属商人应书之天职，敝处银钱业公会现有迁往他处之议，一俟公会移出后拟就公会原租之楼上，改请设国货介绍厅，以资提倡请。尊将各种国货样品，分寄敝处若干，以便陈列，并请将国货介绍函缘起，再寄若干份，俾便宣传兜揽代办。……推销国货棉纱，自属当务之急，容俟嘱各跑外，分头兜揽，一面在报纸宣传，俟有主顾，再为电达。"

4. 推进员生考成新标准与代售《四川月报》

1933 年，四川中行深刻理解并有效演绎中国银行"先人后事"理念的适用情形，推出了员生考成新标准十一点，公的方面考核勤劳、用心、合作、才具、应对等五个方面；私的方面考核修学、健康、容像、公德、习惯、诚恳等六个方面，取得了较好效果，后被总处《中行生活》转发全行借鉴。在此背景下，1933 年 2 月 8 日，

---

① 殊深歉仄，意指心里不安。

② 声光，指声誉。

③ 差堪，指略可；纾，解除，使宽裕。

陈征祥在《成支行定期半月通讯》第二号中，向重庆分行周宜甫经理和张禹九襄理报告了该事项有关情况，即"承示尊处去年年终考核各员生成绩及练习生年终奖金评定之标准，共列为十一点，特提出讨论嘱。平日就各点切实注意等因，查业务之隆替，絮乎人材之盛衰，人材之训练，赏罚固应严明，考核尤宜认真，若要求之标准漫无慤①的，决不足以昭公允。我公洞见症结，详定准则，公理私情严格分明，开诚布公，湔②除积习，法良意美，无逾于此。我行为训练人材起见，及应遵办，除已交各员生传观以后，考核成绩即以列示十一点为依据外，用特陈复即乞"。同时，还报告了成都支行代售《四川月报》情况，即"已觅得中国图书公司、泰东书局、大东书局三处代派，商务、中华、世界三书局亦正在进行中"，以及组织国货介绍所和推销国产棉纱等事项。

5. 中总行营业报告对成都支行之褒奖

《中国银行民国廿一年度营业报告》称："……渝行及成都支行，立于敌对双方势力范围之内，逼借勒索，在所不免，当地同人，苦心应付，非有抵押，非各行共同分担，不允借垫，幸无特殊单独损失，此堪为股东告者二。……"由此可见，1932年成都支行取得"立于敌对双方势力范围之内，当地同人，苦心应付，幸无特殊单独损失"的经营结果，已成为当年中国银行总经理张嘉璈告慰中行股东的第二件大事。

6. 化解挤兑风潮与汇款纠纷四次经过

陈征祥任职期内，成都中行于1932—1933年间遭遇过三次挤兑风潮及一次汇款纠纷，但从史料中可以看出，由于成都中行具有较好的同业合作关系，在三次风潮中经蓉市各银行及钱庄代为分兑而无事，力度难关。

（1）1933年4月成都中国银行挤兑风潮。"成都中国银行于本月中旬，因有人向二十四军刘军长密告，谓该行前代理金库尚有余款三四百万元之多，请即清出备用。刘氏因派财政厅文和笙厅长查办此事。经中行经理向文氏解释代收备款，财厅行款相抵，两无余存。且就全川历年官款存欠面论，则所欠尚多。如欲彻底清查，须电上海总行及重庆中行派员来蓉清结；如仅为财厅局部所欠，则请文厅长、刘会办、张道尹等莅行查账及借款契约，以期明了化解此事等语。文氏即据此向军长请示。惟市面闻此风潮，遂大起疑虑，从十八日起遂纷往提取存款及兑换钞票等。幸中行颇冷静应付，除一面向沪渝两地中行，调取现款来蓉周转；一面对挤兑者亦尽量兑

---

① 慤，指慎、诚、善。
② 湔，意为洗。

现，并托蓉市各银行及钱庄等约十家代为分兑，星期日亦不休息，照当办事。面省府财厅及蓉市银钱业公会亦布告市面及登报辟谣，代为证明。比至本月二十四日，此种风潮，遂实告平息矣。"①

（2）1933 年 7 月成都中行与聚兴诚银行发生挤兑风潮。1933 年 7 中，中国银行与聚兴诚两行同时发生挤兑，旋即平息。至中行则因蓉广和参号欲汇款五万元与北平总号，商于中行，以汇水太高，未成交兑。但该号竟电北平总局与平中行交涉，由平中行付银四万七千元作为五万元与广和总号成交，同时蓉广和参号即预备向蓉中行交款。惟按中行汇款规则，凡在万元以上之款，须经彼此电告，方能交兑。蓉中行因此随即向平中行电询问洽。广和羞愤之下，不俟蓉中行电回，即散布蓉中行将倒闭之流言。一面并以中行之发行券派人在市面九折八折出售，使人怀疑。挤兑风潮，因之而起。幸各银号代为兑现，遂告无事②。

（3）1933 年 10 月成都中国银行发生挤兑。1933 年 10 月 20 日，位于暑袜街中国银行左侧的公济银号因故停止营业，市面误传为中国银行关门停业，以讹传讹，引起误会，造成挤兑。该行一面辟谣，一面保证兑付，当天共兑付 10 余万元。第二天，公济银号开门，误会消除，挤兑平息，中行照常营业③。

（4）1933 年 3 月成都中行与成丰银号汇款纠纷。蓉八马吟舫往昔常住自流井浚川银行经理，于银行界富有宿誉。数年前当成都币制风潮时，募举股东组织成丰银号，发行执照。迄今数年业务颇盛。最近因与成都中国银行往来，计中行先后由该号经手申之款达八万元以上。殊上海中行近忽来电，谓所收汇款，仅为少数。随即清理。蓉中行遂向成丰质问，当允设法补汇。数日后，蓉中行以尚未履约，乃设法请该号当事人同往地方法院，请官厅解决。闻官厅为保障人民私权起见，因该号无价值八万元之不动产交案担保，已暂将该号当事人收押云。④

由上史料，不难得出以下史实结论：第一，成都中行遭遇三次被挤兑时，由于陈征祥分别采取了"托蓉市各银行及钱庄等约十家代为分兑……面省府财厅及蓉市银钱业公会亦布告市面及登报辟谣，代为证明"，"幸各银号代为兑现"，"该行一面辟谣，一面保证兑付"等应对方法，使三次被挤兑遂告无事。第二，当成都中行面对与成丰银号之汇款纠纷时，陈征祥又敢于通过诉讼维护本行权益，取得"该号无价值八万元之不动产交案担保，已暂将该号当事人收押"之效果。第三，成都中行

---

① 成都中国银行之挤兑风潮. 四川月刊（10），第二卷第四期，1933 年 4 月.
② 中国银行与聚兴诚银行发生挤兑风潮. 四川月刊（13），第二卷第七期，1933 年 7 月.
③ 成都市志·金融志. 成都：四川辞书出版社，2000：42.
④ 成都中国银行与成丰银号之汇款纠纷. 四川月报（9），第二卷第三期，1933 年 3 月.

化解三次挤兑风潮的史实说明，成都中行与同业合作关系良好，为其应对外部环境的不确定性起着重要支撑作用。第四，尽管成都中行三次被挤兑均告无事，但还是对中国银行整体的市场形象带来一定的负面影响，并引起了中行总经理张嘉璈日后的极大关注、担忧与批评。

（七）纵观成都中行 19 年艰难生存经历

由于军阀争夺成都之战事最具酷烈性、成都军阀割据形式最具独特性、成都金融币制混乱登峰造极，致使成都中行早期发展极其艰难。

第一，19 个年度中成都中行有经营迹象的年份约有 10 年，包括 1915—1921 年、1931—1933 年等两阶段。

第二，19 个年度中成都中行被军阀逼借勒索库款有 6 个年份，即在 1915 年、1916 年、1917 年、1918 年、1932 年、1933 年曾被军阀逼借勒索库款，给成都中行经营带来极大困难。

第三，19 个年度中成都中行经营时间少或无经营迹象的年份有 8 年，其中：1922 年 7 月成都分号改办事处，以期节省开支，减少损失，时值一二军之战期间，成都支行一时难以恢复旧观。1923 年时值川军内讧之战及南北讨贼大战期间，成都作为川省政治中枢，战事最烈，金融枯竭，成都办事处业务一时尚难发展。1924 年 3 月讨贼大战结束后，成都办事处值川局粽平之际，本可徐图进行，但因东南战事影响，依然停滞。1926 年，时值"联杨驱袁"之役以及北伐战争过程中川军易帜之影响，成都办事处因时局不靖，难以发展。1927 年先后发生了武汉之战、"驱刘倒赖"之役，以及川省形成速成系、保定系、军官系三大军阀鼎立态势，成都办事处以时局不靖，业务仍难发展。1928 年先后发生了"讨杨逮吴"之战及下川东之战，成都办事处以川局时生变化，业务难求发展。尽管当年渝属机构均有经营迹象且获微利，唯成都办事处除外。1929 年川省发生了上川东之战，成都办事处经营情况不详。是年渝属机构仅剩成、渝两家。1930 年成都支行经营情况不详，是年渝属机构仅有成都、重庆、潼川三家。

第四，19 个年度中成都中行只有一年半的时间有盈利史料记述，其中：1915 年末成都中行于是年营业约 9 个月，年末纯益 2941.27 元；1918 年上半年成都中行营业有盈余，多为利息收入。

第四节　四川中行于风雨飘摇之中努力支撑

一、川行经理，迭替频繁之复杂背景

重庆作为军阀必争的据点，谁能控制重庆，谁即管制了四川门户，扼制各军运输。17 年军阀混战期间，1916 年讨袁护国战争、1917 年四川靖国战争、1920 年靖川之战、1922 年一二军之战，1923—1924 年川军内讧之战、南北讨贼大战中，重庆连遭各路军阀争夺，尤其以 1923 年省军与联军争夺重庆之役最为突出，一年之中多次反复易手。自 1926 年联杨驱袁之役后，二十一军刘湘驱走黔军，重庆及川东遂成为刘湘独霸的天下，在四川省境内重庆出现了相对稳定的局面。自兹以后，地方局势始趋平靖，商业与金融业逐渐恢复正常。然而，刘湘野心不止，继续扩军向其他防区发动战争以图控制全川。在此背景下，四川中行于风雨飘摇之中努力支撑，以使总行无西顾之忧。

（一）前六任经理的任职期限考证

因中国银行"实系国家之中央银行"，承担着央行之委托经理国库，协助政府办理公债事务，发行货币等重要职责，这就使得四川中行经理的人事更迭，成为军阀混战时期四川督军或省长高度关注的对象，他们频频与北洋政府财政部及中国银行总行之间，就川行经理人选，甚至是副经理人选的更迭，进行政治博弈，以达到为己所用之目的，这也成为四川中行草创时期的人事概况之一。经本史综合考证，四川中行前六任经理变动情况及任职期限大致如下。

1. 第一任经理：王丕煦（字揆垚，1915.1—1915.6）

1914 年 12 月，四川省财政厅电请财政部转饬中行来川开办分行。中行曾经派王丕煦等员赴四川对设置分行有关情况进行调查。同年 12 月末，筹建四川中行人数为 9 人，时尚未开幕。1915 年 1 月 18 日四川中行（重庆分行）成立，中行总处派赴四川调查的王丕煦任四川中行经理，其任职期限止于同年 6 月。

2. 第二任经理：唐瑞铜（字士行，1915.7—1916.9）

四川中行第二任经理为唐瑞铜（士行），其任职时间并非为《行史附录四》所指的 1915—1917 年，而应为 1915 年 7 月—1916 年 9 月，因为 1916 年 10 月王丕煦复又任四川中行经理。

3. 第三任经理：王丕煦（字揆垚，1916.10—1916.11）

《通信录》记述：1916 年 10 月 15 日及 11 月 15 日，四川中行经理为王丕煦（揆垚）；1916 年 12 月 15 日，四川中行经理为张嘉璈（字公权）。这说明，四川中行第三任经理复为王丕煦，任职时间至少为 1916 年 10 月—1916 年 11 月。

4. 第四任经理：唐瑞铜（字士行，1917.1—1917.7）

《通信录》于 1916 年 12 月 15 日记述：四川中行经理为张嘉璈；又于 1917 年 1 月 15 日记述：四川中行经理为唐瑞铜。《行史大事记》则记述：1916 年 12 月 7 日，中国银行总处调上海中行经理张嘉璈任重庆分行经理，后撤销命令。《行史资料》之"渝行经理问题"的相关电文，则记述了四川中行第四任经理唐瑞铜结束任职的情况为：1917 年 7 月 31 日，中国银行总裁王克敏以文字第 65 号函呈报财政部："查重庆分行经理唐瑞铜面请辞职，业经照准；遗缺应以天津分行经理陶湘调充。"综上说明，四川中行第四任经理先为张嘉璈，但并未到任；实际复为唐瑞铜，任职时间约从 1917 年 1 月起，止于同年 7 月。

5. 第五任经理：丁志兰（字葆源，1917.8—1920.10）

《行史附录四》记述：丁志兰任四川中行经理时间为 1917—1919 年。再从档案史料"中行三河汇兑所关于重庆分行经理陶湘未到职期间，职务由丁副经理代替（六年九月四日）"的函可知，唐瑞铜于 1917 年 7 月请求辞职被总行照准后，新任重庆分行经理陶湘并未到任，其间职务由丁志兰副经理代替。又据周宜甫《十八年来我的中行生活》记述："民国九年，我由成都奉调渝行，于国历 10 月 2 日起程，于 10 月 22 日安抵渝行，始得上任。"综上可知，川中行第五任经理为丁志兰，任职从 1917 年 8 月起，至 1920 年 10 月第六任经理周宜甫接任时为止。

6. 第六任经理：周询（字宜甫，1920.10—1935）

《行史附录四》记述：周询（宜甫）任四川中行经理期限为 1920—1922 年。但据周宜甫 1920 年 10 月任职经过的记述及据《渝行掌故：周宜老缩渝行时之略述》记述："周宜甫……遂于 1935 年交卸于后任经理徐广迟先生。"综上可知：四川中行第六任经理为周询，任职时间为 1920—1935 年。

（二）前六任经理更迭之政治背景

从四川中行前六任经理人选更迭的史实中，可以看出两个表象问题。一是，川中行首任经理王丕煦和次任经理唐瑞铜均卸任过两次：王丕煦于 1915 年 1 月任经理，当年 6 月首次卸任；1916 年 10 月复任渝行第三任经理，11 月再次卸任；唐瑞铜于 1915 年 7 月任第二任经理，1916 年 9 月首次卸任；1917 年 1 月复任渝行第四任经理，同年 7 月第二次卸任。二是，中行总处原定的四川分行第四任经理张嘉璈和第五任经理陶湘，均未实际到重庆赴任。然而，在这些表象问题的背后，却隐藏着更复杂的政治原因。

1. 唐瑞铜首次卸任和王丕煦复出的政治原因

唐瑞铜首次卸任和王丕煦第二次复出的政治原因，都与 1916 年 6 月徐恩元出任中国银行总裁后，伺机对坚持反对北京政府停兑令的分行实行打击报复之原因有关。据《重庆中国银行史料》记述："民国五年五月十二日，北京政府国务院通令中交两行停兑止付，四川一度酿成挤兑风潮。当时四川军政当局和渝中行鉴于川中券发行以来，现金准备充足，食用素著，且全省官俸军饷均赖以周转，一致主张继续兑现，维持川中券币信。渝中行得到重庆钱帮的支持，照常兑现，平息了挤兑风潮。但为时不久，在中行总处督促下，渝中行于 6 月 3 日宣布执行国务院命令。"这说明重庆中行 1916 年 5 月并未执行停兑令，属于徐恩元另眼对待之对象。因此徐恩元上任后，先于 1916 年 10 月派王丕煦任四川（重庆）分行第三任经理，将因当选北京国会议员而请求离职的唐瑞铜调回总行，委以顾问名义。即 1916 年 10 月 17 日，财政部电致重庆戴省长鉴："中行经理唐瑞铜现就议员职，总行已改派王丕煦即日赴渝，……特复。"另据《重庆中行历史人物之唐瑞铜》记述：因"存在着复杂的派系与人际关系的干扰"，1916 年 6 月徐恩元出任中国银行总裁后，于 10 月派王丕煦任中行重庆分行经理，将因当选北京国会议员而请求离职的唐瑞铜调回总行，委以顾问名义。

2. 王丕煦接任后不久即请求辞职的政治原因

王丕煦迟迟未能赴任第三任经理，接任后不久又请辞职的政治原因，则与王丕煦未受到四川戴戡省长的待见有关，戴更倾向于由唐瑞铜主持四川分行工作。云南护国军之黔系将领戴戡于 1916 年 8 月—1917 年 7 月任四川省长，又于 1917 年 4—7 月暂代四川督军。《行史资料》收集了 1916 年 10 月—1917 年 2 月北洋政府与四川戴戡省长之间数封来往电文，从中可以看出，戴戡就四川中行经理人选的更迭问题，频频与财政部及中行总处之间进行政治博弈。如，1916 年 11 月 10 日，财政部函致中行："准四川戴省长电开，据渝行面称：'新委行长王丕煦辞职。商埠要地，关系极重，想难久悬此席。戡查前行长唐瑞铜在职日久，信用彰著，此间各界咸盼再来，前已据情电达。近来币价低落，市面恐慌，如王君果已辞职，拟请俯顺舆情，仍令唐速回渝。'等因到部，事关任用分行经理，是否可行，应请贵行即日酌核见复，以便转咨可也。"这就是说，王丕煦第二次任职时间起于 1916 年 10 月，又于同年 11 月提出辞职。

3. 徐恩元首次婉拒戴戡省长请求之人事策略

第三任经理王丕煦提出辞职后，中行对财政部转来四川戴戡省长"俯顺舆情，仍令唐速回渝"的提议并未接受，而是采取"派丁志兰为副经理先行驰往重庆籍资董理，让唐瑞铜以顾问资格前赴渝行合同丁副经理商办一切，以资整理"的折中办法予以应付。即 1916 年 11 月 7 日，中行复函财政部："奉此并准戴省长径电到行，案同前由。查渝行经理一职，前经遴委王丕煦前往接充，旋据该员来电恳辞。当以行务繁要，复派丁志兰为副经理，先行驰往重庆，籍资董理。兹奉前因，查唐瑞铜现充本行顾问，现拟函致该员，仍以顾问资格前赴渝行，合同丁副经理商办一切，以资整理。除分别函电知照外，相应函复，即希查照转咨为荷。"

4. 戴戡省长再电国务院和财政部表达强烈不满

面对中行这一做法，1917 年 2 月 4 日，戴戡省长再次致电国务院段总理和财政部陈总长，表达了对中行派丁志兰为副经理，唐瑞铜以顾问资格合同丁副经理商办一切的折中办法的非常不满，同时批评丁志兰主持川行工作使"现在川中行人员情形既属隔阂"，感叹"唐顾问限于权限，又多不便过问"的难处，并以极其严厉的口吻，质问中行陈总裁，要求将唐瑞铜"改任经理，权专责重，以便川省财政上种种之计划实施"，其原文如下："川省金融破坏已达极点，欲谋清理，首在维持中行及币价，凡事皆然，得人则理。除财政厅已新任命外，然非中行一面再有得力之人相维系，双方进行，办理实难得手。前由中行总行派来唐顾问瑞铜，老成谙练，熟习川中财政情形，前充经理时商民之信用极深，各界之感情尤洽。此次来川，戡屡与商维持川行币价之法，所见正复相同。第言之匪艰，行之维艰，现在川中行人员情形既属隔阂，实难商筹此事，唐顾问限于权限，又多不便过问。戡曾两次电京中行陈总裁，请即委唐瑞铜仍充川行经理，迄未见复，不知其用意安在？戡此举纯为川局起见，唐曾任经理，成绩如何，当为总行所知，此次又以顾问资格维持川行而来，以之改任经理，权专责重，则以后财政上种种之计划当可实施。川中财政今日至为危迫，非急求内外相维之法无以度此难关，故不避侵越之嫌，冒昧上请，切求商之总裁，迅予主持，所以维持中行即所以维持川局，幸甚，幸甚！戡，冬，印。"同年 2 月 19 日，财政部则将四川戴省长来电抄交给中行"送请查照核办见复"，其原文如下："四川戴省长电请挽留唐顾问瑞铜在川维持中行一节，前准贵行伏称业已去电慰留。兹又准国务院抄交戴省长来电一件，内称：……等因前来。查电称各节自属实情，惟委派各省经理向系贵行主管，相应抄录原电，送请查照核办见复可也。"

5. 徐恩元一箭双雕任命张嘉璈赴重庆任经理

面对四川戴戡省长力主唐瑞铜任渝行经理的质问，以及财政部"送请查照核办见复"的要求，中行徐恩元以财政部"惟委派各省经理向系贵行主管"为由，为打击报复坚决反对北京政府停兑令的上海分行，又决定派上海分行副经理张嘉璈升任为渝行经理，但张未能到任。其政治原因如下：徐恩元兼署中国银行总裁后，为打击报复坚决反对北京政府停兑令的上海分行，采取明升暗降实则分化的手段，于1916年12月调中行上海分行副经理、在抗拒停兑令中声名大起的张嘉璈赴四川任重庆分行经理，另升上海分行襄理胡善登为分行副经理。此举被上海分行经理宋汉章和张嘉璈识破而表示坚决反对；襄理胡善登又不就张所遗职务；中行股东联合会乃以撤出商股相要挟，并要求上海地方法院对京行在沪存款予以扣押。徐恩元也针锋相对，指责股东联合会为非法组织，要政府予以解散。双方剑拔弩张，围绕重庆分行经理问题掀起了一场风波。正值双方相持不下之际，江苏省省长转来黎元洪总统电令，已由政府饬徐恩元撤销调张嘉璈的命令。

6. 财政部及徐恩元借台阶而下使唐瑞铜复任

正值徐恩元调张嘉璈职的命令在上海中行和上海工商界的反对下无法实行时，四川省省长戴戡表示，前重庆中行经理唐瑞铜工作素著成效，请求中总行继续以唐为渝行经理。财政部与徐恩元就此找台阶下，以默许不调张嘉璈，换取上海方面撤销假扣押，避免可能发生的退股风波，双方体面而和平地解决了此次风潮。由此，徐恩元复任命唐瑞铜为川行经理。其相关电文如下。

1917年2月24日，中行函告财政部："案准四川戴省长养日电开：'窃查川省公赘收支，民国成立以来，始由濬川源银行及四川银行照金库方法办理。民国四年，前将军陈宧因中行借款收回军票，复将金库交由该行代办，一年以来尚称妥协。自前年军兴，兑券价跌，行业歇闭，各属军用繁多，始则解到拨支，继则各军自向税局提取，财政萦淆，达于极点。今议统一计政，仍须回复金库之判，惟四川分行经理久未确定，财厅屡次向行磋商进行，终不得要领。伏维川中计政，因军事破坏已达年余，收不敷支，时形困难，其中酌盈剂虚，移缓就急，必求适当之方法，必赖有熟习川局精明权计之经理以维持调护于其间，合即仰恳俯赐察核，令中国银行总行速予派定中国银行四川分行经理，以资筹计。现在川省度支待理孔亟，如该行经理不定，或久不到川任职，只可仍交濬川源代办，以促进行。持电沥陈，伏候训示祗遵'等因，查渝行经理一职，本行业已遴派唐瑞铜前往接充，并经另文呈报在案。兹准前因，已由本行径电具复，相应钞录电稿函达大部。"

1917年2月24日，吴为呈报事：查本行调派各分行号经（理）副理管理人员历经陈明在案。兹查重庆分行经理一缺，前调上海分行副经理张嘉璈充任，现因沪事繁要，拟令张嘉璈仍暂留充上海分行副经理，以资佐理。所有重庆分行经理一职，已改派唐瑞铜接充。同日，中行又致电成都戴省长、黄厅长钧鉴："昨派唐瑞铜为渝行经理，业经电达，兹奉养电，用再复闻。徐恩元即，漾。"

7. 川行第四任经理唐瑞铜再离职的政治原因

四川戴戡省长与唐瑞铜的关系甚密，究其大致原因：一是二人有同乡交集，唐瑞铜是贵州贵阳人，戴戡是贵州贵定人；二是二人有事业交集，1915 年 7 月至 1916 年 9 月唐瑞铜任重庆分行第二任经理期间，恰逢戴戡于 1916 年 8 月任四川省长。由于 1916 年讨袁之战和停兑令风波的影响，戴戡接任省长时，"川省金融破坏已达极点，欲谋清理，首在维持中行及币价，凡事皆然，得人则理；前由中行总行派来唐顾问瑞铜，老成谙练，熟习川中财政情形，前充经理时商民之信用极深，各界之感情尤洽"。这就是说，整理川中财政和川券纸币，成为他们的事业交集。由此不难理解戴戡作为军阀出身的四川省长，竟数次致电国务院及财政部并敢以质问中行陈总裁的口气，力挺唐瑞铜为川中行经理的举动了。然而，到 1917 年 7 月底唐瑞铜再次离职，其原因是戴戡在川滇刘戴之战中战败自杀，唐瑞铜因失去政治靠山，只能逃出四川。1917 年 7 月 31 日，中行总裁王克敏函报财政部时，专门注明原因："戴戡被川军击败而自杀，唐瑞铜只能逃出四川，辞职后未闻中行另有任命。"

8. 川行第五任经理原拟为陶湘后实为丁志兰

1917 年 7 月唐瑞铜再次离职，中行徐恩元总裁也已下台，由王克敏继任中行总裁。1917 年 7 月 31 日，王克敏总裁以文字第 65 号函呈报财政部："查重庆分行经理唐瑞铜面请辞职，业经照准；遗缺应以天津分行经理陶湘调充。"然而，陶湘并未到职，其职务由丁志兰副经理代替，后成为渝行第五任经理。

9. 川省当局还干涉川中行副经理人选之更换

《行史资料》第七章相关史料记述，1916 年 6 月，驻重庆前四川巡按使刘体乾[①]曾致电北京国务院财政部，就川中行副行长人选进行干预。《通信录》则记述，1915 年 6 月 15 日和 1916 年 1 月 15 日，渝行副经理为汪振声（字楞伯），这至少说明，汪振声为渝行首任副经理。汪之所以离职，其背后的政治原因可以从 1916 年 6 月驻重庆刘体乾与国务院财政部的往来电文中得知。

四川各县局款项赀解于中国银行代理金库，成都为分库，重庆、万县为支库。主理财政的前四川巡按使刘体乾，因军政两端需款甚急，不得不派员从清查重庆支库现有存款入手，但往返再三，均被该行副经理汪振声严词拒绝。又因驻万县国军需用饷 8 万元以济眉急，刘体乾电知中行万县分号，将政府委托万号代理的万县支

---

① 刘体乾（1880—1940），字健之，安徽庐江人，1916 年 5 月，署理四川巡按史，6 月去职。

金库存款暂拨 8 万元以济驻万县国军眉急。但是渝行副经理因查支金库底账一事"横生阻力，归于无效"，而且渝行经理唐瑞铜赴成都公干未归，副经理汪振声"伪称有病，不理行事"。于是，刘体乾致电国务院财政部"将该副经理撤回，代之以重庆行署财政处科长高彤墀（之前曾充任渝行副经理），高既熟习情形，又操守可信，便于就近代办该行副经理之职"。到同年 11 月，中行则派丁志兰为渝行副经理，汪振声副经理则被撤换掉。

二、临危受命，川行行长用命履责记

1920—1933 年，四川处于军阀防区制割据时期，先后经历了十多次较大的战事。在上述背景下，周宜甫则于 1920—1935 年出任四川中行第六任经理，于风雨飘摇之中努力支撑，带领四川中行踏上斩荆披棘与筚路蓝缕的创业历程，经多方面的努力，取得了"以使中行总行无西顾之忧"的效果。从周宜甫《十八年来我的中行生活》一文，可形象感知这一时期川行斩荆披棘的创业经历。

（一）躲停歇走之历险赴任记

1920 年 10 月，迫滇黔军败退出省后，周宜甫奉中行总处函调，充任四川（重庆）中国银行行长，他经历了歇走躲停历险赴任的传奇经历，其原文如下。

民国九年，我由成都奉调渝行，其时正值川军与滇黔军大战（靖川之战），交通断绝，无路可走。滇黔军出境后，战事虽停，满地皆匪，绑票之风尤盛。出成都的东大路及北路，是万不能走的。只有出嘉定（乐山）绕行自流井（自贡），由自流井（自贡）绕行泸县后再到重庆的这条路，勉强可以通过。

国历十月二日，我由成都坐小木船起身，循水道东下，是有点恋恋不舍，诗存一首《赴渝发自成都》云："久居离去似离乡，一舸行行恋春光。黄叶凋颜如客老，青山不语看人忙。得全乱世宁非福，无计谋生敢贱商。十里芙蓉城郭好，何年旧地再徜徉。"当日，平安到了嘉定，就到五通桥支行中住下。向当地军队请兵护送，因嘉定以下，即须陆行，匪风甚炽。住了三日（约至 10 月 4 日），护送的军队来了一排人，有三十名上下，排长姓何。

第一天（10 月 5 日）宿马踏井，甚清静。第二天（10 月 6 日）宿荣县城，也甚好。到了第二天夜里，何排长忽来告我，说奉命令护送至荣县，今已到达，明早回嘉定销差。我闻之颇惊，谓请兵时，我与你们蒋旅长，是说得清清楚楚，送到自流井，今距井尚有一日路程，何得半途而返？我可打电请蒋旅长来电证明。何始无言，然颇呈难色，商量至再，何排长始云：闻此去自流井计一百里，其间大佛寺、张家场、陈家场三处，皆各有匪一百余，人人有枪，匪多兵少，实在可虑！我闻此言，却真正弄得无办法了。踌躇至三更，店主人忽来云：有一法可望侥幸渡过，不知你肯否？我云，只要能保平安到自流井，无论何法，均可商量。店主人云：兵少匪多，确是危事，你又挂起这一个大招牌（指周的行长身份），他不特要拉人（绑票），且欲得护送人的枪；现此间我有一熟朋友张姓，系哥老会中多年的人，如送他几个酬劳钱，他可先行数里，在前与匪交涉，能通过，你再前进，交涉不好，仍回头。我问酬劳费几何？则云，十元足矣。事既至此，只有用此法前进。

次日（10月7日）黎明启行，甫（刚刚）三里即到大佛寺。张回报云：快走，匪等尚在庙内高卧，可以不交涉而过。我谓倘至张家场不能通过，势必折回，彼时寺中匪已兴起，若又不能通过，我岂不变成了大佛寺、张家场中间的一个游魂？张云：果然到此又再想法，若必待寺中匪起来交涉好再走，今天又如何赶得到自流井呢？我只得学一回孟尝君偷过函谷关而去。到张家场，距场二里许，即将轿子停住，与何排长同候张君回信。不过半小时，张回来说：已经交涉妥当，匪等正唐集场上，彼此作为不知道不看见，一直通过去就完了。我闻此信，如遇大赦，就是那有兵的何排长，其态度也与我一样。过场上时，侧眼偷看，有匪百余人，坐在一大茶馆内，身上衣服长袍、短褂，人人手抱一枪，枪之种类，亦不一致，头上有包白帕的，有戴小帽、草帽或博士帽的；最令人胆寒一事，则是居中连二方桌脚上，用铁链锁着二人，那膊子拴得来巴着方桌脚，大约转侧均感困难，此两人就是匪先生们新绑得的财喜，川省叫做"肥猪"是也。过了张家场二十里，又到了陈家场。仍候张君回来说是交涉办好了，才前进。场上，亦有匪百余人，其情状一如张家场，所可惜者未见有"肥猪"耳。足见此一股匪成绩稍逊。出陈家场后，张君来向我道谢告别，说此去三十里即抵自流井，决无匪徒。他即就此折回荣县了。我除送他十元外，又见他是雇起二人小轿同行的，又加送他舆费四元，张君满意道谢而别。我于傍晚时，就平安到了自流井支行内了。

到了自流井，还要坐三天轿子，才到泸县。一打听路上光景，人人说是走不得，此三天中，后两天尚可坐木船，河下比较陆路更糟，要走只有陆行。一直观望了一个星期（约至10月13日），商量得心乱如麻，最后决计陆行。打电与杨子惠师长请兵保护，其时杨在泸县，自流井只有一营，是杨师部队。

次日（10月14日）杨电赵营长派得力官兵一连，护送周某至泸。赵即遵办，派来之人，确是全连，共有九十余人，连长冯姓。来见时，靴刀帕首，气颇雄壮，赵云此饱经血战者也。次日启行，冯与士兵皆徒步，第一日（10月14日）宿富顺县城，甚清静。第二日（10月15日）行至青松岭，匪窟也。兵士或先或后，三三五五，沿坡脚而行。岭上之匪，以为少数军队，似欲攫取其枪，遂于岭上鸣枪呐喊，冯连长立刻命我的轿子前后士兵一齐上起红槽（实弹），只听机柄的声，的的嗒嗒。我这一惊，却真不小！因为乱打起来，我即无藏身之地，急问冯如何办理？冯笑云：我为保护你而来，若把你伤了，我如何谢责？请放心！说话之际，山顶已寂然无声，因匪已窥见兵有百人之多，不敢尝试，已偃旗息鼓而退藏。冯尚欲上山搜击，我力劝不必。谓此行目的，只在平安到泸，实无清匪之必要。冯始又随我而行。次日（10月15日）安抵泸县，往晤杨师长，面谢保护；并述冯连长之得力，又电赵营长称谢，给信与冯回销。又在泸县住了六天（约至10月21日），始有重庆轮船到来，才得搭轮安抵渝行。

由此可见，周宜甫行长由成都支行奉调渝分行，其颇费周折的上任过程历时约二十天。所谓躲停歇走，指他在五通桥支行住了三日，在自流井望一周，在泸县等船又住了六天。所谓颇费周折，从五通桥到自流井，护送的军队有一排人，险过大佛寺、张家场、陈家场三个匪窟；从自流井到泸县，护送的官兵有一连人，在枪声中险过匪窟青松岭。《中行生活》刊发此稿时曾加按称："唐代诗人李太白先生有句诗说'蜀道之难难于上青天'，我们听了，真有谈虎色变之势，川中险阻，于此可以想见。而周宜甫先生间道遄征，备经艰阻，其中险怪风光，有唐代诗人所未能梦见者。"

（二）渝城战乱之临危护行记

1923年，四川先后发生了川军内讧之战及南北讨贼大战，战事自1923年1月起，至1924年4月才结束。1923年，重庆被南北军阀反复争夺，数次易手，是极其特殊的一年。年初，重庆为熊克武部所占；4月，重庆被杨森军攻占；6月，讨贼军攻克重庆；7月，援川军、附北川军协同杨森反攻，夺取重庆；9月，讨贼军会集重庆昼夜围攻达一个多月，至10月16日，讨贼军再次攻克重庆；12月，援川军及附北川军反攻，于14日又攻下重庆。在此背景下，周宜甫行长当年经历了"一年五变，活像闹剧；四人护行，三章告示"的传奇故事。

第一，"一年五变，活像闹剧"之奇特经历。

四川从民国四年以后，无一年没有内战。单就重庆城说来，也有隔三两年未遭兵乱，也有一年里遭兵乱不止一次者。其中次数最多，当以民国十二年为第一。这一年里头，旧者退却而新者进来①，足足闹了五次。若一进一出两面的计算，便是十次了。军界向商会筹款，这一年中一共闹了十三回，平均每月一回。只说商场上及公共团体直接所受的损失，共有七百余万元。我们中国银行所受的损害，虽幸不甚巨，然某次系如何应付，实在说不完。一年里头，闹到五次局变，这个地方的秩序，混乱自不用说。那知，混乱时代，又能产出混乱中的秩序来，这就是意想不到的了。那么，每一次局变的秩序又是怎么样产生的呢？

第一步，是警报到来，说敌人已逼近，离渝市仅数十里，或一二十里，于是绅商们恐怕新的军阀进城，旧的军阀未退，而演出巷战，乃要求旧的军阀暂退，以保全人民。第二步，就是旧的军阀答应暂退后，便在商会筹款，作为开拔费，所需数目，由多说少。定局后，商会将款送去，旧的军阀退出，绅商才去欢迎新的军阀进城。第三步，就是新的军阀进城以后，一面继续搜敌，一面出告示安民。第四步，就是新进驻渝市的军阀要筹措下马费，又在商会将筹款数目议定，再由商会分摊并集款后送给新进城军阀。第五步，就渐渐看见渝市餐馆、旅馆的门口，闹热起来，处处军马盈门。因新来的军阀官员及机关人员要宴客，与夫城中绅商或公宴新来的官员，或个人与新来的某官员相熟，请他吃饭。故较平时宴会增多，新来的官员所坐的新大轿子，亦触目皆是。第六步，又渐渐看见渝市街上搬新家具的人很多，因为新进城的军阀，既到了一个月后，官员中有将其家眷接来者，有临时在重庆安家者，均已租定房屋，故需用各样家具，或屏镜等物安设。

然却到了这个时候，就不好了，不转瞬间，又是警报到来，说敌人又已反攻逼近，离渝城数十里，或一二十里了。于是又从这第一步，一步一步的演出来，好像那害病的人。新的第一期是甚么状况？第二期是甚么状况？到了第几期就要呜呼的，总之新一轮的六步程序都是一模一样。所以说，混乱尽管混乱，却乱得很有秩序，就是如此。每到了第五、第六步，商界同人，便大家相对发愁，我也就在这六步程序中，整整过了一年。因为照六步程序的样子演了五幕，譬如多读过几遍的书，多看过几回的戏，所以印象很深。

第二，"四人护行，三章告示"之奇特经历。

在这民国十二年内，重庆五次局变，共六步程序，虽是一样，然有一回新的军阀进城时的状况不同。不是旧的军阀退让后，新的军阀才进来的，新的军阀乃是硬

---

① 旧者指原驻渝军阀，新者指新驻渝军阀。

破城而入的。我自民国四年进入中行，先后供职已将近二十年，在成都、重庆两地，经历局变，也有二十余次，都是旧的军阀退让，新的军阀才进来的，并且于乘除之际，由城内团防，或民众临时组织，担负一两天治安责任，等旧的军阀退得稍远，才让新的军阀进来，借以避免双方接触。故这样的局变，较为从容。

独有这回新的军阀硬破城而入，真有点吓人。这次是民国十二年旧历九月初七日①的事，在初七日之前一个月光景，省军已攻至重庆南纪门外十五里之佛图关，联军即据佛图关死守，足足相持了二十八天。攻者、守者都是百战勇将，所谓棋逢敌手，真无商量退让余地。此二十八天中，重庆城三面围困，只有大江下游一面尚通，城内粮食薪炭，早已断绝来源，大江南岸，亦早为省军所据，每日以枪炮隔江向城内轰击。我住的地点，恰临大江，便用棉被悬在窗户内，聊避枪弹。全家伏处最下一层，只闻二层三层楼上，时有子弹打入。惟每日仍旧约集同人到行里办事。但情况至此，尚有何事可办？因此，每天大约午后三时没有甚事，也就让行员散了。惟组织同人，每天轮以四人，于行员散后，留守行内。

这次城中既粮尽薪绝，公家每日晨七钟开仓粜②谷，所以每晨领谷的人们拥挤不通。大约每日城中饿死者，在仓前被踏死者，被隔岸军队的流弹打死者，总有几十人。被打死者多系妇孺，我曾路过此地，亲见一孕妇的胎儿被拥挤的人们踩出，状尤惨恶。到九月初七这天三点钟时，我忽在行里听本街上发出枪声，正问讯间，同人蜂拥入我办公室，相告曰，城破矣。这一惊又却不小，大家相视，面无人色，我乃约定凡行员不准一人擅走。令人先将行门关上（其时我行迁至曹家巷甫一年，直无所谓大门，仅铺板数扇而已），将库中余款安顿妥帖（库款整数，早已特别安顿），又将各种重要证据、账表收拾完备。此际，只听满城枪声如雨，街上人们跑步的声音，亦接连不断。四钟半后，枪声稍稀，我着人打听，知道联军已完全退尽，全城皆为省军占领。省军的司令部，安扎在旧学院衙门。

我们乃组织四个同人，在行看守，其余同人，各回家看视。我便先在行内替新来的军事长官，写了保护告示三张，预备一张贴在行门口，一张贴在行员寄宿舍，一张贴在我家门首。我就携此三张告示，前往学院衙门商请新来的军事长官保护我行。由于我行离学院衙门距离又远，各街口或尚不准通行，或尚在开枪，或尚在搜敌，我只好东回西绕，途中我见退却方面③一弁兵，平日常随其主官来行里相识，此刻该弁兵被伤卧血泊中，他见我就呼救，我以十元钱赠之，告诉他我现因职务紧急，

---

① 即 1923 年 10 月 16 日。
② 粜，卖出。
③ 退却方面，指原驻渝军队。

无法相救。后闻此兵，因不说出其主官去向，被击死，我心殊歉然。我东回西绕后始得达到省军司令部。只见司令部内，无论官兵，个个衣如鹑结，满面灰土，盖卧地攻击二十余昼夜，衣皆摩擦破烂。

其初门卫士兵不准我进去，后有认识我者，始云此是司令熟人，这才导我入见。会着司令官（熊克武），其衣服面孔，也是一样。司令官一见我，惊问为何事来？我云，"来请派兵保护我们中行"。伊怫然曰①："此时那有空人？"我云"若你不派兵，也得出张告示"。伊又云"告示谁人来办？"我云"已经写好了，请你盖颗印"，司令伊始笑允。惟一个司令部，不特没有一张桌子，就是板凳也没一条，大家都是立谈。于是，我只得在阶石上用衣服垫着已写好的三张告示，盖了三颗印，便急忙持回行中。盖好印的告示用木牌粘上，悬在行门，又送一张到行员寄宿舍挂起来。直到现在，我始敢回家，并将告示带回，张贴我家大门。与我同住的几家人，都称沾光不置。次日，我又照常到行办公，从此以为一天好似一天，不料六步程序演毕，到了旧历冬月初十②边，联军又进城了。

由上可见，周宜甫在"我住的地点，恰临大江，便用棉被悬在窗户内，聊避枪弹。全家伏处最下一层，只闻二层三层楼上，时有子弹打入"的艰危环境下，仍然坚守岗位，即"惟每日仍旧约集同人到行里办事""惟组织同人，每天轮以四人，于行员散后，留守行内"，并将"盖好印的告示用木牌粘上，悬在行门，又送一张到行员寄宿舍挂起来"。对此《周询年谱》是这样记述的：是岁，川省兵连祸结，渝城破城之际，周询督率行员将行事收拾妥帖，复于枪林弹雨中往晤入城之军事长官，向熊克武司令取得保护中国银行的"安民告示"，重庆中国银行才保无恙。由此从一个侧面，不难看出川中行艰危创业之经历。

（三）用命履责之对抗勒借记

1923 年，渝行周宜甫经理与川省盐税稽核处稽核员季履义合署办公时，有难同当，用命履责，共同对抗黔军袁祖铭强提勒借盐税以充军饷的惊险故事如下。

民国十二年一年之中，尤有一事，可骇可笑，应特别提出一谈。盐税本是一种转嫁性质，每月收入，有淡有旺，全视销盐之多寡，为税收之丰啬。川省盐税，对此本无一致。不料自民六以后，时局纷乱。川省政府，对于本省盐税收入，除留稽

---

① 伊怫然曰，伊指司令官，怫指忧愁，即司令官忧愁地说。
② 即 1923 年 12 月 17 日。

核分所所需经费外，其余一律由川省政府截留，以供军用。其初，尚循旧轨，候各地盐运商向中国银行完税后，始以印收①向当地稽所提用，稽核分所签支到行，始行付给。民十一以后，川省政权分裂，战祸日剧，饷需益繁，军方不能静候盐商完税始用，遂开预提之例。惟稽所定章，收款银行将运盐商税款收清后，每盐一傤②，填给收税单一张，此单系稽所编号发用。运盐商在渝完税者，自领单日起，限一个月内，持单赴自流井，向稽所换领准单，前往配盐。又自换得领准单日起，其盐限于一个月内出关。以上两种限期，均异常严重，不能率展。在从前自由完税时，各商循供求常理做去，无甚困难。自预提之例一开，不问运商能销盐若干，只问军饷之需若干，饬令盐商照数预缴。盐商一面迫于军方之势力，一面迫于稽所之限期，纳税愈多，则积盐愈多，供过于求，既耗子金，本亦周转不继。稽所为恤商计，每遇预提之事发生，必多方拒绝。在军方亦非不知事属破例，商困宜纾，然有时遇事机万急，非款莫济，亦只有知其不可而为。

记得民国十二年中，有一次联军由重庆上游败退而下。黔军总司令袁祖铭之部队，突有数万集于江北，部队中不名一钱③。若登时④无巨款接济，立有哗变之虞。江、巴两县之治安，即绝对不能保持，其损害且不止在财产。

其时，重庆盐务稽核处，尚借我行房屋一间办事，与我行经理室为内外间，稽核员为美国人季履义君⑤。黔军袁祖铭急迫无措，乃派其军需处长，来向季君商量，预提盐税一百万元。季君以积盐太多⑥，不特盐商资力不及，盐斤疏销不及，即依限持准单到厂配盐，厂上亦无此巨量存盐以供配销。一个迫于军需紧急，力请变通；一个论纳税销盐事实，不允变通。相持两三小时。正无结果之际，各师旅部大小军需官，见急饷无着，又舍预提盐税，别无救燃眉之法，一齐拥至中国银行，将季君包围。此时，我见风头不好，不得不出为季调停，双方劝解，舌敝唇焦。军方允减三十万（盐税，下同），只预提七十万，季君只允预提三十万元。自然仍未说拢，然若于中迁就，大约（预提）五十万元，总可了事。

因季君以来索提者皆是办事人员，不识是否袁祖铭总司令之意，遂谓非袁亲自来中行面言不可。众人答以若要袁亲来，则仍非要百万不可。季君仍主袁亲来，众人只得去请。不一会，袁祖铭果亲率卫兵百余人来中行，进门便怒不可遏。两人一

---

① 印收，指中行所出具之收据。
② 一傤，指一只船装运的货物。
③ 不名一钱，指军饷匮乏。
④ 登时，指当时。
⑤ 季履义，为四川省外聘美国人作盐税官。
⑥ 积盐太多，指盐商预提盐的领准单太多。

见，袁祖铭谓："明知预提盐税，既不合法，且多困难，然十万饥军，无饷必变，我与其坐视兵队抢多数之人民，不如只抢稽核处一家，以救众人。"季履义谓"抢之一字，是匪人口吻，岂有总司令可语此者？"两人至此已大翻其脸，我又不得不出面调停，费尽气力，始将口头冲突解释过去，仍归纳来说事实。不料袁祖铭谓"你要我来，我已来了。但我不来，则百万可了事；我既来，非预提二百万不可"。无论如何调停，不能减少分文。此时，已是午后八九钟，再一相持，直至夜间十二钟，尚不能解决，行内被军官卫队挤得个天衣无缝。

　　季履义君整整一天，未得吃饭。我亦牵连受累，一天不曾进食。结果，季君见事无法，遂承认签二百万之税单。惟时已夜间一钟，以每儎盐一张应纳税洋二千三百余元计之，二百万预提盐税须办税单八百余张，每张有应填写的英文、华文数十字，中国银行国库股彼时仅仅两人，且须先由盐商将此八百余儎之商号牌名及销盐之地，与盐之花色开来，方能着手。（季君）势不得不要求（袁祖铭）明日再办。然袁恐季之允签，非出诚意，万一乘此（盐税单）未签之际，或入兵舰①，或至领事署②，则明日即无办法（拿到盐税款作军费）。袁又不肯以兵队将季管押，遂谓"非有人以性命担保季稽核员明日照常来中行办公，则今夜此局断不能散"。此时，除我而外，无第三者在场，季君亦极力宜我要求担保，我只好仗着胆子，亲笔书立斫头保结③，始大家归寓。

　　次早，我起来理发后，始到中行。进行一看，季君已在外间坐着，问我云："今早到行，何以略迟。"我云："我固相信你不得跑，然亦不敢说你一定不跑，故先将发理好，预备为你将我这头颅卖掉，整理一下头发，较觉好看耳。"季君闻此，不禁转怒为笑。次日，填写八百余张税单办到下午，并添派行员五六人帮忙，始行办完，送季君签字。季签后，我一看，其签字式样与往常迥然不同。迨袁总司令（将完盐税单）都拿去转给盐帮（贩盐商），皆谓"税单签字不符，到自流井，断不能掉准单配盐"。袁祖铭闻之大怒，立要派队捉季君。幸袁左右三要人飞奔来行，与我商量如何补救。我恐一人前去（黔军司令部解释），力量单薄，乃邀重庆商会新旧会长三四人一同前去，极力劝袁。结果，（预提盐税）数字仍要求袁改为一百万，一面另办一百万盐税单，负责请季君正式签有效之字。奔走结果，幸双方依允，并签立合同，始又照此改办。惟盐商一时如何缴得出此盐税巨款，只有将此税单，由商会各帮，按六成抵押借款，方缴洋六十万元。我行因奔走此事微劳，得邀未减，只摊借了一万元。

---

① 入兵舰，指袁祖铭担心季履义躲到长江上的美国兵舰里。
② 至领事署，指袁祖铭担心季履义躲到美国领事馆去。
③ 斫，用刀斧砍。

谁知不久，联军又败退，此一百万税单，始终未经南所①承认。此六十万元现金，完全归渝埠商场损失。民十二年一年之中，渝埠商场共损失七百万元多，此即内中一部分也。嗣后，迭次向北平盐税稽核总所交涉，卒无办法，亦足见身当乱世，生命财产之危险矣。

由此可见，周宜甫行长用命履责的行史故事，有以下几个要点。

第一，1922年川省遂开预提盐税作军费之历史背景。（1）征收盐税，原本按每月销盐收入来征收，全视盐商销盐之多寡，为税收之丰啬，再用盐税款拨作军用。（2）征收盐税流程：盐运商先到稽所填报购进食盐的商号牌名、销售盐之地区、购盐之花色与数量，然后以每儎盐一张应纳税洋2300余元计，在每张税单应填写纳税人与纳税额，经盐务稽核所核准后，盐运商到中国银行交税，再凭中行的完税收据，到自流井盐场稽核分所换领准提盐单，再前往盐场凭单配盐。（3）重庆盐务稽核处与重庆中行的关系：前者审定应纳盐税款，后者代省库收讫税款，二者密不可分。因而，重庆盐务稽核处借重庆中行房屋，并与中行行长室分为内外间合署办公。（4）所谓"民十一以后，川省政权分裂，战祸日剧，饷需益繁，军方不能静候盐商完税始用，遂开预提之例"，指1922年后，由于军方饷需益繁，不能静候盐商完税后再用税款拨作军用，遂开预提盐税之例。

第二，周宜甫行长对抗黔军强提勒借及用命履责的行为。（1）当袁军各师旅部大小军需官，见急饷无着，又舍预提盐税，别无救燃眉之法时，一齐拥至中国银行，将季履义包围。周宜甫不得不"舌敝唇焦"地调停劝解双方，争取在军方预提70万盐税，季君只允预提30万元盐税之中说和，争取只预提50万元盐税。（2）当袁祖铭亲率卫兵百余人来到中行，进门便怒不可遏，袁季两人已大翻其脸时，周宜甫又不得不出面调停，费尽气力，始将口头冲突解释过去。（3）当袁祖铭坚持非预提200万盐税且当天难以办完时，周宜甫为保证季履义在第二天办完税单，而亲笔书立"斫头保结"。（4）周宜甫次晨早起，专门"先理发而后到行"，预备若季履义逃走后将自己这头颅卖给袁祖铭时，"临死时较觉好看耳"。这就是周宜甫"用命履责"的最真实的形象写照。（5）次日下午，季履义在袁部提盐单上签字不符，袁立要派队捉季时，周宜甫邀商会新旧会长三四人一同前去袁的司令部，极力劝袁将预提税款改为100万，并负责请季稽核员正式签有效之字。奔走结果，幸双方依允，并签立

---

① 南所，指广东军政府委任的四川省盐税稽核所。亦即联军为附北军队，联军败退重庆后，广东军政府委任的四川省盐税稽核所不承认联军所欠100万税款。

合同，始又照此改办。这就是指周宜甫将袁索要预提 200 万盐税，协调到 100 万。(6) 由于盐商一时缴不出此巨款，只有将袁军强提之盐税单交由商会各帮，按六成抵押借款，方缴洋 60 万。周宜甫以在袁部强提 200 万盐税过程中，自己奔走此事微劳，得邀未减，只摊借了 1 万。亦即，周宜甫经理将四川中行的此次损失降到了最低。

三、拙诚治行，维持行务于惊涛之中

1920—1933 年防区制时期，四川先后经历了靖川之战、驱刘之战、川鄂战争、一二军之战、内讧之战、讨贼大战、统一之战、倒杨之战、驱袁之役、武汉之战、驱刘倒赖之役、讨杨逮吴之战、下川东之战、上川东之战、北道之战、第一次二刘大战附刘田省门之战、第二次二刘大战附刘邓毗河之战等十多次较大的战事。与此同时，中国银行于 1922 年将全国划为四区，将重庆分行为首的川中行所属机构整体降格，分行改支行，支行改办事处，均划归第三区域行汉口分行管辖，直到 1930 年四川中行所属机构才整体调整为原有规格。在这种形势下，四川中行开启了拙诚治行、重构信用、维持行务于惊涛之中的艰难发展历程。

（一）以拙诚主义化难事为无事

那期间，四川省内乱频仍，无年不战，渝行地处必争之所，往往一年之间，迭历乘除，各军饷将缺乏，派垫尤多，工商凋敝，业务亦无法推展。在此艰危环境下，对外融洽关系，尤其是理顺与军方人员关系，力屏外难，则成为川中行适应外部环境，以谋自身生存与发展的关键之一。

1. 拙诚主义，竟化难办事为无事

1920 年，已是五十而知天命的周宜甫经理，成为四川省和重庆金融界翘楚，更知责任重大。四川中行所处之外部艰险形势正如周宜甫所形容："彼时川局忽南忽北，执政者又数月或年余一变。在此情况之下，中国银行总行不肯再调资金入川。人民对于川中行，不肯再来存款。似此资金既全归呆滞，未收回的中行兑换券又如是其多，因总行及联行均不能接济，存款又无来源，川中行实已陷于毫无办法地位。"在此内忧外患局势下，川行如欲得以生存与发展，必先攘外，而后方可治行，由此周宜甫采取"拙诚主义"的做人与治事原则，从而化难事为无事。

前十年所在之地，险乱不堪回首，非理要求之事，自然指不胜屈。然我总觉得，人同此心，心同此理。他以非理要求，他何常不知所求之非理，或迫于自身之利害及职务之困难，不得不出此；我仍平心静气，以"拙诚"主义对待，能为办得到者，

虽委屈费事，决不敢爱惜心力，总想方为之尽力办去；实在办不到者，则将办不到的理由，反复详晰与之说明。好在来交涉者，都是相认之人，他见我平日并未以巧诈待过朋友，又遇可以为力之事，未常不尽心代办，也就有相当的信用，竟将许多难处之事，化为无事。所以此十年中，共经过变乱廿余次，竟得行务侥幸保全，身家亦因而保全，此实邀大之福，不敢谓确有把握也。[①]

由此可见，在军阀横行的情形下，为了对付各军的摊派勒索，周宜甫借助过往从政经历中与各军将领之交谊，采取"拙诚主义"之做人与治事准则，力屏外难，应付了种种为难之事，侥以保全了四川中行之行务。

第一，所谓"前十年所在之地，险乱不堪回首"，是指周宜甫从 1915 年入职成都中国银行，到 1926 年刘湘驱走黔军，重庆遂成为刘湘独霸天下的这一时期，四川处于军阀割据及相互混战的最险乱时期。亦如蒋宣相所言："四川处在北洋军阀和西南军的黑暗统治下，滇、黔、川军互相混战，战火烧遍全川，兵匪交织为害，横征暴缴不已，工商凋敝，财源枯竭、金融紊乱，市场恐慌。再加害荒频仍，瘟疫烟祸流行，川省人民挣扎于水深火热之中。"

第二，所谓"非理要求之事，自然指不胜屈"，是指"军队战祸连年有增无减，军饷战费开支浩繁，赋税派垫自然不断加重。渝行地处必争之地，往往一年之间，迭遭勒提逼借，应付艰难。民国四年九月，陈宦督军向渝行约借 400 万元作为五折收销军用票基金。后不料滇省起义讨袁，川省首当其冲，当局不顾银行方面准备金调拨得及否，遂将此款转作军需以应急。又将渝行兑回库存之中券（中国银行重庆分行发行之兑换券，公私出入一律视作现金流通）及库存之现金，先后又强迫提去 180 余万元，因引起挤兑风潮，中行情势岌岌可危。自民国四年至九年间，有案可查，川省军政当局输行之款，有从前定约值用者，有以强权勒提者，共达 1000 万元之巨。币别有银圆、铜圆、大洋、生岸、现、券、中券等。借者大至如军、省长、司令、军长、团长，小到营长、连长。有些本是土匪招安而来，无不趁火打劫，大捞一把。他们常常荷枪实弹，自由出入银行，恣意抓人滋事，不由彼等分说，自行开库提款，且将行内公私各物洗劫一空。行方冒死交涉，终以舌敝唇焦，徒劳无用，危难之势不堪言状"！

第三，所谓"拙诚主义"之做人治事准则，其中"拙诚"意指虽然愚钝但却真

---

① 周宜甫先生主持四川中国银行廿年来之经过，重庆中国银行四川月报社编委：《四川月报》，第 7 卷第 6 期，1935 年 12 月。

诚，亦指心中不存恶念，诚心诚意地做事，或许有时行为举止略显愚直拙笨，但从不欺瞒别人。"拙诚"一语自古有之，如《韩非子·说林上》："巧诈不如拙诚。"汉·刘向《说苑·谈丛》："智而用私，不如愚而用公，故曰巧伪不如拙诚。"三国·魏·曹植《当事君行》："好恶随所爱憎，追举逐声名；百心可事一君，巧诈宁拙诚。""拙诚"亦被称为曾国藩"顶级的智慧"。可见，饱学中国经典诗书并曾在北京会试中得中贡士的周宜甫，亦从古人做人治事之经典理念中吸取智慧，用以应对军阀混战时期指不胜屈的"非理要求之事"。即周宜甫对受军方等他人所托之事，能为办到者，总想方设法尽力去办；实在办不到者，则将办不到的理由反复详晰与说明之，而且周宜甫平日从未以巧诈待过朋友，凡遇可以为力之事，无不尽心代办，由此使他具有相当的做人之信用，这种"拙诚"的人品与治事结果就是"竟将许多难处之事，化为无事。所以此十年中，共经过变乱廿余次，竟得行务侥幸保全，身家亦因而保全"。事实证明，周宜甫"拙诚主义"之处事法宝，是川中行应对复杂军政关系和艰危外部环境，竟将许多为难之事化为无事的有效理念。

2. 行长出差，临行托付于"赳赳者"

在中总行与渝分行之间的垂直管理体制下，在川军连绵混战且交通极为不便的时期，对于总缩渝行之周宜甫经理来说，每年到总行开会或出差在所难免。如，1921年2月底，周宜甫与杨兆熊同行赴北京参加行务会议。会议毕，与杨君同由津浦路至上海。5月回渝，一手管理行务。1922年春间，四川清乡督办刘湘任命周询为财政厅长，周询力却数次，奉檄适将赴北京参与行务会议。1924年正月初三日，因中行两总裁电约进京面商行务，遂由汉口乘快车赴京，初七夜起行回汉口，初九到汉口，次日起程回川，正月二十三日至渝。1925年10月，督军刘湘、省长赖心辉委任梁叔子及周询为代表，入京谒段祺瑞，接洽统提盐税事。周询由京汉路入京，至郑州遇兵乱颇危。12月下旬，出京至天津。1926年正月初八，周询自天津乘天潮丸至大连，住三日改乘神户丸至沪，数日后起行回川，2月初至渝。1928年10月，周询赴上海参加行务会议，因中行自是年11月起改组为国际汇兑银行，于11月回渝，往返只四十余日。总之，在周宜甫出差期间，尽管中行有严格的出差授权与报备制度，但作为"一把手"将统负最终责任。周宜甫深谙当时川省政坛内幕，熟知四川财政，于乱世之中苦心经营，积极与各方势力周旋，又与刘湘及川省各军将领多有交谊。因此，周行长每每出差临行之前，都要托付行务安危于行内同事与"赳赳者"（军界朋友），使渝行及所属行处库款免遭大的损失，使行务亦得以保存与发展。如《渝行掌故：周宜老缩渝行时之略述》所记述：

当民十至民十八之间，川省内乱频仍，无年不战，渝行地当必争之所，往往一年之间，迭历乘除，各军饷将缺乏，派垫尤多，工商凋敝，业务亦无法推展。周公以与各军将领均有旧交，其德望又为各军所重，是以任何军方人据重庆，均能相处，且争延充顾问，使行务得维持于惊涛骇浪之中，良非易易。每年周公于赴京参加行务会义之前，必宴集当地军职诸人，婉告之曰："我因赴京，行务交同人会同代理，若遇大事，彼等万难负责解决，甚盼诸公念平日之交谊，对敝行惠予护持，若有使命，愿于此时提出，我可尽力奉办，幸勿于我行后使同人为难也！"赴赴者，均感周公之诚与谦，众应曰："公行后，我等尽力保护贵行，誓守诺言，公勿虑也！"周公行后，果丝毫不来扰，各行即有派垫，独于中行不同，各军之能重信义，亦可□也。总行以无西顾之忧，倚周公愈重，公以倦勤，曾数请退，均不得允。①

家父宜甫公时绾渝行已逾十年，与外界相处极洽。时戍渝者，为二十一军军长刘湘，对周公尤敬重。盖公周于民国三年任巴县知事时，刘湘以团长驻军县内，协剿股匪，给予臂助。有此夙谊，相得益深，使本行行务尤赖其维护。②

由此可见，周宜甫每每出差前将行务安危托付于军方人士的史实如下。

第一，每年周宜甫于赴京参加行务会议之前，必宴集当地军职诸人以托付行务安全事项。周宜甫走后，军方果然丝毫不来扰，军方对各银行摊派军饷，独于中行被摊派金额较少或未被摊派。这就是说，渝行对于军政派垫情形已与前迥异，派垫已是有借有还，本息无亏，且每笔皆有贴抵之品，并与金融界同业平均担负。偶有衍期一二月者，结果也能本息归还。

第二，周宜甫于乱世之中苦心经营，积极与各方势力周旋，收到了"是以任何军方人据重庆，均能相处，且争延充顾问，使行务得维持于惊涛骇浪之中"之较好效果。尤其是周宜甫1914年任巴县知事时，刘湘以团长身份驻军县内，周宜甫在协剿股匪中给予臂助，有此交谊，使渝行行务尤赖刘湘维护。1926年联杨驱袁之役后，刘湘驻守重庆，统治川东，重庆商业和进出口贸易渐趋活跃，省内各地的资金向重庆汇集，周刘这层关系对渝行生存与发展是有利的，1925—1928年渝行连续四年盈利与此不无关系。1927年12月，刘湘还致电汉口中国银行，请保留自流井中国银行，以继续代收盐税。

第三，总行以无西顾之忧，倚周公愈重，公以倦勤，曾数请退，均不得允。中

---

① 孙嗣璋. 渝行掌故：周宜老绾渝行时之略述.《渝行通讯》第十六期，1949 年 4 月、5 月合刊.
② 周仲眉《回忆录》则补充记述了周宜甫与刘湘相处融洽，使本行之行务尤赖其维护的情形。

行高管人员后来赞许周宜甫说："渝行经理周宜甫先生为川省名宿，在金融界资格最老，经验最富，对外与军政各界周旋应付，有左右逢源之妙，煞费苦心。"而周宜甫"曾数请退，均不得允"，其档案史料"中国银行总处关于未准辞去重庆分行经理职务致周宜甫的函（1930 年 10 月 25 日）"就是例证之一。

　　3. 诗词唱和，以儒会儒感动对方

　　周仲眉《回忆录》还记述了 1932 年周宜甫积极与各方势力周旋，以诗词唱和方式，以儒会儒地感动川军将领王缵绪师长①的轶事，并附上当年王师长《克内江有感诗》及周宜甫、王豫章、赵循伯、周仲眉共同唱和之诗。即 1932 年 8 月二刘大战中，王缵绪师长为北路军总指挥，曾率兵攻克潼南、内江，因有王师长寄给周宜甫的《克内江有感诗》之轶事：

　　二十一年秋间，二十四军刘文辉及二十一军刘湘之战起，二十一军大胜，师长王某攻克内江。王能诗文，以儒将称，与宜甫公常有唱和。王寄其《克内江有感诗》来和，宜甫公除步和三首外，又命王豫章、赵循伯及余②各步和王之诗，并寄还之。王谢函，深以本行有如许诗人为诧。

　　王缵绪原作：

克内江有感诗

再到珠江马亦狂，道旁争看旧王郎。

可怜遍地皆锋镝③，未许诸君唤铁枪。　　　·

人望使君如望岁，我还斯土胜还乡。

据鞍不尽沧桑感，遥□重龙一断肠。

　　周宜甫公和王师长诗三首：

沱江风卷阵云狂，竞说前□有小郎。

□比撼山军似砥，易如破竹敌犹枪。

一编盐铁推刘晏④，万古云霄□武乡。

---

　　① 王缵绪（1885—1960），字治易，四川西充人，四川陆军速成学堂炮科毕业，川军易帜改编时，任国民革命军二十一军第五师师长，后改任第二师师长兼四川盐运使，驻守重庆。

　　② 王豫章，时为成都支行办事员，为渝行襄理张禹九所识拔，调渝行服务参机要，后升任渝行之襄理；赵循伯，时为渝行调研组办事员；余，指周宜甫之子周仲眉，时为渝行练习生。

　　③ 镝，箭头。

　　④ 一编盐铁推刘晏，指王君任监运使。

悲怜满腔闲觅句，仙才兼抱佛心肠。

壶浆迓①到喜声狂，阵地翻来竹马郎。
农器早应销剑戟，将材今竟扫机枪。
漫悲战斗占龙野，定使烦苛除虎乡。
读罢将军诗百遍，阳春再和索枯肠。

鹤唳风声匝地狂，军中裘□有仙郎。
柳摇令肃传三箭，茶佐诗清试七枪。
借著胸罗星宿□，运筹心瘁水云乡。
据鞍重洒苍生泪，儒将原来有别肠。

王豫章和王师长诗一首：

旌旗夹道鼓声狂，闻道将军下夜郎。
沱水波恬②沉折戟，蜀天日丽扫机枪。
他年逐鹿悲陈迹，此日重龙当故乡。
见说西征犹有待，锦城烽火几过肠。

赵循伯和王师长诗二首：

一曲兰陵战士狂，阵前人赞乌衣郎。
虎龙声响排山岳，鹅□军容□甲枪。
落日旌旗明野渡，蔗城烽火警江乡。
师行理直知谁□，白刃争先刺敌肠。

江龙吹浪怒涛狂，十万横驱磨盾郎。
狐鬼涛灯惊夜柝③，斗牛射影息机枪。
芙□劫火屏王垒，杨柳陌头少归乡。
闻得元戎亲受捷，军前含笑抚鱼肠。

---

① 迓，迎接。
② 恬，安静。
③ 柝，巡夜打更用的梆子。

周仲眉和王师长诗一首：

> 风卷云奔草木狂，凯旋箫鼓美孙郎。
>
> 迎来叶令变飞鸟，陌煞哥舒半段枪。
>
> 愿洗甲兵倾碧汉，遥知雨露满江乡。
>
> 将军更有诗无敌，不负平生锦续肠。

由此可见，周宜甫在接到王缵绪师长《克内江有感诗》后，除自己单独以王师长诗的"狂、郎、枪、乡、肠"韵律，步和三首诗以外，还让当时中行成都支行办事员王豫章、渝行办事员赵循伯、周仲眉均按同样韵律，各自步和王师长之诗数首。之所以周宜甫如此重视此事，并以诸人共同步和王之诗，大致因为：第一，周宜甫与刘湘属老相识，而王缵绪是刘湘属下主力师长，这就是周宜甫与王缵绪关系之渊源。第二，从业务关系上讲，中行代理省金库主要任务就是代收盐税，王缵绪从1929年起兼四川盐运使并驻守重庆，这是周重视与王关系之关键所在。第三，"王能诗文，以儒将称，与公常有唱和"，指周宜甫采用以诗会友的方式，深化与王缵绪的关系。第四，周公将自己及三位同事各自步和的七首诗，一同寄还王师长，王师长致谢函给称："深以本行有如许诗人为诧。"

（二）把机会化余欠以重构信用

如前所述，四川军兴后，川省军政当局欠四川中行之款，有从前定约借用者（省财政厅借渝行400万），有强权勒提者（约500万~600万），共近1000万元之巨。1918年6月，熊克武督军在成都中行经理周宜甫建议下，经省议员及军政绅商各界筹议，从次年1月起推行整顿纸币改革举措，成渝两地中行抓住熊克武之改革机遇，积极清券收欠。1920年10月，周宜甫出任四川分行行长后，继而抓好这项工作，到1921年末，川中行兑换券市面流通额仅为69万，四川军政府拖欠川中行款项也从将近1000万减少到400余万。紧接着，周宜甫又乘势进行高层交涉，进一步化解所余官欠。

1. 乘势交涉，化解本行所余官欠

四川中行在回收川券500万与收回官欠500万元基础上，周宜甫约于1922年又经与中国银行总行和北京政府财政部的高层交涉，最后将川省政府所余400多万所欠川中行之款项，转作财政部欠川中行200余万元，至此川省政府所余官欠川中行借款数，仅有200余万元。唯四川中行得以由死入生，全赖此举，盖对社会债务，既一律了清，而官欠又由900余万，减至200万，于是社会对中行观念，乃为之一转，业务始得萌芽进行。

2．沪行透支，幸使川券信用渐固

据对系列相关记述的综合编研，1920—1927 年间，川中行继续消除停兑令影响，整理川券，重塑川中行兑换券之民众信用过程如下：唯渝行自 1920 年起至 1929 年止，此十年中既以完全现金营业，又因川局不靖，总行及联行均无通融余地，使川中行存款无来源，陷于毫无办法地位。自 1926 年起，刘湘督办坐镇重庆以后，川省虽仍有战事，重庆城内却未遭过政变兵变，所困难者，只有金融问题。1927 年 4 月，汉口中国银行遇唐生智之变，存券及现金被强提一空，汉口分行因而搁浅。渝行存汉行款，无从拨用，而托上海中行交款原恃拨汉行款抵，汉行既难拨，沪行即不交。同时，成都支行又以金融紧张，函电索济数十万。周宜甫经理于拮据之中，既筹办抵沪行交款，又筹接济成都支行急，直至同年上海中行始允透支 30 万元，所幸两两兼顾，信用无亏，竟得转危为安。由于信用渐阔，存款逐年增加，渝行力量逐渐活泼。

3．重发川券，致使渝行实力又增

1928 年，川省局势渐定，渝市商业逐渐繁荣，当时市面使用现洋，人民颇感不便，众请中行再度发行钞券。周宜甫趁赴上海会议期间（中行总行已迁至上海），将重新树立川中行信誉并应各界多请再发兑换券的现实情况，陈明中行总管理处。未几奉总处示，渝行改为直辖于总行之支行。

1929 年，中行各分支行行长奉总处示一律改称经理。川省中行兑券自民国五年停兑后，信用扫地。虽经公于民国七、八年间商请熊督军由政府收回还债。然银行虽按券面收账，政府则按五折收回，人民终吃亏半数。以言重发，实非易之。周宜甫公到渝后抱养晦待时之旨，极力为行树立信誉，各界多请再发券者。周宜甫见事机已熟，于去岁赴沪会议陈明总处，是年又到重庆商会以"本行于民五停兑之钞，全已收回，并无拖欠，今再发行，当无微言"为问，众感承认，各界无一异词。乃于是岁重又发行四川中行兑换券 70 万，此次发行钞券虽为数无多，但极得民间信仰，深入农村，毫无阻滞，川券至此始得复活，利赖从兹无穷矣！对此，周宜甫认为"今日之善果，即为昔时所机之善因"。后来到 1935 年，四川实行法币政策时，川中行所发行的印有发行地名的兑换券，经南京国民政府财政部核准，一体作为法币行使。

（三）择机收购民房以建设行屋

现据周仲眉《回忆录》、孙嗣璋《渝行掌故：周宜老绾渝行时之略述》及叶新华《中国银行重庆旧址大楼的"前世今生"》等史料记述，仅将周宜甫在军阀混战时期，为中行建设新行屋的史实经过还原如下。

第一，1915 年 1 月 18 日，中国银行四川分行在重庆市区曹家巷 27 号成立后，到中行实行区域行制之时，行址一直未变。"时渝行行屋，大门临曹家巷，四面均为民房包围，曹家巷自陕西街口上坡三十余级，至行门为最高处，过此又下坡。街面约宽丈余。行屋大而旧，院落甚多。"其中一旧院楼房，久无人住，阴森逼人，夜间传有鬼物。最后面的一间房屋尤为阴湿，传有大蟒藏于穴内，酷暑之夜常出现，会有行里同人见之时，骇而裸奔。还有，柜台中有一枯井，上覆以木板，坐其上着，不知其下临无地。

第二，1922 年 7 月，中行总处将重庆分行改为支行，隶属中行第三区域行汉口分行管辖，重庆支行周宜甫兼汉口分行副经理。其时，汉口分行洪苓西经理见重庆支行屋旧陋，促周宜甫改进，曾同意拨款 30 万元改建，周宜甫经理则以"茅茨土阶①不伤尧之为②大，若必环楼玉宇，反逼神恶，尽以尚非其时"而婉谢之。

第三，面对本行行屋三面被十余家民房包围的现实，周宜甫认为："以后市政改良，行屋必改建，应求四面无遮挡，方显堂构，遂着手择遇机会，逐户逐屋商谈收购，费数年力终成，始得日后本行行屋之行基。"他常谓："事业久远之谋，不必为及身享受着想而始着手也。"可见，周宜甫在战火纷飞年代，就为后任经理建筑"四面无遮，方显堂构"的新大楼，储备了宽阔地皮。

第四，在储备了宽阔地皮基础上，重庆中行遂于 1932 年春动议在曹家巷原行址之上新建行屋，并将行址由曹家巷迁至小樑子街汤府对门的住宅暂居。此处原为住宅，柱多如林，极碍观瞻，地处低洼狭窄之地，且又喧闹，本不适用于银行所用，因属暂居，于是便因陋就简，改天井为室，隔厂厅为屋，屈就居之。当时，人们以为新厦第二年即可建成，岂知在小樑子处一住就是七年，1939 年却因日机大轰炸重庆，小樑子之暂居行屋始毁于火。

第五，到 1936 年徐维明主政重庆中行时，完成了拟建行屋的设计；1941 年新行屋建成竣工，重庆中行自小樑子搬回新屋办公。总管理处来渝后，办公用房紧张，重庆中行 1942 年间先后在新行屋的后院加建房屋 4 间供总管理处同人使用，在屋顶加建房屋供总管理处国外部和信托部办公用。上述大楼最终建成后，是重庆陪都时期为数不多的高层建筑之一。大楼坐东朝西，为钢筋混凝土结构，高 5 层，建筑面积约 18000 平方米，占地面积约 4930 平方米。建筑整体风格类似于旁边的川盐银行，屋檐下用中国古典建筑的斗拱构件来装饰，中西结合，别具一格，具有很高的

---

① 茅茨土阶，用茅草盖屋顶，以泥土砌台阶。形容住屋简陋，也泛指生活俭朴。
② 尧之为，出自《论语》："大哉，尧之为君也！"

建筑艺术价值。新中国成立后中国人民银行成立西南区行，行址设在重庆中国银行旧址。不难看出周宜甫的发展眼光之长远。

（四）推心相结再促行务发展

1930年周宜甫年满六旬，仍充重庆中国银行经理。年初奉总处示，渝行仍升为分行，始增设襄理一人。1931年秋，中国银行总处派经济研究室调查课副课长张禹九①入川考查，商定营业方针，不久即充任渝行襄理。1931—1933年间，渝行行务益加繁巨，周宜甫与张禹九两公襟抱相同，推心相结，协力从公，再促行务发展。

1. 协力从公，使行务又蒸蒸日上

渝行于民十八年恢复为分行，业务更繁。时中央亦重视西南，总行遂于二十年秋，派调查课副课长张禹九先生来渝考查，旋任为渝行襄理。禹公为中行前总经理张公权先生之介弟，勇往有为，莅渝之先，人有为公不安者，以为两公年龄之差，新旧之异，殊难协调。公怡然不蒂于怀。迨禹公至，仍倾盖如故②，推心相结，适与人所度者相反。盖两公皆遂人智士，襟抱相同，岂如庸俗所虑？公谓禹公："渝行难于对外，行务重于治内，今以内事全委君，愿君之才，勿少顾虑，余则力屏外难以护行。分工合作，愿同勉之。"禹公以公见信之深，对于人事业务，励精图治，两年之间，进步甚速。③

民二十一年，渝市逐渐繁荣，本行业务亦日临发展，公为分工合作计，以内务全畀禹公主持，己则负责业务之指导及对外之应付。两公推心相结，协力从公，同人只数十人，均相为识，和睦如家人。行务又蒸蒸日上，均激励奋发，虽自晨至暮无少暇，然精神之愉快，终能克服身体之疲乏。④

1931年中行总管理处充实了四川中行领导力量，新老领导之间的磨合过程，及其工作效果之史实经过如下。

第一，襟怀相同，倾盖如故。1931年秋，中行总管理处派总处经理张公权之弟张禹九来渝行任襄理以为臂助，张系留美经济学博士，受西方文化影响较深，被当时渝行同人称为"洋派"。张公莅渝之前，曾有人担心，周张二公年龄之差，新旧有异，殊难协调。然周公怡然不蒂于怀。迨张禹九至，周公以"拙诚"待之，适与人

---

① 张禹九，原名张嘉铸，号禹九，系张嘉璈之胞弟，毕业于美国哈佛大学。
② 倾盖如故，指偶然结识的新朋友却像友谊深厚的旧交一样。
③ 孙嗣璋. 渝行掌故：周宜老绾渝行时之略述. 《渝行通讯》第十六期.
④ 周仲眉. 回忆录（二）. 《渝行通讯》第十六期.

所度者相反，两公襟怀相同，倾盖如故，未生任何疑窦，通过励精图治，使行务发展更速。

第二，分工合作，愿同勉之。即周公谓禹公："渝行难于对外，行务重于治内，今以内事全委君，愿君之才，勿少顾虑，余则力屏外难以护行。分工合作，愿同勉之。"即周公"为分工合作计，以内务全畀禹公主持，已则负责业务之指导及对外之应付"。

第三，两公协力从公之效果。一是，禹公以公见信之深，对于人事业务，励精图治，两年之间，进步甚速。二是，两公推心相结，协力从公，同人只数十人，均相为识，和睦如家人。行务又蒸蒸日上，均激励奋发，虽自晨至暮无少暇，然精神之愉快，终能克服身体之疲乏。

2. 顺应川局，再拓展机构促发展

据《周宜甫先生主持四川中国银行廿年来之经过》记述："二十一年，张禹九先生来充襄理，彼此志同道合，又见二十一军防区推广，川局可望统一，乃谋增设内江、叙府、隆昌、万县、嘉定、涪陵等处，营业亦积极进行，渝行规模愈见扩大，业务且较开幕时为繁荣。"可见，在"二十一军防区推广，川局可望统一"的外部有利形势下，周宜甫与张禹九协力从公，四川中行在 1931—1933 年间，开启了川境分支机构第二轮拓展工作。

（1）1932 年渝行增设之新机关六处

定处（乐山办事处）：1932 年 2 月成立。"嘉定地居川南，城临江岸，为府河、雅河汇合交叉之处。乃四川丝绸主要出产地，年产值二百万元。又产白腊，年产值五六十万元。距自流井三百余里，距五通桥四十里，商业繁盛，民风敦朴。向来五通桥收税处所收盐税，每月须派员赴嘉定两次，购买渝票，方可将款兑渝。本行为推广便利起见，故于本年二月在嘉定设立办事处，以便运用桥处经收之盐税，并将桥处（五通桥）改归定处管辖。"

少处（成都少城办事处）：1932 年 2 月 20 日成立。"成都少城地方，居大城之西。近年住户及商号，较前十年约三四倍之多，自开通惠以后，已成往来要津。现祠堂街公园左近，又新开商业场一所，市面日见兴盛。本行特于商业场内租屋一所，设立办事处，已于本年二月二十日开幕。"

上处（重庆上关岳庙街办事处）：1932 年 3 月 21 日成立。"重庆城内都邮街之上关岳庙街口，马路四达，交通极便，为上半城繁华之中心。惟距离渝行较远，顾客往返费时，在该处添设办事处，可迎合主顾省路之心理，招揽上半城存汇押各款，最为便利，已于本年三月廿一日正式开幕。"

坊处（重庆四牌坊办事处）：1932年5月29日开业。"迩来渝行业务，拟向押款方面进展，必须与外帮接近。重庆四牌坊地方，居下半城马路要街，为山货、药材两帮荟萃之区，揽做押款及押汇，与外帮直接往来，较为便利，故在该处添设办事处。"

内庄（内江寄庄）：1932年7月1日设立。"内江县上至成都480里，下距重庆540里，居成渝之中心。交通向来闭塞，近闻成渝马路约三月内汽车可通，上下均一日可达。该处生产，以糖、酒为大宗，进口以煤、油、棉纱为巨数。全年汇兑生意，约在500万两以上，实为买卖成渝票之中枢。将来潼川丝市，有趋向内江之势，拟在该处设立寄庄，试办一期，如有成效，再谋扩充。"

叙府寄庄：1932年秋间设立。"叙府居川滇咽喉之地，为成渝间水路往来之中心，商务素称繁盛。渝行为谋成渝汇兑呼应灵活起见，1932年秋间曾经陈请在该处设立寄庄，适值川中战云紧急，总处恐添设据关，不免多增困累，曾函嘱暂从缓办；而事实上渝行已先派员前往筹备，并已开始营业，对于成定内各处调转渝沪各款，得益不少。"

(2) 1933年渝属分支机关增设与裁撤情况

叙府办事处：由寄庄改组为办事处。"因当时二十一军已定叙府，地方秩序平复，川东南一带战事，皆告结束，业务有发展之望，由渝行陈准总处，自1933年1月1日起，将叙庄改组为办事处，并照支行记账，以期手续敏捷。"

内江办事处：1933年1月1日起，内江寄庄改为内江办事处，并照支行记账，均仍归渝行直辖。

少城办事处：1933年1月裁撤。"为使便利一般存款及兑现取款人起见，曾于上年2月10日在少城祠堂街中段设立办事处，成绩尚佳。惟经此次战事（同年10月刘田省门之战）以后，市民不免损失，存款遴形减少，经渝行严格考虑，认为应行结束，已陈准总处，于1933年1月被裁撤。"

涪陵办事处：1933年3月6日开幕。"涪陵为下东重镇，商务发达，交通便利，重庆中国银行，为发展营业适应地方需求起见，特览定延寿堂地址。设立办事处一所，已于3月6日正式开幕。"

隆昌办事分处：1933年4月开幕。"中国银行为扩展营业计，拟在川内各冲要地方，分设办事处，以流通全川金融。至隆昌办事处，实已开幕（另：1933年7月1日设立隆昌寄庄，1934年7月1日改隆昌办事分处）。"

1933年渝行还添设三处代理店及添设万寿宫堆栈："渝行近据万处陈请，为推广业务起见，特于云阳、梁山、绥定三处添设代理店，并委托聚义长钱庄为云阳代理店，恒顺昌绸缎号为梁山代理店，凤霞银楼为绥定代理店。代理收解零星汇款，及推行钞票事宜。开业经陈准总处设立，所有代理规约，亦经总处改正核定。渝行近以各联行托收押汇及本身押款货物日多，于1932年12月，特又添租万寿宫青龙阁一处，作为堆栈。每年租金八百元，自开办以来，业务甚称发达。"

（3）恢复四川中行首批设立之"老店"

万县办事处复业：1932年5月24日开幕。"万处前于1929年间裁撤，现万县军财两政归二十一军统辖，地方情形安靖，商务繁兴，汇兑业务可做者甚多，兹决定将该处复业，仍略名万处。"

恢复原泸县机构：1917年川滇黔之战相继发生，泸县汇兑所于是年下期被裁撤。"中国银行为扩展营业计，拟在川内各冲要地方，分设办事处，以流通全川金融。盖泸县为川南重镇，地当沱江与长江之交，商业极繁，尤有设法扶助之必要，于1933年6月复设泸县寄庄，1934年1月1日改组为办事处。"

改设自流井寄庄：1933年，因业务减少，改设自流井寄庄（受内江办事处管辖，主管员保少卿，1935年改办事分处）。

潼川办事处改归成都支行管辖：潼川办事处原属渝行直管，1933年潼处改归成都支行管辖。"潼川为川北丝业荟萃之地，川北盐务稽核分所，亦设于此，故又为盐务集中之区。本行在潼川设有办事处，兼收盐税，年来丝业，渐趋衰落，川北各场盐税，又多为军队就地截用，情形即有变更，而渝潼相距为远，鞭长莫及，举凡一切措施，兴夫业务上管辖指挥，均多隔间，且该处与成支行相互间之生意，亦因限于系统，辄多窒矿，查潼川距成都，本较渝为近，关系亦较密切，自成潼马路筑成，交通尤便，一日即达。为谋整顿业务，及便利指挥起见，实有变更系统之必要，业经渝行陈准总处，将潼处改归成支行管辖。"[①]

3. 二刘大战，幸无特殊单独损失

1932年10至12月，第一次"二刘大战"附刘田省门之战相继爆发，这是四川军阀混战时期最大规模的争川之战。由于周宜甫与张禹九两公襟抱相同，推心相结，协力从公，终使行务得以保存，并受到总处称赞。《中国银行民国廿一年度营业报告》称："民国廿一年，遭民国以来未曾见之国难，无异积弱之身，忽染时疫，百病齐发。政治则举国惶惶，几无一日之安定；社会则农村衰落，几至全国人民，沦为失业；经济则旧式商业组织奄奄待毙，几次第崩溃；金融则资金集中都市，内地血脉，完全停滞。……本行有见于此，故决定仍采取有进无退之方针，对于金融界巩

---

① 以上内容可参见《中行生活》《中行月刊》《四川月刊》。

固及改进金融组织之合作运动，固已尽力援助，以促其成。证诸已往一年间之成绩，私幸所取方针，尚无错误，以有廿年历史之金融机关，能于国难最严重之时期中，对于国家社会，稍尽厥职，吾股东与吾同人当亦同声庆幸者也。渝行及成都支行，立于敌对双方势力范围之内，逼借勒索，在所不免，当地同人，苦心应付，非有抵押，非各行共同分担，不允借垫，幸无特殊单独损失，此堪为股东告者二。"此即1932年川中行及成都支行苦心经营结果，已成为当年中国银行总经理张嘉璈告慰中行股东的第二件大事。

4. 介绍国货，首开省级介绍所

"九一八"事变后，举国人士憬然有悟，抵制日货，提倡国货运动，风起云涌。1932年1月下旬，张嘉璈与黄郛等好友提议组织"新中国建设学会"，中国银行则尽先推行"辅助铁路建设，救济农村经济，协助国货推销"的计划。就协助国货推销计划而言，当时的丝绸、面粉、棉纱、化工、卷烟、造纸、橡胶、火柴、肥皂、电器、味精、食品等各项华资工业，统称为国货工业。此类民族资本工业，尚在萌芽时期，建业未久，基础薄弱，资本短缺，设备不全，技术落后，缺乏竞争能力，而洋货充斥市场，处境十分困难。中国银行由此发起了协助国货推销活动，该活动始于1932年3月建立的"国货厂家星五聚餐会"，又于1932年9月改组成立中华国货产销合作协会，再于1933年3月创设中华国货介绍所，公布提倡国货之十二信条："提倡国货能促进国内工业之发展；提倡国货能挽救农村破产之危机；提倡国货是防止利权外溢之无上利器；提倡国货乃保护幼稚工业之不二法门；提倡国货能发扬节俭朴实之民族美德；提倡国货能战胜国际侵略之经济压迫；提倡国货是努力物质建设之唯一途径；提倡国货是鼓励产销合作最切实的方法；提倡国货能打破国货滞销的一切障碍；提倡国货是解决民生问题的基本工作；提倡国货为经济复兴的原动力；提倡国货为全国精神团结之大集合。"同时，中行总处还指示各地中行组织成立国货介绍分所。在此背景下，1932年10月1日，重庆中行在全国中行系统率先成立了首家省级国货介绍所——重庆国货介绍所，《中行生活》刊登了《重庆国货介绍所成立之缘起》一文，并加编者按向全国中行机构推荐其做法及经验。其史实经过如下。

第一，张嘉璈于1932年1月开始策划协助国货推销的计划，3月在上海发起"国货厂家星五聚餐会"，9月成立中华国货产销合作协会。与此同时，川行襄理张禹九属总行下派干部，又是张嘉璈胞弟，因其信息灵通，于同年6月到上海见证与参与了中华国货产销合作协会发起之动议；由中国银行各要人导引，参观各国货工厂40余家，当与各厂面订推销办法。张禹九因急需筹备重庆国货介绍所成立事宜，在上海逗留40余日即行返渝。因于此，四川中行于1932年10月1日，就在重庆成立了除上海中总行以外的第一个省级国货介绍所。

第二，重庆国货介绍所成立后，改变了川商原来在外埠采办国货的"厂家→捐客→庄客（保险回扣、水脚回扣、浮报杂费、庄缴）→报关行（报关费、水脚回扣、浮报杂费）→字号→分销商→消费者"等七道程序的层层盘缴与重重分利之弊病，使川商办货过程简化为"厂客（报关费、保险费、装运费）→介绍所→字号→分销商→消费者"等五道程序。

第三，重庆国货介绍所已成为国货厂家的"特约经理"，上海中华国货产销合作协会的"直接代表"，四川商帮驻省外购买国货之"公用庄客"，对于四川本地字号或批发商，纯粹尽其最大量之贡献，而并无侵占之意味或趋势。综上，重庆国货介绍所的成立"独是事属创举"。

5. 同业协作，有海洋必先有河流

中国银行向有同业合作之文化传统，其内涵是要同外国银行相抗衡，光靠中国、交通等几家银行是不够的。中国银行一贯秉持"有海洋必先有河流"和有大量商业银行作后盾，尽力扶持商业银行特别是一些新式大银行，才能与外国银行相抗衡的理念，积极协助同业共渡难关，其方针就是在促进金融业团结自救的前提下，力所能及地多承担一些责任，多发挥一点作用。在此文化传统下，渝行在外融关系，加强同业协作，以增强抵御风险能力的片史如下。

1933 年 4 月，重庆银钱业成立联合公库。"重庆银行业及钱业同人，因鉴于年来市面现金枯窘，业务堪虞，特共同发起一公库组织，定名为重庆银钱业同业公会联合公库，以期周转市场金融。最近已将组织完善。闻二十一军部，实为敏活金融起见，对于粮契税券发行事宜，亦将委托该库代为管理云。"[①]

西部第一家银行公会——重庆银行公会的创立。1931 年 9 月 25 日，重庆市银行业同业公会成立并通过章程。会员银行有中行重庆分行、聚兴诚银行、川康殖业银行、四川美丰银行、重庆平民银行、重庆市民银行、重庆川盐银行等 7 家，康心如任主席。这也是西部地区成立的第一家银行业同业公会。而且，渝中之银行公会，即为周公之首创，且被选任为第一任主席（孙嗣璋回忆）。

---

① 重庆银钱业成立联合公库，四川月刊（10），第二卷第四期，1933 年 4 月。

四、内强治理，得使川中行进步甚速

1920—1933 年的军阀混战时期，四川中行在内强治理，巩固行基[1]，得使川中行进步甚速方面的史实，大致有以下几个方面的内容。

（一）请缩规模以共渡难关

1920 年 10 月，周宜甫上任川行行长之后，内强治理与巩固行基的重要措施之一即请缩规模，体公忘私，以渡难关。

时也行务拮据，公为谋省开支，裁减职员，曾由数十人减至十五六人，营业文书两主任职均兼，昕夕劳碌，不闻怨愠[2]。民十五年，又自请将渝行降为支行，以缩规模，体公忘私。渝行当时限于环境，业务踢躇[3]，历年损多益少，人员考绩，久未加薪，公曾以去就争于总行，谓劳逸不应全以损益为准，渝行处境不同，仍应例进，得报允。同人以此德公，无敢逸豫。每月终，公必有亲笔函报告总座，详述全省当时之政局经济及行务情形，数年不怠。总行誉为难能之举。[4]

民国九年，询奉调来渝之时，渝行同人，却富此等怪状。……又值总行饬令厉行裁员机会，于是调者调，去者去，其平日附和寻仇者，亦一律裁去。所留者，仅不偏不倚、勤朴办事之二十三人，虽才具不必尽优，然内容却臻团结。[5]

到渝之初，以为理财之道不外开源节流，开源须待逐步收效，节流即可立刻办理。彼时渝行同人，约六十位，事务清简，实觉人浮于事，遂蕙然呈请总行，裁遣三十余人，仅留二十二人。辖内各处情形相同，亦大加裁减，综计询到渝时，渝暨所辖各处行员共有百二十余人，裁减以后，共仅余五十余人，每年全体经费，由十四万元减至六万余元。[6]

综上三文可见，1921 年周宜甫行长上任后，针对行务拮据现状，首先从裁减职员、请缩规模、为员工争取报酬入手，以内强治理，巩固行基。

---

[1] 所谓"行基"，是民国时期中行对本行业务经营和组织管理的重要事项和基础事项的概括性简称。"巩固行基"一语，最先源于 1917 年 8 月张嘉璈赴京履新任总行副总裁时，向时任财政总长梁启超提出的整理中国银行三点办法。此后，张嘉璈又多次强调"巩固行基"，逐渐形成中行的管理文化传统。1946 年 6 月 14 日，中行董事长孔祥熙将"巩固行基，建全组织"纳入中行行务大会闭会训词。

[2] 愠，含怒，怨恨。

[3] 踢躇，局促，拘束。

[4] 孙嗣璋. 渝行掌故：周宜老绾渝行时之略述. 《渝行通讯》第十六期.

[5] 周宜甫. 理想中对内对外的二点. 《中行生活》第二十二期.

[6] 周宜甫先生主持四川中国银行廿年来之经过.《四川月报》第七卷第六期，1935 年 12 月.

第一，裁减职员的史实推断。"时"应为 1921—1922 年间，周宜甫呈请总行后，将渝行本部"裁遣三十余人，仅留二十二人"，这一说法要比"曾由数十人减至十五六人"的说法更为合理，因为一个省分行仅十五六人的确有勉为其难之感。同时，使渝行全辖人员由 120 余人，裁减到 50 余人，每年全体经费，由 14 万元减至 6 万余元。

第二，请缩规模的史实推断。"民十五年又自请将渝行降为支行"的说法，时间有误，应为民国十年，即周宜甫"到渝之初"的 1921 年。因为 1926 年刘湘已独霸重庆及川东，自兹以后地方局势始趋平靖，商业与金融业逐渐恢复正常，所以这时渝行请缩规模，于理于情肯定有误。

第三，体公忘私的史实归纳。裁减职员后，周宜甫又兼渝行营业、文书两股主任职，昕夕劳碌，不闻怨恫。每月终，必有亲笔函报总座，详述本省当时之政局经济及行务情形，数年不息，被总行誉为难能之举。

第四，周宜甫与总行沟通本行行员考绩标准的史实。针对渝行在军阀混战环境下，"业务踬踖，历年损多益少，人员考绩久未加薪"之状况，周宜甫"曾以去就争于总行，谓劳逸不应全以损益为准，渝行处境不同，仍应例进，得报允"。即周宜甫请求总行将渝行在军阀混战中的绩效考核列为"进取型"，以为员工争取报酬，得到总行同意。自此"同人以此德公，无敢逸豫"。

（二）整肃人党以互相砥砺

1920 年 10 月，四川中行周宜甫行长上任后，内强治理与巩固行基的重要措施之二就是：整肃人党，构建"一堂之内，相视莫逆"的协作文化氛围。周宜甫曾回顾过 1920 年他刚到任渝行时，针对一盘散沙的国情与行情，整肃"人党"[①] 的史实。

第一，政党与"人党"区别。"党之一字，风行各国，然其所谓党者，乃政党，非人党也。政党之对方在政，人党之对方在人，故各国中不能无政党，而各机关中不可有人党。"

第二，"人党"产生原因。"人之党从何而生，大都不外同事中，或偶因言语之冲突，或一时容色之不当，或遇事理之争执，其初发端甚微，只因彼此无和厚之大度，以消释于无形，遂由此积隙成仇，遇事龃龉。"

第三，"人党"现象事例。"甲遂尽引附于甲者，团结成体，以谋倾乙。乙亦尽引附于乙者，以谋倾甲。此外又有天然之结合，亦应本公德大度，以打破之。如同一练习生也，某与某系同届考入；同一毕业生也，某与某系同乡；或某与某同为总

---

① 人党，即行中的小圈子现象。

行派来；某与某同为本行升充，皆易启分立门户，互相排斥之根蘖，驯至只图遂其私仇，不复计及公事。举凡总处苦心厘订之规章，殷勤告诫之训言，皆适成为两派借以互相攻击之工具。此际纵有经验才识，能裨益于行者，尚复有几？"

第四，整肃行内"人党"现象。"民国九年，询奉调来渝之时，渝行同人，却富此等怪状。甲股主任，与乙股主任，绝对不交一言，遇有彼此应行关照之事，皆以经理为枢纽。费尽若干气力，又值总行饬令厉行裁员机会，于是调者调，去者去，其平日附和寻仇者，亦一律裁去。所留者，仅不偏不倚、勤朴办事之二十三人，虽才具不必尽优，然内容却臻团结。"

第五，培育互相砥砺之文化。"痛定思痛，且感觉得无论何种机关，其内部非先将此弊祛除，决不能望进行，故此际不觉慨乎言之。盖朋友不必论亲疏，只问人之贤否；论事不必存我见，只问理之是非。练习生一言之善，虽经理、副经理、襄理亦应改容从之；练习生一行之善，虽经副襄理亦应俯首师之。一堂之内，相视莫逆，再以才识经验，互相砥砺，庶几人皆有用，事尽获益。大家一副绝好的心思才力，不致误用于私怨上矣。"

由此可见，周宜甫行长上任后，针对行内"甲遂尽引附于甲者，团结成体，以谋倾乙；乙亦尽引附于乙者，以谋倾甲"，以及"甲股主任，与乙股主任，绝对不交一言，遇有彼此应行关照之事，皆以经理为枢纽"，"举凡总处苦心厘订之规章，殷勤告诫之训言，皆适成为两派借以互相攻击之工具"之人党怪象，采取"调者调，去者去，其平日附和寻仇者，亦一律裁去"的内强治理措施，使全行"所留者，仅不偏不倚、勤朴办事之二十三人，虽才具不必尽优，然内容却臻团结"。在此基础上，周宜甫提倡"盖朋友不必论亲疏，只问人之贤否；论事不必存我见，只问理之是非。练习生一言之善，虽经理、副经理、襄理亦应改容从之……俯首师之"的行内人际关系准则，从而培育出四川中行"一堂之内，相视莫逆；才识经验，互相砥砺；人皆有用，事尽获益"的合作文化氛围。

（三）革新考成与整饬风纪

1930 年 4 月，中国银行总经理张嘉璈提出"情理力三者并进育人，衣食住行四者保障以使行员克勤克俭"的行员训练新理念，1931 年 1 月又推出行员职务训练与精神修养之重大改革措施。在此背景下，四川中行内强治理与巩固行基的第三方面措施就是：育人励人，革新考成，整饬风纪。

1. 革新考成，树育人励人新导向

对于银行的人事管理与行员教育，周宜甫主张银行人事管理为行务之基础，即是说：第一，缺乏好的行员，不足以言办银行；办银行而不得好的声誉，不足以言

做生意，更无所论服务与扶助。故经营银行首须有富有德性和精神及社会观念之行员，方能第二步从事于信用和名誉之建设。信誉建立之后，业务不难进展，生意自易发达。而服务社会和扶助工商，亦均包含于其中矣。第二，然此种行务之基础，必须由各行之主管人员，负责进行，方能树立。各行经理与所属人员，于日常共事之际，或于年终考成之时，对于公理私情，应严格分明，而各个平素之计划言行，更应认真审察其实现与否，而作彻底之平衡也。基于上述理念，周宜甫将"有富有德性和精神及社会观念之行员"的标准，具体分解为公的方面和私的方面考成标准，并于1933年渝行行员年终考绩之实践，取得较好效果。其经验亦被总处《中行生活》刊物转发全行借鉴参考，其操作办法及实践效果如下。

第一，对员生公的方面考成标准有五点。

勤劳：于公事繁多之时，不积压至于翌晨，并能从容地做些分外之工作。

用心：对于日常工作，肯思索而怀疑，因而产生问题，提出研究。

合作：无论本身事务之繁忙或清闲之时，调遣职务，极能帮忙。

才具：所做工作表现的本领，比事务表面的要求，为高而深而广。

应对：举止谈吐，具有相当和蔼之态度，接对之间，不致令人生厌。

这些考成标准，颇有难能可贵之处，如对"勤劳"考核要点是"于公事繁多之时，不积压至于翌晨"，这与当今海尔公司"日事日毕"理念内涵一致。对"用心"考核要点为"对于日常工作，肯思索而怀疑，因而产生问题，提出研究"；对"才具"的考核要点为"所做工作表现的本领，比事务表面的要求，为高而深而广"，这些考核理念，堪为当代企业 HR 所借鉴。

第二，对员生私的方面考成标准有六点。

修学：公余之时，对于各种智识，肯留意研究。

健康：公余之时，对于身体，肯加以锻炼。

容像：换言之，即有礼貌之谓。

公德：如对于团体生活、公共卫生之遵守，及公用物件之爱惜等。

习惯：生活之习惯，宜于清洁健康。思想之习惯，宜期为公正高尚。

诚恳：举止言行，不特诚实，且须恳切。

这些考成标准，亦颇有难能可贵之处，如考核员工的"修学"之效果、"公德"之培育，考核思想公正高尚的"习惯"之养成，这从现代银行 HR 管理视角看，亦具有其理念的先进性与深刻性，因为员工素质提升有赖于员工公余之时修学；员工良好文化品行形成的本身就是一种行为习惯的养成，将其作为对员工的日常考核要点，无疑是培育银行良好行风及文化之重要途径。

第三，对员生公的方面考成标准即为对员工"公德"的培养，对员生私的方面考成标准即为对员工"私德"的培养。这一观点在今天看来，仍然是企业文化培育的一个重要理论问题：培育好的企业文化要从培育员工的私德做起。因为，让人人大公无私只是一种理想，大多数人不可能成为雷锋则是现实；所以公德的培育要以私德的培育为基础，而要求员工讲私德——牺牲自己眼前利益而顾及自己长远利益，这从长期来看就能换取员工讲公德的空间效果。80多年前川中行就提出公与私两方面考成标准，确实难能可贵。

第四，1933年，川中行摒弃按员工到行年限进行摊算的考核办法，而运用员生公与私两方面的考成办法，操作时"聚各主管人员于一堂，综合各方面之平衡，而加以论断"，使新员工的考核奖金有超过工龄长员工的情况，由此确立了育人励人新的绩效考核导向。同时，将此考核导向作为贯彻总行训练人才之标准，愈为严格地执行，以更思求渝属行务之有效进展。

2. 四者激励，作克勤克俭之保障

1930年4月，中行总经理张嘉璈提出"行员同人的训练，物质方面，衣食住行四者，必将有一整个计划。诸如行员住宅、公共食堂、消费社、行员子女幼稚园、公共交通工具等，如能逐项办到，则物质生活，庶几解决十之八九。同人诚能克勤克俭，自无后顾之忧"之文化主张后，四川中行在这一文化号召下，行员亦普遍得到"衣食住行四者保障"，其史实可以从1929—1933年重庆中行档案史料中看出。如，中行总管理处关于改订中国银行行员薪俸津贴办法致分支行、办事处的通函（1918年4月17日），中行总管理处关于告知年满六十五岁之退职人员养老金发放办法致各分支行办事处的通函（1918年6月22日），中行总管理处关于检送成都办事处、万县办事处、自流井办事处、五通桥办事处支给二等生计津贴人员清单致中国银行重庆支行的函（1918年12月28日），中行总管理处关于规定行员支领携眷旅游手续关印发该项申请书及收据致各分支行办事处的通函（1918年12月30日），中行重庆分行关于检送本行成都办事处、自流井办事处、五通桥办事处等加薪人员名单致中行总处的函（1919年1月15日），中行总管理处印制员生团体保寿暂行办法的函（1922年11月），等等。

3. 集思广益，丰富行员生活

为响应总行"行员同人的训练，当从理、情、力三者并进。理的方面，由教育着手，使各人的理解步步向上；情的方面，拟提倡音乐、美术、文哲的高级趣味，发展性本善的内性生活；力的方面，当竭力提倡体育，组织各式运动比赛，健全各人的体格"之文化号召，四川中行也以理、情、力三者并进方式，增强对行员同人的业务与精神之训练。

二十一春间，行方为集思广益，会于每星期二及五，集合两次，全体同人参加，名曰二五会。由禹公主席时居多。鼓励同人发言，竭忠尽思，均以为苦。同人业余活动，如画剧、体育、读书、习字、旅行，均甚提倡，新进少壮同人，颇盛与愿。每星期多集体出城旅行，由禹公领事，驰马野餐，作竟日游，不以为倦，颇能改进当时银行员生活之风气。本行时组有中行队，队员有五虎将，曾以竞赛，夺得商务银杯，威震一时。每值球将开会，余必以四川月报记者资格参加，聆其战略，颇为有劲。又会一度鼓勇，由壁上观进而作场中试。一球迎面飞来，惊惶之下，只顾眼镜窘态为观者所笑，愧而解甲，计历时不过五分钟耳。[①]

渝行每逢星期二星期五，同人皆有谈话会举行，定名为"二五会"，讨论一切银行实务以及同人公私生活问题。并以名人读书所得，及引证中行生活中所载各项，公开研讨，由周宜甫经理、张禹九襄理、陈襄理、戴主任轮流主席，同人兴趣，甚为浓厚。（《中行生活》报道）

还有，周宜甫《十八年来我的中行生活——渝历险之一页》一文，曾于 1933 年被《中行生活》分三期连载。此文既是对川中行于风雨飘摇中努力支撑之创业精神的真实写照，更是一场对于平均年龄仅 27 岁的川行员工所进行的生动的文化传统教育。此外，从中行重庆分行关于本行设立会计训练班致中行总管理处的函（1921 年 2 月 17 日），刘之垚关于请寄戴霭庐所译之《银行家银行员座右铭》十七本致张禹九、周宜甫、陈树屏的函（1922 年 2 月 23 日）等档案中，也可看出当年川行"发展行员性本善的内性生活"之一斑。

4. 整饬风纪，以正全行行员操守

中行早在 1914 年开始制订人事规则时，就制订并严格执行了《行员戒约》和《行员惩戒暂行规则》。据《通信录》第六十八期之"行员奖诫录"记述，1921 年 3 月 14 日，中行总裁、副总裁就曾裁示，对四川万县支行会计兼国库主任处罚："万支行会计兼国库主任万明彝，在当地商号借款，请假时未经清结，以致发生缪辖，应记大过一次，以示薄惩，仍由渝行转饬文，该员速将所欠之款限期清理完结，勿得迟延。"再到中行改组时期，1929 年 4 月合成了新的《行员服务规则》，包括戒约、规约、保证人、惩戒四项，以此体现中行行风、行纪。在此背景下，《中行生活》第

① 周仲眉. 回忆录（二）.《渝行通讯》第十六期.

九期刊载《渝行整饬收税处之风纪》一文，记述了渝行通过一起案件查处而整饬本行收税处风纪的事件。

渝行整饬本行收税处之风纪。在重庆美孚洋行办事员戴某采取"以少报多，每次浮报数十元或百数十元方式，浮报海关税款四千余元之巨，以吞没而中饱私囊"案件中，尽管此案与中行各收税员无牵连，但中行从严于律人出发，深究各员审查不严、扶同隐匿之责，业经陈明中行总管理处，对相关行员予以开除，以肃行规。原文如下："重庆海关税款，向由渝行代收，其货币有关平银及金单位两种。除关平银系按固定之价算收外，其金单位一种，因金价时有起落，逐日行市不同。重庆美孚洋行所完开税，向为金单位，由该洋行办事员戴某经手缴纳，历有年所。距近数月来，戴某对于所完税款，填送该洋行之报单，恒以少报多，每次浮报数十元或百数十元，吞没中饱。此项报单，系于纳税后填制，照章须先送本行收税处盖章证明，方完手续。乃收税处经手人员，朦然罔察，竟徇情照办。近由美孚汉行，另派洋员至本行查账，发现其所报金单位数目有异，向本行查对，始揭穿黑幕，竟浮报到四千余元之巨。该洋行认为，此系本行收税员同谋所为，主张一体彻究，将戴某押送公安局讯办。渝行亦将收税处关系各员，一并送请公安局扣留，静待处理。旋经戴某供认，实系个人浮报舞弊不讳，情愿全数赔出。虽对于本行收税员并未株连，但渝行因收税各员职责所在，何得徇情助恶？遂人私图，不知检举，至数月之久。虽美孚事寝①，本行未受影响，而该各员事前不报，扶同隐匿，实属不合。业经陈明中行总处，分别开除，以肃行规。查本行代收开税，负有全责，现在经收者尚不下十数处，戴某虽经查明真相，未曾株连，无损行誉；然各地情形复杂，难保不再有类此情弊发生，稍涉疏虞，即不免代人受过。至于税款之保管，账目之稽核，关系合同，手续上尤不能不格外缜密。要在我分支行、处同人，随时随事，特加注意耳。"

渝行遵命进行案防警示教育。1933年5月31日，中国银行总处就"节选苏州支行营业系员工许善道、助员许善林共同作弊，造假账目要点，并检送该员照片"等事项，致函中行重庆分行经理密鉴。重庆中行则将其案发情况、案件处理、案件教训、并附相片一件（许善道，字少甫，年四十岁，江苏江都人，前充苏支行营业系员；许善林，字叔壬，年廿七岁，江苏江都人，前充苏支行营业助员）一同密发全辖分支行处，以进行案防警示教育。

（四）癸酉地震员工履职貌

1933年8月25日，四川发生大地震，甚至有火山爆发现象，震感几乎波及全

---

① 事寝，在此指结案。

省，由此可观川行员工震期概貌，其原文节选①如下。

1. 1933 年 8 月四川省地震情形

农历癸酉年八月二十五日午后两点五十，渝城发生地震，先后两次，总计不到一分钟。彼时我辈正在行办事，见屋悬电灯摆动不已，始感觉是地震，则其轻微可知。然事后传来消息，全省竟多至一二十县。兹分述如下。

茂县属之叠溪镇，在茂县、松潘两邑接壤之地，川西大道上一巨镇也。叠溪之名，是于唐书，李卫公筹边，曾驻其地。清时设游击一员于此，民物辐辏多年。今岁八月二十五日午后二时许，有声自西北来。俄而声浪大起，全镇房屋倒塌，人民死者无算。该地公安局长周建国，及团务驻防一中队队长、团丁等皆被难。该镇濒临岷江，两岸山岩崩坍，江水为之倒流。全镇卒至陷落，广袤约三四十里。松茂交通，因而断绝。松潘消息，尚未详悉。闻西康亦有震灾。

荣昌、隆昌两邑，皆当川省东大路之冲，两邑交界之烧酒坊尤称繁盛。本年夏秋之交，亢旱过久，热度已达华氏表百度以上。八月二十五日午后地震，民房坍塌多处。烧酒坊火神庙之对山，及隆属之多宝山，于地震后，喷出烟火数处，焚民居十余所，数丈外即不能近。火山爆发，虽属常事，然在川省，则创见矣。

成都亦同日同时地震，时间较渝略长。自两点三十六分起，三十九分止。初则山南而北，最后又自西而东，房屋亦有倾倒且压伤人者。桌儿什物，多腾踔离地。少城公园内，辛亥保路死事纪念碑宝顶震落，陕西街教堂钟楼倒塌，华西大学钟楼亦发生危险。此外，如合川、安岳、内江、新繁、新都、郫县、温江、双流、资中、富顺等县均同时震，情形轻重，殊不一致，然皆未如叠溪镇之甚。

此次地震，疑与气候有关，本年四川全省皆较往岁加热。以重庆言之，每岁偏重夏热固是惯例，然往岁夏间，至多热至两星期，热度达百度以上，即必回凉一二日，始又逐渐复热。今岁则自七月十六日起，至八月二十七日止，此四十余日中，强半皆达百度，其中虽得雨两次，然不过三四小时，骄阳复出，火□张空，烁石流金，又逾百度。苦力之人，尤为可怜，有拉人力车者，见路旁施茶，渴极取饮，坐车者亦渴极取饮，甫饮毕，而两人同死车畔，可谓惨极。今岁之热，尝以叩诸居渝多年七八十岁之老人，亦云今年之热，实生平所仅见。

2. 地震期间行员工作概貌窥视

我行人多屋少，同人尤苦热不堪，每日仍将对外对内事宜办毕，至早亦午后四钟半或五钟殆散。此际对于行内公共卫生，固时时注意，同人亦各自警惕，幸病者

---

① 周宜甫. 记四川今岁地震.《中行生活》第二十期，1933 年 11 月 1 日.

尚不多；他行则有病卧人数逾全额之半者。热至三旬以后，太觉不堪，始有两三行提议，暂改一钟以后休息，只要热度略低，即恢复原来时间，各同业一致赞同，我行只得从众。犹幸甫一星期，天气即略回凉，遂仍照固定时间办事。

由上可见，1933 年四川发生地震情形时，川中行员工在地震期间工作概貌之史实要点如下：一是彼时"我辈"正在行办事，见屋悬电灯摆动不已，始感觉是地震，则其轻微可知；二是我行人多屋少，同人尤苦热不堪，每日仍将对外对内事宜办毕，至早亦午后四钟半或五钟殆散；三是注意行内公共卫生，病者尚不多，而他行则有病卧人数逾全额之半者；四是因天热延长午休时间一周。

五、筚路蓝缕，调研与办刊双双发端

在中国金融史上，中国银行百年调研及百年办刊之文化传统独树一帜，为本行赢得了宝贵的文化声誉。中行的信誉所以能够名扬四海，超过其他资格更老的银行，久居全国之冠，出色的调查研究工作，是重要原因之一。明了中行百年调研与百年办刊的行史大背景，方能了解四川中行在军阀混战年代，调研与办刊创业经历之不易。

（一）川行调研与办刊之发端

周仲眉有两篇回忆录刊于《渝行通讯》，其中较详细地记述了四川中行 1932—1933 年调研与办刊发端的大致经历。

1. 周公为分工合作计内务全畀禹公主持

1931 年秋，中行总处派总行调查课副课长、毕业于美国哈佛大学的张禹九来渝考查，旋任渝行襄理，以充实该行领导力量。周宜甫与张禹九两公，襟抱相同，倾盖如故。周公为分工合作计，以内务全畀禹公主持，己则负责业务之指导及对外之应付。经过两年的励精图治，得使四川中行进步甚速。其中，四川中行办刊的调研与发端工作，就是由张禹九具体负责的，而川中行调研与办刊的水平，在当时四川亦具有"哈佛功底"之领先水准。

2. 张禹九与周仲眉结识经过与任用过程

余[①]于民国廿年夏间[②]，毕业于北平交通大学铁道管理学院之商理系。秋间，即奉部令派往平汉路局实习。余以负笈[③]北平，数年未返，遂请假四个月，偕眷归省。

---

① 余，即周仲眉，下同。
② 即指 1931 年 8 月。
③ 负笈，背着书籍，指游学外地。

时，家父宜甫公正绾①渝行，张禹九先生任襄理。余与禹公曾有一面缘，未及深谈，见其勃勃有英气，心折②其仪而已。

一日，余偕友人同往餐于新斩四餐馆，适遇禹公偕王豫章君先生在。余被邀同坐，因叩③其言论，奇传多创见，更藉佩之。当时，川省正为割据时代，入蜀之行，每为人所裹足。禹公独认川省为国脉，毅然请行④。告余以来川后，见城市之殷阅，物质之饶富，人民之勤奋，以及人才辈出之种种优点，迥⑤非谤者所称"魔窟"之况，深慨浅见者之陋。而川省之开发，正有待于志士之努力也。此点为余所最惊異者。余亦论及日本之强，闻有赖于崇奉王阳明知行合一之学，然在中国，遑论⑥行未办到，即知亦属茫然。即以当时川省而论，地如何大，物如何博，被问者必瞠然无以对。是即知的工夫，并未潜手，即有行的精神，而事无蓝本，难免盲人瞎为之议。是以欲开发四川，似应首重调查。禹公颇以余说为然，彼时似已收余为"夹袋人"⑦矣。

王豫章君，渝行已故之襄理也，时为成支行办事员，为禹公所识拔，调渝行服务，参机要，颇获信任。君颖悟博学，与余为总角交⑧，同窗友，交情极挚。不数日，豫章来访余，告以禹公对余颇予青睐，认为有学者风度，愿邀入行共事，担任调查，是否愿就云云。余因自揣⑨，毫无学识，而得禹公之重视如此，且禹公亦为余所折服，不妨应命追随。且余所习商业各科，亦与银行接近，在校时又喜习经济理论及会计，于比正可绎习事实以相阐发，何必□往返于茫茫人海之铁路界，难见出人头地之机会耶？计思既定，遂慨然接受。

由此可见，川中行调研起步与办刊发端，是从张禹九招兵买马开始的；而张禹九发现的第一人，则是毕业于北平交通大学铁道管理学院商理系的周仲眉（川中行经理周宜甫之次子）；而且，张禹九与周仲眉结交过程始于相互的价值认同：张禹九认为，川省城市殷阅，物质饶富，人民勤奋，人才辈出，而为国脉；川省之开发，正有待于志士之努力。此为周仲眉所最惊異者。周仲眉则认为，中国不及日本之强，

---

① 绾，意指总管。
② 心折，指心服，折服。
③ 叩，指打听。
④ 毅然请行，指 1931 年秋张禹九来渝考查，有其自己请求前往之意。
⑤ 迥，同迴，意指差别大。
⑥ 遑论，即不必说，不用再说。
⑦ 夹袋人，旧指当权者的亲信或存记备用的人。
⑧ 总角交，指童时结交的朋友。
⑨ 自揣，指暗自思考。

原因在于缺乏知行合一之功力，即闲论行而办不到；即便有行的精神，又无办事之蓝本，因此欲开发四川应首重调查。由于相互价值观念契合，张禹九则将周仲眉纳入备用之人。在此基础上，再由王豫章向周仲眉转述——张禹九邀周仲眉入行担任调查——用人意向。

3. 禹公以调查报告代替周仲眉入行考试

翌日，往谒禹公。禹公欣然从调查四川出口货之巨业——猪鬃——为局①，余亦笑答以此为入行考试之代替，合则留不合则去为请。适公将赴万、开行②，约以十日返渝，希得报告③。余向未从事调查，白纸一张，不知从何处说起。因思商品之整个过程，不外产运销三个阶段，再自每阶段缕析其节目④，当得其全骼⑤。然此亦不过空中楼阁，若求实现，关非从实地访问参观不可。余于渝市商场，从未涉足，人士无识悉者。无米之炊，开门即感为难。因访问同人中何人为悉渝市商况，人以放款组领组刘君对，君即今日⑥渝行副经理刘公敫五也。敫公时尚未欧化，长袍马褂，有掌柜之风。余即径以臂助为请，并以所职调查大纲请益于刘公，公谦抑近人，并为补充指正，慨然亲身介绍，同赴商家、工厂开始调查。

时也，渝市房屋半为旧式，窗暗灯昏，如阴世界。访问所得，每汗浸不著边睎，绝无理想之准确，余颇为气沮。回忆在北平城市人士园林之乐，尤有天上人间之感，几欲中缀以辞。敫公多方劝勉，谓此中大有学问，不宜以外表断之。复以敫公秉有新世纪之头脑，就所得之材料，参其见闻，剀切⑦指示析综之法，使余渐由烦闷而感兴趣。余因识刘公学识非凡，必登大用于他日也。嗣后同往参观猪鬃洗房，见其工作之程序及成品之种类，余均按部摄影以证之，归则编辑报告，头绪就理，兴趣倍增，初欲业之如浼⑧者，今则乐而不疲矣。约七八日，猪鬃之调查报告，斐然成章。甫籍就，禹公已返渝，即日面呈。公见如期交卷，又见报告图说互体，条理分明，略一涉觉，颇示满意。次日，禹公向家父曰"此非大学生不能办也"。余闻之，且惭且动，尤感刘敫公之鼎助不置，使无敫公之指引，则余将如陆逊之困八阵图，无法自拔于绝城矣。

---

① 为局，即为题。
② 赴万、开行，指去万县办事处、开县办事处出差。
③ 希得报告，指让周仲眉交出调查报告。
④ 节目，指章节、
⑤ 全骼，指框架、大纲。
⑥ 今日，指周仲眉作回忆录时，即 1949 年 6 月。
⑦ 剀切，意指切实。
⑧ 浼，意指沾染。

由此可见，张禹九招兵买马是从面识与笔试周仲眉开始的，周仲眉入职中行从事调研的原因有三：第一，周毕业于北平交通大学铁道管理学院之商理系，具有入行学历资格；第二，张禹九在餐馆邀周仲眉同坐，进行过类似面试的谈话，张以周说为然，从内心将周划入张的选人范围；第三，张禹九还对周仲眉进行过"猪鬃调查报告"的考试；第四，周仲眉在刘敷五的帮助下，经过七八日的努力，如期交卷，其报告图说互体，条理分明，张禹九颇示满意。而周仲眉"图说互体，条理分明"的《重庆之猪鬃业》调查报告刊载于《中行月刊》1932 年第 5 卷第 2 期，署名为渝行周仲眉、刘敷五，原文略。

4. 张禹九授权周仲眉开启调研"独脚戏"

调查组之组织及工作，事元前例，禹公畀余全权以设计之。余以序有先后，事有范围，不务高，不好大，从近处实处着手为原则，拟议调查范围，以四川省之经济为限，材料先从各处报章杂志搜集。每日披阅，将有关上项材料，分类剪贴，送陈经理及襄理阅览，再行收回保管。此独脚戏遂于二十一年三月份内开幕。

不久，禹公又交来当时考试练习生之试卷，命余阅定成绩。以一未入流之饭生，而忽肩此重任，颇有一军皆惊之慨。试卷皆密封，于评定分数后，虽由经襄理作最后裁定。以各科答案最图满意者，指为第一。此第一科之状元，即为今日①渝行会计主任杨君尚志。以后余又主考两次。余于试题，极主平易，应为投考者程度所能接受；而常识一门，改用测验法，问题多至数十项，答案为是或否，绝难侥幸，于此确可断定投巧者之精度及修养。例如，当时日本正突窥热河，国人正呼号于保卫东四省之口号，余则试以投考人是否注意时事，设一题云："东北四省除辽宁、吉林、黑龙江三省外，应该加入何省？"于是答者灿然②，有以河北省者，山西省者，陕西省者，甚而有西康省者，而独鲜及热河。实则投考者，以莘莘学子为多，不知其平日慷慨激昂何为，可笑亦复敷③矣！

这就是说，1932 年 3 月，周仲眉在张禹九指导及授权下，开启了四川中行筚路蓝缕的"独脚戏"之调研工作：以序有先后，事有范围，不务高，不好大，从近处实处着手为原则，拟议调查范围，以四川省之经济为限，材料先从各处报章杂志搜集。与此同时，张禹九还注意锻炼与培养周仲眉的工作能力。

---

① 今日，指周仲眉作回忆录时，即 1949 年 6 月。

② 灿然，指光彩明亮。

③ 复敷，指展开，乱答题。

5. 张禹九又推动调研组创办《四川月报》

禹公及欲推于调查工作，不久又征用赵循伯君来组服务，赵君深于新旧文艺，尤长编辑，因同议利用搜集之材料，发行定期刊物，专报导四川情形，请于禹公，得允，定名四川月报，分政治、经济、财政、教育、社会诸部门，于二十一年七月份开始发行，颇得当时社会之赞许。余以月报编辑，专委循伯。月报并请准当局，称四川月报社，余被委任社长。余以徒抚篡事实，仍嫌述而不作，未臻完善，遂于每刊之前，辟专载栏，专时论四川问题，侧重经济，作有系统之记载。尤为省外关注川省之人士所诊视，不数□，外省之研究机关及图书馆，纷销以其所出刊物，寄来请作交换，订阅者亦接踵而来。

由此可知，在张禹九推动下，四川中行办刊的史实大致如下。

1932 年 7 月，在张禹九直接领导和周仲眉与赵循伯具体负责下，《四川月报》创刊，每月一册，定价一元二角。主要栏目：专载、财政、捐税、金融、货币、商业、产业、交通、社会一瞥、评论选辑、川边政事等。川中行筚路蓝缕的办刊发端，始于以四川省之经济为限，先从各处报章杂志搜集材料，再利用搜集之材料经编辑而发行定期刊物《四川月报》，据该刊第一卷一、二、三期记述，渝行调查组所搜集与转载的调查报告有成都医院调查表、成都工厂公司之调查、隆昌人之好赌习惯、重庆近况等。1932 年 11 月，《四川月报》针对办刊中"述而不作"的问题，在第一卷第五期发起"如何改进今日之四川"征文启事，内容如下："爱国似乎经历小范围作为起点，川人爱国更宜先由爱本省出发，而爱国爱省，必须先由认识，后由工作入手，所以我们特选这个题目来讨论。本题不限范围，但必须各有立场，无论政治、法律、农工、经济、银行、钱庄以及教育、文艺均可。内容务求实际确切。"

6. 1933 年初渝行调研组"蔚然大国之风"

禹公又独应从事数字之统计，多作图表，旋又征用卢定中君入行，专司此事。渝行同时增充图书，为调查组参考便利起见，遂命本组图书管理。人手又嫌不够，遂渐增加，未半年而至五人，逾年（1933 年初）而至十余人，蔚然大国之风矣。

行方为集思广益，会于每星期二及五，集合两次，全体同人参加，名曰二五会。由禹公主席时居多，鼓励同人发言，竭忠尽思，均以为苦。

由此可见《四川月报》办刊经过及调研队伍壮大过程之史实如下：张禹九重视

通过调查之实证数据来增强刊物的专业性，旋又征用卢定中入行，专司此事，使月报刊登的调查报告更具统计特色。如所刊登的调查报告"成都市之中西药业""成都基督教现状""重庆之理发店工人概况""重庆之轿铺业概况""四川本年度留外学生总数"等。这些调查报告则更具统计特色。这还说明，到 1932 年底，川行调研组已"蔚然大国之风矣"。该部门的壮大过程如下：1932 年 3 月，川行调研工作起步，先从各处报章杂志搜集资料做起，然后进行分门别类整理，7 月，《四川月报》创刊。当年调研组人员 3 月为 1 人，6 月增至 5 人；1933 年初超过 10 人，因而成为渝行第一大部门[①]。还有，因所谓渝行"二五会"，既有研究行务之功能，也有强化调研的色彩。总之，经过多方努力，《四川月报》为省外关注川省之人士所诊视，外省之研究机关及图书馆，纷销以其所出刊物，寄来请作交换，订阅者亦接踵而来。

（二）川行调研报国理念之由来

20 世纪 30 年代初，中国银行逐步形成了"职务报国"的使命观，"中国银行整个的组织，是帮助中国所有一切事业的，中行的存、放、汇等各种业务都是帮助国家增加生产，忠于职务即是忠于国家；要忠于职务，须由忠于自身始。所以体力、知识、道德三者，必须刻苦自修，方能达到目的，此即忠于自己。能够忠于自己，然后对于职务，方能有所贡献"。在此文化背景下，四川中行在办刊过程中，演绎出"职务报国"之"调研报国"理念。

1. 川行"调研报国"理念由来及内涵

川行"调研报国"理念及其精神的形成，发端于 1932 年 12 月《中行生活》第八期所刊载的张禹九《国人欲图自爱自救须对己先有相当认识与研究》一文。此文是张禹九写给总行经济研究室副主任张肖梅的一封信，信中通报了他来渝行工作半年多的调研情况与感受，其中提出了"调研报国"的看法："内地社会，非新非旧，青黄不接，纷乱无秩序，随时随地可以发生问题，而又须随时随地即谋解决之方，年来有意于调查之工作。盖欲真正使国人爱国，非由（调查）认识一点着手不可。我国人士多缺乏社会观念，而此间一切现象之无记载，无参考，无办法，非言语所可形容。故来渝不数月，又复从事调查之设计。"张禹九认为欲真正使国人爱国，必须通过调查来提高认识。即指爱国的必要前提是通过调查来认识问题，"吾人欲图自

---

① 渝行第一大部门考：1921 年，渝行全辖人员 120 余人，渝行本部人数 50 余人，本部人数占全辖人员比例约 41%；1922 年，渝行全辖人员 50 余人，渝行本部人数 22 人，本部人数占全辖人员比例约 42%。到 1932 年末，渝行辖成、潼、桥、定、上、万、坊、内、叙等 9 处，全辖人数为 136 人，若按本部占全辖人员四成比例计算，此时渝行本部人数应当约 54 人，而渝行设有文书股、营业、出纳、会计、国库五股再加调查组共六个部门，所以每部门平均不到 9 人。1933 年初调研组超过 10 人，因而成为渝行第一大部门。

爱自救，须对于自己有相当之认识和研究"，这就是"调研报国"理念内涵。

2. 调研报国基础是调查设计上下合作

张禹九来渝行任职后，着重抓调查设计工作。他认为，总行经济研究工作在张肖梅等主持下，取得了近十年来未取得的成绩与声誉，望总行经研室"欲求调研事业更加根深蒂固，而能披露吾中国全国之现象，则各分支行所在地应均有调查设计，通力合作，以收集思广益之效"。以《四川月报》调查设计为例，其刊物用意包括：（一）使四川人认识四川省整个之事物；（二）使外省对于四川有相当的了解；（三）引起本省人对于调查工作之兴趣；（四）训练调查工作人才之初步；（五）期望其他行处亦有同样企图之发生。

3. 调研务求实际而不是装饰品

张禹九还向总行反映了《中行月刊》刊载内容有偏重于国际化思想的问题，提出《中行月刊》定位"应以国外之药方适于中国病情者，尽量介绍；国内之特殊现状，尽量披露"的建议，及总行与各分行应上下配合，"以医士之眼光，抉择相当的材料，综合加以论断及介绍"等建议；最为重要的是，张禹九认为办刊与调研是一种求智识的工作，其现实意义是"吾人欲图自爱自救，须对于自己有相当之认识和研究"；调研工作要求是"务求十分的经济，十分的实际，庶智识不仅为吾人之装饰品耳"。

（三）不为装饰的调研办刊成果

据《中行月刊》《四川月报》《周询年谱》及民国重庆中行全宗号档案相关史料记述，1931—1933年间，川中行早期"务求十分的经济，十分的实际，庶智识不仅为吾人之装饰品耳"的调研成果，大致如下。

1. 四川中行出版之专刊性调研专著

1933年，由重庆中国银行出版了周询论著《四川金融风潮史略》，"公以无内顾忧，时局又安定，遂得以少卸□肩之暇，从事著述。公每于席间畅谈以前金融事件，听者每乐而忘倦，因循禹公之请，口授各事经过，由调查组笔录，而成《四川金融风潮史略》一书，由渝行出版"。此间，渝行出版的经济业刊物还有《四川省之公债》《民国十一年至二十年重庆经济概况》。

2.《中行月刊》刊载的川行调研成果

1931年2月，渝行周宜甫经理调查1930年渝埠各商帮营业情况时谓："渝有各商帮，如银钱帮、棉纱帮、丝帮、洋油帮、绸缎帮、颜料帮、药材帮、银楼帮、洋货帮、山货帮、夏货帮、纸帮、纸烟帮、五金帮、报关帮、特业帮等16家之多，因受水灾和日祸，虽有益有损，但都不景气。"这说明，四川中行非专职的独立调查工作，起源于1931年2月。

1931 年 5 月，中行总管理处调查室对四川等地进行了调查，其中亦有川行调查组配合，调查结果略谓："四川自民国五年后，袁氏称帝失败，中央失统驭能力后，四川无日不处在战争之中，全省财政、收入方面，无任何增加，而军费支出，则由民国五年的 600 万元，增加到 2650 万元，达四倍以上之巨。建议改变现状，应从下列方面入手：确定预算；改良费制；整理债务。"

1932 年 3 月，中行总管理处曾对四川自流井进行调查，其中应有川行调查组予以配合，调查结果略谓："自流井钾矿的发现，对将来的发展必成为有价值之事业。自流井钾矿预计年产达 6000 万元之多，若以五成计算，也有 3000 万元，况且四川产盐数十州县盐井遍地皆是，逐渐深探，将发现巴蜀蕴藏未发现之精华，为数千年天府之国开一线曙光。"

1932 年 5 月，中行总管理处对四川荣昌烧酒坊瓷业进行了调查，其中包括对客户及其所属地区、资本及组织、窑别及容量、制作及设备、釉彩等项目的调查，其中应有川行调查组予以配合，调查结果略谓："荣昌烧酒坊瓷业始于二三百年之前，历史悠久，产销地域辽阔，瓷泥性质优良，运输便利，有烧酒坊大小 30 余家，资本 10630 元，如用科学方法改良制作技术，便能大规模经营，可给予支持。"

3. 《四川月报》搜集的调研资料

1932 年 7 月，成都医院调查表：传统诊所、慈善社、医院 25 家，西医医院 38 家，医生人数、看病人数、每月收入（略）。

1932 年 8 月，成都工厂公司之调查：成都民政厅，调查全市 9 家工厂公司（商业场电灯公司、启明电灯公司、培根火柴厂、华通火柴厂、兴业水电公司、清阳冰厂、星火火柴公司、晶星发电厂、光明电灯公司）之结果：其资本额共约 130 万。雇用男工 380 余人，女工童工 1000 余人。

1932 年 8 月，隆昌人之好赌习惯：全县 39 万人民中，约四分之一专营赌业，以维生计（详略）。

1932 年 9 月，重庆车业现状：汽车 90 余辆。黄包车 1800 余架（营业状况略）。重庆图书馆约有 17 处（详略）。

1932 年 12 月，成都市之中西药业：成都药业共 13 种，药店在 1000 家以上，包括择药铺 80 余家，中药铺 700 家，西药房 20 家，参茸庄约 10 家，化学药店 3 家，草药铺 40 家，成药铺 20 家，膏药房 3 家；长门药房数十家，戒烟药房约 100 家，江湖房药亦有 80 家，跌打药十余人耳（详略）。

1932 年 12 月，成都基督教现状：成都基督教会派共有 7 种，教友约 1000 余人，学校林立，并附设医院青年会等，教务颇为发达。基督教会派（略），基督教教友

（略），基督教学校共 20 所（校名、校址及学生人数略），基督教其他团体 4 所（略）。此外尚有春熙路男青年会及皮房街女青年会两所。

1933 年 6 月，犍为风俗纪要（略）。

1933 年 8 月，重庆之理发店工人概况：新式理发店约有 5 家（详略），普通理发店每街均有数十家（详略）。

1933 年 8 月，重庆之轿铺业概况：重庆轿铺业约计 80 余家，至全市轿夫，则在万人以上（详略）。

1933 年 8 月，四川本年度留外学生总数：四川本年度留学欧美学生，计留美 2 人，中有 1 名系成高毕业者；留英 4 名，中有 3 名系由华西协合大学毕业者；留比国 1 人；留德 7 人，中有 2 名系川大毕业；留加拿大 1 人，系华西毕业；留日者 8 人，中有 3 人系川大毕业，1 名系川大医科毕业，1 名系川大预科毕业，统计共 23 人。

1933 年 8 月，成都市人口总数：据市府揭晓之数目，计全市男女居民共为 302895 人，其人口分布之状况：北区男丁为 42008 人，女口为 31769 人；西区男丁为 25481 人，女口为 20714 人；南区男丁为 44757 人，女口为 30982 人；内东区男丁为 39829 人，女口为 25696 人；外东区男丁为 24270 人，女口为 16988 人。全市以南北两区居民较密云。

1933 年 8 月，重庆市户口总数：计全市迁入户数 821 户，迁入男 1650 人，女 1352 人；徒出户数 791 户，男 1507 人，女 1394 人；出生男 39 人，女 29 人；死亡男 222 人，女 204 人；男婚 16 人，女嫁 5 人，继承人数无，分居无，失踪无。查本月份较 7 月份户数增 30 户，男性减 40 人，女性减 206 人；计男女人数，共减 246 人，共计全市人数为 276396 丁口云。

4. 全辖需上报《定期半月通讯》

1933 年，渝行所属机构均出现过类似准刊物的《定期半月通讯》，这些通讯在形式上是手写的，一般一期只有几页字的容量，其内容大多是报告当地经济金融信息，这也从另一侧面看出四川中行当时调研与办刊工作的普遍性。比如以下刊物。

《渝行定期半月通讯》第元号，1933 年 1 月 10 日；第二号，1933 年 1 月 15 日；第四号，1933 年 2 月 25 日；第五号，1933 年 3 月 10 日；等等。

《重庆上关岳庙办事处定期半月通讯》第一、二号，1933 年 3 月 10 日。

《成支行定期半月通讯》第元号，1933 年 1 月 24 日；第二号，1933 年 2 月 8 日；第三号，1933 年 2 月 17 日。

《涪陵办事处定期半月通讯》第一号，1933 年 3 月 21 日；第二号，1933 年 3 月 28 日；第三号，1933 年 4 月 17 日；等等。

《内江办事处定期半月通讯》第十一号，1933 年 7 月 2 日；第十二号，1933 年 9 月 2 日；第十七期，1933 年 11 月 2 日。

《泸州寄庄定期半月通讯》，1933 年 8 月 29 日至 9 月 4 日。

《叙府办事处定期半月通讯》第一至八号，1933 年 2 月 6 日起。

《隆昌寄在定期半月通讯》第一、三、四、五号，1933 年 11 月 19 日；第六、七号，1933 年 12 月 6 日。

综上可见，在"天下已治蜀未治"的二刘大战期间，川中行积极响应与认真践行张嘉璈"以调研为先导来实施银行业务"的改革主张，在周宜甫行长管理下和张禹九襄理具体主持下，从周仲眉一人开唱"独脚戏"开始，开启了川行调研与办刊之工作。调研人员从无到有，调研队伍到 1933 年已呈现出"蔚然大国之风"；川行办刊工作，则先以搜集资料转载为主，再开辟专载栏专门讨论四川问题，使《四川月报》成为人们认识四川的抢手之刊；川行在中行系统演绎出"调研报国"理念，在 1931—1933 年期间形成了早期调研成果，并为四川中行以后出现的"调研报国"之专著，奠定了思想基础。

六、纵览概观，早期斩荆劈棘之经营

四川中行诞生于军阀割据与连年混战的动荡年代，其早期创业活动过程是与狭义上的四川军阀混战相互伴随的。经对多种史料的综合编研，现将四川中行 1915—1933 年 19 年之经营过程及特征，进行一次历史纵览性的综合概括，由此全面认知四川中行早期创业所经历的艰苦过程。

（一）川行早期 19 年经营概况

1. 1915 年经营形势及情形

内部形势。（1）机构设置：1 月 18 日四川中行成立，4、5、7、8、12 月第次设立成都分号、泸州分号、万县汇兑所、自流井分号、五通桥分号。11 月，租三台县柴市街民房办公并着手筹建潼川分号。（2）《中国银行重庆分行办事细则》于 12 月出台。（3）渝成经理：1—6 月为王丕煦，7—12 月为唐瑞铜；成行管理：4—8 月为邓孝然，9—12 月为周询。

外部形势。5 月，袁世凯欲行帝制，为控制西南，派北洋系亲信陈宧率北洋军三个混成旅入川，并控制全部川军及全省政务；12 月，袁世凯接受中华帝国皇帝尊号，欲以次年行君主立宪政体；25 日，蔡锷和唐继尧在云南宣布起义。

经营情形。（1）清理大清银行货币：自本年 5 月 1 日起至 8 月 1 日止，由中国银行清理大清银行本票、银两票、银圆票、钞票等。（2）整理川券与发行中行纸币：

11月，四川财政厅长与重庆中行签订借款合同，中行以发行兑换券方式借给财政厅400万元，用作川省以五折收销军用钞票的基金。12月，随着讨袁部队及其所设护国军中国银行入川，将携来的云南中国银行纸币100万元在四川陆续发出。（3）代理省金库：12月，四川中行依金库条例及总金库之规定设置成都分金库，出台了《成都分金库出纳款项简章》。（4）经营结果：渝行纯益118371.31元；成都分号纯益2941.27元，万县分号纯益5408.10元，自流井分号纯益3230.16元，泸州汇兑所纯损207.68元。

2. 1916年经营形势及情形

内部形势。（1）机构设置：2月18日，潼川分号为争揽川北各场盐款提前对外营业；4月，《潼川分号办事细则》形成。（2）渝成经理：1—9月为唐瑞铜，10—11月为王丕煦，12月，由丁志兰副经理暂代；成行管理：1—12月为周询。

外部形势。1月，护国讨袁之役发生；7月，北京政府任命蔡锷为四川督军兼省长；9月，北京政府任命罗佩金暂代四川督军，戴戡任省长。

经营概况。（1）营业状况：因滇黔军事发生，实无营业之可言，所有营业金准备金悉数垫付达400余万。其中，1月，川督陈宧强提重庆中行库款180万元；3月，四川军务会办及驻重庆之长江上游总司令曹锟，提走重庆中行兑换券100万。兑券停兑后，本行营业中止，垫付饷款无丝毫利息。（2）市面情形：交通阻塞，市面壅滞，商况不振，金融阻滞，月息陡涨。（3）经营要事：本行营业获利最巨者原唯汇兑业务，而汇兑额最大者为盐税。本年8月后盐税拨归本省厅用，本行曾与官厅极力磋商，凡税款除盐税仍收"券现各半"外，其余税款应全收本行兑券，以广兑换券用途，借维价格。罗佩金督军因军需用现款未能照办，仍以"券现各半"收税，遂致券价逐渐低落，使汇兑业务获利不丰。（4）兑换券情形：6月，本行执行停兑令后，川中券币值逐步下跌。8月前，川省盐税全收本行兑换券，虽经停兑令下，券价犹在九六七折；8月后，本省官厅以"券现各半"收税，致本行券价逐渐低落至八三四折。年末，全川市面纸币流通数达1000余万元，其中本行兑换券发行数达559万。（5）经营损益：本期能稍获盈余者，皆赖财政厅400万借款一项取得余利。本期纯益45128元（未达账在外）。

渝属情形。（1）成都分号：军兴以来饷糈浩大，垫拨军饷数在200万元以上，致库空如洗，官商存款应付无方，不得已于6月23日停业。其中：5月24日，袁世凯调川督陈宧入京，陈宧向成都中行估提现金和兑换券120万；5—6月，成都中行被各路军阀强提硬借库款计约265万；6月25日，招讨军杨维部到成都中行洗劫库存兑换券17.8万余元。8月，成都中行只得将金库交浚川源银行代理而专收盐款，对外停止营业。尚幸平日对于定期放款及存款各银行之款，素趋稳健，故地方虽糜烂已极，而成都中行对于商号等放款未受损失。因政府勒提之款过多，故本年决算纯损洋5177.28元。（2）自流井分号：5月，因滇事被劫遂即停业，7月，渝行经理唐瑞桐与南军盐务稽核所张经理一同赴井与南军联系，受盐务稽核所催促，井号复业恢复代收盐税。然只专收盐税划拨军饷开支，日益累增，利益无图，年末纯损6522.07元。（3）泸县汇兑所：因讨袁之役影响，泸所经历了"避战歇业，暂迁重庆；返泸营业，行址被占；求退不允，屡争无效；另觅房屋，继续营业"的惨淡过程，致使当年再度亏损4347.74元。

3. 1917年经营形势及情形

内部形势。（1）机构设置：4月6日，潼川分号正式成立。（2）渝成经理：1—7月为唐瑞铜；8—12月为丁志兰；成行管理：1—4月为周询；5—10月为陈征祥；11—12月为周询。

外部形势。（1）川省战事：4月，爆发川滇刘罗之战；7月，爆发川黔刘戴之战；8—11月，爆发川滇逐客之战；11月，四川靖国战争爆发。（2）川省政局：4月，戴戡暂代四川督军兼省长；7月，周道刚为四川督军；12月，刘存厚为四川督军。

经营概况。（1）是年四川发行纸币985万余元，其中本行兑换券发行额达592万余元，券价最低时仅为3.6折。（2）经营结果：是年损益不详。

渝属情形。（1）除成都、重庆外，渝辖仍在营业的机构仅有万县、潼川两处；自流井分号、五通桥汇兑所歇业，泸县汇兑所被注销。（2）成都中行：4月，川滇两军在成都城内激战通宵，成都中行请有黔军保护，虽未受损失，但暂停营业。5月，管理陈征祥接事，成都中行复业。7月，川黔刘戴之战又起，遂致成都巷战十余日，省城内半成灰烬，成都中行库款被各军强提54.6万后又暂停营业。（3）自流井分号：5月，被滇军刘法坤旅长强提硬借现券计洋5.17万元。（4）潼川分号：8月，被军阀强借2万元，银券各半。

4. 1918年经营形势及情形

内部形势：丁志兰为渝行经理，周询为成行管理。

外部形势：四川靖国战争继上年11月爆发后，战事一直延续到本年2月三省靖国联军攻入成都之时。是年3月，孙中山以广州军政府名义任命熊克武为四川督军，任杨庶堪为四川省长。此时川省存在着南北政府各自任命的两个督军：南督军熊克武与北督军刘存厚。3月起，熊克武摄行四川军民两政，任命九人团成员把持四川军、民、财大权，与国民党实业团派别的矛盾逐渐加深。熊克武为治理好四川，进行了系列改革，也种下了四川军阀防区制产生及恶性演变之祸根。

经营情形：是年本行兑换券在外流通未收回者达 569 万，被四川政府拖欠的各类借款高达 900 多万（含政府向本行借款 400 万，军阀强提硬借款项 500 多万）。在此艰危局势下，中行总处似感到本行官欠资金既全归呆滞，未收回的兑换券巨多，因而不能接济于本行，使本行存款又无来源，陷于毫无办法地位。

经营要事：渝成两行经理丁志兰及周询，抓住熊克武整顿川省货币之机遇，迭与川省当道暨盐署反映川行"官欠款多、券价低落"两大问题，以及川省"券现各半"的现行收税方式对川省政府及军队带来的弊端。

第一，官欠款多之危害。川政府向本行借款 400 万，各路军队强提硬借本行款项 500 多万，此项钞票之准备金实属空虚，若钞票一旦不能收回，本行信用无由恢复，严重影响本行作为中央银行派驻川省机构之生存。

第二，券价低落之危害。1916 年 8 月以盐税拨归本省厅用后，罗佩金督军因需用现款，以"券现各半"比例收税，致本行券价低落至八三四折，最低跌至三折多。本行曾就此与官厅极力磋商，凡税款除盐税仍收"券现各半"外，其余税款应全收本行兑券，以广兑券用途，借维价格，但力争无效。

第三，川政府收税与支发公务人员薪饷均按"半银半券"收付，也给政府机关、军队及其人员带来严重弊端，即每券一元仍作现洋一元计算，政府机关及军队的收入既觉吃亏，领薪俸者每领十元薪俸亦只能实得六元五角（注：个人领薪 10 元＝5 银圆＋5 券元＝5 元＋5×0.3＝6.5 元，机关军队亦如此）。

在此基础上，成渝两中行经理与川省当道暨盐署竭力磋商对本行及川省问题之解决途径，乘势请求川省当道熊克武将川省税捐改为"七成银三成券"的征收方式，薪饷以七成现洋核发的方式（注：10 元＝7 银圆＋3 券元＝7 元＋3×0.3≅8 元），以缓解四川政府财务危机。熊克武督军面对川省浚行军用券、中交通两行兑换券市价均已跌至三折的纸币市况，遂采纳了周询等的建议，迭次召集省议员及军政绅商各界，筹议收销川省纸币的改革办法。本年底，川中行"川省截留之盐税，以三成现洋扣归川中行，为川政府归还中行之欠款；按照市价收回川中行券，凡收回之川中行券，一律销毁；川省所收地方税款，亦照盐税收税办法，提三成现洋收券归还川中行债务"之建议，始获川省当道议定。

经营结果：据中行营业年报"1919 年渝属纯益 11136.20 元，较 1918 年减 3 万余元"片史，可推知 1918 年本行经营纯益约 4.1 万余元。

渝属情形：1 月，成都中行因军事影响，库空如洗，新旧存户概停付还。2 月，靖国军攻入成都，令该行将库存扫数提解，以供军需。该行决定将部款、厅款陆续支付后，准备歇业清理。

5. 1919 年经营形势及情形

内部形势：中行总处将分号、兑换所、汇兑所等名称一律取消，改为分行、支行两级，主管人员统称为行长。丁志兰为渝行行长，周询为成都支行行长。

外部形势：是年川省境内无大的战事，金融较平稳。1 月 1 日，省政府颁布命令，各属税款一律按"银七券三"征收，中、浚两行兑券概照五折征收，对浚行券随收随销，对中行券则盖"停用"戳记后，再交回中行，以归还官府历年对中行之欠债。熊克武所推出整理纸币之改革措施，为本行带来复生之机遇。而且，熊克武还担心川省军政时局不定，急谋将市面兑券回收完毕，当年又将税收"银七券三"的征收方式，改为每征十元税按"七银六券"方式征收，将每券一元作为五角，然以市价三折计之，因此每完税十元，仍须交实洋八元八角（注：10 元＝7 银圆＋6 券元＝7 元＋6×0.5×0.3≌8 元），政府方面虽改按五折收券，然政府收得券后，将中行券截交中行，中行仍按券面价格十足收账，以此加快回收低劣纸币的进程，此法自本年实行，1920 年 4 月川滇战起即行停止。

经营重点：本年将一切营业暂行停业，专注于收回官欠钞票。去年经成渝两行迭与川省当道暨盐署竭力磋商解决办法，始获议定。从本年 1 月起，川省实行了"将川省截留之盐税，以三成现洋扣归本行，为川政府归还本行之欠款；按照市价收回川中行券，凡收回之券，一律销毁；川省所收地方税款，亦照盐税办法，提三成现洋收券，归还本行债务"的收税及整理纸币之办法。

经营结果：综计本年渝属机构纯益 11136.20 元（较上年减 3 万余元）；年末本行兑换券发行流通额 425 万余元，本年收回兑换券 144 万；本年存款额共 1383 万余元，放款额共 1601 万余元，全年汇款总额 182 万余元。

渝属情形：成都中行除经收盐税及催收官厅税欠外，其他营业仍未敢进行。万县、潼川、自流井、五通桥、泸州等机构，均因川局纠纷，迄未复业。

6. 1920 年经营形势及情形

内部形势：渝行行长：1—10 月为丁志兰，11—12 月为周询。成支行长：1—9 月为周询，12 月由周荣光暂代行长。

外部形势：4—7 月，倒熊之战爆发；8—10 月，又爆发了靖川之战。7 月，熊克武率部退往川北阆中进行整编；实业团系军阀吕超率部进入成都就任川军总司令，唐继尧设川滇黔三省联军总部于成都，把川省军民财各政统归联军总部管理。10 月，熊克武与刘存厚联合作战，将吕超部川军及滇黔军驱逐出川。

经营情形：本行值此时局，不得不求稳健主义，仍以收回本券为急务，除代收关盐两税外，其他事业未敢进行。而盐税正款复经川省当道随时提用，更无丝毫挹注。且关税一项，本系定价包汇，而本年申票时价超过包汇定价，因有契约关系，不能不受亏代办。种种挫折，出乎意料。

经营要事：前历任督军强行提用本行之钞票，自上年实行整理纸币之改革之法以后，效果显著。年末，本行兑换券流通额已减少到149万，即在上年末425万流通额基础上，本年又回收了276万；在1918年末569万流通额基础上，两年累计回收了约420万。

经营损益：综计渝属本年纯损共167567.21元；存款额共678万余元，放款额共950万余元，全年汇款总额共150万余元。

渝属情形：成都三四月后，军事发生，熊督军就地筹饷，募集有奖公债200万元，分作三批收。成都本年市面，复同受此艰险，成支行业务莫由进行，但仍于本年上期，收清了四川省财政厅欠借中券100万。万县、潼川、自流井、五通桥、泸州等处，因川局扰攘，营业亦未恢复。

7. 1921年经营形势及情形

内部形势：渝行行长为周询，成支行行长为周荣光。

外部形势：3月，四川爆发了驱刘之战；8—12月，又爆发了川鄂战争。同年6月，第二军军长刘湘被推选为四川各军总司令及川省省长，四川进入联省自治期间。

经营情形：本行迭受军事影响，营业莫由进行，值此市面枯竭之际，尤不得不力求稳健。收汇税款之中，盐税一项，若川省财力稍裕，能俟收存现款后再陆续由川政府支付，犹可稍资活动，无如随收随提，且时向各商号预借，以盐税抵偿，几至不见现款，以致收汇毫无利益。

经营要事：本行兑换券已大部分收回，上年末本行兑换券流通额为149万，本年末本行兑换券流通市面者69万，本年收回80万。至此，通过熊克武督川后所采取的措施，收销了大部分川中券，即1919—1921年三年共收回川行兑券500万。这意味着政府拖欠中行借款额从900多万减少到400余万，即三年同时收回官欠500万。官欠款项虽已部分收回，但所余官厅积欠仍有400万一时不能偿还，营业遽难恢复旧观。另外，由于本行几年都停发兑换券，开始完全以现金营业。

经营结果：综计渝属本年纯损共370852.89元；本年存款额共1030万余元，放款额共1346万余元，全年汇款总额共666万余元。

渝属情形：成都、万县两处，市面亦极紧迫，我行除经收税款及催收官厅欠款外，其他营业未敢进行。自流井、潼川、五通桥等处均因川局纠纷，迄未复业，已改设收税处。

8. 1922 年经营形势及情形

内部形势。奉中行总处令，是年 7 月起，重庆分行改重庆支行归第三区域行汉口分行管辖，成都、万县改办事处，自流井、五通桥、潼川改为收税处，以期节省开支，减少损失。分支行长名称均改为经理，办事处负责人称主任。是年，渝支行经理为周询；成都办事处主任为周荣光。渝行周询经理既为谋省开支，又为整肃人党现象，值总行饬令厉行裁员机会，曾由 50 多人减至 22 人；渝辖人员由 120 余人减到 50 余人，经费由 14 万元减至 6 万余元。

外部形势。7—8 月，爆发了一二军之战，战前刘湘通电辞去本兼各职；7 月，川军第三军军长刘成勋出任川军总司令并被省议会推为临时省长。

经营概况。（1）再清官欠：是年本行竭力整理官厅旧欠，一切营业，须待川局平定，方有可为。上年末本行官欠款项还剩 400 余万，本年迭经总行与北京政府财政部交涉，将川省旧欠本行款项 200 万转作财政部欠本行 200 万，本行所余官欠借款仅剩 200 余万（即从 1918 年 900 余万减至本年 200 余万）。（3）兑换券情形：上年末本行兑换券流通额所余 69 万，已由本行以 1918 年长短期公债于本年末收兑完毕。另说：1917 年末中行券流通数 592 万元，至 1922 年 1 月底川省已收销中行券 450.82 万元，即 1918—1921 四年共收销 450.82 万，所余未收回部分 141.67 万元，川行再以发行 1916 年和 1918 年长短期公债于 1923 年收兑完毕。（3）经营结果：本年上半年，汉属渝支行经营纯损 139972.49 元。（4）渝属情形：成都、万县两支行，一时难以恢复旧观，均暂改办事处。

9. 1923 年经营形势及情形

内部形势。重庆支行经理为周询，成都办事处主任为周荣光。

外部形势。1—4 月爆发了川军内讧之战；4 月，又爆发了四川讨贼大战，一直延续到下年 4 月结束。重庆要地当年被南北军阀反复争夺数次；10 月，刘湘再度出山任四川善后督办。

经营概况。（1）经营情形：渝支行处此时局，只能暂抱收缩主义，非俟川局稍定，无从进行。周宜甫经理经历了"一年五变，临危护行""用命履责，对抗黔军强提勒借"的传奇过程。（2）经营结果：是年渝行推测为经营亏损。（3）渝属情形：成都为川省政治中枢，战事最烈，金融枯竭，业务一时尚难发展。万县办事处亦因战事暂行停业。除成渝外其余机构均处于停业状况。

10. 1924 年经营形势及情形

内部形势：重庆支行经理为周询；成都办事处主任为周荣光。

外部形势：讨贼大战于本年 4 月结束。经此一役，熊克武之国民党九人团在川政治势力瓦解。同年 5 月，北京政府任命杨森为四川军务督理，邓锡侯为四川省长，刘湘为川滇边防督办。速成系军阀杨森取得了川省最高统治权。

总行年报评语：我分支行之处于内地者，盖藏微丰，则时虞兵匪之肆扰，库储稍薄，又难免廛市之惊疑，应付已穷，遑论营业。而其在通商大埠者，内而调拨以应联行之需，外而维持以济市面之急，亦无日不在戒惧之中，无地不有恐慌之象，本期营业更无可言。所幸各分支行千万危分难之时，奋力支持，冒险调拨，交通虽阻，接济未断。

经营结果：渝支行因调集现款，至本年经营"稍受亏耗"。

渝属情形：成都、潼川、自流井、五通桥，万县各办事处，值川局敉平之际，本可徐图进行，但因东南战事影响，依然停滞（但有经营迹象）。

11. 1925 年经营形势及情形

内部形势。重庆支行经理为周询，成都办事处主任为周荣光。

外部形势。是年 4—5 月，杨森发起统一之战；7—9 月，刘湘组织联军发起倒杨之战。是年 2 月，赖心辉继任四川省长；5 月，免去杨森四川军务督办职，由刘湘取代。川军第九师师长刘文辉、第三师师长邓锡侯、第二十一师师长田颂尧组成联军共同进驻成都，川军保定系军阀势力形成气候。

经营概况。（1）本年中国银行信用日坚，各分支行恪守慎行，不事求功，熟谋远虑，绸缪得宜，尚未过伤元气，差堪庆幸也（总行年报语）。（2）经营结果：渝支行本年营业"相机因应，尚能获利"。（3）渝属情形：成都、潼川、万县、自流井、五通桥各办事处，均以川局时生变化，只能维持现状。

12. 1926 年经营形势及情形

内部形势：重庆支行经理为周询，成都办事处主任为周荣光。

外部形势：1—5 月，爆发驱逐黔军袁祖铭之役，经此役后，杨森再次成为川中一霸。同时，重庆及上川东各县遂成为刘湘独霸的天下。11—12 月，广东国民政府分别委任杨森、刘湘、赖心辉、刘成勋、刘文辉、邓锡侯、田颂尧为国民革命军第二十、二十一、二十二、二十三、二十四、二十八、二十九军军长。

经营结果：渝支行营业向以稳健为主，"尚能获利"。

渝属情形：成都、潼川、自流井、五通桥各办事处均因时局不靖，难以发展。万县办事处 5 月曾被杨森派款二万元，9 月间暂停营业。

13. 1927 年经营形势及情形

内部形势。重庆支行经理为周询，成都办事处主任为周荣光。

外部形势。4—6 月，发生了武汉之战；6—12 月，刘文辉发起了驱刘倒赖之役，此后省内形成了驻重庆速成系军阀、驻成都保定系军阀、军官系军阀和杨森部共谋合作发展的三足鼎立的军阀态势。

经营大事。（1）4月，汉口中行遇唐生智之变，存券及现金被强提一空，因而搁浅。渝行存汉行款无从拨用，而托沪行交款原恃拨汉款抵，汉既难拨，沪即不交。同时成都支行又以金融紧张，函电索济数十万。周询经理于拮据之中，既筹办抵沪交，又筹接济成都支行急，两两兼顾，信用无亏，竟得转危为安。又随着北伐战争节节胜利，上海中行始允许为渝支行透支 30 万元，才使其信用渐固，存款得逐年加增。（2）经营结果：营业稳健，经营损益"尚可获利"。

渝属情形。（1）潼川办事处购买潼渝汇票，酌做短期放款，亦有微利可沾。（2）成都、五通桥、万县各办事处均以时局不靖，业务仍难发展。（3）自流井也以时局不靖，业务仍难发展。刘湘 12 月致电中行第三区域汉口分行，请保留自流井中行继续代收盐税，汉行因自流井办事处营业清淡，决定于该年底结束。

14．1928 年经营形势及情形

内部形势。中行各分支行长名称改为经理，重庆支行经理为周询，成都办事处主任为周荣光。是年中国银行改组为政府特许国际汇兑银行，中行总管理处由北京南迁上海，张嘉璈出任中行总经理。

外部形势。2—5 月，刘湘组织讨杨逮吴之战；10—12 月，川军新旧二军系统之间发生下川东之战，新二军杨森战败出局。10 月，南京政府任命刘文辉为四川省主席，刘湘为四川裁兵委员会委员长。

经营概况。（1）本年省内局势渐定，渝市商业逐渐繁荣，当时市面使用现洋，人民颇感不便，众请中行再度发行钞券。11 月，周询经理趁赴上海会议期间，将重新树立川行信誉并应各界多请再发兑换券的现实情况，陈明中行总管理处。（2）经营结果：渝支行营业向以稳健为主，"尚能获利"。（3）渝属情形：自流井、五通桥两办事处自三月间改为收税处后，不做存、放业务，只略做汇款，尚能维持现状。万县办事处，因承汇关款，做沪渝期票，微获余利。潼川市面交易，向以川老半元为通货，秋间丝茧登场，需款畅旺之时，四乡茧户突然拒不收用，以致价与大洋相差悬殊。潼处当时存有该项货币，因价格日跌，致受损失，差幸利息、汇水二宗尚获盈余。成都办事处，以川局时生变化，业务难求发展。

15．1929 年经营形势及情形

内部形势。重庆支行经理为周询，成都办事处主任为周荣光。是年，中行第三区域行汉口分行被裁撤，渝支行改由中行总处直辖，万县中行随汉口分行同时裁撤。是年渝属机构仅成都办事处未停业。

外部形势。4月，爆发了上川东之战，刘文辉获胜，防区进一步扩大。

经营概况。（1）经营大事：同年秋，渝行重又发行川中兑券70万，极得民间信任，深入农村，毫无阻滞。所发钞券虽为数不多，然使本行实力又增。（2）1922—1929年间，面对渝行行屋三面被几十家民房包围的现实，周宜甫经理择遇机会，逐户逐屋商谈收购，费数年力终成，为后任经理建筑"四面无遮，方显堂构"的渝行新大楼，储备了宽阔地皮。（3）经营结果：不详。

16. 1930 年经营形势及情形

内部形势：1月，中行总处决定重庆支行改组为重庆分行、成都办事处改组为成都支行。重庆支行经理为周询；成都办事处主任为周荣光。5月，陈征祥充任重庆分行襄理并常川驻成都支行考察业务。是年，张嘉璈总经理提出了中行"服务大众，改进民生"的报国使命、"三方同乐，同为模范"的立行使命宣言，以及行员训练理念和培育"团体精神"等理念，完成了公司文化的基础建构。

外部形势：是年川省无大的战事。

经营概况：是年经营损益不详。

渝属情形：是年仅有成都、重庆、潼川三家未停业。

17. 1931 年经营形势及情形

内部形势：是年渝行经理为周询；8月，中行总处派调查课副课长张禹九任渝行襄理。是年成都支行经理为周荣光，然未到年底即辞职，陈征祥继任成都支行第六任经理。是年，张嘉璈按照新的战略和文化对中行进行六项改革。

外部形势：2—5月，爆发了北道之战，战后军官系军阀从此衰落，二十八军邓锡侯部势力削弱。川中仅剩刘湘、刘文辉两强。同年4月，国民政府改组四川省政府，仍以刘文辉为省主席，刘湘为四川善后督办。

经营情形：是年行务益加繁剧，周询与张禹九两人推心相结，商定营业进行方针，分工合作，协力从公，励精图治，得使本行进步甚速。

经营结果：渝行是岁"纯益亦较历年增多"（《周询年谱》）。

18. 1932 年经营形势及情形

内部形势：渝行经理为周询；成都支行经理为陈征祥。渝行为集思广益，竭忠尽思，于每星期二及五，集合全体同人参加，名曰"二五会"。渝行调研工作开启，《四川月报》创刊，提出"调研报国"理念。是年，相继设立嘉定办事处、成都少城办事处、重庆上关岳庙街办事处、四牌坊办事处，内江寄庄、叙府寄庄，万县办事处亦复业。

外部形势：10月，第一次"二刘大战"爆发，11月，爆发了刘田省门之战。

经营概况：1 月，因银根枯窘，利率飞涨，中行重庆分行向所属机构如富顺、泸县、内江、乐山等地调款。4 月，成都中行运到有"四川"字样的中国银行绿色五元兑换券 25 万元，红色一元兑换券 15 万元，呈请四川省政府暨各军部在全川发行，随时兑现。6 月，二十四军因出兵康藏需款，向成都中行以期票贴借 10 万元，又强借 5 万元。10 月，渝行在全国中行系统首先成立了省级国货介绍所；同月成都川军战事又紧，凡以军人为背景的银钱行号连日都发生挤兑。二十八军的康泰祥银号，二十四军的裕通银行，都因此向成都中国银行借款。11 月，成都发生巷战后，各行业停业。二十九军田颂尧向成都中国银行借款 4 万元。12 月，乐山中行在战事中亦中弹甚多；交通阻塞，物价上涨。

经营结果：据总行年报称，渝行及成都支行，立于敌对双方势力范围之内，逼借勒索，在所不免，当地同人，苦心应付，非有抵押，非各行共同分担，不允借垫，幸无特殊单独损失。据此，可推测为当年不亏。

19. 1933 年经营形势及情形

内部形势。是年渝行经理为周询；成都支行经理为陈征祥。从本年起，中行总处开始用新的战略及文化重建各分支行处。是年，渝行推出的员生考成之创新标准效果明显。周询论著《四川金融风潮史略》由重庆中国银行出版。是年因省门之战影响，裁撤成都少城办事处，潼川办事处改归成都支行管辖，新设立涪陵办事处、隆昌寄庄，泸县汇兑所裁撤 17 年后复设泸县寄庄。

外部形势。5—9 月，爆发第二次"二刘大战"，又爆发刘邓毗河之战；9 月，此战结束，标志着四川军阀混战时代的终结，刘湘成为"四川王"。

经营大事。(1) 6 月，成都中行总收入达 28.48 万，摊销历年累积账面旧亏 4 万，摊销历年兑换亏耗 10 万元，当期实际亏损只 7 万余元。7 月，刘文辉二十四军离开成都前，向银钱业公会派垫款 8 万余元，勒令中国、聚兴诚两行再垫 4 万元。乐山也因战事紧迫，各银行、商号暂停营业。(2) 6 月，刘湘由重庆到成都后，所属部队、机关带去大批钞票，虽布告通令市面流通，但成都市民因受纸币为害已深，拒绝行使，换钱业全体罢市。经各方协议，由中国、聚兴诚两行代为兑现，形势才渐缓和。(3) 8 月 25 日全省地震，我行人多屋少，同人尤苦热不堪，每日仍将对外对内事宜办毕。(4) 经营损益情况不详。

挤兑风潮。4 月，成都中行因二十四军派川财政厅长清查金库存款之事件误传，于 18 日发生挤兑，经该行向沪、渝两行调现，并请本市十家行庄代兑，面省府财厅及蓉市银钱业公会布告市面及登报辟谣，至当月 24 日挤兑风潮平息。7 月，成都中行与聚兴诚银行同时发生挤兑，幸各银号代为兑现，遂告无事。10 月，成都中行因左邻公济银号当天停业，引起顾客误会造成挤兑，全天兑出现金 10 余万元。次日公济开门，误会消除，风潮平息。

（二）川行早期 19 年经营特征

从四川中行早期经营形势及经营情形，可以清晰地看出四川军阀混战时期川中行的创业特征。

1. 渝属机构停业歇业为常态且整体降格 8 年

（1）渝属机构以停业及歇业为常态。1917 年，自流井、五通桥机构歇业，泸县机构被撤销，成都中行在 4 月和 7 月两次停业。1919—1920 年，万县、潼川、自流井、五通桥等处因川局纠纷迄未复业。1921 年，自流井、潼川、五通桥等处因川局纠纷迄未复业。1922 年，自流井、五通桥、潼川改为收税处，处于歇业状态；成都、万县两支行一时难以恢复旧观，均暂改办事处。1923 年，万县、自流井、五通桥、潼川机构，仍处于歇业状态。1924—1928 年，成都、潼川、自流井、五通桥、万县各办事处均以时局不靖，只能维持现状，难以发展。1929 年，万县办事处随汉口分行裁撤而裁撤，渝属机构仅剩成都办事处。1930 年，渝属机构仅有成都、重庆、潼川三家未停业。

（2）渝属机构整体降格长达 8 年之久。1922 年 7 月至 1929 年 12 月，中行总处因时局一时不易底定，便于不靖地点缩小范围，使川境中行各机构规格整体下调等级，分行改支行，支行改办事处，自流井、五通桥、潼川支行改为收税处，同归属于第三区域行汉口分行管辖。

2. 军阀混战给渝属机构经营带来了艰难险阻

（1）成都中行遭遇艰难险阻之经历。因成都为川省政治中枢，处于军阀割据与混战之最激烈中心，战事最烈，金融枯竭。1916—1933 年军阀连绵混战过程中，1916、1917、1918、1920、1923、1925、1932 年之战事，均以成都为争夺之最激烈中心，并在 1917 年和 1932 年酿成四次成都巷战；成都军阀割据之"三军共管成都"形式亦最为独特，加重了对成都人民的盘剥；我国币制紊乱，然各省终不若四川之甚，川省内又以成都为最复杂，成都货币种类繁杂令人观之目眩。与此同时，成都中行先后于 1915 年 5 月 20 日，1916 年 5 月 16、26 日，6 月 3、7、25 日，7 月 13、15、16、17 日，1917 年 7 月 5 日，1918 年 1 月 15 日、2 月 23 日，1925 年 4 月 20 日，1932 年 6 月 4 日、12 月 15 日，1933 年 2 月 4 日、7 月 8 日等，数十次被各路军阀强提硬借款项多达数百万元；1915—1933 年的 19 年中，成都中行无经营迹象或少经营迹象的年份长达 8 年之久，只有 1915 年及 1918 年上半年有盈余的史料记录，其余 17 个年份大都是亏损。

（2）泸县汇兑所遭遇艰难险阻之经历。因开业当年亏损，次年又因"避战暂迁重庆，返所营业时行址被护国军中国银行占去，求退不允，只能另觅房屋，略为布置继续营业，税款无收，库存如洗，只得清理前期事务"而再度亏损。从 1917 年下半年起该所即被撤销，直到 1933 年 6 月再设立寄庄时，被撤销时间长达 17 年之久，这与狭义上的四川军阀混战时间几乎是重合的。

（3）自流井分号遭遇艰难险阻之经历。1915 年 8 月 6 日成立，当年有盈利；1916 年在册经营，年末亏损；1917 年—1918 年因川局扰攘而停业；1919 年改为支行，迄未复业；1920 年营业亦未恢复；1921 年降为收税处，因川局纠纷，迄未复业；1922—1923 年仍处于歇业状态；1924—1927 年改为办事处，因时局不靖，营业清淡，仍难发展；1928 年再降为收税处，不做存放业务，只略做汇款业务，尚能维持现状；1929—1931 年停业或歇业；1932 年奉上海总行命令裁撤，直到 1934 年再设自流井寄庄，1935 年改为办事分处。

（4）万县分号遭遇艰难险阻之经历。1915 年 7 月 4 日成立，当年有盈利。1915—1917 年为代理金库时期，未十分注重营业，故损多益少；1918—1920 年，川局紊乱，因代理金库关系，军阀强迫提款，业务未能进行，致此三年间结损 4 万余元；自 1921 年改归汉辖以至 1923 年，亦因军事关系，业务无大进步，此三年间比前进步，只损 1000 余元；1924—1925 年为万县办事处着手营业时代，存汇渐有起色，汉行亦加援助，此三年间结余约 3 万元；1927—1929 年因汉行关系，业务停顿，遂于 1929 年被裁撤，此三年间结损约 6 万元。总之，万县被裁撤原因，不外军政借款，难以拒绝，历年积欠，无法清偿（积欠约 8 万余元），加以时局杌陧不定，业务计划未由进行。直到 1932 年 5 月，万县办事处才复业。

3. 渝属机构在艰危局势中寻缝隙之机而盈利

总的来说，在上述 19 个年度中，明确盈利年度有 9 个，明确亏损年度有 4 个，可推断盈亏年度有 3 个（即两亏一盈），损益不详年度有 3 个。

（1）川行在 19 个年度里仍有 10 个年度能够盈利。

在 19 个年度里，明确盈利年度有 9 个，可推断盈利年度有 1 个；即便是将损益不详的 3 个年度均认定为亏损，那么四川中行仍有 10 个年度是盈利，而且大部分盈利年度都伴有战事的发生，足见其难能可贵，其中：

——1915 年，渝、成、万、自四个机构的营业时间，最长 11 个多月，最短 4 个月，但当年均有盈利，渝行当年营业 11 个月，纯益 11.84 万元；

——1916 年，长达半年多的护国讨袁之战事背景下，渝行纯益 0.51 万元；

——1918 年，四川靖国战争于是年 2 月底结束，年末渝行纯益 4.1 万元；

——1925 年，4—9 月统一之战和倒杨之战背景下，渝行"尚能获利"；

——1926 年，1—5 月联杨驱袁之役背景下，渝行"尚能获利"；

——1927 年，4—12 月武汉之战、驱刘倒赖之役背景下，渝行"尚能获利"；

——1928 年，4—9 月讨杨逮吴之战，10—12 月下川东之战的战事背景下，渝行"尚能获利"；

——1931 年，2—5 月北道之战背景下，渝行"纯益较历年增多"；

——1932 年，第一次"二刘大战"附刘田省门之战背景下，"渝行及成都支行，立于敌对双方势力范围之内，逼借勒索，在所不免，当地同人，苦心应付，幸无特殊单独损失"。

（2）各机构能够在艰危局势中寻缝隙之机而盈利。

1915—1933 年期间，对于以停业或歇业、机构升降为常态的渝辖所属分支机构，其寻缝隙之机而盈利的史实，由下可略知一二：

——1927 年，在武汉之战、驱刘倒赖之役等战事背景下，渝支行营业稳健，尚可获利；潼川办事处购买潼渝汇票，酌做短期放款，亦有微利可沾；

——1928 年，在讨杨逮吴之战、下川东之战等战事背景下，渝支行营业向以稳健为主，尚能获利；万县办事处因承汇关款，做沪渝期票，微获余利；潼川办事处因川老半元突被四乡茧户拒不收用，以致价与大洋相差悬殊，潼处因存有该项货币，致受损失，幸利息、汇水二宗尚获盈余；自流井、五通桥收税处，不做存、放业务，只略做汇款业务，尚能维持现状。

（3）川行在 19 个年度里明确亏损及可推断亏损年度有 6 个：

——1917 年，因川滇刘罗之战、川黔刘戴之战、驱逐滇黔军之战共持续 8 个月，加之军阀强提硬借款项颇多，其损益情况应推测为报亏；

——1923 年，北军与省军反复争夺重庆，损益应推测为报亏；

——1920 年，在倒熊之战、靖川之战背景下，渝行纯损 16.76 万元；

——1921 年，在驱刘之战、川鄂战争背景下，渝行纯损 37.09 万元；

——1922 年，在一二军之战背景下，渝行纯损 14.997 万元；

——1924 年，在四川讨贼之南北大战背景下，渝行"稍受亏耗"。

（4）川行在 19 个年度里损益不详年度有 3 个。

——1929 年损益不详，是年曾有刘文辉对战军官系之上川东之战；

——1930 年损益不详；

——1933 年损益不详，是年曾有第二次"二刘大战"附刘邓毗河之战。

第三章

川政统一时期四川中行成长发展（1933—1937）

二刘大战结束，刘湘统一全川，标志着四川省 17 年军阀混战的终结。1933 年 9 月至 1937 年 7 月，在刘湘主持川政，并与中央入川势力的政治博弈过程中，四川军政局势处于基本统一时期。这也为川中行发展提供了相对有利的外部环境，川中行把握机遇，在业务发展和文化培育等方面取得了长足进展。

第一节　川政基本统一时期之内外形势

一、川政基本统一时期外部形势

四川军政局势基本统一，既指 1933 年 9 月二刘大战结束后，四川省内部军阀势力形成以刘湘为首的"一大数小"相对均衡的军政势力格局，还指二刘大战后两三年间，四川经历了从防区制割据渐进走向政治、经济、金融的"中央化"改造过程。这就是川中行继续创业的地域性外部环境。

所谓"一大数小"相对均衡的军政势力格局，"一大"指第二十一军刘湘部战后实力增强，防区扩大，为四川各军之冠，防区达 69 县之多，面积约全省三分之一强，且有巫峡泸城之险，内江之糖，富顺之盐，重庆万县之商业，颇多富庶之地，且川东一带实扼长江上游之咽喉，于是该军遂在四川称霸。"数小"，一指第二十军杨森部仅有 4 万余人，防区亦不过顺庆等五六县，且顺庆又为各军共同驻防区域，财政为各军均沾，仅行政权属二十军，故势力颇为薄弱；二指第二十九军田颂尧之防区在川西北占 19 县，因该地一带财政不裕，故其军费颇形支绌；三指第二十八军邓锡侯奄有松潘、茂县方面 20 县防地，但双流、新津二县则为该军与第二十九军及李其相师之合驻地，该军亦因未得地利，故其立场颇为困难；四指第二十四军刘文辉部战败后，全部退至川康边境，其防地以雅安为中心，川内尚有 14 县，余为西康全土，正尽力经营西康省，但康地尚未开拓，故经费颇感困难，已无力左右川局矣；五指新编二十三师罗泽洲部及新编第六师李家钰部皆为四川军人中之后起者，防地甚少，其势力实不足轻重也[1]。

1935 年 1 月中央势力入川以前，四川省还处于"由乱到治"的过渡期，川中行机构仍受到军阀的干扰。如，1934 年 2 月中旬，兵工厂前总办以作废存单向重庆中国银行索款 5 万元不遂，又因杨荣向师长之军需向成都中国银行估取，在武装压力下，行方同意杨借 5000 元了事。三台中国银行也因催收 2 万余元贴放款，与军队、团防发生纠纷，主任及行员一人被打伤，因而停业。后经当地军政商界调解，才告平息。又如，1934 年 8 月 1 日，四川善后督办公署下令组设四川地方银行兑换券准备库，委托中国、聚兴诚、市民、商业、川康殖业、平民、美丰、川盐、四川地方九家银行共同管理，专司发行、保管事宜，后因二十一军提用钞券及洋水高涨而失去作用。自 1935 年 1 月中央势力入川以后，"川军国有化""政治中央化"拉开了大幕。

（一）中央势力入川及控川之历史经过

早在北伐时期川军易帜时，川军名义上归属国民政府统辖，然其军阀本质没有改变。由于当时蒋介石尚无力深入四川，就利用各军对立，多方挑拨，以便从中操纵，表面上希望四川统一和平，实际上是"以毒攻毒"。这种治川之策略，一直延续到二刘大战结束之时。

1. "反共图川"双管齐下策略的由来

1933 年 9 月后，四川省形成了以刘湘势力独大，而邓锡侯、田颂尧、李家钰、杨森、王陵基、刘存厚等势力均较小的相对均衡的军事势力格局。与此同时，红四方面军已发展到 5 个军 8 万余人，建立了纵横四五百里，面积 4.2 万平方公里，人口约 600 万，辖 23 个县和一个特别市的红色政权。1934 年 10 月，中央红军突围西进，开始了举世闻名的二万五千里长征。蒋介石却乘阻击红军长征之机，将其势力伸进四川。被蒋介石委为"四川剿匪总司令"的刘湘，率领川军大小头目在对入川红四方面军的阻击中，接连遭到惨败，弄得损兵折将，财政枯竭。蒋介石乘此时机，将中央军事力量插入四川，"反共图川"双管齐下的策略由此发端。于是，蒋介石趁机电邀刘湘到南京面商机宜，刘湘则于 1934 年 11 月 12 日由重庆乘轮东下，到南京

向蒋介石乞援。1934 年 12 月 20 日，蒋介石任命刘湘为四川省主席和川康绥靖公署主任，并授权刘湘统一四川军政，统一指挥、节制川军，又拨 500 万元"剿赤"经费和补充枪械弹药，还特准刘湘发行四川善后公债 7000 万元。然后，蒋介石提出派 10 个师分别由川东、川北两路入川协助作战，并将入川"中央军"及四川各军，统归刘湘指挥调遣，以此将军事力量插入四川。刘湘怕蒋军入川，动摇他在四川的霸主地位，遂以不担任总司令予以拒绝。蒋介石不愿把问题弄僵，只好暂作让步，与刘湘商定，改派参谋团率别动队入川，指导监督四川的军务，并以刘湘的速成学堂同学贺国光为参谋团主任，由此做成这笔政治交易。

2."川军国有化""政治中央化"过程

1935 年 1 月 12 日，国民政府军事委员会委员长南昌行营驻川参谋团以指导川军抵抗红军为由，由贺国光率队进抵重庆，中央势力由此入川。贺国光到川的任务，除围堵红军之外，最重要的就是整理四川各军，统一中央军政命令。历经数年的"川军国有化""政治中央化"的军政改造过程，由此拉开了序幕。

1935 年 2 月 10 日，四川新省府成立，刘湘任主席，发表治川政见，宣布废除实行近二十年的防区制，川中各军表示愿意交出原防区内政财两权给省府，川政统一。蒋介石为控制四川地方军阀，于 3 月 2 日飞抵重庆，3 日即手令各军："本委员长已进驻重庆，凡我驻川、黔各军，概由委员长统一指挥。如无本委员长命令，不得擅自进退。"蒋以一纸手令，便将刘湘的军事统率、指挥权夺走。5 月中旬，中央红军渡过金沙江后，蒋介石调多支嫡系部队进入四川，形成中央军控制四川的局面。6 月，驻川参谋团着手川军第一期整编，7 月 15 日，中央核定四川军队缩减 100 团（原 300 余团），限 9 月底整编完竣，年省军费 2000 万元。8 月，参谋团又成立点验委员会，点验川军，核实名额。11 月 1 日，蒋介石亲自主持，将南昌行营驻川参谋团改为军事委员会委员长行营，以顾祝同为行营主任，杨永泰为秘书长，贺国光为参谋长。蒋介石的行营，名为辅助刘湘统一川、康两省，实则已把川、滇、黔的政治、军事、经济大权揽入手中。面对蒋介石势力入川，在政治方面，刘湘在改组省政府时，尽量任用自己的亲信，同时宣布废除近二十年的防区制，原防区内一切政权交给省府。在军队方面，刘湘仿效蒋介石组织黄埔同学会的方法，健全原先已有的松散组织武德学友会，作为团结、考核、控制军队的工具。同时，着手联络民主人士和共产党人，共同抵制蒋介石。其后，刘湘在武德学友会的基础上，又组织核心组织"武德励进会"，自任会长。该会对外保密，会员全为实职营长以上亲信军官；该会在川军中每团设有小组，起着团结、监视、控制部队，并防范蒋介石收买部队将领等作用。1935 年 7 月 13 日，四川省政府自重庆移至成都。11 月 22 日，刘湘当选为国民党第五届中央执行委员，12 月 21 日又任四川省主席。

1936 年 1 月，国民政府令第二十军杨森部直接归军委会委员长重庆行营指挥。7 月，川军第二期整编开始，"川军裁减百分之二十，以后各军的团长以上人员由中央派人"，军政部派员点名发放军饷。11 月 19 日，国民政府决定四川善后督办公署和四川"剿匪"总司令部同时撤销，成立川康绥靖公署，任命刘湘为主任。12 月 8 日，任刘湘为第六路军总司令，邓锡侯为副司令，统四川各军。

1937 年 4 月 14 日，军委会委员长重庆行营代主任贺国光到成都，与刘湘商川事六方案，刘湘表示"愿将军政军令交还中央，并愿将川军一律国军化"。5 月，刘湘电京接受整军方案。6 月 22 日，军政部长何应钦以川康军整理方案十一条电达川康绥靖主任刘湘，军队直隶中央统一经理。6 月 25 日，刘湘电蒋介石及何应钦表示同意整军方案。6 月 29 日，行政院决议刘湘任川康军事整理委员会副主任委员。7 月 6 日，川康整军会议在重庆开幕。

3. 蒋介石借刘湘之手拉垮刘湘之势力

"川军国有化"及"政治中央化"的整个过程，本质就是"蒋介石借刘湘之手拉垮刘湘"的过程。蒋介石为宰割四川地方军阀，先使刘湘军事集团取得川省军政大权，委刘湘为四川省政府主席，加深刘湘与其他军阀的矛盾。果然，刘湘运用手中权力，吞并、收编了四川保定系、军官系的部队，并限制其发展，规定各原防区官吏须经省政府考试合格后予以委任。各军原来所把持的权力完全被刘湘夺走，这就引起邓锡侯、田颂尧、刘文辉、孙震、李家钰、罗泽洲的不满和反对。蒋介石即利用刘湘与其他军阀的矛盾，借刘湘之手来击拉垮刘湘。

第一，分化与收买川军。蒋介石升任刘湘的师长唐式遵为第二十一军军长，王赞绪为第四十军军长，潘文华为第二十三军军长，升任四川军官系头目李家钰为第四十七军军长，保留了杨森的第二十军、刘文辉的第二十四军、邓锡侯的第四十五军、孙震的第四十一军军长的职务。这便使唐式遵、王赞绪、潘文华三师长脱离了刘湘，在川军中独树一帜，起到了相互牵制的作用。而杨森、孙震和李家钰也都得到好处，便俯首帖耳地投入蒋介石的怀抱。

第二，通过整军削弱川军。蒋介石明令川军于 1935 年 7 月 15 日前一律缩编三分之一。全川由 336 团缩编为 270 团，每年军饷由 5980 万元减为 4000 万元。并在整军会议上，规定各军团长以上人员，统由国民党军政部委派，军饷在国税项下开支，交川康绥靖公署转发。这样便在人事财权上把刘湘架空了。

第三，控制川省财政与金融。为从财政上搞垮刘湘，蒋介石在重庆的行营，除管军政外，还设立财政监理处，把刘湘的地方银行改为四川省银行。将税收分为国税与省税，国税为关税、监税、印花说、烟酒税、矿税等，由蒋介石的南京政府征收，刘湘不能染指；省税为田赋、屠宰脱、契税、营业税、房捐等，归省政府征收。而税务执行预算等，概由重庆行营财政监理处审核发放，使刘湘在财政开支上不可能随心所欲。烟税是四川军阀的经济命脉，这项税收也被蒋介石的禁烟总会夺去，致使刘湘等军阀的财源大减。1935 年 11 月初，蒋介石又以国民政府财政部的名义，规定中央、中国、交通三银行发行之钞票为法币，所有完粮纳税及一切公私款项之收付款概以法币为准，不得使用其他货币。这样，蒋介石就捣毁了四川大小军阀所设的制币厂，废除了他们发行的钞票、债券，用法币换取黄金、白银。

（二）国民政府整理四川省财政及金融

1933 年末，四川省流通中硬币约 7000 万元，各种纸币约 5000 万元。其中，在成都流通的硬币有四十余种，在重庆多达五六十种，劣质硬币约占半数。1934 年 9 月，四川地方银行发行的纸币（简称"地钞"）总额为 3723 万余元，挤兑现象时有发生。1935 年 1 月，中央势力进入四川的同时，也拉开了调查与整理四川省财政及金融的大幕，到 11 月基本完成对四川省财政金融的调查与整理。据田茂德等的《辛亥革命至抗战前夕四川金融大事记（初稿）》等史料的记述，国民政府 1935 年整理四川省财政金融之大事记如下。

1 月 13 日，蒋介石为控制全川财政金融与货币，在重庆设四川财政特派员公署，以陈绍妫、谢霖甫为特派员，此后国省两税划开。

3 月 25 日，中央银行重庆分行成立，杨晓波任经理，开始在渝、成、万等地设行发钞；同时受命整理地钞，通告各商业银行停止发行并收回所发纸币。27 日，据中央银行总秘书调查显示，四川省地钞发行总数为 33076841 元。

4 月 4 日，四川省政府令各商业银行限半年内收回所发纸币。

5 月 1 日，中央银行重庆分行公告：即日起发行"重庆"字样的兑换券，随时兑换，并由四川省政府布告全川行使。该行不分地名的辅币券及上海兑换券，可办理平汇。28 日，四川善后办公署训令二十一军军部收回所发粮契税券，其他各军所发粮契税券由各军自行收回。币制金融统由四川省政府主办。四川省府并函请四川财政特派员督署取缔二十八军发行粮契税券的广告。

6 月 1 日，四川省政府规定各税收机关除中央、中国、地方三行纸币外，其他杂钞一律拒收，并于 29 日通令三行钞票视同现金行使。

6 月 8 日，中央银行重庆分行运到中央造币厂新铸的铜、镍质辅币 76 万余元，在重庆发行（13 日在万县发行，15 日在成都发行）。

6 月 14 日，四川省府公布整理地钞办法，自 6 月 15 日起，地钞与中央渝钞同价行使，汇兑、公私交易，地钞与中央钞一律通用，地钞仍由准备库兑现。截至当日，地钞流通额为 3200 余万元，准备金却只有 3.38%。

7 月 13 日，国民政府公布财政部拟定的整理四川财政金融办法，决定发行民国二十四年整理四川金融库券 3000 万元，以川省统税、印花、烟酒税为基金，作为整理地钞之用。

7 月 16 日，蒋介石为控制四川财政金融，下令成立军事委员会委员长行营驻川财政监理处，以关吉玉为处长，刘航琛为副处长。川境国省两税及一切度支均归其监理决定，并由中央银行重庆分行于是日起组织联合公库执行。

7 月，四川善后督办公署令各部队、各军事机关：经呈军事委员长核准，自本月起，川省各军饷款统由行营设立的财政监理处筹拨。

8 月 1 日，整理四川金融库券于是日起发行，发行原因是整理四川金融，便利"剿匪"进行。18 日，中央银行成都分行开幕，杨孝慈任经理。

9 月 20 日，中央银行重庆分行通告：自 9 月 20 日起至 11 月 20 日止，凡持有四川地方银行钞票者，得以十元向重庆、成都、万县本行所委托的省内各银行、钱庄调换中央本钞八元，逾期不准行使，川省将一律行使中央银行钞票。

9 月，国民政府改组四川地方银行，成立"四川省银行"，经国民政府批准，该行分两批发行面额为五角的法币辅币券 1000 万元在市面流通。

11 月 4 日，国民政府颁布金融改革令，全国实行法币制度，即废止银本位制，采用纸币制的一次币制改革。以中央、中国、交通三银行（次年 1 月增加中国农民银行）所发行的纸币为法币；一切公私收付概用法币，不得使用现银；其他银行发行的纸币，一律不许增发，并在规定限期内，以中央银行纸币代替。禁止白银流通，并将白银收归国有，移存国外，作为外汇准备金；规定汇价为法币 1 元等于英币 1 先令 2.5 便士，并由中央、中国、交通三银行无限制买卖外汇。

总之，1935 年国民政府通过在重庆设立行营驻川财政监理处，将川省之国省两税划开，国税由南京政府征收，省税归省政府征收，烟税则被禁烟总会夺去，且川省税务执行预算概由财政监理处审核发放，由此使川省财政开支再不能像军阀割据时期那样随心所欲。同时，成立中央银行重庆分行，受命整理地钞，一方面按面额八折收销地钞，逾期一律不准行使，另一方面以国民政府财政部名义，规定中央、中国、交通三银行发行之钞票为法币，所有完粮纳税及一切公私款项之收付款概以法币为准，不得使用其他货币，这就捣毁了四川大小军阀所设的制币厂，废除了他们发行的钞票、债券。到实行法币制度时，国民政府整理四川省财政及金融之目的业已达成。

（三）民国时期全国及川省之经济峰值

就川政基本统一时期的全国经济形势而言：南京国民政府自 1927 年 4 月成立，1928 年 12 月东北易帜后成为代表中国的合法政府。国民政府完成了全国形式上统一的同时，西方世界爆发了大规模的经济危机，列强后院着火自顾不暇，使中国获得了一个相对稳定的发展环境，民国政府展开了一系列恢复国民经济措施，迈开了发展经济的步伐，达到近代较高水平。因而有"黄金十年"一说①，即专指 1927—1937 年间国民政府执政时期，大部分经济领域都获得了长足进步，金融领域数项重大举措都取得了令人瞩目的成果，尤其是财政措施极为成功，包括关税自主、裁撤厘金、发行公债、改组银行以及币制改革。随着经济的发展，其他各行各业（如教育、医疗等）也进步明显。

1936 年，各项经济指标达到中国近代历史最好水平，当年电力工业增长 9.4%，煤炭工业增长 7%，水泥工业增长 9.6%，钢产工业增长 40%。再据 1936 年的国民政府发布的《国民经济所得》中的统计，中国 1936 年的 GDP 总值为 259 亿法币，日本的 GDP 总值为 137.9 亿美元。根据当时的美元汇率换算的国民政府的 GDP 总值为 60 多亿美元，差不多是日本的一半。然而，日本从明治维新开始，经济就一直在稳健地发展，而中国经济一直是在战乱中发展，是在北伐、中原大战、"九一八事变"等军事战斗不断的情况下取得的。尽管中国当时的经济有了一定的发展，相较于当时的欧美列强等国还是很差的，但也正是得益于这十年的经济发展之生聚，抗战胜利才有一定的经济基础。

二、川政基本统一时期内部形势

中国银行总经理张嘉璈为将中行各分支行处的工作导入新常态，从 1933 年起奔波全国视察行务，以一种开明家长式的思想模式培育中行公司文化。到 1935 年 3 月，中行再次改组，张嘉璈被迫辞职，但由于张嘉璈在任六年半期间艰苦创业所打下的坚实基础，到 1937 年全面抗战爆发之前，中行仍迎来了经营大发展。这就是川中行所面临的内部环境。

（一）张嘉璈力将中行工作导入新常态

张嘉璈曾用"建造中行房屋"的形象比喻，将中行自 1912 年成立到 1933 年的创业历程分为四个阶段。

---

① "黄金十年"一说，最早是由驻华美军指挥官魏德迈提出来的，后被台湾史学界广泛使用，专指 1927—1937 年间建都于南京由中国国民党领导的国民政府执政的时期，交通进步，经济稳定，教育推广，其他方面也都有进步，达到近代较高水平。

第一，1912—1927 年，好比"定屋基与立屋柱"，亦指积淀了文化基因，通过确定中国银行条例、招商股，奠定本行的基石；继则整理京钞，以及整理曾经停兑的各行；次则扩展各重要的分行，由此完成了对中行的近代化改造。

第二，1928—1932 年，好比"研究建造新图样"，指 1928 年中行改组为政府特许国际汇兑银行，张嘉璈就任中行总经理。为适应中行改组为政府特许国际汇兑银行的需要，张嘉璈历时 10 个月走访 18 国，为确立新的发展战略和文化框架做充分调研，于 1930 年提出了中行"服务大众，改进民生"的报国使命和"三方同乐，同为模范"的立行使命宣言，以及行员训练理念和培育"团体精神"等理念，完成了战略转型的全面设计与公司文化的基础建构。

第三，1931—1932 年，好比"重建中行新屋第一层"，指这两年按照新的战略和文化，对中行总处进行六项改革：推出中国银行新一轮《会计内规》；重新调整中行总管理处内部组织，设立业务管理室、总账室、人事室、检查室、经济研究室、秘书室六个管理单位及国外部与信托部两个营业单位；积极着手扩充中行国际汇兑业务；推进经济研究工作；建立人事制度，注意行员职务训练与精神修养。以此"改善服务，注重信用，巩固行本，开拓业务"。

第四，从 1933 年起，开始"再建中行新屋二三层"，即用新的战略及文化重建各分支行处，似"旧屋新修一样，加倍吃力"。在他看来，"每每不辞风尘，奔波全国，唯一的目标是想把全国的分支行处，整顿得个个健全，务使根基稳固，努力求其进步之实现"。而且，他亲于教诲，魅力感人，成为中行公司文化的布道者、传播者、感召者、激励者。

总之，由于张嘉璈的力行倡导，各级管理者的积极推动，广大行员深刻认同，中国银行逐渐形成了一整套企业文化核心价值体系。事实证明，在 1928 至 1935 年，张嘉璈在改组时期，把中国银行办成了一个近代化、国际化的大银行，各项业务都居全国金融业的首位，且使中行进入了国际金融市场并享有很高的声誉，为中国金融界的近代化开创了范例。

（二）中行再次改组与张嘉璈被迫辞职

1927 年 4 月，南京国民政府成立。财政部长宋子文提议将中国银行改组为中央银行，政府股份多于商股。但这与张嘉璈坚持的银行独立性理念不合，因此婉言谢绝。虽然蒋介石对此很是不满，但奈何刚建立的南京政权羽翼未丰，仍需江浙财阀的支持，只好考虑张嘉璈的建议，成立新的中央银行，中国银行调整业务方向，改组为政府特许的国际汇兑银行，由于政府一时无力归还旧欠，保留了中国银行的发行权。1928 年 10 月，中国银行被迫实行改组，加入官股 500 万元，又恢复了官商合办。在中行改为特许国际汇兑银行后，张嘉璈陆续到欧美、日本考察银行制度，并筹集外汇资金、设置海外机构，同时健全会计制度、选用专业人才、改革人事制度，使中国银行逐渐与国际接轨。到 1934 年，中国银行的存款已达 5.4 亿元，占全国银行存款总额的四分之一，发行纸币占全体的三分之一，放款 4 亿元，建立国外直接通汇处 60 多个，特约代理店 90 多家，国际汇兑成为中国银行主要业务。1933 年 11 月，孔祥熙出任财政部长后，每月筹款，弥补收支不足，必须向中央、中国、交通三行通融借款。中央银行虽在财政部掌握之中，而实力较逊，中国银行实力虽丰，唯不能事事听命，取求如意。于是极策划增强中央银行的实力，并把执金融业牛耳的中国、交通两行吞并过来。

1935 年，国民政府开始实行金融统制政策。3 月 28 日，国民政府以财政部向中国银行发布训令的方式，将中国银行官股股本由 500 万元增至 2500 万元，股本总额由 2000 万元增为 4500 万元；指派宋子文为中国银行董事长，任命宋汉章为总经理，原总经理张嘉璈调任中央银行副总裁。南京政府的这次巧取豪夺，使中国银行业商业化经营的黄金时代终结。1935 年 4 月 1 日，中国银行成立新的董事会，张嘉璈在日记中记述了他的感怀："因在行二十三年，几于年年在奋斗中过生活，与事斗争，即不免牵入人事恩怨。所幸为国家已树立两大财政金融工具之信用：一为公债，二为纸币。为金融界已建立一近代化之金融组织，为中国银行已奠定坚固不拔之基础。眼看国难迫在眉睫，何可因小愤而害大局。且因人事斗争，更难登大雅之堂。况天下无不散之筵席，手栽的美丽花枝，何必常放在自己室内，能让人取去好好培养，何尝不是一桩乐事。所惋惜者，自国民政府成立后，希望以中行之力，辅助政府建立一完善之中央准备银行，一面能永保通货健全，一面领导公私金融机关，分业合作，创造一力能发展经济之金融系统，庶几内有资金充沛之金融市场，外具诱导外资之坚强信用，足以追踪经济发达后进之日、德两国。此志未遂，斯为憾事。"张嘉璈脱离中国银行时，全体同事不免怅然若失，只能以继续维持中行"高、洁、坚"的传统精神相勉励，以不辜负张历年建设中行的苦心孤诣。以上就是川中行所面临的内部形势。

第二节　张嘉璈视察四川中行全景史叙

1934 年 4 月 28 日，在四川军阀长期混战刚刚结束并步入川政统一时期之初，中国银行各行处正在将各项工作导入新的战略框架及文化常态的时点上，总经理张嘉璈一行数人从上海乘轮出发，溯江西上，开启了视察四川中行行务之行程，至 6 月 11 日再返上海，历时 45 天行程 12751 里。5 月 7 日进入四川境内，至 6 月 6 日离川，在川逗留时长 31 天，行程 6469 里。在逾百年行史之中，张嘉璈乃以中国银行总经理身份赴川视察行务时间最长之人。此次视察效果甚为满意，被时人称为"一场喜事"。本史试以六种叙事方式，梳理张嘉璈在四川考察期间的经过及言行，展现此行之全景史况，从中窥视中行早期企业文化建构之经过。

一、因缘而起：张嘉璈四川之行缘由

不解之缘，比喻不能解脱的联系或关系。张嘉璈此次四川之行，无论是对川行员工，还是对张嘉璈本人而言，都是一种十分难得的机缘。

（一）缘起离沪调渝，还有川省血统

1916 年，年仅 28 岁的张嘉璈迎来了人生的第一次惊涛骇浪。5 月，袁世凯政府为弥补财政亏空，下令中国银行和交通银行对所发行的纸币及应付款项一律不准兑付，上海中行经理宋汉章、副经理张嘉璈以"宁可刑戮及身，不忍苟且从命"之决心，拒绝执行"停兑令"，从而树立了诚信至上之银行的光辉典范。中外报纸纷纷报道，称张嘉璈和宋汉章是"有胆识、有谋略的银行家"，赢得了"不屈从北洋政府的勇士"的称号。同年 6 月，徐恩元兼署中国银行总裁，因对张嘉璈在抗拒"停兑令"中的表现不满，于同年 12 月 7 日下令调张到重庆分行任经理，所遗职位由上海中行襄理胡善登升任。因渝、沪两行之重要性无法相比，该令有明升暗降之意。调职命令发出后，引发了一场反对张嘉璈"离沪调渝令"的风潮。

第一，张本人不愿就新职，胡亦表示不就副经理职，宋汉章经理则认为徐恩元此举是为了报复张嘉璈在抵制停兑令事件上之所为，愤而提出辞职，同时致电财政部总长陈锦涛，要求他出面制止徐恩元的不当行为。

第二，政界、财界的风云人物梁启超、唐绍仪、张謇、虞洽卿等人也分别对张嘉璈调渝之事表示反对。他们致电国务总理段祺瑞和财长陈锦涛等，认为张嘉璈在中行任职期间，成效卓著，商界信任，徐恩元调其职一举，恐系别有用心，要求政府令徐恩元收回成命。

第三，中国银行商股联合会联络上海商界提出挽留宋汉章、张嘉璈，并以股东会名义致函宋、张，要求他们不得擅离职守，若商股股本有丝毫损失，应由二人负责；同时表示，所有北京中行在上海中行的存款 230 多万元，未得该会同意，一概不得支付；如北京总行不尊重他们的意见，他们将撤出在中行的股份。

起初，财政部和徐恩元对上海中行的反对不以为然，并指责中行股东联合会为非法组织，无权干涉行务。中行商股联合会乃向上海地方审判厅提起诉讼，而地处租界的该审判厅为北京政府所鞭长莫及。该厅受理此案后，宣判按股东已交商股231.25万元的比例，命对上海中行在存款项下提存等额现洋进行假扣押。时值1916年年关将近，沪市银根日紧，上海中行更换副经理一事，引发法院对存款进行假扣押。消息一出，沪上市面更为恐慌，提款兑现量日渐增加，一场金融风暴又是一触即发。正值徐恩元调张嘉璈职的命令在上海中行及工商界的反对下无法实行时，四川省长戴戡表示，前重庆中行经理唐瑞铜工作素著成效，请求中总行继续以唐为渝行经理。财政部与徐恩元就此找台阶下，以默许不调张嘉璈，换取上海方面撤销假扣押并不再提退股事，双方体面而和平地解决了此次风潮。

在经过抗拒"停兑令"事件后，上海中行地位几至可与北京总行分庭抗礼，张嘉璈个人在上海金融界和工商资本家心目中的地位亦无人可及。然而，"离沪调渝"风潮，则使北京政府又一次领略了江浙财阀的力量和张嘉璈呼风唤雨的能耐。所有这些，为上海中行与张嘉璈个人发展，打下了进一步的基础。1917年7月，冯国璋出任代理大总统，段祺瑞组建新内阁，任命梁启超为财政总长，任命王克敏暂署中国银行总裁，在梁启超的引荐和王克敏的提议下，张嘉璈于同年7月27日升任中国银行总行副总裁。这就是说，张嘉璈在入职上海中行不到4年时间里，以自身努力与工作成绩，一跃而跻身于中国银行最高领导层，开启了他为期11年的中行副总裁之职业生涯。从人之常情上讲，"离沪调渝"风潮本身，也就使张嘉璈在心中留下了对四川省及四川中行的某种难以名状的牵挂之情。再加上张嘉璈因其祖母是川省人而有川人血统，更使其对四川怀有一种特殊的乡情，即如他入川后所说："兄弟和四川确有深切的关系，我的祖母就是川省人……"

（二）重构中行行本，不落四川分行

从内部机宜上讲，视察川行行务属于张嘉璈将全国各行处工作导入新的战略框架及新的文化常态之必要。他曾用"建造中行房屋"的形象比喻，将中行自1912年成立到1933年的创业历程分为四个阶段，其第四阶段就是：从1933年起开始"再建中行新屋二三层"，即指用新的战略及新的文化重建全国各分支行处之行本，这也像"旧屋新修一样，加倍吃力"。为此，他先后于1933年5月赴长江一带各行及湖南长沙所属行处考察行务；7—8月间，再赴华北一带视察平津各属行务；11月，又经过苏、皖、豫、陕、冀、晋、鲁等七省，以及京沪、津浦、陇海、平汉、正太、胶济、北宁七路，到西北各省调研长达一月。在他看来，"每每不辞风尘，奔波全国，唯一的目标是想把全国的分支行处，整顿得个个健全，务使根基稳固，努力求

其进步之实现"。在此背景下，在恰逢其时的 1934 年春夏之交，张嘉璈终于从上海乘轮船出发，踏上了溯江西上视察四川中行行务的行程。

（三）外部机宜所需，正当恰逢其时

从国内形势看，张嘉璈在近几年遍历各省巡视过程中，沿海都市的繁荣与内地和农村金融枯竭的现状对照，触目惊心，让他深感这个国家的经济已严重畸形，若不加以纠偏，不仅沿海的产业界和金融界将有随之衰落的危机，而且整个社会也面临着被撕裂。1934 年 4 月 5 日，张嘉璈在圣约翰大学同学学术研究会演讲时指出："内地农村破产的结果，亦将影响到上海前途的危机，尤其和上海金融资本方面，有着密切严重的关系。照目前内地情形的不景气，上海的产业界和金融界将有随之衰落的危机，唯一救济办法，是需要上海的有产者立刻送钱、送人才到内地去。"再就四川省情而言，二刘大战结束，刘湘武力统一全川，川政由此进入基本统一时期，中央对"川军国有化"及"政治中央化"的渐进改造也在加紧实施中。而且，四川除了具备当时各省固有之通病，如政治不良、租税负担过重、农民生活困难、购买力减低、输出输入不能相抵、金融枯竭等外，还有其"特殊之病"：一是防区制度。1933 年以前，四川几分为四五国，有二十一军防区、二十四军防区、二十八军防区、二十九军防区，俨然各自独立。甚至租税货币，均各自为政。商货转运，经过一防区，即须征收税项一次。二刘战争终了，但防区制度依然存在。二是田赋重征。各防区因财政困难，每年田赋，可征十余次，平均为七次，而人民不得不勉力担负，其困苦可想而知。三是苛捐杂税。各省均废除厘金，而四川省对于各种货物之通过，几于样样有税。设卡征收，无异变相厘金。四是货币不统一。现各省均改用大洋，独川省有特殊之川洋，成色较大洋为低，每千元约低一百余元，尚有地区行使小洋者。但更重要的是，"以四川人口之众，物产之丰，论其面积，几同德国一国，所以四川一省，当视为上海工业之一大市场。……故一方应有技术人才，多往四川帮助其计划种种建设，一方面俟政治稍稍安定，币制稍稍整理，即可逐渐输入资金，以增加其生产力，此为上海实业界应具之眼光，要之外省人当以深切之同情，多与四川人接近，以尽辅导之责。"总之，在此外部形势下，张嘉璈"久慕四川山水人文地理，差不多二十多年，就是苦于没有机会"。然而，这种冥冥之机缘，终于契合在1934 年即农历甲戌年的春夏之交，尽管"五月素为多事之秋"，然恰逢"本年国内及川省尚相安无事"，"总座得利用之，入川一游，偿二十余年之夙愿"。时年 46 岁的张嘉璈终于开启了他的四川之行。

二、视察行务：川中行迎接检查概况

1934 年 5 月 7 日，张嘉璈一行人乘轮船进入四川境内，至 6 月 6 日离川，在川

逗留时长 31 天，行程 6469 里。其视察行务之行程有以下几个特点。

（一）精英群体尤可见，接待不易可想知

张嘉璈一行四川之行，具有来访人数较多、素质极高、行程较远、时间较长等特点，其接待工作的难度，也就可想而知。

1. 来访者素质极高

1934 年 4 月 28 日，随张嘉璈从上海出发溯江西上的同行入川者有 6 人：上海中行副经理史久鳌、中行总管理处经济研究室代主任格雷、副主任张肖梅；还有张嘉璈的三个师友辈人物：浙江兴业银行董事陈叔通、通易信托公司总经理黄溯初、苏纶纱厂总经理严裕棠。再有，中行总管理处总账室主任刘攻芸，以及总处分区稽核徐维明，二人于 4 月 23 日先期离沪赴渝，后并入张嘉璈一行之检查行务队伍。因此，与张嘉璈一行赴川视察人员实际为 9 人。

史久鳌，字海峰，1888 年生于上海。1912 年，入中国银行上海分行任职员，精通鉴别银圆成色。后升任中国银行上海分行副经理（宋汉章为经理）。

格雷，英国人，曾任英国伦敦银行学会副干事，主持银行学会刊物及银行员教育，有声于时，于 1930 年延聘到行任经济研究室代主任。

张肖梅，宁波人，先后留学美英，是中国最早获得伦敦政治经济学院博士学位者之一，也是民国时期罕见的女经济学博士及女经济学专家。她回国后任职于中国银行经济研究室，成为张嘉璈精英荟萃的智库构成人员之一。创建过中国国民经济研究所、西南实业协会，主编报刊，著述宏富，对我国西南经济乃至全国都产生过重要影响。

刘攻芸，原名驷业，福建闽侯人，1900 年 5 月 23 日生。美国西北大学经济学硕士，英国伦敦大学经济学博士。1927 年回国，在清华大学教授经济学，1928 年在中央大学教授银行学。1929 年任中国银行总会计，1934 年赴川随张嘉璈视察时为中行总账室主任。

徐维明，字广迟，浙江桐乡人，1897 年生。1919 年毕业于北京清华留美预备学堂后，赴美国深造，获哈佛大学硕士学位。1923 年回国，先后任东南大学商科教授、工商银行（总行在香港）上海分行副经理。1930 年，徐就职于中国银行，任总处业务部第一课课长，1933 年任业务管理第二室分区稽核。

陈叔通，名敬第，浙江杭州人。清末翰林，甲午后第一批留日生，曾参加戊戌维新运动。辛亥革命后，任第一届国会众议院议员。曾参加反对袁世凯的斗争。此后，长期担任上海商务印书馆董事、浙江兴业银行董事等职。

黄溯初，原名冲，温州人，溯初是其字，近代实业家、教育家。早年留学日本

早稻田大学学法政，结识康有为、梁启超。他还是一个一路不废吟哦的诗人，据他自称，留学日本时，在诗歌写作上还得到过康梁的指点。

严裕棠，号光藻，沪西严家宅人。19岁进英商老公茂洋行当学徒，继任洋行主皮文斯私人助理，后进公兴铁厂当跑街、副经理。1925年春，合伙租办苏州苏纶纱厂，建立光裕公司，总管大隆、苏纶二厂，实施棉铁联营。

由上可见，9人之中有男性8人，女性1人，外国人1人；中行同人6人，企业人士3人；留洋者7人，获博士学位者2人，获硕士学位者1人。真乃一个高层次、高素质、跨行业、跨文化的精英群体，接待难度可想而知。

2．接待来访人数分段考

5月7日，万县办事处接待来访者人数9人：从上海出发入川者7人；从重庆到万县相迎张嘉璈一行登岸者有2人：刘攻芸先于4月23日赴渝，再于5月8日到万县相迎张嘉璈登岸并加入视察人员行列，还有川行陪同人员周仲眉。

5月11—17日，中行内江、自流井、成都等行处接待来访者人数达12人：张嘉璈、史久鳌、格雷、张肖梅、刘攻芸、陈叔通、黄溯初、严裕棠等8人；还有川行特邀调查糖业专家吴鹄飞，再加川行陪同人员3人。

5月18—20日，嘉定（乐山）办事处接待来访者人数17人：除5月11—17日的12人外，还有中行总处分区稽核徐维明另率重庆分行孙珊、周南、王新华等人，单独检查川行所属各处业务，约好于5月20日在乐山与张嘉璈一行人相会；还有上海银行刘锡耕（由该行派赴四川调查川中商情并暂留中行渝行内），也于5月20日抵乐山，《中行生活》曾在所刊载的刘锡耕照片附注曰："此次同人入川沿途由刘君摄制照片甚多，承惠特谢。"

5月21—25日，陪同张嘉璈登峨眉山的人员总共为14人（见后）。

5月26日，五通桥、叙府（宜宾）办事处接待来访者人数14人：乘民生公司专轮由乐山出发，在经五通桥办事处视察后，再到宜宾办事处视察的行程中，总行一行8人，行内陪同人员3人，行外陪同人员3人。

5月27—28日，总行一行8人，行内陪同人员3人，行外陪同人员3人，乘民生公司专轮由宜宾出发，先经泸县办事处视察后，再到重庆的行程中，徐维明等4人也在泸州与张嘉璈一行会合，共计18人。

与此同时，1934年，重庆中行辖四川境内16个分支行处，员工总数188人，平均年龄26岁。分行本部人员约30人，成都支行本部人员约15人，其余各分支机构平均约为 10 人①；而且"川行人员智识程度，较他省为低；旧的，钱庄学徒出身者甚少；新的，高中毕业者亦不多觏"。这对于距今 89 年、平均人数仅 10 人左右的沿途中行机构来说，在被接待一方人数比接待一方人数还要多的情况下，其接待工作实有捉襟见肘、勉为其力之挑战。

3. 接待者一方人选安排

在来访人数较多、素质极高、行程较远、时间较长的背景下，四川省行周宜甫经理牵头总负责这次接待工作，被沿途检查的各分支机构，其接待工作由各行处自行负责。周宜甫经理精选了素质较高的本行三位"雅人"负责一行接待，即省行襄理张禹九、调研组周仲眉、赵循伯三人为陪行人员。

张嘉铸，号禹九，毕业于美国哈佛大学，是"五四"新文学运动中的"新月派"主要成员，中国国剧运动发起人之一，同胡适、梁实秋、徐志摩等齐名。他主要撰写综述性文章及翻译发表国外的经济、金融方面等著述。1931 年秋，时任中行总处调查课副课长的张嘉铸，被总处派来四川中行考查，旋任川行襄理。

周仲眉，名介寿，字仲眉，后以字行。1902 年出生，原籍贵州麻江，自其祖辈开始迁居四川。自幼在家塾攻读古文，好学不倦，积累了深厚的国学根底，擅作诗文，出口成章。1925 年考入北平交通大学铁道管理学院，1931 年毕业于该学院商理系。其后携妻女回重庆看望父母（其父周宜甫时任重庆中国银行经理），后从父命，并经张禹九的青睐与考察，到川行从事四川省经济调查和金融研究。1932 年 7 月，周仲眉在张禹九领导下，创《四川月报》并任社长。同时，由于他多才博学，爱好昆曲，擅奏长笛，以及在北平的六年经历，他还是川行员工业余学戏班的昆曲之指导老师。

赵循伯，字拂禅②，1932 年下半年来川行调查组服务，专委《四川月报》编辑之职。他深于新旧文艺，尤长编辑，《四川月报》发行后颇得当时社会之赞许。他还是张肖梅主任推举的川行员工业余学术研究之日文班教授，亦是《四川省一瞥》之《四川民俗琐志》的作者，亦如他说，四川民俗琐志"任择一类，可成专书，兹谨略志一斑，藉作鸟瞰云尔"。

---

① 1947 年，中行重庆分行全辖总数约 580 人，分行本部 198 人，其 11 个直属办事处计 104 人，重庆分行本部股室管理人员仅 94 人，占全辖行处总人数比例为 16%（94/580）；成都支行本部人员 40 人，占全辖行处总人数比例为 7%（40/580）。再以 16% 和 7% 的比例观察 1934 年渝成行本部人员情况，不难看出，渝行当时员工总数 188 人，渝行本部人员约为 30 多人，成都支行本部人员约 15 人，其余机构平均约 10 人。

② 赵循伯（1908—1980），现代剧作家，实业家，川剧作家。赵循伯早年曾供职于重庆中国银行，当时行长为周宜甫，"循伯以字行，巴县人，蕴藉工诗。1932 年约入渝行，主编辑四川月报专刊等事，颇著成绩。余退老后，循伯亦он就"。周询与赵循伯虽年岁相差较大，但"平生文字交逾挚，只需逢君我暮年"，是以文相交的忘年之交。除了诗文唱和，周询《四川金融风潮史略》一书的出版发行，也是由赵循伯全权负责。

不难看出，四川中行精选了素质较高的"三雅人"，作为陪同总行一行人沿途视察川行行务的服务人员，这对于接待好这支高层次、高素质、跨行业、跨文化的精英群体，起到了重要的支撑作用。

（二）检查要求严又高，边检查边训导

到 1934 年 5 月，四川中行设有 15 个机构，分布在川中 12 个城市。张嘉璈此次视察行务，除涪陵、潼川（三台）两城市的机构外，先后视察了万县、重庆、隆昌、内江、自流井、成都、嘉定（乐山）、五通桥、叙府（宜宾）、泸县等 10 个城市的中行机构。张嘉璈一边检查一边训导的经过如下。

1. 一行检查工作要求

总的来说，张嘉璈一行视察四川分行及所属机构行务之工作目的："观察渝行及所属支行处庄，业务进行工作概况及人事情形"；总行检查工作人员分工："稽核及总账室主任、研究室主任等，研求重在业务方面、工作方面"，而张嘉璈工作重点，则如他说"鄙人所注意者，在人事方面"。检查特点有三：第一，检查工作细致。为永葆中行的银行业领袖地位，张嘉璈具有高标准严要求的管理偏好，总行 6 位检查人员分工明确，对川行业务经营、内部管理、行风行貌等都要深入检查，川行面临着行家里手的高标准检查考验。时人在《溯江记》中曾记述了张嘉璈视察行务的一些细节情况，如，5 月 27 日，在民法轮上，因快到重庆，行务之待解决者甚多，此日总座除了上岸视察泸县办事处外，均在船里"一日行务倾谈中"。总座及刘攻芸、徐维明、孙瑞、张肖梅诸君，利用长途之暇，磋议终日不稍懈，空气已现紧张，无复岷江中之优游矣。第二，川行汇报深入。张嘉璈主持行务时期，中行具有"条分缕析"和"谙悉环境"的调研理念，工作汇报要达到熟知本行行情、当地经济金融状况及社会风土人情的要求。第三，视察涉及面广。张嘉璈既要视察行务，又要按照其所追求的"领袖云者，系当地之最大公司与商号莫不与本行相往来；最新之事业及人物，亦莫不与本行相周旋"的对外接晤之宏富情怀及要求，开展总行与川省政要、金融机关、企事业单位的对外形象展示，视察涉及面比较广泛。

2. 一行视察演讲日程

5 月 8 日，晚餐后视察万县办事处行务，作题为《如何成为整个的中国银行行员》演讲。

5 月 10 日，下午四时走巡了重庆分行各处，会过全行同人。

5 月 11 日，下午视察隆昌寄庄行务，约二时许；12 日，赴自流井寄庄考查；13 日，视察内江办事处行务，作题为《以创造能力打破环境》演讲。

5 月 16 日，下午视察成都支行行务，并作题为《存款行的职责》演讲，17 日下午亦回行谈行务。

5月20日，上午视察乐山办事处行务，并作题为《我人本身之能力是否足敷本行今日之需要》演讲，25日上午亦视察该处行务。

5月26日，上午途经五通桥办事处，视察行务约留一小时；下午五时视察宜宾办事处行务，并作题为《吾们应以人格与能力为竞争的工具》演讲。

5月27日，中午途经泸县办事处，视察行务二时许。

5月28日下午、29日下午、30日、31日、6月1日上午，先后数次视察重庆分行行务，其中：29日下午集重庆分行及上清寺、林森路办事处同人，发表人文关怀满满的激情演讲《如何使我行成为"最进步最稳固之银行"》；6月4日，上午接见重庆分行行员，下午巡阅曹家巷员工宿舍。

另外，张嘉璈还于5月16日在华西大学演讲（内容不详）；5月30日，在重庆一园作题为《银行界的责任应以商业道德改良政治》演讲；6月2日，在北碚发表演讲（内容不详）。

此外，张嘉璈入川前曾视察两地并发表演讲，即于5月5日途经湖北沙市，在沙汇处对同人讲话《戒除不良的"银行习气"》；5月6日途经湖北宜昌，作《怎样去寻找新境地》演讲；张嘉璈离川返沪途经汉支行时，作《提高智识才能挣扎图存》演讲，回到上海后，在九十四号大楼作《川行感想之种种》演讲。

（三）工作汇报亦得体，条分缕析有功力

在迎接总行对各机构的检查过程中，四川中行对截止1934年5月的下属机构及员工现状，本行业务情况及特点，以及四川省情等内容，进行了全面的汇报，基本达到了"条分缕析"和"谙悉环境"要求。现仅以总行检查川行各方面工作的八方面史实辑要，窥见川中行在四川军政基本统一时期之创业情况。

1. 川中行机构及员工整体素质

四川中行在迎接总行对各个机构的检查过程中，对川行机构设置情况及员工整体素质的汇报，是通过数张情况表的形式，对本行机构设立年期，行员年龄、服务年期、职务迁调、籍贯等情况进行了汇报。

川行机构设立年期。截至1934年5月，川行共设有15处分支机构，川中城市共12处：万县、重庆、隆昌、内江、自流井、成都、嘉定、五通桥、叙府、泸县、涪陵、潼川，胥为四川之经济要区。（一）渝行、成支行、潼川、五通桥办事处，均设立于1915年。（二）嘉定、上清寺、林森路、内江、叙府等办事处，均设立于1932年，万县办事处亦于同年复业。（三）涪陵办事处、隆昌寄庄设立于1933年；同年恢复泸县办事处、自流井寄庄两机构。（四）峨眉山暑期办事处设立于1934年。

换言之，川行机构数 1932 年为 10 个，1933 年为 14 个，1934 年 5 月为 16 个。

川行行员年龄情况。1934 年 5 月，川行员工中，15～20 岁占比 18.62%；21～30 岁占比 50%；31～40 岁占比 21.27%；41～50 岁占比 7.98%；50 岁以上占比 2.13%，总的来说，30 岁以下年轻人占比 68.62%；全员平均年龄 26 岁。

川行行员服务年期。1932 年，川行总机构数 10 个，总人数 136 人，去职数 29 人，员工更新率约为 18%；入行一年内新员工 64 人，占比 47%，这说明 1932 年川行在军阀混战后期就已开始拓展机构。1933 年，川行总机构数 14 个，总人数 162 人，去职数 23 人，员工更新率约为 12%，入行一年内新员工 42 人，占比 26%。到 1934 年 5 月，川行总机构数 16 个，总人数 188 人，去职数 2 人，员工更新率约为 1%，入行一年内新员工 38 人，占比 20%。

川行员生职务迁调。（一）川行员工的由总调渝、由总调辖、由渝调总等情况，反映了总行与川行之间人员的上下交流情况；而川行员工的由渝调辖、由辖调渝等情况，则反映了川行本身在辖内的员工上下交流情况。（二）1932 年，川行总人数 136 人，辖内上下交流人数为 14 人，交流人数占比 10%；1933 年，川行总人数 162 人，辖内上下交流人数为 40 人，交流人数占比高达约 25%；1934 年 5 月，川行总人数 188 人，仅在 5 个月辖内上下交流人数就为 30 人，交流人数占比约 16%。可以说，四川中行培养员工的上下交流力度不小。

川行行员籍贯情况。1934 年 5 月，川行外省籍贯行员 70 人，占比 37%；1933 年外省籍贯人员 30 人，占比 18.5%；1932 年外省籍贯人员 24 人，占比 17.6%。川行外省籍贯行员涵盖黔、苏、浙、鄂、晋、湘、陕、滇、赣、皖、闽、冀、鲁、粤等 14 省。

2．川中行员工之公余文化生活

通过读书活动、学术研究、发行行刊提升行员智识。重庆分行开展的读书活动，实际上是由行领导及有关人员担任老师，利用公余时间，对行员进行知识传授的银行内部培训。其中，中文班由重庆分行一把手周宜甫经理教授，教材多偏重于应用文；英文班现有三个班，分别由行员王新华、顾文奎、张承毅三君教授；银行学班则由重庆分行孙祖瑞襄理教授，每星期授课三次。重庆分行开展的学术研究，包括由重庆分行张禹九襄理发起的，以英文教授以"常识"的著学会；由本行会计股主任戴翼如君，讲授本行会计制度沿革及实例的会计研修班；还有由总行经研室张肖梅副主任主张而发起的，由本行调研组行员赵循伯君教授的日文研修班。至总行视察行务时，重庆分行出版品包括定期刊物《四川月报》，1932 年 7 月创刊，已发行 16 期，该出版品也是响应张嘉璈总经理"以刊为学，提升智识"的文化号召而开办起来的。

通过学戏、习字、放电影、团体旅行培养行员高级情趣。在汇报材料中还提到，为培养行员的高级情趣，通过学戏、习字、放电影、团体旅行等形式，搞好对行员情趣的训练。所谓学戏，有京剧和昆曲两种，聘有专门教师教授京剧，而且行方还准备了锣鼓丝弦，场面全备；昆曲则由本行调研组领组周仲眉主持指导，因他有过在北平交通大学铁道管理学院读书的经历。所谓习字，即为开办书法班，所需纸张由行里供给，由重庆分行周宜甫经理批阅指导。还有利用本行电机，行方不时租片在行里放演，员工只需缴纳些微费用，还可邀来员工家属同乐与看电影。行方还利用每年休假日期组织员工团体旅行，游览附近名胜。

通过开展各种体育活动以培养行员的健全体格。一是打网球，行里在城外自建有网球场，供员工使用，有时还与同业有关单位进行比赛。二是打篮球，成立了四川中行篮球队，经常组织比赛。三是打乒乓球，公暇时，行内的乒乓之声，不绝于耳。四是星期日及休假日，员工多在城外举行骑马运动。五是员工平时还练太极拳，请有姓王拳师作指导。

行里添设了西餐，解决员工吃饭问题，使行员所受裨益较多：菜肴之养料较多，一日两餐，每月十五元；不受时间拘束，迟到者不怕抢菜，仍有菜吃；聚餐时间较长，作谈话之交流。

3. 营业、会计、文书工作殊点

为迎接总行检查，川行根据自身特点及总行检查要求，以"川行的殊点"形式，对本行营业、会计、文书工作之特点，进行了较为全面的工作汇报。

（1）川行营业方面的经营管理殊点。

存款利率特别高。定期存款自年息七厘起至一分二厘，活期存款自三厘至四厘；比期存款在每月中旬日或月底日存入或支取，利率自月息一分起至一分七八厘不一。

放款习惯依照比期来放款。全市一切放款，多为每一比期交割一次；按日短拆，鲜有之。所谓比期，指旧中国银钱业和工商业公定的一种债权债务结算日期，如以每月五日、十日、二十日、二十五日为"小比期"，以每月十五日和月底最后一天为"大比期"，即以半个月为期。

对期汇款翻码头。即指一切汇款，除门市外，悉为对期——比期日两地同时收付。川中各埠，货币不同，汇率差异，可以套做联期，买卖远近期，始似国际汇兑，俗称"翻码头"。重庆市证券交易所做汇兑，须纳保证金。

汇划票据抵解多。汇划票据每晚在联合公库抵解，因现洋贴水，支票或汇票，均采用保付或承兑制度。

本行报关代办业务近来勃兴。本行及当地各行，现均设有服务股或代办部，以代客户报关。

货币问题复杂。川省各地通用货币不同，有龙洋、人头洋、川大洋、川半元、滇半元、广东双毫、龙双毫等。重庆市的现洋或现钞对于汇划洋，随市均有汇水，每千元自二三元至三十元，人头洋上达四十元。

代理川轮公票据。统售兼稽查各轮船客票，发布轮船往来消息，为市民提供服务，亦为本行自身谋便利。

为旅行人们提供旅游接待服务。各地介绍的或素识的人们来川，本行努力于照料接送及代雇车船一切服务；分行所在地均有相当设备，并与下游之中国旅行社有代理业务合作。

扶助国货介绍所。川行国货介绍所开幕一年来，本市各洋广杂货商店，多因战乱时局影响而亏本，而中行国货介绍所尚稍获盈余，今后将从人才及资力两点，予以更大之扶助。

由上不难看出以下史实：第一，四川中行当时是在"存款利率特别高、放款习惯依照比期来放款、汇款类似国际汇兑、汇划票据抵解较多"的不利金融环境下，叙做各项业务的。第二，四川中行开办的"报关代办业务"，属于银行非利息收入的中间业务；"代理川轮公票据、为旅行人们提供旅游接待服务"等，则属于非银行业务收入的中间业务。

（2）川行会计方面经营管理殊点。

比期账务特别多。重庆商场收交以月半和月底，是称比期。重庆分行平时柜台前线，每个部门一二人足敷分配，待至比期日则须临时加派一二倍以上人员才能应对。各账结束时，须在深夜方能竣事。

定期存款也有比期。比期存款为渝、万两埠所仅有，即半月期定期存款，存入日期，限于每月半及月底两日。利率照市面规定，每比高低不一。其转账手续与定期存款相同。

保付支票最麻烦。渝埠系划账码头，支票受授，均须有保付金，于晚间在公库抵解。遇到现洋贴水高涨时，虽票面为数极微，亦不惮（不怕）保付。

一切票据须承兑。即指与第三项（保付支票）同样之情形，所有应付汇票，亦一律加盖承兑图记，晚间在公库抵解。

四川也有对期汇款。重庆汇兑交易，以向上海汇兑为主体。其交易方式，系为对期的双方，在两地同时交付，以约定之比期日为交割期，记账自下期起，改用

"约收约付"等科目处理之。

现金贴水作损益。重庆现金有时枯涩，对于以本票或庄票掉易现洋或钞票，均须贴水，最高每千元达三十元，最低时二三元。本行收付该项贴水时，归入手续费科目内买卖货币损益细目处理之。

公库抵解到深夜。本行在收入各行庄的本票、保付支票、承兑汇票等后，每日均往公库抵解，在比期日，约计收入一千余张左右。记账方法，特立一种票据日记账，待总结（结算）后，制一笔与其他汇划传票，与之对转。

比期传票逾千张。本行平时一天的传票常在五六百张之间，比期时则骤增到两三千张之多，故员生工作不易匀称。

（3）川行文书工作的运作管理殊点。

遍用华文打字机。华文打字机之应用，普及于全省中行所属机构。其优点：时间节省三分之二；字体小，节省纸张，节省邮费；副本清楚，一次可打出五份。与此同时，川行号函已采用新式标点符号（古汉语无标点符号，需读者自己断句），暂用于辖内来往函件，因此使辖内公文往来时，语句读起来清楚，免生疑误；还可节省读者（用于断句的）时间。

补编了"成语电码本"。川行对应用成语已经收集了 8000 余条，希达 15000 条至 20000 条，大约下月可竣事。其优点在于，使用成语可以节省翻译电文和校对电文的时间；而且对电费加价（涨价），作消极之抵抗。

发送行市报告单。川行还将逐日营业的汇价息率及外币行市等，印发成英文及中文行市报告单，交新闻夜校童工分送，日需 240 余份。此项工作已开办两年，目前已变为普遍服务。它既可以便利外商，又可作为统计及事实上之参证。重庆银钱同业，近来多仿效本行这一做法。

设置标准自鸣钟。四川最不讲究时间，为统一时间及养成严守时刻的习惯计，川行门首——装置自鸣钟，兼具宣传功用。

表报变相交予航空邮递。节省一部分邮费，而与航邮同样迅速——公司系作为行李收费。比如，成都中行从 1932 年 8 月起，为便利商民汇兑，缩短时间起见，凡汇往汉口天津上海等埠，均用航空兑往，并不加收汇水。

川行收发函电计数表（表略）。1934 年 1 月至 6 月 19 日：每月平均接收函件 713 份，每月平均接收电报 245 份；每月平均发出函件 975 份，每月平均发出电报 461 份。1933 年 1 月至 12 月：每月平均接收函件 941 份，每月平均接收电报 211 份；每月平均发出函件 1544 份，每月平均发出电报 406 份。

由上不难看出：川行全辖遍用华文打字机，实现了办公近代化。尤其是川行补编了"成语电码本"，具有边际适应性改善之特点，符合张嘉璈"以创造能力图一切事物之改善"理念，即"须事事有创造能力，即小而至于一行的布置，亦须不为环境所牵制，尽可以极省的金钱，自己创造一种新式的设备"。

（4）川行调查与编辑工作之出版品。

定期刊物：《四川月报》于1932年7月创刊，至1934年5月已发行16期，每册二角，全年二元。

现已出版的专刊：《四川金融风潮史略》，每册五角；《四川省之公债》，每册六角；《民国十一年至二十年重庆经济概况》，每册五角。

现正在印刷中的专刊：《宜昌至重庆》。

现正在编辑中的出版物：《游峨眉山》《四川之十大城市》《四川省之药材》《四川省之夏布》《四川省之盐业》。

4. 经济、金融、民俗之省情

为迎接总行检查，践行中国银行"调研先导，科学态度；条分缕析，谙悉环境"的调研理念，川行根据自身特点及总行检查要求，以"四川省一瞥"之形式，对四川经济金融省情及民俗琐志，进行了十个方面详尽的工作汇报（详略）。

（1）四川贸易一览表。

（2）四川猪鬃输出数量及价格表。

（3）四川农业统计表。

（4）四川货币名称表。

（5）重庆市工厂情况。

（6）银行业竞争情形。

（7）四川省民俗琐志：方音、日常生活、节令、婚姻、妊娠、丧事。

（8）四川名人一览表（自周朝至清朝），比如：

——周朝：商瞿，又称商瞿上，字子木，双流人，孔子弟子，蜀儒最古者，墓碣今犹存。

——汉朝：卓文君（女），临邛人，卓王孙女，司马相如饮于卓氏，文君新寡，相如以琴心挑之，文君夜奔相如，有《白头吟》遗作。

——唐朝：武则天（女），父为利州都护，则天生于广元县，今县中尚有庙。

——宋朝：花蕊夫人（女），五代蜀主孟昶之夫人，姓费，青城人，能文，有宫词百首。蜀破，宋太祖当召之赋诗，有"十四万人齐解甲，也无一个是男儿"。夫人归宋后，私祀孟昶像于宫中，太祖见而问之，诳答为宜子之张仙。人咏之曰："赢得美人怀旧宠，汉家宫里祀张仙。"

（9）四川特产一览表：含 32 种地方土特产。

（10）四川著名内战表：此表从战事发生年份、战事中对战人物、战事事由等三个维度，记述了 1912—1933 年期间，广义川军混战之 24 次规模较大战事。

5. 条分缕析的十城市社会经济情况

为迎接总行此次检查，川行根据总行检查要求及调研理念，以"四川十个城市一瞥"之形式，对川行机构所在地的 10 个城市（除涪陵、潼川外）的社会人文及经济情况，以及对四川之经济要区北碚（现属重庆市），进行了较为详尽的业务调研与工作汇报，其史料框架如下。

（1）万县：鸟瞰、街市、市政、商业、名胜（略）。

（2）重庆：一瞥、形势、生活、商业、胜景（略）。

（3）隆昌：交通、产业、县政（略）。

（4）内江：县治、商业、币制、田赋（略）。

（5）自流井：市区、盐产、土产（略）。

（6）成都：地理、街市、人文、庙宇（略）。

（7）嘉定：交通、产业、币制、田赋（略）。

（8）五通桥：概述、产盐、景色（略）。

（9）叙府：鸟瞰、产业、货币、教育（略）。

（10）泸县：概况、产业、货币、教育（略）。

（11）北碚：新兴事业十二项（略）。

综上可见，在张公权主持行务时期，四川中行努力践行中国银行"调研先导，科学态度；条分缕析，谙悉环境"的调研理念，其工作汇报效果，在川行十个方面较为详尽的工作汇报中，得到了充分的体现。

第一，所谓"四川省一瞥"的"一瞥"，就是指用条分缕析的调研材料，使检查者很快地浏览一下，即可掌握四川省各方面的总体情况。

第二，以川行所整理的周、汉、三国、晋、唐、宋、明、清以来的《四川名人一览表》为例，足可看出川行"条分缕析，谙悉环境"的调研功力非凡，即便是当代四川省各级政府和四大银行办公室的接待人员，在向国内外来访者介绍四川"人杰地灵"的事例时，也未必有如此深入的认识。

第三，与其向总行汇报川行在刚刚结束的军阀混战时期，外部经营环境如何艰难困苦，倒不如按时间、战事中人物、战事爆发事由等三个维度，做一张《四川著名内战表》来得简洁明了。

第四，川行所编研《四川十个城市一瞥》，内容涵盖了城市鸟瞰、历史与地理、人文及庙宇、街市及市政、县治、交通、产业、田赋、币制、生活、教育、土产、名胜、新兴事业等内容，通过条分缕析，仅需"一瞥"，即可掌握四川十个城市的方方面面情况。时至今日都有相当的认识与研究价值。

综观川中行此次两万多字的工作汇报材料，可谓是条分缕析。这正如当年四川航务处处长何北衡曾于 1934 年 10 月 19 日应邀莅临中行别业新建宿舍大礼堂所作的《四川人心目中所希望的中国银行》的演讲中，高度赞赏中行调研功力时说的那样："关于四川很简单的情况，中国银行对于四川早已在那里条分缕析的研究了"，而且"盼望中国银行除了正当业务工作之外，还要行有余力，对社会各方面有所帮助，有所促进"。

（四）工作评介亦中肯，既褒奖又批评

根据《中行生活》第二十九期"四川专号"所留下的珍贵史料，总行此次检查对川行各方面工作的总评价，有以下几点。

1. 对行风行貌之印象

此次四川之行，给张嘉璈一行留下了深刻的印象。"一到四川，见渝行行员各佩徽章，状为古钱式。系银盾金字，一若从前咸丰时代之当十大铜圆，上标明'四川中国银行'等字样。度其含义，殆采'外圆内方'之意思。其后往渝属各处，同人皆佩有同样之徽章。无论于马路上及其他场所，见有佩带是项徽章者，即可知为我行之同人。"还有，"渝行于公共卫生，特别注意，大小便所，设备周到，甚为干净。各支行处内部墙壁上，皆有中国国货介绍所赠送之搪瓷标语牌，劝勉卫生方法，极为动人"。而且，"与内地相比，四川分行所属各处的房屋，多堂皇宽大"，如成都支行的楠木厅、楠木柜等，"质美工细，极为可贵"。

尤其是，川行员工精神面貌，让总行一行人感触颇深，"至服务行员，大都年青之辈，极精神饱满，奋发有为。女行员心细缜密，亦能各尽其职。仆役都着制服，极为整饬"，"使人一踏进行门，即发生一种感想，令人不必看到内容，即知其精神、纪律之所在"。"此次赴川后，颇觉渝行进步之速率，自时间与空间之关系比例言之，将与沪行并驾齐驱。四川地方如渐渐上了轨道，可兴创之事业甚多，市拆甚大，放款亦甚相宜。以我行目前在川之基础，若再多有富于知识和经验的人才，好好帮助，则将来业务之发展，有非吾人意想所及者。"

2. 对川行班子之评价

"渝行经理周宜甫先生为川省名宿，在金融界资格最老，经验最富，对外与军政各界周旋应付，有左右逢源之妙，煞费苦心。渝行其他各位副理、襄理，以及各位同人，均各司其职，努力襄助。"（总行高管评价）

"我行从前在边省地方，如贵州、四川、甘肃、陕西各处分行，结果均未见成绩，不得不次第收缩。递演至今，边省各行之存在未撤者，仅四川一行。实因：（一）川行发有纸币数百万元，非收回有妨全行信用，及既收回之后，存款尚有巨数，不便撤销；（二）渝行周宜甫经理，对于川行，应付有方，行为端正，历年于风雨飘摇之中，努力支持，觉不必立予收束，以待时机。"（张嘉璈宜宾讲话）

3. 对存在问题之批评

第一，此行沿途与各处同人晤谈，大半既少充分旧的教育，亦无完全新的学识。川行人员智识之程度，较他省为低。旧的，钱庄学徒出身者甚少；新的，高中毕业者亦不多觐。我行之人，以其教育之不足，势难取得对方之重视，因此难博社会之信仰，增进本行领袖之地位，更谈不到为指导事业、辅助建设之中心。

川行人员比较他省程度为低之结果，则发生难于他调之弊。近年来渝行竭力改革，得此好批评，理应自慰。但观察之后，仍觉名不符实。此种论调并非责备同人，实不免有怜悯之同情。

第二，成渝两行存在着不良口碑的问题。如"成支行自开办以来，风潮迭起，外间极少良好批评"等。

三、外树形象：一展银行业领袖风采

中国银行成立后，经过 1912 年到 1928 年 16 年的艰苦创业，已把自己建成一家全国规模最大，实力最强，信誉最好的银行，以及对中国政治经济有着重要影响的股份制企业。素抱经济宏愿的张嘉璈就任中行总经理后，为了永葆中行在银行业的领袖地位，既以高于同业标准的员工道德来规范员工的行为，又以高于同业标准的企业伦理来规范中行企业对外行为。因此，他在对外接晤方面，具有一种宏富情怀，亦如他说"领袖云者，系当地之最大公司与商号莫不与本行相往来；最新之事业及人物，亦莫不与本行相周旋"，"总要使我们中国银行站在最前线，做一个永久的领导者"，"凡有国家大生产事业，都有我们中国银行参与其间"。张嘉璈此行的对外接晤日程，也是基于这种宏富情怀来安排的。有关此行的四川省官方接待情况和参观企事业单位情况的日程如下。

5 月 10 日，张嘉璈抵重庆，城内重要长官，金融机关领袖到码头欢迎。

5 月 12—13 日，参观自流井的三处盐井，以及内江的漏棚、糖房。

5 月 15—17 日，抵成都遍访川省要人和各军将领。5 月 16 日，参观华西大学并演讲，张嘉璈亦下榻华西大学三晚。

5 月 20 日，参观乐山嘉裕纸厂、嘉禄纸厂及华新丝厂，夜赴嘉定县政府及各团体宴于红十字会。

5月26日，晚赴叙府县府及各团体宴于周旅长宅；又赴民生公司及航务处合宴于航务处。

5月29日，上午遍访同业，午后访郭参谋长。

5月30日，午后4时赴当地金融、交通两机关公宴于一园，并发表语惊四座的洋洋数万言的对外演讲。

6月2日，竟日参观卢作孚之北碚新兴事业并演讲。

6月3日，参观卢作孚之北川铁路。

6月4日，午后赴重庆李税务司宴，赴申汉纱厂之茶会。

总的来说，张嘉璈一行在川省对外接晤的效果，以及川行联系引荐的功力，可以从三个角度史实加以印证。

第一，从川行经理周宜甫与川省"当家人"刘湘的渊源关系加以观察。张嘉璈考察四川行务时，川省"当家人"刘湘，时为四川善后督办（1934年12月被任命为四川省主席和川康绥靖公署主任）。因周宜甫有过历事三任四川都督督署文案之经历，使得他与川中各军将领均有旧交，其德望又为各军所重，以致他在任何军方入据重庆时均能相处。尤其是1914年周宜甫任巴县知事时，恰逢刘湘以团长身份驻军县内，周在协剿股匪中给予刘以臂助，有此凤谊之交，使得日后的川行行务尤赖刘湘的维护。此次周宜甫的顶头上司首次察川，周事先请于刘加以重视，刘必应周之所求，此乃情理之中的事情。

第二，从川省官方实际接待张嘉璈一行的安排及规格，以及张嘉璈参观企事业经过等史料中，也可以看出此行对外接晤的效果，以及川行联系引荐的功力。

第三，结束川行后，张嘉璈自述其所得有四：首先，与四川境内分行及各支行经理交换意见，决定鼓励上海资金移入四川，从事开发之业务方针。其次，参观卢作孚之北碚事业及所经营之民生轮船公司，认为颇有辅助之价值。再次，与刘湘军长认识，建议从速与中央合作，整理四川财政及币制，颇承采纳。最后，参观华西大学，与美籍校务长毕启结识，深佩其斩荆披棘、筚路蓝缕之精神。可见，张嘉璈此行收获有三项都与对外接晤活动有关，在这些活动过程中，成功地树立了"中国银行为中国最伟大、最完备的组织"的良好社会形象，以及具有宏富情怀之文化形象，由此张嘉璈得以一展中国银行业领袖之风采。

（一）渝市欢迎总座来，热烈情景所仅见

张嘉璈赴各地考察之先，总希望代守秘密，启程之后，沿途各行便接电嘱勿告外人，这次入川视察之前亦然。但是，5月1日他还未入川时，重庆各报即登载消息："中国银行总经理张公权入川考察，已由沪搭轮西上。张公权氏去岁曾往湘、鄂、晋各省考察，兹以四川地面僻处吾国西隅，物产丰富，素有天府之称，爰于最近决定入川一行，考察各地经济情形。现据记者探悉，张氏已于昨晚搭乘捷江轮离沪，过京时并不登岸，将直赴汉口，再往宜昌、万县、重庆、成都等处，各地均将少作勾留，借资考察。同行者上海中行副经理史久鳌，经济研究室主任张肖梅及随员秘书二三人，考察期预定几个月云。"

5月10日午后三时，张嘉璈一行乘宜昌轮驶抵重庆码头。重庆中行周宜甫经理偕同人上轮迎接，重庆城内重要长官及银钱业领袖人物、金融机关领袖，以及民生轮船公司经理卢作孚等，都到码头欢迎。在军警排列护卫下，总经理下得船来，先到重庆市政商各界在码头旁布置的接官厅内，与各欢迎代表相晤，并向他们答谢。之后总经理离休息室赴银行。欢迎仪式并有军部乐队大作，总经理脱帽致礼，乘轿而去，但见一路轿子联翩，莫非冠盖，轿后之卫队紧紧尾随，于是便进烟气缭绕的重庆城了。时人评说道："盖渝埠各界欢迎张总经理之热忱，在此时多表现无遗，其热烈实为历年所仅见。良由总座（即张嘉璈，下同）之学问道德及二十余年来之苦心经营，其坚忍不拔之精神，早已为川省人士所景仰。今能抽暇于百忙之中，不远万里而翩然莅止，初为川人所不及料，其欣慰盖可知矣。"

（二）蓉城三日异乎忙，不看山水看人物

成都各报5月15日亦报道："中国银行总经理张公权于五月十日乘捷江公司宜昌轮抵重庆，次日即乘汽车赴内江，同行人物有总账室主任刘攻芸，经济研究室主任张肖梅，沪分副经理史久鳌，渝分行襄理张禹九，此外尚有同行入川同人与渝分行职员等数人，张氏此行纯为入川游历及考查各地业务。现已于十四日至成都，此后将赴嘉峨一游，返渝拟小住数日，即行车（船）下（行）云。"

1. 遍访要人及将领，对外接晤三日忙

5月14日，下午5时，总座抵成都，下榻于华西协合大学。从第二天开始，总座便偕刘攻芸、史久鳌、张肖梅等人，每天拜客、会客、赴宴、谈行务。用张禹九的话来说："总座来成都，只看人物，不看山水。"因此，张嘉璈在成都三日内的对外接晤日程，安排得异常忙碌。

5月15日，晨大雨后晴。十时，总座偕四川航务处处长何北衡，谒四川善后督办刘湘、四川善后督办公署秘书长张必果、二十一军政务处长甘典夔、二十一军参谋长李剑鸣、二十一军财务处长唐棣之等各要人。一钟，在小酒家午饭。二时半偕何北衡处长遍访二十军、二十八军、二十九军等各军将领，晚何北衡宴于姑姑筵。九时一刻返校，在校中散步，十一时就寝。

5月16日，天晴。二十八军财务处长谢秉钧，二十军军长杨森及陈国栋（字益庭，原四川盐运使）、二十一军财务处长刘航琛（次年任四川省财政厅长）等诸君，前来华大拜访总座。总座参观华大，在华大演讲，华大校长毕启请午餐。下午，视察行务。刘湘督办回拜总座于成都支行，详谈约两小时。是晚，总座赴银行公会宴于川盐银行。宴毕，总座返成都支行稍息。夜总座又访刘航琛处长于其私宅，与他详谈川省财政情形及川丝事项。

5月17日，天晴。早餐，毕启谈邀请总座任校董事。上午，总座访二十一军政务处长甘典夔、二十一军财务处长唐棣之于地方银行。中午，成都钱货两商帮宴请总座于陈益廷私宅。席间，总座略有演说，旨谓：钱货帮应保持固有勤俭之美德，而向新方面做去，业务不患不发达。下午，总座访第二十一军第三师师长王陵基（方舟），访二十一军参谋长李剑鸣（值出）。回行谈行务，出游薛涛井、武侯祠。晚赴刘湘督办公宴于四川地方银行。

2. 爽直待人颇动容，刘湘回访更倾谈

5月15日上午，总座首次与"四川王"刘湘会晤，见到这个才得蒋公委以西南重任、其势方盛的军人，总座开口便说："我二十年才来一次，希望与公畅谈。"见张嘉璈如此磊落，刘湘颇为感动，彼此倾谈极为融洽。当刘湘问及中国银行在四川的政策时，总座答谓："以川局为转移，因为非政治和社会好，银行不能单独繁荣也。"刘湘极为动容，与张嘉璈握别后，他告诉四川航务处处长何北衡曰："张君确是办事之人，不若我们四川人。"爽直待人成为张嘉璈留给刘湘的第一印象，即时人所谓"爽直是最好政策"。

5月16日，午后，刘湘督办回访张嘉璈于成都支行，会谈长达约两个小时。张嘉璈总座"详陈中国渐趋整个化，各省主脑人物均有进境，各地应与中央竭诚合作，最好请出川一行"，刘湘对此看法极为赞同。时人称"枢转万人之祸福，仁言殊利溥矣"。其间，刘湘还婉言对中行提出质疑与批评："总行是否对渝行负责，是否曾接济过渝行资金？""中行在川省，除吸收存款及高利贷款外，向无所事事。"又对中行提出一点希望："希望中行对于川省建设贷款，稍稍加以提倡。"这些看法和意见引起了张嘉璈的高度重视。刘湘年长张嘉璈一岁，此次四川之行，张嘉璈对于刘湘印象甚好，并与其交换种种意见，力劝其整理四川金融。不久刘湘升任陆军上将，叙第二级，张嘉璈为之接洽，促成最高当局赴渝指导整理川政，中央并允予援助整理四川金融财政。

3. 四川伟人大观园，窠窠头戏目不暇

5月17日晚，刘湘在四川地方银行设宴款待张嘉璈一行，因有一个重要的军事

会议适在成都召开，这场晚宴，四川省军政大员几乎悉数到场，时人称之为"四川伟人大观园"。参宴人员之中，武将有二十军军长杨森、二十八军军长邓锡侯、二十九军军长田颂尧，以及四川边防军总司令李家钰、二十八军第十一师师长罗泽州、二十一军第一师师长唐式遵、二十一军第六师师长潘文华等。文官有二十一军政务处长甘典夔和财务处长唐棣之等。观其场景，形形色色，备极伟观，好像在北京看窠窠①头戏一样，令人应接不暇。席间，张嘉璈同杨森军长谈到成都惠陵时，问道：刘备先主陵在武侯祠的是否衣冠墓？杨森被问住，来不及回答。刘湘马上接过话头，引经据典，说那的确是昭烈亲身的墓地。张嘉璈此前已听说，刘湘最爱谈的就是昭烈遗事，看戏都爱看三国戏，看来传言非虚。

总之，四川省当局对张嘉璈此行给予了高度的重视和关注。张嘉璈后来亦将"与刘湘军长认识，建议从速与中央合作，整理四川财政及币制，颇承采纳"作为川行的四个所得之一。用张肖梅的话来说就是："此次赴川，总座于外界，则士、农、工、商、军，均用极诚恳和蔼之态度，与之接谈；尤于二十一军刘督办及其军政领袖，每谈必数小时，使彼深深了解吾国今日之地位，及川省当前之急务。盖总座用心之苦，可想见矣。"

（三）参观华大并演讲，毕启精神深感人

5月14日，张嘉璈一行由内江抵达成都后，便偕刘攻芸、张肖梅、张禹九、格雷四人下榻于华西协合大学（其余人员住成都支行）。考其缘由，华西协合大学实乃当年四川省乃至中国的最新事业，参观华大并拜访校长，也是与张嘉璈那"领袖云者，系最新之事业及人物，亦莫不与本行相周旋"的宏富情怀有关。

1. 参观华大并演讲，毕启邀任校董事

5月15日，张嘉璈白天遍访川省要人及各军将领，是晚航务处处长何北衡君宴总座及同行于姑姑筵。宴后，同行休息，总座略品普洱茶，返华西大学。在校中偕攻芸君等散步。夜色沉寂，树木幽静，俨为外国大学之环境，信步忘返，归时，迷不得路，返屋已十一时矣。真乃"普洱茶醉不识路"。另外，同日上午，总处张肖梅还在华西女校演讲过一次，晚间在该校经济系又演讲一次。

5月16日上午，张嘉璈在华大接待完川省要人来访后，便与同行人全体一道参观华大，大家印象是：华大校容校貌整饬清洁，仅此足见其在精神上之表现，尤其是华大陈列馆的西康及生理两部分内容最为出色。但因参观的时间很短，仅为走马观花，涉目而过，大家殊觉可惜。之后，张嘉璈应邀在华西大学发表演讲。演讲后，

---

① 窠窠，簇拥、团团之意。

华西大学张凌高①校长介绍张肖梅君于听众。中午，华西大学原美籍校长现任校务长毕启②请张嘉璈一行人用午餐。

5月17日，华西大学校务长毕启陪同张嘉璈共进早餐，其间毕代表校方与张商谈，邀请张兼任华大校董事，张嘉璈允任该校董事长③，直到1949年。

2. 筚路蓝缕斩荆棘，毕启精神尤感人

20世纪30年代，四川仅有大学三所，即国立四川大学、省立重庆大学、私立华西协合大学。华西协合大学（时称华大）的成立与发展，经历了艰难创业过程，与其主要创建人毕启的不懈追求与努力息息相关。毕启1905年参与筹建华西协合大学，1913年至1930年间任华西协合大学首任校长；1931至1941年间任华西协合大学教务长。毕启当选为首任校长后，便开始筹集筹措建校经费。

首先，他向四川省当局和民国政府募得大洋万元，包括四川都督胡景伊、省长陈宧，乃至中华民国总统袁世凯，都曾被他说服而捐款。这是因他在与政府官员维持良好的关系方面非常出色，并保持有很好的沟通渠道。如1913年10月6日，四川总督胡景伊行文称："美国毕启博士……联合英美名彦创办华西协合大学于四川成都之南门城外，其救世济人之宏愿精进不已，至足倾佩。"1914年11月20日，民国总统袁世凯称："美国毕启博士为宗教大家，寓吾国四川境，凡十有五年，与其贤士大夫相习。自蜀至京者，咸乐道之。比集英美士人，在成都创立华西协合大学校。愿力宏大，至可钦佩。方今环球棣通，学术思想，日趋大同，充博士之志，愿同文同伦，不难企及，兹之设教犹先河也。"1916年，四川督军兼省长蔡锷还向华西协合大学作敬祝词。军阀混战时期，1927年1月22日，毕启致信成都国民革命军第二十四军军长刘文辉，表达了他对大学教职工安全的担忧。刘军长数日后回信承诺："我是四川最高军事长官，有责任采取任何措施保护所有外国居民不受任何轻率和突发骚乱事件的影响。在这一问题上，特别是华西协合大学和全体教职工的安全之事，请信赖我。"

其次，毕启还先后15次横渡太平洋回美国及在中国内多方游说筹集办学经费，

---

① 张凌高，四川璧山人（今重庆璧山区），华西协合大学1919年正科毕业生。1927年春任华西协合大学副校长。1931年5月，经纽约托事部同意，华西大学成立了华人人数过半的临时校董会。校董会决定推荐华西协合大学早年毕业生张凌高当选首任华人校长，原校长美国人毕启则改任校务长。1933年张凌高取得德鲁大学哲学博士学位。同年9月，华西协合大学得到国民政府"准予立案"的指令，使华西协合大学实现了中国化。

② 毕启（Joseph Beech，1867—1954），美国传道士、教育家、文学士、神学博士。他1903年来到四川，先后创建了重庆求精中学、成都华美中学；1904年创建成都华英中学并任校长；1905年参与筹建华西协合大学，1913—1930年间任华西协合大学首任校长；1931—1941年间任华西协合大学教务长。

③ 张嘉璈允任该校董事长，此为姚崧龄《张公权先生年谱初稿》原话，但"该校董事长"应为"该校董事"。

所经手的中外各界捐款达 400 多万美元。他每到一处，不论资本家、教会人士、中国官吏，都主动去拜会，争取同情与赞助。十几年间，毕启年复一年地争取各种捐赠，为华西大学修建了办公、教学、宿舍楼等大小 39 幢。在创办华西大学过程中，毕启"微笑面对一路上各种各样的困难，在形形色色的建议与想法中做出最终的决定。在西方各国，我们看到他奔波各地，讲述这所大学的故事和机遇，激发人们的兴趣，以便人们信心满满地提供大学所需资金"[①]。

总之，张嘉璈将四川之行之参观华大，结识毕启，深佩其"斩荆披棘、筚路蓝缕"之精神一事，作为此行四个所得之一，同时也足见张嘉璈"莫不与最新之事业及人物相周旋"的独到眼光。

3. 授勋仪式亦参加，前缘赓续六年后

1940 年 3 月，毕启以 73 岁高龄退休返回美国时，中国政府鉴于他创办华大及对中国高教和文化事业所做出的贡献，特授予他外籍特殊勋绩人士荣誉奖，教育部给他颁发"捐资兴学"一等奖。蒋介石还为其书写了"热心教育"的匾额，并发表欢送毕启博士演讲，称"毕启博士为大学延揽了一大批优秀的中外学者和教授，使之成为最卓越的学术中心。政府对毕启博士的赞誉，他当之无愧。他将自己的一生奉献给了这个国家的教育事业……毕启博士伟大的人格与精神将与他在这个国家创立的事业永存。他将会被中国学者和学生永记"。

1940 年 3 月 30 日，在华西协合大学举办的授勋仪式上，高朋满座，国民政府行政院长兼财政部长孔祥熙、国民政府军事委员会副委员长冯玉祥将军、教育部部长陈立夫、国民党中央政治会议秘书长张群、外交部政务次长徐谟和中央宣传部副部长董显光等都出席嘉宾。而此时张嘉璈则是以交通部部长身份出席仪式，亦可说这是他与毕启之间时隔六年后的前缘赓续。

（四）空前盛会于一园，语惊四座数万言

当张嘉璈一行视察完内江、成都、乐山、宜宾等地中行机构工作，再度回到重庆后，又开启了新一轮的对外接晤工作：5 月 29 日，上午遍访重庆金融同业首脑，午后访郭参谋长。5 月 30 日，重庆金融、交通两机关公宴总座于一园，这一安排，为重庆商界空前之盛会，也是中国银行良好形象的又一次集中展示。

1. 空前盛会于一园，园中标语寓意深

5 月 30 日，重庆金融、交通两机关公宴张嘉璈总座于一园，意既为给他送行，也渴盼他游历归去能促成更多的金融家和实业家注目四川。时人是这样记述的："午

---

① 参见杨立平. 拥有两个祖国的美国传教士——毕启与华西协合大学. 原文发表于 Gale Review Blog.

后四时，各银行员生，准时而至，整齐严肃，静听张总座之讲演，开渝埠团体大会之新纪元。园中标语甚多，济济一堂，为重庆商界空前之盛会。张嘉璈总座登台，先由重庆银行公会主席潘昌猷君致开会辞，次由四川省民生实业公司总经理卢作孚君致介绍词。演讲后，又由四川航务处处长何北衡君致答辞。三位以何北衡君连说带做，最能动人。他说：'我们欢迎张公权先生，是欢迎他对四川的办法，不是他那一堆银圆；要是欢迎银圆，我们就俗了。是他的道德和才具，不是他中国银行总经理的地位；是为公的，不是为私的，要是为私，那么同行相忌，我们就该欢送。四川是公开的，欢迎国内人士来开发，造成救济今日中国的一个大本营。'滑稽之中，具有深意，唱做犹其余事也。会后，还演川戏以助兴，都是各大名角拿手好戏，殆如昔年冯六爷令堂之堂会寿戏，喜川戏者大饱耳目之福，尽欢而散。"值得注意的是，此次盛会园中标语济济一堂，其内容为：

欢迎四川开发前途的扶助者张公权先生！欢迎生产事业的最大助力者张公权先生！欢迎张公权先生，游历各处，亲切的（地）与军政当轴（局）接谈，与地方人士接谈，与一般人民接谈！欢迎张公权先生，考察四川的经济状况，指导四川的生产方法，增加四川的建设力量！欢迎张公权先生，促成国内的金融专家，促成国内的实业专家，促成国内的建设专家，促成国内的科学专家，注意全国生产最有希望的四川，多到四川游历、考察研究指导！欢迎全国金融事业的领导者张公权先生！欢迎国货消沉的唯一救星张公权先生！欢迎张公权先生，携带世界前途的变化，中国前途的希望，四川前途的办法，赐赠四川人！

由此可见，这济济一堂之园中标语，既集中体现了当地对张嘉璈的殷切期望，又从一个侧面反映了中行当时在四川人民心目中的良好形象与地位。

2. 语惊四座数万言，现身说法无与匹

更值得一提的是，空前盛会开始，待重庆银行公会主席潘昌猷致开幕词和卢作孚致介绍词后，张嘉璈作了题为"银行界的责任应以商业道德改良政治"之演讲，共讲了八个问题：发展经济为救国要图，银行应为全国的血脉，以商业道德改良政治，银行应以道德为武器，四川为复兴中国之地，以唤起同情心救中国，银行钱庄应互资借镜，中国银行是全国人的银行。其中，最能体现中国银行宏富之文化形象的、语惊四座的经典演词如下。

以商业道德改良政治。银行占极重要的地位，除了扶助各种事业之外，对于国家更大的责任，就是以银行道德来改良政治道德。我认为"政治就是商业（Politics is Business），政治而能商业化，才是真正的政治，才是良好的政治"这话有相当道理。希望大家竭力用银行的商业道德来改良和纠正政治上一切不良的腐败的道德。今天无论何处，对于商业道德都非要维持不可，无论政治上、财政上一切行动，若果不合理时，我们都需要竭力用商业道德纠正它。

四川为复兴中国之地。四川乃是全国最富之区，什么东西都有，一到乡下到处都是很好的耕地，乡下的人也都是勤勤恳恳的，有这样的天时地利，若能再加人力，四川省确是复兴中国的一个土地！所以我很希望今天在座的同志们，从今以后抱个决心，"四川是我们的四川"，努力从事各种建设的事业，那么，四川未始不可为复兴中国的大本营！

以唤起同情心救中国。今天要救中国，有两件要紧的东西，我们每人都要具备着：（一）同情相爱，四川人爱四川人，中国人爱中国人，只要是四川人是中国人，无论如何，总要帮助他，不可存漠视猜忌的心。（二）牺牲心，这是与同情心有连带关系的。我们中国有赶紧具备牺牲精神的必要。假定，我们要以经济救国，那么金融界的同志们，都需要具备这两种精神才行。

中行是全国人的银行。中国银行在四川设立分行，已经二十几年了，但是还不能与川省同胞发生深切的关系，兄弟觉得非常惭愧！不过我敢担保，中国银行整个的组织，是帮助中国所有一切事业的。四川所有分行，是为帮助川省一切事业的。……因为中国银行根本就是中国四万万同胞的银行！

饶有趣味之结束语。还有一点，就是希望以后，诸位都当我是四川一分子。我很愿意，把我一份力量来替诸位办一份事情，要把我是大银行家、大事业家这些衔头丢开，当着我是你们的一个小朋友。本来是，兄弟和四川确有深切的关系，我的祖母就是川省人，所以如果如主人所说的，我是出类拔萃的人，这是你四川的血统所给予的。反之，如果不能如诸君之望，吾四川的朋友，恐怕亦要负此责任。所以我很愿与诸位联合起来，共同建设四川，建设中国！

总之，此次演讲的场景与人们的感受，正如张肖梅所言："总座演词最佳，洋洋数万言，听众三四千人，演讲时并未有稿，但不特词令极洽，意义深切，且前后呼应，一气呵成，随手记录，即成一篇极佳文章。实非学问渊博，经验宏富，不克臻此。近日以文眩世之辈多不胜数；而富有意义之作终不多觏；以演说相号召者，亦指不胜屈；而能前后一贯，词气畅达，意味深长，恳切动人，尤不可得。盖以总座二十余年之精神、道德、经验现身说法，恐除总座而外，无与匹矣。"

（五）参观北碚新事业，赓续前缘抗战时

考张嘉璈参观重庆北碚新事业缘由，亦莫不与他那对外接晤之宏富情怀有关，

卢作孚也是当年"四川最新之事业及人物"的典型代表，张嘉璈将"参观卢作孚之北碚新事业及所经营之民生轮船公司"一事，作为川行四个所得之一。

1．参观最新之事业，成就全国亦所无

当年卢作孚被中国银行称为"川省唯一之企业家"，他于 1926 以来在四川创办实业甚多，办有川康殖边银行，开办民生实业公司，内含航运业、机器厂、自来水及电灯厂，还办有北碚铁路公司，专以运煤为主。1927 年春，卢作孚到北碚出任江北、巴县、璧山、合川峡防团务局局长，由于北碚处嘉陵江岸，当江、巴、璧合之焦点，素来盗匪遍地，卢作孚先开办团防将盗匪肃清，继而经营北碚镇市政，禁赌博、鸦片，办中小学，立医院，设民众俱乐部、图书馆等，后又创设西部科学院，筹设农事试验场，将一项社会改革试验做得轰轰烈烈，其经营费用概出于募捐，不足则不惜出于借贷。到 1934 年，卢作孚所办的新兴事业有 19 项：峡防局、中国西部科学院图书馆、公共体育场、特务学生队、平民公园、兼善学校、中国西部科学院、中国西部科学院博物馆、中国西部科学院理化研究所、农林研究所、生物研究所、地质研究所、三峡染织工厂、地方医院、农村银行、消费合作社、民众俱乐部、嘉陵江报社、民众教育办事处（以上详略）。有鉴于此，张嘉璈以其宏富情怀，专门抽时间参观卢作孚在北碚所办的新兴事业，行程如下：6 月 1 日，张嘉璈一行人乘"民主"轮赴重庆北碚温塘。6 月 2 日，张嘉璈在北碚作竟日参观，尤其参观了卢作孚的周会，并在会上发表演讲，赞扬卢作孚精神之可贵。重庆金融界要人任望南、唐棣之、康心如、康心之等人，一同追踪至北碚温塘问道，双方在园中交换重庆之金融及财政意见。6 月 3 日，张嘉璈一行在返回重庆途中，参观了卢作孚的北碚铁路公司之北川铁路。总之，此行参观之感受，正如张肖梅赞道："道路之清洁，布置之整齐，为全国各地所无，上古盛治之世，道不拾遗，夜不闭户者，仿佛似之。"中行同人都认为："卢作孚似此身非科学家，又处竭蹶经费状态下，而提倡科学不遗余力者，四川殆仅卢君一人焉。其自治精神之卓越，固不仅其辖治之区域内，无盗匪、吸大烟、赌博之踪迹，竟使距北碚嘉陵江上游十里许的盗匪庋[①]藏肉票之温泉公园，一变而为重庆附近最美丽之避暑区域。"

2．公权感动来相助，赓续前缘抗战时

张嘉璈专程参观了北碚新事业及其民生轮船公司后，更为北碚建设和北碚民众的精神面貌深深感动。他对卢作孚的评价是："热忱而克已，有旧学问而追求新知识，有事业心而到处助人。"于是，张嘉璈认为对卢作孚的新事业颇有辅助之价值，

---

① 庋，放置。

决心予以帮助。张氏回到上海后，第一件事就是为中国西部科学院捐款 2000 元。第二件事是，因民生轮船公司"乃宜渝及川江之唯一具有规模之航业"，时公司负高利短期债务达 500 万元，月息二分以上，随时有逼债拖倒之虞。张嘉璈即与上海各银行商洽，决定发行公司债 100 万元，并于 1935 年 7 月 1 日发行。卢作孚后来回忆说："由于中国银行张公权先生的主张……向上海募集了公司债一百万元，这是四川的经济事业在上海第一次募债，而且第一次募公司债。财务是民生公司在不断的发展的途程当中一个大大的困难，总算始终得环境上的帮助，没有限于挫败。"更为重要的是，"民生轮船公司得此协助，逐步发展，抗战时期对于公运、民运，贡献甚大，造因殆始于此"。

1938 年秋，卢作孚组织指挥了惊心动魄的中国版"敦刻尔克大撤退"——宜昌大撤退，他依靠其民生轮船公司，用 40 天时间，向四川抢运了聚集在宜昌的人员150 万余人、物资 100 万余吨，挽救了抗战时期整个中国的民族工业，为保存当时中国的政治实体、经济命脉以及教育文化事业做出巨大贡献和牺牲，受到国民政府嘉奖。其中：抢运入川的学校有复旦大学、中央大学、金陵大学、武汉大学、山东大学、航空机械学校、中央陆军学校、国立戏剧学校等数十所。抢运军工以及其他工厂设备有兵工署 22 厂、23 厂、24 厂、25 厂、金陵兵工厂、兵工署陕西厂、兵工署河南巩县分厂、兵工署河南汴州厂、湘桂兵工厂、南昌飞机厂、航委会无线电厂、航委会宜昌、安庆、扬州航空站、上海钢厂、大鑫钢铁厂、周恒顺机器厂、中福煤矿、大成纺织厂、武汉被服厂等，这些工厂在重庆恢复生产，构成了一个强大的工业，特别是军事工业基础，它们生产出来的武器弹药、军需物资，由民生船舶再运往前线，大大地增强了我军的战斗力，有力地阻滞了日军的西进，最终迎来了抗日战争的伟大胜利。换言之，"孰料不数年，中央以四川为抗战基地，地方与中央得以水乳交融，共同抗战，而民生公司竟然担负长江上游，及川江军运、民运重大任务。可谓因救济内地事业，而得到一意外收获"。那时，张嘉璈已出任政府交通部部长，卢作孚以交通部次长的身份襄助，共同指挥战时机关和工厂大撤退，这可说是前缘赓续。

3. 企业文化早行者，作孚寄文育文化

作为近代著名爱国实业家、教育家、社会活动家，民生公司创始人、中国航运业先驱的卢作孚，被誉为"中国船王""北碚之父"，也是我国近代企业文化建设的最早倡导者之一，他还得到过许多伟人及名人的高度评价，如：

——搞重工业的张之洞，搞化学工业的范旭东，搞交通运输的卢作孚和搞纺织工业的张謇，他们都是为发展我国民族工业有过贡献的人。（毛泽东）

——卢先生是一位不可多得的人才，党和政府方将畀以重任，以展其才，可惜竟遽尔辞世！（周恩来）

——卢作孚兄，民族英雄。（蒋介石）

——最爱国的，也是最有作为的人。（冯玉祥）

——如果卢作孚健在，就不会有我今天的包玉刚。（包玉刚）

——卢作孚先生在我心目中可谓高山仰止。他于兵荒马乱的年代竟然不可思议地创办了卓越一流的企业；但在民族危难之际，他却拼上倾注着自己心血的企业，谱写了一曲中国版敦刻尔克的救亡曲；而在巨富面前他的那种"生而不有，为而不恃"的淡定超然，又无人企及。（张瑞敏）

仅从中国近代企业文化建设史而言，厉以宁先生认为："卢作孚先生创立的民生公司，有理由被认定为20世纪20年代至40年代内企业文化建设卓有成效的一个范例；卢作孚先生是我国近代企业文化建设的最早倡导者之一。"与此相关，1934年六七月间，卢作孚曾将其旁征博引和论述颇详之《建设中国的困难所在及其必循的道路》一文寄稿给《中行生活》编辑部并发表，《中行生活》编辑"尚希同人诸君参阅为荷"。文中深刻解析了中国"家文化"传统与现代集团生活之间的矛盾，提出了以创造现代集团生活方式及其文化来复兴中国的观点。他从中国社会建设问题的高度，给予中行行员以思维启迪，高屋建瓴的合作互助文化思想，有力地配合了当时"实现中国银行的'整个化'"的文化培育活动。他呼吁道："中国的根本办法是建国不是救亡，是需要建设成功一个现代的国家，要从国防上、交通上、产业上、文化上，建设一切现代的新的事业，这些建设事业都是国家的根本。……复兴中华民国只有这一条道路，只有运用中国人比世界上任何民族更能抑制自己、牺牲自己，以为集团的精神，建设现代的集团生活，以完成现代的物质文明和社会组织的一个国家，才可以屹立在世界上……"

（六）沿途参观诸企业，辅助各业做准备

张嘉璈一行在川省对外接晤日程中，还参观诸多企事业单位及拜会沿途县府，他还将此行"与四川分支行各经理交换意见基础上，决定了鼓励上海资金移入四川从事开发之业务方针"作为此行四大所得之一。时人所记述的要点如下。

1. 盐烟金气暗邢沟，土语行话颇费解

5月12日晨，张嘉璈偕同行人等，由内江出发齐赴自流井寄庄考查，并参观了自流井大坝堡一带的盐井火井。自贡盐场在民国时期的经济地位突出重要，民国初年设于自流井地区的银行机构有十多家，中国银行也于1915年设有分号，后因军阀混战间歇经营，其中，1930—1933年歇业长达4年，直到1934年又在自流井开设寄

庄。由于自流井为四川金融重镇，当年不少上海滩银行界名流人物往来国际大都会与内地小城市之间。张肖梅将参观自贡盐场的盛景，堪比清代诗人王渔洋[①]笔下所语"盐烟金气暗邗沟"。邗沟为沟通长江与淮河航运的古运河，是清代漕粮与漕盐的运输枢纽，此句诗原指由于当时官商勾结，使古运河弥漫着"盐烟金气"而混暗无比。而张肖梅则将"盐烟金气"之外景转致到盐井火井的写景情形，即"见井灶林立，似美国之煤油池，一切运输管筒，全系竹制，不见钢铁，大属经济"，大有"盐烟金气"之景象。她又以"如此大规模之产业，不仅为四川之光，亦为中国吐气"言语，来形容当年自流井盐场的科技状况，不仅为四川之光，亦为中国吐气。此外，张嘉璈一行参观盐井火井时也有个遗憾，即中行自流井寄庄负责人保少卿所联系的参观盐井火井的导引人，其地方口音太重，"怪腔怪调，土语行话"的解说，让总行参观者们很难理解。直到返行后，人们再经保少卿君再行申说，才使大家豁然明白了盐场工艺的流程及其道理。5 月 13 日上午，张嘉璈一行顺路参观了自流井的三泰井，"总座为避闻卤气，两只手中，各握一张大手帕，左右换替掩鼻而过"。

2. 制糖工艺尽知晓，却为蔗贷定方略

5 月 13 日下午，张嘉璈一行到达距内江城 30 里的茂市镇时，适逢星期日，内江办事处全体同人一同前来迎接张嘉璈一行，大家顺便参观了沿途附近的制糖厂家。当参观者看完漏棚、糖房各一处后，才弄明白什么是泞糖、水糖、糖清、桔糖等一套名词。有的参观者，看了简陋粗糙的土法制糖工艺后，觉得倒不敢吃糖了，因为"眼不见，心不烦"。之后，再由川中行特邀来到川省做糖业调查的上海专家吴卓（鹄飞）先生，为大家讲解了外国人制糖可在 20 分钟完成的工艺流程。对比之下，使大家愈觉得内江糖业真的需要改良。正如张嘉璈所言："在内参观漏棚糖房，觉得内江制糖方面，皆数百年前之旧法，毫无人工的改进，与外人之以机械制糖比较，曷啻霄壤之别。"

30 年代初，张嘉璈认为，发展农村经济，可以提高农民购买力，并可发展工商外贸，从另一个方面带动国内金融之全局，以减轻本行国际汇兑业务受到国外资本挤压的程度，于 1932 年起在国家银行中率先办理农业贷款。1934 年，四川刚步入川政基本统一时期，川中行便特邀上海专家吴卓先生到川省做糖业调查，以为发放日后农贷做好准备。当时四川各方，或邀请沿海糖业专家来川考察，或派人出国调研学习，纷纷购买日本、捷克制糖机械运川，其建议和方略都是走机械化之路。而吴

---

① 王渔洋，即王士禛（1634—1711），字子真，号阮亭，别号渔洋山人，山东新城人（今桓台），清初著名诗人，累官至刑部尚书。他在公务之余致力于诗文著述，主持诗坛 50 年之久，康熙帝曾征其诗三百首定为《御览集》，其诗、文、词共数十种 560 多卷，被誉为"一代诗宗""文坛领袖"。

卓先生亲自到内江、资中、资阳、简阳等沱江流域产糖诸县深入调查，确定当时最有效的方法不是全面引进新设备、选用良种，而是首先提供农贷资金，利用原有技术谋求发展。[①] 这一策略独辟蹊径，得到了张嘉璈及川中行的认可，使川中行对蔗糖业的农贷走了一条符合当时四川农村情况的道路。尤为难能可贵的是，在后来战争情况下，该策略的实施为川中行赢得了迅速取得农贷绩效的极其宝贵的时间。从1937年春起，川中行与川省农村合作委员会协定在内江数县试办农村合作社放款合约，共同组建蔗糖产销合作试验区，并在抗战时期被官方誉为复兴农村之"完美细致之操典"。中行农贷金额逐年增加，既使得内江蔗糖产量大幅提高，大致满足了来华支援抗战的国际友人及战时大后方的军民之需；同时又通过制糖副产品制作无水酒精，替代航空汽油，使内江始终保持全国酒精产量1/4至1/5的份额，满足了我国和援华盟友的汽车、飞机的紧急需求。然而，"此种成效，中行贷款实居首功"，而且，此种成效更源于此次四川之行中张嘉璈与吴卓在内江、嘉定、峨眉山等一路同行之探究与共识之功。

3．丝厂纸厂造碱厂，肆筵设席两县请

5月20日，天阴，午后张嘉璈一行人参观乐山嘉裕纸厂、嘉禄纸厂及华新丝厂，因当时乐山丝厂规模较大，有14家，工人达5000余人，又以凤翔、华新、裕利为显著。同路的川行邀来川省调查糖业者吴鹄飞先生，在参观过程中作了不少指导。返行后，总行的客人们又大买丝绸货等纪念品。

5月20日，阴，张嘉璈在考察乐山中行行务，观大佛像，参观三家工厂后，夜赴嘉县政府及各团体公宴总座一行人于红十字会，茶役弁兵围观，席间有未脱呢帽者。宴毕大雨，无轿无车，同人冒雨笑谈而归。

5月26日，晴，八时登上民法轮启行，过竹根滩，上岸赴五通桥视察桥处，约留一小时，登轮。五时抵叙府，视察行务，总座训话。之后，一行人同赴周旅长宅，县府及各团体在周宅雨处，肆筵设席，宴请总座一行人。席半，总座因民生公司之盛情，只得告辞，起身串台，又及赴航务处及民生公司之公宴。宴毕，一行人踏月登上民意轮，月色极明，看月至夜分，始睡。

6月4日，这是张嘉璈一行在重庆逗留的最后一天。此日对于他来，可说是日程满满，寸阴尺璧。尽管如此，还在下午抽时间参加了申汉纱厂之茶会，直至夜八时才回到林森路办事处用晚餐，十时一行人就登船离川返沪。

---

① 李安平. 抗战时期四川内江农贷个案研究. 原载黄宗智主编：《中国乡村研究》（第八辑）. 福州：福建教育出版社，2010年.

总之，张嘉璈此次四川之行对万县、重庆、隆昌、内江、自流井、成都、嘉定、五通桥、叙府、泸县等川省经济要区，进行了较为详尽的业务调研，参观了自贡的多处盐井、内江的漏棚和糖房，以及乐山嘉裕纸厂、嘉禄纸厂、华新丝厂，和重庆申汉纱厂等企业，使张嘉璈在四川看到了"凡有国家大生产事业，都有我们中国银行参与其间"的真实景象，还使张嘉璈在四川这片土地上，实现了他那"与当地之最大公司、商号和最新之事业及人物，莫不相周旋"的对外接晤理念。同时，张嘉璈还指示总行及川行联合发起对川省的系列经济与金融课题调研，如对四川丝业、内江糖业、桐油产销、公路进展、荣昌烧酒与坊瓷业等调研，及对四川、内江、叙府、嘉定的金融考察等，为支持川渝经济金融发展做好充分准备，使抗战时期四川中行贷款份额一直占全国中行贷款总额三到四成，为民族抗战胜利做出重要贡献，这不能不说与张嘉璈此行所决定的方针息息相关。还有，川中行为总行对外接晤的联系引荐的效果较好、形式得体，使中国银行对外树立了"中国银行整个的组织，是帮助中国所有一切事业的，四川所有分行是帮助川省一切事业的，中国银行根本就是中国四万万同胞的银行"的宏富形象。

四、内育文化：情茂词切致意志倍振

张嘉璈视察川行行务的主要定位是"鄙人所注意者，在人事方面"。此行过程中，他视察一路演讲一路，前后共发表过 13 次演讲：在川行机构演讲 6 次，在华大、重庆一园、北碚对外演讲 3 次，途经湖北沙市、宜昌、汉口时演讲 3 次，回到上海总行演讲 1 次。演讲中，他还以行员的好朋友、校长、家长、"娘家一位老管家"等多种亲切身份，以谆谆训导的方式讲述银行的故事，重构各分支行处文化思想模式。真可谓四川之行育文化，人文关怀盈满满，由此使他成为传播中行早期公司文化的虔诚布道者、行动感召者、卓越激励者。现将张嘉璈视察行务的 6 次演讲之背景、核心内容及意义分述如下。

（一）行长校长亦家长，训导性格第一课

5 月 8 日午后四时，张嘉璈一行始抵达四川第一站万县。万县系川江进口第一大埠，亦为川省之门户。川行襄理张禹九及中行总处刘攻芸先一日由重庆来万县，并于 8 日下午相迎张嘉璈一行登岸。万县关税务司乔先生因久慕张嘉璈，亦来船迎接登岸。张嘉璈等先与万县中行主任涂以高相晤。在行小坐，乘日光未落，雇洋车去商业区参观市面情形。晚在离行甚近的西山公园太白楼吃便饭，晚饭毕，久鳌、肖梅、攻芸三君随总座同去万处察看行务，训示同人，题为"一个青年行员应具之性格"，俟总座等公毕登船，将十点钟矣。其万处讲话特点和内容如下。

——张嘉璈第一次面对平均年龄仅 26 岁的四川分行员工，他以"今晚特在这里，和大家见见面，谈谈心"的亲切面目为开头语。

——他针对"从前各行一种各自为政，各自用人，全不顾联络，全不求'整个化'的银行，不能适存于二十世纪竞争激烈的社会"之问题，阐明中行总处近年来的苦心孤诣在于力谋统一。所谓统一，分办法、组织与人员三种。前两种常有总处颁发通函，规导一切，且置不论，现在单谈"人"的统一。

——如何做到"人"的统一？即是说，"一个青年走进中行，便应理想到他的学识是怎样丰富、技能怎样优长、道德怎样高尚、精神怎样壮健、由此一步步地由低级行员晋升为高级行员？"他认为，应努力造就青年行员的以下性格："（一）保持旧道德：勤俭信义；（二）培养新精神：锻炼体格，宝贵时间，作事刻苦，服务谦和，遵守纪律；（三）用旧的识见贯彻新的精神，以'旧'驭'新'，而加以'整个化'，成为中国银行理想中的行员。"

——在结束时，张嘉璈还强调了他今天演讲时带有递进关系的两种身份，以示其人文关怀之亲切感，他说："我今晚的谈话，诸位认为校长的训词，似不足表示亲切，最好当作家长的训诲，而常加实践，便是我的谈话有了相当的代价和结果。"并向万处行员提出"银行好似一个大学校，诸位即应依着一定的班次，历阶而升，造成完善而不进大学的大学生"的殷切希望。

（二）革新精神谋进展，创造能力图改善

5 月 12 日晨，张嘉璈偕同行人等，由内江出发齐赴自流井寄庄考查，并参观了自流井大坝堡一带"盐烟金气暗邠沟"之盐井火井。5 月 13 日，上午顺路参观了自流井的三泰井，下午到达内江茂市镇时，参观了沿途附近的制糖厂家的漏棚、糖房各一处。看了简陋粗糙的土法制糖工艺后，使大家愈觉得内江糖业真的需要改良。张嘉璈从四川盐、糖两业制作技术落后的现实，引发他对中行之事业联想。当晚，在内江办事处作题目为"以创造能力打破环境"演讲时说：

——在井参观盐井大井，在内参观漏棚糖房，觉得井盐纯粹天然之富源，内江制糖方面，皆数百年前之旧法，毫无人工的改进，与外人之以机械制糖比较，曷啻霄壤之别。此由当地制糖家未受相当之教育，技术上不知改良，因此联想到吾四川的本行。目前中国银行行员，最大缺点，是旧的行员，只知旧经验；新的行员，只知规章；对内的人员，仅知记账，对外的人员，仅知老式交易，所以全行人员，未能熔化一炉，互相调剂。……今日以后，须事事有创造能力，即小而至于一行的布置，亦须不为环境所牵制，尽可以极省的金钱，自己创造一种新式的设备。

——张嘉璈此次讲话要旨，后被《中行生活》编辑归纳为：以革新精神谋本行业务之进展，以创造能力图一切事物之改善。

（三）消除外界之怀疑，加紧本身之工作

纵观张嘉璈在四川各机构 6 次讲话内容，高度重视四川中行企业形象重建，是其核心内容之一。这是由两大因素所致，主观上讲，素抱经济宏愿的张嘉璈，常常为永葆中行银行业领袖地位而居安思危，在多场合反复强调其意义，如时人所言："我行近年来的一举一动，在社会上，几有十目所视，十手所指之概。因之无论上下级行员的行动，亦均为各界所注意，所以希望同人振奋一切，要融合旧的经验，发生新的生力，创造新的环境，共谋本行地位的增进。……这就是我行全体同人所应引为一致努力企求的鹄的。"客观上讲，四川军阀十七年割据，战祸绵延，其间川省金融极度混乱，中行机构屡遭军阀强提勒索库款，致使成都中行官欠款数量大，还发生过三次挤兑和一次诉讼官司。这就使得张嘉璈对川中行尤其是成都支行的企业口碑与形象问题，十分关注。

5 月 16 日午后，刘湘督办回访张嘉璈于成都支行，会谈长达两个小时。尽管两人谈话很投缘，但刘湘也婉言地对中行提出批评和希望，这引起了素有永葆银行业领袖地位情怀的张嘉璈之高度重视。同日下午，待会见刘湘后，张嘉璈在成都支行作题为"存款行的职责"演讲，一向儒雅温和的他，较为严厉地批评了成都支行口碑形象上存在的问题，对重塑形象提出整改要求，讲话要点如下。

1. 实甚关心偏处西陲川政紊乱的川行发展

张嘉璈首先讲到总行对川行业务状况的关心，站在"川行一日不能推进，即全行多受一日之累"的高度，看待川行业务发展和形象改善的重要性。他说："此次来川最大原因，在欲考察川行业务进行情形。四川偏处西陲，而川政又紊乱不定，故总处对于川行业务，实甚关心！盖川行为中国银行之一部分，川行一日不能推进，即全行多受一日之累。个人此次来川，深感川行之问题复杂，希诸君努力奋斗，以战胜此艰难之环境！"

2. 深切关注川行以往形象口碑上存在问题

接着，他又批评说："成都支行自开办以来，风潮迭起，外间极少良好批评。假使经理得人，风潮未尝不可减少；惜经理不能得人，以致年来无一日之安定。"同时，他还深责总行管理不力之责，"此总处不能不任其责"。

所谓"风潮迭起，外间极少良好批评"，亦如张嘉璈在《川行感想之种种》中所解释："入川之初，时适政界种种误会，对我行多所非难。其中有因聚兴诚银行在沪装运现银，诿为我行破坏者，以是空气似甚恶劣。"这就是说，他尤其看重 1933 年 1 月成都中行与聚兴诚银行所发生的挤兑风潮，对整个中行形象的不良影响。同时，

他还以自己与刘湘谈话细节，以及一位友人向他转述的外界对于渝行的观察为例，说明川省外界对成渝中行及总行有所不信任的现象。

当余会见川省督办刘湘时，渠曰："余对中行，非为误解，乃属怀疑，因：（一）总行是否对渝行负责？（二）无论总行如何，分行如何，总行是否曾接济渝行资金？再外界盛传中行对各地救济农村及辅助建设诸端，颇多尽力。而在川省，除吸收存款及高利贷款外，向无所事事。究竟总行对其他各行是否有此同一情形？"又曰："余对中行，决非希望多助军事贷款，而希望中行，对于建设，稍稍提倡。"此种质问口调，为向日所未闻见者，足见外界智识之进步。

又有一友人告我，外界对于渝行之视察，大致曰："总行对于渝行，并未与以分文资本，渝行之生存，全恃当地之存款与发行，总行无异任渝行自生自灭，而沪行对于渝行之通融，亦以若干为度。"其观察虽不尽然，然颇近似，可见外界观察之锐利，迥非昔比。故吾辈同事，若思想与应付，仍抱定老办法，必与社会凿枘不相容，为社会所诟病。然而近日内地支行，类此者十之五六，在内地同人以为外界不原谅，实则自己太不进步。

不难看出：第一，刘湘关于"中行在川省，除吸收存款及高利贷款外，向无所事事"的评价，以及"希望中行，对于建设，稍稍提倡"的请求口吻，还有外界怀疑总行"任其渝行自生自灭"的言论，都使常为永葆中行在银行业领袖地位而居安思危的张嘉璈，感到非常的惭愧与诧异，如他所说"此种质问口调，为向日所未闻见者，足见外界智识之进步"。第二，对外界的看法，张嘉璈感触良多，由此深析自身原因，承认"内地支行类此者十之五六"，并将外界不原谅中行的原因，看作是中行"实则自己太不进步"。因而再次强调："惟本行自有其道德与人格，足为外界所敬重，此种道德与人格，乃全体同人所共同缔成。倘就此基础而发扬之，光大之，定可为社会服务不少。"

3. 较严厉地批评了成都支行暮气重重问题

性情一向温文儒雅的张嘉璈，这次较为严厉地批评了成都支行："成支行处于存款码头之成都，好似平支行存款码头之行。因为事不紧张，行员流于疏懒，经理流于松懈，弄得全行暮气重重。"

4. 对成都支行重树口碑形象提出整改要求

张嘉璈对成都支行重塑口碑形象提出了"要消除外界怀疑，要加紧本身工作"两大方面的五点整改要求。

第一，存款行应用全力研究存款手续之便利。"实则存款的行，应用全力研究存款手续之便利，如何可以存息减低而存款不减，存款种类之改善，存款之如何运用，正有许多研究之事，同时还可以研究所得，贡献于其他吸收存款之行。"

第二，要对四川经济建设给予一定的贷款支持。"吸收存款码头，最容易使人误会的，就是只收而不放。然而不是放款码头，就不易有善良之放款途径。故既欲免除误会，不能不稍稍放款，又要择优良途径，确是一桩极难的事。所以当经理的就要平日十分用心，审察社会上何种事业需要最切，同时审察如何放款，及几多放款可以不致损失，皆须随时随地预为之备。"

第三，从巩固民众对中行信仰着手去增加存款。"近日此地银行之新兴者甚多，同人处此竞争时期，尤须谨慎从事。竞争之点，我行决不在多量钞票之发行，须从巩固民众信仰着手；民众对本行既有信仰，则存款自能逐渐增加也。"

第四，对成都支行员工提出殷切希望和激励。"至于本行行员，均须有良好之习惯，不能放弃各个职责，应抱有十人工作五人完成之毅力，使行务效率增加，工作范围扩大；且对于工作应抱研究态度，使一切工作皆有生气。因为成支行年来受损太巨，不能不从增加效率上节省开支，不能不从改良营业上增加收益，否则成支行不能立足，诸位生活亦将动摇！在座全体大都系青年，更应振作精神，应用清晰脑力，屏去阶级观念，协力合作，使成支行焕然一新，不为全行之累。"

第五，对重塑川行信誉提出殷切希望。"此次本人来川视察，深感外界对我行之怀疑，应切实使其消除；且同人等之工作，应黾勉从事，力图迈进。"

（四）能力足敷本行需，智识人格两提升

纵观张嘉璈在四川各机构 6 次讲话内容，深切关注川行员工"他调"教育问题，亦是其核心内容之一。张嘉璈一行于 5 月 18 日由成都去乐山，经过"一程车来一程船"的两天奔波后，于 5 月 19 日晚八时始抵乐山。5 月 20 日，上午张嘉璈考察嘉定（乐山）办事处行务，作题为《我人本身之能力是否足敷本行今日之需要》演讲，对川行员工整体素质偏低将使中行"难博社会之信仰"的严重影响表示深切担忧，并指出造成素质偏低的原因在于"他调之弊"①，对川行未抓好对员工"他调"教育工作，提出怜悯之同情的批评。

1. 对川行员工素质偏低担忧

他首先发表感想说："现就巡视川行各处之感想，略为一谈。吾之感想为：川行人员之（受教育）程度，较他省为低。"亦如他沿途视察所看到的情况：行员履历

---

① 他调，指相对于员工主体而言，运用外在的力量及制度，提升行员学识及素质。

"有的是中学毕业，有的是高中读过，没有毕业"（万县讲话）；"中国银行行员最大缺点，是旧的行员，只知旧经验；新的行员，只知规章。对内的人员，仅知记账，对外的人员，仅知老式交易，所以全行人员，未能熔化一炉，互相调剂"（内江讲话）；也如他在《川行感想之种种》中说："此行沿途与各处同人晤谈，大半既少充分旧的教育，亦无完全新的学识。旧的，钱庄学徒出身者甚少；新的，高中毕业者亦不多觏。"

2. 分析素质偏低形成原因

他认为，造成行员素质偏低的原因有三方面：一是学习环境不好，"川省银行、钱庄均不进步，川行人员，无良好之环境"，"川同人出行身学校者多为低级，或竟失学；出身商界者，亦未得良好环境之培育。如树之未大，果之未熟，弊之所在"。二是见少识寡，"川行人员多为本地人，即主任阶级，多皆足不出川"。三是银行本身"他调"不力，亦如他说："川行人员比较他省程度为低之结果，则发生难于他调之弊。既难他调，在行本身，殊不经济。"这就是说，行员素质偏低的原因，在于银行对行员所施加的知识灌输与文化培育的外部压力不够，即所谓"他调"不力。既然如此，银行运用"他调"方式来提升员工智识，也就是一种较为经济的育人方式。

3. 素质偏低对中行名誉影响甚大

在乐山讲话时他说："本行向为各界推为领袖的金融机关，则不论智识、言论、道德、工作，均应较各界为高，获得各界之景仰。吾川行行员，若仅等于普通川人，或更不及，其影响于川行名誉甚大。"他在《川行感想之种种》中总结时进一步指出："目下，我行新设机关，均是低级人员升调以应，而对方交接之人物，如县知事、局长之机关上人，甚至团长等等，均是学校出身。我行之人，以其教育之不足，势难取得对方之重视，因此难博社会之信仰，增进本行领袖之地位，更谈不到为指导事业、辅助建设之中心。"

4. 对川行提出怜悯之同情的批评

张嘉璈在视察内江办事处时曾表扬过四川分行在抓员工素质提升的做法，他说："渝行近两年来，已非昔比。对于业务方面，办事效能，及职员精神上，均不无革新。目的一面在求业务进展，一面造成充分新智识之行员，庶足应付现代环境而图生存。现在渝行亦招考练习生，张襄理自兼教授课程，以增进行员智识，亦即革新事项之一。"然而，当他视察了乐山办事处工作后，对四川中行提出了怜悯之同情的批评："在沪晤杨粲三君，谓川行目前渐有特色，足证昔日之不进步。近年渝行竭力改革，得此好批评，理应自慰。但观察之后，仍觉名不符实。此种论调，并非责备同人，实不免有怜悯之同情。"

5. 提升员工素质的"他调"办法

（1）以银行办教育来补充员工的智识。张嘉璈一路视察中，不断思考提升员工智识的"他调"办法。在万县演讲时，提出了"银行好似一个大学校"的理念；在乐山训话时，针对川行员工整体素质偏低的问题及其原因，最终提出了提升员工智识的治本之法为"在银行服务，则所需之智识更多，教育尤为重要。银行而无教育，行将不行矣"。同时，因"川行人员今日如须补充高深学理，或深厚之经验，实不易易"，还提出了当下"从最低限度做起"的补充智识之方法：第一，部门主任要利用公暇多读书报杂志，以广学识。第二，部门主任要多研究本地商业情形，以增经验，利用每年因公赴渝行开会时，调研货物之产销和业务之进行方法。第三，行员要对一地大宗物产之产销情形及其经营商业者之人格、道德、能力、信用，均须彻底明了。第四，部门主任有责任组织本部门人员通过互相研究，将银行视成一学校，来提升智识。

（2）以完善员工道德来补充员工智识不足。即"智识之不足，以人格补充。川行既为川省各界所注意，无论公私方面，均应勉为模范。本行为社会中之一份子，自视甚小，但耳目所系，在小市面之嘉定，尤显其地位之重要。同人既感智识不足符实，则先将人格提高；因人格一高，可补智识不足之缺憾。若二者都缺，不知补充，则必为人所轻视矣。总之，诸君既感本身之供给，不敷今日中行之需要，则先重道德，次求经验，再次则扩充智识。勉力为之，他日之川行，自可追他行而翱翔，或超越其前，不负今日之希望！"可见，以完善员工道德来补充员工智识不足理念的逻辑如下：第一，川中行员工应勉为社会模范；第二，如果既感智识不足，则先将员工的道德形象提高，以此弥补其智识不足之缺憾；第三，勉力为之，他日自可追他行而翱翔，或超越其前。

6. 彻底集中训练"中国银行型"人才

6月15日，张嘉璈结束川行回到上海，在九十四号作《川行感想之种种》演讲时，针对川行员工整体素质偏低对中国银行领袖形象的影响问题，深刻反思总行对四川分行人员训练及管理不足问题，提出了系列事关全国中行人才培育的改进理念及方法，即彻底地、集中地训练"中国银行型"之人才。

（1）发展内地经济输入人才比先输入资金要紧。"今日欲开发内地，并不拿钱放账，就算了事；必须有新智识之杰出人才，研究各业衰败之病源，逐一改善而组织之，方有农业贷款可放，或工业贷款可放。否则与旧式钱庄，有何分别？吾辈不过为旧式钱庄垫腰而已。余曾告刘督办：'若川省果能政治安定，吾当先输入优秀之人才，而钱在其次。'渠深以为然。"

（2）没有适当人才不可随便添设中行分支机构。"内地人才之遴选，更有慎加审择之必要者。因内地人选，必须适合内地之环境与人民之心理，及有能与内地同化之习惯，而脑中更须有本行的精神与新的智识，在足以为凡百事业之指导者，方能应乎地方上之需要，合乎我人理想中之要求。……我行之人，以其教育之不足，势难取得对方之重视，因此难博社会之信仰，增进本行领袖之地位，更谈不到为指导事业、辅助建设之中心。于此，余益觉本行人才有非积极的加速的彻底的训练不可！"

（3）培养本行人才是彻底地训练、集中地训练。"彼欢迎之人员曰：'我人非欢迎中行的银子，乃欢迎中行的一般人。'于以见人才之足重，而人格为尤要。故我人必须迅速地培养本行人才，使其才能、道德、人格、学识诸端，成为'中国银行型'，到处受社会之重视，斯为当务之最要者。如今各地有各地的行员，如何使其精神一致，最为困难，我人固不能将各行的行员，一一从机器中制造出来，使全体成为同一之模型；但欲求精神之整齐，组织之健全，自非集中训练不为功。……故鄙意将来最好组织人事委员会，由各处报送人员，先加以体格上、道德上、学识上之训练，在相当期满后，再遣派各地工作。"

（五）人格能力为工具，淬砺精神强竞争

5月26日，张嘉璈一行八时上民法轮启行，过竹根滩，上岸赴五通桥办事处视察桥处约留一小时，下午五时抵叙府（宜宾）办事处视察行务，作题目为《吾们应以人格与能力为竞争的工具》演讲。可以说，该演讲内容主旨，既是"对消除外界之怀疑"的成都讲话思想的进一步完善，也是对"诸君既感本身之供给不敷今日中行之需要，则先重道德，次求经验，再次则扩充智识"的乐山讲话思想的进一步升华，其讲话要义如下。

1. 首先道出总行此次巡视川行之深层目的

张嘉璈说："此次总处各重要人员巡视之目的，不仅在业务之考察，并在使总处与各处之精神接近，如距咫尺；一面使边远之行，与其他各行平均发展，无此优彼劣之弊。"这就是说，总行巡视之深层目的：一是使总处与各处之精神如距咫尺，二是使边远之行与其他各行平均发展。而张嘉璈此次讲话重点则是如何谋中行各分支行之平均发展，包括业务方面和行员本身的平均发展。

2. 谋业务之平均发展要有"四新"精神

首先，要以"四新"精神发展业务。即"目下各地新设之银行日多，业务之竞争日烈，同时以社会新兴事业之日增，业务之范围亦日广。我人必须以加倍之精神与努力，用新的思想，新的方法，开辟新的途径，树立新的基础。若人人能同此信念，共以增进效率、增加收益为努力之目标，行务前途，必有长足之进展"。

其次，以研究态度对社会服务提供便利与敏捷。"至我人对于社会服务，应随时加以研究态度，如汇款、存款手续，于行章范围以内，务求顾客之便利与敏捷；放款一面打开新路，一面仍须审慎从事，力谋安全与保障，避免呆账之损失；而不论何处营业，必须年有盈余。"

再次，重申业务发展与行员生活的双赢关系。"盖银行为我人生活之所系，必须银行业务进展，基础巩固，我人生活，方可无忧。"

3. 谋行员平均发展要以人格与能力为竞争工具

首先，张嘉璈对川行人员品行作出最基本的要求，即"川行人员要具以下各端：（一）私德端正，不为社会所指摘；（二）智识充足，比别人高；（三）衣服朴素整洁。"

其次，进一步完善万县讲话时提出的"力谋全行人的统一"之思想。指出"须知中国银行是整个的，从今以后，吾们要使不论何行人员，变成整个中的一份子。倘叙府行员，其程度能力只合于叙府一处，则不特难于他调，且无上进之望。试问一地的行员，只限于一地之用，本行训练行员，岂不十分不经济？"

再次，在此基础上，他提出"要以行员的人格与能力为竞争工具，强化本行竞争力"之主张。他说："目前各家银行，纷至沓来，营业竞争，日益剧烈，我们更要淬砺精神，应以我们的人格与能力，为竞争之工具。"

4. 谋业务平均发展和行员平均发展的相互关系

他进一步阐明谋业务和行员之平均发展的相互关系：要先谋中行每一分支行员工信用（人格）之平均发展，再求达成中行各分支行信用（形象）之平均发展。即"银行最要的条件是信用，信用之构成，是从各人员个别之信用结合而成的。……我们要谋本行各行之平均发展，同时必要先谋每一行同人之平均发展，不论是分支机关，或分支机关中之一员，均须步步整理。"

5. 勉励宜宾中行赶超上海分行谋最大平均发展

张嘉璈最后勉励宜宾中行赶超上海分行，以谋最大化平均发展。"各地人员，务宜消除以前那种不良的观念，认清总处对于机关及行员个人的需要，努力做去，则不期年，叙府的办事处与叙府办事处行员，与上海分行的一个办事处及其行员，将有过之而无不及矣，勉之勉之！"

（六）娘家一位老管家，看望远嫁一闺女

5月27日早五时，张嘉璈一行所乘民法轮开驶，中午十二时至泸州，登岸赴泸处视察并午餐，三时半上轮，五时半船泊合江；5月28日早五时民法轮南驶，午后

一时，张嘉璈视察完四川各分支行行务后，再次返回重庆。

张嘉璈那"慈祥亲切，诚挚待人；情茂词切，富于感召"之个人魅力和领导气场，在两度视察重庆分行时，体现得尤为充分。当他第一次到该行时，时人记述："5月10日下午三时，渝埠各界欢迎张总经理抵渝仪式后，总座到渝行少息，便到各处走巡一次。在一室中，由各股主任，各领所属人员，依次谒见，鱼贯出入，不到半天，便把全行同人都会过了。""此次赴川，详察渝行行务，同人等不论职位之轻重，均一一与之亲切询问，支行办事处，不论地点之偏僻，均亲自视察训话。"当他再次来到该行时，时人又记述："5月29日下午，总座到渝行视察行务，至为精细，查账至各项之内容余额。同营业人员，垂询尤详，问同人们之身世、工作各数分钟，历数日始完。午后六钟，总座集渝行及上清寺、林森路两办事处同人，在楼上训话，情茂词切，致同人之意志倍振。"总之，张嘉璈5月29日下午六时在重庆分行作题为"如何使我行成为最进步最稳固之银行"之演讲，这也是他四川之行一路以来，演讲时心情最好、投情最深、人文关怀最满、思想高度最高的一次演讲。

1. 骨肉相见千里外，管家带来改良法

张嘉璈首先以"大有千里外骨肉相见"之深情，以"娘家人的一位老管家"的亲切身份自称，特来看望"好似远嫁闺女"的川行员工，并将总行一行人到此"研究改良"四川中行的方法，作为他的见面礼物，献予大家。

2. 讲述"娘家"一切事事物物的变化

接着，他向大家讲了这几年"娘家"一切事事物物的变化。他回顾了中行自1912年成立到1934年此次讲话为止时的"一切事事物物的变化"，将中行的商业银行演变过程划分为四个阶段：担任央行职务时期（1912—1914年）、创立社会信用时期（1915—1920年）、递嬗商业银行时期（1921—1926年）、根本改组时期（1927—1934年），并陈述了各阶段中行的创业大事。

3. "以旧驭新而加以整个化"地总结成功理念

在此基础上，他总结出中国银行22年以来成功的经营理念——又称"中国近代式的银行做法"，包括钱庄智识、洋行智识、大学智识、教会精神。与此同时，他运用"以旧驭新而加以整个化"思维，强调指出："吾人虽应备以上四种要素，但须力避其恶习，如钱庄的经理做私生意，店员宕账；洋行之买办恶习；研究院之书呆，只知书本上原理原则；宗教家之慈善气，只知销用别人的钱，不知生产。若能扫除这种缺点，而具有此四种智识与精神，吾中国银行就可称为近代式的银行！"而且，他还认为，"我行之能有今日，实因少数有上述精神之人物，所创造而成"。在他离川之后途经汉口支行演讲时，又将此四种智识及精神，视为中行行员应具的资格。

4．将牌号易为"最进步最稳固之银行"

亦如他说："吾常有一个感想，吾们的广告自称为'最大最老之银行'，这个牌号（愿景）总觉不甚称意，常思改为'最进步最稳固之银行'。"然而，要实现"最进步最稳固之银行"目标需有四种智识及精神，即"有了钱庄的旧方法和接近商家的老精神，还有洋行的新式商业的智识与方法，再加不断的学术研究、教会的吃苦奋斗与打破环境的精神，中行焉得不稳固、不进步呢？"

5．建成"最进步最稳固之银行"之愿景激励画面

最后，张嘉璈情茂词切地向川行员工层层叠叠地描绘出"最进步最稳固之银行"的五幅愿景激励画面，尤其是最后一幅画面，充分体现了张嘉璈能在不同场景下都产生出关于中行事业联想的语言感召力。时人记述：1934 年 5 月 23 日，磴危石滑，烟雨迷漫之中，总座扶策而行，先众人而上峨眉金顶，跪在金顶正殿菩萨普贤之前，先替全行求一神签，问问休咎，爱行如家，至足钦敬。在演讲高潮中，张嘉璈则将他攀登峨山金顶的事业联想，构成一幅员工与中行愿景相交融的形象类比画面，呈现给广大行员，他动容地说："此次游峨眉山，登金顶，金顶不过高而已矣，但峨眉之成名山，决不端赖金顶之高，亦须有林泉丘壑之美，为之陪衬。一行之经理，也就是金顶，单靠他还是把行办不好，亦须靠全体同人，群策群力。四川地大物博，经济幼稚，一切正待开发，将来川行不知发展到如何程度，诸位亦必因之发展，个人有厚望焉！"听者的内心被深深打动——"我们看山，只见其诗情画意之美，但总座能以事业眼光去观察。"总而言之，如时人所言："张总经理此次川行，走到一处，接见一处的同人，个别谈话，垂询详切；各地又皆有公开演讲，处处激励大家，要补充智识，增进效能，提高人格，因期望愈殷，言之愈切。"

五、思想升华：张嘉璈文化理念峰值

张嘉璈此次四川之行，无论是对四川中行员工来说，还是对张嘉璈本人而言，都是一种十分难得的机缘。张嘉璈总结四川之行时说："都市生活，浮嚣繁缛；久处于此，不免消磨朝气，减少临空的思想。余每喜往内地走走，即所以转换脑经，增加新的思想。"为期多天溯江而上的四川之行，正切合张嘉璈的这一工作习惯，从而使他的思想火花频频迸发。纵观他 1934 年四川之行所产生的思想火花，及其对中国银行企业文化及中国金融史思想的贡献，可以说达到了他任职中行总经理五年半以来的思想峰值。其要义大致如下。

（一）对法人伦理提出了更高要求

素抱经济之宏愿的张嘉璈被推为中行总经理后，有着永葆中行在银行业领袖地位的情怀和宏愿。他常常居安思危，在多种场合反复强调其重要意义，并不断提出中行新的企业伦理标准及要求，尤其是在四川之行过程中更是如此。

1. 对中行作为同业领袖资格的不断界定

1931 年 10 月，张嘉璈特撰《他山之石》一文刊载于《中行月刊》，以此勖励行员。在该文结语中说："庶几居乎上者公，居于下者忠，同心同德，保持中国银行为银行界领袖的地位，这亦是我们共同的光荣。"这就是张嘉璈首次提出的"保持中国银行为银行界领袖的地位"。

1933 年 5 月，张嘉璈在汉口支行作《中国银行之基础安在》演讲时，将中行行基强固的原因，归结为筑于"法治""道德""经济"三个元素之上，并将"有确定不移守法的精神，有深厚的道德观念，有远锐的经济眼光"视作中行能够成为银行业领袖的资格。

入川途中，张嘉璈仍居安思危地思考着如何提升中行法人伦理的律己标准，1934 年 5 月 6 日在宜昌讲话时，他对"怎样保持我行在中国银行界的第一把交椅"问题，给出新的回答："希望大家随时去找寻新的境地，再由新的境地，达到特别新的阶段，总要使我们中国银行站在最前线，做一个永久的领导者！"

2. 对永葆领袖地位之竞争道德的升华

1933 年 11 月，张嘉璈到西北各省调研时，曾就商务印书馆潘光迥提出的问题回答说："没有适当的竞争，就不能有进步，我们很欢迎竞争，更要勉励自己，在竞争的时候不忘记商业道德的原则。"入川后，张嘉璈于 1934 年 5 月 26 日在宜宾作演讲时，他针对"目前各家银行，纷至沓来，营业竞争，日益剧烈"的外部形势，将"处于社会大众的万目睽睽之下"的中行竞争道德，提升为"要以我们的人格与能力为竞争之工具"——这一称道于中国金融史的著名论断。同时，要求"我人必须以加倍之精神与努力，用新的思想，新的方法，开辟新的途径，树立新的基础"，把"先谋每一行同人之平均发展，再谋本行各行之平均发展"，作为增强"以人格与能力为竞争工具"有效路径，从而形成了张嘉璈关于中行竞争的商业道德原则的整体价值思想，其因果脉络如下。

——中行要以员工的人格与能力为竞争之工具；要用新的精神、新的方法、新的思想，立己立人，推进业务。然而，增强"以人格与能力为竞争工具"有效路径是："先谋每一行同人之平均发展，再谋本行各行之平均发展"；谋每一行同人之平均发展的培育方法是：经理（行长）人人以模范自居，行员以经理（行长）为标准从事，从而使中行做一个永久的领导者。

——所谓经理（行长）人人以模范自居，出自 1932 年 3 月张嘉璈在第一区区务会《吾人应团结精神以坚改进之基础》讲话，他说："我希望内地各行经理，以善良种籽之播种者自居，以训练优秀之人才为己任；更希望各行经理以身作则，不与社会恶习随波逐流，人人以'模范经理'自居。所谓'模范'，须注意以下数点：保持高尚的人格；不断地补充新知识；养成刻苦的习惯。"

——所谓行员以经理（行长）为标准从事，出自张嘉璈入川途经宜昌时的讲话，他说："以现在全行二千三百几十个同事论，那就像有二千三百几十个经理；以二千三百几十个经理一贯精神地经营一个银行，这个银行不能保持他原有的地位，我决不相信；奢望一点，或者还可以超越原有的地位。这是有望于诸君的。"

3. 永葆领袖地位的中行企业伦理根本假设

更值得一提的是，为永葆中行的同业领袖地位，张嘉璈于 1934 年 5 月 16 日在《存款行的职责》演讲中，针对成都支行在社会口碑上所存在的问题，提出了称道于中国金融史的著名的银行伦理之根本假设，即要将赢得"民众对中行的信仰"作为中行法人道德之根本，并以此作为拓展中行存款的管理假设。他说："竞争之点，我行决不在多量钞票之发行，须从巩固民众信仰着手；民众对本行既有信仰，则存款自能逐渐增加也。"1935 年 2 月 20 日，张嘉璈在农村合作会议席上作《本行对于辅助复兴农村之愿望》发言时进一步强调该假设："中国银行之基础，实建筑于民众的心理之上。顾社会之变幻，与日俱新，本行断不能硁硁自守，以此为足，必须日谋进步，以期获得更多数民众之信仰。"

（二）对行员培育理念至善之升华

在张嘉璈看来，人事刷新始终是中行改革与文化培育最重要的目标，谈及为民众与国家服务的设想，必先以人事刷新和行员职务训练和精神修养提升为先决条件，要永葆中行在同业的领袖地位，就需要有高于同业道德标准的员工道德来规范中行员工行为，达成中行的"整个化"，朝着中行使命及愿景迈进。为此，他不断思考与升华他对行员道德品质的培育思想，尤其是在有利于"转换脑筋，增加新思想"的四川之行情境中，对行员培育理念进行了至善之升华。

1. 入川前对行员培育思想之演进过程

1930 年 4 月，张嘉璈提出了行员应具有充分智识、高级趣味、健全体格的"理情力三者训练并进"训练理念，以及"衣食住行四者整体计划，以使同人诚能克勤克俭，自无后顾之忧"的"四者保障"训练理念。

1930 年底，他又提出"中国银行的人员是模范的人员，中国行员的家庭是模范的家庭，中国银行是中国模范的银行"之立行使命。

1932 年 3 月，在第一区区务会讲话时，他提出了希望内地各行经理，人人以

"模范经理"自居的道德要求，并赋予"模范"内涵标准是保持高尚的人格、不断地补充新知识、养成刻苦的习惯。

值得一提的是，姚崧龄在《中国银行二十四年发展史》结论中，曾有过对张嘉璈常以"高、洁、坚"三大道德纪律来期励同人的记述，姚氏原话："而所谓传统精神者，似极抽象，然粗知中行历史之人，则无不领会其意义，了解其体系。盖张氏在行，常以三大道德纪律期励同人：'一曰行员在行服务，不仅以保护股东、存户、持券人之利益为满足，必须进而为社会谋福利，为国家求富强；二曰职位不拘高低，必须人人操守廉洁，摈除恶习，更须公而忘私；三曰任事不能仅以但求无过为尽职，必须不避艰险，不畏强御，战胜难关。'以上三原则，张氏当归纳于'高'、'洁'、'坚'三字，以为每一行员座右箴铭。此种薰陶，为时既久，不知不觉中形成一种风气，使每一行员于待人接物之顷，不期然而然，表现无遗，博得众人之信任。"但在查阅张嘉璈许多行内重要讲话及文稿后，并未见过张嘉璈直接提出过"高、洁、坚"三大品德要求的史料记述。按张嘉璈的管理偏好，凡是他认为值得提倡的文化主张，他大多要在不同场合下加以重复宣导。对此提法，而姚崧龄也是将"高、洁、坚"三大品德说成是："张氏当归纳于高、洁、坚三字"。这里"当归纳于"含有"应当"之意，也就是说，"高、洁、坚"说法并非就是张氏亲自概括出来的，而是姚氏作为张嘉璈身边人，通过长期的近距离观察和感悟而对张嘉璈关于员工道德培育思想所作出的最为贴切的演绎性概括。

2. 入川后对行员培育思想之完善升华

在有利于"转换脑经，增加新的思想"的四川之行中，张嘉璈的行员培育思想得到了完善与升华。

第一，提出青年行员应具之性格理念。在四川万县演讲时，张嘉璈将青年行员应具之性格概括为：一个青年走进了本行，应努力做到（一）保持旧道德；（二）培养新精神；（三）用旧的识见贯彻新的精神，以"旧"驭"新"，而加以"整个化"，成为中国银行理想中的行员。由此，力谋中行"人"的统一。

第二，提出中行行员应具之资格理念。张嘉璈在重庆分行演讲时，通过回顾中行自成立以来的创业变革历程，运用"用旧识见贯彻新精神"之思维，总结出中行迄今为止的成功经验——近代式的银行做法，包括钱庄智识、洋行智识、大学智识、教会精神，并在离川途经汉口支行演讲时，将此四种智识及其精神，视为中行行员应具的资格。即"行员应具的资格是什么？吾在重庆曾告诉同人的，是要（一）钱庄智识——要通晓实际的商情；（二）洋行智识——要领悟国际贸易概况，新式的商业做法；（三）大学智识——关系银行会计一类的书籍，择要研究；（四）教会精神

——能受苦耐劳，准备向内地谋出路。"

第三，提出培育理想的中国银行行员理念。在重庆分行演讲时，张嘉璈还提出了培育"理想的中国银行行员"理念，其所赋予的标准有四：健全之智识，道德的观念，强健之体格，互助的精神。

第四，重新定义中行工作氛围的内涵。为使行员具有高级的趣味，发展行员性本善的内性生活，张嘉璈在入川途经宜昌讲话时，把行员在中行的工作氛围重新定义为：在行好似在家庭、在学校、在俱乐部一样，即"上下和衷共济，一如家庭；彼此不惮研究，一似学校；全体活泼愉乐，更若俱乐部。……行里的事情，当自己的事情，大家亲亲切切，互相合作，互相交换意见，不要分出彼此，那就觉得更有兴趣，更有意味！"

第五，对提升智识方法有了更深入的理解。为使行员具有充分智识，张嘉璈曾于1933年1月，提出以办好《中行月刊》《中行生活》两刊，给予同人"力"的启示、"智"的浚发、"思想"的指导的理念，但他觉得仍还不够。当他入川后，在万县、乐山办事处演讲时，正式提出了"银行好似一个大学校……希望诸位急起自励，努力共进，依着一定的班次或层级，历阶而升，造成完善而不进大学的大学生""银行而无教育，行将不行矣""故吾行同人须抱如在大学研究院之心理，对于原理原则，亦须详加研讨"的文化主张。在他结束四川之行途径汉口支行演讲时，则将员工提升智识比喻为"完成速成更高更深的学业"。总之，张嘉璈在对提升行员智识方法论的思考过程中，先有"以刊为学，提升智识""名流讲学，广播智识"之途径探索，最终在入川视察行务过程中，使他对提升行员智识方法论有了更深入的理解。

第六，对行员训练"四者保障"理念的完善。张嘉璈主张在行员训练时，衣食住行四者要整体计划，让员工的物质生活庶几解决十之八九，以使其诚能克勤克俭，自无后顾之忧。他不仅提出此文化主张，还通过细致观察与用心感悟，来完善其关心员工生活的价值主张。他在《川行感想之种种》演讲时，将心比心地通过细致的观察与用心的感悟，提出了两点细致周到的关心员工之改进建议：一是，总行对各分支行到总行出差人员之招待须格外周到。他说："我辈到外省去，极受人之招待；而上海人，尤其是本行，因各有事务，疏于招待，往往怠慢来友。且一省人来，必有一省的情形，足资观摩，故其来沪后，自有与联络交际之必要。……我辈到外省，受人招待，或外省人因事到此，均挟有全副精神，若我等精神分散，招待不周，即足惹人不满，此与业务上以及其他方面上，均有关系。深愿同人注意及之。"二是，张嘉璈对卢作孚在北碚约餐一事印象很深，建议此后总行改取分食制，以使招待各外省来友简单朴素，经济卫生，而非过分之酬酢。

3. 培育中行全域性团体精神演进过程

1930 年 7 月，张嘉璈在为《中行月刊》撰写的发刊词中，提出了培育内部无形之 "团体精神" 理念，成为建构中行公司文化的重要标志，他说："精神云者，即一事业之首领及其全体服务人员之思想行动之表现之谓也。其思想行动有发之于首领，而同事效法之者。有发之于下级，而上级赞同之者。有因一团体中，彼此思想行动之不一致，而产生自然之发展者。有为环境所左右，而不得不随之变化者。要之一机关中若干个人之意旨，或以相同而融化，或以相异而冲突，激荡糅合，而形成团体之思想行动，此之谓团体精神。"

（1）入川前对培育 "团体精神" 的思考完善。1933 年 1 月，张嘉璈视察宁波支行演讲时，针对当时 "闭关自守" "各自为政" 的国情，以及各分支机构普遍存在的 "各地的行员，是某某地的行员，而不是整个的中国银行行员，如只能称为'宁波中国银行'的行员，并不能称为'中国银行'的行员" 的问题，以及 "宁波的营业，如何能为杭州分行的助力？如何能成为总行全体中的一个重要分子" 的问题，将其原来培育 "一机关中" 的 "团体精神" 理念，进行全域性 "团体精神" 扩展，升华出培育 "全行智识及精神" 理念，这也是一种为百年中国金融史所称道的、有独到之处的组织文化培育理念，即 "人人要做成整个的中国银行行员；人人要有全行的智识，为全行着想的精神，为全行服务的精神"。张嘉璈复于 1933 年 10 月在蚌埠支行演讲时，对其 "全行智识" 理念进行了内涵补充、意义阐释："全行智识就是全行行员，必须知道银行应如何做法，知道银行对于社会应尽的各种义务，所以必须具有经营银行的智识和服务社会的精神，才能够谋本身的发展，并达到扶助工商业和社会经济的目的。……浓厚力量的发生，在于内外同人有上下一致的精神。……总处的地位，好比一只电铃，电线已经贯通了全国，电铃一揿，全国各分支行处都要响才好。"

（2）入川后对培育 "团体精神" 的升华完善。张嘉璈入川后，在万县办事处对员工第一次演讲要义即 "如何成为整个的中国银行行员"。他说："实现中国银行的'整个化'，力谋办法、组织、人员三种统一。关于'人'的统一，即培育中国银行理想中的行员。" 不难看出，其 "整个化" 文化主张的内在逻辑，就是将一机关中 "团体精神" 进行全域性扩展，即培育整个中行全域性团体精神谓之 "全行智识及其精神"，亦即 "人人要做成整个的中国银行行员；人人要有全行的智识和为全行服务的精神"。而如何培育 "全行智识及其精神"，就需要 "力谋办法、组织、人员三种统一"，"人" 的统一之途径就是要有高于同业道德标准的员工道德来规范员工行为，即培育出 "中国银行理想中的行员"。在此之后，张嘉璈在宜宾演讲时，进一步强调了中国银行"整个化"问题，他说："须知中国银行是整个的，从今以后，吾们要使不论何行人员，变成整个中的一分子。倘叙府行员，其程度能力只合于叙府一处，则不特难于他调，且无上进之望。试问一地的行员，只限于一地之用，本行训练行员，岂不十分不经济？而大部行员，且因进银行而反受损害。"张嘉璈离川回到上海后则将"人人要做成整个的中国银行行员；人人要有全行的智识，为全行服务的精神"的文化主张，深化总结为培育"中国银行型"人才，即"我人必须迅速地培养本行人才，使其才能、道德、人格、学识诸端，成为'中国银行型'，到处受社会之重视，斯为当务之最要者"。

（三）对经营理念进行高屋建瓴的概括

总的来看，张嘉璈四川之行中，对以下经营理念进行了新的概括完善。

1. "近代式的银行做法"之中行成功经营理念

张嘉璈在重庆分行演讲时，回顾了中行自成立以来"一切事事物物的变化"，总结了中行演进发展史，运用"用旧识见贯彻新精神，以旧驭新而加以整个化"的思维模式，总结出中国银行从成立迄今的成功经营理念，即所谓"中国近代式的银行做法"所包含的"三种智识一种精神"。

第一，钱庄智识，即要通晓实际的商情。

第二，洋行智识，即要领悟国际贸易概况、新式的商业做法。

第三，大学智识，即对关于银行会计一类的书籍，择要研究；须抱如在大学研究院之心理，对于原理原则，亦须详加研讨。

第四，教会精神，即须有打破旧环境，创造新环境的能力；能受苦耐劳，准备向内地谋出路。

具备"三种智识一种精神"的前提：须力避其恶习，如，钱庄的经理做私生意，店员宕账；洋行之买办恶习；研究院之书呆，只知书本上原理原则；宗教家之慈善气，只知销用别人的钱，不知生产。若能扫除这种缺点，而具有此四种智识与精神，吾中国银行就可称为近代式的银行！而且，张嘉璈还强调说："中行之所以能有今日之发展，实际上就是因为本行少数有上述智识及精神之人物，所创造而成的。但全行之完美，决非此少数人之力量所能达到。"张嘉璈离川途经汉口支行演讲时，还将"中国近代式的银行做法"所应备的"三种智识一种精神"，同时视为是中国银行行员所应具备的行员资格。

2. 以"革新精神，创造能力"谋进展理念

张嘉璈入川前途经宜昌演讲时，将"希望大家随时去找寻新的境地，再由新的境地，达到特别新的阶段"的革新精神，作为实现"总要使我们中国银行站在最前

线，做一个永久的领导者"目标的重要路径。张嘉璈入川后，在视察完内江、自流井、隆昌等机构工作，谈及参观了盐井、制糖的落后工艺感想时说，"因此联想到吾四川的本行"，由此引发出他对中行事业发展的"革新精神"和"创造能力"等两大问题之联想，其演讲要旨，被《中行生活》编者按概括为以革新精神谋本行业务之进展，以创造能力图一切事物之改善。

3. "进步的保守"之商业银行审慎经营理念

张嘉璈西上入川途经宜昌中行作训话时，概括出中行"进步的保守"之审慎经营理念："我们中行，在外界素有保守之名。保守二个字，并不是一个坏名词。不过保守要分进步与不进步二种。我所希望的，是进步的保守。"与此相应，"稳健之主义"一语，曾屡屡出现在中行多年经营年报之中，"本行廿年来，素抱之稳健主义，所产生之信用及蓄积之实力，得以收效于盘根错节之日，堪为股东告者"。这就是说，张嘉璈入川时所提出的"进步的保守"理念与原有的"稳健之主义"理念，一同构成了中行至关重要的"稳健之主义，进步的保守"审慎经营理念。而且，只有"进步的保守"和"进步的稳健"，才是商业银行审慎经营理念的完整内涵。可以说，这也是中行在国内连年战争，金融市场枯窘，交通运输梗阻，各业都受影响的形势下，在坎坷发展过程中所积淀的优良经营传统，这与当今商业银行审慎经营理念相类。

（四）对使命愿景进行崇高宏富之描绘

公司使命，是企业在经济发展中所担当的角色、责任及借以存在的依据；公司愿景，是对公司使命的未来蓝图期望的形象表达。企业的一切工作都源于使命和愿景，增强员工使命与愿景感则是激发员工动力的深层源泉。最值得一提的是，张嘉璈在四川之行相对"务虚与宁静"环境中，思维活跃，他对中行公司文化之使命与愿景，进行了至臻至善之升华，以及崇高宏富之描绘。

1. 对报国使命进行全面与全域性完善

1930 年 5 月，张嘉璈提出了中行"服务大众，改进民生"的业务政策——报国使命，"所谓服务大众者，在乎使人人能利用银行。银行本为公众钱财之管理者，自应实事求是，以谋大众与本行相互之利益。所谓改进国民生活者，在乎谋国民生产力之增加。在中国银行职务范围内，当力谋以低利资金，扶助大小工商，借以图物价低廉，生产发达，出口增加"。

1933 年，张嘉璈又对报国使命进行了补充："我们中国银行如何尽救国之责呢？不外为人民谋增加生产，我们的存、放、汇等等各种业务，都是帮助国家增加生产。总希望将来凡有国家大生产事业，都有我们中国银行参与其间，这就是中国银行同人的荣誉。……我们如何才能忠于国家呢？忠于职务，即是忠于国家。要忠于职务，须由忠于自身始。如果我们银行想与外国银行竞争，则我们银行行员，对于体力、知识、道德三者，非有充分的修养不可。"

张嘉璈基于永葆中行同业领袖地位的情怀，最终于 1934 年 5 月 30 日，在重庆商界作演讲时，再次向全社会昭示中国银行之报国使命，提出了"中国银行整个的组织，是帮助中国所有一切事业的，四川所有分行，是为帮助川省一切事业的，中国银行根本就是中国四万万同胞的银行"的使命宣言，由此对中行报国使命进行了全面与全域性的完善。

2．倡导立行使命双赢价值与愿景描绘

1930 年底，张嘉璈在"一堂聚话，广座飞胜，佐以兹歌，乐兹佳日"的同乐会背景下，就"如何得到个人、家庭、全行三者安乐"之命题，提出了大意为"积极成功，三方同乐；互相推进，同为模范"的立行使命。所谓同为模范，即中国银行的人员是模范的人员，中国银行行员的家庭是模范的家庭，中国银行是中国模范的银行，而立行使命双赢价值就是同人精神快乐，同人家庭快乐，全行整个就安乐；反之，全行安乐，行员报酬待遇提高，行员家庭享受随之增进。如此互相推演，循环不已，我们中行年年同乐的目的便可达到。

（1）一路反复倡导立行使命双赢价值。张嘉璈在提出立行使命后，每到一地视察并演讲时，都要结合各行情况反复倡导立行使命的普适价值道理，在四川之行过程中，更不例外。如途经宜昌演讲时说："你我在中行，可说都是靠中国银行生活。所以我们共同的目标，就是用什么法子才能使中国银行发达，大家有永久的生活过？简单一点讲，就是存款如何可以增加；开支如何可以节省；呆账如何可以减少。诸如此类，都要想到一个尽善尽美的办法，才能达到一个尽善尽美的境地。"在内江时又说："诸君要知道，但求业务有进展，则不愁薪俸不能增加。办事效率，力求增高，开支方面，应从俭约，以省下来的金钱，加增于职员的薪金上，双方兼顾，岂不两有裨益？这算是本行新的政策。"即，他将行方与行员两有裨益的价值目的，作为"本行新的政策"而推出。在成都时还说："成支行年来受损太巨，不能不从增加效率上节省开支，不能不从改良营业上增加收益，否则成支行不能立足，诸位生活亦将动摇！"到宜宾讲话时也说："盖银行为我人生活之所系，必须银行业务进展，基础巩固，我人生活，方可无忧。"

（2）对立行使命之画面进行深入描绘。1930 年底，张嘉璈对立行使命之画面进行了描绘："我们行员各种的运动，可以战胜人家；我们行员的音乐戏剧，可以受社会的赞美；我们所办的学校与教养的子弟，可以受到公众的称奖；我们行员个人和家庭的生活可以做社会的模范；我们行员著作，可以受社会的欢迎；我们银行各种办法，可以为金融界的先导。"入川后，张嘉璈在重庆分行作激情讲话时，进一步对立行使命予以美好画面之描绘（见下，第四幅愿景画面）。

3. 对愿景目标进行最为恰当理论概括

1913 年 12 月，张嘉璈就职上海分行副经理时，把"将上海分行营业及管理加以改进，使之日趋现代化，不独可以为其他分行树立模范，且足以与列强在上海所设资力雄厚、历史悠久之银行相竞争"，作为入职中行的事业初心。

1928 年 11 月，张嘉璈被互推为中国银行总经理时在随笔中云："经过十六年之奋斗，内则扩展业务，外则周旋抗御，兢兢业业，惟恐陨越，幸将中国银行之独立保全。一般舆论，认为中国银行与海关及邮政局并驾齐驱，成为中国组织最健全之三大机关，实亦中国资本最巨与最成功之民营股份公司。"

1934 年 4 月，张嘉璈经过充分调研与系统思考，完成对中行战略转型与文化培育的全面设计，并对中行进行了融贯中西的商业银行六项全面改革后，在笔记中云："中国银行饱经风浪，未见动摇，内部组织，既已革新，银行实力，足与驻在上海之欧美银行相抗衡。"

1934 年 5 月 6 日，张嘉璈西上入川途经宜昌讲话时，对中国银行公司愿景的期望，仍然是"最大、最稳固之银行"，即"中国银行号称最大、最稳固之银行，欲保持最大二字，须能常久维持其领袖之地位；领袖云者，系当地之最大公司与商号莫不与本行相往来；最新之事业及人物，亦莫不与本行相周旋；而存款、放款、汇款均比别家为多之谓"。

直到 1934 年 5 月 29 日，在有利于"转换脑筋，增加新思想"的情境中，即在重庆分行演讲时，张嘉璈回顾了中行自成立以来"一切事事物物的变化"，总结了中行演进过程的成功经验，对中行愿景目标进行了最终思考：易我行"最大最老之银行"为"最进步最稳固之银行"。他说："吾常有一个感想，吾们的广告自称为'最大最老之银行'，这个牌号总觉不甚称意，常思改为'最进步、最稳固之银行'。"这里，所谓牌号相似于当今的企业愿景，"最进步最稳固之银行"愿景目标，即便是在今天也不失为是对商业银行愿景目标最为恰当的理论概括。因为"最进步"愿景，是对银行可持续发展最为贴切的目标描述，它涵盖了"创新""改革""发展"等语义；而"最稳固"愿景，则代表了银行经营风险的根本诉求——审慎性。所以说，张嘉璈在四川视察演讲场景中所提出的这一愿景目标，是其文化价值思想达到峰值的主要表现。

4. 对愿景激励进行层层叠叠形象描绘

最值得称道的是，张嘉璈在重庆分行作"如何使我行成为'最进步最稳固之银行'"的激情演讲中，他以极似现代管理之"愿景激励"方式，层层叠叠地向员工描绘了五幅"最进步最稳固之银行"的愿景画面，由此激发行员为中行事业努力工作，真可谓：人文关怀盈满满，价值思想达峰值。

第一幅画面：

以"理想的中国银行"画面激励行员

所谓理想的中国银行，不是极高大的洋房，不是数十万万的收付，不是个个行员坐汽车、吃大菜。是一个：无论遇如何风潮事变，兑现也好，提存也好，决不缺人半文钱，一切债务都有抵当，都能清付的银行；是一个：凡有信用的字号，凡有有益国家的大实业，无一不与往来发生关系的银行；是一个：不必鼓吹，不与高利，而人人愿来存款的银行！

诸位人人有这一件图样的中国银行回旋于诸位心目中，每日到行以前，拿这幅图样想一想，诸位到行以后的工作，就大不相同了。

第二幅画面：

以"理想的中国银行行员"画面激励行员

要达到"最进步最稳固之银行"目的，先要有理想的中国银行行员：一、健全之智识。旧的钱庄智识，新的洋行头脑，人人能看中外银行经济书籍与报章。二、道德的观念。人人知道，不营私，不舞弊，不投机，不嫖不赌，有公德心。三、强健之体格。人人能运动，面色光辉，身强力壮，能吃苦。四、互助的精神。不分彼此，共同增加效率，节省人力。

诸君心中能加具这一幅做人的图画，天天理想这一幅做人的图画，则全行空气，必焕然一变。我行共有二千余行员，吾人既无功夫一一管教，因赖教管之行员，亦决不能成为好行员。盼望诸君自己管自己，管的方法是极容易的，只须公暇一想这一幅做人的图画，而身体力行之就可矣。

第三幅画面：

以理想行员之类比事例画面激励行员

诸君试再想一想，假定你们的上代有了大宗财产，肯随便交你经营吗？为父者必须在子弟中选择一最可靠者交他管理。今一般不相识者，以金钱存入银行，认诸君为可受信托的人，诸君的信用何等深厚？即责任何等重大？试问若无高尚的人格，何以对得起大众的信用呀？

第四幅画面：

以中国银行人员是模范人员画面激励行员

吾还有一个理想，就是中国银行的行员，创造一种为社会所信用、所尊敬的人格，久而久之，人家不便问尊姓大名，一望而知为中国银行行员，或一问是中国银行的行员，就知道智德体之育具备的人，不必再怀疑，则将来人人要进中国银行，人人愿以子弟交于吾们，即吾们自己子弟亦要都令其入中行，方为上等子弟，这岂不是优美的理想吗？

第五幅画面：

以员工与组织愿景相交融的形象类比画面激励行员

此次游峨眉山，登金顶，金顶不过高而已；但峨眉之成名山，决不端赖金顶之高，亦须有林泉丘壑之美。比之吾行总经理，亦不过"高而已"，而全山之伟大，有赖于全行的同事！

总之，从 1930 年 4 月至 1935 年 3 月五年中，在张嘉璈的文化引领和力行倡导下，各级管理者积极推动，广大员工广泛认同与践行，在行内逐渐形成了一整套的中国银行企业文化核心价值体系，具体包括报国使命与立行使命、公司愿景、行员理念、行员道德、法人伦理、行基理念、调研理念、刊教理念等。张嘉璈在四川之行的思想之火花，既是他对银行经营管理思想精髓的概括，也是中国银行早期企业文化思想的峰值，在此 10 月后，张嘉璈离开了中行乃至金融业。

六、游历川省：川中行勉力接待史况

所谓接待工作，指各种组织在公务活动中对来访者所进行的迎送、招待、接谈、联系、咨询等辅助管理活动，是一项经常性的事务工作。1934 年春夏之交，四川中行为迎接总行视察，除了围绕工作检查内容做好充分准备，以及做好总行对外接晤的联系工作之外，还安排好总行一行人吃住行游等后勤保障工作。反观四川中行在迎接总行全面检查时所做的各种细致工作，足堪入史，可为后鉴。此次接待工作特点和轶闻如下。

（一）遍乘今古之工具，远行蜀道六千里

张嘉璈一行入川视察行务，在川时间 31 天，行程 6469 里，游历之处共计 51 处：巫山、奉节、云阳、万县、忠县、丰都、涪陵、长寿、重庆、璧山、永川、荣昌、隆昌、内江、自流井、资中、资阳、简阳、成都、双流、新津、彭山、眉山、青神、嘉定、峨眉、峨眉山、五通桥、犍为、叙府、南溪、江安、纳溪、泸州、合江。到 1934 年春夏之交，去往四川内地的交通状况虽有明显改善，但仍不很方便。据史料，此次行程执行情况如下。

——5 月 7—10 日：7 日乘"宜昌号"轮，行 1499 里，由宜昌入川境，晚泊奉节；8 日晚泊万县；9 日晚泊涪陵；10 日下午三时抵重庆。

——5 月 11—13 日：11 日乘汽车，行 427 里，耗 14 小时（途有参观）由重庆抵内江。12—13 日，乘滑竿，共行 240 里，每天各费时 12 小时（途有参观），先由内江抵自流井，再从自流井返内江。

——5 月 14 日：乘汽车，行 524 里，费时 9 小时，由内江抵成都。

——5 月 18—19 日：18 日九时乘汽车启行，至新津河坝登木船，十二时启行，七时泊眉山唐沱儿场，行 195 里；19 日黎明出发，行 235 里，晚八时抵嘉定。

——5 月 21—25 日：21 日乘坐滑竿由乐山到峨眉县，中途还乘船须渡两次河，费时 10 小时，行 95 里；22—24 日，乘滑竿或扶策而行攀登峨眉山，迤逦①于途，登金顶后，下山返报国寺，三天行 227 里；25 日，乘滑竿由峨眉县返乐山，中途渡两次河，费时 10 小时行 90 里。

——5 月 26—29 日：26 日八时乘民生公司民法号专轮，过竹根滩，上岸赴五通桥视察桥处约 1 小时后登轮，下午五时抵叙府视察行务，宴毕再上民法轮；27 日五时开驶，十二时至泸州，登岸赴泸处视察并午餐，三时半上轮，五时半宿合江；29日 5 时南驶，午后一时抵重庆。三天共行 1154 里。

——6 月 1 日和 3 日：1 日十二时乘汽轮赴北碚温塘，费时 6 小时，行 102 里，抵时已薄暮；3 日下午乘汽轮返渝，费时 6 小时，行 102 里。

——6 月 4—6 日：4 日晚十时，乘"宜昌号"轮船，离开重庆；5 日，行 740 里，泊万县；6 日，行 839 里，出川。

可见，此次接待张嘉璈一行视察行务，四川中行对交通工具的联系安排，使用了多种交通工具，从原始的到现代的，包括船只、汽车、洋车、滑竿等，行路艰难之情况比比皆是，如由重庆到内江，上午九点半出发到半夜十二时方抵内江；乘汽

---

① 迤逦，指曲折连绵。

车由内江到成都，行程 524 里，费时 9 小时。又如从内江到自流井往返路途，只能乘坐滑竿，两日行 240 里，各费 12 小时。再如，从成都到乐山，需要一程车来一程船，两日行 430 里。还有，乘滑竿由乐山到峨眉，中途还须乘船渡两次河，行 95 里费 10 小时。现据时人对行路艰难之轶事的记述，摘取要点如下。

1. 四川第一站：登船迎接喜出望外，山国石级迎面见

5 月 7 日，张嘉璈一行乘宜昌轮由宜昌开出，到 8 日午后四时始抵达万县。万县系川江进口第一大埠，为川省门户。川行襄理张禹九及中行总处刘攻芸先一日由重庆来万县，于 8 日下午相迎张嘉璈一行登岸。因事前未曾通知总行一行人员，张禹九、刘攻芸两位登船迎接，使诸位喜出望外。此外，万县关税务司乔先生因久慕张嘉璈，亦来船迎接登岸。

上岸后，时因四川沿江各埠均无码头设备，"宜昌轮"下完客后，就停泊在江心。众人大多是第一次踏入四川土上，下得船来，迎面便见四百余步的一个大石阶，陪同者笑笑说："四川是山国，出门不下山便上山，这就是'川土'的滋味。"在石阶旁，停着十余乘"挂"待在石阶上的轿子，轿杠前长后短，略做弓形；轿旁苦力，有十五六岁童人，也有五六十岁老者，皆似营养不良状。上海客人第一次来，见轿子似有官味、暮气和病态。众人见张嘉璈未坐轿，也都安步当车，攀缘而登。好在万县中国银行离岸较近，走完石阶又石阶，便到了。张嘉璈等人便与万县中行主任涂以高相晤。

2. 重庆到内江：马路不如叫牛路，一出城门蜀道难

5 月 11 日上午九点半，张嘉璈一行分乘八辆汽车，踏上了从重庆前往内江的遥远坎坷之路程。一路上经过了璧山、永川、隆昌，再过素有"川南第一门户"之称桦木镇后，直到半夜十二时方才抵达内江。

成渝之间的道路未修马路前，全系青石板砌成，不能跑汽车但可行人。川政统一后，中央为限制地方军阀势力，也开始重视四川的发展。1934 年号称"西南第一路"，从成都途经简阳、资阳、资中、内江、隆昌、永川、江津直抵重庆的成渝马路全线通车，诚为轰动巴蜀之大事。据说，它已经修了九年，因为过去打仗一直修不成。然而自改马路铺泥土后，一遇天气下雨时，泥泞没踝，车轮陷入泥中，无法跃出时，乘客均须下来推车。天晴泥干时，道途又凹凸不平，汽车开过时就像跳舞一样，使乘客既颠簸碰头又冲臀部，几将全身骨节震散。康庄大路之马路应称牛路，就像牛耕田时的水泥翻腾之状。

川行负责接待的张禹九，曾事先与成渝马路局签订过总行客人们乘坐汽车去成都的"旅行合同"，但这日天气甚怪，似有意要破坏这合同。黎明时犹风轻云淡，颇有晴意；忽而斜风细雨，继以倾盆。四川公路照例是大雨就不能开汽车，但是合同已订，不得不冒雨出发。八辆汽车像风卷云奔似的飞奔，正一往无前之际，哪知刚出了通远门，就被成渝马路局全数挡住，停于大雨倾盆中。事前各种麻烦手续，如护照等都已完全办清，哪知马路局打起市用汽车不能行驶的官话。其实他们知道这是笔好生意，之前曾来渝行接洽过租用马路局之车事宜，川行以其车多破旧，恐碍行程，未便照允。此时经张禹九与马路局交涉，结果只得向他们调用了马路局的车一部，始得开行。然而，所换的这辆老爷车，中途老是失灵熄火，害得一行人到内江已夜半十二时。如果当天将这八辆市用汽车全部碉换成该局的车，其味可知！

3. 内江到自贡：点子诙谐破沉，此日生活咸苦甜

昨日的行路经历，尚是蜀道难的开始。5 月 12—13 日，张嘉璈一行从内江到自流井的往返行程之路况则更为糟糕，交通工具除了坐滑竿，别无选择。

点子诙谐破沉。5 月 12 日，出了内江不远，张肖梅所乘坐滑竿的轿竿就折断了，换竿而行，没走多远又断了。有人关照道：“其实竿细固有罪，坐轿的艺术亦有关。”这如同铁路的洋旗、航道的标杆，都是交通上的信号。但其功用，只限于传达远距离间，言语所不能达之警告。四川抬滑竿的两个轿夫，前后近在咫尺，仍然有他们的信号，即所谓“点子”，遇事遇物，前呼后应，不仅为警告之用，且诙谐问答，可破长途之沉寂。比如：

前呼：满天星，后应：脚上有眼睛，警告：地上有卵石；

前呼：明晃晃，后应：水瀼瀼，警告：地上有积水；

前呼：连蹄连咬，后应：拿根绳来拴到，警告：路旁有狗；

前呼：洋洋坡，后应：慢慢梭，警告：下峻坡时用；

前呼：前面一朵花，后应：一步跨过它，警告：路前有牛粪。

总行一众客人坐在滑竿上，听着轿夫一路呼号，细研其意，觉得这些“点子”每多世道人情之理。一行之老先生们感慨道：“其为学，大矣哉！若累积成帙，亦为民俗文学之大观也。”黄溯初见张肖梅一日滑竿断两次情形，即兴赋《蜀游戏吟》一首，诗曰：“行过千岩与万难，天晴时暖雨时寒。路长客子知险易，瘾重舆夫举步难。水似名僧无住相，山如好友有欢颜。兹游□事堪称快，未以肥躯折滑竿。”对此陈叔通老先生唱和一首《答溯初自慰并慰张女士》，诗曰：“肥躯本重非关癖，我为舆夫抱不平。莫谓滑竿终不折，尚余四日是山程。不是肥躯竿亦折，既堪自慰且堪矜。良由骨重殊流辈，倘亦他年载福徽。”

小不运气免大灾。5 月 13 日，从自流井返回内江中途，大家在凌家场吃午饭，张肖梅“不知如何”被狗咬了一口，虽无大碍，但也吃惊不小。川行张禹九安慰她说："小的不运气，可免大灾。"张肖梅此次受惊后，张禹九每次出发必走在第一个，帮着她肃清道路。参观内江糖厂时，不知何处又蹿出狗来，惊得张肖梅花容失色，张禹九勇敢地冲上前去，狗们不敢与他厮缠，且吠且退。见此情景，陈叔通赋《评禹九并慰张女士》一首曰："曲礼曾云不叱狗，但非尊者亦无妨。为何未叱先安慰，意是词非禹九张。而今人格推诚尽，以狗绳人狗较良。不见欧西多畜狗，战时报国赴疆场。"

此日生活咸苦甜。这一天下来，上午参观自流井的三泰井，下午参观内江的糖房及漏棚各一。众人说笑道：自流井无处不咸，内江又不处不甜。本日生活，早晨是咸的，下午是甜的，至若正午，踽踽长途，骄阳如炙，这般生活可说是苦的。周仲眉这一日在滑竿上，却另有一番感觉，赋诗一首《自流井道中》，诗曰："丘陵陟降重行行，茅舍竹篱野趣生。自向肩舆温软梦，撩人一路听鹃声。"

4. 内江到成都：格雷爵士做车夫，总座誉为工程师

5月14日，总行一行人于早八时乘汽车从内江启行赴成都。经过资中，至球溪场午饭，再过资阳、简阳，五时抵成都。中途休息时，格雷先生与张嘉璈同坐那辆车的汽车夫自夸其车好、技佳，实际上他开得快而不稳，颠簸得要把人的骨头都打散了一般。格雷先生愤愤地打断车夫，要求由自己代替他来开。格雷先生扶着方向盘，把从球溪河到成都的一段路，开得又快又稳。那汽车夫开始不相信这个英国绅士的技术，冷眼相看，到后来便昏昏睡去了。格雷先生对同座人说："这下他相信我了。"张嘉璈因之冠以格雷"工程师先生"之尊号。当一行人到简阳石桥下车憩息，在一面摊吃面时，摊主弟兄二人，甚是机灵，面亦可口，陈叔通对张禹九说："你们要在这里开办事处，这两位一人管营业，一人管出纳，不就干起来了吗？"众人大乐。

5. 成都到乐山：一程车来一程船，诗词唱和伴舟行

5月18日，总行一行人未动身前，川行陪行人员与车主方商量，最好全程坐汽车去乐山，以快为佳。后因路况不好，只好采取折中办法，先乘汽车到新津，再下河坐木船去乐山。早九时一行人乘汽车启行，哪知汽车一出成都南门后，路况更坏于成渝马路。由于颠簸，使他们的行李车坏于途中，至此方使一行众人始知蜀道之艰难。而且，在行驶途中，还遇到二马奔逸于马路上，甚至超驰到汽车前面，司机鸣笛以追，几至新津。至新津河坝，一行人下车改登木船，直到十二时启行去乐山。此时，黄溯初老先生诗兴随岷江水波泛起，特赋赠张公权兄诗一首《自新津发至乐山舟中》："蜀山叠叠水悠悠，携手同为万里游。一月偷闲如出世，此间行乐是乘舟。朝闻杜宇生乡思，夕人平羌爱峡流。待到峨眉深秀处，与君长啸碧峰头。"周仲眉此

时也想起 1920 年自己路过此江的记忆，赋诗《岷江途中》："浅草平原入望青，轻舟摇曳画中行。依稀十四年前梦，一派桡歌和桨声。"在其诗词唱和中，下午五时船抵达江口，复前行到晚七时，泊船于眉山唐沱儿场。周仲眉此时，诗兴未尽，又吟诗《晚泊》一首曰："烟云竹树满清眸，舟入迥文锦字流。洗出诗怀清似水，沧江暮雨泊眉州。"19 日，一行人黎明即启行，费时约 14 小时，共行 235 里，晚八时始抵嘉定（乐山）。

6. 乐山到重庆：民生公司专轮送，安全舒适最为宜

5 月 26—28 日，从乐山到宜宾，再转往重庆，均是由卢作孚之民生轮船公司派专轮"民法轮"运送总行一行人的，三天共行 1154 里，于 28 日午后 1 时抵达重庆。这也是自他们入川后所乘坐的最舒适的交通工具。如 5 月 26 日，行 340 里。八时上民法轮启行，旅行合同原计划，由乐山至宜宾之间乘木船，需二日行程。而当天则乘风破浪，仅半日即抵宜宾。途中恶滩，以叉鱼子为最猛，浪大如屋，托命木船，殊觉危险，船身颠簸，桌物为倾，而 Sphinx 先生（狮身人面像，指格雷先生）仍面不失色，相应不理。

（二）解决食宿也不易，后勤细致功夫深

总的来说，总行一行人在一个月行程之食宿安排，既有正规餐，也有随便凑合餐，住宿则是随遇而安，亦即做好食宿安排也很不容易。

第一，一月餐食安排情况统计。

——正规餐食之记述：5 月 8 日晚，万县办事处在西山公园太白楼请总行客人首尝川菜；5 月 11 日晚，内江办事处鲍鱼鱼翅餐；5 月 13 日晚，内江办事处家常便饭；5 月 15 日午，在成都小酒家午饭，晚何北衡宴于姑姑筵；5 月 16 日午，华大校长请午餐，晚赴银行公会宴；5 月 17 日午，赴钱货两帮公宴，晚赴刘湘公宴；5 月 19 日，乐山中行设醋鱼醉虾宴；5 月 20 日夜，赴乐山县政府及各团体宴；5 月 26 日夜，赴宜宾县府及各团体宴，又赴民生公司及航务处合宴；5 月 27 日午，登岸赴泸县中行视察在公园午餐；5 月 29 日夜，川行同人公宴总座于渝行中；5 月 30 日晚，重庆金融及交通两机关公宴于一园；6 月 4 日午后赴李税务司宴，夜 8 时返林森路办事处，开吃临别小吃餐。

——凑合餐食之记述：5 月 11 日午，车过璧山小憩用午餐；5 月 12、13 日在内江与自贡往返途中，两天中午都在凌家场午饭；5 月 14 日，由内江到成都途中在球溪场午饭，到简阳石桥一面摊吃面；5 月 22 日抵万年寺午饭；5 月 23 日午二时至金顶午饭；5 月 24 日在洪椿坪午饭，寺里做的素菜极好，人们大吃豆花；5 月 25 日午，在苏溪场午餐。不难看出，一个月中，正规餐食仅有 16 餐，行外宴请 9 餐，行

内宴请 7 餐；除 5 月 11 日内江中行接待餐"恰把行市看反"而有些奢华外，其余均为家常便饭，而且渝行举办正式公宴也设于行中。另外，关于行内用餐时饮酒情形记述，仅有 5 月 29 日夜和 6 月 4 日夜两次。

第二，一个月住宿安排之统计。

——在各类船上共住 9 晚。5 月 7 至 9 日 3 晚，乘宜昌号由宜昌赴重庆，以及 6 月 4 至 6 日，登宜昌轮出川返沪，此 6 晚均住在宜昌号船上；5 月 18 日，乘木船泊于眉山唐沱儿场，应住木船上；5 月 26 至 27 日，乘民生公司专轮，由乐山去重庆，两晚先泊于叙府，后泊于合江，均宿于民法轮。

——部分人在中行之行、处、庄住 9 晚，部分人在行、处、庄住 13 晚。其中，5 月 10 日、28 至 31 日，6 月 3 日，在重庆林森路办事处住 6 晚；5 月 11 日、13 日，在内江办事处住 2 晚；5 月 12 日，在自流井寄庄住 1 晚；5 月 14—17 日，史久鳌、陈叔通、黄溯初、严裕棠、周仲眉、赵循伯等人，在成都支行住 4 晚；张嘉璈及刘攻芸、张肖梅、张禹九、格雷等人，在华西大学住 4 晚。这也说明当时川属机构大多有内部接待住房。

——在外部单位共住 5 晚。其中，5 月 19—20 日、25 日，在乐山美国燕牧师家住 3 晚；6 月 1—2 日，在卢作孚开发的北碚温塘住 2 晚。

——在峨眉山陋室共住 4 晚。其中，5 月 21 日，宿峨眉山脚伏虎寺；5 月 22—23 日，均宿峨眉半山洗象池；5 月 24 日，宿峨眉山脚报国寺。

可见，张嘉璈一行人在川一个月的食宿安排，整体上是比较经济节俭的，约有三分之一住宿在内部接待住房；在外部单位住宿时，仅有乐山燕牧师家和北碚温塘属于舒适性住宿，仅占一月住宿的 16％；登峨眉山的 4 晚则属陋室，甚至有人睡门板。足见张公权主持行务时期，其"欲保持中国银行是最稳固之银行的地位，须放款精而开支省"之文化主张，在总行与川行都得到了较好的贯彻落实。总的来说，时人对此行食宿安排的轶事，记述要点大致如下。

1. 首品川菜太白楼，由渝赴内途中饥

来今雨轩品川菜。万县西山公园内有一家西餐厅，建筑颇似北平的"来今雨轩"，据说刘湘二十一军所部第三师师长王陵基（被川人称为"王灵官"），经常在这里招待外国客人。5 月 8 日，张嘉璈一行人乘日光未落，先雇洋车去商业区参观市面情形，然后到西山公园游了一圈，尔后就到附近的"太白楼"，尝尝真正的四川菜。江浙人一听川人说"真正的"三个字，总觉得有些等着看笑话的味道，因为他们的胃不一定能承受如此美味。张禹九带来的陪同者周仲眉观察道："总座怕多吃，张肖梅先生怕花椒，格雷先生与中国菜不甚相识，他的筷子方向，便依总座与张肖梅君者为转移。"

格雷君饥不择食。5月11日，九时半冒雨由渝乘汽车启程，十二时过璧山时小憩，过永川、隆昌，视察隆庄。七时至桦木镇，过河后晚八时半方到内江用晚餐，十二时许下榻内江办事处。就在这天，午后约一两点车到永川时，一行人都感饥饿，便在茶馆内大煮鸡蛋吃。张嘉璈前些年出国考察时，曾因食鸡蛋大病，陈叔通先生于是劝说："鸡子不好再吃了，记得吗？"这时格雷先生见茶房门首写有 No.1、No.2 等字样，注视不去，大概以为到了 Cathay Hotel（中国饭店）了，又见雪白的食盐，怕得病不敢吃。众人劝说，川盐大多是井盐，能提鲜、解腻，洵为川菜烹调必需品，格雷尝了味道，"食而甘之"。下午约三四点，车过隆昌时，总座顺道赴隆昌寄庄视察，且略吃面饭。格雷平时慎于饮食，颇有孔二先生之风，到内地旅行，对于各种食品，更形怀疑，于是他筷子的方向，全以张肖梅及总座为标准。这时，车子一到隆昌寄庄，格雷已饥不择食，也开始大吃起蛋炒饭了。一行人在隆昌寄庄饱餐之后，严裕棠老先生鼓腹而傲曰："不管内江和外江，我们也不怕路远了。"

内处行市却看反。5月11日下午三四点，总行一行人在隆昌寄庄略吃面饭后，继续前行，于晚七时至桦木镇，内江办事处主任王绍谷亲至 30 里外去欢迎总座一行，然后随车过河，至内江办事处已入晚八时半。晚餐时，内江办事处为优待总行客人，头碗鱼翅、二碗鲍鱼地端上大菜，然而恰把"行市"看反，后经张嘉璈向王绍谷主任说明，以后就改为以家常便饭招待客人，从而"相安若素了"。5月13日，总行一行人于早七时乘滑竿启程，由井返内，下午抵至距内江城 30 里之茂市镇，适逢星期日，内处同人全体齐赴此镇迎接总座。七时半一众人抵达内江，王绍谷主任改用家常便饭招待总行客人。餐后休息片刻，张嘉璈召集内处全体同人于客厅训话（井庄毛子勤亦在）。

2. 戏称司令张禹九，一路后勤皆保障

戏称司令张禹九。此行总行客人们皆呼张禹九为"总司令"，也不知道谁第一个叫出来的。看到他从万县到内江，一路前后打点，做事一腔一板，极有章法，绝不因张嘉璈是他四哥而浮皮潦草，故而送他这个雅称。他总觉得客人们到了四川，就算到了他的地盘，总怕他们吃不好睡不好，总设法服务周到。史久鳌曾于5月12日取笑张禹九说："禹九兄，昨夜我睡了，你还来看了吾两次，向吾要甚东西，结果我连 WC（卫生间）都不敢去，怕惊动台端，又要招呼了。"

一路后勤皆保障。张禹九一路负责后勤保障。每到一地，他立刻分配各人住室，按名单安置行李，立刻准备 WC 的各种用具，立刻吩咐饭食之做法，立刻拍电通知前方，再拆看后方的来电。从5月11日起，张禹九以后到了各地，都是这一腔一板地去做。仅就"立刻准备 WC 的各种用具"来说，这是因为从上海大都市出来的客人，出门在外，别的都可以将就，就是清洁卫生是丝毫不能马虎的。所以，就连一路上住宿中的 WC 的各种用具，张禹九也都亲自安排。如 5 月 12 日在自流井中行住宿时，第一问题就是 WC 的设备，张禹九研求许久方得解决。格雷君问其 WC 在何处，怅然而返，答云："除痰盂外，一无所有。"告之曰："彼即是也。"还如 5 月 18 日，一行人从成都到乐山途中，有一段路程需乘坐木船。上木船后，张禹九在窘迫环境中想办法，就在船尾以油布隔围造一个 WC，门帘犹书"进"字，亦属创造也。同船者问"出"在何处，答谓"在反面"。

3. 对外接晤日程满，成都三日赴宴忙

光禄寺卿姑姑筵。5 月 15 日晚，四川航务处处长何北衡宴请张嘉璈一行于"姑姑筵"（餐馆名，小孩称小聚餐曰"摆姑姑筵"）。馆主刘先生，前清曾仕光禄寺卿，民国亦曾任教职，蒿心世乱，隐于庖，肴蔬均出心裁，不重油腻，为坊间所无；遇所好，辄亲入厨下指挥以享客。清神，美须髯，健谈。谈至庖法，滔滔者皆精辟之论。善书，出所书《纲鉴》，笔法超逸。四壁琳琅，皆名人书画，邀之坐，自谦为厨子，不能衣冠同坐起。陈叔通君谓："光禄寺卿不坐，吾们更不敢坐。"强之始允，亦奇人也。席间，问其梓舍，则曰："某正学，某尚稚，不成材者为老大，在做棒客（即川中土匪）。"众皆愕然，君乃从容解释曰："在做团长。"宴后，同行者休息，张嘉璈略品普洱茶后，返回华西大学。

银行公会堂皇宴。5 月 16 日夜，总座赴银行公会之堂皇公宴于川盐银行。5 月 17 日中午，成都钱货两帮商家公宴总座于陈益廷将军私宅。是晚，总座赴刘湘督办公宴于四川地方银行，到席者如似"四川伟人大观园"，文的、武的政要官员，完全到齐（见前）。

4. 依栏饱看大佛崖，乐山食住最满意

5 月 19 日，一行人黎明即行，晚八时许始抵乐山。乐山中行同人及徐广迟、孙祖瑞、周仲雅、王新华四人，在河干候迎。在乐山中行就餐时，摆的尽是醋鱼、炸虾之类，总行一行诸位就像下江客一般，大嚼如归故里。格雷先生至此，也会自动拈菜，不以人之马首是瞻了。餐毕，总行一行人下榻于美国燕牧师家里。

5 月 20 日一早，一行人依栏饱看大佛崖，花木扶疏，正望着乐山大佛及两江合流处，众人赞叹不绝，都认为此次行程的食住以乐山最满意。陈叔通老还即兴赋诗一首，称赞"乐山宿美教士宅"云："此亦见经纶，江山一角春。阴晴啼鸟唤，来去捕鱼频。佛面皆欢喜，乌尤费考询。有绿投宿再，渐媿说交邻。"

5. 客人安保真遇事，噩耗传来种梦魇

5月21日晚六时，张嘉璈一众人宿于峨眉山脚伏虎寺，护送行李的乐山中行员工王克强傍晚方到，说是到了峨眉县就遇到驻军闭城搜匪，以致稽延。为防万一，张禹九便同何北衡处长密议布防事宜，并函请驻军派兵，借清山为名，暗中保护总座一行人。在众人中，此事只有严裕棠老先生得知，似觉精神不安。是夜，总座等人住外屋，张肖梅君住内屋。夜中，总座梦魇出声，同屋人均酣睡不闻，唯有隔壁张肖梅君闻之，大呼"禹九先生"，这一呼叫反倒使总座被唤醒了。第二天早晨，陈叔通老告诉其他人，"总司令禹九怕匪而魇"。

6. 春夏秋冬一霎间，钻天坡上冷难忘

5月22日，一行人登峨眉山时，一气攀登了钻天坡的数千级台阶，来到洗象池，皆热喘不堪，还尽着单衣。然而，却见寺僧们都穿着棉衣棉鞋，闭户围炉。大家心想，再冷也不至如此。但当大家稍息一会儿，便觉料峭（微寒），于是都夹衣上身矣。再过一会儿，更感到瑟缩，于是又毛衣上身。至夜间，正式烤起火来了，不过一小时，大家在同日之中经遍了春夏秋冬的历程。可笑的是，每人在房间内打一转，衣服就加厚一层，"原来人们热烈的态度，却被寒冷消灭得一干二净"。是夜，张肖梅盖着薄被瑟瑟发抖，好不容易挨到天明，都快要冻感冒了。格雷先生一早通报他的"御寒"妙法，拿脱下来的帽子、袜子和手帕，"搬盖"一夜，哪里觉着冷，就盖哪里。第二天晨起，黄溯初老先生以诗感叹道："温饱五月尚无温，已见山僧拥火盆。试上高寒金顶望，众峰拱伏拟儿孙。"由此看来出门在外，住所有时确实难以讲究。

7. 名山仍乃有俗僧，峨眉和尚需改造

要说此次为总行客人安排住宿的最大遗憾或未曾意料到的事情，那就是5月24日总行客人们在洪椿坪午饭时，所遇俗僧之世态炎凉的待茶表现，以及当晚宿山脚报国寺时所遭遇的和尚之刁难。

名山俗僧之实证。上海来的吴鹄飞君从成都调查糖业至内江，沿途鸡公车、滑竿、轿子、洋车，都坐过。夜宿客店，与臭虫、蚊子奋斗，旧式旅行之苦，备尝之矣。嗣后坐飞机返成都，同行方抵成支行，休息之时，忽见吴君，翩然而至，惊为天降。后来，又同坐木船至嘉定，坐挡子上峨眉，乘汽船返渝。吴君喜谈笑，颇破长途之沉寂，糖业专家，无论哪里，他都说不苦，替他统计一下，四川的交通工具，从原始的，到近代的，他无一不坐过，吴君此点，足可自豪。5月24日，总行一行人由洗象池下山，游至九老洞，洞长约半里，黝黑，赖电筒及风雨灯以进，至尽头处，有小龛，坐一僧对灯念经，状极神秘，但是神仙开口就说："居士们化点功果，

这里有缘簿呢。"事后，吴鹄飞向总行一行人说，他先到九老洞口时，那和尚还在门口玩，一见大队人来到此，就赶急跑到里面装神仙去了。再当吴鹄飞先下到洪椿坪时，寺僧见他只一人，便等闲识之，随便给他一杯轿夫所吃的大壶便茶。嗣后，寺僧又见吴的其他同行人源源而来，方知吴先生大有来历，于是就改泡盖碗茶给一行人品用。吴先生不禁喟然叹曰："今而后'信茶，泡茶，泡好茶'之不诬矣。"时人感叹道："看来，名山也有俗僧，世态之炎凉，虽于方外也不能免。"

峨眉和尚需改造。同日，总座及刘攻芸等，从九十九倒拐到报国寺，一直走路，约四十里，可谓健步。晚住报国寺，寺僧求捐不遂，立变态度，要茶、要水都莫有，房间又不够分配。于是，长凳长桌都被利用当作床，连几位老人家都吃这种苦头，真是"睡凳睡桌老来苦"啊。更有甚者，张禹九、刘攻芸二人当晚则宿于大殿之中。幸而下山宿此，若上山便受闷气，更叫不值。对此，时人感叹道："峨眉山的和尚实有改造之必要。"陈叔通老先生对此愤愤不平，以诗谴之："名山管领属僧多，僧负名山可奈何。差喜洪椿坪小憩，窗明几净即槃阿。"

8. 防虫叮咬有绝招，臭虫专家大布防

距今 89 年前的四川，人们出门在外时，要解决好住宿，确实难以讲究，有时甚至还要做好防臭虫叮咬的准备。如，5 月 21 日，总行一众人宿于峨眉山脚伏虎寺。刘攻芸因寺中有床而怕臭虫叮咬，愿以门板作床，刘锡耕正色阻之曰："刘博士，门板不好睡呵！"又如，5 月 26 日，总行一行人登上民法轮由乐山去重庆。尽管民生公司专轮的安全与舒适度与这之前所乘过的交通工具不可比拟，但也有"臭虫专家大布防""臭虫药与周仲雅"的记述："刘锡耕任到何处，都最闹臭虫、蚊子，宿于船上也不例外。他在未睡之先，洒药垫物，布防极严，谈及臭虫之心理极精。同人多向之请教，益尊称为'臭虫专家'，结果当晚臭虫还是专找他来咬叮。"再如 5 月 27 日，五时出发，十二时至泸州，总座一行人登岸赴泸县办事处视察，再度与总行分区稽核徐维明及川行孙珊、周南、王新华等四人在泸县相会（张嘉璈等上山期间，此四人先到宜宾检查，因病数日留在泸县）。一行人视察完泸县办事处后，在泸县公园用午餐。席间，人人都谈到夜间臭虫之患时，因话及"臭虫药"，不意吴音少讹，"臭虫药"发音竟与"周仲雅"发音为同一读音，相与大笑。周南（字仲雅）适在座，怪难为情。

9. 川行矫酒示真诚，宜甫轶闻乐客胃

时人对此次行程中，在行内用餐时喝酒的记述，仅有 5 月 29 日和 6 月 4 日两次，其中可见"川行矫酒示真诚，宜甫轶闻乐客胃"之史实。

川行矫酒示真诚。5 月 29 日下午，张嘉璈遍访同业与军队要人后，到渝行视察

行务，总座在楼上向同人训话，情茂词切，致同人之意志倍振。当晚川行同人公宴总行客人于行中。宴时，同人敬张嘉璈酒者，多蒙慨允，饮十余品无醉意。川行"矫酒教授"（指劝酒的同人）大获胜利，史久鳌及严裕翁两先生等"生意能手"（指酒量不错）均"失败"（指喝多或喝输了），而张肖梅女士因不胜酒力而发吐了。川行同人敬酒艺术极其高明，尤以赵戡丰女士为最。还有，6 月 4 日总行客人濒行，百事猬集，时候之贵重，一分钟均有计划。总座忙了一整天，直至夜八时，始在坊处开餐，临别小吃，张肖梅君又吃吐（酒喝多了）。

宜甫轶闻乐客胃。在《溯江记》中，缺少对川行周宜甫经理在此次接待工作中的记述，而赵柏田在《入川记——张嘉璈 1934 年的四川之行》文中，则将周宜甫1920 年 10 月经 21 天历险赴任川行行长的故事，植入此次川行接待之中，这也算切合情理之史实。即当晚川行同人公宴总行客人于行中时，众人虽喝酒无多，却都说吃得乐胃，更听得长见识。听众人七嘴八舌，述说入川见闻。此时宜甫先生道，世人皆谓"蜀道难"，我就讲讲民九那年，从成都赴重庆就职途中的一段经历，诸公看到底是难还是不难？众人顿时安静下来，宜甫先生讲述了他赴任遇匪事。该故事已于去年写成文章，发表于总处编印的《中行生活》，张肖梅亲与其事，在座诸公，也大多读过。但当事人亲口道来，往事历历在目，又是一番惊险。宜甫先生最后感叹道："四川从民国四年以后，无一年没有内战。单就重庆城说来，民国十二年最多。这一年里头，旧者退却，新者进来，足足闹了五次。若一进一出两面的计算，便是十次了。军界向商会筹款，这一年中共闹了十三回，平均每月一回。只说商场上及公共团体直接所受的损失，共有七百余万元。中国银行所受的损害，虽幸不甚巨，然某次系如何应付，实在说不完。"在座诸人，除了张肖梅和格雷先生是近两年入的中行，其他人与中行都渊源颇深，亲眼看着中行二十余年来，如西天取经般，渡尽厄难，一路至今，顾眼下，国内打打停停，国际银价旋涨旋落，处于风口浪尖的中行究竟会有个怎样的将来，俱都心下栗栗，一时作声不得。张嘉璈徉自笑道："本行经过二十余年的历史，其中因时事的转变，就不能没有层出不穷的应付，遂演了不少的险剧、怪剧。相信以后的日子，会一天天好起来。"

（三）风俗风景沿途历，天地长留有诗卷

1934 年春夏之交，四川分行为接待好总行张嘉璈一行人，除要安排好客人们吃住行的接待工作外，还为他们安排了忙里偷闲小游和专程游历。所谓忙里偷闲小游，如，小游万县西山公园、感受隆昌小城古风、夜游自贡釜溪公园灯会、观成都薛涛井与武侯祠及望江楼、乘船途中观光乐山与青神交界处平羌小三峡。所谓专程游历，指 5 月 21 至 24 日为张嘉璈一行安排专程游历峨眉山，四川航务处处长何北衡也陪同张嘉璈上山。另外，在张嘉璈、史久鳌、格雷、张肖梅、刘攻芸等工作拜访期间，还安排张嘉璈三位师友级朋友的寻幽探胜小游。

值得一提的是，总行客人和川行陪同之雅人，在一路游历过程中，即景抒情赋诗，史料中共留下94首诗词，计有黄溯初五言诗3首、七言诗25首，陈叔通五言诗12首、七言诗22首，周仲眉七言诗14首、打油诗11首，刘攻芸七言诗5首，《中行生活》主编董孝逸后也步和黄溯初、陈叔通各1首七言诗。总之，总行客人们在"鸟道何如蜀道难""蜀山叠叠水悠悠"的川省大地，作一月之"携手同为万里游"；在风景让人多沉醉的情景里，诗词唱和，文采飞扬，真乃"诗中有尽画中诗，斯语诚工或近欺。境到无穷难着笔，画虽能到总多遗"。这在今天看来，正如董孝逸总结的那样"天地长留有诗卷""喜凭佳句读从头"。此次客人游历川省风土人情之接待效果较为满意，时人记述要点如下。

1. 内地不可太轻视，全视领袖为转移

西山公园杨森创。5月8日午后四时，张嘉璈一行人第一次踏上四川土地——万县，登岸后便驰赴万县中行与主任涂以高君相晤。在行小坐后，乘日光未落，便雇洋车去商业区参观市面情形。万县有名的建设，闻均为杨森军长和王陵基师长的成绩。一行人先来到万安桥参观，万安桥为杨森军长费去约百万元所造成，长约五十丈，阔五丈。桥共三洞，下复有平桥，备冬日行走，状如"大桥之子"。由于到万安桥来回须经山坡，严裕棠似无保镖，坐车中色不安，坚持要求下车步行，可能是因为他看这些蜀中苦力，有十五六岁童孩，或五六十岁老者，一个个脸带菜色，怕把他老人家颠下车来的缘故。其后，一行人又来到离万县中行甚近的西山公园散步。该公园地处城西马路的终点，一面临江，一面依葵花寨。枕江的一面，有太白楼，辟为酒家。全园广七八里，有亭、台、林、池之胜，为川中最大的公园。该园老树参天，花卉秀妍；其规模之宏大，布置之清幽，远驾上海各大公园之上。闻该园由杨森军长首创于始，王陵基师长建修于后，共费四十万元。诸客步游徘徊，咸不料四川内地有此不收门费之大规模公园。肖梅、攻芸两君，谓格雷先生云："你未曾想到中国内地有这伟大美丽的公园吧？"格雷答曰："没有，但是你看我们同船来的，不上来看看，恐怕外国人来中国的都是如此，但将来回去，要写不少关于中国的东西。"

隆昌居然有网球。5月11日，张嘉璈一行人乘车由渝至内，约下午两三点钟到达隆昌。隆昌古称隆桥驿，小城格局颇具古风。总座顺道赴隆昌寄庄视察行务，且在一饭馆略吃面饭。座次的张肖梅君，见饭馆壁上挂有网球拍，很是诧异。她在英伦待得久，常见英人以打网球为时髦运动，难道网球运动在四川这么普及了？竟然

在隆昌这样小县城的馆子里都有网球拍。嗣经探悉，方知是由于杨森昔日在四川推行"新川政"时提倡网球运动所致①。中国的情形就是这样，一地之风气，全视领袖为转移。格雷先生饭后略感不适，想吃一片阿司匹林，同行都没带药，他在隆昌街头一家药店竟然立即买着了。格雷言谈中，颇有中国内地尚不可轻视之意。最让这个英国来的"经济研究者"开眼界的，是到了隆昌这个四川夏布工业的中心，把夏布的原料"麻"也看见了②，直叹此行不虚。陈叔通先生精于小学，说"藤"，臬属也，《正韵》谟加切，《礼记》有载，"女子执麻枲学女事，以共衣服"，这一大堆学问，听得格雷先生一愣一愣的。

2. 举国皆兵今日见，电棒游园惊犬梦

举国皆兵今日见。5月12日，张嘉璈一行人乘滑竿由内江赴自流井。当路过白马庙场时，忽见满坑满谷的老幼男女，皆持武器一样竹梆一个，什么刀呀、叉呀、戟呀、锤呀、十八般武艺，件件俱全；壮丁们则扛着近代武器，如四板火、毛瑟、前膛、后膛等，古色古香，如入中世纪历史之篇页中——脑子退后三百年。仔细一问，乃系四川出名的团防集团之期。书云："举国皆兵"，于斯见矣。如前所述，在川军防区制时期，军阀、团阀、土匪肆虐，人民生命财产毫无保障。土豪劣绅多修筑碉楼，购枪自卫，并借名缉匪，勒派人民，购枪办团，故有"匪如梳，兵如篦，团防好比刀子剃"之谚，整个社会混乱已极。今日见此"举国皆兵"情景，同行人中有人欲为摄影，恐其误会（乡愚有信摄影为吸神）发生危险，周仲眉则先与对方解说，而后摄影留念。

水泄不通遭围观。同日，总行客人乘滑竿赴自流井，滑竿姗姗于长途中，每走十余里必一小憩。当总行客人们在乡镇茶肆内茗话或聚餐时，乡民见这一众人多穿西装，有男有女，有中国人也有外国人，似诧为未见，黄童白叟，就一个加一个的围观起来。

"后来其苏"内井商。为抵制日货，提倡国货运动，去年3月中国银行成立了中华国货介绍所上海总所。此行人中，上海中行史海峰先生可谓"中华国货介绍所上海总所"的国货大王。5月12日，一行人由内江赴自流井，他就盘算道：如何在上海国货市场都不景气时，使中国银行消费合作社业务日臻发达？自流井土产除惊盐产业外，最著名土产为牛皮，每年产额数百担，其中十分之六由本地制成垫褥，销行各地，其余销成、渝各制革厂。为提倡国货运动，史先生先到内江调查糖价甚详，

---

① 1924年5月，杨森任四川军务督办，推行"新川政"：修建马路、开辟公共体育场、成立通俗教育馆、提倡"朝会"。

② 夏布，用苎麻纤维绩线织布，再加精制而成；隆昌夏布年产量40万～50万匹，约值150万元。

再到自流井又大办牛皮毯子生意，意在推销四川国货。国货大王此举，使得内江和自流井的土产商们额手而相庆曰"后来其苏"①，即是说因史海峰大购当地的国货，而救活了内江、自流井两地的土产商家。

电棒游园惊犬梦。5月12日晚七时半，总行一行人抵自流井。自流井著名建设为釜溪公园。众夜诣之（去那里），电筒四射（可能是自贡灯会的前身，多以电筒组合而成），俨如兵舰之示威，引导者指点得津津有味，因自贡方言难懂，客人们的观念仍是模糊。忽然，公园里的犬惊起狂吠，颇如垓下之四面楚歌，真好似看了一出昆曲中的游园惊梦。

3. 寻幽探胜安客人，总座偷闲观成都

寻幽探胜安客人。张嘉璈在成都三日，携史久鳌、格雷、张肖梅、刘攻芸等对外接晤的日程满满，而安排三位师友级客人的日程，川行接待人员也未疏忽。5月17日，总座于早餐后，拜客、会客、赴宴、谈行务，异常之忙。只有客人黄、陈、严诸公，则尽情寻幽探胜，他们先后游观了武侯祠、杜甫草堂、薛涛井等名胜古迹，并即景抒情，诗词唱和。

——游观武侯祠时，黄溯初赋诗《游昭烈祠及武侯祠》曰："路出锦城东，来游此阙宫。臣缘知己死，君是乱时雄。鱼水当年契，馨香后世同。森森千古柏，仰望意无穷。"陈叔通和诗《昭烈庙》答云："满地兵戈起，依然翠柏森。艰难成相业，怀畏见人心。庙改名归主，江流恨到今。终疑遗昭语，鱼水忌何深。"

——游观杜甫草堂时，黄溯初赋诗《闻杜宇》曰："蜀中好山水，曾游无几处。杜宇故远人，声声唤归去。"陈叔通和诗《杜公祠》答云："一掬夏时泪，西来谒杜祠。不堪风雨欢，终与日星垂。丧乱谈天宝，飘零老拾遗。雨贤心迹似，异代有同悲。"黄溯初老先生意犹未尽，又赋《少陵草堂》一首："昔日读公诗，今朝入公室。草堂万古存，水木犹清瑟。诗卷在人间，昭如月与日。遗像尚巍然，比邻有古佛。黄陆异代英，疑义倘来质。空际落吟声。恍如仙乐溢。迢迢锦官城。瞻宇东门出。公灵邈难追。我心怅若失。徘徊百花潭。欲去又嫌疾。"

——游观薛涛井时，陈叔通赋诗曰："枇杷花下路，门巷旧时居。零落诗篇在，浮沈乐籍余。志铭干底事，笺样到今誉。知否伤春客，心怨井不如。"

总座借闲观成都。在省城三天，张嘉璈"不看山水看人物"，仅在最后一天下午，拜访了军政要人并回行谈完行务后，借暇前往成都薛涛井、武侯祠及望江楼一游。在武侯祠中看见琴亭时，张肖梅因联想到空城计的故事，觉得应当去瞻仰一下

---

① 后来其苏，出自《尚书》"傒我后，后来其苏"，意为等待我们的王来了，我们也就复活了。

诸葛武侯抚琴之遗址。当他们参观抚琴遗址时，都感觉很奇妙，只看见亭中无梯，不知当日诸葛是如何上到其遗址抚琴的？有识者则认为：弹琴之原动力系用无线电波，诸葛似有"理智化的脑筋"。

4. 平羌远胜富春江，翡翠盆景乌尤寺

5 月 18 日，总行一行人从成都到嘉定，九时乘汽车启行，至新津河坝，登木船，十二时启行，五时抵江口，复前行，七时泊眉山唐沱儿场，日行 195 里。5 月 19 日，黎明乘舟即行，晚八时许始抵嘉定，日行 235 里。定处同人及徐广迟等四君，在河干候迎，总行一行下榻燕牧师家。

平羌远胜富春江。5 月 19 日，一众人黎明乘舟从眉州启行去乐山，陈叔通老先生一路抱怨说："这风景有甚可看，江浙固遍地皆是也。"待船驶入乐山与青神县交界处的岷江段之平羌小三峡时①，只见峡区河道迂回，风光绮丽。峡口外东岸七拱山上，有十余穴墓，是南朝至隋唐时期的古代僚人的墓葬。峡口西岸为悦来场，正处金流河口之南，是一处重要的关口。元代设峰门水站，明代设峰门水驿，其意均指为三峡之门户。平羌三峡曲折逶迤约 12 公里，顺流而上分上、中、下峡。首先进入的上峡，又名梨头峡，峡两岸丹崖翠壁，奇险雄峻。右岸天公山临江壁立，名观音岩，岩上有观音龛，龛上对联颇佳，大字楷书"芙蓉关江，嘉阳风水"，高度概括了青神、乐山风物，与观音岩相对。江左岸是十八罗汉山，山崖上有不少突出于崖壁的石包，形似罗汉，故名，并因之有了"十八罗汉拜观音"一景。峡内有沱名"鱼窝"，是闻名遐迩的江团鱼产地。一座长达近 30 米的巨型"石棺材"顺江平搁，一尊尚未凿完的"平羌大佛"和彼岸的"鸡公石"，更是峡中引人入胜的奇景。历来墨客骚人泛舟平羌，大多览胜抒怀，赋诗作文，诗仙李白"使剑去国，辞亲远游"至此，也留下了千古绝唱《峨眉山月歌》："峨眉山月半轮秋，影入平羌江水流。夜梦清溪向三峡，思君不见下渝州。"当舟迴流于青山绿树之间，风景幽秀，使得陈叔通老人家便怡情山水，转口赞道："此处远胜富春江了。"他还赋五言诗一首"由新津至乐山舟中"，云："指点平羌峡，连舟破寂寥。蓬欹山影入，灯暗市声遥。水宿晴兼雨，风餐夕兴朝。榜歌浑不解，力给是天骄。"站在船上一旁之黄溯初，也赋诗"平羌峡"和曰："水送山迎似故乡，桐江终觉逊平羌。峡中风景真如画，独坐船头看夕阳。"周仲眉联想起李白之"夜梦青溪下三峡"诗句，也赋诗一首云："却异夔巫满目愁，景由平远入清幽。逸情不离虽怀苦，如此江山我独游。"

翡翠盆景大佛乌尤。5 月 19 日晚，总行同人住于乐山燕牧师家。时值总行片区

① 平羌江，是岷江流经青神县汉阳坝至乐山城东一段水路的古称。

稽核徐维明先率川行孙璙、周南、王新华等四人视察乐山中行业务，住于教会医院，5月20日一大早便与张嘉璈一行在乐山燕牧师家相会。大家在花木扶疏之中，依栏正望大佛及两江合流处，众人赞叹不绝。上午十一时，总座于视察行务后，复偕同人渡江游乌尤寺及大佛寺。嘉阳山水之佳，无出其右，红山绿树，天然着色画图，远望峨眉，厚黛天半。青衣江合流于岷江，清浊如剖，大佛坦腹中流，依山为座，尤为奇观。面对此景，黄溯初吟出了诗画般的"乐山"绝句曰："奇绝黄流界碧流，中分水色是嘉州。岩头大佛千年坐，默视乌尤往返舟。"而对寺中楠木成抱，史久鳌先生似乎从中又看出了押汇生意之道。当人们至东坡楼时，陈叔通老先生亦亲诣去见老泉像侧塑的二童，一个童像抱书，一个童像抱琴，有人还开玩笑说，这书童所抱之书就似《中行月刊》一般，琴童所抱之琴即为总座之行军床。张禹九曾有过重建东坡楼之谈，为乐山县人所闻，此时他卒捐百元，以践宿志。过小溪，褰裳可渡，仍赖小船。见二小孩撑过，中有戴红帽结者最可爱，颇合"万绿丛中一点红"之句，寺中所刻以四川词人赵熙的字最多。总之，乌尤寺犹如翡翠盆景一般。

5. 名山迓人入仙境，大队人马亦平安

5月21—25日，攀登峨眉山时，总行客人及行内行外陪同人员共14人，包括总行客人8位（张、史、格、张、刘、陈、黄、严），川行陪同人员3人（张、周、赵）；此外，还有行外陪同人员3人，即四川航务处处长何北衡、上海糖业专家吴鹄飞、上海银行刘锡耕。据时人所记述，4天专程游历，风景风情让客人印象深，共留下游历峨眉山的诗篇45首，占此行所留诗篇的一半，除前述"名山仍乃有俗僧，峨眉和尚需改造"的住宿及喝茶的不快记忆之外，时人对总行一行人的游山轶事还记述如下。

（1）5月21日：出嘉定，到峨眉，伏虎寺

名山迓①人入仙境。5月21日清晨，一众人乘滑竿一出嘉定瞻峨门，就觉得已进入峨眉的环境。由嘉赴峨，须渡两次河。黄溯初老先生情不自禁赋诗曰："嘉州城外路漫漫，才换轻舟又滑竿。为爱峨眉天下秀，不辞万里远来看。"是日，天清日寒，风景令人意醉，直把峨眉山由淡走浓，由浓走现，同人目不转睛，饱看一日。周仲眉吟出"赴峨眉道中"一首曰："看山不觉厌长途，身在营邱绝妙图。迎面双蛾横秀色，名山窈窕似名姝。"下午五时到峨眉山麓之县城后，众人就换鞋策杖，开始大买草鞋、手杖及胶鞋，作"陟彼高山"之企图。少息，出南门入山，此时人们心气正旺，都不高兴再坐滑竿，扶策而行者，迤逦于途。周仲眉此时又吟出《出峨眉

---

① 迓，迎接之意。

南门》云："摩天绝顶乱云封，路指层峦第几重。岂是慧根犹未尽，入山便觉佛心侬。"黄老先生亦和诗曰："峨眉县郭小如舟，向晚舆过未少留。便出南门入山去，高林落日径通幽。"

一样树木两样看。5月21日，经一日奔波，晚六时大家宿于伏虎寺。据闻峨山有句谚语是"报国寺的谷子，伏虎寺的树子"。当史久鳌、刘锡耕二人同严裕棠老先生一起，看见伏虎寺里楠木成抱时，就又诙谐幽默地起下"歹心"说，想在此开一家锯木工厂了。站在一旁的张肖梅，则以客观眼光批评他们三人曰："同是一棵树，有人看来是 tree（树），有人看来是 timber（木材）"。黄溯初老先生吟诗曰："山头新月影如钩，伏虎禅林足暂休。行过溪桥凝望久，参天树色入双眸。"当晚，陈老因众人谈起蜀税烦苛时，故吟一诗云："溪桥晚翠接梗枏，幽趣多从寺外参。虎到阶前心亦善，如何几辈视耽耽。"周仲眉也和诗《宿伏虎寺》曰："林幽径曲似名园，落日鸣蝉满寺开。已有高僧清虎患，何人苛政解烦冤。"是夜，刘攻芸博士因寺中有床而怕臭虫，愿以门板作床，刘锡耕君正色阻之，曰："刘博士，门板不好睡呵！"

（2）5月22日：登山始，总司令，洗象池

5月22日，总行客人及行内行外陪同人员开始登山。上山循伏虎寺、大峨寺至双飞桥，历万年寺，上观心、放光、钻天三坡，达洗象池，再循白云寺、雷洞坪至金顶。

滑竿感觉各不同。大峨寺之上，石径滑窄，滑竿接连在一地，道中有人滑跌两次。总座是喜欢走而少坐滑竿。胆大者仍晃晃然坐滑竿如故，张禹九还笑称"危险有其味"。周仲眉则"见之胆落"，主动要求下了滑竿。自那里起，开始步行上山。一路行来，左崖右坎，一径通其间，滑竿尽说靠得住，周仲眉君总觉得危险。自己走，出热汗；坐滑竿，出冷汗，汗既不免，君宁舍冷而取热，所以峨山的途程，他走的约有二分之一，人皆笑谓胆小，殊不知所谓"死有重于泰山，有轻于鸿毛"者也。周君如"诸葛一生惟谨慎"，仍不敢效法。陈叔通老却用诗言坐滑竿感觉："鲁制山舆忆昔游，易绳为筏制相侔。自能伸缩轻如叶，坐卧皆宜百不忧。"至双飞桥时，陈老因何君北衡买两藤杖，一赠他，一赠黄溯初，赋诗谢何北衡曰："双飞桥下问山家，滕雨藤枝未肯赊。君有囊钱先买得，感君分赠拜君嘉。"到万年寺后，同人一起合影。

峨山揹子有个性。上观心、放光、钻天三坡时，山路陡峭，上山人们开始改坐峨眉山之揹子，即以木架负人而行，山行极倾。陈叔通见架木负人，山行甚恒之情形，不由得吟诗，感叹道："高瞻更比滑竿优，升木何嫌学作猴。人自汗劳吾自逸，愧吾犹自出人头。"

一僧伴话入云深。当人们上到观心坡时，周仲眉路遇一僧，随后同行，与之攀谈，殊不俗。沿途指点风景遗迹，更为详尽。"讯其身世，自谓曾经匹头商于成都，因折本灰心。遂披缁衣于峨山之初殿，历五六年矣。"周仲眉心想，这样出家的，倒是真和尚。倾谈间，回首峰峦，皆出脚下，来路尽为云掩，假此僧为吕岩，周君其为卢生乎。因谓僧，再结善缘，请其同摄影一张，以作纪念，僧亦合掌称"佛号不止"。随后，当他登上观心、放光、钻天三坡，山半看云时，吟出诗两首，一诗曰："滑磴安危繋此心，一僧伴话入云深。钻天坡上苍茫立，云景千回看碧岑。"又一首诗云："漫因劳碌厌尘寰，满眼烟云总未开。随借岳阳楼上句，万千气象赠灵山。"

五步一憩十步坐。黄溯初君右扶杖，左扶人，上钻天坡的时候，痛苦万状，奉劝世人，身体发福在不到 140 磅之前，赶急游峨眉山罢。陈老好不容易登至钻天三坡，不由得赋诗两首以抒情怀，其一曰："八千里外来天半，回首人间百念删。峻磴危坡都严尽，衰迟始见万重山。"其二曰："寺如栉比志难征，溯自文殊说上乘。不受阴禋侪五岳，由来天子未封登。"黄溯初老则吟诗和云："路转峰回山渐深，忽逢雨水夹牛心。双飞桥上苍茫立，满耳流泉漱石音。"

象池看猴生意经。洗象池是峨山看野猴的好地方，刘攻芸以诗吟出登洗象寺之愿望道："神灯云海雨悠悠，人到峨眉尽解愁。苦干埋头来日事，先登象寺访山猴。"然而，峨山猴的行踪来去不定，游山者不能常见。当日下午五时半，同行者到此处，就叫和尚去请"猴居士"（峨山对猴之尊称）来一观。和尚归报曰，这时看不见"猴居士"了。严裕棠老先生认为，看不见猴是因为未花"运动费"之关系，立给和尚一元，命他去再叫猴，结果证明并非和尚不卖气力，实是同人们与猴居士无缘，而一元钱白花。翌晨，同人上金顶，独有严老先生留在洗象池，听说他因昨天给和尚一元钱，而没有看见猴，使他"生意吃了倒账"，因而独自留在洗象池再等待猴子的到来。陈叔通老则以诗表达遗憾曰："入山日作打包僧，洗象池头信宿曾。猿解避人终不至，又四明月误神灯。"

象池月夜憾与雅。总行客人上山之前曾听"游峨先辈"孙祖瑞说，他们四人住洗象池那夜，听说大做法事是仙山高僧追荐先灵的事半功倍最经济的办法。于是那夜孙祖瑞也请和尚一道"擂鼓吹螺"，"击磬摇铃"，大做法事。徐广迟、周仲雅、王新华三人，落得"吊者大悦"，看看热闹。那天恐是菩萨高兴的缘故，徐、孙、周、王四人在洗象池大看神灯，成为游峨归来谈资之绝好材料。然而，此行总行客人就无佛缘了，上下山憩了洗象池两夜，一夜因月明，一夜因夜雨，岩谷灵光，一盏神灯也未曾见，其他如佛光、猿猴居士等，均属渺然。黄溯初老吟诗遗憾云："普贤骑象西方去，此地空余洗象池。万盏神灯看不见，想因正在月明时。"宿洗象池时，虽有猿猴及灯均未见之遗憾，然而，惟是夜月色甚佳，使大家得见峨眉八景之一"象池夜月"，周仲眉赋诗曰："仙家何处访猿公，空望神灯万盏红。胜得广寒风露下，群山无语月明中。"为缓解遗憾气氛，他还将带上山的笛拿出，在洗象池吹数曲，并吟诗《洗象池吹笛》云："拨荒独吊比邱坟，四顾峰峦拥积雾。写我幽怀惟短笛，扫花吹彻万山云。"

（3）5 月 23 日：雨凄风，云雾走，登金顶

三星畏难不上顶。严裕棠老先生连日劳顿，又见天阴雨湿，总觉金顶之行，必属得不偿失，独留洗象池以待。起初，三老聚议——陈、严、黄一致不去，后经禹九君竭力劝驾，陈、黄二老便随大队人登顶，唯严老先生留洗象池以待。

只从云雾走一遭。当日，冷雨凄风，云雾四塞，脚下是滑吱吱，眼底是白茫茫，除冷杉、短竹、破庙、曲径而外，一无所见，不说还以为在平地走呢。到了金顶，所有的奇景，如佛光、雪山、云海神，完全未见，等于只从白云雾里面走了一遭。陈老被禹九君竭力劝驾，好不容易登顶，除只从云雾走一遭，又见金顶寺毁于火而重建未竣工，不觉得以诗感叹道："雪山未见殊惆怅，云雨微茫绝顶身。赢得归来说金殿，烧痕犹在莽荒榛。"黄老亦附和之："阎王碥与罗汉坡，讬命舆夫幸不蹉。上视有天下无地，行人常踏白云过。"周仲眉则为其子吟诗《登金顶忆内子戊双留题正殿后壁》曰："置身天外到峨眉，无限怀人出世思。留待双飞来此日，撩云同访旧题诗。"

总座首先上金顶。磴危石滑，烟雨迷漫之中，总座扶策而行，先众人而上金顶。跪在金顶正殿菩萨普贤之前，先替全行求一神签，问问休咎，签曰："夏日清和渐渐长，农人稼穑热非常。天宫只有怜人意，送阵清风解汤肠。"原签解曰："内外莫疑，佳期自至，凡事相援，何须忧虑。"并注明："应致送香油十五斤。"爱行如家，至足钦敬。格雷君见众人求签，问为何？张肖梅译告之为"Divine Lottery"（神圣的彩票抽奖）。格雷君又问，能得几十万元，陈叔通君就说："何必问菩萨，问我就得。"随后刘攻芸君也求得第一签，诚为难得；唯照签上所载，应致送香油一百斤，刘君只有解囊照办。之后，一众人便大烤起丝袜与草鞋，并洗足以避寒。末了，总行客人及陪同人员开始下山，当天下午他们仍循旧道到洗象池，并宿于此处。然而，总座能以事业眼光去观察登峨眉山，后在渝行训话时曾谓："这次游峨眉山深感想到，金顶不过高而已矣。峨眉山之美，不能全靠金顶，亦须林峦泉石，为之陪衬。一行之总经理，也就是金顶，单靠他还是把行办不好，亦须靠全体同人，群策群力。"

弄假成真总司令。是夜同人峨眉半山洗象池，围炉聚谈猴居士，和尚浩然而叹曰："有几次军人来此，枪击猴居士，因此吓跑，不常来了。"陈叙翁即指张禹九君

而曰："请问这总司令。"张君衣马夸夸其袴，蹬革履，指挥一切。经此介绍，和尚马上就合掌哀求，说："总司令呀！猴居士是这里的山灵，与人无害的，再不可用枪打了，请总司令出示严禁，功德无量。"和尚此话把张君弄得承认也不好，不承认也不好，众人在旁哄笑，张君只答："吾们想法大家来维持就是了。"从那天起，张君就被正式称为"总司令"了。次晨离寺下山时，寺僧又来哀求总司令，种的黄连，也要求保护。总司令被缠，无法开拔，幸何北衡处长来解围，始得溜走。这正是"弄假成真总司令"。刘攻芸对此戏作《赠总司令》诗曰："双飞桥上听泉声，已信峨山未盗名。却有同游张禹九，僭称总令傲僧人。"

(4) 5 月 24 日：下山难，九老洞，诗意昂

当日下山从洗象池出发，至莲花石之下不远九岗子，走入小道，下长寿、点心等坡，至仙峰寺，游九老洞，下九十九倒拐，过洪椿坪并在此午饭；再穿黑龙溪，沿溪行，出至双飞桥，在广福寺分路，经凉风岗，览石船、铁索桥、龙门洞之盛而出山。晚六时，宿山脚报国寺，日行 100 里。

昨日之失今日得。24 日七时，一行人由洗象池启行下山，先至仙峰寺，再到九岗子走入小路，下深洞，傍绝壁行，至龙桥，有瀑布绝壮观。黄、陈两老，认为此谓峨山第一风景。但峨眉十景，并无此名，轿夫告以非昨夜有雨，此瀑布即不得见。二老方信，感叹道：昨日之失又今日之得也。面对"第一风景"，陈黄二老和陪同之周雅人便诗词唱和起来。陈老吟出七绝两首，其一曰："诗中有尽画中诗，斯语诚工或近欺。境到无穷难着笔，画虽能到总多遗。"，其二曰："中经一雨未为嫌，雨后山容分外恬。更爱泉声侵晓急，心清何处著尘织。"黄老亦和出七绝两首，其一曰："遇仙庵下可逍遥，处处飞泉落碧云。到此方知名不忝，兹山真秀在龙桥。"其二曰："九老洞门日日开，寺僧缘客扫苍苔。此间闻有猴居士，乞为相呼一见来。"周仲眉亦和出两首，《九岗子望仙峰寺》诗云："奇峰笏烈攃仙宫，扶杖看山与不穷。更佩天公真画手，翠峦煊染文阳红。"《下九十九倒拐峻坡》诗曰："青天一径学雕盘，绝涧暄豗响急湍。压尽千寻危磴滑，也从百折说艰难。"

无人再出一元钱。同日，游九老洞。传九老洞传为民间传说中主管财源的神明赵公明的得道之处。一般银行家、实业家遇之，大都要竭诚专访此洞财神殿。又闻前一日，曾有猴子百余只，来到九老洞寺门玩耍。但当总行客人到此时，又寂无一见。是日，无人冒险再出一元钱赏格看猴了。

九老洞中流鼻血。过洪椿坪，素菜极好，人们大吃豆花。在寺门同人又做揹子照片。黄溯初老赋诗一首："揹子负人不虑蹶，洪椿坪上姑一度。绿树苍崖日午时，摄影聊为兹游志。"从洗象池至此，已由棉而单矣。游峨眉山上下共十余人，侵风

雨，冒寒暑，峻坡危坂，就保险无一人滚崖，也难保无一人生病。总算获天之佑，一路均告平安，伤风咳嗽，都没有人。不谙，到九老洞中，拜财神，史海峰先生大流鼻血。灯光黯淡之下，鼻塞纸，满嘴血污，状至可怕。旋经攻芸先生医治，得血止。途中事变，只此流血小剧。九老洞长约半里，黝黑，赖电筒及风雨灯以进，至尽头处，有小龛，坐一僧对灯念经，状极神秘，但是神仙开口就说："居士们化点功果，这里有缘簿呢。"急先锋吴鹄飞君事后向我们说，他来到洞口时，那和尚还在门口玩。一见我们来，就赶急跑到里面装神仙去了。

黑龙溪似奈何桥。一行人至洪椿坪之下，行乱洞中，浅石涉水，极不规则，过者莫不疑为歧途，到黑龙溪架木为道，从绝壁缝中出，更属匪夷所思，同行各人之走法，不得而知。出自龙门洞，则阡陌交通，鸡犬相闻，恍入桃源，其实已入世矣。沿途饱看白蜡林，得了许多白蜡事业的道地智识。此时，陈、黄二老又诗词唱和起来。陈叔通一连吟诗五首，其一《龙门洞以下》："峡江移入万山幽，不是江流是涧流。郤笑江南小丘壑，便为佳胜侈清游。"其二《遇仙庵》："山程穿向寺中行，晓齐初开鸟弄声。长寿桥边新画本，林端飞瀑乍来迎。"其三《龙潭》："天然画壁倚云开，雪卷涛翻壑转雷。应有蛰龙呼不起，依稀疑挟雁山来。"其四《黑龙潭》："行尽山蹊涧有蹊，洞蹊盏处洞东西。依山架木成横渡，下视寒流众壑低。"其五，"撤郤油棚老眼明，层峦湿翠拥舆行。果然以秀闻天下，益信山灵不盗名。"黄溯初老亦不甘落下，附和两首，其一曰："临深架木运虹影，狭仅容人扳壁过。却喜此中曾濯足，黑龙潭上碧流多。"其二曰："龙门景似小三峡，如此溪山欲画难。我对石船忽怅惘，今生安得再来观。"

（5）5月25日：晨启行，经苏溪，抵嘉定

喜去悲来城门口。5月25日，阴，八时启行返嘉定，苏溪场午餐，六时抵嘉定，日行90里。一行人去时觉得处处好看，回来觉得恋恋不舍，有的在滑竿上，补瞌睡、作诗，有的老走，用了上坡的腿来走平地，等于没有走了。下午三时，便到嘉定，看见城门，各人的心多半有点酸楚，从此便离开闲情逸致的仙寰，又入烦恼的"阿修罗"世界了。陈老吟诗，总结峨山之行的感触："五日山游四日晴，宜人天气最关晴。非晴非雨尤难得，瞑色衔舆送入城。"

不知所云白蜡虫。张肖梅君对白蜡很感兴趣，在总座训话之后，就请当地的一位白蜡商来座谈。其人衣冠相貌，古味益然，所答非所问，古怪的嘉定腔，比江苏的嘉定话还难懂，三个翻译，仍然弄得一塌糊涂。但是，张肖梅对于白蜡，到底是略知"温吐"了。陈老亦对白蜡感兴趣，故吟诗曰："裹叶累纍挂树间，功成身死不离山。未曾蚀叶廉尤甚，宁似春蚕伺养难"（蜡蚕，白蜡树）。

6. 大地山河一担装，来马来马要得吧

5月26日，晴，行340里。八时上民法轮启行，过竹根滩，上岸赴五通桥视察桥处，约留一小时，登轮。五时抵叙府，视察行务。赴县府及各团体宴于周旅长宅。又赴民生公司及航务处合宴于航务处，宴毕上民意轮。5月27日，晴，行414里。五时开驶，十二时至泸州，登岸赴泸处视察，并午餐，三时半上轮，五时半宿合江。5月28日，晴，行400里。五时南驶，午后一时抵重庆。

吊黄楼渺锁江高。5月26日，下午五时到叙府，总座及行中同人忙于公务。川行雅人相率三老渡过长江，访吊黄楼及流杯池之遗迹。三老极赞流杯池，吊黄楼本在江干，临绝壁，现已渺若黄鹤，只余乱石，过之不识，磨岩"锁江"二字犹在，云其下有鱼长丈余，见则岁歉，此与涪州石鱼，见则年丰，又相反矣。陈老故赋五言诗《宜宾访黄山谷流杯池故迹》曰："万里天南路，寻碑夕照收。石从平地起，杯引曲池流。实集曾欢燕，官闲似泛鸥。苏黄有轩轾，此亦胜书楼。"黄老则相和《宜宾黄山谷流杯池》诗答谓："吾宗谪宦此栖迟，韵事犹留后世思。为访流杯高咏处，扁舟斜渡夕阳时。"

今日相逢在泸州。总行片区稽核徐维明所率川行孙瑢、周南、王新华等四人，在张嘉璈等登峨眉山期间，他们先行到宜宾检查工作，他们先有三人因病留叙数日，孙祖瑞君后亦病数日以补之。5月27日，四君刚于叙起身赴泸，留话在泸县相会。是日，总座一行人到泸处视察时，徐广迟君等四人在泸县与总座相会。中午在公园午饭，徐广迟君席上吃茶，众因其病后不甚忌口，每劝阻之，其实闻暹罗皇帝，复患牙痛也。下午，一众人一起登轮启行。因快到重庆了，行务之待解决者甚多，总座及刘、徐、孙、张诸君，利用长途之暇，磋议终日不稍懈，空气已现紧张，无复岷江中之优游矣。原计过江安时上岸考察，以时限未果。宿合江尚早，总座遂上岸入城，略为涉览。

大地山河一担装。5月27夜，民法轮途泊合江，月色甚佳，周仲眉君笛瘾又发，临江一曲，其音清越，直把一船人给听痴了去。不意，周仲雅君亦为昆曲同志，大喜。为轮中人所请，周仲眉又唱了一曲昆曲，他到底是有过在京城曾与昆曲名票一起唱和过的经历，字正腔圆，在江面上跳跃远去，一听而知为有功夫者，众人听分明了，他唱的是"收拾起，大地山河一担装"。舟中人的心情，也无复岷江悠游时的从容，这一夜的月色和笛声，似乎成了好时光的最后一个休止符，留在人们的记忆里了。黄溯初老为此特吟五言诗《合江夜泊》，以存其念："停舟合江口，正是月明时。客有吹箫者，清声动旅思。"唱完，周仲眉君更说，有诗为证："二周二仲，一唱一吹。"

来马来马要得吧。在川游历过程中，稍学点四川方言，也是一件有趣的事情。总行客人多系省外人，且皆半系初次来川。自入川 20 多天后，客人们川语虽未尽娴，但"要得"二字尽皆学上，因而使"要得"之声，时闻于耳，尾音拖长，入耳极为可笑。徐广迟复好说"来马、来马"。"来马、来马、要得吧"方言的有趣性，还延续到同年 8 月《中行生活》之《百闻不如一见》一文，其作者署名就是"来马"与"要得"，以此响应张嘉璈提倡《中行生活》"活泼"的编辑精神，而"来马""要得"的作者署名，亦具有"活泼"性。

7. 纵目嘉陵好山水，缙云山似小金顶

6 月 1 日，上午视察行务，十二时许乘汽轮赴北碚温塘，抵时已薄暮矣，日行 102 里。6 月 2 日，总座参观北碚竟日并演讲。6 月 3 日，一行人赴缙云寺，中午参观北川铁路，乘汽轮返渝，日行 102 里。

总座游泳已毕业。6 月 1 日午，总座遂偕同人乘民主轮赴北碚温塘，专轮甚宽适，堪比英国太子所乘之游船。到温塘时，已至薄暮。总座及史久鳌、徐维明诸君，学习游泳极努力，总座习"动足、动手、浮头"游泳三课，已告学成。

缙云山似小金顶。6 月 3 日上午，总座一行赴缙云寺参观。缙云山在温塘寺后十余里，高入云霄，有峨眉山之风。是日登之值雨，寒冷不堪，同人食面而生暖。入山后望去，山中有寺，寺里设学院，专研佛学，并有运动场。进寺后只见缙云和尚均循循儒者风，与峨眉寺僧之趋炎附势诸丑态，不可同日语矣。中午人们参观了北川铁路，严裕棠翁在三峡厂看见有他大隆铁厂的织布机，高兴万分；在参观北川铁路时，又在石级上看见置天官牌棉纱有多包，喜极间几折履。

8. 庶务放下千斤担，一场喜事告段落

本日之寸阴尺璧。6 月 4 日，总座一行该离渝出川了。本日可谓：百事猬集，寸阴尺璧。时候之贵重，一分钟均有计划。上午，总座接见渝行行员，午后赴李税务司宴，介绍渝埠洋商。接着又过河，上南山赴何小勋茶点，返至曹家巷看渝行旧日行址，巡阅曹家巷员工寄宿舍。旋又赴申汉纱厂之茶会。直至夜八时，始返林森路办事处晚饭。十时，总座一行登宜昌轮，航务处长何北衡君阖家来送，卢作孚君亦亲到轮，此次旅行，赖二君之惠助不少，高谊可感。张禹九君仍依旧习，电知前方，通知万处引总座等参观桐油池。张国利君登船送行，尚无依恋状，禹九君始偕之返。渝行送行同人返家，已严城待闭，遍街口令。

庶务放下千斤担。此次旅行事宜，深赖赵拂禅君一路照应，同人得便利不少。路上他常说："非到他们同重庆，上了船，我的千斤担子，不会放下。因为有人伤风、咳嗽，都是我的责任。"于此可见赵君之任事矣。尤其是，禹九先生以前在上海

时，余等皆知其年富力强，勇气勃勃，而不料今日到川一见，这位先生办事细心，除勇气勃勃之外，尚有精密沉静的功夫，可称为少年老成派也。试观同人等此次入川，张君沿途照料，安排布置，用尽思想，非使全体感觉舒服满意不可，周到诚恳，无有出其右者。同游陈叔通先生语人曰："禹九做事细心，无论于一宿一餐之间，丝毫不苟，惜非女子身，否则真是一位贤内助也。"诸君听到陈先生所说的这几句话，即可概其余。

一场喜事告段落。五月素为多事之秋，而本年国内及四川尚相安无事，总座得利用之入川一游，偿二十余年之夙愿。川行的一场喜事，告一段落，又拆去灯彩，过那布帛蔬粟的出作入息之生活了。在结束四川之行时，陈叔通老先生对此次接待工作深表谢意，特赋诗一首云："此行殊不负平生，东道殷勤有主盟。稍涉贵游渐苦行，头陀原不易修成。"

归途感赋黄老云。6月5日，天晴，总座一行乘宜昌轮，行740里，泊万县。6月6日，行839里，出川。6月7—11日，宜沪途中行3141里，于6月11日回沪。黄溯初老在轮上，满怀深情特赋七律诗《归途感赋》曰："心萦三峡与峨山，万里焱轮逐浪还。水似名僧无信相，峰如好友有欢颜。地形雄险谁能恃，人事萧条涕欲潸。我料蜀中终后治，须凭远策济时艰。"

（四）丝毫不苟忙庶务，行史文献留青史

纵观此次迎接总行检查，四川分行勉力搞好接待工作，主要体现在两个方面：总行深赞庶务功，行史文献留青史。

行史文献留青史。四川中行在提供文秘服务和准备各种汇报材料方面的基本事实是：此次川行按照总行"以志记事"惯例，与总行人员一起记录了有关张嘉璈四川之行的史料文字多达5万余字，这比张嘉璈上一年视察长江一带各行、湖南各行、平津各行、西北各省时所留下的史料文字的总和还要多好几倍。

总行深赞庶务功。总行对川行各方面检查后的总体评价之史料，主要源于《中行生活》刊载的《百闻不如一见》《溯江记》，以及张嘉璈在乐山、宜宾、总行九十四号的演讲的多篇文章。这些文章以真实、活泼、亲切的形式所表达的看法，既代表了总行对四川分行的行风行貌、经营管理和班子情况的检查评价，又包含总行对川行丝毫不苟的接待工作的评价。

1. 总行以志记事惯例在川行践行

张嘉璈很重视运用内刊《中行生活》这一方寸之地，来提升员工智识和培育团体精神，将本刊的编制精神定义为真实、活泼、亲切，并形成了以"志"记事之惯例，志者，记也！如《志宁行同人励志社聚餐会》《志本届浙属业务会议》《志济支

行行员俱乐部成立》等。基于这种惯例，《中行生活》显然很重视对张嘉璈此次四川之行的内部报道，并将第二十九期以"四川专号"出版发行。在该期刊载文章中，与川行记述者有关的文章有《川游行程》《溯江记》，张嘉璈在万处、内处、成都支行、定处、叙处、渝行及重庆一园等的演讲，以及《川行一瞥》《四川省一瞥》《四川十个城市一瞥》《游峨眉山》等 13 篇；还有由湖北分行及总行提供的张嘉璈在宜昌演讲、汉口演讲、在九十四号演讲和《百闻不如一见》等 4 篇文章。上述文章共同对张嘉璈四川之行作了真实、活泼、亲切的报道。

——所谓"真实"的编制精神，指"将本行总分支行一切业务、事务，及行员服务的工作与思想，都用'真实'的写法写出来"，达到"增加读者精神上之愉快"和"可以大大地改善我们行员的精神"的寓教于刊的目的。四川之行的此类记述，如，5 月 12 日，"当参观自流井盐场时，总座为避闻卤气，两只手中，各握一张大手帕，左右换替掩鼻而过"；5 月 21 日，"是夜，总座等住外屋，张肖梅君住内屋。中总座梦魇出声，同屋均酣睡不闻，隔壁张君闻之，大呼'禹九先生'，总座倒被唤醒了。翌晨陈叔老告人，'总司令禹九，怕匪而魇'"；还有，张肖梅两次喝酒就吐了的记述等。

——所谓"活泼"的编制精神，指"事业的创造乃从愉快中得来，在精神极愉快的时候，方有极新颖的思想"。"唯有将一切事事物物，从乐观的、善意的、向上的、超脱的方面来观察它、解决它，则自然而然不至增加我们的烦恼，不至减少我们的愉快。"如，5 月 21 日记述："史久鳌及刘锡耕二君同严老先生，见伏虎寺楠木成抱，又起下歹心，想开锯木厂了。张肖梅君以客观眼光批评之曰：'同是一棵树，有人看来是 tree（树），有人看来是 timber（木材）。'"还有《中行生活》刊载的《百闻不如一见》一文，其作者署名就是"来马"与"要得"，而"来马""要得"的作者署名本身，亦具有"活泼"性。

——所谓"亲切"的编制精神，即将《中行生活》内刊"拿来作中国银行这个'家'的家庭通信机关，一个一个自由发表意见、供给资料，表示亲切的态度"。《中行生活》所刊登的由川行记述者提供的有关文章，使张嘉璈以行员的好朋友、校长、家长、"娘家一位老管家"等多种具有亲切感身份对川行员工进行谆谆的文化训导的形象得以充分展现，真可谓人文关怀满满。

2.《川游行程》《溯江记》作者考

该两文的文字容量共计 16700 多字，记录了张嘉璈此次四川之行的整个工作日程和吃住行游之所有经历，为后人留下了珍贵的认知与研究的史料。考其作者，《溯江记》之上海到万县的记述有不到 3000 字，其作者最有可能是张肖梅和黄溯初，黄有"一路走一路吟诗"的爱好。然而，《溯江记》中有两处曾用括弧标注过某段文字的作者，即张肖梅和"川人"。"川人"无非指川行陪同人员张禹九、周仲眉、赵拂禅三人。据他们三人分工的相关史实推断，《川游行程》《溯江记》之策划者是张肖梅和张禹九，此两文记述者，主要由张肖梅和周仲眉二人承担，周仲眉拿捏不好的文字和周仲眉未能出席的重要场合之记述，均为张肖梅亲改亲写。

3.《川行一瞥》《四川省一瞥》《四川十个城市一瞥》作者考

为迎接总行此次检查，四川中行准备的各种文字汇报材料有《川行一瞥》《四川省一瞥》《四川十个城市一瞥》等，其文字容量共约 21000 多字。考其作者或汇编者，主要应为周仲眉、赵拂禅、卢定中等人，而张禹九襄理则负责总把关。因为周仲眉时为《四川月报》社社长，从 1932 年 3 月起就"以序有先后，事有范围，从近处实处着手为原则，拟议调查范围，以四川省之经济为限，材料先从各处报章杂志搜辑，每日披阅，分类剪贴"，《四川省一瞥》之"四川猪鬃输出数量及价格表"则出自周仲眉的调查报告。再有《四川省一瞥》之"四川民俗琐志"中亦有"川省民俗，任择一类，可成专书，兹谨略志一斑，藉作鸟瞰云尔（赵循伯稿）"的注释，说明赵循伯也参与其中，而且"赵君深于新旧文艺，尤长编辑"。另外，因"禹公又独应从事数字之统计，多作图表，旋又征用卢定中君入行，专司此事，渝行同时增充图书，为本组参考便利起见，遂命本组图书管理"，所以《四川省一瞥》的诸多统计报表，应有卢定中参与其中。而且，到 1933 年，渝行调研人员已达十余人，也许还有其他人参与。

4. 川行上下级行员对张嘉璈演讲的记录及整理

张嘉璈在四川中行各机构的演讲，均由川行陪同人员及当地行人员共同负责加以记录与整理。如万处《一个青年行员应具之性格》演讲，由万处桂金笔录；在内处《以创造能力打破环境》演讲，由周仲眉和内处郑晓溪、萧冠堃共同笔录；成都支行《存款行的职责》演讲，由该行黄星樵、温承兆笔录；定处《我人本身之能力是否足敷本行今日之需要》演讲及叙处《吾们应以人格与能力为竞争的工具》演讲，均由周仲眉笔录；渝行《如何使我行成为"最进步最稳固之银行"》演讲，则由渝行周仲眉、赵循伯、熊沅笔录；而张嘉璈在重庆一园所作《银行界的责任应以商业道德改良政治》之数万言演讲，则由重庆分行"青年会"速记，即通过多人速记后整理而成。

综上可见，川行在此次接待中，既记录与整理了张嘉璈各次演讲稿，又按总行以"志"记事惯例记述与整理出《川游行程》《溯江记》《川行一瞥》《四川省一瞥》《四川十个城市一瞥》等历史文献。时至今日，在四川省内江市档案馆的民国内江中行档案中，还完整地保留着 89 年前张嘉璈在内江办事处演讲时，由周仲眉、郑晓溪、萧冠堃所记录的工工整整的手稿。

第三节　川政统一时期川中行继续创业

根据有限史料，在川政统一时期，四川中行经营管理及业务发展概况，大致包括"在整理川省金融过程中发挥积极作用，在拓机构、办储蓄、兴农贷、强调研、重国货、强合作过程中继续创业"等内容。

一、在整理川省金融过程中发挥积极作用

在川政统一时期，国民政府着手整理四川省财政及金融，四川中行作为发钞行之一，在参与中央整理川省金融和稳定金融市场过程中发挥过积极作用。

（一）配合整理川省货币发挥应有作用

1934 年 5 月，重庆市流通之货币，除厂造之川大洋、人头洋及县金库之粮税契券而外，复有本市各银行之钞票（又名存款支票）多种。其发钞行有中国银行（计分为十元、五元、一元三种）、四川地方银行（分为十元、五元、一元、五角四种）、平民银行（仅有五角儿童券一种）、川康殖业银行（发行有十元、五元、一元钞币三种）、美丰银行（该行为外商所办，以一元钞币为盛，其十元钞币，则以渝市较多）①。其中，四川地方银行是刘湘为统一川省币制于 1934 年 1 月所设立的，该行所发行的纸币简称"地钞"。1934 年 9 月，该行发行"地钞"总额已达 3723 万余元，"地钞"贴水调换银圆，每千元达 180 元。申汇（指汇往上海的汇款）为在渝交"地钞"1600～1700 元，在上海收沪钞 1000 元。由于滥发"地钞"而准备不足，致使挤兑现象时有发生而濒临崩溃。在此背景下，四川中行曾在参与中央整理川省金融和稳定本省金融市场过程中发挥过积极作用。

第一，川中行曾受托管理四川地方银行兑换券准备库。1934 年 8 月 1 日，四川善后督办公署下令组设四川地方银行兑换券准备库，委托中国、聚兴诚、市民、商业、川康殖业、平民、美丰、川盐、四川地方九家银行共同管理，专司发行、保管事宜。行库各自独立，不相统属，当由四川地方银行将截至同年 7 月 31 日发出之一

---

① 渝市各银行概况.《中行月刊》第九卷第六期，1934：57-58.

元、五元、十元等钞票，共计563万元，连同六成现金准备及四成保证准备，一并移交该准备库接收。惟其后地方银行，除发辅币券外，尚有成都券一种，仍自己办理，而准备库所发之券又因二十一军提借应用，以致准备短少，而失去作用①。

第二，四川省府曾规定川中行钞票视同现金行使。1935年3月25日，中央银行重庆分行成立，开始在渝、成、万等地设行发钞；同时受命整理地钞，通告各商业银行停止发行并收回所发纸币。5月1日，中央银行重庆分行即日起发行"重庆"字样的兑换券，随时兑换，并由四川省政府布告全川行使。就在整理四川省金融的过渡时期，四川省府曾于同年6月1日规定，各税收机关除中央银行、中国银行、四川地方银行三行的纸币外，其他杂钞一律拒收，并于6月29日通令全省，此三行钞票视同现金行使。

第三，财政部电令中国银行停用川券改发申钞。尽管中国银行川券信用亦甚良好，但财政部为统一四川省币制起见，自1935年9月15日起，规定四川省公私款项收付，概以中央银行的本钞为本位货币。同月，财政部奉蒋委员长电令，即令中行赶运申钞来川。10月18日，财政部致电四川财政特派员公署，并转重庆市商会曰：所有中国银行发行之重庆、成都等埠地名兑换券，自应一律收回，改发申钞，以肃币政。除电令中国银行遵照办理外，各行电仰该员遵照布告，对于中国银行申钞，准于中央银行本钞，在川境内概为本位币行使，以利金融②。

第四，财政部准予川中行地名券作为法币行使。1935年12月，中国银行总管理处函呈财政部称"重庆市面需要法币甚急，现在本行沪券缺乏异常，为使法币流通普遍，接济渝城市面起见，本行前印有中行四川地名券甚多。现在法币统一，不分地名行使，可否将此项存券运往川省发行，作为法币，以应急需，面资便利之处，更请审核讯示"。对此，财政部照准并致电四川省府"查所谓以四川地名币券作为法币，在川发行一事，系为接济市面起见，应准照办，除指令并分电外，特电奉达，并布告周知为荷"③。

第五，为维持法币之币值及外汇价稳定而尽责。1935年11月，实施法币政策后，国民政府并规定由中央银行、中国银行、交通银行三行做无限制买卖外汇，以维持币值及外汇价之稳定。

（二）安定金融市场办理押汇及低利贷

1936年至1937年，四川中行还曾通过办理押放、盐载押汇、低利贷等业务，为

---

① 整理四川财政办法.《中行月刊》第十卷第五期，1935：55—57.

② 中国银行川券改发申钞.《四川月报》第七卷第四期，1935：78—79.

③ 中国银行四川地名券作为法币行使.《四川月报》第七卷第六期，1935：79—80.

谋安定四川省金融市场，做出过积极的贡献。

第一，四川（重庆）中行被公举办理盐载押汇。1937 年，四川中行在协助整理川省金融过程中，办理过盐载押汇，其片史如下。

——运销商盐载押汇原本由各家银行押汇，现为商者手续起见，重庆运销商办事处特与银界订定合同，月息一分二，除合川由川盐独办外，其余各岸由四银行公举重庆中国银行办理。凡以前各行押汇之盐未到岸者，均准予延期，利息仍旧，除中行有人之岸可即办抵借外，余俟中行人到再办抵借。

——川北盐务稽核支所，以干旱影响，盐斤滞销。为救济各盐场灶户起见，特拟具经济扶助方案，呈请自流井盐管局核示，业经批准，当由该所协理西人毕部纳，到重庆向重庆中国银行接洽借款手续，已商得结果，由中国银行借款 60 万元，限期一年本息还清，由川北盐务稽核支所担保，扣放办法：盐斤入公垣时在盐价内每担扣四角，按日由售票所缴存场署逐月摊还①。

第二，为调剂内江、泸县之钱荒而办理低利贷。1937 年，四川中行为调剂内江、泸县之钱荒，曾办理过低利贷，其史实如下。

——内江近月来，铜圆无形稀少，市面极感钱荒，一切交易找补，均感周转不便，致各级民众，时因小故大起纠纷。影响地方治安秩序非浅，县长陆维周氏，有镒及此，特商中国银行内江支行，向总行请领大批铜质辅币运内，以资救济钱荒，活动市面金融，现已由渝运巨额铜质辅币，计数约百万，均系半分及一分两种，陆续发换，用资活动，现该县法币价格，已逐渐回涨矣。

——泸县各业，对于银行钱庄，凡大商号大半皆有往还，至于一般小本经商者，则受经济之窘迫，往往辍业，殊堪悯念，中国银行鉴及于此，特派行员，在本市各街，调查一切小本营生而有店宇者，记诸调查簿上，决定提出一部分款项，作一般小本经营商人活动之需，每月行息，最多不得超过一分，准于调查完毕后，即行贷款而达其扶助小工商业之本旨②。

（三）川中行担起重庆市票据交换责任

1936 年 3 月，重庆市金融界为谋安定市场，减低利息，于月前商得重庆中国银行同意，由该行拨款 300 万元，以办理转账事务。双方关于此事之草约合同，业经寄往总行审核，最短期内即可发下施行。同时，重庆中央银行亦开始准备放款，以求整个金融市场彻底安定。兹据探悉，放款总额并不限制，总以满足市面需要为止，

---

① 中行办理盐载押汇.《四川省经济月刊》第八券第一期，1937：32.
② 中行调剂钱荒并办理低利贷.《四川省经济月刊》第八券第二期，1937：21.

利息规定在一分以内，保证品则限定第一期善养公债及统一公债两种，照市七折作价。惟在各庄、行方面，则拟请将重庆中央银行放款总额仍定为 300 万元，并拟再向农民银行活动 300 万元，连同中国银行转账之 300 万元，共为 900 万元。重庆市场有此大宗现款活动，今后资金方面，当不致再如过去因供求不过，狂涨暴跌。此外，重庆中央银行积极准备办理票据重贴现，以求市面金融更趋灵活安稳①。

1936 年 10 月，由于重庆市本币银根奇紧，转账一事更不容展缓，四川中行受重庆市各银行钱庄之请托办理转账，担负全市票据交换责任。川中行规定了参加交换行庄应交的现金与证券保证金额，交换票据的种类，差额结付办法，头寸不足拆借办法及具体操作程序等，并与各银行钱庄签订了"转账草约"。又经票据交换所常务会议议决，成立了新票据交换所，同时办理转账工作亦由中国银行开始实行，"此后本市金融当更臻巩固，效率之推进，当更可观也"②。在其后运行过程中，由于制度手续较完善，交换得以顺利进行并日益发展。

重庆金融界向中央、中国两行押款项之偿还问题的史料记述如下：1936 年 12 月 4 日，重庆市银钱两业召开会议决定，关于全市各银行、钱庄，前以建债向中央、中国两渝分行押借 200 万元，曾电请中央、中国两总行，于两个月到期时，先将利息付清，再予转期两个月，或先抽还半数，现中央、中国两总行，已复电允许即先付利息，抽还半数，其余 100 万元，再予转期两个月。虽前陕变（西安事变）发生，银行公会复电致中央、中国两总行，请将此项借款全数转期两个月。经过决定，在续请全数转期两个月之电，尚未得复期间，各借款行庄暂时先将应付利息，如数经付中央、中国两渝分行，其本金是否全数转期，抑或先还半数，应候中、中两总行复电来到后，再行办理③。后来，重庆中行在办理转账事务过程中，由于交换所拆垫款项为数愈来愈巨，而参加交换的部分行庄的信用不固，差额无力清偿，累及其他行庄和重庆中行，从而引起市场动荡，重庆中行以责任重大为由，乃于 1937 年 10 月停办此项转账业务。

（四）成都支行培养纸币信用整改报告

1934 年 5 月 16 日，张嘉璈视察成都支行时，对成都支行纸币信用问题提出较为严厉的批评，"成支行自开办以来，风潮迭起，外间极少良好批评"，对重塑银行形象提出了"要消除外界怀疑，要加紧本身工作"的整改要求。

尽管 1935 年 3 月中国银行再次改组，张嘉璈总经理被迫辞职脱离中国银行。然

---

① 中行筹办押放及重贴现.《四川省经济月刊》第六卷第四期，1936：32.
② 中行转账十月半开始.《四川经济月刊》第六卷第五期，1936.
③ 渝金融界向中中两行押款项之偿还问题.《四川月报》第九卷第六期，1936：61—62.

而，中行全体同事在不免怅然若失之同时，只能以继续维持中国银行的传统精神相勉励，以不辜负张嘉璈历年建设中行的苦心。而《中国银行成都支行整改情况报告》，就是在时隔两年后的 1936 年 9 月，四川中行及成都支行继续落实张嘉璈有关整改要求的实例之一。换言之，1934 年 5 月，在成都支行第七任代理经理陈隆垣（字树屏）任职期间（1933.8—1934.9），张嘉璈提出了重塑成都支行外部形象的整改要求，时任四川分行经理为周询。1936 年 9 月，在四川中行襄理孙瑞（字祖瑞）兼任成都支行第八任经理期间（1934.9—1937.4），于 1936 年 9 月 22 日，由成都支行代理襄理周南（字仲雅）向时任四川分行经理徐维明（字广迟）书面报告了成都支行两年来的整改情况，其原文如下：

十六日函①奉悉，查敝处发行②，自二十一年③至现在共三百余万，本年实占二百万，虽较有进步，然皆秉承我公及韧、瑞两公④指示办理，初无若何计划，辱承奖饰，惶愧莫名，至其进步原因，推测所及或有以下两端：

（一）业务进展。敝处存汇业务本年约较活跃，进出数量增加，收入不尽，为本卷付出则仅量以本券应付，剔出杂券，复可分别汇出，因之发行机会逐多，此乃同人通力合作，态度谦和，应付周到，使顾客乐于上门，有以致实为瑞公及陈前经理⑤积年整饬之功，固非朝夕所能骤致也。

（二）培养信用。前此成都发生小票恐慌，大票在市几无法流通⑥。当时敝处默察时机，即停止发行大票，对已发行之大票，复竭力设法兑换库存小票，不足不惮乞诸别家而与之，虽有每人限兑五元之规定，但决不固执，仍相机酌予通融，务使流通便利。因此本券信用，逐渐提高。

当最初实行法币时期，商民均乐用中央券⑦，彼时本行沪券⑧无多，遂以中央券应付，而不强其行使本券，迨后人民见本券调换小票便利，咸⑨愿收受，而本券亦有大量运到，本可立即大发，但敝处本欲擒故纵办法，反将本券停发，市上对本券乃

---

① 应为 1936 年 9 月 16 日四川分行致函成都支行，对其纸币信用进步情况给予褒奖，并请总结经验。
② 指成都支行所发行纸币的情况。
③ 即 1932 年。
④ 我公即指徐维明，韧、端两公指四川分行襄理王君韧、孙瑞。
⑤ 指陈隆垣。
⑥ 小票即小面额纸币，大票即大面额纸币。
⑦ 中央券即指中央银行发行之纸币。
⑧ 本行沪券指上海中行发行的纸币，也称申钞。
⑨ 咸，全、都之意。

益珍贵，屡来询问，人民收受本券，惟恐不得，甚有以杂券恳掉本券①者。敝处见信用已固，人心已附，方始乘机发行，此项培养信用方法，虽属乘机应变，亦天子机会，非全凭人谋也。

闻别家推广发行方法②，甚有以其本券向各庄号换取别家钞票，以谋其发行数字之增进者，此种不择手段办法，初时颇有成效，但近乎卑鄙，久之则不免为人由反感而生疑虑。敝处未敢仿效。但本券信用却因此增高不少，故敝处发行之推广，实本天然之趋势，而施以小小之人工，皆赖瑞公指示及诸前辈培养行誉之力，所谓水到渠成，实无甚计划可供采纳也。辱承垂询，谨就推测所及暨经过情形拉杂录陈，是否有当，仍乞明察。

由此可看出以下史实：第一，成都支行培养本券信用采取了欲擒故纵，乘机应变的做法，并未像其他行那样仅"谋其发行数字之增进"。第二，通观此文，成都支行代理襄理周南对成都支行培养本券信用的成功原因，极为谦逊地归结为同人通力合作，应付周到，以及四川中行襄理孙瑢及成都支行前任经理陈隆垣的"积年整饬之功"。第三，所谓"积年整饬之功"，说明了四川中行及成都支行培养本券信用的成功做法，是从两年前开始落实张嘉璈所提出的整改要求之时起，经过前后两任经理的共同努力，所形成的结果。

二、四川中行继续创业之经营管理概况

从有限的史料中，可以看出在川政基本统一时期，四川中行继续创业的经营管理概况为：在四川省银行业竞争加剧的形势下，四川中行通过"拓机构、办储蓄、兴农贷、强调研、重国货、强合作"而继续创业。

（一）川行继续第二轮机构拓展

20世纪30年代以前，我国商业银行的整体演变过程，划分为四个阶段：1912年到1916年为"不做生意"时期，1917年到1921年为"做生意"时期，1921年到1926年为"寻生意"时期，从1927年起为"抢生意"时期③。仅从1934年6月聚兴诚银行将在灌县设办事处，地方、美丰三行将在万县设办事处，重庆市民银行将在内江设办事处可知，四川省银行业竞争已经波及州县城市。1934年5月20日，张嘉璈在宜宾提出"吾们应以人格与能力为竞争的工具，用新的思想，新的方法，开辟

---

① 本券，指中行发行的申钞。
② 推广发行方法，全称为推广纸币发行方法。
③ "抢""抢"——六月九日在汉支行演讲，史海峰演讲，《中行生活》第二十九期，1934年8月。

新的途径，树立新的基础"的竞争伦理要求。

1. 四川省银行业之竞争形势

据中国银行 1935 年对全国货币之调查：全国货币 20 亿元，全国人口 4 亿，每人平均 5 元；四川货币 7000 余万元，全省人口 7000 万，每人平均仅 1 元左右。

1935 年 2 月，四川新省府成立，宣布废除实行近二十年的防区制，川政统一，局势始趋于平定。到 11 月，四川省币制统一，经济逐步复苏，市场渐趋繁荣，全省银行业机构又迎来了壮大与发展机会，同业竞争形势亦由此加大。

据 1935 年 6 月重庆银行业之统计[①]，重庆为长江上流重要商埠，近年来银行业非常发达，凡长江一带之金融，几为该地银行业所操纵，其各银行之成立时间和资本额数列表于后（单位：万元）。

行名	成立时间	资本额（万元）
中国银行分行	1915 年	2000
聚兴诚银行	1915 年	100
川康殖业银行	1920 年	100
重庆银行	1920 年	50
重庆川盐银行	1920 年	200
四川美丰银行	1921 年	50
四川商业银行	1922 年	60
重庆平民银行	1928 年	45
四川地方银行	1934 年	250
四川新业银行	1934 年	100
四川建设银行	1934 年	100
江海银行分行	1934 年	100
中央银行分行	1935 年	不明

1936 年 1 月，中国农民银行成都办事处开幕，在泸县、资中、宜宾、内江等地亦设立农民抵押贷款所，推行典当业务。

1936 年 9 月，据内江银行调查：内江为成渝两地往来必经要道，距上东各县中心，且以产糖著称，水陆冲要，地方繁茂，商务发达，成渝各地商号，除在此间均设有分号外，即湘鄂各帮，亦大多在县城设有分庄，银行业亦极为发达，计县城共有银行 7 家：中国银行内江分行、农民银行内江分行、美丰银行内江分行、聚兴诚银行内江分行、四川商业银行内江分行、重庆银行内江分行。以上 7 家银行，营业

---

① 参见《中行月刊》1935 年第十卷第六期。

均极发达，逐年均有盈余。

1936 年 9 月，据自流井银行调查：自井为四川产盐特区，每年东西两场所产之盐额共计 3000 余儌，每儌之盐价致 3000 余元，一年计有 900 万元之出产，每儌盐之税率有 6000 余元，税收共有 2100 余万元之收入。各银行设办事处或分行于此间者计有 7 家：四川省银行自流井办事处，中国银行自流井办事处，农民银行自流井支行，川盐银行自流井分行，重庆银行自流井办事处，四川商业银行自流井办事处，本地绅商集资组织之裕商银行。各行营业相当发达，盈余亦颇多。

2．川政统一时期继续机构拓展

在四川军阀混战末期，川中行曾于 1932—1933 年开启第二轮机构拓展工作。一方面，新设了嘉定、成都少城（后撤销）、重庆上关岳庙街、重庆四牌坊、内江、叙府、涪陵、隆昌等机构。另一方面，恢复了被撤销机构三个老店：在泸县设寄庄（前于 1917 年间裁撤）、万县办事处复业（前于 1929 年间裁撤）、在自流井复设寄庄。在川政统一时期，以及在川省银行业竞争已经波及中小城市的大背景下，四川中行继续进行第二轮机构拓展工作。

（1）1934 年四川中行升格、新设、恢复、撤销机构情况。1 月 1 日，泸县寄庄升格为办事处；3 月 15 日，成都南台寺办事处成立；6 月 1 日，设立峨眉临时办事处，9 月 30 日撤销；7 月，资中办事分处成立。

（2）1935 年四川中行机构总计有 15 个。分行 1 个：重庆分行；支行 1 个：成都支行；办事处 9 个：重庆上关岳庙街、重庆四牌坊街、成都南台寺、泸县、内江、叙府、万县、涪陵、嘉定；办事分处 2 个：隆昌、自流井（由寄庄改为办事分处）；收税处 2 个：五通桥、潼川。

（3）1936 年四川中行机构调整情况。2 月，中行潼川办事处撤销，有关业务移交中央银行三台办事处[1]。3 月 6 日，中行涪陵办事处因贷款给鸦片烟商，连年亏折，宣告结束[2]。

（4）1937 年 6 月抗战爆发前四川中行机构有 14 个：重庆分行（渝行），计分行 1 个；成都支行（成支行），计分行 1 个；办事处 9 个：重庆上关岳庙街办事处（上处），重庆四牌坊办事处（坊处，1932 年 5 月 29 日开业后曾于抗战之前裁撤），成都南台寺办事处（寺处），泸县办事处（泸处，1933 年 6 月复设寄庄，1934 年 1 月 1 日改组为办事处），内江办事处（内处），叙府办事处（叙处），万县办事处（万处），

---

① 参见《三台后县志》及三台县《人民银行大事记（1912—1990）》。
② 参见《四川金融大事记（初稿）》。

嘉定办事处（定处），五通桥办事处（桥处）；办事分处 3 个：自流井办事分处，隆昌办事分处，资中办事分处。

（二）川行决定在旧址建新行屋

早在 20 年代四川军阀混战时期，川中行经理周宜甫为谋事业久远发展，就远虑到本行新行屋的建设问题，并费数年之力，将包围中行房屋之民房逐屋收购，为建筑"四面无遮，方显堂构"的川中行新楼，储备了宽阔地皮。1932 年春，川中行由曹家巷迁至小樑子的汤府对门的住宅暂居。1934 年 4 月，中国银行董事会决定在洋行林立的上海外滩兴建一座足以"象征中国银行之近代化，信孚中外"的新式大厦，以供中国银行总管理处与上海分行办公及营业之用，从而彰显中国银行足与驻在上海外滩上鳞次栉比之欧美银行相抗衡之实力。在此背景下，建筑四川中行新屋的问题，也在川政统一时期被提上议事日程。经过 1933 年 6 月至 1935 年 12 月的行内立项，重庆市政府报批，重庆市政府工务审核之后，于 1936 年 9 月徐维明经理主政重庆中国银行时，决定在本行曹家巷旧址基础上正式建筑新屋，并做好了开工准备：完成拟建行屋的设计（系由总处建筑师陆谦受[①]设计，张嘉璈从英国邀请回国）、总造价估算（40 万元）。年末，承包人杨光美开始拆除重庆中国银行旧屋；拆除完工后，承建商华西兴业股份有限公司在旧址上，开工新建全新钢骨水泥行屋，中国银行总管理处建筑课负责建设监工。

抗战时期日军对重庆进行了长达 7 年的无差别大轰炸，为了防空安全和安置总处办公人员之需，渝中行大楼几易图纸，楼上加建房屋，地下开凿防空洞。战火纷飞中动工何等艰难，但人们的斗志在轰炸中却越炸越强，渝中行新厦在枪林弹雨中顽强而起，终于在 1943 年年底建成。当然，这已是后话。

（三）储蓄业务随中行大势兴起

1934 年 7 月，国民政府颁布《储蓄银行法》。1935 年 5 月，中国银行为提倡储蓄，吸收游资，发展国民经济，扶助建设事业，经财政部核准，添设储蓄部，指拨500 万元作为基金，独立核算，与其他业务划分办理。6 月 1 日，中国银行储蓄总部在上海开业，其分支旋即成立于本行各支分行处。各分、支部、柜所，都代总部吸收储蓄存款，所收存款总额超过总部规定的留用额度时，应即自动随时将超额存款调上海总部。储蓄部每半年结账一次，须以相当于储蓄存款总额四分之一的政府公

---

① 渝行新行屋的设计者是毕业于英国伦敦建筑学会建筑学院的青年才俊、时任中国银行总管理处建筑课课长的陆谦受，他被英国建筑史学家爱德华·丹尼森（Edward Denison）称作"被遗忘的中国现代建筑师"。其时，陆谦受已经设计了名噪一时的中国银行总管理处大厦，这是外资银行林立的上海外滩上唯一一座由中国人设计并建造的银行大楼。

债、库券及其他确实资产交存中央银行。储蓄部设资金运用委员会，专营全行储蓄资金运用事宜。资金运用原则，按照《储蓄银行法》规定，注重于生产建设事业的贷款和政府公债的投资。由于中行信誉好，储蓄部成立后业务开展极为顺利。1935年下半年，仅半年时间，就吸收存款 4314 万元，其中定期活期约各半；存款户数计 7.58 万户，其中活期存户 5.07 万户，定期存户 2.51 万户。1936 年储蓄存款总额增加到 8560 万元，其中定期存款占 64%，存款户数达 14.88 万户。到 1937 年 6 月，开办两整年，储蓄存款总额达 1.06 亿元，其中定期存款占 70%。这 1 亿多元资金，相当于钱塘江大桥全部工程费用的 20 倍，聚沙成塔，其作用十分可观。中国银行储蓄机构 1935 年计有 141 个，1936 年计有 148 个，1937 年计有 155 个。在中国银行兴办储蓄业务这一大势之下，四川中行也开启了储蓄业务的发展历程。

1. 宋子文致函周宜甫检送中行储蓄部章程

1935 年 5 月 10 日，中国银行董事长宋子文致函四川中行经理周宜甫，函中言明储蓄事业与国民经济有密切之关系，本行开办储蓄对国民经济者实深且巨之意义，至盼各行一致努力，妥慎经营，借以增厚本行实力，以备打破未来难关。其原手稿内容如下。

第一，储蓄事业与国民经济有密切之关系。"以储蓄集合社会零星之游资而运用于农村事业、生产建设之途径，故其功效足以提高社会勤俭之美德，增进国家民众之福利，促成金融经济之健全与其繁荣。"

第二，中行开办储蓄对国民经济之意义。"本行向以服务社会、扶助生产、改进国民经济为职志，储蓄业务早应兴办，益以近年扶助工商各业及致力农村合作关系，若以只用普通定期存款，究维期于充分发展。况自白银风潮①发生以来，动荡未已，我国适首当其冲。各地银根日见枯窘，预测将来趋势，求援于本行者必多，来日困难必倍，往昔是以本行营业不能仅仅专注重于盈余，同时尤须顾及市面，为调剂金融着想，亟应吸收多量之游资，预蓄雄厚之实力，俾是从应付市场意外之波动，益坚本行之信誉与基础，其有裨于整个的国民经济者，实深且巨。"

第三，检送中行储蓄部章程之实施事项说明。"爰特呈准财政部兼管储蓄业务，并规定储蓄部章程办法一并呈准备案。一面着手筹划总处储蓄部之设立，拟尽先于六月一日开业。各行储蓄分支部，再照章次弟推设，得酌就当地筹备情形，尽七月一日分别开业。兹特检同储蓄部章程密函奉达，除分函各分支行处外，即希察洽为

---

① 白银风潮，指 1933 年 6 月美国实施白银国有政策，世界银价暴涨，国内白银大量外流。南京国民政府遂于 1934 年 4 月、10 月相继征收白银出口税和平衡税，税率之高低，由中央银行视上海外汇市价之升降而定。与此同时，由中、中、交三行共同组成外汇平市委员会，通过买卖外汇和金银以调控外汇市场价格。

荷，此颂台祺。附件。"

第四，对各分支行开办储蓄业务提出期望。"查我行分支机关遍设各省各埠，倘经致力推广储蓄业务，吸收长期资金，必有速效可观。至盼各行一致努力，妥慎经营，借以增厚本行实力，以备打破未来难关。"

2. 川中行分支机构增办"集团储蓄"业务

1935 年 7 月 1 日，四川中行按总处要求增设储蓄部，并结合本省实际情况，在四川各地中行增办"集团储蓄"业务，即"该行提倡团体储蓄起见，已奉总行令，创办集团储蓄，凡各机关各公司工厂，每日或每星期发给职员薪俸或工友工资时，各按其所得之金额之或分提存储蓄，而用团体名义存入银行，皆比集团储蓄利息较普通存款为优"，"社会人士以四川中行其历史及地位关系，闻风转移，存户极多"①。同年 8 月，中国银行即派程□灏、徐广迟两员，驰赴川省，视察行务，包括检核四川中行开办储蓄业务的情况。

（四）川中行农贷业务兴起背景

20 世纪 30 年代初，面对农村危机和金融枯竭，中国银行以替大众谋福利，使国家臻于富强之境计，同时也为促进国内之生产，增进国际贸易，发展本行国际汇兑业务计，自 1932 年起，中国银行开展了为期十年的农贷活动，农贷规模在当时从事农贷活动的金融机构中，一直位居前列。中国银行战前农贷，分为启蒙时期（1933至 1935 年）和扩展时期（1936 年至 1937 年上期）两阶段。与此同时，中国银行分别于 1935、1936、1937 年，曾在上海举行过三次农业放款会议，重心在创立制度，规定办法，促进合作组织。总之，中国银行在战前的农贷总额超过 1.8 亿元，是国内商业银行投资农村的典型代表。

启蒙时期农贷工作，着重于生产信用资金之融通，仓储及旱灾之救济。张嘉璈曾于 1933 年，指定河北、山东、河南、陕西、安徽、江苏等省境内之分支行处，派员推动农业放款。截至 1934 年底，农业放款最高纪录曾达 200 余万元，大都为农业仓库抵押，亦兼做小额放款。1935 年 2 月 21 日，由张嘉璈主持召开了中国银行第一次农业放款会议。此次会议，根据各处报告，所得结论，认为复兴农村经济，如无政府协助，甚难收效。

扩展时期农贷工作，除对增产目标仍予着重外，并注意以往数年之基础，注重各地合作社作"质地"之充实工作。1937 年 3 月，中国银行第三次农贷会议最盛大，决定的大政方针有加紧合作社训练工作，分职员训练、社员训练及小学教员三项，

---

① 中国银行增办集团储蓄. 《四川月报》第七卷第一期，1935 年 7 月.

经常进行；编印农村通讯。

总的来看，在中行系统发展农贷业务大背景下，四川中行从1932年起，即在四川军阀混战之尾声中，开始为拓展农贷做理论探讨与业务调研准备，并随着四川军政逐步统一过程，于1934—1937年上半年做好发展农贷业务准备。

1. 农贷调研：出版业刊与特邀专家来指导

截至1935年3月，重庆中国银行已出版发行的经济业刊有《四川省之药材》《四川省之糖》《四川省之山货》（上编）；正在印刷中的经济业刊有《重庆市之棉织业》《四川省之夏布》。这些都是基于本行为国际汇兑银行，本国出口物多为农副产品的经济逻辑而开展的专项研究，同时，这些农副产品的专项研究，也是农贷业务的重要内容。如，《四川省之糖》一书，详细介绍沱江流域土法制糖工艺、成本、价格等情况，这也是川中行早已关注蔗业农贷以扶植蔗糖生产的例证。

如前所述，1934年夏天渝行邀请上海精糖公司吴卓先生赴内江、资中、资阳、简阳等沱江流域产糖诸县考察糖业，确定当时最有效的方法不是全面引进新设备、选用良种，而是首先提供农贷资金，利用原有技术谋求糖业的发展。1935年1月，《中行月刊》第11卷第1期刊登了吴卓先生那图文并茂、洋洋大观的研究报告《四川之糖业》，其研究框架及主旨如下。

（一）四川之产糖区域。

（二）农业：1. 蔗种；2. 下种；3. 下肥及灌溉；4. 耕种之习惯及轮种；5. 害虫；6. 收获；7. 产量。

（三）制造：1. 农人与糖房及漏棚之关系；2. 糖房：（1）糖房之数目；（2）糖房之资本及产量；（3）甘蔗之运输；（4）甘蔗之榨；（5）蔗汁之处理及煮糖；3. 漏棚：（1）漏棚产量及资本；（2）漏棚之制造程序；（3）产品之分析；4. 片糖；5. 冰糖之制造。

（四）糖业之经费：1. 工资；2. 燃料费及牛力费；3. 制造之费用；4. 捐税及运输；5. 借贷利息；6. 机器及包装之价值；7. 产品之价值；8. 销售。

（五）对于四川糖业之批评（四方面）。

（六）改进之意见：1. 急进办法共8条；2. 缓进办法共3条。

可以说，吴卓先生该报告严谨科学，所提建议因地制宜，使四川中行对内江之蔗贷走了一条符合当时四川农村情况的道路，并为后来在战争情况下迅速取得绩效赢得了极其宝贵的时间。

2. 农贷探讨：应以何者为本行业务之重心

1934 年 1 月，四川中行襄理王君韧曾有《应以何者为本行业务之重心》一文刊载于《中行生活》第 22 期，从中可以看出四川军阀混战结束后，四川中行对农贷业务的深入探讨之情形，现据原文将其要义梳理编辑如下。

（一）业务障碍：资金运用之方策日拙，国际贸易多操外商之手

近数年来，我行各项业务突飞猛进，尤以存汇款项总额激增，为数之巨，迥非他行所及，此固我行之福。然年来内忧外患，相接而至，社会不安，各业不振，致使内地资金，集中都市。我行信用较著，其流入我行者，自较他行为多。我行处此金融病态之际，资金之来源日增，运用之方策日拙，加以同业竞争，动切掣肘，每感运用无方，坐受亏耗，长此以往，殊非我行之福。查我行自十七年（1928）经政府特许改组为国际汇兑银行，然我国国际贸易，大半操诸外商之手，进出口贸易，十之八九均由外商向其本国在华分行承办，欲谋国外汇兑发展，良非易易。凡此种种，皆足以示业务障碍，虽行务日渐增多，而未臻吾人理想之境也。

（二）应对之策：我行应以"资助土产贸易"为业务重心

欲解除目前业务发展障碍，首在确定业务重心。重心既定，然后全行一致，力图国内及海外贸易之发展，吾人默察国内经济现状，环顾社会金融病态，内审我行业务实况，以为我行业务之方针，应以"资助土产贸易"为业务重心。

"资助土产贸易"的经济原因：一国经济之盛衰，视乎贸易。贸易不兴，则各业不振。近数年来，我国贸易对外而言，则出口锐减，入超日增。对内而言：则土产价落，贸易停滞，以致民穷财尽，险象环生，经济崩溃之祸，迫于眉睫。考贸易之发展，其因由固多，然金融之协助，关系至巨。良以商人之资金有限，贸易之运用无穷。押款押汇，均所以促资金之流转，且贸易绝非限于一隅，其流动范围之内，在均需联络。我行分支机关遍于全国，呼应既灵，运用尤易，而资金雄厚，不患竭蹶，以之资助土产贸易，必收事半功倍之效。

以押款押汇资助土产贸易的必要性：资金集中都市，农村濒于破产，二者互相推演，互为因果。若不立筹救济，施以调剂，则都市过剩资金，终将呆滞；农村生计，入于绝境。调剂之道，在过剩资金得向内地流转，而流转又非资助土产贸易不为功。……查资助土产贸易业务，余以为其主要者厥为押款押汇。其一，此项业务，大体以土产抵押，纵有意外，损失较微。其二，押款押汇时期，较信用放款为短，资金易于流转。其三，我行改组后，其立场在发展海外贸易，环顾我国国外贸易，以出口而论，大半系由口岸外商向内地收买土产，然后汇聚出口。……吾人欲自谋

出口贸易之发展，必须资助土产贸易，使国内外贸易，联成一气，利用我行严密组织，俾土产自出产地发动后，至消费点为止，随时随地，皆得我行金融协助。诚如是，然后可与外商抗衡，然后不负我行使命。

以上所述，无论其由经济、金融及我行自身立场而言，皆足以证明，资助土产贸易为我行当今之急务。惟查资助土产贸易，第一必须有雄厚资金，第二必须有严密组织，方克有济。我行资金过剩，足敷运用，前已详言之矣。

（三）组织实施：我行为土产之河床，国际贸易为众流所归之沧海

查我行各分支机关，散于全国，为数不下百余所。……故为资助土产贸易计，势不得不于土产集中地点，酌量当地实在情形，添设分支机关。……吾人最后之理想，在使我行业务之进展，有如巨川之汇集。川之来源，端赖支流。由支入干，汇成巨川，同流入海。土产之流动亦如之，我行为土产之河床，国际贸易为众流所归之沧海。果能集全国之水于巨川，同流入海，则巨川与有功焉。

3. 农贷发端：成渝路农村调查与农贷准入

（1）川中行着手对成渝路之农村进行贷前摸底调查。1936 年春，四川中行派刘国士、吴一峰先后至成渝公路各县调查农村情形，为发放农贷做准备。同年，四川中行农贷人员暂编为 3 人，其所调查的成渝路各县主要农工产品情形如下：内江有蔗糖、麻布、黑猪、黑猪鬃，资中有蔗糖、杂粮、冬菜，资阳有蔗糖、烟叶、柑橘、花生、杂粮，简阳有棉、麦、蔗糖、烟叶、柑橘，荣昌有夏布、水稻、白猪、白猪鬃、陶瓷、折扇，隆昌有水稻、夏布、猪[①]。

（2）川中行向川省政府申请发放农贷之准入政策。据《四川月报》记述：1936年 9 月，四川中行以农村经济日趋破产，特一方面派员实际调查，一方面呈请蒋委员长准予办理农贷，蒋委员长即电四川省府查酌核办。四川省府即尊蒋委员长电，在本省"农产物品，只食粮一项，年可值十万万元，即农民以百分之一抵借贷款，也只需千万，欲求普遍，势非增加贷款资本不可"，以及在"经历本年水灾旱灾奇重，农村贷款尤急，谋广布金融之力量于农村"的农业资金需求形势下，"除以四川民食救济委员会名义约川省各银行努力投资农村外，省府更允重庆中国银行之请，准其向成渝路线之资中、内江等产糖区域作农村放贷，期与农业合作基金社宗旨相符，并与中国农民银行并行不悖"[②]。

---

① 张沧俭. 成渝路之农贷与农村.《中行农讯》第二期，1941 年 8 月 25 日.
② 四川省府准在资、内办理农贷.《四川月报》第九卷第二期，1936：124—125.

（3）川中行委托成都支行代办农贷准入事项。由于四川中行地处重庆，与四川省府分处两地，川中行则委托成都支行代办农贷准入事项。1936 年 9 月 11 日，成都支行襄理周南向川中行徐广迟经理汇报了代表省分行联系农贷准入情况："前奉寄下缮正农放合约，嘱代为签字，当即转送合委会，因彼方签字人川省财政厅长刘航琛迟迟未返，致延未办理。嗣吴一峰兄来，以合约条文尚有斟酌之处，由其改注寄还，谅蒙。"同时，周南还汇报了成都支行农贷开办准备事项："言及南，对于农放事，既无学识复少经验，仅秉承钧示办理，内容毫无所知，此次幸一峰兄来蓉尚早，如若迟来则约已签定，势将无从补救，南虽未负责任，果于行不利，亦觉不安。合委会设在成都，此后在此间接洽事宜必多，该会希望钧处遴派专人常川住此，以便接洽，南以限于学识经验，即此次亦谨奉令代表签字而已，其他均未敢过问，谨缕陈下情尚乞鉴察为祷，专此敬颂崇安。"四川分行□□□批示如下："农村放款，为本行放款之一种，总处对于农放，虽派省指导员，但只属于技术上的指导，其农放方针，仍由各地分支行秉承。总处指导办理，成支行用襄理计甫，另加专员仕成，接洽一切，似不明实在情形。以后关于本行与合委会接洽事项，应由周襄理秉承渝行，负责办理，毋庸推诿。"[①]

（4）川中行在成渝公路沿线做农贷首放。至 1937 年春，四川中行与四川省合委会协定放款合约，划定内江、资中、简阳、荣昌、隆昌等六县为本行农贷区域，并订定农贷办法，此为四川中行成渝路农贷之开端。1937 年，川中行农贷管理人员为 5 人，内江办事处设农贷主任指导员 1 人，各县设指导员 1 人，农贷人员共 14 人。1937 年 5 月，四川中行在内江办理首笔农业信用贷款。

（五）以轻息贷款对抗借贷格局

近代中国农村中，高利贷盛行，私人店铺借贷利率一般在月利三分左右。据重庆《新蜀报》记者 1936 年 7 月 20 日对全川各县年利率情况的调查：秀山、阆中为四至五分，最高；资阳、盐亭、岳池、仪陇、北川、剑阁、昭化、邻水、垫江、富顺、宣汉为二分五至四分，较高；成都、华阳、新都、新繁、崇宁、彭县、灌县、三台、江津、南充、绵阳、什邡、开县、涪陵、丹稜、眉山为一分五至一分八，较低；其余各县大概均在二分左右，为中等利率。川中行在发放农贷，打击农村高利贷剥削，改变农村传统的借贷格局的同时，还以开办"轻息贷款"，对抗四川省及重庆市各业的高利贷格局。

1937 年 2 月，四川中行在重庆市举办轻息贷款，放款利率远远低于高利贷利率，

---

① 重庆市档案馆，民国时期重庆中国银行全宗档案，0287 0001 0009 5000 0122 000 档案。

即"重庆中国银行以年来农村破产金融枯竭，全市各业莫不蒙其影响，尤以弱小帮为甚。该行为扶助小商人起见，特决定举办轻息贷款：以小棉子重庆分行关岳祠街办事处、四牌坊办事处，为出放贷款机关。南纪门沿南区马路南至过街楼一带，属于四牌坊办事处范围；都邮街、沿（鸡）街、临江门、七星岗、骆马店、走马街至关岳庙，为关岳庙办事处范围；都邮街以下接圣街、打铜街、长安寺、大棉子、千厮门一带为重庆分行范围。贷款 200 元起至 500 元止，利率照市面减低二厘，最高额至一分二厘止；贷款期间定两个月，有特殊情形与相当信誉者得延长一期，限定三期计六个月为止。凡弱小商得其贷款者，领取铺保二家。闻该行近拟先从□片业入手。现正调查一切，短期中可实行放款"[①]。

（六）调研报国精神之成果示范

1931 年秋，中行总处派总行调查课副课长张铸涛（字禹九）任四川中行襄理，旋将川中行调研工作逐步抓起来：1932 年 3 月，川行调研工作起步；7 月，创办了《四川月报》；同年底，川行调研部门已超过 10 人，渐成第一大部门；到 1933 年 9 月以后的川政统一时期，川中行的调研报国精神又结硕果。

1. "调研报国"精神之示范性实践

所谓"调研报国"精神，即如张禹九所指：在"我国人士多缺乏社会观念；而此间一切现象之无记载、无参考、无办法，非言语所可形容"的情况下，面对"随时随地可以发生问题，而又须随时随地即谋解决之方"的实际情况，"盖欲真正使国人爱国，非由认识一点着手不可"。换言之，爱国的必要前提是通过调查来提高认识的问题，即"吾人欲图自爱自救，须对于自己有相当之认识和研究"，这就是"调研报国"理念内涵。1934 年 9 月，四川分行编研《四川省之药材》一书，由中行总管理处经济研究室代理出版发行。该书"上编，详述川药产销状况，而于产地优劣、用途、销庄等项，尤有分类简明之记载；下编，首述药业组织内容，次述交易、金融、规例、运输等情形，而以衰败因果殿其后"。总处经济研究室张肖梅副主任以"商品研究的重要性"为题为该书出版作序。在序言中，总行经济研究室及四川分行之"调研报国"精神，得到了富有实效的成果体现：在"我国国际收支逐形成极不平衡之局势"，乃至"全国经济总崩溃迫于眉睫"的严峻形势下，以"推广国产使达自足自给"为应对之策，从而"兴起商品研究，谋我国经济之复兴"，这也对中行业务发展起到了重要的参谋作用[②]。现据原文将其要义梳理编辑如下。

---

① 渝中行举办轻息贷款.《四川月刊》第十卷第二期，1937 年 2 月.
② 张肖梅. 商品研究的重要性——序本行出版新书《四川省之药材》.《中行生活》第三十三期，1934 年 12 月 1 日.

（一）我国国际收支不平衡局势及其人为原因。慨自东省失陷而还，频年巨额之入超，无法弥补，于是我国国际收支，遂形成极不平衡之局势。益以今兹美政府颁布白银收归国有命令后，海外银价奇涨，我国集中都市之现金，突被刺激，一时运输出口者，势如潮涌，论者忧之！然地大物博如中国，资源之富饶，甲于天下，经济之繁荣，宁不可期？徒以上下无合作之诚，产业无统制之望，以致大赋利源，非委弃于地而不事开发，即任其衰落而不加改进，故今日中国之贫乏，非为产业之竭蹶，实乃人谋之不臧。良可慨已！

（二）推广国产以自足自给需致力于商品研究。我国处此一发千钧之际，全国经济总崩溃，迫于眉睫，舍推广国产，使达自足自给之境一途外，实无以挽此沉疴。惟所可患者，在商品无研究之专书，参考乏相当之材料，虽产业统制之说高唱入云，而散沙一盘无从着手，终致徒唤奈何，而无丝毫功效之可言。此本室所以致力于商品研究之由也。本室对于商品研究与统计，除逐期分载于《中行月刊》外，久拟辑为专刊，以促国人之憬悟，而便研究者之考镜。此本室区区服务社会之至诚，所敢昭告于国人者。

（三）川中行《四川省之药材》之成书过程。抑余闻川省产业冠全国，蓄志实地考察者已久。洎乎[1]今夏，得偿夙愿。抵渝之日，首即谋诸渝行经副襄理[2]，而以整理川省重要商品相嘱，幸能得其赞许，且出历年所集材料，积极加以删辑，而先成《四川省之药材》一编。又以此项刊物之出版，实有集中之必要，使有志研究国内商品者，对于材料之采集，知所问津，而免散漫无稽之忧，于是征得渝行同意，决由本室代为出版，借收集中之效。今《四川省之药材》为本室代理出版之首编，当兹付梓之初，容有不能已于言者。

（四）该书重要价值：对川省饶有经济价值。夫川省出产丰裕，古称天府，开发整理，颇饶有经济价值。第以川民乘连年兵燹灾害之余，对于各项商品供需产销之情态，不遑为详确之调查及统计，坐令固有之生产，日就衰颓而无法改进，药材即其一也。盖中国药材之产于川省者，计达 60 种之多，而每年运输出省，恒在 1000 万斤以上，其重要于斯可见。惜乎品种不知改良，交易运输，墨守成法，且近年欧风东渐，国人多醉心洋医，而日人独研究中药之培植，不遗余力，运输既属便利，品种尤见精良，驯致川省药材，不惟国外市场，难望扩展，即国内销路，亦有日趋萧索之势。按近三年来川药输出之统计，民国二十年总值约 680 万余元，而廿一年

---

① 洎乎，等到。
② 经副襄理，即指经理、副经理、襄理，相当于当今领导班子所有成员。

减为 420 万余元，廿二年更减为 336 万余元，其削减之速，令人咋舌！倘再任其衰落，而不谋整个之补救，则将来川药地位，必至完全消失而无疑。是不仅川民生计，岌岌可虑，而药品一项在我国对外贸易中，又将成为绝大之漏卮。然则四川药材于经济上之重要性，固不逊于其他商品也。《四川省之药材》一书之出版，乌呼可缓？

（五）该书编著特点及其指导意义。其一，本编材料悉由药业中博采群访而得，凡有所闻，率笔之于书，经长时期之收集，始积成是编。是斯编所细述者，当无丝毫不情实处。其二，统观全篇，即完全以经济问题为立论中心，而于药品之应如何改良，亦很富有研究价值，则本编作为经济界之参考也可，而作为药材业之借镜也，亦无不可。其三，在本编未出版前，四川商品从未见有专书之刊行，本编既出而问世，虽为药材专论，而未始非凡为川产之前导，川省产业之改进，或将肇端于是。抑又有进者，本行分支机关遍布全国，使各行能闻风兴起，就当地重要商品而加以探讨，各出一辑，而以本室总其成，则于全国商品之整理，必有极大之助力；以谋我国经济之复兴，尤必事半功倍。斯诚鄙人昕夕所展望者矣！

这就是说：第一，我国国际收支极不平衡之局势及"今日中国之贫乏"的真正原因，"实乃人谋之不臧"。因此为了弥补国际收支极不平衡之局势，经济研究工作要从增加对中国外贸出口的商品的研究入手，将商品研究与统计成果辑为专刊，以促国人之憬悟，而便研究者之考镜，由此表达出"区区服务社会之至诚，所敢昭告于国人者"之调研报国的心迹。

第二，《四川省之药材》是总处经研室 1934 年 5 月发起的研究项目，并委托四川分行承接此项调研任务；本项目得到了四川分行经理、副经理、襄理的"赞许"，并组织人员将"历年所集材料，积极加以删辑"而完成初稿；总处经研室认为《四川省之药材》一稿"实有集中之必要"（指公开出版之必要），在征得四川分行同意后，由总处经研室代为出版发行。

第三，该书对川省饶有经济价值，即在川省药材生产日就衰颓而无法改进，以及中药出口连续三年减少的"绝大之漏卮"情况下，详确调查及统计四川药材，其在经济上之重要性固不逊于其他商品。

第四，本书得来具有严谨性；本书可为经济界参考和药材业借镜；本书属首创：为川产之前导，川省产业改进之肇端。同时，希望中国银行各分支机构以此为借鉴，兴起商品研究，以谋我国经济之复兴。这之后，到 1935 年 3 月，四川中行为"兴起商品研究，以谋我国经济之复兴"，所出版发行的经济业刊还有《四川省之糖》《四川省之山货（上编）》；正在印刷中的经济业刊有《重庆市之棉织业》《四川省之夏布》。

2. 川行《四川月报》社发行《川边季刊》

继 1932 年 7 月川行创办了《四川月报》后，川行又以《四川月报》社名义，于 1935 年 3 月创办了《川边季刊》。1934 年 11 月，四川中行之《四川月报》社发布了《川边季刊》启示，言明了《川边季刊》创办意图："四川幅员广大，物阜民稠，可供研讨之事件极多。敝社会于二十一年七月份起，刊行《四川月报》，使关心川事者，由此可得一概括之鸟瞰。惟其中川边各地，如川西屯区，川南各属，川东西属以及西康诸区，民物风土皆与内地大相悬殊。前此虽会于《月报》中间有《川边》一栏，但以篇幅所限，对于各地情形未能尽量刊登。此定于民国二十四年一月起，将上述各地另行编印《川边季刊》一种。创刊号定于二十四年一月底出版，敬希惠订为荷。来稿请寄重庆（小梁子）中国银行四川月报社收。"再到 1935 年 3 月，重庆中国银行《川边季刊》正式创刊，主要专栏有专载、调查资料（含经济、金融、商业、产业）、社会（教育、土司、夷情、匪祸、账务、禁烟）、交通（公路、运输、航空、邮电）、政务（政务、军务）。

3. "条分缕析，谙悉环境"之调研成果

在 1933 年 9 月至 1937 年 7 月的四川军政统一时期，四川中行"条分缕析，谙悉环境"之调研成果，除了 1934 年 5 月为迎接张嘉璈一行人检查工作时，四川中行所做的调研成果之外，还曾完成过以下调研课题。

（1）1933 年四川中行所完成的调研课题。

——重庆输出货物统计。川省二十一军发行之公债库券纪略（渝行），四川璧山宝源煤矿调查，川省币制紊乱之概况，四川石油矿产调查。

——1933 年 9 月，四川中行出版《四川金融风潮史略》一书，介绍了 1911—1932 年四川省金融通货变动和历次金融风潮。此书是四川中行经理周宜甫"每于席间畅谈以前金融事件，听者每乐而忘倦"，而应四川中行襄理张禹九所请，由周宜甫口授各事经过，再由本行调查组赵循伯笔录和编辑后而成书出版。

（2）1934 年四川中行所完成的调研课题。

——四川丝业近况，四川米之概述，四川资中糖业衰落。

——四川内江之糖业（内处萧冠堃调查），调查结果显示，内江属成渝中心，宜种甘糖，年产总额为 64000 万斤，可炼糖清 6400 万，年产净糖 4500 万斤，除供本县消费外，每年出口约 4000 万斤，价值 440 万元，可给予支持。

——四川省现金之回顾与近况（渝行）。

——四川金融季节之考察（渝行刘敷五），内江金融季节之考察（内处），叙府

金融季节之考察，嘉定金融季节之考察，渝市各银行概况，成都最近银行略志。

（3）1935 年四川中行所完成的调研课题。

——整理四川财政办法，重庆银行业之统计。

（4）1936 年至全面抗战之前四川中行所完成的调研课题。

——四川米之概述（渝行），研究框架：（一）四川米之产场；（二）四川米之销场；（三）四川米之商业；（四）四川米之工业；（五）四川米荒史略；（六）农村经济之救济设施。

——四川桐油产销概况（渝行），四川蚕业之鸟瞰，四川公路进展近况，内江、自井之银行调查，四川荣昌烧酒坊瓷业调查（陈鸣臬，1937）。

（七）继续搞好四川省国货介绍

中国银行协助国货推销活动，始于 1932 年 3 月建立的国货厂家星五聚餐会，又于 1932 年 9 月成立中华国货产销合作协会，再于 1933 年 3 月创设中华国货介绍所。张嘉璈曾笔记云："我国小规模的手工业，历史悠远，由于管理容易，开支节省，成本轻，存贷少，故在经济衰落时期，尚能维持。惟以缺乏营运资金，时须向外借贷，利息奇高，致发达不易。兹特通饬各分行对于此项手工业厂家，兴办小额低息放款，借额由三百元至二千元，月息不逾九厘。至于规模较大，需要资金较多之国货工厂，如经审查认为前途富有希望，自当予以适当之金融援助。"

在此背景下，1932 年 10 月 1 日，重庆中行积极响应总行号召，在全国中行系统成立了首家省级国货介绍所——重庆国货介绍所。1934 年 3 月，中行总管理处通函各分行，在所辖营业区内，加紧提倡国货，敦促当地实业界领袖，建立国货工厂，组织国货商店，中国银行当予以金融援助。此后四川成都国货公司也相继成立。从《中国国货公司、介绍所全国联合办事处章程》和《各地中国国货公司组织大纲》中，可以看出重庆国货公司、成都国货公司成立后的运行轨迹[①]。

第一，四川省的重庆国货公司、成都国货公司，是依照《各地中国国货公司组织大纲》，并依公司法另向主管官厅登记所组织的公司。凡领用"中国国货公司"名义者，其营业以门市为限，兼领"中国国货介绍所"名义者，兼营批发。

第二，凡各地商业领袖于组织各该地中国国货公司时，须先向本处登记，其资本由当地人士自行筹集，但须酌留一部分股额，以便本处投资。各地中国国货公司之设备费，不得超过资本总额三分之二，即设备完成后，须尚有资本总额三分之一以上之现金。

---

① 国货介绍所变更组织之近况.《中行生活》第二十期，1933 年 11 月 1 日.

第四，各地中国国货公司之货物，由组员工厂供给，于售出后付款。其非组员工厂之货物，亦应委托本处代为采办，但须酌付手续费。组员工厂发与各地中国国货公司之货物，由上海特约银行估价押款。其非组员工厂货物之货款，亦可向特约银行商押相当款项。

第五，各地中国国货公司之经理，由该公司董事会选任之。各地中国国货公司副经理，由本处荐任之，会计及出纳主任由特约银行荐任之。各地中国国货公司之董事人数，本处组员至少须占三分之一（本身组员除外）。

第六，各地中国国货公司为本处当然组员，除缴纳会费外，如有盈余，应提红利百分之五为本办事处基金。各地中国国货公司如有盈余，除前项分配外，应提红利百分之十五，按照当年销售实数，分派与各组员工厂。

第七，各地中国国货公司一切进货，概须归本处经手采办。如欲经销当地出品时，须经本处审查后，方得采办，以免误进非国货。各组员工厂供给货物之限额，随时由本联合办事处联同各组员工厂，与各该国货公司订定之。

三、四川中行经理周询退休及精神存留

在川政统一时期，还有一值得专门记述的行史大事，这就是周询退休与徐维明继任，以及周询执掌四川成渝两行20年给本行员工存留的精神财富。

（一）周询退休与徐维明继任

1915年9月，周询得渝行经理唐士行之荐，奉中国银行总行令派管成都中国银行，从此弃官从商，开启服务于中国银行之职业生涯。周询在任成都支行经理期间，承担起收回军票主办行之使命，艰难应对蜀中军兴之动荡时局，其家甚至也被洗劫一空。然而，他却抓住熊克武执政的改革机遇，回收兑券与清理官欠各500余万，成绩显著。

1920年10月，年过五旬的周询，升任四川中行第六任经理，如其所言"黄叶凋颜如客老，青山不语看人忙"。自此起到1935年底卸任的15年间，他带领川行员工，经过"历险赴任，临危护行，抗军阀勒索用命履责；拙诚治行，重构信用，维持行务于惊涛之中；内强治理，巩固行基，得使川中行进步甚速；筚路蓝缕，报国为要，调研与办刊双双发端"等艰苦卓绝的创业努力，取得了"维持行务于惊涛之中，使中行总处无西顾之忧"的创业效果。

1935年12月，已年满65岁的周询，在"以行务倍繁，精力就衰，援章请求退

休，数请始得允"后照章退休。中行总管理处指派徐维明（字广迟）[①] 接替周宜甫任四川分行第七任经理，并于 1936 年 1 月由上海到重庆视事。

总之，周询是受任于渝行危难之际，卸职于渝行繁荣之时，拯救渝行于惊涛骇浪之中。在他追忆往事时，曾意味深长地感慨道："询到行未久，即值兵乱。今日川省事事均上轨道，可以减除许多困难与痛苦。询却以年满退职，遭遇之巧，妙不可言。每一思及不禁哑然自笑！"

（二）周询退休及退休后情形

周宜甫退休时，重庆市金融界同人曾举行大会以志惜别，积一时之盛。席间，周询讲演服务金融界之经过——《二十年来中行业务与四川金融之概述》，人们认为"周氏服务金融界垂二十年，所谈各种经历，不无可资借鉴之处"[②]。此外，四川地方银行正名为四川省银行，1935 年 10 月 1 日，周询被任命为理事，即"省银行定于十月一日开幕，省银行负责人委定，四川地方银行正名为四川省银行。兹省府已拟定章程。并任命周焯、刘航琛、周宜甫、吴用彤、康宝志、唐华、张龄九为理事，周焯为理事长，刘航琛为总经理"。

周宜甫退休时，行内同人亦集会相饯，情绪依依，他以"待人以诚，治事以拙"二语为与众人的临别赠言。交接工作时，举凡历史久而未了结之案件，均笔述其渊源，分贴各档，为后来治事者莫大之助。周公平时对于行务稿件，均亲笔□改，字体端正，绝无涂鸦之状。且常召关系同人，面告其讹正之处，循循如课生徒。同人之好习文笔者，得益不少，有受公讲法者，即得片纸，均予珍藏摹习。

周宜甫临别时，还赠诗鼓励重庆中行后辈孙祖瑞和顾敦甫两襄理。渝行调查组职员赵循伯与周公为忘年之交，临别赋诗二首赠予周询，其景其情异乎感人。周询感念于赵循伯这位忘年之交的情意，作《乙亥岁除退老，赵君循伯以诗见赠步原韵答之》以答，该诗序言云："中国银行定例，年满六十五岁始准请老，余绾行二十一年至此，年与例符，请退得允。"周询退职后数月，赵伯循也离开重庆中国银行，另谋他就。上述赠诗数首原文如下。

---

① 徐维明，浙江桐乡人，获哈佛大学硕士学位。曾任中行总管理处业务部第一课课长以及业务管理第二室分区稽核。1934 年 4 月，随同总经理张嘉璈赴四川考察。1935 年底调任重庆分行经理。1937 年抗战全面爆发后，国民政府迁都重庆。中行重庆分行为促进内地经济建设，投资创办不少生产事业。徐维明兼任中国炼糖公司董事长、四川榨油厂董事长、四川畜产公司、四川丝业公司、中国兴业公司、贵州企业公司等董事职务，这是后话。

② 参见《二十年来中行业务与四川金融之概述》，《四川省经济月刊》第五卷第二/三期。

周公赠孙襄理祖瑞诗一首曰：

> 风雨同舟蔓子城，两年交谊胜三生。
>
> 鸟栖义府枝空老，马得孙阳颜已荣。
>
> 入世竞夸金穴好，问心惟抱玉壶清。
>
> 我今敛手推枰起，愧负与公未了情。

周公赠顾襄理敦甫诗一首曰：

> 结得岁寒三友盟，步兵青眼倍多情。
>
> 人逢叔度能幽俗，事到长康便点睛。
>
> 廿载锥刀悲我老，一腔冰雪爱君明。
>
> 萍踪幸有余生在，留取他年证友声。

赵循伯赋诗二首赠周询云：

> 事业文章继昔贤，白头人美地行仙。
>
> 四知风度怀杨令，一卷泉刀纪蜀钱。
>
> 颐养光阴娱蔗境，傲寒春讯到梅边。
>
> 铜山久著廉隅誉，曾系安危二十年。

> 长铗高吟志梗萍，滥竽三载素心倾。
>
> 一毡株守惭锥颖，百炼钢柔感俗情。
>
> 同异难凭蜀犬吠，公私谁辨晋蛙声。
>
> 立身两字惟诚拙，想见生平似镜清。

由上诗句，不难看出以下史实：

第一，周询赠孙襄理祖瑞之诗句"入世竞夸金穴好，问心惟抱玉壶清"，既是周询对晚辈的勉励，更是周询一生"洁"操守的真实写照。

第二，赵循伯赋赠周询之诗句"立身两字惟诚拙，想见生平似镜清"，是对周询一生"待人以诚，治事以拙"处世待人原则的高度赞赏，而"曾系安危二十年"的诗句，则是对周询在军阀混战时期执掌成渝两行功绩的最简要褒奖。

1936年初，周询退职家居，不事逸豫，更自立课程，潜心著述，前后所成各书共13种。据《家父宜甫公事略》记述："公之亲友刘敫五、孙瑞麟、臧康泰三君珍视公之著作，冀其传于久远，爰与伯初等弟兄及内弟兄何建伯、田习之、邓玟如、王新华四君，合力聚金辑印，各任所事，拟按下列程序，将上述各作，次第印行之。"已刊印及拟刊印书稿如下：第一集：《蜀海丛谈》（共一种，已于1948年8月出版，每部上中下三册，共约13万字，由坊处代售）；第二集：《诗存》《文存》《联话》（共约10万字）；第三集：《随笔》《红楼梦说叕》《芙蓉话旧录》《志异》（共约11万字）；第四集：《塔南读左》《读史闲评》（约13万字）；第五集：《读书识小》《成语原解》《五经玉屑》（约20万字）。然除《蜀海丛谈》外，其余诸书未见刊行，加上早年出版的《四川金融风潮史略》专著，整理的《蜀帑出纳汇览》一文，共计有著述15种。总之，到1949年4月2日周询八十寿辰时，"周府假座西南实业协会，举行祝嘏，并展览先生之书法联屏及著作墨稿百余本，琳琅满目，洵为大观。参观者对先生治事为学之勤与实，莫不折服与赞佩！是日，周先生亲莅礼堂受贺，尤慰亲朋之望。此外更由先生哲嗣伯初、仲眉叔、彭三君，于事前辑先生之嘉言懿行，著为事略，遍赠来宾，读之尤增景仰。先生绾渝行历十五年，因缘綦久。寿辰所展览者，即系各书之墨稿，共约六十七万字。均系先生亲笔书写，楷行均有，书法一笔不苟，可作临摹之用"。

（三）周询精神的存留

周询自1915年45岁起，弃官从商入职中国银行，到1935年底他65岁退休时为止，服务于四川中行整整20年，包括任职成都支行经理5年，任四川分行经理15年，他"受任于渝行危难之际，卸职于渝行繁荣之时，拯救渝行于惊涛骇浪之中"，其人生经历几乎就是四川中行早期创业史的一个缩影。四川中行在四川军阀防区割据及相互混战的艰难险阻环境下，能够斩荆披棘地闯过重重难关，筚路蓝缕地寻缝隙之机而生存下去且不断成长壮大，在其行为结果之背后，必有一种积极向上的文化力量予以支撑。从1930年至1935年五六年中，因中行总经理张嘉璈的身体力行与大力倡导及全行各级管理者的积极推动和广大员工的深刻认同，在行内形成了一整套公司文化核心价值观体系及行为方式，推进了中国银行事业的全面发展。根据现有史料来看，周询一生对川中行企业文化精神的践行，主要有以下几点。

1. "对外报国，对内重德"的经管方针

1933年冬，总行以"理想之中国银行"遍征文于各埠的同人，本"集众思，广众益"之诚，以求行务将来之进展。四川中行经理周宜甫"特就理想所及之点，分而为二：一曰对外，一曰对内。对外之旨唯何？则曰功不仅在行而须在国。对内之旨唯何？则曰人不徒重才而先重德"。这就是说，在总行文化框架下，周宜甫有效演绎出四川中行经营管理方针，即"对外之旨功不仅在行而须在国；对内之旨人不徒重才而先重德"，简称"对外报国，对内重德"的经管方针。

（1）对外之旨功不仅在行而须在国。指在"我国的工商事业，从前虽是同业的人，都是一盘散沙，各人干各人的"的国情下，我们要充分认识到"盖中国为整个的中国，中国银行为整个的中国银行。各地之工商业，分言之为各地之事业，合言之为全国之事业。倘各地此等工商业，皆得中国银行之扶助，则分言之功在各地之事业，合言之即功在中国全国之事业"。

（2）对内之旨人不徒重才而先重德。指在"方今我张总经理端已率属于上，总管理处同人复和衷共济，息息以大公无私者，为各分支行处之楷模"的文化感召之下，"四川中行同人服务中国银行即是为全国社会服务，故我人皆应有全行之知识，且应有全国社会之知识，始能因应咸宜。我总行固殷殷然以此相期，我人亦宜孳孳然以此自励。然此仅就才识经验而言。若才识经验之先，无良好之公德，无和厚之大度，以为之根，虽有才识经验，恐亦不能有裨于行"。周宜甫主张银行人事管理为行务之基础，即缺乏好的行员不足以言办银行，办银行而不得好的声誉，不足以做生意，更无以言论服务与扶助。故经营银行，首必富有德性和精神及社会观念之行员，方能第二步从事于信用和信誉之建设。由此他将"重德"分解为公和私的两个方面，公的方面为勤劳、用心、合作、才具、应对，私的方面为诚恳、修学、容像、公德、习惯、健康。他既是这样要求和教育行员的，自己也是这样做出表率的。

（3）"对外报国，对内重德"经管方针的适用条件。正如周宜甫所言："前者失于放，所谓狂也；后者失于迂，所谓愚也。"

2."拙诚主义"的待人与治事之原则

第一，拙诚主义，是"待人以诚，治事以拙"的合称。所谓"待人以诚"处世原则，其理念精髓就是"巧诈不如拙诚"，指周宜甫平日从未以巧诈待过朋友，凡遇可以为力之事，无不尽心代办，由此使他具有相当的做人之信用。所谓治事以拙，是指周宜甫对于别人受托之事，亦包括他对待工作，总是"能为办到者，总想方尽力去办；实在办不到者，则将办不到的理由反复详晰与说明之"。实践亦证明，在四川省内乱频仍，无年不战的年代，本省执政当局忽南忽北，局势极不稳定。各军饷粮缺乏，筹垫之举，纷至沓来，前款甫经开始分还，后款又复发生，且因军饷所关，急如星火。在这种局势下，四川中行之所以能够有效应对各军的派垫勒索并得以生存与发展，其主要原因得益于周宜甫以"拙诚主义"与各军将领交谊，力屏外难，应付了种种为难之事，侥以保全了行务。1935年底，周宜甫临退休时，则将"待人以诚，治事以拙"二语为与众人的临别赠言，足见他将"拙诚主义"作为自己一生待人治事的最重要理念，留与四川中行之后人。而"立身两字惟诚拙，想见生平似镜清"之诗句，正是川行员工赵循伯对周宜甫一生的待人任事经历最中肯之评价，而"铜山久著廉隅誉，曾系安危二十年"之诗句，则是对周宜甫执掌成渝两行历史功绩的最简要之褒奖。

第二，周宜甫将其一生待人任事之原则定位于"拙诚"之史实，说明他是一个善于从古人经典理念中吸取做人治事智慧之人。不难看出，周宜甫的拙诚是与曾国藩待人任事的思想一脉相承的。曾国藩是一个被公认为值得效法的人，他却非常推崇拙诚，亦如他说"惟天下之至诚，能胜天下之至伪；惟天下之至拙，能胜天下之至巧"。在这里，拙是做笨鸟先飞似的努力；诚就是有信仰，亦即做一个有信仰的傻子。换言之，曾国藩曾评价自己"生平短于才""自问仅一愚人"，然而恰恰因此而发展出了一套践行他自己理念的"拙诚"功夫，"拙"强调的是不存投机取巧之心，一步一步地去做；"诚"是实心实意地去做，因此"拙诚"二字，揭示了曾国藩身上所具有的领导特质与事业成功要素的关键。纵观曾国藩的一生，"拙诚"二字既始终贯穿于他日常的行为理念、精神涵养和价值追求中，又鲜明地体现在他仕途上抱朴守拙、敢于担当的治国韬略里。由此可见，周宜甫善于吸取先贤之做人治事智慧。

第三，周宜甫"治事以拙"的做事品德，也是对中行"高洁坚"三大道德纪律之"坚"品质，所进行的有效而深入之演绎。所谓"坚"品质，指"任事不能仅以但求无过为尽职，必须不避艰险，不畏强御，战胜难关，能行则行"，而"拙"与"坚"之间，具有异曲同工之文化精神的演绎效果，因为"拙"强调的是不存投机取巧之心，一步一步地去做，直至问题解决及事业成功。

3."推心相结，互相砥砺"之团体精神

周宜甫对外待人接物方面信奉"拙诚主义"，而对于内部行务与人事问题也是如此。作为"拙诚主义"在行内管理之中的延伸，那就是培育"推心相结，互相砥砺"之团体精神。周宜甫不仅见解精辟独到，还充分表现出一个旧知识分子虚怀若谷与豁达大度的胸怀。主要体现在两方面。

（1）"一堂之内，互相砥砺"的行内团体精神。早在1921年周宜甫上任之初，就针对渝行同人之"人党现象"，予以严厉制裁。时值总行饬令厉行裁员之机，将全辖机构人员由120余人减为50余人。而周宜甫的裁员原则为"于是调者调，去者去，其平日附和寻仇者，亦一律裁去"，从而达到"所留者，仅不偏不倚、勤朴办事之二十三人，虽才具不必尽优，然内容却臻团结"的整肃效果。同时，他在行内培育"盖朋友不必论亲疏，只问人之贤否；论事不必存我见，只问理之是非。练习生一言之善，虽经副襄亦应改容从之；练习生一行之善，虽经副襄亦应俯首师之。一堂之内，相视莫逆，再以才识经验，互相砥砺，庶几人皆有用，事尽获益"的文化氛围，以此响应"方今我张总经理端已率属于上，总管理处同人复和衷共济，息息

以大公无私者，为各分支行处之楷模"的合作互助之文化主张，由此逐步培育出川行"一堂之内，相视莫逆，互相砥砺，事尽获益"的内部合作精神，收到"得使川中行进步甚速"之管理效果。

（2）"推心相结，协力从公"的班子协作风气。周宜甫虚怀若谷与豁达大度的胸怀，还体现在他精心培育与努力践行"推心相结，协力从公"的班子内部合作风气。1931年秋，总处派张公权之弟张禹九来川行任襄理以为臂助。张系留美经济学博士，受西方文化影响较深，勇往有为，被当时川行同人称为"洋派"。张公莅渝之前，曾有人担心，周张二公年龄之差，新旧有异，殊难协调。然而周公怡然不蒂于怀。迨张禹公至，仍倾盖如故，推心相结，协力从公，适与人所度者相反。盖因两公皆遂仁人智士，襟抱相同。经过励精图治，行务发展更速。全行同人只数十人，均相为识，和睦如家人。行务又蒸蒸日上，均激励奋发，行员虽自晨至暮无少暇，然精神之愉快，终能克服身体之疲乏。

管理的最高境界，是打造一种坦诚的组织文化。如果说"至伪""至巧"是一种小聪明，那么"至诚""至拙"就是一种大智慧。从"至伪""至巧"到"至诚""至拙"，需要组织文化的极大突破，需要一个脱胎换骨的过程。而这种突破，一定是从领导者放下心机、放下面具、推心置腹地待人开始的。不难看出，周宜甫培育川行"一堂之内，相视莫逆，互相砥砺，事尽获益"的合作精神，树立"推心相结，协力从公"的班子协作风气，这也是对先贤的"至诚""至拙"大智慧的一脉相承和有效演绎。

4."稳健为主，寻机盈利"之经营理念

自1916年袁世凯死后，内战环生，弥漫全国者，殆十余年。而四川军阀混战的次数之多，时间之久，为害之烈，又属全国罕见。在此艰危形势下，周宜甫作为管理者，"惟抱保守主义，紧缩做去，力固行基，静以待时而外，别无他法"。再从中国银行营业报告之渝行及所属营业报告中可以看出，"力求稳健"与"收缩主义"，已成为四川中行及所属机构有效之经营对策，从而逐步形成四川中行"稳健主义，寻机赢利"之经营传统。由此，在1915—1933年之19个年度中，在渝属机构因军阀混战以停业及歇业为常态，整体降格长达8年之久的艰危环境下，渝行仍有10个年度能够赢利，其分支机构也不乏寻机赢利之事例。

5."斩荆披棘，用命履责"之创业精神

所谓斩荆披棘之创业精神，是指周宜甫在艰难险阻下，清除障碍与克服困难之创业毅力；所谓用命履责之创业精神，是指周宜甫多次冒着生命危险，护行守业，以使总行无西顾之忧。如，周宜甫抓住熊克武之改革机遇，3年收回川中兑券500

万，收回官欠 500 万，取得了政府和中行双赢效果。又如，周宜甫"外融关系，收券清欠，维持行务于惊涛之中"和"内强管理，巩固行基，得使川中行进步甚速"等史实，就是周宜甫领导四川中行"斩荆披棘，用命履责"之创业精神的真实写照。而张嘉璈总经理"渝行周宜甫经理，对于川行，应付有方，行为端正，历年于风雨飘摇之中，努力支持"的评价，正是对周宜甫这种"斩荆披棘，用命履责"之创业精神的赞誉。

6. "久于其任，生平镜清"的职业经历及精神

中行具有"久于其任"的用人情结与文化传统。早在 1917 年张嘉璈就任总行副总裁时就认为："若不能久于其任，何能有所成就?"所谓"久于其任"，是指使基本干部能安心工作，久于其任，树立以事业为前提的服务风气，亦指"全视主持行务者久于其事，是中行虽历经多次的改变，皆能随时应付过去的重要法宝和文化传统"。周宜甫于 1915 年入职成都中行任经理，1920 年升任四川分行经理，到 1935 年底方才退休，可谓是"久于其任"的典型人物。退休后他"不事逸豫，更自立课程，潜心著述"，到八旬寿辰时，其著作墨稿百余本，琳琅满目。周宜甫一生可谓是"功德圆满"，由此也体现出他一生"久于其任，生平镜清"之职业经历及职业精神。

（1）周氏"久于其任"的职业经历。周宜甫主持川行工作期间，共经历变乱 20 余次。用其自己的话来说，他是受任于川行危难之际，卸职于川行繁荣之时，拯救川行于惊涛骇浪之中。他那"久于其任，生平镜清"职业经历本身，就具有以下文化价值和历史启示。

第一，"久于其任"具有做事能力增值性与做事成本经济性。同一人在同一岗位时间越长，越能增加员工价值创造能力，同时能降低经营管理成本。中行总处关于渝行经理周宜甫先生"为川省名宿，在金融界资格最老，经验最富，对外与军政各界周旋应付，有左右逢源之妙，煞费苦心"的能力与名望之评价，主要源于其"久于其任"的任事才能的增强效应。

第二，"久于其任"对当今"异地交流"管理模式的历史启示。周宜甫"久于其任，功德圆满"的人物史实说明，通过"久于其任"管理路径，以"入世竞夸金穴好，问心惟抱玉壶清"的自我修养，同样可以收到"异地交流"管理路径所能达到的内控与风险管理的效果。如何走出以"异地交流"为高管人员道德风险管理的唯一路径之误区，亦可从周宜甫"久于其任，功德圆满"的职业经历之史实中，获得一种新的用人治事的理念性启示。

（2）周氏"生平镜清"的职业精神。

第一，周氏"生平镜清"的职业精神，川行赵循伯赠周宜甫之诗句"铜山久著

廉隅誉，曾系安危二十年""立身两字惟诚拙，想见生平似镜清"，这里，"铜山"泛指金钱或钱库；"廉隅"比喻端方不苟的行为；诚拙即指"待人以诚，治事以拙"处世原则；"镜清"则比喻周宜甫一生像镜面一样洁净。该诗句所概括的事实，正如张嘉璈对周宜甫的赞赏所言："渝行周宜甫经理，对于川行，应付有方，行为端正，历年于风雨飘摇之中，努力支持。"该诗句所隐喻的精神，即指周宜甫在四川中行这座"铜山"长期工作，久著成"廉隅"之信誉，由此曾系于成都中行和四川中行之安危，长达二十年之久。

第二，周氏与班子成员相处成谊的标准，也是他自己做人之清廉操守。他赠孙祖瑞的诗句为"鸟栖义府枝空老，马得孙阳颜已荣。入世竞夸金穴好，问心惟抱玉壶清"。这里，"义府"即义理之府藏，常指《诗》《书》而言；"孙阳"即指伯乐（复姓）；"金穴"即指藏金窟，喻指银行；"玉壶"是高洁之象征，"玉壶清"即指做人的情操像玉壶一样清亮高洁。从这几句诗可见，周宜甫赞许孙祖瑞或希望他继续抱诗书之义，以被行里赏识并能为行做事为荣，在被众人竞夸好的银行里，清廉从公。而周宜甫赠顾敦甫"人逢叔度能幽俗，事到长康便点睛"的诗句，亦说明周宜甫与班子成员相处成谊的标准是做人人品与做事能力。这里，"叔度"是古代多位贤者的字，其中，汉代廉范，字叔度，为名将廉颇的后代，后人用"叔度"赞颂为百姓谋福利的官员。"长康"是顾恺之的字，他是东晋杰出画家、绘画理论家、诗人，他博学多才，其《洛神赋图》是中国十大传世名画之一。"人逢叔度能幽俗，事到长康便点睛"，应指周宜甫将顾敦甫的人品比着"叔度"，将其能力比着"长康"，或希望他以后继续如此为人处事。由此也不难看出，周宜甫所赠孙祖瑞之诗句"入世竞夸金穴好，问心惟抱玉壶清"，既是周宜甫对晚辈的勉励，更是他自己一生所践行之"洁"操守的真实写照。

第四章

全面抗战时期四川中行历史贡献

（1937—1945）

1937 年 7 月 7 日，抗日战争全面爆发。8 月 12 日，中国银行总处通告全行："当此国难时间，人人当具有为国牺牲精神。凡我同人无论如何不得借故请假。倘有托词请假，意图逃避，即予开除，以示儆戒。"直到 1945 年 9 月，四川中行都在中国银行总管理处领导下，进入"抗建"发展模式。所谓"抗建"[1]，按史料释义，"抗"指在前方抗击日本帝国主义的侵略。"建"有两层含义，一指后方建设，即指"积极谋后方生产力之增加，并以之坚强民众对抗战必胜之信念"；二是指"建国"，即针对全国半壁江山沦陷而言，通过抗战收复失地即为重新建国，亦即"务使多年来一次殖民地国家成为一新时代国家"[2]。

第一节　全面抗战时期四川战略大后方地位

一、四川在抗战中极其重要之历史地位

1937 年 7 月 7 日卢沟桥事变发生，8 月 13 日日军进攻上海，抗日战争全面爆发。由于军事上节节失利，北京、天津、上海等大城市相继失守。为长期抵抗日军侵略，11 月 17 日，国民政府正式宣布迁都重庆。此时国民政府所属军事、经济、外交等职能部门均暂时集中在武汉，武汉成了中华民国的实际临时"首都"。1938 年 7 月，军事委员会令驻武汉各党政军五日内撤离武汉向重庆迁移；到 8 月 4 日，驻武

---

① 参见金百顺（浙行经理）.《致农贷同人书》.《中行农讯》第三期，1941.
② 参见董事长闭会训辞（1946 年 6 月 14 日中国银行行务会议）。

汉各机关全部迁到重庆；12月8日，蒋介石率其侍从及幕僚人员从桂林飞抵重庆，从而完成了国民政府迁驻重庆的历史过程。1940年8月15日，国防最高委员会通过决议，确定重庆为永久陪都。重庆也由一个地方商业城市一跃而为全国战时的政治、军事、经济、文化的中心，四川亦成为抗日的大后方。

（一）举国内迁为四川带来发展机遇

1937年11月，民国政府决定以重庆为陪都，政府机关、学校以及沿海各大城市的工厂、企业、金融机构等相继内迁，沦陷区人民大批涌向四川。重庆人口密集，工厂增多，市场繁旺，出现了一片战时繁荣景象。大量人力、物力、财力以及新技术、新的经营管理方式方法涌入，打开了封闭的四川经济的大门，为四川经济的发展提供了有利的条件。

工厂"举国内迁"促进大后方工业发展。抗战初期，内迁的工厂600余家，经国民政府工矿调整处协助迁移的为448家，其中迁入四川的为245家，约为内迁的54.67%，器材4.5万吨。随之内迁富有专门技术及经验的技术工人及专门人才不少。自1938年至1940年先后归来的技术工人就有12164人之多。其中机器技工占40.4%，纺织技工占21.65%，化工技工占12.5%，文教技工占8.26%，电器技工占6.47%，其他占10.72%。迁入四川的技工就有6690人，占全部内迁技工的55%，这就大大地改变了四川特别是重庆战时工业的面貌，为四川经济注入了强大的活力，使四川成为我国战时工业的中心[1]。另据记述，上海沦陷前有工厂5000多家，遭日寇劫掠者达2270家，损失总计8亿多元。当时，由上海、无锡、南京、镇江等迁向内地的工厂有200多家。到1940年，内迁工厂共计448家，其中内迁四川254家，湖南121家，陕西27家，广西23家，其他省份23家[2]。

抗战时期在大后方新建官营和商营工厂。抗战时期，成都重庆两地及川东、川西、川中、川北等地，也掀起了重建与新建的工业热。这些工厂发展之速，门类之齐全，实为四川有史以来所仅见。1938—1941年4年间全省开工的1654家工厂中，战前开工的仅有217家，约占13%，1938年后开工的则有1437家，约占87%。每年以5%左右的速度上升。工厂门类都是基础工业、骨干工业。如冶炼、金属、机器、水电、电器、化工、建筑、食品、纺织、服饰、文化等。到1942年又有发展，在这期间四川兴办的大中型工厂达2005家，占西南四省（川、康、滇、黔）同期同类工厂2552家的78.57%；资本则由战前的214.5万元一跃而为113001.2万元，增

---

① 四川省人民政府参事室，四川省文史研究室. 抗日战争时期四川大事记. 北京：华夏出版社，1987：2—5.

② 黄鉴晖. 中国银行业史. 太原：山西经济出版社，1994：170—173.

长 526.8%。总之，战时全国形成的 11 个工业中心，有 5 个在四川[①]。经过几年的发展，大后方的工厂较战前增加 15 倍，资本总额增加 72 倍，动力设备增加 5 倍，技术工人增加 7 倍，发展是迅速的。随着工业发展，各海关进出口贸易和国内贸易，也都较战前大为增加[②]。

（二）战时四川省府主席之政治迭替

抗战前期四川省主席的政治迭替。1934 年 12 月，蒋介石宣布改组四川省政府，任命刘湘为四川省主席和川康绥靖公署主任。卢沟桥事变爆发后，刘湘两次通电请缨，主张全国总动员，与日本拼死一决。1937 年 8 月，川康各军整编完竣，刘湘任第二路预备军司令长官，辖九个军。9 月 1 日，刘湘率部出川抗战。10 月 26 日，任第七战区司令长官。11 月 23 日，刘湘下令所部各军堵击在浙江金山卫登陆的日军，胃病突然复发，大口吐血，在昏迷中被护送至芜湖医院。11 月 28 日，送汉口万国医院就医，经抢救苏醒。12 月 3 日，川军编为第二十三集团军（总司令刘湘兼任，副总司令唐式遵）和第二十二集团军。12 月 30 日，蒋介石训令第二十三集团军总司令由唐式遵接任，刘湘专任第七战区司令长官。1938 年 1 月 20 日，刘湘在汉口去世，死前他留有遗嘱，语不及私，全是激勉川军将士的话语。1 月 23 日，国民政府任命张群为四川省政府委员兼主席。当时张群正担任国防最高会议秘书长及行政院副院长，工作很繁重，但国民政府仍选用川籍（华阳）的张氏为四川省政府主席，可见中央政府对掌控四川省政的重视。对张群的这项任命，遭到刘湘部属的激烈反对。为稳定四川政局，国民政府于 1 月 28 日决定，新任命之四川省政府主席张群未到任前，省政府主席一职暂由省政府秘书长邓汉祥代理。面对四川地方势力的挑战，中央政府只好妥协，四川军政职务还是要从四川地方人士中物色。1938 年 3 月 2 日，国民政府特派邓锡侯为川康绥靖公署主任。4 月 26 日，行政院议决，张群一时不克赴川就任，省政府主席职务由王缵绪代理，而张群所任四川省政府主席之职实际已虚悬。再至 1938 年 8 月 1 日，行政院议决，由曾秘密加入过复兴社的川军将领王缵绪任四川省政府主席。然四川省地方势力内部也矛盾重重。1939 年 8 月 10 日，刘文辉、邓锡侯、潘文华策动川康七师长彭焕章等通电反对王缵绪。9 月，国民政府安排王缵绪出川作战，川省政府主席一职仍未能确定适当人选。

蒋介石亲自兼任四川省主席原委及经过。1939 年 9 月，身任国防最高委员会委员长、国民党总裁、军事委员会委员长的蒋介石亲自兼任四川省主席。同时，提时

① 四川省人民政府参事室，四川省文史研究室. 抗日战争时期四川大事记. 北京：华夏出版社，1987：2—5.

② 黄鉴晖. 中国银行业史. 太原：山西经济出版社，1994：170—173.

任委员长成都行辕主任贺国光为川府秘书长，实际打理省主席事务。10 月 3 日，蒋介石由渝飞抵成都，7 日，亲至四川省政府视事。11 日，蒋氏主持省政府会议，听取各厅长本年度工作报告。15 日，蒋氏发表告川省同胞书，其后由四川省政府秘书长贺国光贯彻蒋的施政方针。1939 年 12 月 5 日，蒋介石手订《四川省施政纲要》。1940 年 4 月 8 日，四川省生产计划委员会成立，研讨经济建设纲领，送呈蒋介石审阅。5 月 9 日，《四川省经济建设纲要》发表，确定成立四川省经济建设委员会。11 月 1 日，蒋介石任四川省经济建设委员会委员长。蒋介石兼任四川省主席 14 个月之后，至 1940 年 11 月 13 日才辞去省主席职务，由成都行辕主任张群任四川省主席（直到 1947 年春，改命邓锡侯为四川省主席）。总之，国民时期，四川省府历任主席任职期限依次为：刘文辉，1928 年 11 月—1934 年 12 月；刘湘，1934 年 12 月—1938 年 1 月；张群，1938 年 1—8 月，4 月起由王缵绪代理；王缵绪，1938 年 8 月至 1939 年 9 月；蒋中正，1939 年 9 月—1940 年 11 月；张群，1940 年 11 月—1947 年 5 月，1946 年 9 月起由邓锡侯代理；邓锡侯，1947 年 5 月—1948 年 4 月；王陵基，1948 年 4 月—1949 年 12 月。

（三）金融发展及后方金融中心形成

战前，中国的银行业多集中于沿海一带，更多的是在上海及江、浙两省。西南与西北的广大区域，因交通不便，经济落后，金融机构设立较少。重庆的银钱业战前不过 20 余家。大后方的九省（不含湖南）所拥有银行的总分支机构不过 254 所，占全国银行总分支机构的 14.8%。抗战全面爆发后，"举国内迁"为四川发展带来历史机遇，工业商业的发展，推动着银行业的发展。

金融机构战时内迁与川省金融机构普建。抗战爆发，政府西迁，沿海各省沦为战区，金融业的内迁也是由战时军事形势决定的。因上海失陷，"四行"（中央银行、中国银行、交通银行、中国农民银行，又称"大四行"）、"两局"（中央信托局、邮政储金汇业局）总行均由上海陆续迁至重庆，并在四川各主要城市设分支机构。同时，"南四行"（浙江兴业银行、浙江实业银行、赏海商业储蓄银行、新华信托储蓄银行）、"北四行"（盐业银行、金城银行、中南银行、大陆银行）、"小四行"（中国通商银行、四明银行、中国实业银行、中国国货银行）及一些资力雄厚的私营商业银行，各省、市地方银行，均来四川设行。不仅如此，其他各省地方银行或因省区沦陷，或因邻近战区，相继在重庆设行处的有江苏、安徽、湖南、湖北、河北、河南、陕西、甘肃、广东、广西、福建、云南、西康等共 14 家，可谓盛极一时。再有，四川省银行有鉴于此，也急起直追，迅速在省内各市、县普设分、支行；川省市、县银行、合作金库亦普遍组建，川省商绅也积极集资兴办银行、保险、信托等金融组织。由于以上各地各类金融机构的相继在川设立，促进了四川省这一大后方金融机构的大发展。1941 年 12 月，太平洋战争爆发后，"四行""两局"在香港、上海设有分行或通讯处者始裁撤归渝。尽管沦陷区"四行"分支机构的撤退，使其活动地区远较战前狭小，但由于在内地广泛设立机构，反使"四行"分支机构数量比以前增加了。"四行"将其战前在四川已设的分支行处 37 家增为 116 家，增长 3 倍，占"四行"在西南西北增设总数 289 家的 40%。

重庆一跃而成为抗战大后方的金融中心。战前重庆银钱业不过 20 余家，由于战时经济的刺激，1938—1940 年的三年间即发展到 40 余家。1941—1945 年间又因太平洋战事关系，香港与海外侨胞的资金内移，银行钱庄数大增。截至抗战胜利前夕，重庆除"四行两局一会"和"四联总处"等国家金融机构外，还有"小四行"4 家，省市县银行 26 家，商业银行 57 家，外商银行 2 家，钱庄、银号、银公司、信托公司等 24 家。当时参加中央银行重庆分行票据交换的行庄就曾高达 120 余家。同时，与金融机构相应增加的银行资本也有长足的进步。以金融中心的重庆全部银行资本为例：1937 年抗战以前，总额仅为 1400 余万元；1941 年增为 22800 余万元，约增 16.3 倍，1943 年 10 月增为 53500 余万元，较战前约增 38.2 倍，较 1941 年约增 2.35 倍。钱庄银号的资本总额增长也很迅速，战前资本总额仅为 200.6 万元，1941 年底增为 2608.8 万元，约增 13 倍；1943 年底则增为 4325.8 万元，较战前约增 21.6 倍，较 1941 年约增 1.65 倍。[①] 在此背景下，财政部于 1938 年 9 月 21 日迁入重庆；1939 年 8 月 22 日，财政部令"四行"总行在香港的机构迁渝办公；1939 年 10 月 1 日，"四联总处"迁渝改组，由研究指导四行业务，进而演变为战时全国经济与金融政策的执行机关。

综上所述，全面抗战中，四川成为抗日的大后方，重庆一跃成为全国战时的政治、军事、经济、文化的中心，四川人民为祖国的民族解放事业做出了巨大的贡献：首先，四川是全国抗日的兵源基地。据 1945 年统计，在八年全面抗战中，四川应征的壮丁达 300 万人左右，约占全国征兵总数的 1/5。四川军队转战大江南北，川军将士以血肉之躯捍卫祖国，为挽救民族危亡立下了卓越功勋。其次，四川是全国抗日的财源基地。抗战期间，全国很多省区沦陷，全国财政开支主要靠四川负担。据统计，1938—1940 年，四川解入国库的正税收入每年约 8000 万元，其他发行公债、各种摊派、募捐收入尚未计算在内。在抗战最困难时期，四川几乎负担了国家总支出

---

① 四川省人民政府参事室，四川省文史研究室. 抗日战争时期四川大事记. 北京：华夏出版社，1987：2—5.

的 50％以上。再次，四川还是抗日的粮食基地和物资基地。全国的军粮、各类军需物资器材，主要由四川供应。

二、战时金融管制与"四联总处"成立

战前国民政府管理银钱业的法令不多，只颁布过《银行法》和《储蓄银行法》两项。抗战开始时，一些大城市相继发生银行存户提存资金逃避的情况，财政部为了加强战时金融的管制，于 1937 年 8 月发布《非常时期安定金融办法》，是谓全国金融步入战时体系之始。蒋介石为了应对抗战爆发所引起的金融市场动荡，强化对金融的控制，由此建立"四联总处"，进行战时金融管制。

（一）国民政府战时金融管制总体概况

1937 年 8 月，国民政府公布《非常时期安定金融办法》，该办法的主要内容是限制提存。同年 9 月，又颁布《增进生产调整贸易办法大纲》，设立农产、工矿、贸易三个调整委员会，就农产、工矿及对外贸易三项进行战时调整。

1938 年 9 月，国民政府颁布《节约建国运动大纲》，提倡节约，奖励储蓄。同年 11 月，又发布《节约建国储金条例》，还相继颁布《外汇请核办法》《商人运货出口售结外汇办法》。

1939 年 9 月，国民政府发布《巩固金融办法纲要》，国防最高委员会颁布《战时健全中央金融机构办法纲要》；同年 10 月，国民政府又发布《外币定期储蓄存款办法》。

1940 年 8 月，财政部发布《非常时期管理银行暂行办法》；同年 9 月，国民政府为大力吸收民间闲散资金，推进小额储蓄，决定扩大储蓄存款的网点，四联总处通过了《推行节约建国储蓄纲要》《中央信托局及中、交、农三行普设简易储蓄处办法》，还发布了《全国节约建国储蓄运动竞赛及核奖办法》；是年，四联总处还制定《中国交农四行钞券集中运存及改善军政汇款实施办法》《统一国内汇款收费标准》，国民政府发布实行《公库法》。

1944 年 8 月，四联总处制定《黄金存款办法》《法币折合黄金存款办法》，国民政府将这两种存款列入推进储蓄范围。

1945 年 6 月，四联总处核定《华侨汇款处理办法》。

同时，国民政府还对于省市县银行，财政部也先后颁布《省银行条例》《县银行条例》。抗战中后期商业银行成倍增加，在货币贬值、物资紧缺、物价猛升的情况下，金融资本多半转为商业资本，一些银行纷纷组设贸易公司或商号大搞商品的囤积居奇和买卖黄金外币等投机活动。抗战中后期为加强管制，财政部曾先后发布

《非常时期管理银行暂行办法》和《修正非常时期管理银行暂行办法》，对银钱业的机构设置、经营范围、资金营运和财务管理都作了具体的限制。

（二）成立"四联总处"掌控全国金融

蒋介石为了强化对金融的垄断，早在1935年4月就曾设想由一联合机关总揽中央、中国、交通三行的业务。1935年11月，又准备成立中央准备银行，使其成为名副其实的发行银行和银行的银行，形成金融垄断的核心。抗日战争前夕，决定成立"中央储备银行"，并经立法院审议通过，但因抗日战争全面爆发而被搁置。卢沟桥事变后，金融市场出现动荡，国民政府急需一个能够处理战时金融的权威机构，领导全国银钱业，稳定金融。但是当时的中央银行资力尚弱，还不具备这样的条件，需要另外成立一个能统制金融机构的最高权力机关，以便集中"四行"的力量，安定与活跃金融，并通过它逐渐地把中央银行扶植壮大起来。在这种形势下，"四联总处"建立。

所谓四联总处，全称是"中央、中国、交通、中国农民银行联合办事总处"。四联总处之开始阶段，始于上海"八一三"事变后，为加强国家行局的联系和协调，集聚金融力量应付危局，财政部于1937年8月，函令"四行"在上海成立"四行联合办事处"。但因战局的变化，该处一路西迁，又于同年11月在汉口组建了"四行联合办事总处"。但这些机构都只是用来协调、沟通四行联合放款业务的机构，还不是蒋介石所设想的"总揽三行业务"的有实际控制权的金融领导机关。直到1939年9月，国民政府颁布《战时健全中央金融机构办法纲要》，要求"四行"合组联合办事总处，负责办理政府战时金融、经济政策有关的各项特种业务。四联总处于10月1日在重庆正式成立，理事会主席由蒋介石以中国农民银行理事长名义兼任，总揽一切事务；中央银行总裁孔祥熙、中国银行董事长宋子文、交通银行董事长钱永铭三人任常务理事，襄助蒋介石执行一切事务；蒋介石派财政部常务次长徐堪兼任秘书长。四联总处被赋予的职权相当广泛，包括战时金融政策中的各个重要方面；工作范围也不仅限于金融领域，还扩大到了经济领域，由此四联总处成为战时的中枢决策机构和指挥、操纵四行的金融管理机关，在金融、经济领域发挥举足轻重的作用。同时，由财政部授权该处对国家行局可做便宜的措施，督导并考核国家行局业务。直到1942年10月，四联总处进行了改组，机构裁并，权责也相应缩小。这表明四联总处在协助蒋介石实现了金融垄断以后，其作用已可由中央银行取代了。

（三）调整四行专业分工加强金融垄断

四联总处成立后，对外加强了金融经济垄断，对内加强了中央银行的地位。为了尽快地使央行成为金融垄断的核心，四联总处先后采取了一系列增强央行实力的措施：实施公库制度、集中存款准备金、推行轧现制度、办理票据交换、统一发行等。由此使央行实力迅速增长，逐步具备了"银行的银行"的功能。

1942 年 3 月，国民政府从美国借到 5 亿美元，充实了外汇基金，蒋介石遂即命令四联总处就统一发行和调整四行分工问题，提出具体实施办法。同年 6 月，财政部决定增加中国、交通、农民三行官股各达 6000 万元，四联总处制定了调整四行业务办法，实现四行专业化，统一货币发行，以此加强了中央银行权力与地位，使之成为"银行之银行"。其主要内容如下。

第一，实施统一发行。自 1942 年 7 月 1 日起，法币发行统由中央银行集中办理；中、交、农三行应将截至 1942 年 6 月 30 日止所发行的法币数额及准备金造具详表送财政部、四联总处及央行查核。从 1942 年 7 月 1 日起，市面上虽仍有央行接收的三行钞券及订印续交的三行新券继续使用流通，实际上已是央行独家发行，实现了全国发行制度的统一。

第二，调整四行业务。（1）央行的主要业务：集中钞券发行，统筹外汇收付，代理国库，汇解军政款项，调剂金融市场。（2）中国银行主要业务：受央行委托，经理政府国外款项的收付；发展与扶助国外贸易并办理有关事业的贷款与投资；受央行委托，经办进出口外汇及侨汇业务；办理国内商业汇款；办理储蓄信托业务。（3）交通银行主要业务：办理工矿、交通及生产事业的贷款与投资，办理国内工商业汇款，经募或承受公司债及公司股票，办理仓库及运输业务，办理储蓄信托业务。（4）农民银行主要业务：办理农业生产贷款与投资，办理土地金融业务，办理合作事业的放款，办理农业仓库信托及农业保险业务，吸收储蓄存款。

这次按专业化调整，明确了发行集中于央行，储蓄业务仍由各行继续办理，其他业务则按《办法》进行相应的调整（详略）。到 1942 年 10 月，四联总处进行了改组，机构裁并，权责也相应缩小。这表明，四联总处在协助蒋介石实现了金融垄断以后，其作用已可由中央银行取代了。值得注意的是，四行专业分工后，致使中国银行保持了 30 年"存款、放款、汇款均比别家为多"之银行业领导者地位换手易主。正因为如此，诸多历史文献在叙及中行抗战历史贡献时，均以 1942 年专业分工为阶段性划分依据，分别叙述中行专业化前与后之历史贡献。

第二节　川中行抗建历史贡献之总体概观

据对渝档案史料整理，四川中行第七任经理徐维明于 1935 年 12 月 18 日接任工作后，任职期限跨越了整个全面抗战时期，直到 1945 年 12 月 18 日，由第七任经理赵宗溥[1]接任，任职期至 1949 年 10 月。之前，成都中行第七任经理孙珊于 1933 年 10 月 13 日接任，到 1937 年 4 月 20 日孙珊专任重庆分行襄理后，则调派彭湖任重庆分行襄理兼成都支行第八任经理；1942 年 8 月 6 日，杨康祖任成都支行第九任经理；1946 年 2 月 19 日，颜大有任成都支行第十任经理。

概括地讲，四川中行对抗建的历史贡献，主要有七个方面：增设分支机构、筹集抗建资金、参与联合贴放、办理农贷业务、扶持出口事业、承做汇款与摊垫军款、投资后方各项事业。须指出的是，由于四川中行办理农贷史料相对翔实，既有联合贴放，更有本行单独发放，且极具典型性，宜专节叙述。

一、增设机构，走在金融网建设之前茅

抗战时期，四川中行抗建历史贡献之一就是：在战略大后方金融机构大发展及金融中心形成过程中，走在国民政府金融网建设之前列。

（一）政府建设大后方金融网之由来

抗战爆发前，银行的地域分布是极不平衡的，大后方的九省（不含湖南）所拥有银行的总分支机构不过 254 所，仅占全国银行总分支机构的 14.8%。全面抗战后，随着沿海各大城市的工厂、企业、金融机构等相继内迁，大后方的机器在轰鸣，人口在增加，原材料及消费品的需要与供给，刺激着生产、消费及流通等领域，这些领域则亟待加速调整和重新组合。然调整、组合，均离不了资金，要资金则离不开金融网点的建设。因此，政府建设大后方金融网之由来演变情况如下。

——1937 年 11 月，四联总处在汉口成立，决定各行在西南增设机构，指定中行在昆明、贵阳、南宁等地设行。

——1938 年 8 月，财政部制定了《筹设西南、西北及邻近战区金融网二年计划》，要点为：（1）凡后方与政治交通及货物集散有关之城镇乡市，倘无四行之分支行处者，责成四联总处，至少指定一行前往设立机关；（2）其地点稍偏僻者，四行在短期之内容或不能顾及，则责成各该省银行，务必前往设立分支行处，以一地至少一行为原则；（3）在各乡、镇筹设分支行处过程中，以合作金库及邮政汇业局辅助该地之金融周转及汇兑流通；（4）邻近战区地方，亦同此设立分支行处。该计划要求分两年进行。同时，财政部更通令四行及各省市银行，于 1939 年 12 月以前将全国金融网完成。

---

① 赵宗溥，生卒年不详，又名赵雨圃，江苏武进人，曾任中国银行石家庄支行经理、贵阳中国银行经理等。

——1939 年 9 月 8 日，国民政府又公布《巩固金融办法纲要》，要求各银行扩充西南、西北金融网，争取在各县区普设银行机构，以活跃地方金融，发展生产事业。

——1940 年 3 月间，四联总处又增订第二、三两期西南、西北金融网计划，要求四行：（1）在西南、西北设立分支机构，宜力求普遍、周密，但须避免重复；（2）凡与军事、交通及发展农工商各业有关以及人口众多之地，四行至少须筹设一行；（3）凡地位重要，各业兴旺，人口锐增，汇兑、储蓄等业务特别发达之地，得并设三行乃至四行，以应实际之需要；（4）凡已设有省银行或商业银行之地，如非必须，四行可不再增设行处；（5）凡随抗战发展，其地位日趋重要之地，得随时指定四行中之一行，前往筹设，以应需要。

总之，在财政部和四联总处的统一规划下，按照《筹设西南、西北及邻近战区金融网二年计划》《巩固金融办法纲要》等规定，大后方金融机构的扩建如雨后春笋，国家银行倡于前，私家银行继其后。据《四川省志·金融志》记述："据重庆中央银行调查，抗战结束时，川、康两省共有各类金融机构 1163 家（其中总机构 380 家），约占全国金融机构总数的四分之一，形成了一个以重庆为中心，遍布川、康各大、中、小城市的金融网络。"

（二）战时川中行建设金融网之史况

总的来看，中国银行在执行财政部《筹设西南、西北及邻近战区金融网二年计划》中，进度最快，成绩突出。四联总处在"检讨四行及中信局廿八年度（1939 年度）业务报告之决议"中曾经指出，中国银行"完成金融网案内所分担及自行增设之行处，国内计 77 处，国外 7 处，为各行之冠"。从抗战开始到 1942 年，四行在西南、西北增设机构共计 289 处。其中，中行增设 106 处，占 37％，比央、交、农三行都高出许多；具体到四川中行增设机构所占比例是 33％，在当地四行当中所占比例是最高的。再者，由于重庆的战时"陪都"地位，工矿事业迁往四川境内的也最多，因政治、经济等各方面的需要，推动了四川金融网点的迅速增加。四川中行除战前已经设立 14 个分支机构外，战时又陆续添设了许多办事处和办事分处（见下），到 1942 年，川、康、黔三省中行机构，均由四川中行管辖，一跃成为战时管辖区域最广，辖属机构最多，业务量最大的分行。在此背景下，战时川中行建设金融网之史况大致如下。

1. 战前机构在抗战期间升格与复业情况

1937 年 7 月 7 日抗战全面爆发前，四川分行辖有大小各级机构 14 个：分行 1 个，即重庆分行；支行 1 个，即成都支行；办事处 9 个，有重庆上关岳庙街、重庆四牌坊、成都南台寺、泸县、内江、叙府、万县、嘉定、五通桥办事处；办事分处 3

个，有自流井、隆昌、资中办事分处。

四川中行战前已有机构与曾有机构，在抗战时期的升格、复业情况如下。

——1938 年 10 月 5 日，自流井办事分处升格为办事处；再于 1943 年 1 月由办事处升格为自流井支行（井支行）。

——1939 年 5 月 1 日，内江办事处升格为内江支行（内支行）。

——1939 年，资中办事分处升格为资中办事处（资处）。

——1939 年 5 月 10 日，涪陵办事处因战时需要而复业，涪处曾于 1933 年 3 月 6 日成立，因贷款给鸦片烟商连年亏折，于 1936 年 3 月 6 日歇业。

——1941 年 7 月 1 日，隆昌办事分处升格为办事处（隆处）。

——1944 年 3 月 6 日，重庆四牌坊办事处复业，改名为林森路办事处（略名仍为坊处）。坊处先于 1932 年 5 月 29 日开业，后于战前被裁撤。

——1945 年 1 月，万县办事处升格为万县支行（万支行）。

2. 抗战时期新增分支机构分年情况

对多种史料（且有些史料相互矛盾）以逻辑排除法进行梳理后，现将 1937—1945 年四川中行新增机构概况，按机构成立的年份整理如下。

（1）1938 年增设机构

——1938 年 7 月 4 日，内江中行在简阳石桥镇设立寄庄，1939 年 9 月改为办事处（津处）。

——1938 年 11 月，内江中行设立资阳办事处，1942 年 12 月 23 日裁撤①。

——1938 年 12 月 1 日，重庆中行设立合川办事处（合处）。

——1938 年 12 月，内江中行设立荣昌办事分处，1943 年 9 月 1 日改为办事处（荣处），后于 1949 年奉命停业撤销。

（2）1939 年增设机构

——1939 年 7 月 25 日，重庆中行设立江津办事处（聿处）。

——1939 年 8 月，重庆中行设立北碚办事处（碚处）。

——1939 年 9 月 1 日万县中行设立奉节简易储蓄处，1945 年 1 月 4 日改组为办事处（奉处），1947 年 2 月 28 日裁撤。

——1939 年 11 月，重庆中行设立上清寺办事处（庙处）。

——1939 年 12 月，泸县中行设立合江办事分处，后改办事处（洽处）。

---

① 重庆档案馆史料记述。

（3）1940 年增设机构

——1940 年 2 月 13 日，内江中行为了融通货币资金，便利糖税收纳，在富顺县牛佛镇设立牛佛渡办事分处，1946 年 4 月移交牛佛渡邮局接办。

——1940 年上期，因新津机场扩修，外国盟军来此人数较多，为适应国际结算需要，成都中行特设立新津办事分处，约同年底改组为办事处（新处）。

——1940 年 12 月 2 日，成都中行在西康省省会雅安设立雅安办事处（雅处）。

（4）1941 年增设机构

——1941 年 1 月 6 日，成都中行设立广元办事处（利处）。

——1941 年 2 月 1 日，黔江办事处成立（江处），1942 年 12 月 18 日裁撤。

——1941 年 5 月，万县中行与万县航空兵器技术研究处订立合约，开办沱口简易储蓄处。1944 年 3 月 31 日，因业务清淡而裁撤。

——1941 年 5 月，泸县中行设立叙永简易储蓄处，1942 年改组为办事分处，1944 年 2 月，改组为办事处（永处）。

——1941 年 5 月，泸县中行设立纳溪简易储蓄处，1942 年改组为办事分处，1945 年 9 月裁撤。

——1941 年 5 月，泸县中行设立兰田办事分处，1945 年 9 月裁撤。

——1941 年上期，重庆分行在本市广设简易储蓄处：小龙坎简易储蓄处、黄桷垭简易储蓄处、沙坪坝简易储蓄处、豫丰纱厂简易储蓄所、中央大学简易储蓄处、南岸弹子石简易储蓄所、鱼洞溪简易储蓄处等网点。其中，同年 5 月 10 日，小龙坎简易储蓄处改组为小龙坎办事处（坎处）；同年，黄桷垭简易储蓄处亦改为办事分处。

——1941 年上期（大约），重庆分行设立长寿简易储蓄处，1942 年 7 月 1 日，改组为办事分处，1945 年 1 月 4 日改组为长寿办事处（寿处）。

——1941 年 8 月，万县中行设立云阳简易储蓄处，1942 年 7 月改组为办事分处，1945 年 10 月 9 日撤销。

——1941 年 8 月，万县中行设立开县简易储蓄处，1942 年 7 月改组为办事分处。1945 年 10 月 9 日撤销。

——1941 年 9 月，合川中行在铜梁县巴川镇设立铜梁简易储蓄处，1942 年 10 月，因业务欠佳，奉命撤销。

——1941 年 8 月，嘉定（乐山）中行在夹江县设立简易储蓄处，1942 年升格为办事分处。

——1941 年 8 月，五通桥中行在牛华溪镇设立简易储蓄处，1942 年 7 月 1 日改组为牛华溪办事分处，1945 年 6 月 1 日改组为办事处（牛处）。

（5）1942 年增设机构

——1942 年 1 月 4 日，太和镇办事处开业。

——1942 年 5 月，成都中行于西康省设立西昌办事处（嶲处）。

——1942 年 7 月前，成都中行设立成都东门外简易储蓄处，1943 年 1 月 1 日改组为办事分处，1945 年 11 月 1 日改组为成都东门外办事处（莥处）。

——1942 年上期，成都中行设立成都北门外简易储蓄处，1943 年 1 月 1 日改组为成都北门外办事分处。

——1942 年上期，成都中行设立郫县简易储蓄处，1943 年 1 月 1 日改组为办事分处。

——1942 年 9 月 11 日，因新津机场再次扩修，为适应国际结算需要，新津中行在新津县五津镇设立五津镇办事分处。

（6）1943 年增设机构

——1943 年 4 月 15 日，遂宁办事处（遂处）开业。

——1943 年 4 月 15 日，南充办事处（充处）开业。

（7）1944 年增设机构（《四川省志·金融志》记述）

——荣昌县安富镇之中行机构（具体不详）。

——合江县先市镇之中行机构（具体不详）。

——江油白庙子之中行机构（对此有史料记述，重庆北碚办事处曾于 1941 至 1944 年间在白庙子设立过白庙子简易储蓄处）。

——内江县椑木镇之中行机构（具体不详）。

（8）1945 年增设机构（未得到确切证实）

——渠县办事分处（1945 年 5 月—1945 年 10 月）。

——达县办事处（1945 年 7 月—1945 年 11 月）。

（9）战时无确切成立时间之新增机构

——成都西门外办事分处、永川办事分处、简阳城内简易储蓄处、自流井之贡井办事分处、李庄办事分处、柏溪简易储蓄处。

（10）战时新设机构在战时升格情况

——1943 年 9 月 1 日，荣昌办事分处改组为办事处（荣处）。

——1944 年 4 月 1 日，叙永办事分处改组为办事处（永处）。

——1945 年 1 月 4 日，长寿办事分处改组为办事处（寿处）。

——1945 年 6 月 1 日，牛华溪办事分处改组为办事处（牛处）。

——1945 年 11 月 1 日，成都东门外办事分处改组为办事处（苣处）。

3. 抗战时期被陆续裁撤的机构情况

据《行史》记述，中行为遵照政府关于四行机构不应重复和因业务划分之规定，于 1942 年 11 月对原有机构已失去其重要性的予以裁撤；也有机构因业务清淡等因而被裁撤，而抗战胜利复员东迁后致使业务欠佳，更是机构调整重要原因。

（1）有撤销时间的办事处

——1942 年 10 月，铜梁简易储蓄处撤销。

——1942 年 12 月 23 日，资阳办事处裁撤。

——1944 年 3 月 31 日，万县沱口简易储蓄处裁撤。

——1945 年 9 月 30 日，五津镇办事分处裁撤。

——1945 年 9 月，蓝田办事分处撤销。

——1945 年 9 月，纳溪办事分处撤销。

——1945 年 10 月，西昌办事处撤销。

——1945 年 10 月 9 日，云阳办事分处撤销。

——1945 年 10 月 9 日，开县办事分处撤销。

——1945 年 12 月 1 日，牛佛渡办事分处裁撤。

——1945 年 12 月 1 日，球溪河办事分处裁撤。

——1946 年，夹江办事分处撤销。

——1946 年 12 月 31 日，新津办事处撤销。

（2）撤销时间不详的机构。

——成都西门外办事处、成都北门外办事处、郫县办事分处，太和镇办事处、贡井办事分处，重庆市沙坪坝简易储蓄所、弹子石简易储蓄所、黄桷垭办事分处，永川办事分处，李庄办事分处、柏溪简易储蓄处，简阳城内简易储蓄处。

——贵州三桥镇简易储蓄处、湄潭简易储蓄处、独山办事处、桐梓办事分处、威宁办事分处、大定办事分处。

4. 抗战时期川境机构设置特殊情况

值得一提的是，中国银行曾在一个地理位置较为特殊的地方——会理，设立过会理办事处。会理，在抗战时期属西康省，而今位于四川省境内。然而，会理办事处并不是由当时的重庆分行所设立，而是由昆明支行所设立。据本史地域性记述范围，会理办事处设立史况仍属于本史记述范围。

据《会理县志》《中国银行云南省分行行史》，以及民国时期重庆中国银行卷宗史料之记述：1941 年，日本侵略军入侵滇西，云南形势日紧，中国银行昆明支行为防万一，做好向四川境内转移之准备，于 1942 年 1 月 5 日在西祥公路①起点的西康省会理县设办事处，开业时有员工 6 人。1943 年，会理办事处全年存款总额约 300 万元，放款 140 万元，汇款 178 万元，当年略有盈余。裁撤会理办事处原因为：一是，1942 年 7 月 14 日，昆明支行得到军方已决定破坏西祥公路，准备从滇东北谋退路，将曲靖之会泽县作为后退据点的消息，遂发电上报中行总处驻渝处，拟转向在会泽设置机构；二是，因 1944 年滇西战局好转，会理办事处乃于当年 7 月被迁往西祥公路终点的云南祥云县云南驿。

5．抗战时期川行机构占中行之比例

据中行《行史资料》记述，1939—1944 年四川中行分支数占中行分支数比例之统计数据如下。

1939 年四川中行分支数与占中行分支数比例

区域	战前原设	撤销	撤移	照常营业	新设	现有分支
四川	14	2		12	15	27
全行	218	95	42	76	84	202

1939 年四川中行分支数占中行分支数比例：27/202×100％＝13.37％。

1939 年四川中行新设数占中行新设数比例：15/84×100％＝17.86％。

1940 年四川中行分支数与占中行分支数比例

区域	1939 年分支总计	1940 年新设	1940 年撤销	现有分支总计
四川	22	2	0	24
全行	178	31	13	196

1940 年四川中行分支数占中行分支数比例：24/196×100％＝12.24％。

1940 年四川中行新设数占中行新设数比例：2/31×100％＝6.45％。

1941 年四川中行分支数与占中行分支数比例

区域	1940 年分支总计	1941 年新设	1941 年撤销	现有分支总计
四川	24	32	0	56
全行	196	102	8	280

1941 年四川中行分支数占中行分支数比例：56/280×100％＝20％。

---

① 西祥公路，由西康省西昌市至云南省祥云县，又称"史迪威公路北线"，全长 548.7 公里，其中西康境内有 260 公里。

1941 年四川中行新设数占中行新设数比例：$32/102 \times 100\% = 31.37\%$。

1942 年四川中行分支数与占中行分支数比例

区域	1941 年分支总计	1942 年新设	1942 年撤销	现有分支总计
四川	56	3	10	49
贵州	6	7	0	13
全行	280	50	67	216

1942 年四川中行分支数占中行分支数比例：$(49+13)/216 \times 100\% = 28.7\%$。

1942 年四川中行新设数占中行新设数比例：$(7+3)/50 \times 100\% = 20\%$。

注：1942 年 7 月，中行总管理处将设在贵州的贵阳支行及其所属机构划归四川（重庆）分行管辖（以下 1943—1945 年均同此）。

1943 年四川中行分支数与占中行分支数比例

区域	1942 年分支总计	1943 年新设	1943 年撤销	现有分支总计
四川	49	2	3	48
贵州	13	2	0	15
全行	216	18	26	208

1943 年四川中行分支数占中行分支数比例：$(48+15)/208 \times 100\% = 32.29\%$。

1943 年四川中行新设数占中行新设数比例：$(2+2)/18 \times 100\% = 22.22\%$。

1944 年四川中行分支数与占中行分支数比例

区域	1943 年分支总计	1944 年新设	1944 年撤销	现有分支总计
四川	48	4	1	51
贵州	15	1	2	14
全行	208	24	29	203

1944 年四川中行分支数占中行分支数比例：$(51+14)/203 \times 100\% = 32.02\%$。

1944 年四川中行新设数占中行新设数比例：$(4+1)/24 \times 100\% = 20.83\%$。

综上，四川中行在大后方金融网建设中，成绩突出，功不可没。

第一，中国银行在执行财政部《筹设西南、西北及邻近战区金融网二年计划》中，进度最快，成绩突出。四联总处在"检讨四行及中信局廿八年度业务报告之决议"中指出，1939 年中国银行"完成金融网案内所分担及自行增设之行处，国内计 77 处，国外 7 处，为各行之冠"，其中川中行新设数占比为 17.86%。

第二，从 1937 年 7 月全面抗战开始到 1942 年 12 月的金融网建设情况来看，四行在西南、西北增设机构共计 289 处，其中，中行增设 106 处，占 37%，比央行（54 处）、交行（57 处）、农民银行（72 处）都高出许多。其中：在中行增设 106 处机构中，四川中行（含川、渝、康）共计增设 38 处，占中行在西南、西北新增设机构总数的 35.8%；同时，四川中行增设机构数占四川省四行增设机构数的比例为 33%。

第三，再如上述 1939—1944 年四川中行分支数占中行分支数比例之统计，1941年、1942 年、1943 年、1944 年，四川中行分支数占中行分支数比例分别为 20%、28.7%、32.29%、32.02%；四川中行新设数占中行新设数比例分别为 31.37%、20%、22.22%、20.83%。

由此可以说，抗战时期中国银行在金融网建设中走在全国各行局前列，四川中行则走在中行建设金融网之前列。

（三）战时川行增设简易储蓄处史况

历史地看，增设简易储蓄处，既是建设大西南和大西北金融网的补充措施，更是为抗建积极筹集资金的重要渠道之一。增设简易储蓄处的由来始末，以及四川中行增设简易储蓄处史况，大致如下。

1. 增设简易储蓄处之背景与经过

抗战爆发后，储蓄成为战时回笼法币的重要措施。国民政府为大力吸收民间闲散资金，推进小额储蓄，决定扩大储蓄存款的网点，这也构成了建设大西南金融网的一个重要组成部分。1940 年 9 月，四联总处通过了《中信局、中、交、农三行普设简易储蓄处办法》，规定：四行局应在人口超过五万以上，又无其他金融机构的地方，工人集中的矿区或铁路、公路段站，学校集中的文化区域或大宗特产品的生产地或集散地，普及简易储蓄处。为执行该办法，中行各分支行遵照总处指示，从1940 年 9 月起积极筹设简易储蓄处。1941 年 4 月，中行总处又制定了《筹设简易储蓄处办法纲要》，要求各分支机构在未立机构的地方，自办简易储蓄处或委托商号、工厂、机关、学校代理，强调简易储蓄处办事人员要以顾客便利的时间为营业时间，星期日及休假日要照常营业，"态度务求诚恳，应付务求敏捷"，要以最好的服务赢得储户的信任，以推进储蓄的开展。1941 年，中行各分支行处增设分支部柜37 处，简储处 64 处，收储机构由 1940 年的 120 处增为 221 处，跃增 84%。1942 年收储机构达到 228 处，又增加了 7 处。其中，在 1941 年中行新设简易储蓄处 64 处中，以四川省最多，达 27 处。

抗战时期，四川中行新增机构，大都经历了从简易储蓄处到办事分处的改组过程，有的还改组为办事处。比如，1941 年重庆分行曾在小龙坎、黄埇垭、沙坪坝、豫丰纱厂、中央大学、弹子石、鱼洞溪、长寿等地设立简易储蓄处；同年重庆分行所属支行、办事处亦先后在成都东门外、成都北门外、郫县、叙永、纳溪、夹江、牛华溪、宜宾柏溪、万县沱口、简阳城内、江油白庙子、铜梁、内江椑木镇、荣昌安富镇、合江先市镇等地设立过简易储蓄处。

1942 年 7 月，四行业务按专业划分，原来利用农贷机构及农贷人员推行农民储蓄的简储处，随着农贷的移交而撤销。到 1942 年底，简易储蓄处相应减少。当年中行共增设 13 处，撤销 43 处。迄 1942 年底，简易储蓄处共有 34 处。

1943 年 5 月，中行总处业务小组经过调查后认为，增设简储处对吸收小额储蓄起到了一定作用。但当时工农群众储蓄能力有限，简储处的业务量普遍不足，而人员与开支又不易压缩，因而多数出现亏损。总处因此建议各行：凡汇出或汇入款在 100 万元以上，存款在 50 万元以上者，列为甲种简储处；凡汇出或汇入款在 50 万元以上，存款在 20 万元以上者，列为乙种简储处。其营业量有一种超出标准者升级，不及标准者降级；其营业量未达到乙种简储处标准的应予裁撤。此后，各分支行即根据各地实际情况，逐步将简储处改为办事分处或予以裁撤。迄 1945 年抗战胜利时，简储处仅余 8 处。

2. 川中行增设简易储蓄处之史况

如前所述，1941 年、1942 年、1943 年，四川中行新设分支数占中行新设分支数的比例分别为 31.37％、24％、22.22％。而《行史资料》则保留了 1941、1942、1943 三年的《中国银行储蓄部柜分省表》，由此可以窥视中行及川行增设简易储蓄部柜史况。

1941 年中国银行储蓄部柜分省表

区域	储蓄部柜			新增简易储蓄处	现有部柜处总数
	1940 年实数	1941 年增设	1941 年撤销		
四川	21	7		27	55
西康		1			1
全行	120	49	12	64	221

1942 年中国银行储蓄部柜分省表

区域	储蓄部柜			简易储蓄处			现有部柜处总数
	1941 实数	1942 增	1942 撤	1941 实数	1942 增	1942 撤	
四川	28	11	2	27		15	49

续表

区域	储蓄部柜			简易储蓄处			现有部柜处总数
	1941 实数	1942 增	1942 撤	1941 实数	1942 增	1942 撤	
贵州	8	1		2	2	1	12
西康	1	1					2
全行	157	61	24	64	13	43	228

1943 年中国银行储蓄部柜分省表

区域	储蓄部柜			简易储蓄处			现有部柜处总数
	1942 实数	1943 增	1943 撤	1942 实数	1943 增	1943 撤	
四川	37	7	1	12	8		47
贵州	9	3		3	2		13
西康	2						2
全行	194	31	13	34	20		226

由此可见，抗战时期四川中行增设简易储蓄处史实如下。

第一，1941 年，四川中行储蓄部柜总数占中行储蓄部柜总数的比例：（55＋1）/221×100％＝25.34％；四川中行新增储蓄部柜数占中行新增储蓄部柜数的比例：（7＋1）/49×100％＝16.33％；四川中行新增简易储蓄处数占中行新增简易储蓄处数的比例：27/64×100％＝42.19％。

第二，1942 年，四川中行储蓄部柜总数占中行储蓄部柜总数的比例：（49＋12＋2）/228×100％＝27.63％；四川中行新增储蓄部柜数占中行新增储蓄部柜数的比例：（11＋1＋1）/61×100％＝21.31％；四川中行新增简易储蓄处数占中行新增简易储蓄处数的比例：2/13×100％＝15.38％。

第三，1943 年，四川中行储蓄部柜总数占中行储蓄部柜总数的比例：（47＋13＋2）/226×100％＝27.43％；四川中行新增储蓄部柜数占中行新增储蓄部柜数的比例：（7＋3＋0）/31×100％＝32.26％；四川中行撤销简易储蓄处数占中行撤销简易储蓄处数的比例：（8＋2＋0）/20×100％＝50％。

总的来说，简易储蓄处起源于 1940 年 9 月四联总处通过的普设简易储蓄处办法；简易储蓄处之设立兴盛于 1941 年，是年四川中行新增简易储蓄处数占中行新增简易储蓄处数的比例高达 42.19％。从 1942 年起，开始调整与压缩简易储蓄处，到1943 年便只减不增，迄 1945 年抗战胜利时，中行简储处仅余 8 处。

（四）战时川中行下辖机构数之史貌

抗战时期四川中行下辖机构之概貌，可以从四川中行 1942、1944、1945 年的下辖机构之史料，加以轮廓式的反映。

1. 1942 年中行对部分机构改辖与调整

1942 年 7 月，中行按照规定移交发行，实行四行业务按专业划分后，业务有了很大变化，中行总处对全国部分机构进行了"改辖"与调整。1942 年 6 月底，即截止到四行业务划分前，中行国内营业行处（沦陷行处、战区撤退行处，或仅办理未了事宜的机构，未计算在内）共计 229 处。经过调整后，到 1942 年年底，国内营业行处减为 199 处①。这次机构"改辖"与调整中，与四川中行下辖与所属机构相关的，有以下几点。

第一，改辖情况。中行总处将设在贵州、西康两省的贵阳支行及其所属和雅安、西昌两办事处均划归四川（重庆）分行管辖。战时中行的机构改辖，是为了适应当时的形势，有利于加强领导，促进业务和各项工作的开展。由此，到抗战中期，川、康、黔三省中行机构均由四川（重庆）分行管辖，川中行成为战时管辖区域最广，辖属机构最多，业务量最大的分行。

第二，调整情况。一是，遵照四联总处关于四行机构不宜重复的指示，结合业务情况进行调整，裁撤了不必要的行处；二是，1942 年 11 月 6 日通函各行，"对于添设机构，除政府命令及业务绝对必要外，暂以不添设为原则"，确有添设机构必要，必须按照总处规定的四项要求报总处批准。中行各分支行根据上述精神对原有机构进行了调整。四川中行此次亦有两方面调整：一是，1942 年 11 月将四川盐务中心的自流井办事处扩充为支行，并将附近产盐区的五通桥、嘉定、叙府等办事处及所属分处划归该支行管辖，以便集中办理盐务贷款，协助政府发展专卖事业；二是，为遵照政府关于四行机构不应重复的指令，和因业务划分后原有机构已失去其重要性的则予以裁撤。其中，四川资阳办事处、黔江办事处在调整中被裁撤。在中行机构调整的大背景下，1942 年末，中行总分支数为 216 个，四川中行分支数为 62 个（川 49＋黔 13），占比 28.7％。

2. 1943 年 1 月四川中行机构层级概貌

据四川省档案馆《中国银行渝行及所属职员录（1943 年 1 月）》记述，截至 1943 年 1 月，作为战时管辖区域最广、辖属机构最多、业务量最大的四川（重庆）分行，管辖着大小共计 64 个机构与网点，计有分行 1 个，支行 4 个，办事处 29 处，办事分处 24 处，简易储蓄处 6 处。该机构及人员情况史料，记述了在中国银行移交

---

① 在上述"1942 年四川中行分支数与占中行分支数比例"中，中行全行有 216 分支机构，其中含有国外机构 8 个，因此与"1942 年年底国内营业行处减为 199 处"有出入。

了农贷业务与人员以后的机构及人员新变化，该史料还对于认知抗战中期四川分行内设部门情况及五级机构管辖关系（分行、支行、办事处、办事分处、简易储蓄处）均有着重要价值。

（1）抗战中期四川中行五级机构隶属管理关系

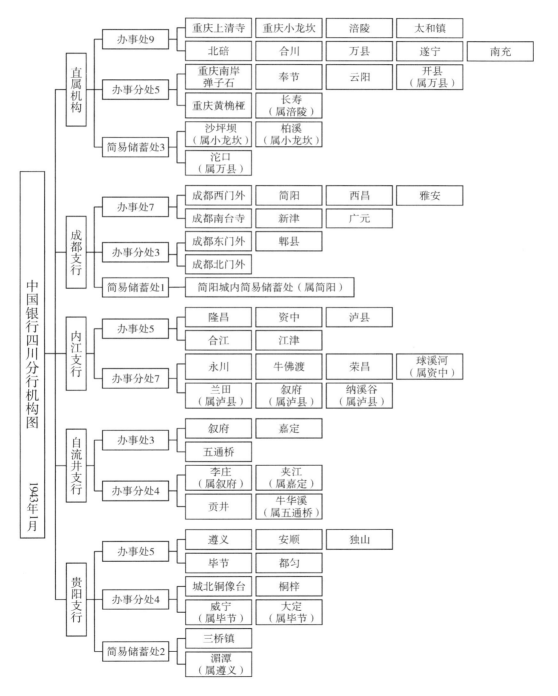

第一，重庆分行下辖 4 个支行：成都、内江、贵阳、自流井支行。

第二，重庆分行所直管的办事处、办事分处及简易储蓄所计有 18 个机构（含间接管理）：上清寺办事处、小龙坎办事处（辖沙坪坎简易储蓄所、柏溪简易储蓄处）、南岸弹子石办事分处、黄桷垭办事分处、北碚办事处、合川办事处、万县办事处（辖沱口简易储蓄处、奉节办事分处、云阳办事分处、开县办事分处）、涪陵办事处（辖长寿办事分处）、太和镇办事处、遂宁办事处、南充办事处。

第三，成都支行下辖办事处、办事分处及简易储蓄处计有 11 个：西门外办事处、南台寺办事处、东门外办事分处、北门外办事分处、郫县办事分处、简阳办事处（辖简阳城内简易储蓄处）、雅安办事处、西昌办事处、广元办事处、新津办事处。

第四，内江支行下辖办事处、办事分处计有 12 个：荣昌办事分处、隆昌办事处、资中办事处（辖球溪河办事分处）、泸县办事处（辖兰田办事分处、叙府办事分处、纳溪办事分处）、合江办事处、江津办事处、永川办事分处、牛佛渡办事分处。

第五，自流井支行下辖办事处及办事分处 7 个：叙府办事处（辖李庄办事分处）、嘉定办事处（辖夹江办事分处）、五通桥办事处（辖牛华溪办事分处）、贡井办事分处。

第六，贵阳支行下辖办事处、办事分处及简易储蓄处计有 11 个：遵义办事处（辖湄潭简易储蓄处）、安顺办事处、独山办事处、毕节办事处（辖威宁办事分处、大定办事分处）、都匀办事处，以及桐梓办事分处、城北铜像台办事分处、三桥镇简易储蓄处。

（2）抗战中期四川分行内设部门及其人员配置情况

抗战中期四川分行内设职能部门五股一部及投资派驻、派驻稽核，本部共有职员计有 240 人，具体如下。第一，经理、副经理、襄理共 11 人。第二，内设职能部门：文书股下设函件暂代领组、收发缮校组、电报组、人事组、庶务组，共 41 人；会计股，下设稽核组、清分组、检查组、账务组、库账组、联行组，共 48 人；营业股，下设存款组、汇款组、放款组，共 39 人；出纳股，下设收付第一组、收付第二组、保管组、清券组，共 30 人；外汇股，下设侨汇组、外汇组、洋文组，共 16 人；储蓄分部下设储蓄组、节储组，共 12 人。第三，对四川中行投资控股的建国造纸厂、中国糖业公司派驻经营管理人员，计有 14 人。第四，由两组派驻稽核带领之派驻员，计有 29 人。

（3）抗战中期四川分行下辖五级机构人员配置情况

第一，四川分行直管 18 个机构，共计 118 人。

第二，成都支行职能部门设文书、会计、营业、出纳4系，支行本部44人；下辖11个机构计64人，支辖共有108人。

第三，内江支行，职能部门设文书、会计、营业、出纳4系，支行本部30人，下辖12个机构计86人，支辖共有116人。

第四，自流井支行，职能部门设文书、会计、出纳3系，支行本部14人，下辖7个机构计50人，支辖共有64人。

第五，贵阳支行，职能部门设文书、会计、营业、出纳4系，支行本部45人，下辖11个机构计70人，支辖共有115人。

综上可见，抗战中期四川分行全辖人数共有761人[1]，分行本部240人，占31.54%；分行直管机构118人，占15.51%；成都支行108人，占14.19%；内江支行116人，占15.24%；自流井支行64人，占8.41%；贵阳支行115人，占15.11%。

3. 1944年四川中行下辖机构层级概貌

据《四川省志·金融志》记述，1944年四川中行机构计有61个。

第一，重庆分行直属机构（9+16+1=26处）：重庆上清寺、小龙坎、林森路、北碚、黄桷垭、弹子石、中央大学、沙坪坝、豫丰纱厂（共9处），合川、南充、遂宁、涪陵、黔江、合川、太和镇、云阳、开县、奉节、万县、长寿、柏溪、江油白庙子、铜梁、万县沱口（异地机构网点共16处），另有分行本部。

第二，成都支行及其所属机构（9+1=10处）：成都南台寺、成都东门外、成都北门外、郫县、新津、简阳石桥、广元、雅安、西昌，另有支行本部。

第三，自流井支行及其所属机构（7+1=8处）：乐山（嘉定）、五通桥、宜宾（叙府）、夹江、贡井、牛华溪、宜宾李庄镇，另有支行本部。

第四，内江支行及其所属机构（16+1=17处）：隆昌、资中、合江、江津、泸县、永川、富顺、牛佛渡、荣昌、资中球溪河、泸县兰田坝、叙永、纳溪、内江椑木镇、荣昌安富镇、合江先市镇，另有支行本部。

4. 1945年四川中行下辖机构重大变化

截至1945年8月15日抗战胜利前夕，四川中行下辖机构数达到战时之峰值；抗战胜利后，四川中行被裁撤的机构占中行当年撤销机构数比例约40%。

（1）1945年8月15日四川中行机构数情况。《中行史》显示，抗战胜利之时，四川（重庆）分行所属分支总数为72个，在全国中行占比达到战时之峰值：

---

[1] 即240+118+108+116+64+115=761。

——四川分行 1 个，即重庆分行，当时全国共 5 个分行；

——川行所辖支行 5 个，即万县、内江、自流井、成都、贵阳支行，当时全国共 26 个支行，四川占比 19.23%；

——川行所辖办事处 52 个，当时全国有 111 个办事处，四川占比 46.85%；

——川行所辖办事分处 15 个，当时全国有 47 个办事处，四川占比 31.91%；

——川行所辖简易储蓄处 5 个，当时全国有 8 个简储处，四川占比 62.5%。

（2）1945 年 12 月末四川中行被裁撤机构数。据《行史资料》记述，1945 年末，四川中行（含西康、贵州）的分支机构总计为 44 个，即 1945 年 8 月至 12 月期间，四川中行被裁撤的机构高达 27 个（其中，四川 22 个、贵州 5 个），占中行当年撤销机构数比例 39.71%。

区域	1944 年分支总计	1945 年新设	1945 年撤销	现有分支总计
四川	51	2	22	31
贵州	14	2	5	11
全行	203	34	68	215

1945 年四川中行分支数占中行分支数比例：（31+11）/215×100%=20.47%。

1945 年四川中行新设数占中行新设数比例：（2+2）/34×100%=11.76%。

1945 年四川中行撤销数占中行撤销数比例：（22+5）/68×100%=39.71%。

二、多管齐下，积极筹集抗建大业资金

抗战初期，发生在上海等地的挤提存款，在财政部安定金融的紧急措施下，很快得到平息。由此，中行及川行对吸收存款用以平抑物价十分重视，通过增设简易储蓄处、增加存款品种、扩大存户、开展多种吸储活动等措施，多管齐下，积极为抗建大业筹集资金，这就是四川中行对抗建的历史贡献之二。

（一）限制提存以稳定国家战时金融

抗战初期，战争引起的金融、经济恐慌笼罩全国：存户纷纷向银行提取存款；各华商商业银行存款大幅度下降，呆账骤增；一些私营银行为应付提存，资金安排发生困难；市面筹码奇缺，工商业周转不灵；大户大量抢购外汇，逃避资金。因此稳定战时全国金融刻不容缓。1937 年 8 月 14 日，国民政府公布《非常时期安定金融办法》，其主要内容是限制提存，条文如下：（1）自 8 月 16 日起，银行、钱庄各种活期存款，如需向原存银行、钱庄支取者，每户只能照其存款余额，每星期提取 5%，但每存户每星期至多以提取法币 150 元为限。（2）自 8 月 16 日起，凡以法币

交付银行、钱庄续存或开立新户者，得随时照数支取法币，不加限制。（3）定期存款未到期者，不得通融提取，到期后如不欲转定期者，须转做活期存款，但以原银行、钱庄为限，并照本办法第一条规定办理。（4）定期存款未到期前，如存户商经银行、钱庄同意承做抵押者，每存户至多以法币 1000 元为限，其在 2000 元以内之存额，得以对折作押，但以一次为限。（5）工厂、公司、商店及机关之存款，如发付工资或与军事有关，须用法币者，得另行商办。（6）同业或客户汇款，一律以法币收付之。（7）本办法于军事结束时停止。

对于政府此令，中行总处于 1937 年 8 月 15 日电告各分行遵照执行。四川中行及其所属分支行处一起均遵照总处指示，执行了财政部的紧急措施。限制提存意在维持法币的正常流通，保证存户的合理支用，减少银钱业发生挤兑和大户抢购外汇逃避资金。但对工商业的资金周转，则不免有呆滞和阻碍作用。上海银行业、银钱业两公会则针对此情形拟定补充办法，于同年 8 月 16 日经财政部核准执行，该补充办法既执行了限制提存的规定，又以汇划票据弥补了市场筹码的不足，缓解了商业资金紧张局面。四川中行也于此后不久，实行了大体类似的办法，在安定金融的同时，兼顾市面资金的流通。

（二）中行及川行战时吸收存款概况

如前所述，四行专业分工后，致使中国银行保持了 30 年的银行业领导者地位换手易主。因此，诸多历史文献在叙及中行抗战历史贡献时，均以 1942 年专业分工为阶段性划分依据，分别叙述中行专业化前与后之历史贡献。

据《中行史》记述：1937 年底，中行存款余额较战前 1937 年 6 月底的存款余额无大变化。因战时吸存重点已不限于工商业及个人，可以对公款加强揽存，1938 年则较 1937 年增加 3.30 亿元。1939 年，中行总处还要求各下属行，无论在战区或后方，都要尽量吸收存款，以防止市面筹码增多，引起通货膨胀。经过努力，1939 年中行存款余额又增加 12 亿元，四联总处对此给予了较高评价："中国银行存款总数为各行之冠，且较战前有大量之增加，而其增加之数十分之九系后方各行所增收，国外各行存款总额亦较上年增加一倍以上，在此抗战期间有此长足之进步，实堪嘉慰。"即，自 1937 年到 1941 年，中行吸收存款一直在四行中居于领先地位，而且历年年底余额都接近甚至超过其余三行的总和。只是在 1942 年四行业务重行划分，政府机关存款移转央行以后，央行才取代了中行的领先地位，中行退居第二位。虽然中行总处指示各分支行积极吸收存款，存款余额也有增加，但与央行的差距逐年加大。1943 年 1 月，中行曾举办了信托存款，1943 年到 1945 年，信托存款年末余额分别为 300 万元、3500 万元和 500 万元，总金额有限，增量也不大。

再据《重庆中行史料》记述：专业化前，中行存款在四行存款总额中所占比重甚大，原因是中行历史悠久，信誉甚著，分支机构多，与军政工商关系密切；专业化后，工矿商业成为主要业务对象，军政机关存款锐减，中行存款在四行存款总额中所占比重乃显著下降。抗战时期，中国银行存款数额占四行存款总余额份额之分年情况见下表。

抗战时期中行存款业务份额情况表

年度及阶段	年末存款余额（元）	占四行存款总余额%
专业化前		
1937	不详	不详
1938	不详	不详
1939	326169	47.4％
1940	375190	37.6％
1941	608293	40.5％
专业化后		
1942	583469	27.1％
1943	359967	10.0％
1944	953720	9.2％
1945	4859814	7.9％

另据《四川省金融志》记载，四行专业化前，在四行存款总额中，中行约占30％～50％，交行占20％～30％，农行占10％左右。四行专业化之后，国库收支集中由中央银行办理，具有吸存的政策优势；而中国农民银行则采取给存户暗息、免息透支、帮军官做生意、请客送礼等种种手法，仍争取到大量军政存款。中、交两行存款均大幅下降，所占比例均下降到10％以下，中央银行则占总额的70％左右。

在上述历史大背景下，再据《重庆中国银行史料》所载史料：仅1944年底，四川中行资产额占全国中行总资产额的25％，四川中行负债额（存款为主）占全国中行总负债额（存款为主）的32％，这足以说明四川中行对筹集抗建资金的成效显著，功不可没。

（三）增加吸储种类与开展吸储竞赛

抗战开始时，沿海主要城市相继沦陷，中行不少分支行处因此停业或裁并，储蓄机构随之锐减。以后，在大后方金融网加速建设下，中行在西南、西北各省新设行处中，附设了储蓄分、支部柜，以加强吸储。随后又以适当提高利率，开展储蓄竞赛等办法推进储蓄。增设简易储蓄处，既是建设大西南和大西北金融网的补充措施，更是为抗建积极筹集资金的重要渠道。四川中行储蓄部柜总数占中行储蓄部柜总数的比例 1941 年为 25.34％，1942 年为 27.63％，1943 年为 25.66％。

与此相关，1941 年 4 月，中行总处要求各分支机构在未设立机构的地方，自办简储处或委托商号、工厂、机关、学校代理。强调简易储蓄处办事人员要以顾客便利的时间为营业时间，星期日及休假日要照常营业，态度务求诚恳，要以最好的服务赢得储户的信任，以推进储蓄的开展，取得了较好的吸存效果。

1. 抗战时期增加吸储种类之史貌

抗日战争前，国家行局中只有邮政储金汇业局和中央储蓄会（属中信局）以储蓄为主要业务。抗战军兴，政府对吸收储蓄存款一直十分强调。1938 年 9 月颁布《节约建国运动大纲》，提倡节约，奖励储蓄。同年 11 月及翌年 9 月，先后发布了《节约建国储金条例》及《节约建国储蓄券条例》；1939 年 10 月又公布《外币定期储蓄存款办法》，大力吸收民间闲散资金。四联总处 1939 年 10 月正式成立后，就在所属的战时金融委员会之下设立了"特种储蓄处"和"储蓄设计委员会"，主持推动储蓄工作，把推进"节约建国储蓄"运动作为战时各级政府的一项基本任务，储蓄即成为国家银行的主要业务。1940 年 9 月，四联总处还发布了《全国节约建国储蓄运动竞赛及核奖办法》推进储蓄。在此背景下，中行及川行除继续办理普通储蓄存款外，还开办了多种特种储蓄存款，包括节约建国储蓄、外币定期储蓄、特种有奖储蓄等业务，其史况大致如下。

普通储蓄存款：1937 年 6 月底，中行此项存款余额为 1.06 亿元。抗战军兴，虽然战区机构相继撤退，但中行采取《储蓄存款埠际转移存取办法》，储户可以将原在甲地中行的储蓄存款，转移到乙地中行储蓄部继续存取，储户称便，多转移而少提取，所以储蓄存款受战争的影响不大，余额较稳固。1937 年底较 1937 上半年仅减少了 5％，储蓄存款总额仍保持在 1 亿元水平上。这以后，随着后方分支机构的增设，普通储蓄存款历年均有增长。

节约建国储蓄存款：1940 年 1 月起，中行在各分支行处举办节约建国储蓄存款。7 月份与中央信托局、交通银行联合发行节约建国储蓄券。节约建国储蓄是政府为了稳定金融，利用人民爱国热情，以兴办建设事业为名，吸收民间资金的措施。由于节约建国储蓄的利息优于普通储蓄，又可享受豁免利息所得税的待遇，节建储金存折或节建储蓄券还可以抵充公务上应缴纳的保证金，因而发展比较迅速。节约建国储蓄券的销售，成绩尤为显著。中行在大力增设储蓄网点的同时，还配合其他业务在农村及学校等推销节建储券；在未设机构的地方，与各省省银行订约代理推销节建储券。据《本行农贷业务史略》记述，抗战时期中行将"乡村储蓄"作为一种农贷品种加以推进：由于"推行储蓄，足以养成节俭风气，吸收游资，用于生产事业；劝储余谷以防粮荒，有助于国家社会及安定农村经济者至大"，中行因于 1940 年制订推行农村储蓄办法，由各省农贷工作人员，在不妨碍原有事务之原则下，利用工作之便，积极推进乡村储蓄事业。一是，劝购节约建国储蓄券。本行农贷人员，随时随地利用机会，宣传储蓄利益，向合作社及乡村住户劝购储蓄券。合作社方面除劝将股金，公积金之一部购买储券外，并向社员个人劝储。1940 年各省劝销之储券总计约达百万元，1941 年度内各省劝销者共达 3532309 元，数虽不巨，而节约风气，已分播于穷乡僻壤。二是，指导合作社办理储金储粮。各省本行农贷人员指导合作社办理储蓄业务，均称努力，其较著者，如四川省永川县各社自存之款总计达 36793.50 元。总的来看，通过努力，中行举办节建储蓄成果相当不错，从 1940 年起至 1945 年止，此项储蓄年末余额逐年增长，由 0.3 亿元增至 10.27 亿元，1941 年以后，已在中行的储蓄业务中处于重要地位。在六行局此项储蓄总余额中，中行历年所占比例最低为 16％，最高达 34％，平均 23.3％，也是比较高的。

外币定期储蓄存款：该项存款从 1940 年 1 月 1 日起，由中国银行重庆、昆明、宁波、温州、鼓浪屿等分支行处开始揽收。除可以英镑、美元等外汇存储外，还可以法币按照银行商汇牌价（1941 年秋取消商汇牌价后改按央行牌价）折合英镑美元存储。折购存款以法币 2 万元为最高额度。外币储蓄存期为 2 年到 5 年，2 年期年息 4 厘，存期每增 1 年增息 1 厘，法币折合外币储蓄存期由 3 年到 5 年，3 年期年息 2 厘，存期每增 1 年增息半厘。由于此项存款规定到期时支付外币本息，或得依储户之便，照支取时央行牌价折合法币支付，有一定的保值作用，因而开始时还有一定的吸引力。此项外币定储，只有中、交、农三行经办，中行收储金额约为三行总数的 90％。但在中行储蓄总额中，所占比重很小，余额最高时折合法币不过 600 万元。1942 年发售美元节建储蓄券后，法币折合外币定期储蓄停止收储，到期即行提取，余额逐年递减。

美金节约建国储蓄券：该券从 1942 年 4 月 1 日起开始发售，由财政部从 5 亿美元借款中指拨 1 亿美元作为基金，由四行二局各自发行，满 1 亿美元即行截止。储券分定期 1、2、3 年三种，年利率分别为 3 厘、3 厘半及 4 厘。按法币 20 元折合美元 1 元的比率以法币认购，到期向原发售行支取美金本息或依照储户之便，按支付日中央银行牌价折付法币。此项储蓄券发售后，购买者颇为踊跃，到 1943 年 8 月 2 日已达原定目标 1 亿美元（法币 20 亿元），当即结束发行。此项储蓄券中行共销售 6.27 亿元，占六行局发售总额 20 亿元的 31.4％。

经销特种有奖储蓄券：1941 年初，中国银行开始经销特种有奖储蓄券，实销数字逐年增加，1941 年到 1945 年各年销售数字分别为 303 万元、626 万元、2031 万元、4690 万元及 10460 万元。但因分配比例较小，此项收储额仅占各年储蓄总额的 1%～2%，比重不大。

举办人寿储蓄存款：中国银行为开展特种储蓄业务，在美金节建储券结束发行之后，于 1943 年 10 月举办了人寿储蓄存款。此种储蓄存款，可使储户获得储蓄和保险双重的利益，虽有利于安定个人生活，支持经济建设，但由于当时通货膨胀加速，法币币值不稳定，储户难以受益，因而较难开展。

2. 全国及四川吸储竞赛活动窥探

抗战时期，全国及四川均开展了多种吸储竞赛活动，四川中行及其所属机构亦积极投身于竞赛活动。以下为《四川省金融志》记载史实。

1940 年 9 月 18 日—1941 年 1 月 28 日，全国展开了储蓄第一竞赛期，全国完成 20953 万元，超过目标 953 万元。其中，四川和重庆即完成 5132 万元，占总数的 1/4 以上。

1942 年，全国储蓄竞赛目标 30 亿元，实际完成 30.65 亿元，超过目标 6500 万元。其中，四川和重庆完成 84799 万元，超目标任务 69.5%。

从 1943 年始，四联总处又制订强制储蓄办法，规定对缴纳田赋税金的商民按应纳金额的 30% 缴存储款，由征收机关算定，储蓄机关随税收储。如收储对象不接受，则通过行政部门强制执行并按应储数额处以 20% 罚金。

据《新津县志》记载：1940 年，四川省成立了"节约建国储蓄团"。同年 12 月，总团规定四川省推行节约建国储蓄券最低额为 2500 万元，分配新津县 1940 年储蓄额度为 15.5 万元，计已认购 3.5 万元。1941 年度又配额 7.75 万元，当时因新津县扩建机场工程规模浩大，同时该年又办理改行征购实物，全县人民负担过重，故此项储蓄无法推动。到 1942 年，新津县配额为 104.6 万元，由于配额数字过大，又正值献机、献粮、征募公债基金，征收"航运会员会费"等各种派款，全县实因经济相当困难，故此项储蓄毫无进展。这样，上面规定分派的储蓄额，1940 年欠缴 12 万元，1941 度欠缴 7.75 万元，1942 年又欠缴 104.6 万元，三年合计欠缴 124.35 万元。而当时的中央、省府却硬性规定必须在 1942 年 12 月 15 日全部上缴完欠额。县政府遂于 1942 年 10 月 20 日，在县府大礼堂召开了新津县节约建国储蓄大会筹储大会，由县长赵宗炜任主席，县内各界首脑及知名人士共 57 人参加。经讨论并做出六项议决，其中之一就是决定在全县组织十八个乡、镇劝储队，一个商业劝储队，一个自由职业劝储队，两个契税劝储队。会上还成立了新津县劝储支会，确定了各劝储队队长名单和各队储蓄任务分配金额，并拟订出竞赛标准。另从新津县劝储支会组织系统表看，中国银行有驻会干事卢宁五；还有商业劝储队、田业劝储队、房契劝储队队长分别由新津中行熊志周、彭选皋、杨雪楼等人担任，而且中行新津办事处所承担的劝储队竞赛标额（5000 元、2000 元、5000 元），在全县各行局中也是名列前茅的。

3. 抗战时期中行储蓄存款之份额

据《中行史》对本行各年业务报告数字整理，抗战时期中国银行储蓄存款的分年统计情况如下表：

抗战时期中行储蓄存款分年统计（单位：亿元法币）

储蓄种类 ＼ 年份	1937	1938	1939	1940	1941	1942	1943	1944	1945
定期储蓄存款	0.70	0.59	0.79	1.16	1.37	1.35	1.12	1.94	2.09
活期储蓄存款	0.30	0.44	0.43	0.48	0.57	0.88	1.95	4.32	23.65
节约建国储金				0.04	0.26	0.33	0.67	0.99	0.98
节约建国储蓄券				0.26	1.45	3.46	4.06	6.78	9.29
美金节建储蓄券						1.08	5.20	5.20	1.36
小计	1.00	1.03	1.22	1.94	3.65	7.10	13.00	19.23	37.37
乡镇公益储蓄								1.01	10.00
公益基金储蓄								0.13	0.53
法币折合黄金储蓄								9.10	20.59
合计	1.00	1.03	1.22	1.94	3.65	7.10	13.00	29.47	68.49

再据《重庆中行史料》记述：中行为推进战时储蓄，在国内陆续增设储蓄分支部及简易储蓄处，1942 年底达 228 处。同时，要求国外行处在华侨中尽力开展爱国储蓄运动，储蓄余额逐年上升。在战时四行两局的储蓄余额中，前五年里均居于重要地位；1942 年以后，绝对额虽然上升，但比重锐减。

抗战时期中行储蓄业务份额情况表

年度	中行各种储蓄余额（万元）	占六行局储蓄总余额（%）
1937	10032	53.2
1938	10281	40.9
1939	12204	39.2
1940	19700	36.9
1941	36829	33.3
1942	71632	23.7

年度	中行各种储蓄余额（万元）	占六行局储蓄总余额（%）
1943	119606	16.1
1944	254082	16.1
1945	728133	9.9

4. 代央行办理法币折合黄金存款

代央行办理法币折合黄金存款之由来。太平洋战争爆发和滇缅公路运输中断，使物资进口更加困难，导致了 1942 年后方物价加速上涨，通货膨胀的威胁日益加剧。通过吸收储蓄回笼货币的做法，由于储蓄利率与市场利率相差悬殊，也越来越缺乏吸引力。国民政府因此于 1943 年 6 月，取消了抗战前期宣布的黄金国有的禁令，决定开放黄金市场，从 1942 年 4 月中美 5 亿美元借款中拨出 2.2 亿美元，向美国购买黄金 628 万盎司，折合 625 万市两，在市场抛售，用以吸收游资，平抑物价，稳定法币。开始由中央银行以库存黄金委托中国农民和中国国货两行在重庆出售现货。后改售期货，1943 年 11 月每市两售价为 12000 元。

1944 年 8 月，四联总处制定《黄金存款办法》《法币折合黄金存款办法》。该两办法的主要内容有三：（一）两种存款都列入储蓄范围，指定在重庆、成都、昆明、贵阳、西安、兰州、桂林等七城市开办。（二）黄金存款不定限额，折金存款每一总行局暂定限额为 20 万市两。黄金存款分为定期 1 年、2 年、3 年三种，周息 1 年 2 厘、2 年 3 厘、3 年 4 厘，到期本息均以黄金付还。折金存款分为定期半年、1 年、2 年、3 年四种，周息分别为 4 厘、6 厘、8 厘、1 分，到期本金以黄金付还，利息则照存入时法币数额计算，支付法币。（三）黄金存款，以十足纯金 1 市两为最低存额，尾数到厘为止。折金存款，以十足纯金 1 市两为单位，不存两以下之零数。国民政府将这两种存款列入推进储蓄范围，并由四行两局在重庆、成都、昆明、贵阳、桂林、西安、兰州七地于 9 月 15 日同时开办。每一总行、局以吸储黄金 20 万两为目标。在当时货币急剧贬值，物价不断上涨的情势下，黄金储蓄存款尚受到工商、金融和民众的普遍欢迎。

中行及川行办理法币折合黄金存款情况。中行总处当即布置上述指定七城市的分支行遵照执行，除桂林支行因适值日军进攻湘桂，被迫疏散而未举办外，其余重庆、成都、昆明、贵阳、西安、兰州六地分支行都在 9 月份先后开办了折金存款，黄金存款则因种种原因未能办理。由于此项折金存款系受托代理性质，中行总处要求各行在存单上均须加盖"中央银行委托代收法币折合黄金存款"字样的图章，到期由央行照数拨给黄金及法币利息。各行所收存款则按旬开列清单，扣除手续费后，解交当地央行。再据《行史资料》记述，1944 年 9 月 15 日，中行重庆分行开办两种黄金存款，成都、贵阳两支行亦先后于 9 月 16 日和 25 日开办两种黄金存款，这三地中行所经收的法币折合黄金存款数之业绩如下。

全国各行局经收法币折合黄金存款数（单位：市两）（1944 年 11 月底）

重庆中行 12799，当地四行两局合计 30453，中行占比 42.03%，排名第一
成都中行 1370，当地四行两局合计 9835，中行占比 13.93%，排名第四
贵阳中行 5336，当地四行两局合计 9801，中行占比 54.44%，排名第一
六地中行 41902，六地四行两局合计 123246，中行占比 34%，排名第一

注：六地中行指除上数三地外，还有昆明、西安、兰州等中行。

全国各行局经收法币折合黄金存款数（两数计算，1945 年 1 月底）

重庆中行 60874，当地四行两局合计 194481，中行占比 31.30%，排名第一
成都中行 4147，当地四行两局合计 26064，中行占比 15.91%，排名第三
贵阳中行 10574，当地四行两局合计 25799，中行占比 40.99%，排名第一
六地中行 133678，六地四行两局合计 431620，中行占比 30.97%，排名第一

注：六地中行指除上数三地外，还有昆明、西安、兰州等中行[1]。

总之，1944 年 9 月至 1945 年 6 月，中行重庆、昆明等六家分支行及东南各省分支行收存折金存款约 58 万余两，回笼法币 166 亿元，占各行局累计收存折金存款总数 219.56 万两，回笼法币 624 亿元的 26%。中行六家分支行中，以重庆分行、昆明支行吸收折金存款储额最高，分别为 28.09 万两及 15.79 万两，回笼法币 78.66 亿及 46.48 亿元，占中行系统折金存款总额的 75%。

四川中行经收法币折合黄金存款到期兑付黄金的困境。法币折合黄金存款到期兑付的黄金，主要依靠美国的供应。战时运输困难，运来的黄金不能应付国内存户踊跃购存的需要，央行亦未将黄金铸成如《办法》中所规定的足赤小条，因而兑付时就有尾差问题发生。中国银行重庆分行在 1945 年 3 月 15 日开始兑付半年期的首批折金存款共 191 市两，从央行领到的黄金，成色从 996.4 到 999.8 不等，且多为 1 两上下的小条，每枚重量不一，尾差最大的有 4 分，共计尾差短少 1.104 两。在兑付时就须逐笔计算尾差，补付法币，计算利息，相当烦琐。但就是这样也难以为继，到 1945 年 4 月 21 日就因无金供应而暂停兑付。积欠数额越来越大，财政部遂不得不宣布于 1945 年 6 月 25 日起停办法币折金存款。

---

① 中国银行行史资料汇编. 南京：档案出版社，1991：1176—1179.

1945 年 7 月 31 日，由宋子文倡议经国防最高委员会通过，以支持抗战为借口，规定所有黄金存款一律征献 40％（1 两以下的可免捐献），同时将比价提高到 17 万元。迄 1948 年 10 月，中行折金存款兑付清结，共计扣收献金约 21 万余两（六行局累计扣收献金 82.0468 万两）。总的来看，政府实施黄金政策，虽有收缩通货，平抑物价的目的，但也依赖抛售黄金，弥补财政赤字，因而乐于黄金涨价。央行规定的比价，始终追随黑市，领头上涨。从 1943 年 11 月的每两 12000 元到 1945 年 7 月的170000 元，上涨了 13 倍多。每次黄金提价，物价即随之波动，市场银根紧缺；黑市利率上扬，造成一次次的金融混乱，反而加速了法币的贬值。而且，政府言而无信，在黄金存款上出尔反尔。折金存款中有相当部分是 5 两以下的小户，扣收献金四成，也是官僚资本对人民的一次公开掠夺。

（四）川属机构及员工抗建捐款史况

抗战时期，四川中行多管齐下，积极为抗建筹集资金，还反映在川行所属机构及其员工曾经积极捐款上。

1. 川行机构为抗建捐款之片史窥貌

1943 年 3 月 1 日，中行成都支行上报西昌办事处捐购赈济鲁灾戏票捐款，中行重庆分行复函批准捐购 2000 元戏票。

1943 年 8 月 20 日，中行成都支行上报广元办事处捐助太华中学基金的函，经重庆分行转报，中行总处于同年 9 月 7 日批复捐款 500 元。

1943 年 11 月 3 日，中行成都支行上报西昌办事处认捐西昌公立医院病房建筑费的函，经重庆分行转报，中行总处批复捐款国币 1000 元。

1943 年 11 月 13 日，中行成都支行上报西昌办事处摊购西昌献机游艺会入场券的函，经重庆分行转报，中行总处于同年 11 月 29 日捐款国币 1300 元。

1943 年 12 月 30 日，中行成都支行上报雅安办事处认捐百丈场火灾捐款的函，捐款国币 2100 元；1943 年 1 月 8 日重庆分行上报总处，1944 年 1 月 21 日中行总管理处批复，捐款国币 2100 元。

1944 年 1 月 10 日，中行成都支行上报雅安办事处摊认劳军捐款的函，同年 1 月 15 日重庆分行上报，同年 1 月 15 日中行总处批复捐款国币 4800 元。

1944 年 1 月 13 日，中行成都支行上报雅安办事处摊捐元旦慰劳抗属捐款的函，同年 1 月 19 日重庆分行上报，2 月 1 日中行总处批复捐款国币 1200 元。

1944 年 1 月 28 日，中行成都支行上报雅安办事处摊认火灾捐款、雅安县属草坝场火灾捐款、远征军捐款的函，捐款国币：雅安火灾捐款 14000 元，县属草坝场火灾捐款 500 元，远征军捐款 2900 元，三项共计 17400 元。同年 2 月 1 日重庆分行上报，同年 2 月 15 日中行总处批复捐款国币 17400 元。

1944 年 3 月 6 日，中行成都支行上报西昌办事处防空消防器材经费游艺会戏票的往来函，重庆分行批复认购 900 元戏票。

1944 年 8 月 10 日，中行成都支行上报西昌办事处捐助西昌行辕政治部经募新生俱乐部基金的函，同年 8 月 30 日中行总处批复捐国币 1000 元。

1944 年 9 月 15 日，中行成都支行上报西昌办事处捐助修补马路款项的函，中行总处批准 2000 元。

1944 年 11 月 17 日，中行成都支行上报雅安办事处认捐西康省立雅安女子中学筹募修建校舍款项的函，同年 11 月 17 日重庆分行批复捐款国币 500 元。

1945 年 1 月 23 日，中行成都支行上报西昌办事处捐助西康技艺专科学校农科学生奖学金的函，重庆分行批复捐款国币 1000 元。

1945 年 1 月 23 日，中行成都支行上报西昌办事处认捐救济湘桂难民戏票捐款并以捐款子目付账的函，重庆分行批复捐款国币 2000 元。

1945 年 2 月 28 日，中行成都支行上报西昌办事处捐助赈济鄂灾捐款的函，重庆分行批复捐款国币 4000 元。

2．川行员工认购救国公债清单片史

从 1937 年 9 月 22 日中行重庆分行关于收到内办、叙府办、隆昌办、泸县办事处等同人认购救国公债数目及清单的函，可以看出四川中行员工为抗建捐款之史貌。如，1937 年 9 月 30 日，中行内江办事处关于陈报本处同人认购救国公债清单致中国银行重庆分行的函如下："关于本行同人认购救国公债事，曾奉中华民国廿六年十月四日农贷尊处函电嘱，即电汇至渝，并开具清单，用公函陈报等因奉悉。敝处汇集同人认购债款共计肆百伍拾元，业于本日电汇前来，兹特开具清单壹纸，随函附奉，敬祈。钧察为荷。只颂。民国二十六年九月卅日。"

附件：内之同人认购救国债款，共计肆百伍拾元，认购人及金额略。

三、联合贴放，支持后方各业经济建设

抗战时期，联合贴放和国库垫款成为战时国家银行发放贷款的主要形式；联合贴放成为战时国家银行发放工商贷款的主要形式。因此，四川中行抗建历史贡献之一就是：联合贴放，支持后方各业经济建设。

（一）中国银行参与联合贴放支持抗建概况

抗日战争前，中央、中国、交通、农民四行因组织宗旨和担负任务之不同，其放款的对象、范围各有侧重，但也有业务交叉；各行多单独自主组织放款，对工商

企业的放款，则主要由中央、中国、交通三行经营。抗战爆发后，为了使全国金融、经济在战争的突然打击下不至于瘫痪，作为临时性的紧急措施，财政部于 1937 年 7 月 27 日授权四大银行在上海合组联合贴放委员会，联合办理战时贴现和放贷事宜，以"活泼金融，安定市面"。不久财政部又命令四行在上海设置四行联合办事处，作为研究和督促各行办理联合业务的机构，是谓实行战时金融和加强金融垄断的开端。1937 年 8 月 26 日，财政部颁布《中中交农四行内地联合贴放办法》，由四行组成联合贴放委员会，办理放款事宜。贴放包括贴现、再贴现、抵押放款、转抵押四种方式；贴放数额经委员会审定后，按照中央银行 35％、中国银行 35％、交通银行 20％、农民银行 10％的比例分别承担，四行按上述比例集中 1 亿元基金共同办理。随后四行在汉口、南京、重庆等 15 个城市成立四行联合贴放委员会和四行联合办事处。1939 年 10 月，四联总处在重庆正式成立，联合贴放的政策与计划全由其统管，联合贴放也成为国家银行发放工商贷款的主要形式，各行虽仍有单独放款业务，但控制较严，数额不多。1940 年 12 月 1 日，改订中央、中国、交通、农民四行联合贴比例为 35％、30％、20％、15％。

1. 抗战前期参与联合贴放数额及投向

抗战开始后，沿海城市因受战争影响，市场遭到破坏，运输困难；出口风险加大，成本增加；外商不愿冒险经营，停止收购，华商又因资金不足，无力组织出口；致使生产陷于停滞，形成农商交困局面。1937 年 9 月，国民政府颁布《增进生产调整贸易办法大纲》，设立农产、工矿、贸易三个调整委员会，就农产、工矿及对外贸易三项进行战时调整，分别利用原有国营及商营机构，办理收购、运输、储藏、销售等项工作；在资金、运输等方面，由政府予以充分协助，必要时，还可以对其经营中的亏损给以补助，以便政府加强督导、管理，并促进农业、工矿的生产和推动出口。上述三个调整委员会的营运基金共法币 6000 万元，中央、中国、交通、农民四行按照 35％、35％、20％、10％的比例摊借，财政部以同额的国库券作抵。

抗战前期四行采取联合贴放帮助沿海工厂内迁，支持内地农矿工商各业发展。从 1937 年 9 月到 1939 年 12 月两年多期间，为支持内地农、矿、工、商各业发展，四行联合贴放共计 6.36 亿元，相当于截至 1939 年底法币发行总额 42.87 亿元的 14.84％。在两年零四个月时间内，四行将如此巨额资金投放市场，解决农、矿、工、商各业紧急的资金需求，对于稳定战时经济，抢运和储备战时物资以及发展内地生产事业都发挥了积极作用。其中，中行按 35％摊放，为 2.23 亿元，再加上摊垫的基金等，其总数还要更多一些。

四行联合贴放分类统计（1937 年 9 月—1939 年 12 月）

贷款类别	金额（万元法币）	各类占总额的百分比（％）
调剂粮食及农业贷款	1641	2.58
协助产盐贷款	5183	8.14
协助交通事业贷款	2124	3.34
发展工矿事业贷款	3004	4.72
协助地方建设事业贷款	16334	25.67
收购物资贷款	1664	2.61
一般事业贷款	33695	52.94
合计	63645	100

资料来源：财政部统计处编《中华民国战时财政金融统计》1946 年版第 93 表。

2. 抗战中期参与联合贴放数额及投向

中行除在抗战初期，协助政府调整平时经济向战时经济转变外，还按照政府制定的政策、原则，在抗战的不同阶段，用更多的资金、更大的力量，支持抗日大后方的工、矿、交通和有关国际贸易事业的发展，发挥了应有的作用。抗战中期的1940—1942 年 3 年中，四行联合贴放总额共计 49.52 亿元，占同期四行法币发行总额 343.60 亿元的 14.41％，和 1940 年以前阶段的比例十分相近。中行按分摊比例（1940 年为 35％，1941—1942 年为 30％）计算，参与贴放共 15.20 亿元。

在抗战中期中行参与联合贴放投向中，协助产盐贷款占 31.2％，发展工矿事业贷款占 24.7％，调剂粮食及农业贷款占 10.3％，协助交通事业贷款占 9.3％，平抑物价及收购物资贷款占 14.7％，合计占总额的 90.2％，这一比例与前一时期（1937年 8 月到 1939 年 12 月）五类贷款只占总额的 21.3％比较，有了明显的增加。这说明中行和央、交、农三行一道，以其资金大力支持了后方抗战必要和生活必需的各类物资的生产，对发展战时经济，支持抗日战争发挥了较好作用。

1940—1942 年四行联合贴放分类统计（单位：万元法币）[①]

类别	1940 年	1941 年	1942 年	3 年合计	各类贷款占比
调剂粮食及农业贷款	6647	20689	23755	51091	10.3％
协助产盐贷款	24714	87882	41952	154548	31.2％
协助交通事业贷款	2126	17600	26305	46031	9.3％

---

① 财政部统计处编：《中国战时财政金融统计》表九十三。

类别	1940 年	1941 年	1942 年	3 年合计	各类贷款占比
发展工矿事业贷款	14670	15783	91807	122260	24.7%
协助地方建设事业贷款	6705	2217	1100	10022	2.0%
平抑物价及收购物资贷款	13691	15526	43408	72625	14.7%
一般事业贷款	188	1144	37316	38648	7.8%
合计	68741	160841	265643	495225	100.0%

3. 全面抗战八年四行联合贴放数额及投向

据《四川省金融志》之"抗日战争时期四行联合贴放数额统计表"可知，在1937—1945 年的八年全面抗战期间，四行联合贴放的投向及金额情况如下。

全面抗日战争时期四行联合贴放数额统计表（单位：亿元法币）

年度	总额	调剂粮食及农业贷款	协助产盐贷款	协助交通事业贷款	发展工矿事业贷款	协助地方建设事业贷款	平抑物价及收购物资贷款	一般事业贷款
1937.9—1939.12	6.3	0.1	0.5	0.2	0.3	1.6	0.1	3.3
1940	6.8	0.6	2.4	0.2	1.4	0.6	1.3	0
1941	16.0	2.0	8.7	1.7	1.5	0.2	1.5	0.1
1942	26.5	2.3	4.1	2.6	9.1	0.1	4.3	3.7
1943	111.0	7.4	10.1	14.4	66.3	—	7.6	4.9
1944	330.1	9.0	46.9	9.0	238.2	—	19.6	7.2
1945	756.5	29.2	154.5	46.6	373.4	—	56.9	95.6

由此可见：抗战时期中行和央、交、农三行一道，以其资金大力支持了后方抗战必要和生活必需的各类物资的生产，对发展战时经济，支持抗日战争发挥了较好作用。八年中，四行联合贴放总额达 1253.2 亿法币，按当时统计口径，联合贴放的具体投向分为七类，各类贷款总额及占比分别如下：

调剂粮食及农业贷款 50.6 亿元，占比 12.4%；协助产盐贷款 227.2 亿元，占比 18.2%；协助交通事业贷款 74.4 亿元，占比 6%；发展工矿事业贷款 690.2 亿元，占比 55.2%；协助地方建设事业贷款 2.5 亿元，占比 0.2%；平抑物价及收购物资贷款 91.3 亿元，占比 7.3%；一般事业贷款 114.8 亿元，占比 9.2%。

在以上四行联合贴放七类贷款总额中，1937 年 8 月至 1940 年 11 月，中行占联合贴放比例为 35%；1940 年 12 月至抗战结束，中行联合贴放比例为 30%。

（二）四川中行参与联合贴放支持抗建窥视

总的来看，抗战初期在举国内迁大潮中，四川中行曾参与执行稳定经济金融调整等工作，以联合贴放形式参与战时国家经济的调整。在抗战中后期，还在中行总处领导下，用更多的资金更大的力量，支持抗建事业发展。

1．四川中行参与联合贴放份额之估算

据《四川省金融志》记述，仅 1944 年 6 月，四联总处核定贷放在四川和重庆的各类放款总额达 302863 万元，其中重庆地区 286749 万元，成都、自贡、内江、万县、乐山等地共 16114 万元。这次对工矿业贷款最多，仅重庆就有 173774 万元，占总额的 60%。1944 年 10 月，放款总额增加到 535332 万元，其中重庆为 524932 万元，四川各地为 10400 万元，仍以对工矿业放款为多。

再据《重庆中行史料》记述，1944 年底，四川中行资产占全中行 25%，负债占32%。1944 年 7—11 月，四川省中行盈利 1.66 亿元，比全中行盈利 1.54 亿元还多。由此不难看出以下两点史实：

第一，在"1940—1942 年四行联合贴放分类统计"中，三年合计各类联合贴放总额为 495225 万元；然而仅 1944 年 6 月四联总处核定贷放在四川和重庆的各类放款总额达 302863 万元，这相当于 1940—1942 年 3 年各类贴放总额的 61.16%。这说明，抗战期间四川和重庆是四行联合贴放的重点地区。

第二，到 1944 年底，四川中行资产总额占全国中行资产总额的 1/4，盈利比整个中行盈利还多。这说明，抗战期间四川中行又是全国中行系统信贷资产的投入大行；反过来说，抗战期间四川中行参与四行联合贴放的比重在全国中行系统也最大，因而为大后方抗建所做出的贡献在全国中行系统也最多。

2．四川中行在内迁大潮中参与联合贴放

从 1937 年下半年到 1940 年底，四行直接贷给厂矿的款项约为 1.45 亿元，其中：中行分摊贷款约为 6200 万元。由于重庆市的战时陪都及四川省战略大后方地位，四川中行在总处领导下，积极执行了总处配合农工矿调整委员会调整经济的具体工作。据《四川月报》第十一卷第四期《重庆中中农三行办理贴放近讯》记述：1937 年 8 月 26 日，四行联合贴放委员会和四行联合办事处成立后，遂在汉口、南京、重庆等 15 个城市成立分会及分处，而中、中、农三行重庆分行联合贴放委员会约于 1937 年 9 月 7 日成立，到同年 10 月 7 日，一个月里贴放总额已达 1300 余万元，但大部分系公债作抵，贴放范围仅限于重庆一处。四川省府于 10 月 7 日致电财政部，请求扩大四川的贴放范围："（一）贴放范围，不限于重庆一处，应使四川境内，凡有中中农三行地点，均设组织；（二）希望由城市扩大到农村，对房产也希望抵

押；（三）对中央公债，应照八成以上抵押，重要产业股票七成抵押；（四）扩大信用，大量贴放工商业票据，务求期票周转。"由此可见，抗战初期四川中行通过中、中、农三行之重庆分行联合贴放委员会，以联合贴放的方式，支持战时四川各业发展。

3. 四川中行参与支持交通事业发展

川中行参与支持铁路事业发展。全面抗战爆发后，随着沿海口岸的相继沦陷，政府为开辟国际交通线路，开发西南资源，计划修筑湘桂、滇缅、叙昆、黔桂等铁路。在上述铁路修建过程中，中行都参与了联合贷款。如叙昆铁路从四川叙府（今宜宾市）到云南昆明，全长 774 公里，由财政及交通两部于 1939 年 12 月与法国银行团及中国建设银公司成立借款合同。其中法币借款部分 3000 万元由中国建设银公司担任。1940 年 6 月，该公司将该笔放款转让给中、中、交、农四行，中行按 35％ 摊放 1050 万元。由此可见，中行及川中行积极参与联合贷款支持铁路建设事业。

川中行参与支持航运事业发展。为发展大后方的内河航运事业及陆上交通，中行及川行积极参与联合贷款给予支持。如 1944 年 6 月，四川卢作孚的民生实业公司申请借款 7000 万元，四联总处核准由中央、中国、交通及邮汇四行局按 30％、25％、25％、20％的比例摊借，中行摊借 1750 万元；1945 年 5 月，交通部为修理 40 艘船舶申请贷款，四联总处批准照借 4 亿元，由交通、中国、中信、邮汇四行局按 40％、30％、20％、10％比例摊放，中行分摊 1.2 亿元。

川中行参与支持公路与汽车事业发展。支持西南地区的汽车制造及运输事业，对江南汽车公司、中央滑翔机制造厂、中国汽车制造公司等制造汽车企业的各笔贷款，以及中国桥梁公司为修筑川滇、川陕、川康三线公路大桥工程而申请的各笔贷款，中行也都按照四联总处批准的分摊比例给予贷款支持。至于有关公司申请的短期透支、贴现等，中行均本着支持交通运输事业的原则，以低息、优惠的条件协助解决，四川中行也积极参与其中。

4. 四川中行参与办理战时工矿贷款

1943 年 4 月 15 日，四联总处通过的《卅二年度办理国防有关及民生必需之工矿生产事业贷款纲要》，规定贷款总额为 20 亿元，其中国营事业占 40％，计 8 亿元，民营事业占 60％，计 12 亿元。贷款用于增加生产所必需的周转货金，由中、交两行自 7 月份起各半贷放。中、交两行可随时按实放数七折向中央银行转抵押或转贴现。为此，中、交两行承贷国营工业生产贷款 8 亿元。1944 及 1945 两年，国营工贷数字又有大幅度增加，分别为 13.2 亿及 20 亿元，仍由中、交两行平均分担。至于民营工贷部分，1943 年贷款 12 亿元，由中、交两行各自摊贷 6 亿元，1944 年度贷款金额增加到 20 亿元，其中由中央信托局及农民银行承担了 16.5%，其余 83.5% 即 16.7 亿元仍由中、交两行承担，中行分摊的比例更高一些，为 8.96 亿元。在中、交等行贷款支持下，国营工业生产发展很快。如资源委员会管理的电力工业，1944 年新增加发电容量 2.8 万千瓦，发电量达 515 万千度，比 1939 年增加 6 倍，石油比 1939 年增长 1000 倍，动力酒精增长了 50 余倍，钢铁、有色金属、煤炭、化工等生产也有较快发展。同时，中行贷款支持的民营或官商合办的工矿生产事业，如中国兴业公司、贵州企业公司、云南锡业公司、中国炼糖公司、四川榨油厂等，也发展较快。

5. 办理战时生产局贷款及紧急后方工贷

1944 年下半年，日军攻占柳州、桂林、独山等地，战事趋繁。11 月间，国民政府在重庆设立了战时生产局，综合处理战时生产事务。该局以达到军用及主要民用物资的最大生产为目的，对公私战时生产承担指挥、监督及联系的职责。战时生产局为加强战时生产，向四联总处商借法币 100 亿元，直接以订货或转贷方式向生产机构定制成品，或充实设备以增加生产。1944 年 12 月，该局与中、交、信、邮四行局签订 100 亿元贷款协议，四行局按 30%、40%、15%、15% 的比例分摊，并按贷出数的八成向中央银行办理转抵押。在中国银行摊贷的 30 亿元中，四川（重庆）分行及其所属机构分担 15 亿元，总处及其他分支行分担另外的 15 亿元。而且，有关与战时生产局订立借款合约以及向中央银行办理转抵押等项工作，都委托中行四川（重庆）分行集中办理。

6. 参与垫付代购生产原料之款项

这项业务实际是一种变通方式的购买生产原料贷款。四联总处为了进一步协助政府发展生产，掌握物资，供应工业原料，并防止厂矿将贷款移作他用，于 1942 年 12 月通过《战时各行局代购生产原料办法纲要》，设立原料购办委员会，办理代购生产原料事宜。所需购办资金，由各行局随时垫付，已购原料照主管机关指示分配。又于 1943 年 3 月制定《四联总处原料购办委员会代购生产原料实施办法》，对国营、民营生产事业申请借款购料应履行的手续及应承担的责任以及承贷行局贷款的贷出与收回等作了规定，由贷款行局与申请机关签订合约据以执行。四联总处为统筹需要，便利支配，除受托代购生产原料外，还于 1943 年 3 月按照《四联总处原料购办委员会自购生产原料统筹支配办法》的规定，对生产原料预作适宜的采购运储。为此需先筹集基金 2 亿元，除 1 亿元由财政部拨付外，其余由中、交、农、信四行局各分担 2200 万元，邮汇局分担 1200 万元。购料所需资金，仍由经办行局垫付，必要时，得以所购原料向央行按 7 折叙做转抵押。"原料购办委员会"规定，自购生产原料包括棉花、羊毛、谷类、五金原料、煤焦、液体燃料及原料、纸张、食油原料及化工原料等项，分别指定各行局办理。其中除棉花一项，规定一律由购办委员会直接向花纱布管制局洽购外，各行局可根据所分配的采购原料种类及数量，自行设法采购或委托有关物资主管机关代购。当有关生产单位申请购买原料贷款时，各行局即以此项购存原料按限价或依照购进成本及费用另加利息及手续费办理贷款。

中行先办理了代购生产原料及垫款工作，如为四川丝业公司及嘉定（乐山）新凤翔丝厂等垫付购蚕茧款 9700 万元，为裕滇纱厂垫付购棉花款 2300 万元等。购办委员会实行自购生产原料统筹支配以后，中行又承办了棉花、五金原料、煤焦、液体燃料及原料、食油原料、化工原料及纸张等 7 项代购工作。"原料购办委员会"自购生产原料计划资金，1943 年度为 8 亿元，1944 年度为 10.3 亿元，1945 年度为 18 亿元，3 年合计 36.3 亿元。中行分摊垫款及购办数字为 9.4 亿元，占总额的 25.9%。该项工作于 1945 年 10 月结束。迄结束时止，中行实际购办原料 3 年合计 6.6 亿余元，完成比例是 70.5%；原料售出近 5.1 亿元，占购入数的 76.6%。完成数字及比例在五行局中都是最高的。

7. 四川中行之机构参与联合贴放窥视

据《乐山市志》记述，1943 年 4 月 2 日，四联总处核放给武汉大学（西迁至四川乐山）实验工厂设备贷款 200 万元；同年 5 月 28 日，核准给普益经纬公司生产航空保险伞设备贷款 500 万元，由四联嘉定支处办理。由上亦不难看出抗战期间四川中行下属机构参与联合贴放的史实。

四、扶持外贸，成为出口贸易结汇中心

中国银行从 1928 年起就改组为政府特许的国际汇兑银行，1942 年后又改组为国际贸易专业银行，自应努力支持进出口贸易的发展。全面抗战开始后，中行根据战时条件，配合有关部门，做了大量有益的工作。四川中行抗建历史贡献之四就是：做好结汇与收解侨汇，发放扶持国际贸易贷款。

（一）扶持国际贸易有关事业的发展

抗战开始，中行为履行国际汇兑银行职责，一直以扶持国内外贸易作为主要任务之一。不论国营、民营贸易机构，凡有需要协助时，都尽可能予以资金融通的便利。如，对资源委员会钨、锑、锡、汞的产销，贸易委员会桐油、茶叶与其他物资的收购，中行或会同三行联合贴放，或对其临时需要单独贷款。对一些经营猪鬃、桐油、生丝出口的民营贸易公司，中行也大力给予支持，以推动上述物资的收购及出口。政府《经济三年计划实施办法》公布后，中行又积极按照计划规定，对国营、

民营机构收购出口物资款项及时给予融通。四行业务专业化后，负责办理与国际贸易有关事业的贷款，通过发展与扶助国际贸易，协助国民政府平衡国际收支，成为中行的主要业务。当时国际交通严重受阻，仅有少量物资可以出口，但增加可以替代进口产品的生产，同样会有利于平衡国际收支。因此，中国银行确定，"应以扶持国内生产为范围，以期增加出口贸易，减少进口贸易，平衡国际收支，而以裨益国计民生的一切生产事业为贷款的对象"。

1. 抗战时期中行扶持国际贸易贷款概况

从 1942 年到 1945 年的 4 年中，中行对出口贸易的矿产品钨、锑、锡，以及农、畜产品如桐油、猪鬃、丝、茶等的加工制造，以及与减少进口有关的纺织、冶炼、化工、机械等生产事业，都给予了积极的贷款支持。据《中行史》记述，1942—1945 年中国银行扶持国际贸易贷款情况如下。

1942—1945 年中国银行扶持国际贸易贷款统计（单位：万元法币）

年度	支持国际贸易贷款总额	出口矿产品贷款		出口农畜产品加工制造贷款		为减少进口贸易品的生产贷款	
		金额	所占百分比	金额	所占百分比	金额	所占百分比
1942	83700	3900	4.6	13200	15.8	66600	79.6
1943	177400	12600	7.1	22900	12.9	141900	80.0
1944	298200	9500	3.2	38900	13.0	249800	83.8
1945	953600	60700	6.4	159700	16.7	733200	76.9

资料米源：根据中国银行各年业务报告数字整理编制。

四年中，中行发展与扶助国际贸易的各类贷款数字都有成倍增长。1945 年与 1942 年比较，扶持出口矿产品贷款增长了 14 倍，协助出口农畜产品加工制造贷款增长了 11 倍，为减少进口贸易品的生产贷款增长了 10 倍。其中，除 1944 年扶持出口矿产品贷款，因江西、湖南两省的钨、锑产区受到战争影响，生产下降而有所减少外，其余年份的各类贷款都有大幅度增长。在支持国际贸易贷款总额中，为减少进口，扶持本国生产的贷款，每年都在 80% 左右。贷款增长虽有通货膨胀因素，但也表明中行在务力实现向专业化方向的转变方面还是取得了一定成效的。需说明的是，中行战时发放扶持国际贸易贷款，或支持进出口贸易之史实，与中行农贷之特产贷款史实既有所交叉，但又不完全相同。

2. 四川中行扶持国际贸易贷款占比窥视

据《四川省金融志》记述：据不完全统计，1942—1944 年，中国银行共发放发展与扶助国际贸易贷款 476267 万元。四川历来是猪鬃、桐油、生丝、茶叶、皮毛等主要货物出口省份之一，中国银行发放的协助农产品、畜产品加工制造事业贷款，三年间达 74858 万元。1944 年比 1942 年增加 4.7 倍多。

1942—1944 年中国银行发放扶持国际贸易贷款统表（单位：万元法币）

年　　度	发放扶持国际贸易贷款总数	协助出口矿产品贷款	协助出口农、畜产品加工制造事业贷款	减少进口贸易品生产贷款
1942 年	64667	6207	7758	50702
其中渝行办理	17333	1110	7703	8520
其中渝行占比	26.80％	17.88％	99.29％	16.80％
1943 年	170300	10200	30400	129700
1944 年	241300	10400	36700	194200
合计	476267	26807	74858	374602

由此可见，仅以 1942 年为例，四川中行发放扶持国际贸易贷款 17333 万元，占全国中行此类贷款总数的 26.80％，其中四川中行发放的协助出口矿产品贷款占全国中行比例 17.88％，协助出口农、畜产品加工制造事业贷款占全国中行比例 99.29％，减少进口贸易品生产贷款占全国中行比例 16.80％。

（二）四川中行支持进出口贸易片史

由于史料残缺，现仅就全面抗战期间川中行支持进出口贸易之片史整理如下。

1. 四川中行在支持出口贸易中办理押汇

1937 年"八一三"战事发生，江阴封锁以后，长江下游航运完全停顿，从上海出口已无可能。四川的出口物资一时无法外运，形成阻滞。中行重庆分行利用自己的有利条件，对遭遇困难的出口商给予积极支持。一方面联合当地其他银行共同办理押汇，予出口商以资金支持；另一方面，委托汉口、广州、香港的联行协助，代办汉口到广州及广州到香港两段的铁路转运手续及货到香港收款交单等项工作，使积压在四川等地的大量桐油、猪鬃、羊皮等得以顺利外销。

2. 重庆成为中国进出口贸易之结汇中心

1938 年 3 月，为防止国内资金外流和敌伪套购外汇，国民政府颁布《外汇请核办法》《购买外汇请核规则》，凡向国家银行购买外汇者，需填具申请书，集中由中央银行总行及其香港通讯处核定售给。中央银行为及时收购出口外汇，特颁布《商人运货出口售结外汇办法》，凡运货出口首先应向中国银行或交通银行取得"承购外汇证明书"，再提交海关查验，领取"报关单"后，才能向交通部水陆运输联合办事处申请办理托运。最初规定办理结汇的出口货物有桐油、猪鬃、皮革、肠衣、矿砂、茶、丝等大宗商品 24 种，后减为 13 种，其他出口货物，不必结汇。由此，中国银行和交通银行一道，承担了作为应结出口外汇的承购银行的任务。由于货物出口后，出口商应将出口货款外币售给原承购外汇银行，并将承购外汇证明书缴还注销。因此，承购银行承担收回出口外汇的责任，必须在确实能够收回外汇的情况下，才能将"承购外汇证明书"交给出口商。中行总处为此规定有关出口商应觅具殷实银行或商号，保证将全部外汇结售给中行；或将提单及一切有关单据过入中行户名，交由中行代收货款；或将该商名下的国外银行商业信用证交中行执存，书面声明该项信用证项下的全部外汇均结售与中行；否则，出口商在签订结售外汇成交单时，应提供适当的现金保证。迄 1939 年，中国银行先后在四川的成都、泸县、万县、宜宾、江津、合江，湖南衡阳，湖北宜昌、沙市，广西南宁、梧州、百色，云南昆明，贵州贵阳、广东韶关、广州湾等地增设行处，办理出口外汇的承购工作。再据《四川省金融志》记述，抗战期间重庆成为中国进出口贸易和结汇中心。因当时对外贸易进口多、出口少，外汇入不敷出，中央银行对核售外汇限制较严，加上法币发行量的激增，以及香港等地市场外汇买卖投机盛行等因素影响，内地出现外汇黑市。至 1938 年底，外汇市价法币 1 元只折合英镑 8 便士。当时，四川土货出口系按法价向重庆中国银行结汇，而在云南则可按市价结汇，故四川的出口商多将货物运往云南转口外销，在云南办理结汇。1938 年底，国民政府公布《外销货品限制报运转口办法》，并在川滇交界地区设立外汇管理机构，四川出口货物经云南转口外销的情况，始渐减少。1939 年 7 月，国民政府为控制外汇支出和鼓励出口结汇，责令中国银行挂出商汇牌价，作为贸易结汇的公开汇率。外汇管理实际上形成了法定汇价、商汇牌价、市价的"三元汇率"，对进出口贸易实行汇价差额制度，即进口商购买外汇，须按法价与商汇牌价差额缴纳平衡费；出口商结售外汇，可按结算凭证向结汇银行领取法价与商汇牌价之差额。商汇牌价最初定为英镑 7 便士。次年 8 月，即改为 4.5 便士。同时，宣布取消 13 种出口货物结汇的规定，改为由政府统筹运销桐油、猪鬃、茶叶、矿产 4 类货物，其他一切出口货物均须结售外汇于中、交两行。1940 年 3 月，国民政府以全部出口货物结汇办法手续烦琐，又规定除 4 类货物仍由政府统筹运销之外，另定 14 种货物应行结汇，并改按外销后实售货价证明书所填数额的八成结售外汇（原定九成），免缴手续费，以资鼓励。

五、承做汇款，代供军钞与收解侨汇款

国内汇款业务办理的灵活与否，既影响战时金融与物资的流通，也关系银行业务的发展，而供应军需钞券则是战时国家银行汇兑的首要任务。中国银行与央、交、

农三行共同摊汇军政汇款，并积极承做工商汇款及其他汇款，同时还做好非贸易结汇尤其是战时侨汇的汇入与解付工作。因此，四川中行抗建历史贡献之五就是：承做汇款，代理国库保障军钞供应，保障物资流通，做好收解侨汇工作。

（一）代理国库以保障军需钞券供应

战时军费支出主要由银行垫款解决，因而钞券的供应能否充分及时，对国防需要，部队薪饷，作战开支等影响很大，因此央、中、交、农四行都以此作为首要任务，在印制钞票，灵活调拨头寸，加速款项汇解等方面，努力筹划，早做安排，以保证军需，支持抗战。

1. 中行供应军钞与摊垫军款概况

供应军钞。抗战期间军政汇款繁多，重庆与外埠城市间商务汇兑亦迅速增加。1938 年，国民政府规定各国家行局由重庆汇往口岸的汇款限额，控制资金外流。1939 年制定《便利内汇暂行办法》，对外地资金内调、物资内运、采购战区物资等汇款手续之审核，均有详细规定。在供需矛盾日益突出的情况下，四联总处在 1940 年 9 月做出安排，规定凡国库应拨的各种款项，暂定每月需用现钞 4 亿元，由央中交农四行按照 35％、35％、20％及 10％的比例摊垫（中行每月摊垫 1.4 亿元），各自筹款备付。同年 11 月 28 日，调整统一垫款汇款贴放比例，中行军费垫款比例减为30％。在分担限额以内的款项，各行应随时如数支付，不得拖延或拒付。如超过限额，则无论数额大小，四行均可缓付。同时，修正通过《中、中、交、农四行钞券集中运存站及改善军政大宗汇款实施办法》，以调剂各地钞券供需，改善军政大宗汇款的解付，并规定在重庆、成都、万县、西安、兰州、洛阳、昆明、贵阳、桂林、曲江、沅陵、衡阳、赣州、永康、永安、屯溪、老河口、立煌等 18 处设立四行钞券集中运存站。四联总处酌定各行存储限度，由四行尽量运储大宗钞券备用。凡军政机关大额汇款，应事先匡计数目，函报四联总处转知四行预运钞券，由四行在上述18 站所在地或其附近解付。中行面对当时券料紧缺，供需矛盾突出的情况，在组织调运钞券，设法吸收钞券方面，不惜代价，不避风险，尽了很大努力。除商嘱各分、支行处在日常业务中"实行酌增存息，大力吸收存款；揽做内地汇款，对以现钞交汇者减收费用；催收旧欠，斟酌情况收现了结"等办法外，还采取了"改分区发行为集中发行；自行办理钞券内运；建立无线电台，便利资金调拨和汇款工作"三项措施，以保证各种款项特别是军款支付的需要。为及时解付巨额军汇急需，中行还常以飞机运济法币。

摊垫军款。抗战时期中行摊垫军款的数字，历年业务报告都包括在"对政府的垫款"数内。政府垫款用途较广，党政军各项费用都有，军款垫付并无单独统计，但"以军款为最多，约占总数 60％ 以上"，其摊垫军款情况如下：第一，1937 年到 1941 年五年中，中行对政府垫款累计 55.26 亿元，同期增发法币 38.39 亿元，约占垫款的 70％（占到垫付军款 86％），是中行通过吸收存款和储蓄等方法解决了三成政府垫款，约 17 亿元。这对减少货币的投放，延缓通货膨胀的速度，无疑起了一定的积极作用。第二，就承做军政汇款而言，仅自 1940 年 10 月到 1942 年 9 月两年中，中行承做的军政汇款累计达 27.78 亿元。每月最高达 2 亿元，最少时也有 2000 万元。第三，1942 年 9 月四行专业分工以后，军政汇款集中于中央银行统筹办理，只在中央银行未设行地点，才由中国、交通、农民三行按库分摊承汇。专业化后，中行军政汇款比重下降，1942 年为 32％，1944 年降为 19％；而工商汇款比重则上升，1942 年为 45％，1944 年升为 72％。尽管如此，1943—1945 年 3 年中，经由中行汇解的军政汇款仍分别为 40.63 亿、125.80 亿、609.59 亿元，每年都占四行军政汇款总数 20％ 左右。在当时钞券供应困难条件下，应当说中行积极办理军政汇款的态度是照顾大局的。

2. 川中行代理国库供应军钞窥视

据《重庆中国银行史料》记述：抗战时期，中国银行所承担的军政垫款任务是由四川中行具体办理的，四川中行亦成为国库重庆第一分库之代理。即从抗战爆发之年起，中行与央、交、农三行就承担了国库的巨额垫款。专业化前，四川中行就代中行总处支付国库垫款。再据《四川省金融志》记述，1940 年国民政府实行《公库法》，除预算收入须全部缴存代理国库的国家银行外，一切预算支出亦由国库拨入单位专设账户，再由支出机关签发公库支票，直接支付给债权人。代理国库是国家银行一项重要的资金来源，中央银行曾委托中、交、农三行分别代理重庆的一、二、三分库，四川中行亦成为国库重庆第一分库之代理行。在代理国库重庆第一分库过程中，四川中行每月按通知负责筹运足额钞券备解。以 1942 年 6 月为例，分配川中行国库垫款数为 1.8 亿元，实垫 2.08 亿元，其中在重庆拨付者 1.56 亿元，占 75％，由重庆转汇各地拨付者 0.52 亿元，占 25％。此项垫款任务在法币集中由中央银行发行后，国库垫款才由中央银行单独承担。

（二）承做汇款以保障战时物资流通

战时内地物资紧缺，从口岸采购原材料及生活必需品的数量较大，政府机构及工商业者汇款到口岸的占有相当比重。为此，中行积极设法调运钞券，调拨头寸，以保证汇款的及时解付。同时，内地间的汇款是中行汇款业务的主要部分，占到全部汇款总额的 90％ 以上。中行总处从推动贸易运销，促进物资交流出发，要求各分支行积极揽做，灵活处理。对有些行处因头寸调拨困难，发生限制收受汇款和联行间因汇款收益问题发生留难、积压汇款等情况，都及时地进行顾全大局、维护行誉的教育，并协调双方的困难和收益，共同处理好汇款的收解问题。

总的来看，抗战时期中行经办的汇出汇款概况如下。

战时五行局汇出汇款（单位：万元法币）

年度	总计	中央银行	中国银行	交通银行	中国农民银行	邮政储金汇业局
1937	158997	—	146390	—	—	12607
		—	92.1%	—	—	7.9%
1938	224853	54855	145395			24603
		24.4%	64.7%	—		10.9%
1939	489344	188480	141672	57300	68300	33592
		38.5%	29.0%	11.7%	14.0%	6.8%
1940	867296	431309	207179	84400	86748	57660
		49.7%	23.9%	9.7%	10.0%	6.7%
1941	1236663	319141	366189	209300	220864	121169
		25.8%	29.65%	16.9%	17.9%	9.8%
1942	3127263	1260844	716717	322100	639068	188534
		40.3%	22.9%	10.3%	20.5%	6.0%
1943	9587986	3881684	2257379	1382100	1339696	727127
		40.5%	23.5%	14.4%	14.0%	7.6%
1944	30677558	14871870	6398953	3582000	3453901	2370834
		48.5%	20.9%	11.7%	11.2%	7.7%
1945	178508502	117605404	27672065	13364872	14559878	5306283
		65.9%	15.5%	7.5%	8.1%	3.0%

战时中国银行国内汇出汇款分类（单位：万元法币）

年度	汇款总额	军政汇款		工商汇款		其他汇款	
		汇款金额	占总额百分比（%）	汇款金额	占总额百分比（%）	汇款金额	占总额百分比（%）
1937	146390	—	—	—	—	—	—
1938	145395	—	—	—	—	—	—
1939	141672	30649	21.6	93666	66.1	17357	12.3
1940	207452	44284	21.4	140938	67.9	22230	10.7
1941	354976						
1942	673613	215502	32.0	304598	45.2	153513	22.8

续表

年度	汇款总额	军政汇款		工商汇款		其他汇款	
		汇款金额	占总额百分比（%）	汇款金额	占总额百分比（%）	汇款金额	占总额百分比（%）
1943	2136700	406319	19.0	1350237	63.2	380144	17.8
1944	6324825	1258028	19.9	4451209	70.4	615588	9.7
1945	27672065	6095906	22.0	14017559	50.7	7558600	27.3

由此可见，抗战时期中国银行经办的汇出汇款数字如下。

第一，1937—1939 年间，中行汇出汇款每年约为法币 14 亿余元，1940 年以后逐步增加，1941 年为 35 亿元，1942 年为 67 亿元，1943 年为 213 亿元，1944 年为 632 亿元，1945 年为 2767 亿元（有通货膨胀因素）。

第二，在中、中、交、农、邮五行局对比中，1938 年以前，汇款向以中行为主；1939 年以后，除 1941 年外，央行汇款均超过中行，中行退居第二。但据 1941 年四联总处有关材料反映，当年中行的汇费收入减除运钞费支出后的收益远较央、交、农三行为高，中行 994 万，央行 -238 万，交行 280 万，农行 185 万。说明中行办理战时汇款态度积极，效果也较好。

第三，四行专业化后，军政汇款集中于中央银行，中行商业汇兑增加。1942—1944 年，汇款总额中军政汇款由 30% 下降为 19%；商业汇款由 45% 上升到 72%。1941—1945 年，每年汇兑总额分别为 35 亿、67 亿、213 亿、623 亿、2767 亿元。

（三）川中行成为汇款与解汇之枢纽

第一，川中行成为汇款中心与解付侨汇枢纽之史概。抗战时期，四川中行重视发展汇兑业务，以谋后方贸易运销资金之灵活调拨。中行总处在四川（重庆）分行等重点行处均有专用电台，举办电报汇款，联行之间上午交汇，下午即可在异地抵用。同时，川中行还举办电话汇款，无须等待票根寄到，就可先向客户支付汇款，使川中行国内汇兑总额逐年成倍增加，遂成为战时全国汇兑业务之中心。

与此同时，抗战时期，政府对外汇之增收唯侨汇是赖。1937—1940 年全国侨汇汇入累计法币 40.5 亿元，为同期财政收入的 126.8%，同期财政赤字的 49.7%，每年平均汇入侨汇 10 亿元左右，抵补贸易入超绰绰有余。可见，战时侨汇对减缓通货膨胀，稳定金融和平衡国家外汇收支等都有重要作用。为此，中行及川中行将推进侨汇业务作为重要目标之一。抗战以前，中国侨汇的解付，大半由当地侨批局或民信局代办，各地侨胞将各种外币向外国银行购入港单寄香港，由广州、汕头、厦门侨批局卖出，取国内通货，直接解回四川。战前各侨汇均向上海集中，上海沦陷后即至香港中行办理。抗战后至太平洋战事发生之前，外商银行遍设港、沪及国内各大商埠，侨汇途径甚多。侨胞爱国热情高涨，纷纷汇款支援抗战，侨汇显著增加。太平洋战争爆发后，南洋各地为日本占领，外商银行几完全停业，侨汇受阻。香港沦陷后，大部分侨汇移至重庆中国银行解付。海外侨胞汇款返国，如当地有中行机构则径托代汇，如无，则须将款托外商银行或邮局先汇至附近中国银行再汇返国内，亦有少数侨胞购买外商银行汇票直寄重庆中国银行，并由重庆中行经中行之分支行、储汇局或其他银行转解，重庆遂成为吸收侨汇的中心，重庆中行成为收解侨汇之枢纽。中行所经收的侨汇在全国侨汇总数中所占份额，亦由 1939 年 14％，增加到1941 年的 46％。太平洋战争开始后，尽管整个侨汇收入时增时减，而中行所占比重却一直保持在 50％的水平上，成为经收侨汇的主力。

总之，在 1939—1945 年 7 年中，中行所经收的侨汇累计达 2.30 亿美元，比战时向英、美两国易货贸易借款的总额还多 7000 多万美元。再据重庆银行业元老陈功元 2012 年回忆：抗战时期海外汇款成为个人和国家渡过难关的稀缺资源。在那个年代，只有中国银行还在用举鼎之力坚守侨汇收解服务。当时中国银行的分支机构遍及世界各地，海外华侨赡养家属的汇款和支持抗战的捐款源源不断地通过海外各地的中国银行汇回国内。国内尚未沦陷的地方就转汇至当地的中国银行各分行，解汇给收款人；已经沦陷的地方就由重庆中行委托邮汇局、其他银行解汇给收款人。汇款的到来无疑是万里鸿雁，不仅是对身处战乱中亲人的经济支撑，也是对他们最关切、最厚重的情感问候，这让当时很多有海外亲人的市民望眼欲穿，切身体会到了"烽火连三月，家书抵万金"。[①]

第二，川中行成为战时汇兑业务中心和收解侨汇枢纽之史证。经对 2011 年中行四川省分行行史展览馆所搜集的民国期间川中行汇兑票据实物之考证，足可证明川中行是战时的汇兑业务中心和收解侨汇之枢纽。

1938 年 2 月 5 日，中国银行重庆分行出具收入传票，收款人为甘鉴斌处长（川康绥靖公署主任室），美元 150000.00 元，行市 75.00 元，汇款人为李文衡，绥靖公署。

1938 年 12 月 26 日，梁实秋在中国银行开具现金支票，此至重庆小樑子，金额为国币 100 元。

1939 年 2 月 9 日，香港药行商会汇往重庆国民政府林森主席的信汇通知书，由广东中行汇出，至重庆中行解付，金额 8454 元。

---

① 硝烟下的重庆中行：烽火传情 烈火炼金. 重庆日报，2015 年 8 月 25 日.

1939 年 3 月 4 日，戴季陶在中国银行开具现金支票，此至重庆小榄子，金额为国币 3000 元。

1939 年 5 月 31 日，巴达维亚（即雅加达）中国银行开具美元支票，由重庆中国银行解付，收款人为国民革命军第八路军代表廖承志，金额 1000 美元。

1939 年 7 月 19 日，新加坡中国银行内部转账凭证副本，汇款人为新加坡星洲华侨妇女筹赈会，通过新加坡中国银行汇来捐款，计国币 706.49 元，宋美龄女士代表难童保育会签收。

1939 年 12 月 15 日，伦敦中国银行（英处）开具，由重庆中国银行解付的内部转账凭证，收款人为蒋委员长外交部转，用途为双十献金；金额不详，签收人加盖财政部和孔祥熙印章。

1940 年 3 月 4 日，重庆中国银行为陈嘉庚、侯西反开具旅行汇信，金额为 12000 美元，凭图章和签字付款。

1940 年 6 月 2 日，中国银行重庆分行出具收入传票，收款人为宋子文董事长（住址香港中国银行），金额为国币 520 元，汇款人为渝行。

1941 年 2 月 14 日，中国银行重庆分行出具内部转账收据副本，汇款人为中国妇女慰劳自卫抗战将士总会，汇来捐款国币 20 万，收款人为中国妇女慰劳自卫抗战将士总会宋美龄。

1941 年 6 月 22 日，中国银行重庆分行出具收入传票，汇款人为参政会；收款人为成都金陵大学陈裕光，金额为国币 499 元；由成都南台寺办事处经办。

1941 年 12 月 30 日，中国银行重庆分行出具收入传票，收款人为四川省主席张群（字岳军，成都四川省防空司令部），金额国币 2000 元，汇款人不详。

1943 年 6 月 2 日，万县中国银行奉节办事分处开具现金支票，由重庆中国银行验付，收款人为军政部何应钦部长，金额为国币 1396.41 元。

1943 年 9 月 30 日，纽约中国银行（纽行）开出支票，解付行为重庆中国银行，收款人为重庆财政部孔祥熙，付款人为品夫华侨抗日会之捐款，金额为国币 2400 元。

1943 年 12 月 29 日，纽约中国银行（纽行）开出内部往来凭据，收款人为重庆财政部孔祥熙，付款人为马培进，金额为英镑 134 元；用途为双十献金为救济伤兵难民之捐款，由重庆中国银行解付。

1944 年 3 月 9 日，纽约中国银行（纽行）开出美元光票，由重庆中国银行解付，收款人为蒋宋美龄夫人救济难童，金额 15.45 美元，属于捐款。

1945 年 4 月 9 日，陶行知在中国银行开具，此至重庆小榄子的现金支票，金额为国币 16700 元。

六、投资事业，保障民生支持后方抗建

抗战时期，为谋发展生产以增加出口减少进口，发展国防工业，增强抗战力量，中行对国防民生有关之生产事业亦连年均有投资，投资系以证券（公债）为主。四川中行抗建历史贡献之六是：投资事业，保障民生，支持后方抗建。

（一）战时川中行投资各事业概况

《中行史》之"投资生产建设事业"记述，战前中行就曾投资生产建设事业；抗战后，为加强抗战建国力量，设法将部分投资事业内迁，或将原上海、香港等地的机器辗转内移，另建新厂。1940 年 4 月，政府制定《经济三年计划实施办法》，规定四行可以投资方式支持铁路及工矿建设，中行随即陆续投资参与工矿企业的建设，支持后方各省生产建设事业。

1. 中行投资兴办大后方事业分省资料

《四川省金融志》记述：1937 年，中国银行在全国各地投资进出口贸易等生产事业达 45 家，金额 4000 余万元。1939 年中行总处迁入重庆，将原投资之厂矿企业，设法内迁恢复建厂；或将原在沪、港等地的机器、材料、技术人员，转移内地，另建新厂；或与有关方面合作，共同投资，组建股份制的新厂、新公司。

《中行史》记述：中行在抗战时期投资兴办的事业，包括纺织、化工、机械、冶炼、电力、采矿、食品等工业，以及水利、垦殖、运输、贸易等部门，其中有些是中行独资兴办的，有些与地方政府或资源委员会合办，也有些是工商业者参与合办的。中行在大后方投资兴办事业的分省资料（含内迁厂矿公司）显示，约于 1940 年末，中行及川中行投资各事业概况如下。

中国银行在四川、云南、贵州、广西、陕西、甘肃、青海、江西、湖南及其他省，共投资兴办事业的股份有限公司有 68 家，包括纺织、化工、机械、冶炼、电力、采矿、食品等工业和水利、垦殖、运输、贸易等部门。其中，有些是中行独资兴办的，有些是与地方政府或资源委员会合办，也有些是有工商者参与合办的；在四川省投资兴办事业达 40 家，占比达 58.82％；在其余省投资兴办的事业计有云南 8 家、贵州 4 家、广西 4 家、陕西 3 家、甘肃 3 家、青海 1 家、江西 2 家、湖南 2 家、其他 1 家（香港中国国货公司）。

中国银行在四川省投资兴办的 40 家事业，具体包括：中国产物保险公司，中国人事保险公司，大华实业公司，中国纺织企业特种公司，四川榨油厂（中国油脂工业股份有限公司），豫丰纱厂，大中华茶叶公司，资中酒精厂，民生实业公司，中国

物产公司，中国药产提炼公司，川黔铁路公司，华懋公司，建川煤矿公司，中国汽车制造公司，通济贸易公司，重庆中国国货公司，中国桥梁公司，中国国货联营公司，成都中国国货公司，重庆缆车公司，中国棉业公司，重庆电力公司，中国兴业公司，中国纸厂，馥记营造公司，川康兴业公司，建国造纸公司，中国国货试验工厂，四川畜产公司，西南麻织公司，华侨企业公司，四川丝业公司，四川复兴酒精公司，渝西自来水公司，四川农业公司，中国标准铅笔厂，时与潮印刷公司，华西建设公司，中国联合炼糖公司。

2. 1943 年中行及川行投资各公司概貌

《四川省金融志》记述：截至 1943 年底，中国银行投资单位达 92 家，总金额达24944 万元。然而，这些投资的企事业单位，大都设在四川（见下表）。

1943 年中国银行投资情况一览表（单位：万元）

行业	家数	金额	占投资总额百分比（%）	行业	家数	金额	占投资总额百分比（%）
纺织工业	21	5531	22.17	运输业	5	1210	4.85
化学工业	12	3814	15.29	冶炼工业	1	2000	8.02
水利垦殖	5	2960	11.87	电力事业	3	585	2.35
矿业	5	2642	10.59	食品工业	2	143	0.57
机构工业	5	1802	7.22	金融保险业	6	704	2.82
贸易	15	1510	6.05	公营企业及其他	12	2043	8.19

对此史实，《中行史》之《投资生产建设事业》记述：截至 1943 年底，中行投资单位达 92 家，较战前增加了 1 倍；投资总金额达 2.5 亿元，较战前增加了 5 倍；对投资企业的贷款达 10.7 亿元（1943 年 7 月底数据）。从投资对象看，对纺织工业、化学工业、贸易企业三类企业有所侧重，这三类公司共 48 家占比 52%；其投资金额1.09 亿元，占比 44%；其贷款金额 8.7 亿元，占比 81%。迄 1945 年底，中行投资总额达 4.16 亿元，增加部分多为在原投资单位增股。

与此同时，中行在经营上强调"稳健"，在投资方面多仿美国做法，为求资金的安全有利，为加强对投资企业的控制，为掌握投资企业的经营动态以利资金运用的决策，该行根据投资的多少，指派相应人员担任企业的仓库管理员、稽核、会计主任、襄理、副理、协理等职，并建立了管理企业的派驻人员的工作制度，形成了银行资本渗入并控制工商业资本的雏形。

3. 抗战时期中行各年投资生产事业情况

抗战时期中行各年生产事业投资余额表

年度	1940	1941	1942	1943	1944	1945
累计投资余额（万元）	7657	13293	18700	25080	36280	41590

总之，抗战时期，四川中行所属机构跨川、康、黔三省，川行本部地处战时陪都重庆，因此四川中行对各种事业的投资，成为中行投资的重要组成部分。

（二）战时投资各事业案例及成效

据《中国银行行史资料汇编》之《中国银行投资各事业概况调查表》记述，抗战时期四川中行投资各公司的部分事例之情况如下。

1. 投资食品事业：中国油脂工业股份有限公司

中国油脂工业股份有限公司，成立于 1940 年 11 月，原名四川榨油厂。系于 1940 年在重庆，由中国银行及中国植物油料厂为谋四川榨油事业改进合资创办，继由政府经济部工矿调整处及新华银行加入为股东，依照特种公司之条例组织股份有限公司；以榨炼食油为主要业务，于 1943 年兼以植物油制造各种润滑油及代柴油供应后方军工之需要，1946 年将总公司迁到上海，并在上海筹设沪厂。1940 年，该公司资本额 350 万，川中行投资 252 万元，占 25200 股；1943 年，资本额增资为 1000 万元，川中行投资 767 万元，占 76700 股；1947 年，资本总额 50 亿，川中行投资 383500 万元，占 38350000 股；资产总额 1200872762.78 元；纯益 4294212.99 元；每股股息 8.00 元；每股红利 10.00 元；董监事酬劳数 22800000 元。该公司董事长亦由川中行经理徐广迟兼任。

2. 投资工业公司：中国兴业公司

中国兴业公司成立于 1939 年 8 月，厂址位于重庆江北香国寺 3 号，公司在重庆市中山三路。抗战开始，政府迁渝，由孔庸之、徐可亭等诸先生发起。为配合抗战需要，经前经济部翁部长呈准委座，就华联钢铁公司、中国无线电业公司、华西兴业公司、矿业组原有机构及一切设备等合组为中国兴业公司，由中央信托局、中国、交通、农民三银行及资源委员会、四川省政府等投资参加。就重庆江北香国寺华联原厂做积极扩充，初分钢铁、矿业、机器、电业、窑业各部，各设经理，附属于总公司。嗣于 1945 年抗战胜利，受环境影响，各厂全部停工，资遣殆尽，留少数员工保管。1947 年 1 月经董事会决议，交由商股最多数之代表人胡常、董仲实负责管理。鉴于厂房失修，机件锈污，负债极巨，而保管员工之生活亦成问题，遂于 3 月召集少数员工，先将炼钢、轧钢、窑业三厂加以修理，局部开工。公司因就三公司原有机构设备，由中央信托局、中国、交通、农民三银行，资源委员会、四川省政府、四川省银行投资，共计官商合股国币 1200 万元，分为 1200 股[①]。

3. 投资农林水利业：四川农业股份有限公司

四川农业股份有限公司，成立 1944 年 5 月 1 日，地址在成都文庙后街 33 号，股份有限公司创办人刘伯量、胡恭叔，创办时为经副理制，1944 年改组为总经协理制。资本 600 万元整，共划分为 6 万股。1944 年增资 2400 万元，1946 年 1 月增资 3000 万元，九月增资 4000 万元，1947 年 9 月增资 5000 万元，十月增资 5000 万元。资本 2 亿元，共 200 万股。中国银行 30 万股，中农银行 30 万股，四川省政府 30 万股，中国植物油厂 10 万股，川康兴业公司 20 万股。董事长为邓汉祥；资产总额 346259545.36 元，纯损 38051771.07 元，1947 年增资 2500 万元，分为 25 万股[②]。

4. 投资商业企业：成都中国国货股份有限公司

成都中国国货股份有限公司，成立于 1938 年 12 月，原址在成都上中东大街 13—15 号，新址为成都春熙路 52 号。公司于 1937 年由宝元通、中国国货联合营业公司发起，并由川中热心国货人士及金融工商各界参加赞助，额定资本国币 15 万元，经营国货、推销土产，于 1938 年 12 月 12 日开幕。公司开幕于全面抗战之翌年，适逢敌机四处轰炸，为避免无谓损失，乃将存货疏散，并作扩展推销机构计，曾先后设立华西分店、郫县分店、犀浦分店，继以敌机轰炸之严重性减轻，而货品接济，甚感困难，乃先后将各分店结束。

该公司较大股东：宝元通 114552 股，计 11455200 元；中国国货联合营业公司 96348 股，计 9634800 元；交通银行 8000 股，计 80 万元；新华银行 8000 股，计 80 万元；中国银行 2 万股，计 200 万元（中国银行投资户：中寺记，王荫棠 8000 股，800000 元；中成记，颜大有 12000 股，1200000 元；共计 20000 股，2000000 元）[③]。中行曾任、现任该公司董事：颜大有、徐良槐（均系成都中行前后任经理）。

5. 从四川中行投资成效之一斑而窥貌

比如，中行为主要股东的豫丰纱厂，原来设在郑州。1938 年 2 月开始内迁，集中职工 3000 人，抢拆 80 昼夜，将纺织机器 9000 吨分装 11.7 万箱运往武汉，又雇木船 300 余只溯江西上，历时半年始抵重庆。在四川中行投资与贷款支持下，该厂先在重庆开纺机 2.5 万锭，后在四川合川设立分厂，开纺机 1.5 万锭。以后两厂继续扩充，迄 1943 年，共开纺机 6 万锭，年产纱 6 万件，有效地支持了抗战军需及市场

---

① 参见《中国银行行史资料汇编》1700—1701 页之《中国银行投资各事业概况调查表》。
② 参见《中国银行行史资料汇编》1738—1739 页之《中国银行投资各事业概况调查表》。
③ 参见《中国银行行史资料汇编》1758—1759 页之《中国银行投资各事业概况调查表》。

供应。

又如，四川中行与资源委员会等联合组织的中国联合炼糖股份有限公司，所产白糖品质与进口标准不相上下，深受各地人士及驻华使馆人员的欢迎。1943 年上半年，四川重庆、成都、泸州等地因限价关系造成糖荒，该公司遵照财政部核定价格将 40 万斤白糖接济重庆、成都等地市场，曾受到财政部代电嘉奖。

尽管中行投资的这些家企业同官僚资本有着千丝万缕的关系，但它们在长达八年的全面抗战过程中，无论是对大后方的生产建设，还是对广大人民的衣食所需都发挥了重要的作用。

第三节　川中行抗建农业贷款之全景史篇

20 世纪 30 年代初，面对农村危机和金融枯竭，中国银行以替大众谋福利，使国家臻于富强之境计，并基于本行为国际汇兑银行，国际汇兑既取决于国际贸易，更取决于国内生产之经济逻辑，自 1932 年起，中国银行以增加生产为手段，促进国际贸易为目的，毅然致力于农贷活动，农贷规模在当时从事农贷活动的金融机构中，一直位居前列。1937 年 7 月，抗战军兴，使军糈、民食、外汇之需取于农村者尤属殷切，至此中国银行农贷活动由调剂农村金融向后方抗建之途迈进，直到 1942 年 7 月四行专业化分工后，中行十年农贷活动方才结束。本史将以专节详叙四川中行战时发放农贷史实及其显著社会成效。

一、中行抗建农贷战略及其经营概观

1933 年，中国银行总处成立"农业放款委员会"，专事研究指导全行农业贷款事宜。该会成员都须有农业知识，才能更好地决定农贷方针、计划，指导各分支行推展农贷业务，因于此，中国银行总经理张公权特邀请农业专家张心一①主持总行农贷工作。1934—1940 年间，张心一担任中行农贷稽核兼经济研究室副主任，主持中国银行"农业放款委员会"工作。

---

① 张心一（1897—1992），甘肃临夏人，1922 年毕业于北京清华学堂，1925 年毕业于美国依阿华农学院畜牧系，1926 年获美国康奈尔大学农业经济学硕士学位。后赴南京金陵大学农学院任农业经济系副教授和农业推广系主任。中国近代著名民主革命家黄炎培的女婿，中国杰出的农业经济学家。

（一）战时农业经济主张及农贷战略

1937 年 7 月，国民党政府在庐山召开由各界代表参加的"牯岭谈话会"，其中有许多大学校长等知识名流和工商界名流被召集上山参会。7 月 16 日晨，庐山第一期谈话会开幕式在牯岭图书馆举行，实际参加人数超过 160 人。7 月 17 日谈话会上，蒋介石发表抗战宣言："如果战端一开，就是地无分南北，人无分老幼，无论何人，皆有守土抗战之责任，皆应抱定牺牲一切之决心。"7 月 19 日上午，分组讨论政治；下午分组讨论经济、财政；7 月 20 日上午分组讨论教育，下午第一期谈话会结束。约于 7 月 19 日下午分组讨论经济、财政会上，张心一提出了"战时农业经济建设及农村动员"[①] 之意见，该意见后被中国银行认为是"凡所指陈，亦可表示为本行对战时农业经济建设之主张与办理农贷工作之路线"。总的来看，该主张及工作路线，条分缕析，纲举目张，此后五年，中行以此悬为鹄的，循序推进，以底于成。其要旨如下：

1. 战时农业经济四大问题及解决方法

第一，增加农业生产以谋战时衣食原料在国内之绝对自给。时下有效而迅速的增产方法包括：防止水灾旱灾；防除虫害；复耕荒田。长远而能减轻成本之增产方法：注意试验农产品及改良农业技术，但此种方法收效甚缓。

第二，便利农产品之储藏及运输以谋战时农业原料之畅利流通。一方面，集中农产品之法，应适合时下农村经济条件，即在政府提倡建设市镇大农仓之基础上，还须鼓励农民办理乡村小农仓，纠正过去积谷制度实施上的流弊。另一方面，战时农产品流转畅通之法，因运输路线与农民发生直接关系者，非铁路公路及大河流而为内地小河流及乡村大路，欲使战时农产品畅通，必须整理内地交通路线。

第三，增加本国农产品输出及减少外国农产品输入以谋法币之稳固及国际收支之平衡。就其方法而言，我国自国外输入之农产品，以米、麦、棉、烟叶为大宗，此种货物，均可以本国所产者代替，战时更须力求自给。同时，战时应组织大规模国际贸易公司，并提高国内价格，尽量收购出口之农产品，以统制经营出口；还应协助农民，增进生产量，改进技术，办理合作加工运销。

第四，改进农村组织以增加农民团体活动之力量并增加农民对政府之信仰。就改进农民组织之法来说，以往政令不能行于下，民情不能达于上者，乡村缺乏代表民意、执行政令之真正农民组织，亦为主要原因之一。战后全国动员，农民对政府之服务，及政府对农民之协助必增加数倍，须有健全之农民组织。农村现有之组织

---

① 张心一. 战时农业经济建设及农村动员.《中行农讯》第五期，1941 年 11 月 25 日.

在经济方面为合作社，在政治方面为保甲制，此两种组织，互助并进，倘能运用得宜，足以推行农业建设及农村动员之一切设施。但目前农村合作社之组织尚未健全，而保甲制亦间有流弊，之所以未能达到理想之目的，只因人事未尽到。欲尽人事，须调整推行事业之机构，以及认真训练监督各级干部而已。

与此同时，解决战时农业经济问题的实施条件及办法，必须有充分之人才、经费、资本以及适当之机构，始能有效解决战时农业经济问题。

第一，推动复兴农业经济计划之机构。（1）一县境内之保甲及联保为接受政府指导之最小单位，每县内应设一统一的农村指导机关，凡关于合作社、普通农业技术，以及水利积谷等事，均由此机关直接向农民推行。（2）每省设一农村改进机关，负责计划各县农村建设及农村动员办法，对于各县指导员之调派、训练、监督，绝对负责。（3）将联合农业情形大致相同之省份划为同一农区，设立人才经费充实之试验场，专在所辖农区试验研究增加生产之科学方法。以上机构系统成立之后，凡关于农村建设农村动员之调查、研究、推广、组织等事业，统归其办理，以前中央地方所已设立之类似机关，应一律取消。第二至第四为推行农村事业之经费、推行农村事业之人才、推行农村事业之资本筹措（详略）。

2. 中行办理战时农贷之工作路线概观

战时农业经济逻辑：要谋战时的农业生产增加和衣食原料自给，便利农产品之储藏及畅利流通，增加农产品输出以谋国际收支之平衡，必先复兴农业经济；要复兴农业经济，则应先改进农村组织，增加农民团体活动之力量及农民对政府之信仰；要改进农村组织，须做好战后全国动员，将农村现有经济组织——合作社，与政治组织——保甲制，互助并进，作为推行农业建设及农村动员之一切设施，以使农民对政府之服务及政府对农民之协助，增加数倍。

战时农贷工作路线：第一，本行办理农贷以活泼农村金融，增加农业生产，改善农民生活为目标，其工作基础于抗战以前早已奠定。第二，本行开办战时农贷须与农村合作社直接办理，即以合作社为贷款对象。第三，改进农村组织，增加与完善农村组织之经济职能，应推行农村合作事业，加紧对农村合作社之职员、社员及小学教员的三层面之训练工作。第四，推行农村合作事业，应辅设自有、自营、自享的金融机构之合作金库，但在起步阶段，其股金绝大部分是由辅导机关（包括银行）来提供，中行积极协助建立农村合作金融制度。

（二）定位高远视野宏富之农贷使命

总的来看，中国银行对抗建农贷活动之使命，定位高远，视野宏富，并见于中行多个领导人在同时期的讲话之中，四川中行"增加农业生产以厚国力"之农贷使命，见渝行主办的农贷刊物《农放月报》。

中行总经理宋汉章"农贷报国"论：本行农贷业务，广义言之，为辅助国家从事基本建设工作；狭义言之，为对全国大多数人民之服务，与其他业务并重[1]。本行办理农贷的主旨，在以低利贷款促使农民增加生产，以配合国家复兴农村建设农村的政策[2]。

中行副总稽核霍宝树"农贷之时代精神"论：抗战军兴，军糈民食外汇之需取给于农村者尤属殷切，本行农贷至此亦由调剂向建设之途迈进，不独生产增加，农民收益日丰，其结果除社会更为安定外，并增加强农民对政府之信赖，充裕长期抗战之力量；本行农贷对国家社会所应负之责任亦益感繁重[3]。

中行副稽核陶桓荥"以农贷坚强抗战必胜信念"论：过去本行农贷方针，为适应农村之需要，以增加农业生产，减轻农民成本为宗旨，其放款对象类多为合作社及有组织之农民生产团体。抗战以还，更力谋配合政府政策，增加贷款种类，扩大贷款区域，提高效率，积极谋后方生产力之增加，并以之坚强农民对抗战必胜之信念[4]。

中行副总经理贝祖诒"在银行服务即是努力建国"论：抗战胜负，一方面固然要取决于军事，另一方面还取决军事以外之经济战争，银行是国家经济的大动脉，是经济战争的主力军，我们在银行界服务，也就是努力建国；一桩事业的成功，就是国家一部分的成功，个人站在个人岗位上努力，也就是为国家努力。国家的复兴，事业的发展，责任全在我们这一辈人身上[5]。

中行元老浙行经理金百顺"以农贷担承辅助抗建大业"论：当兹国难严重时期，本行推行农贷，实为奉行国家战时经济政策，担承辅助抗建大业之使命，为行服务，亦即为国效力，诸君益宜刻苦淬砺以共赴，克尽本身应尽之责任，实乃对国家最大之贡献。

四川中行"增加农产，以厚国力"之农贷使命论：四川素称天府之国，全面抗战以后遂为西南经济建设之中心，抗战资源之供给，多赖于川省。渝行秉承中央农放政策，总处农放宗旨，积极辅助农民，增加农业生产，以厚国力[6]。

① 宋汉章. 水利与农贷之关联.《中行农讯》第七期，1942 年 1 月 25 日.
② 宋总经理训词.《中行农讯》第八期，1942 年 1 月 25 日.
③ 霍宝树. 本行农贷之时代精神.《中行农讯》第一期，1941 年 7 月 25 日.
④ 陶桓荥. 农贷仝工今后应有之认识.《中行农讯》第一期，1941 年 7 月 25 日.
⑤ 三十一年元旦总处同人团拜集餐记略.《中行农讯》第七期，1942 年 1 月 25 日.
⑥ 参见《农放月报》第一卷第一期，1939 年 1 月.

（三）建立适合农村的农贷经营方式

中行办理农贷时间发轫于 1932 年，在中国银行业史上，直接融通农业金融者，以中行为首创。到抗战军兴时，中行已拥有四年办理农贷经验，而且在战前从事农贷业务且有较大影响的商业银行中，中行所占"相对优势"居于首位。换言之，中行在拥有四年办理农贷经验和良好业绩基础上，结合本行对战时的农业经济建设主张与办理农贷工作路线之认识，从而建立起了适合战时农村建设需要的农贷经营方式。该经营方式之源起与要义如下。

1. 源起考鉴全球 15 国农业金融制度

在开办农贷之初，中行总经理张嘉璈向农业专家张心一发出请其主持总行农贷工作之邀请，同时又在石家庄、西安、济南、上海、河南、浙江等分支行都配备了一批农业专家担任农贷工作，为中行开展农村金融事业打下了坚实基础。其中，有过国外求学和国内从政经历的寿景伟（哥伦比亚大学财政学博士）时任中行浙江分行副经理[①]，他一篇"征引详赅，立论精当，真有洋洋洒洒、立马万言之慨"的大文——《论我国农业之救济》，刊载于 1932 年 9 月《中行生活》第五期，并加编者按向全国中行系统推荐。其文要旨如下。

（1）择要胪陈并综合比较各国农业金融发展概略。研究了近代农业金融制度的发轫国——德国之农业金融制度特点，对德国过去最著名 22 家农业银行之成例观之，介绍了农业银行这种制度的特点。同时，择要胪陈了法国、美国、英国、俄国、丹麦、挪威、瑞典、奥地利、意大利、比利时、瑞士、荷兰、澳大利亚、南非、日本等国的农业金融特殊之设施。在此基础上，对各国农业金融制度的实践效果进行了综合比较，即"综观上述各国农业金融制度可知，欧洲大陆诸国，以德制最为周密，而法、俄两国，亦各有其特殊之贡献；丹麦、荷兰、比利时诸国，以农业信用合作社为金融建设之基础；而瑞典、瑞士、意大利诸国，则以政府之特予提倡及严密监督，始有相当之成绩。至南非，农民长期信用制度，创立甚早，而自 1912 年后，即从事合并，借厚实力，而避免无谓之竞争；美国农业金融制度，发达虽迟，而在最近之十余年间，则因地因时，莫不力求泛应曲当；英国久以工商业称雄世界，故农业投资，向由普通之商业银行兼事经营，至最近则对于农业信用，已有急起直

---

① 寿毅成（1891—1959），国际贸易专家，原名景伟。1914 年毕业于国立法政专门学校经济本科。1923—1926 年在哥伦比亚大学专攻财政，以其《中国的民主与财政》论文获博士学位。1931 年寿毅成在杭州中国银行副经理任上，浙江省建设厅长曾养甫决意建造钱塘江大桥，得到了中国银行杭州分行经理金润泉、副经理寿毅成的大力支持。钱塘江大桥建成为淞沪抗战爆发后军队调动、物资运输、政府学校和浙江北部地区民众在 1937 年末的安全撤退发挥了巨大作用。1934 年调任中央银行业务副局长，1937 年任经济部商业司司长兼中国茶叶公司总经理，新中国成立后担任过浙江省政协委员。

追之设施；日本自 1896 年确立劝业银行制度以来，农工金融，兼筹并顾，成绩显著"。与此同时，《中行生活》主编董孝逸也在同期刊物上发文，对各国农业金融制度予以对比分析认为："考各国银行政策，有保守与进取之分：保守者，其放款以保证确实，本息有着，即为满足，对于借款人之事业，绝不过问，英之所以能稳峙者在是。进取者，银行应直接参加于各项主要工商事业，以尽其指导与监督之责任，德之所以能复兴者在是。各国银行制度，又有分业与集业之别。分业制度之下，则一种银行，担任一种的金融之展进，心注而力专；集业制度之下，则各业金融之展进，各银行皆可担任，错综而势厚。"①

（2）分四方面指出我国农业经济改造方向与步骤。第一，就政府方面言之，则我国农业金融制度之根本方针，自应首先决定。良以各国金融组织，类皆有一定之系统，以便调剂而资维系。第二，就社会方面言之，各国农业信用事业之发展，其动机皆在社会经济绝对困难之际，而社会服务家之热忱提倡，实为成功之要素。第三，就农民方面言之，则我国今日之最盛需要者，固为生产所需之资本，而农业科学常识之普及，与农业团体组织之改进，实亦目前最重要之亟务。第四，就银行方面言之，经济消长，国家存亡，社会经济与金融事业，相依为命，血枯则体瘠，膏竭则灯灭，事所必至，理有固然。这也亦如董孝逸所概括的农贷理念那样："银行界应认清对于国家之责任；银行界应分工合作辅助社会事业；本行更应力持正义注意普遍的规导。"由此，足以表明中国银行的农贷经营方式，源起于对全球 15 个国家农业金融制度之系统考鉴，从中找到我国农业经济改造中所应加努力之方向及实施步骤，以备本行开展农贷业务以为镜鉴。

2. 理清本行农贷业务基本经营框架

1934 年 12 月 27 日，英国著名合作事业家斯曲克兰氏（C. F. Strickland）来华讲学，在上海访问中行张嘉璈总经理，讨论农村放款事宜，并与中行同人作简要探讨。张心一后将本行同人对农村放款事宜的提问及斯氏答问之谈话纪要，惠示于《中行生活》，刊载于 1935 年 2 月第三十五期。不难看出，总行同人提问及斯氏的答问，其实质即为：理清中行农贷业务经营基本思路。再据"合作的三部曲"等文献②，足见中行办理农贷业务之基本经营框架如下。

（1）中国商业银行投资农村的必要性。中国农民极需要乡村以外的资本调剂其

---

① 董孝逸. 从农村经济之衰败说到银行今后之责任及其危机.《中行生活》第五期，1932 年 9 月 15 日.

② 参见：润生. 农贷与合作贷款的区分.《中行农讯》第六期，1941 年 12 月 25 日；陶桓棻. 从银行创办农贷说到农贷专业后的希望.《中行农讯》第十三、十四期，1942 年 8 月 31 日；合作的三部曲. 渝行《农放月报》第一卷第三期，1939 年 3 月 1 日.

金融。中国的普通乡村中，每年需要借钱的人在十分之六七，而借钱的利率，自二三分竟至八九分；乡村以外的资本，若能流入乡村，即减轻利息的一种作用，也可减少农民的许多负担，而间接增加农地的生产力量，又是提高农民购买力、繁荣工商业的基本势力。因此，中国商业银行应做农村放款。世界各国调剂农村金融的机关有三类：一是，农民自办的农民合作银行。但以目前中国农民经济的情形看来，一时无举办的可能。二是，政府办的农业银行或农民银行。按各国的经验，农民或农业银行之成绩并不显著，而在中国政治及财政现状之下，由政府办理此项银行，结果如何尚难预料。三是，商业银行。据近几年中国各商业银行试办农村投资情形尚有成绩，按目前的情形观察，最近的将来，中国的商业银行应为调剂农民金融的主要机关。

（2）商业银行投资于农村的信用可靠性。农村投资与工商投资同样稳妥。因为农业与工商业不同，工商业是将本求利的企业，无利可图，即可停办。而农业是生活之一种方式，即无利可图，亦只得维持这个方式的生活。而且大部分农民，希望其子孙继续维持这种生活。因此农民借款不但是想到现在，而且也顾虑到将来，所以保守信用，不但是为他们的一生打算，而且是为他们的子孙打算。这就是农民之信用，比较工商业者的信用更可靠的理由，农村投资的保障，亦在于此。

（3）减少农贷之风险须要注意之要点。第一，组织健全的合作社。合作社的放款以农民的信用程度为担保，而不以田地、农具、耕牛等实物为担保。因为，借贷的农民，若不以财产作抵押，则常常觉得借的钱，应该负担还的责任，钱一日未还，即责任一日未尽，良心亦一日未安；若将财产作抵押品，则觉得既有了抵押品，即是尽了借钱的责任，债不还，则自有抵押品负责，良心上毫无不安。此种不负责任的心理，于债权人极端不利，而农民的财产于银行毫无实利。所以，欲求农村放款的稳妥，应该靠农民愿意守信用的心理，而不应重视农民的财产。第二，监督农贷之放款用途。即监督农民把借到的钱，一定要用在生产或生活上所必需的正当途径，不要浪费在婚丧、衣食、烟赌等无益的消耗。

（4）农贷先决条件是组织健全合作社。中行四年办理农贷之经验证明，发放农贷对象大多是农民组织的合作社，因此发展合作社的数量并提高其质量则成为农贷的一项重要工作，即发放农贷先决条件就是组织健全合作社。而组织健全合作社的办法如下：第一，要使合作社健全之要义。既要教育社员，使其明了合作真义，遵守社内法规；又要训练合作社职员，使其诚实服务，胜任愉快。第二，组建合作社规模不宜太大。合作社太大则社员不能互相熟识，各社员的信用程度亦无法明了。最好一个社的范围，不出一个村庄，开社员大会时，庙钟一响，全体社员在各人家里都能听得见，则召集容易，办事亦容易。第三，一县一省的各合作社应该组成系统。即区有区联会，县有县联会，省又有省联合会。第四，指导合作社之工作，包括组织及教育，考核及监察两部分；指导合作人员，分初级指导员及高级指导员两种。

（5）理顺促进合作社事业之外部环境。第一，促进合作社事业应该有一个组织。在一省之中可设一个合作事业促进会，由各县合作社联会的代表，办理合作之团体的代表，及其他与合作社有关系的农业学者、经济学者等，私人共同组织之。会员人数中，合作社联合会的代表，至少须占一半，这种联合会是地方的法团，而不是政府的机关，其职务如下：聘用并设法训练合作指导人员、决定合作计划。至于合作社的调查、登记、承认及法律问题，可在省政府设一合作事务管理局主持，各县则不必再设机关，此为政府机关，与合作事业促进会无组织上的关系。第二，合作事业促进会的经费来源分四种：政府津贴、合作社联合会年捐、银行津贴、其他公款基金。第三，合作事业促进会的学识经验兼优的人才得来。培养学识经验兼优的人才，应从训练合作事务人员入手，可在适当的大学校里设研究院，专门造就高级指导员，上课约六个月即足，实习期限定为一年；如实习之成绩甚好，则聘用为高级指导员。初级指导员，应由高级指导员以自己研究与经验所得，来负责训练，则办法既较经济，而收效也一定更大①。

（6）以辅设合作金库方法来发放农贷。所谓合作金库，本质上是自有、自营、自享的金融机构（类似当今农商银行）。由于农村合作事业尚处于起步阶段，其人力、财力十分有限，本不具备成立合作金库之条件。但由于合作金库能够在交通不便且商业十分落后的县里，办理一般银行无力顾及的金融业务，因此各地合作行政当局十分重视其存在之必要性，而积极地要求设立当地之合作金库。然而，合作金库的股金，绝大部分则由合作事业之辅导机关包括银行来提供的。

（7）农村合作形式的演进发展阶段。第一，信用合作——农民个别经营，即以人为对象，以社员个别借款，个别经营为其特征。第二，产销合作社——农业商业化，即以物为对象，以公司经营而有公共设备为特征，目的在运销，以便免除中间人的剥削，达到减低生产品成本，适合市场需要，增加农家收入，实现调整农村金融的使命。第三，工业合作——农业工业化，即以制造为对象，亦须共同经营及有公共设备为特征，其任务是制造日用品，满足社会的需要。工业合作社原料品的供

---

① 张心一. 英合作专家斯曲克兰谈话纪要——二十三年十二月二十七日在九十四号聚餐会席上. 《中行生活》第三十五期，1935 年 2 月 1 日.

给，工资的支付，成品的储押，与运销技术的指导，还有在包装、保险、商场消息等方面，金融及技术机关均可以提供扶助①。不难看出，合作贷款好比是农业贷款的儿女，而农业贷款有三个儿女：信用合作（农业个别经营）、产销合作（农业商业化）、工业合作（农业工业化），其中，工业合作是合作贷款最有出息的儿女，亦是农民合作的高级形式，其本质是农业工业化，即农民通过合作去从事小手工业或低技术含量的小工业生产活动。下述工业合作贷款归类统计于农业贷款之道理亦源于此。

3. 张心一发放农业贷款经验做法

所谓张心一发展农贷业务的做法，即指他主持中行农贷工作期间，在考鉴全球多国农业金融制度概观，以及参考英国著名合作事业家斯曲克兰氏建议的基础上，在中行第三届农贷会议决议案和战时办理农贷工作之战略框架内，通过多年实践摸索出来的中行发展农贷经验做法，要旨有三：第一，贷款与合作社直接办理，贷款不以一家一户为对象，而是让农民组织一个合作社为贷款对象。实施时，张心一挑选一大批农学院应届毕业生当农贷员，帮农民组织合作社作为贷款对象，严防地主和土豪劣绅加入合作社把持贷款。第二，放款手续力求简单迅速。放款条件只有一个，即钱一定要用在生产上，到期后一定要还。利息每月8厘，每100元每年利息9元6角；限期有长有短，最长的不超过两年。而且，农民办理中行农贷不要物质抵押，因为真正需要借钱的贫穷农民不能像地主那样用地契、房契作抵押。该做法的理论根据，就是建立在英国著名合作事业家斯曲克兰氏的建议基础之上的，即商业银行投资农村的信用可靠性，源于"大部分农民希望其子孙继续维持这种生活方式"而产生的农民信用；农民贷款不要物质抵押之依据，是基于对农民良心心理的认知（见前）。第三，农贷贷款额度，根据每亩收获总值40％以规定每亩之放款标准。第四，持续优化合作社这一贷款对象。加紧合作社训练工作，并且让农贷员给农民出主意、想办法，保证贷款运用得当，能够获利。总的来说，张心一发展农贷业务的做法深受农民欢迎，贷款金额愈放愈大，从最初几十万元开始，最后到上亿元；贷区也遍布东北以外的20多个省份。张心一曾回忆道：六年之内，放款数额从几十万元增加到上亿元，除了特大天灾庄稼绝收外，没有一笔到期不能本利收回的贷款，这是因为农民借钱用得得当。

4. 中行抗战时期农贷业务之种类

抗战之前，中行农贷业务主要有三类。一是农产品押款，即农民以农产品为抵

---

① 小言论：合作的三部曲.《农放月报》第一卷第三期，1939年3月.

押，向银行借用款项。二是农民小额押款，即农民以生产工具等为抵押的小额押款。三是农村合作社贷款。抗战时期，为了恢复和扩大对农业生产的金融支持，国民政府采取了一系列措施，根据战时农业发展需要和四联总处规定，中行农贷种类扩展，从最初的农业生产贷款，扩展到农业推广贷款、农田水利贷款、特产产销贷款、农村副业贷款、特殊农贷等种类，其具体类别如下：（1）农业生产贷款：以农业合作社为贷款对象或融资桥梁，供给农民以生产上必需之资金，以使其维持并增强其生产能力为主要目标；该贷款用途以购肥买料、种子、耕畜、食粮、农具，购赎田地等为主。该贷款有两大类别：扩大耕地面积贷款，以开垦荒山荒地利用休闲田地及恢复荒芜之耕地为主要；协助食粮增产贷款，指利用休闲田地种植冬季作物，为直接增产之一良策。（2）农业推广贷款：农业科技成果推广贷款。（3）农田水利贷款：灌溉设备贷款、小型水利工程贷款，而中型及大型水利工程贷款则由四行联合贴放。（4）特产产销贷款：一指换取外汇之特产产销贷款，如桐、茶等之促进贷款。二是对后方必需之各类特产产销贷款，如棉花、糖、纸等之促进贷款。以上各种特产，中行或供给以籽种，运销费用等贷款，或邀专家指导以谋改良，目的要在谋其品质之改进与产量之增加，以应付战时物资短绌之急需。（5）特种贷款：指对蒙、藏、苗、瑶等少数民族人民、对抗战军人家属、荣誉军人及义民等皆尽量贷款予以扶助，包括：特种部族贷款、荣誉军人及抗属义民贷款、食盐消费贷款。中行"为扶助边民，使其利用低利资金增加其劳力效能，提高其生活水准，及为融洽民族感情"，而开展此项特殊农贷。（6）农村副业贷款。除对农家之养猪难等副业鼓励倡办外，每视原料之供给和原有当地手工技艺之情形，利用农间季节，提倡有关于工艺之农村副业，以增后方物资之产量，并提高农民之收益。如四川省隆昌之麻布纺织，荣昌之养猪及陶器等，亦多裨益于农家经济。

（四）中国银行战时办理农工贷概观

中国银行战前农贷分为启蒙时期（1933—1935）和扩展时期（1936—1937年上半年）两阶段。战前中国银行办理农贷的区域有华北、华东及华中13省、226县。中国银行于1935、1936、1937年在上海举行过三次农业放款会议，重心在创立制度，规定办法，促进合作组织。总的来看，中国银行在战前的农贷总额超过1.8亿元，是商业银行投资农村的典型代表。

1. 中国银行抗战时期办理农贷简况

抗战发生后，为了维持前方士兵给养，后方民众的衣裳，工业原料的供应，以及增加财政力量和平衡国际贸易的需要，农业生产问题更为重要。据《本行农贷业务史略》记述，中国银行战时农贷分阶段的开办情况如下。

（1）动荡时期农贷特点（1937.7—1939）。1937 年，全国仅有天津、山东、宁夏、上海、浙江、广东、四川等 7 个分行从事着 13 省农贷业务；当年农贷金额 1319 万元，年末余额 1209 万元。1938 年，全国仅有四川、湖北、湖南、江西、陕西及新增之广西省共 6 省尚能继续贷放业务，其余原有各省俱因战事影响而停贷。当年农贷金额锐减为 420 余万元，约为上年贷款额的 32%，年末余额为 1266 万元。1939 年，军事已入于稳定阶段，中行仍本以往精神，除开辟云南、甘肃两省农贷区外，复将接近战区之浙江、河南两省农贷业务恢复，而四川一省业务之推进扩充，尤为积极。是年，中行经办农贷区域计有 8 省、82 县，贷出金额 749 万元，年末余额 1677 万元。此阶段中行已将农贷重心移于西南各省。

（2）扩大时期农贷特点（1940—1941）。1940 年 4 月 2 日，在政府要求扩大农贷之机，总处举行第四届农放会议于重庆，即作农贷之积极推进：颁布《农业贷款人员组织服务待遇暂行办法》，明确确定农贷在本行业务中之地位。是年，农贷区域增为 16 省、139 县，贷额增至 4912 万元，年末余额达到 5135 万元。1941 年 1 月 13 日，总处又在重庆举行第五届农贷盛会，决议案 10 项，是年复增加湖北、福建 2 省贷区，从事农贷业务之分行虽仅为重庆、上海、浙江、西安 4 行，但贷款区域共有 17 省，贷款额高达 19515 万元，年末余额 18138 万元。在本阶段，中行农贷贷款金额倍增：1940 年贷出 4912 万元，较 1939 年增长 5.95 倍；1941 年贷出 19515 万元，又较 1940 年增加 3 倍。中行在全国各行局农贷总额中所占比例，1939 年为 20%，1940 年为 25%，1941 年为 40%，大大超过了四联总处规定的分摊比例，平均每年递增 10%。而且，在贷款种类上，从最初的农业生产贷款，扩展到农业推广贷款、农田水利贷款、特产产销贷款、农村副业贷款、特殊农贷等种类；在贷款的普及上，也更能适应农村经济之建设的需要。

（3）紧缩时期农贷特点（1942.1—1942.8）。1941 年 12 月 7 日，太平洋事变爆发后，为适应券料来源之困难及恪守四联总处农贷紧缩政策计，中行总处通知各地分支行处执行四联总处紧缩农贷政策，并要求各行利用空暇，协助各合作社进行整顿，巩固贷款基础。1942 年复增福建省农贷区。到同年 8 月末，贷出款额 15517 万元，余额高达 23058 万元。

（4）中国银行移交农贷阶段（1942.5—1942.8）。1942 年 5 月和 7 月，四联总处先后通过了《中中交农四行业务划分及考核办法》《各行局农贷业务交接原则》，要求四行应照规定渐谋专业发展，规定中、交两行及中央信托局原有农贷业务，连同工作人员一次同时移交，统由农行承做。中行遵照规定于当年 8 月底先将农贷业务及其工作人员一次移交给农行；中行工业合作贷款历来由农贷部门兼管，经协商后也于当年 9 月底移交农行。至此中行这两项贷款业务即宣告结束。尽管如此，中行历来所期望的促起国家社会注意农贷之愿望，至此得以实现。在战时从事农贷的国家行局中，中行农贷金额仅次于农民银行，位居第二；中行办理农贷之工作精神，当亦在我国农业金融史上留一显要之业绩。

2. 中国银行办理战时工业合作贷款

理论上讲，工业合作是农民合作之高级形式，故而将工业合作贷款从广义上归类统计于农业贷款。实践上看，中行工业合作贷款工作一直隶属于农贷部门，有些工业合作贷款还是由农贷人员兼办的；而且中行农贷之特产贷款，如甘蔗加工等就涉及农业之工业化合作社的建立，这部分农贷之特产贷款，亦转化为甘蔗加工之工业化合作社的工合贷款。

抗战时期，我国工业合作运动兴起的原因有二：第一，我国沿海各省的工业，遭受摧残，后方又以交通、物质的困难，大规模的工业一时不易建立，以致小规模工业即应时而兴；第二，大后方人口激增，军民需要浩繁，又有大批残废军人和各地难民需要救济，如能充分利用当地原料、条件，并吸收群众资力组织手工生产，以生产代替救济，既有利于增加军用民需，又可安定后方。为此，政府当局积极提倡工业合作运动。1938 年 8 月，中国工业合作协会在国际友人路易·艾黎（Rewi Alley）的倡导与协助下成立。工业合作协会总会设在汉口，后迁往重庆，隶属于行政院。最高机关是中国工业合作协会的理事会，由孔祥熙兼任理事长。总会之下设有西北、西南、东南、川康、云南五个办事处，推动全国各地的工业合作运动。其中川康办事处设在重庆。办事处在部分县成立事务所，事务所下设立合作社。合作社总数约 11 万个，其中经营棉纺、毛纺的占 30%，制衣制鞋的占 20%，其余则分属机械、制革、造纸、印刷等 30 余种手工业。在此背景下，1939 年中国银行开始在四川试办工合贷款，并在中工合会东南区办事处区域内，通过贷款协助该处开展工作，当年贷放约 370 万元。1940 年，工合贷款区域已扩充至云南、广西、陕西、甘肃四省等 20 县，其时各省贷款均系放款行径与工协会事务所分别接洽办理，故办法未尽一致。是年 11 月乃由中行总处与中国工业合作协会订立贷款总合约，同时复征考工贷专任人员，订颁贷款细则，亟谋推进。1941 年，中行工业合作贷款区域扩大为四川、云南、广西、湖南、江西、浙江、陕西、甘肃、河南等 9 省 36 县，贷放金额 480 万元，收回 170 万元，年底余额 553 万元（贷款累积总额 900 余万元）。到1942 年 8 月底，中行工业合作贷款区域与上年相同，贷出金额 178 万元，收回 100万元，余额 631 万元。总的来看，工合会签订的贷款，其使用情况不很理想。

二、川中行抗建农贷史貌及社会成效

在中行战时农业经济建设主张及农贷战略指引下，在中行开办战时农贷及工合贷业务背景下，四川中行秉承"辅助农民，增加农产，以厚国力"之农贷使命，自1937年5月起之五年多时间内，大力发展农贷业务（包括从1939年2月起试办工业合作贷款），至1942年8月农贷专业化经营时为止，川中行农工贷业务均取得了明显效果，贷款份额占据中行系统三分之一，取得了一定的社会成效，在中行系统内可谓后来者居上。现将四川中行办理各类农贷史貌及效果，整理如下。

（一）川中行办理抗建农贷概貌及份额

四川中行办理抗建农贷概貌，可以从川中行抗建农贷业务演进过程、农贷组织及人员配置演进过程，以及川中行农贷份额及其社会表现等三方面内容加以观察。

1. 川中行抗建农贷业务演进过程

（1）农贷先驱内江支行业务演进概观。1937年春，四川中行与四川省合作事业委员会协订放款合约，划定内江、资中、简阳、荣昌、隆昌等六县为中行农贷区域，并订定农贷办法，信用贷款于1937年5月间进行办理。1938年1月，川中行于资中、内江两县开始办理甘蔗生产及制糖加工放款。1939年，川中行与川农所和中央大学农学院订定了耕牛、猪种贷款合约，又与中国工业合作会约定将此六县划为工业合作贷款区域，是年资中、内江甘蔗生产及制糖加工贷款已至推广阶段，资阳亦开始办理。1940年，甘蔗生产及制糖加工产销合作社更形发达，除简阳全部生产社，资阳、隆昌一部生产社不办加工外，其余各县均全部加工，贷款总额2000万元。1941年，内江农贷区甘蔗生产贷款，贷出总额达1500万元，甘蔗加工贷款约2500万元；烟叶生产与加工贷款，于简阳、资阳加以推广，贷款约120万元。至1942年7月止，内江蔗贷余额已达6000余万元。

（2）川中行全辖农贷业务发展概观。抗战初时，川中行仅于成渝路数县试办农贷，战后则作积极扩充。1939年我敌相持于各战场，军事已入于稳定阶段，中行农贷重心已移于西南各省，川中行对四川省农贷业务之推进与扩充尤为积极。1940年川中行又增办贵州省农贷业务，复又接办上海中行负责的鄂西北农贷区，嗣以宜昌沦陷，未得依原定计划进行。1940年，四川省政府和国家五行局订立农贷合约，专门划分给中国银行独家贷款的县份包括内江、资中、万县、梁山（今梁平）等20余县。1940年底，川中行农贷区已拥有的四川13县、贵州3县之贷款额激增至2700

余万元，占中行各分行第一位。① 至 1941 年 6 月，四川中行农贷区域已跨越四川、贵州、湖北鄂西 3 省；农贷种类包括普通农贷、蔗种贷款、联合搭放按成摊收之农贷三类。农贷方式亦有三种：第一，本行直接办理之成渝线六县之普通农贷，由内江支行及所属机构直接派员办理。第二，本行以合作金库方式办理农业贷款，如四川省永川、潼南、铜梁、万县、奉节、云阳、简阳、巫山、巫溪等县合作金库，贵州省平越、瓮安、榕江等县合作金库，湖北省巴东、秭归两县合作金库。第三，本行通过国家行局联合搭放之各种贷款。再到 1942 年 6 月，中国银行农贷总余额为 2.39 亿元，其中，川中行农贷总余额为 8480.3 万元，占中行系统农贷总余额比重 35.46％，居中国银行系统第一位。

2. 川中行农贷组织及人员配置演进过程

自 1936 年度起，中行各分行管理农贷组织，凡农贷业务较繁之分行均得酌设农放组。至农村工作人员，则有视察员、主任指导员、指导员及助理员之分，其人数之配备亦视工作繁简而各省多寡不一。抗战之后，农业生产的作用更为重要，为提高战时农贷工作的地位和效率，总处于 1940 年 4 月在重庆召开中行第四届农业放款会议，规定了《农贷工作人员组织服务待遇暂行办法》及《中国银行农业贷款暂行办法》两种，将农贷业务从业务部门划出，建立农贷业务组织系统，明确各分行设立农贷股，支行设农贷系，配备专人负责办理农贷事宜，使农贷业务成为中行各分支行处主要业务之一。由此，中行农贷组织系统设置框架如下：第一，总处设农业放款委员会，秉承董事长、总经理及总稽核之命办理一切关于农贷事宜。第二，总管理处业务管理室设业务稽核及帮核，承总经理副经理、总稽核副总稽核之命，掌握拟定业务推进计划，审核办法，审核及考核监督各地农工贷款业务；征选举荐办理农工人员等事宜，并派视察员以资助理。第三，办理农贷之各分行，设立农贷股，除派主任 1 人，或派副主任 1 人或 2 人之外，并派视察员、辅导员、助理辅导员若干人以资佐理。

（1）1941 年 6 月川中行农贷组织系统设置情况。在总处农贷组织系统设置框架下，为提高战时农贷工作的地位和效率，川中行亦按照规定建立起农贷组织，划分各农贷区之贷款责任，截至 1941 年 6 月，川中行农贷组织系统设置情况如下。

第一，四川中行本部，设农贷股及主任 1 人，设农贷视察员 5 人；下设农贷组、金库组、工贷组，每组各设领组 1 人，并设办事员及助员若干人以资佐理。

第二，四川中行下辖内江农贷区、万县农贷区、永川农贷区、巫山农贷区、贵

---

① 本行农贷业务鸟瞰.《中行农讯》第一期，1941 年 7 月 25 日.

州农贷区，各农贷区的农贷责任划分如下：

内江农贷区业务，由中行内江支行负责，并于1941年1月添设农贷系，兼辖内江、资中、资阳、简阳、隆昌、荣昌等6县农贷业务。

万县农贷区业务，由中行万县办事处经办，兼辖万县、开县、云阳、奉节、巫山、巫溪及湖北省巴东、秭归等8县之合作金库业务。

永川农贷区，辖永川、铜梁、潼南、大足等4县合作金库，其农贷业务归省分行直接经办。

巫山农贷区，其农贷业务归省分行直接经办。

贵州农贷区业务，归贵阳支行经办并设农贷系，辖贵州、平越、瓮安、榕江县合作金库，以及天柱、下江、剑河、台拱、都江、三合、荔波、永从等8县农贷业务（设农贷工作站）。

（2）1941年1月川中行农贷人员配置情况。1937年全面抗战发生时，中国银行农贷人员发展到130人；1938—1939年农贷基本陷于停顿，人员随之减少；1940年，随着农贷业务扩大，农贷人员随之增至321人，1941年达到551人，1942年再达637人。在此背景下，川中行农贷人员配置演变情况如下：1936年3人，1937年5人，1938年8人，1939年20人，1940年55人，1941年89人，1942年98人。现将截至1941年1月，川中行对所辖各农贷区农工贷人员87人之详情配置情况，整理如下[①]。

第一，川中行农贷股（副主任吕则民）：农贷组3人（吕则民、何崑曾、文劲秋），金库组2人（刘子钦、陈世英），工贷组2人（葛南极、程天麒）。

第二，重庆市工贷1人（夏士英）。

第三，内江农贷区（辖6县共37人，专员：张汝俭），其中，内江县10人（王慕曾、朱桂农、张新顺、杨鉴清、黎白心、徐世明、凌稷吕、李品木、岳世璋、王家骧），荣昌县4人（马丹祖、刘培懋、石岩、大垭佰），隆昌县4人（朱富藻、冯化民、张庚戌、梁应生），资中县8人（张翰青、马鸿瑞、高中域、秦五鲁、李身泰、许鸣球、刘沛裕、吴其恬），资阳县6人（李文彰、宗守智、贺之荣、何叶吉、李江如、冯申），简阳县6人（吴锡贵、肖逦、陈庭修、廖天任、林华秋、孟聚仁）。

第三，蓉区（辖成都、嘉定两地共2人），其中，成都1人（赵阁华），嘉定1人（李汝霖）。

第四，永川农贷区（辖三库共11人）：主任辅导员为李傅珪。其中，永川县合

① 参见《农放月报》第三卷第二期《渝行农工贷人员一览表》。

作金库 4 人（李傅珪、王润、蒋俊之、寒松柏），铜梁县合作金库 3 人（赵翔、吴世璋、赵联惠），潼南县合作金库 3 人（赵兴民、赵傅琦、谢惠丹），江津县 1 人（胡家纯（工）。

第五，万县农贷区（辖两县四库共 19 人），其中，万县 4 人［许文周、欧阳茆、王济民、丁济吾（工）］，梁山县（今梁平县）1 人［黄铖（工）］，万县合作金库 4 人（方亚铉、陈文伦、吴德锦、蔡瑞徽），开县合作金库 3 人（许荣肇、熊锺琦、李化谟），云阳县合作金库 3 人（陈位达、胡新磐、张学培），奉节县合作金库 4 人（徐福修、谭坤培、刘傅湘、施欣）。

第六，贵州农贷区（辖三库共 9 人），其中，平越县合作金库 3 人（黄家玼、茅于凤、范道淞），瓮安县合作金库 3 人（韩长润、周卓夫、曾光绪），榕江县合作金库 3 人（林世丕、高仲珩、赵德华）。

第七，巫山农贷区 1 人（燕际祥），1942 年 1 月撤销，归并万县区办理，并派万县合库经理方亚宏兼充该区视察员，原试充视察员燕际祥升任为视察员。

另从相关史料中，还可看出川中行对农贷机构及人员作适时调配之情况，如，1942 年 1 月，渝行于本年度起设置农贷视察员 5 人，其中 3 人即以农贷股组吕则民、刘子钦、葛南极（工贷）兼充；渝行开县合库经理许荣康调荐奉节合库经理，遗缺由开县简易储蓄处主管员邓晓溪兼任；渝行调云阳办事分处辅导员宗守智接收大足县合库，并荐充为该库经理。又如，1942 年 2 月，渝行调云阳办事分处主任辅导员李文彰，万县办事处视察员许文周 2 人充任该分行农贷视察员。

3．川中行农贷份额及其社会表现

据对《中行农讯》第二期之农贷史料数据的整理与分析，中行及四川分行的农贷数据，具有良好的社会表现。

1941 年 6 月份四行局分省农贷统计表（单位：元）

	中国银行		中国农民银行		交通银行		中央信托局	
	6 月份贷额	本年实贷总额	6 月份贷额	本年实贷总额	6 月份贷额	本年实贷总额	6 月份贷额	本年实贷总额
四川	3200	31120	13683	32759	404	3393		1293
四行占比	27.97%	30.54%	39.10%	30.76%	67.56%	23.39%	0%	18.40%

由上可见，截至 1941 年 6 月，中国银行、中国农民银行、交通银行、中央信托局四行局本年之农贷额为 229948 千元[①]，其中，中国银行实贷总额为 101911 千元，

---

① 即 101911＋106503＋14507＋7027＝229948（千元）。

占比 44.32%，居四行局当年 6 月实贷总额第二位。然而，在中国银行 101911 千元实贷总额中，四川中行实贷总额为 31120 千元，占中行全国不含沦陷区共 21 个省份之农贷总额的 30.54%，居中行系统第一位。

1941 年度四行局农贷分省统计表（单位：千元）

	中国银行		中国农民银行		交通银行		中央信托局		合计	
	贷出	结余	贷出	结余	贷出	结余	贷出	结余	贷出	结余
四川	61993	59393	73381	61745	10257	11252	2333	8983	147964	141379
全国	195153	181830	260979	218099	28252	36240	15896	26856	500280	463025
中行占全国四行比	39%		52.2%		5.6%		3.2%		100%（全国四行局）	
川行占川省四行比	41.9%		49.6%		6.93%		1.58%		100%（川省四行局）	
川行占中行比	31.77%		28.12%		36.31%		14.68%			

由上可见，截至 1941 年 12 月，中国银行、中国农民银行、交通银行、中央信托局全年农贷贷出额为 500280 千元；中国银行实贷总额为 195153 千元，占全国四行局贷出总额的 39%，居全国四行局当年贷出总额第二位。其中，还可看出四川中行农贷份额之良好社会表现的横比数据如下。

第一，1941 年，在四川省四行局贷出总额 147964 千元中，四川中行贷出总额为 61993 千元，占四川省之四行局贷出总额的 41.9%；

第二，1941 年，在中国银行 195153 千元贷出总额中，四川中行贷出总额为 61993 千元，占全国中行（不含沦陷区）21 个省份之农贷总额的 31.77%，居中国银行系统各省分行第一位。

第三，1941 年，在全国四行局 500280 千元贷出总额中，四川中行贷出总额为 61993 千元，占全国四行局农贷总额的 12.39%。

1942 年度 6 月份本行分省农贷统计表（单位：千元）

省别	中国银行		中国农民银行		交通银行		中央信托局		合计	
	贷出	结余	贷出	结余	贷出	结余	贷出	结余	贷出	结余
四川	61993	59393	73381	61745	10257	11252	2333	8983	147964	141379
全国	195153	181830	260979	218099	28252	36240	15896	26856	500280	463025
中行占全国四行比	39%		52.2%		5.6%		3.2%		100%（全国四行局）	

续表

省别	中国银行		中国农民银行		交通银行		中央信托局		合计	
	贷出	结余	贷出	结余	贷出	结余	贷出	结余	贷出	结余
川行占川省四行比	41.9%		49.6%		6.93%		1.58%		100%（川省四行局）	
川行占中行比	31.77%		28.12%		36.31%		14.68%			

由上可见，截至 1942 年 6 月，中国银行当年农贷总余额为 2.39 亿元，其中，中国银行单独放款额 2.16 亿元，即中行单独放款额占农贷总余额 90.4%；四川中行当年农贷总余额为 8480.3 万元，占中行系统农贷总余额比重 35.46%，亦居中国银行系统第一位。可见，四川分行农贷数据具有良好的社会表现。

（二）川中行农业生产贷款史貌及成效

农业生产贷款即普通农贷，是以农业合作社为融资桥梁，供给农民以购肥买料、种子、耕畜、食粮、农具、购赎田地等生产上必需之资金，使其维持并增强其生产能力为主要目标。农业生产贷款种类，主要有扩大耕地面积贷款和协助食粮增产贷款，还有协助贫农购赎耕地贷款，以使耕者有其田；举办耕牛贷款，以补人力之缺乏；以及其他间接促使生产增加之贷款。由于战时食粮，为整个军糈民生所最依赖，其丰盈亏缺，于战局胜败之影响非轻。1941 年，国民政府农林部主持推动之食粮增产计划，提出批评"各省应于四联总处各省分处或省银行等金融机关商定粮食增产资金贷款办法，扩大贷款范围及数额，以增加农民之粮食生产资金"之农贷配合规定，四联总处在 1941 年度农贷办法纲要中要求"本年各行局办理各省农贷，在后方应注重食粮生产之增加，在前方注意粮食生产之自给"[1]。这类贷款亦为四川中行办理农贷业务时所特别注重。

1. 潼南办理食粮贷款促增产经过

1941 年秋，中行辅设之潼南县合作金库经理赵兴民[2]《农贷促增食粮之实例——本行于潼南举办食粮增产经过》[3] 一文，即为四川中行办理农业生产贷款史貌及成效的典型案例，其史实要点如下。

（1）潼南县合作金库举办食粮贷款缘由及目的。潼南县所属川北区，涪江依城

---

① 陶桓棻. 农贷与粮食政策配合问题.《中行农讯》第二期，1941 年 8 月 25 日.

② 赵兴民，浙江余杭人，1936 年 8 月入行，1939 年 1 月任忠县合作金库指导员，1941 年 1 月任潼南县合作金库经理，1942 年 8 月任永川县合作金库经理。

③ 赵兴民. 农贷促增食粮之实例——本行于潼南举办食粮增产经过.《中行农讯》第三期，1941 年 9 月25 日.

东南流经合川而入嘉陵江，遂（宁）璧（山）公路直贯县城，交通稍便，全境划分三行政区，区设 32 乡场，全县人口约 26 万，出产以大米为大宗，丰收之年，可外销 120 万市石。1941 年入春以来，天久不雨，田土多呈龟裂，渐有旱灾趋势，幸夏季屡降甘霖，情况虽见好转，惟稻田未能种齐，潼南合作金库乃约同县府合作室、农业推广所，商讨举办粮食增产贷款，其目的有五：第一，社员因天旱荒芜，田地经此大雨后，虽已错过栽秧时节，但可种植杂粮，以资补救。第二，社员原有田地，未受旱灾影响者，也可借得生产资金，增加粮产。第三，此间通例，佃农栽植杂粮，均归佃户收割，此举即鼓励贫佃对合作社之兴趣，又可增加收入。第四，社员收获之产品，须向农业仓库合作社储押，归还借款，再向仓库办理集中运销，调节后方食粮。第五，充分利用荒地。

（2）潼南县合作金库举办食粮贷款的条件与办法。

第一，贷前调查：每社集中调查和社员个别抽查。前者通过召开社员大会，按户调查；后者，个别抽查与个别访问，是到邻社、邻户之间去探询实况。调查员理应先熟读食粮增产调查表和食粮增产成本调查表（详略）之各项问题，并善应用，乃与社员"摆龙门阵"时利用机会，使被调查者于不知不觉中，吐出真话。注意之点有：甲、抽查社员指定增产之田土，应详细记载社员指定田土之地段及周围标记等情，以备日后复查。调查生产成本时，凡社员自有畜力人力等项，均不计算。乙、提倡垦荒，使社员充分利用荒地和休闲之人力畜力。丙、食粮有增产价值，而被社员忽视之作物，例如此次与农推所宣传及推广马铃薯。

第二，贷款条件及要求。潼南合作金库自 1941 年 1 月 7 日至 15 日为办理合作社申请贷款时期，16 日至 31 日为放贷款时期。利用原合作社组织，以信用方式放款。借款手续，仍照信用借款办法。借款限度，系根据生产成本调查表核定之，暂限增产杂粮一亩，以 15 元为限，每社员以 75 元为最高借款额。还款期限随增产作物收获期而定，暂定为 5 个月。凡邻近农业仓库之合作社，当作物收获后，必须运往储押缴还借款，其目的在避免粮食为少数人操作，采化整为零之方法，私自囤积。目下潼南未办简易农仓，此举恐不易发生效果。贷款时尚需注意要点：甲、申请期限务求不失农时，以免贷款因申请期限延长，有所失误，促使社员将借款移作他用途。乙、凡社员需要某项种子时，折合市价，酌量推广。但推广种子必须经过试验，确能适应当地环境者，其量宜少，以免移充食用。

第三，贷后复查。根据调查表及上述记录，前往复查，注意作物生长情形，以及确实增产数额，如能与农业技术机关合作，对于防病虫等工作，更有效率。

（3）潼南食粮贷款的增产效果。潼南合作金库自 1940 年 7 月划归中行辅设办理以来，全县共计 141 个合作社，社员达 11008 人，信用放款 27 万余元，陆续增至 85 万余元，除试办养猪、养牛、土布生产等贷款外，此次食粮增产贷款，总额计 425375 元，借款合作社计 108 社，借款社员计 7329 人，增加食粮之数量有：红薯 27321 亩，小米 730 亩，玉米 236 亩，绿豆 187 亩，芝麻 170 亩，马铃薯 207 亩，高粱 457 亩，荞麦 185 亩。[①]

从上述潼南举办食粮贷款增产经过，可以看出以下农贷史实：第一，四川中行具有农贷之贷前调研的特殊经验与技巧，即通过每社集中调查和社员个别抽查，尤其是农贷人员须先熟读调查表之各项问题并善应用，乃与社员"摆龙门阵"时利用机会，使被调查者于不知不觉中吐出真话。第二，潼南合作金库利用原合作社组织以信用方式放款，其金融实质就是"指导合作社以优化农贷借款主体，辅设合作金库以管理贷款主体"。第三，对信用放款的农贷风险防范措施则体现在：作物收获后，必须运往储押缴还借款，避免粮食为少数人操作，采化整为零之方法私自囤积；社员需要某项种子时，折合市价酌量推广，以免移充食用；根据调查表及记录前往复查作物生长情形及确实增产数额。第四，关于"每社员以 75 元为最高借款额，防止富农多借款"条款之设置，即是说中行贷款额的多少，不是简单依据土地经营量的多少无限制地按比例发放，而要受到每户最高贷款额的限制。因为在推广农贷的过程中，中行认识到"事实上真正需要贷款帮助者，不是少数的富农、地主，而是绝大多数的贫农、小农、佃农"，强调资金要向贫农倾斜。1941 年起，中行提出农贷"当更着重对贫农、小农、佃农的放款。我们要尽力于谋农民大众的利益，而防止土豪劣绅的操纵把持，以冀一般贫苦的农民，都能得到贷款的帮助"，促进他们的生产能力，改善他们的穷困生活，"用太极拳的方式来打倒土豪劣绅"[②]。

2. 办理抗旱杂粮种子贷款

1941 年，中行在广西、四川、甘肃、浙江等省利用休闲田地，贷款种植越冬作物 20 余万亩，增加了油菜、小麦等作物的生产等。其中，1941 年 8 月，四川中行以川省亢旱，为补充食粮起见，特于本行农业贷款区之资阳、潼南、万县、云阳等县，推进种植潼南县之旱杂粮，增种面积 34000 余亩。在此背景下，川中行办理协助食粮增产贷款之片史如下。

1941 年夏，资阳县入夏亢旱，稻作受损。中行为推进粮食增产起见，特于七月初举行增种食粮生产借款，全县贷出 50 万元。时值青黄不接，各乡农民纷纷出售青

① 赵兴民. 农贷促增食粮之实例——本行于潼南举办食粮增产经过. 《中行农讯》第三期，1941 年 9 月 25 日.

② 石涛. 民国时期商业银行农贷业务述评——以中国银行为中心的考察. 历史教学，2013 年 8 月.

苗之际，得此周转资金，增种杂货不少。①

1941 年夏，云阳县因本年亢旱已常，主要食粮俱少收获，仅高粱、棉花较为丰收，红苕也属严重萎枯，农民将种子食耗殆尽，四乡恐慌万分，值此冬粮将下种之际，急待设法补救。中行有鉴于此，特连同县府召集会议，发动全县办理紧急实物贷放事宜，并请士绅协助，并先借予县府 7 万元发贷种子（豌豆、胡豆、洋芋），一方面本行农贷工作人员于炎情特重之区组织新社，迅予登记贷款②。再到 1941 年夏秋，由于云阳县均旱，水田多无冬水。中行为督导农民，增加杂粮生产起见，由驻县农贷人员与贷款合作社社员劝其将所有干涸水田，种作小麦、豌豆等，成效尚佳，总计全县涸田栽培各作物者约有三分之二。幸雨水尚匀，生长良好③。

1941 年 9 月，万县本年歉旱，中行万县办事处为扶助农民补救杂食，特与该县政府订立洋芋种子贷款 15 万元，由县政府采购种子转贷农民，还贷期限六个月，现经本行万县办事处与县政府签立合约，并转呈四联总处备案④。

3. 举办耕牛贷款及猪牛贷款

1941 年秋收以后，中行与开县继续举办冬耕贷款，以应农民之需。经积极推动工作后，计已核发 21 个合作社，共贷出 22.5 万余元。至耕牛贷款，中行满足农民久望之因，已分别到各合作社调查，以便立刻开始核放⑤。

1941 年 11 月，为繁殖猪牛与增加农产动力起见，中行辅助之开县合作金库则与农业推广所合作室合作，贷放猪牛贷款。开县合作金库特订定《猪牛贷款暂行办法》，其要点有六：（一）凡依法登记信用合作社，如需畜养猪牛，向本库申请贷款时，得通用本办法。（二）合作社向本库申请贷款，须经合作指导室及农业推广所二机关负责介绍，其介绍书须加注意见，以便本库参考。（三）各社员申请数量，牛以一头为限；猪以两头为限。如数社员联合购买耕牛一头者，也得申请。（四）经核准放后之贷款，须于一个月内购买猪牛，并通知合作指导室、农业推广所及本库会同举员查勘，烙盖火印，以资识别。（五）本贷款期限最长，牛二年，猪一年。二年期限者，须分年偿还；每年不得少于二分之一。（六）本贷款如发现用途不实以及其他舞弊等事情发生时，得随时追还贷款本息之一部或全部，并呈请县府依法惩处等⑥。

---

① 参见《中行农讯》第 3 期，1941 年 9 月 25 日。
② 参见《中行农讯》第 4 期，1941 年 10 月 25 日。
③ 参见《中行农讯》第 7 期，1942 年 1 月 25 日。
④ 参见《中行农讯》第 3 期，1941 年 9 月 25 日。
⑤ 参见《中行农讯》第 6 期，1941 年 12 月 25 日。
⑥ 参见《中行农讯》第 5 期，1941 年 11 月 25 日。

（三）川中行农业推广贷款史貌及成效

据《本行农贷业务史略》记述，农业推广贷款已往并入于生产信用类举办，自1940年四联总处颁布贷款准则以后，始行划定为贷款之一类。中行对棉、麦、稻优良品种的推广工作，早在抗战前即已办理，并卓有成效。抗日期间，四川中行及其所属机构，从1938年起所办理农业推广贷款之片史及其成效如下。

1. 川中行机构推广优良品种贷款片史

内江支行推广优良蔗种之贷款。中行内江支行单独与川省农业改进所签订优良蔗种贷款合同一种，计为国币21000元，作为该所推广"爪哇2878号"蔗种60万斤之用，为推广优良蔗种起了良好作用（见后）。

万县合作金库推广洋芋荞种等杂粮贷款。中行万县办事处与四川农推所合作，由本行所辅助之万县合作金库贷放洋芋、荞种贷款，协助农推所劝导农民保育再生稻种冬粮等工作。

潼南县合作金库与县立农业推广所、合作室共同推广抗旱杂粮贷款。1941年夏，中行辅设之潼南县合作金库与县立农业推广所、合作室等全体工作人员举行抗旱食粮增产会议，商讨食粮增产问题，决定：（一）以全县信用合作社为对象。（二）农业推广所负田间技术指导之责，金库负贷款之责任，合作室负合作行政之责任。（三）全县分四个业务区，每区由农业推广所合作室各派一人调查社员需增产种类及面积，并指导办理申请手续，一面即由全库复查贷款。（四）自1941年6月27日起至7月15日止为调查申请时间，以增种粟米、红苕、萝卜为目标，若干种子由推广所供给。至10月份再办增产大麦小麦贷款。第五，每一社员最多增产5亩，每亩增产借款15元，借款时间以5个月为限等项。现已积极推进中。

2. 川中行机构其他农业推广贷款片史

奉节办事分处推广"百万棉"贷款。中行奉节办事分处所辅助之奉节县合作金库，协助四川棉改所试种"百万棉"，甚为成功。

荣昌办事分处推广蓖麻子及用作肥料之苕子贷款。中行荣昌办事分处与荣昌县农推所协作，对工业所需蓖麻子及用作肥料之苕子，进行协作推广。

开县合作金库办理养鱼示范贷款。1941年7月，中行辅设之开县合作金库接受万县办事处之委托，与开县农业推广所合作，提倡养鱼示范，中行供给资金，贷予推广款1000元，农业推广所担任技术，先作小规模之试办再谋扩充[①]。

---

① 参见《中行农讯》第一期，1941年7月25日。

（四）川中行农田水利贷款史貌及成效

全面抗战前中行即注意于农田水利工作，及至全面抗战发生后，大后方为了增加农业生产，开始注意兴修水利。到 1941 年 7 月底，全国农贷总额 3.66 亿元，其中农田水利贷款 0.66 亿元，占比 18%①。中行在办理农田水利贷款方面，正如总经理宋汉章在《水利与农贷之关联》中指出："倡导农田水利为本行农贷之主要任务也。"中行办理农田水利贷款分为两类，即联合贷放与单独贷放。

1. 中行参与联合贷放农田水利贷款概况

抗战时期，虽注意兴修水利，但各地因技术人才缺乏，资金未能集中运用，初期推进效果并不理想。及至 1941 年农贷扩大后，农田水利贷款中的大中型水利工程，改由国家各行局联合贷放，其中中行摊放 25%，1941 年度，中行共贷出 3037 万元，兴办大小水利工程 2059 处，四川中行联合贷放农田水利贷款也包含在其中。据《中行农讯》第五期四联总处农贷消息记述：四川省 1941 年度各项水利工程，需向四联总处申请 11000 万元，业经议有办法，其要点有二：（一）川省各县小型水利工程及塘堰工程，估计 1942 年度约需 5000 万元，由各区办理农贷行局就近直接贷给农民兴办，由水利局负责设计督促及介绍之责。（二）其余 1942 年度拟办各项工程约需 3000 万元，除省府应拨二成垫款外，四行局贷款额为 2400 万元，按每一个工程与承贷行局个别订立合约。

2. 川中行机构单独贷放农田水利贷款片史

据《本行农贷业务史略》记述，综观 1941 年度各省中行单独贷放之小型水利贷款，其总数虽不过 90 余万元，而收效则颇宏，已能逐渐转移一般农民"靠天吃饭"之观念，并对农产增加有直接迅速之成效。故 1942 年各省中行对于小型农田水利贷款皆在积极协助举办中。其中，1941 年四川省内江、开县两县中行机构经由合作社贷款 61580 元，各办有水利工程一处，受益农田共计 755 亩。

再据《中行农讯》记述，四川中行单独贷放农田水利贷款之史实还有：

（1）开县农田水利项目。1941 年 5 月 29 日，为发展开县水利事业起见，中行在县府与各关系部门时论推进水利贷款事宜，议决以组织水利公用合作社贷款对象，以误导费用之八成为贷款额度，期限最长二年，贷款范围以修坝掘堤为限，详细办法一经核定，即着手进行②。此后至 1942 年 8 月中行移交农贷之前，开县中行先后贷放了两个农田水利项目。

---

① 宋汉章. 水利与农贷之关联. 《中行农讯》第七期，1942 年 1 月 25 日.
② 参见《中行农讯》第一期，1941 年 7 月 25 日。

开县临江镇青竹溪另建水堰项目。开县临江镇区内，原有青竹溪之天然水源，可供农田水利之用。早年会筑有河堰一座，以利灌溉。惟数年前受激水冲毁，修复工程浩大，农民有心无力，致五六年来收成极歉，尤以去夏苦旱，堰内农田之收获量平均仅及二成，农民生计至受影响，于去年冬忍痛集资另建水堰，初时估计 3 万余元即可竣工，以物价频涨，支应不敷，又迫辍工，大有功亏一篑之势。遂组水利公用社，疑向本行贷款数万元，以完成工程。经查该堰工程可分堰头（储水用）、拨岸（引水用）、堰沟（灌田用）三部分。现堰头工程已完成五分之三，费去 2 万元，均由社员自筹。尚需 4 万余元，始能竣工，修复堰内稻田年可增产 200 余石，以目前市价计算，价值非小。故中行准予贷款，以完成未竣工程[①]。1942 年 7 月，中行贷款之四川开县翻水堰工程行将完竣，兹值末次贷款将发放时，经派员前往勘察，该工程之闸身部分大体筑成，唯有堤而尚需加土培修。数月来，每日约有土工、石匠七八十人，往来运土、开山盘石，工作至为紧张。遥见石闸雄伟，形势壮观，该堰共需工程费用约 6 万元。

开县周斗堰工程。1942 年 7 月，四川开县周斗堰原有公塘一口，面积约十方丈，可灌田亩 120 余石。缘以该塘水利涉及多人田地，故未能独资修葺，致数十年来积泥未挑，不能储水灌田，近两年来收成仅达一二成。际此物价高涨之时，农家损失颇大。中行驻开县农贷员察志此情，乃商洽有关田户拟协组水利合作社，集资挑修以维收成；唯施工期须待至秋后农闲时，刻正办理组织手续，并拟订工程计划。

（2）万县临江寺区水利社建修堤闸及堰沟工程。1942 年 7 月，中行辅导万县临江寺区内之水利合作社，经贷款建修之堤闸及堰沟工程，规模较为宏大，此次经驻万县农贷员勘察，据云该堰兴工以来，历数月后，因涨发春水故，赶将堤尾部分提前完工，工作不无仓促草率之处，堤身未臻坚固，随为山洪冲破一段。所幸今枯，岁雨调和，无须灌溉，一俟秋冬水枯，即可重行修筑，当向该社负责人指导，堤闸可延长斜面，使水流不由正面直冲，或于河之中央建立砥柱，以减杀水力，庶可避免崩溃之虞云[②]。

（3）云阳县吴家沟堰沟工程。1941 年 11 月，云阳县吴家沟位处沿江北岸，田亩约 500 顷，土地肥沃，数十年来，以水利不修，均改种甘蔗。近该地居民欲引水灌溉，改种稻米，乃自集万余元，由附近水垭口河灌处，开辟一堰沟，其路基路栈之坏石，均已设定，唯无力再掘成堰，故请求中行协助组织水利合作社，贷款资助，

---

① 参见《中行农讯》第九期，1942 年 7 月 31 日。
② 参见《中行农讯》第十三、十四期，1942 年 8 月 31 日。

合作开发成堰，以利灌溉。经派员详查该工程，计全长 500 丈，沟宽 5 尺，深 3 尺，水源系经年出水，灌溉毫无问题。现已完成该工程 6%，预计将来全部完成，约需十数万元。本行驻县农贷人员刻正代为办理申请手续中①。

（4）潼南合作金库农田水利贷款实施计划。1941 年夏，潼南苦旱，为全川旱灾较重之三台等十二县之一。以往一般乡农多漫无组织，且缺少资金，因此原有塘堰大都毁塞，以致"靠天吃饭"已成通谚。潼南合作金库本次拟借合作组织兴办农田水利，其工程浩大者，需要专门工程技术，所需资金为数甚大；一切经营管理，更非目下合作社人员所能胜任，因此拟由简易着手，以资示范，而树立起初步的基础，本此目标，草拟出四川潼南合作金库农田水利贷款实施计划，在如何优化农贷借款主体——合作社，如何以农民利益为利益，以及如何设定严密的贷款手续、还款手续、贷款保障办法及稽核办法等方面，进行了有益的探索，其经验得到总处赞赏与转发（详见后）。

（五）川中行特产产销贷款史貌及成效

中行最有特色与成效之农贷，即为特产产销贷款。因中行为国际汇兑银行，举凡有关换取外汇之特产如桐、茶等之促进，向所注意，同时对后方必需之各类特产如棉花、糖、纸等亦同样予以重视。凡在中行农贷区内的各种特产的生产者，都可以得到中行的支持，贷给必需的生产、加工和运销资金。四川中行办理特产产销贷款时，特将全省特产农贷区分为糖区、棉区、桐区农贷，及其他特产产销农贷。其中：第一，内江、资中、资阳、简阳四县属于甘蔗产区即糖区；第二，三台、射洪、遂宁、蓬溪、中江等六县为棉业产区；第三，涪陵、丰都、忠县、万县、开县、云阳等六县为桐油产区；第四，其他特产包括隆昌的夏布、荣昌的猪、资阳的烟叶、简阳的柑橘等。总之，对于以上各种特产，中行或供给以种子、运销费用等贷款，或邀专家指导以谋改良，目的要在谋其品质之改进与产量之增加，以应付战时物资短绌之急需。需要说明的是，战时中行发放农业贷款之特产贷款，与中行发放扶持国际贸易贷款有所交叉，但又不完全一样。

1. 四川中行办理糖区农贷概况

以内江为中心的资中、资阳、简阳等沱江流域各县盛产甘蔗，蔗糖产量居全国之首。后来由于大量进口糖的冲击、军阀混战，加上连年自然灾害，至抗战前甘蔗种植及糖业已完全凋零。1937 年全面抗战爆发以来，全国各军政机关、工厂、学校大量内迁，各省难民蜂拥而至四川等西南地区，大后方人满为患。由于日军的封锁，

---

① 参见《中行农讯》第六期，1941 年 12 月 25 日。

进口渠道中断，沿海产糖区沦陷，食糖奇缺，供应全国食糖需求的重任自然落到了内江等六县的身上。1938 年 1 月，四川中行开始在内江、资中、资阳、简阳各县协助组织蔗糖产销合作社，贷放甘蔗生产及制糖加工贷款，创设评价制度，评定甘蔗生产成本及糖清制造成本，并介绍与推广"爪哇 2878 号"优良蔗种。仅两年时间，各县蔗农都已摆脱糖房的束缚，而于自主自立之境，甘蔗品质及制糖技术也大有改进。中行对四县蔗糖贷款余额，由 1938 年的 60 万元，增加到 1942 年 7 月底的 6000余万元，蔗糖贷款对于后方糖产及动力酒精原料之维持贡献极大（详见后）。

2. 四川中行办理桐区农贷概况

桐油为我国主要外输物资之一，产量以四川最丰。但因桐油统购价格有时低过种植桐树成本，又因桐农缺乏组织，难以获得对桐油销售的合理价格，导致桐油产量锐减，桐农多将桐树砍伐改种其他作物。四川中行为维护桐油生产和出口，以及救济桐农之生活起见，将涪陵、丰都、忠县、万县、开县、云阳等六县确定为本行特产农贷之桐区，择其尚有发展可能者发放贷款予以扶持。万县中行农贷指导员许文周的桐区工作报告[①]中，曾记述了 1938 年 8 月至 1939 年 2 月间，桐区六县农贷业务之艰难创始经历及初步效果。

万县中行农放款属于桐区，所属各县计有涪陵、丰都、忠县、万县、开县、云阳等六县，本区之农放创始于 1938 年 8 月。本区同人于 1938 年 8 月间始分派来涪、万、开、云四县开始工作，迄 12 月底，丰都、忠县二县同人方先后到齐。但此事属初创，各种规程与具体办法未详，端赖各同人暗中摸索，间以有关各方面对之必感隔阂，故困难多而成效少。经各同人多方努力之下，方稍有头绪，各地产销社纷有成立，贷款必随之开始。到 1939 年初，桐油产销合作社的组织方面，万县已成立 14社，云阳、开县二县将近 10 社；至于贷款方面，仅万县已贷出 4 社，其他亦正在推行中。川中行桐区各县农贷放款经过情形如下：

万县桐贷情形：初开办时，县合作指导室各指导员因对产销社缺少经验，致稍有稽延，后经吾人实际参与宣传组织，方将难关打开，并加之合委会派驻万县区视察员张君及该县彭主任指导员之严厉督促，故能顺利进行。惟以旧有信社遍及 260余所，县境区域广大，工作人员不敷分配，进行上不无影响。迄 1939 年 2 月底，计正式成立桐油产销社 15 所，内有 8 社已贷款，计信放 4354 元，利用□□垦植桐林

---

① 许文周. 桐区农放之过去与未来.《农放月报》第一卷第五期，1939 年 5 月 1 日. 许文周，江苏宿迁人，1936 年 6 月入行，时为万县中行桐区联络员。

贷款 20080 元，共计 24434 元，并有一社赁完榨房实行合作榨油。

云阳县桐贷情形：该县开始之时，合作指导室人员漫不经心，辄以川旅费不足等为口禅，而畏缩不前。卒赖本行同人方亚铉君[1]之努力，张视察员之督促，至 1938 年 10 月下旬，始将僵局打开。1939 年 2 月底，该县已正式成立 20 社，内有 5 社已贷款，计信放 6868 元，利用种桐贷款 4180 元，共计 11048 元。

开县桐贷情形：该县最初之困难有过于云阳，许荣肇[2]君曾于万不得已时，匹马单枪至乡间道旁树下作说"大鼓词"式之宣传，至十月初经许文周君与张视察员同往，就许荣肇调查所得，共同厘完组社计划，由张视察员下令按期完成。至 1939 年 2 月底，已完成 8 社，内有 5 社已贷款，共放出信放款 9776 元。

忠县桐贷情形：本行同人赵兴民君[3]于 1938 年 12 月底奉派到县，任忠县合作金库指导员。于赵君来到之前，合作指导室已组成桐社 3 所，经赵君调查指示后即行放款，共计信放 10271 元，储押 4600 元，合计 14871 元。该县指导室工作热忱为他县所不及，于 1939 年度工作计划内集赵君之意见，共厘完于三、四、五叁个月内完成桐油产销社工所。

涪陵县桐贷情形：该县工作困难为本区之冠，其主因有：（一）桐产集中于离城区 120 余里之第五区，其他区内寥寥无几，而该区地广人稀，交通治安统欠佳良，故迄今信社点未能开始组成。（二）合作指导室工作人员仅 5 人，除主任指导员而外分配于其他四区，于产桐之第五区根本无人可派，且闻于交通、治安、路远等因素及组产销社较信社为难，故均不愿前往。（三）该县合作指导员俱少事业心，对工作徒事敷衍，主任指导员统率无方，工作毫无计划。综上，主其事者不能指挥领导，合委会当局又置之不问，该县自开办合作事业以来，视察员从未到过。同人吕则民君[4]于 1938 年 8 月起至 11 月止，虽两度进五区设法推动，奈以独木难支大厦，终致一筹莫展，旋乃奉调至丰都合作金库任指导员。12 月底，继派陈位达君[5]前往，费尽苦心，并一度为该室指导员负担旅费，始勉强得一汪指导员三进五区，就吕则民所进行之长坡师组成一社，然至 3 月中旬，该社登记手续当未能完成。

丰都县桐贷情形：该县合作指导室主任柳君，出身军界，对合作少认识，办事又欠精神，不能领导指导员工作，本当有黄、何二指导员堪同工作，本行同人吕则

---

[1] 方亚铉，浙江杭县人，1938 年 8 月入行，时为派驻云阳刘大有号指导员。
[2] 许荣肇，江苏泰县人，1938 年 7 月入行，时为开县合作金库助理员。
[3] 赵兴民，浙江余杭人，1936 年 8 月入行，时任忠县合作金库指导员。
[4] 吕则民，江苏江阴人，1937 年 7 月入行，时任涪陵中行指导员。
[5] 陈位达，西康西昌人，1936 年 7 月入行，时任涪陵中行助理员。

民于1938年12月中旬莅丰，经月作之努力，方打动该室之兴趣。迄1939年2月间，已有木家嘴、太威镇等5社将告成立。不料，当时县府感禁烟后农民收入锐减，为补救计，乃从事提倡植棉，下令指导室于二、三区产棉区内调查宣传，俾组棉花产销合作社，以济农时，因此桐社组织又告搁浅。

奉节县桐贷片史：1941年7月10日，原川省合库辅导之奉节合作金库，由中行接收。当时，由于人手缺乏，奉节境内多山，交通不便，下乡的农贷指导时多感不易，现仍决定采用常川轮流指导法，即每个农贷员各在一乡居住一二个月后，再转赴他乡，周而复始，以增进农贷效能①。经过努力，到1941年12月，奉节县之植桐社员，因复兴公司已将桐油价值提高至每公担164元，故纷纷加紧收获桐籽，加工榨油，运销至城中的各大油号，收入增加，致农金融顿时活跃。每日至中行缴还贷款本息者不绝。②

3. 四川中行办理棉区农贷之片史

据《本行农贷业务史略》记述，四川中行对于主管贷区内棉花的增产，一向重视协助。四川中行曾会同农本局、中农行、川省合作金库订立《四川棉产放款细则》，由中行代表，以推行三台、射洪、遂宁、蓬溪、中江等六县棉业生产、利用、运销储押等贷款。后以推进未能顺利，乃与农改所另定棉种贷款，中行拟放10万元以推广优良棉种。

4. 四川中行办理其他特产农贷概况

四川中行对于主管贷区内的其他特产，如隆昌的夏布、资阳的烟叶，也都给予支持：或者以贷款方式推广优良品种，或者提供运销费用贷款，或者邀请专家予以指导改进，由此对于上述特产或增加产量或提高品质，以应付战时物资短绌之急需，起了扶持推动作用。其特产农贷之片史如下。

（1）隆昌县之特产农贷工作报告。1939年4月，隆昌办事分处农贷助理员朱富藻③在《隆昌工作报告》中，记述了隆昌中行为支持隆昌夏布产销，所做的促产促销之调研工作及麻织产销合作社之组织工作。第一，麻织产销概况。隆昌虽出产夏布，而原料均来自外县，全年销麻2000-3000担，可出产夏布50万~100万匹，总值8200万~8300万。至于销售情形，完全操之于京帮山西帮。当地商贩售于客帮，再

---

① 参见《中行农讯》第一期，1941年7月25日。
② 参见《中行农讯》第六期，1941年12月25日。
③ 朱富藻，山西永济人，1938年11月入行，1941年1月升任隆昌中行农贷指导员；1942年8月任潼南合作金库经理。

转运于平津、济南、青岛、沪汉等地销售，仅四川省内之销售，由当地商人经营之。第二，夏布生产过程。麻丝由麻店向外县购买，农民零星向麻店购少许之麻线，售于麻线贩子或售于机房，机房织成夏布后售与夏布贩子，夏布商贩再转售于客商。京帮或山西帮有时即以原购之价酌取手续费，粗布每匹八分，细布每匹一角二分。第三，麻织产销合作社之组织问题。欲使夏布产量增加，品质改良，用途推广，成本减低，势非加以组织不可。唯组织之方法，不甚妥当，或与环境之不大相合，易发生流弊。故组织伊始，必须慎重考虑，以免受奸商之捣乱而于瓦解，故对麻织产销社之组织，提出三种办法：（一）以原有信用社为单位，合作社给原料，共同加工制造，以所产夏布售于客帮。（二）以信用合作社为分社，不直接经营加工制造，仅给原料，与收集麻线之责，由所合社做大规模之加工制造，以所产夏布，售于客帮或运销他省。（三）以机房为对象，社员即机房，组织若干机房，成立一产销合作社，第一步仍由各机方自行购买麻线，以所产夏布，送交合作社，由合作社分等级，集成相当数量，售于客帮，或运销他省。唯合作社必须供给机房之生产资金，以资周转。以上三种办法前两种较为困难，第三种办法比较容易组织，困难较少。再麻织事业，如能由政府经营成立工厂，利用铁机，第二种办法则较为妥当，产量亦可增加，品质亦极易改良[1]。

（2）资阳、简阳两县烟业产销农贷片史。如 1941 年 10 月，中行与简阳县所办烟业贷款归成两大类，即烤房建设贷款和预备贷款。各社业务发达，甚有希望。中行驻该县工作人员以时属多雨，各烟业产销社已烘烤之干烟业恐遭发湿，且无经验人才指导各社设法保管，故已为设法保管，并请财政部烟业示范专派生产技术人员、指导员，轮流至各社负责各项技术指导工作[2]。又如，1941 年 12 月，四川资阳、简阳两县烟业产销社，因烟业销路困难，曾分别要求中行作财政部之烟业示范场，设法介绍推销。经中行内江支行经理此次赴资阳、简阳一带，亲与南洋蒋专员接洽，请将烟价予以提高。闻已允许，并面与烟业示范场接洽，请早日召开平价会议，规定售烟价格，烟业销售难题，不久可解决云[3]。

（3）荣昌特产农贷片史。1941 年上期，荣昌中行贷款之麻织社，以制成品未能随生产成本比例上涨，销路滞阻，颇多亏累，即各社已与军粮局订定合同，承制麻袋，业务或能好转，至中行之借款，工业合作事务所并拟先予偿还[4]。

---

① 隆昌工作报告.《农放月报》第一卷第四期，1939 年 4 月 1 日.
② 参见《中行农讯》第四期，1941 年 10 月 25 日。
③ 参见《中行农讯》第六期，1941 年 12 月 25 日。
④ 参见《中行农讯》第六期，1941 年 12 月 25 日。

（六）川中行农村副业贷款史貌及成效

中行在划分的农贷区内，除对农家饲养家禽家畜等副业给予贷款鼓励倡导以外，还根据当地的原料及手工技艺情况，提倡农村手工业副业的生产，用以增加后方物资供应，并提高农民的收益。同时，还在各地推行植树，亦多裨益于农家经济。现将其点滴之片史整理如下。

1. 万县养猪贷款"朝花夕果"成效

万县糖坊村打虎坪合作社，有社员 4 人，于 1938 年向万县中行借款 20 元，经营农牧；1939 年每人获利约 500～600 元；至 1941 年底，4 位农民已集资 7000～8000 元。经调查，4 位农民所营者为利用废物养猪，倘资本为 500 元，饲猪一年间，至少可获利 2000 元。由此可证，中行农贷在战时对繁荣农村，改善农民生活具有朝花夕果之成效[1]。

2. 荣昌养猪事业的调查及其推广

1941 年 3 月，川中行特邀前中大畜牧教授许振英先生与农改所技士梁正国先生，同来隆昌调查猪种，先行从事调查白猪区域，然后再准备推广事宜。欲推广白猪有两种办法：一是设法将各地之种猪逐渐调换为白猪；二是利用合作社共同购买白猪，或限制社员，必须饲养白猪。

3. 荣昌陶器生产运销合作社概况

1939 年 4 月，荣昌中行农贷助理员的陶金庭，在《荣昌县安富镇陶瓷业今昔概况》工作报告中，记述了中行为办理农村副业贷款而辅助荣昌陶器生产运销合作社之概况[2]。第一，荣昌烧酒坊，今名安富镇，为成渝线中之一大乡镇，出产瓷器，在川省闻名已久。该地瓷业创始于二三百年之前，于清光绪年间，其业务已大有可观，晚近销于省外，惟其外销品几尽为烟具，百家用品则仅占十之二三，估计每年销出数量约 2 万至 3 万担，价值 10 万元以上。其运销方法以交通不便，均仰赖于挑运，挑运均为农民经营，故需于农闲季节始能出贩。第二，磷泥，产于该镇西北 10 华里之鸦口一带，东西山脉亘延弥远，其脉名不详，今其采取地点已跨临隆昌、荣昌两县之间，东西南北周围 40 余里，该处磷泥产量丰富，随地可掘，其种类有二：一为白色磁泥，产量较少，约占十分之四，质甚细腻；二为朱砂磷泥，产最较多，约占十分之六，惟质较白磷泥为次，此两种磷泥，据化验结果，较该□每年□□之江苏宜兴之磷泥尤佳。第三，年来因地方金融枯竭，陶瓷原料价值增高，工人生活困难，

---

① 参见《中行农讯》第八期，1942 年 2 月 25 日。

② 陶金庭. 荣昌安富镇陶瓷业今昔概况.《农放月报》第一卷第四期，1939 年 4 月 1 日.

停业者日多，陶业日衰，大小陶窑，现共有 19 所，资本共约六七千元，年产仅七八百担上下。按安富镇瓷业发祥于 300 年前，历史悠久，且以产销地域之辽阔，磷泥性质之佳良，往往均值得吾人之注意，于 1940 年 1 月 14 日正式成立陶瓷生产运销合作社，以期达到陶瓷品质之改良，生产运销之发展，陶瓷业之不坠。

4. 农贷人员推行农村植树工作片史

1942 年 2 月 23 日，中行总处以农字第 337 号通函施行《中国银行农贷人员推行农村植树工作计划大纲》。因鉴于我国农业生产与水利关系之密切，而潦旱之防止，水土之保持，又基于林木之增殖与培护。爰本十年树木之义，复按当前农业生产建设上最迫切之需要，于中行农贷区内经常进行农村植树工作，期以中行农行力量，辅助造林要政，兹订计划大纲。中行各省同人推行农村植树工作意见辑要，收到文稿 14 件[①]。在此背景下，川中行在其农贷区推行农村植树工作。

5. 云阳农贷支持纺土纱织土布片史

1941 年，经云阳合库同人决定，以协助增加粮食生产为原则，特种作物如棉花、植桐与农家副业中之纺土纱织土布，也予提倡，也在积极推进中[②]。

（七）荣昌中行办理抗属贷款片史窥视

1941 年，中国银行各地经办行处遵照总处第五届农贷会议决之农贷方针，对贷区内特种部族抗战军人家属，荣誉军人及战区义民等皆尽量予以扶助。即"为扶助边民，使其利用低利资金增加其劳力效能，提高其生活水准，及为融洽民族感情"，而开展此项特殊农贷，并将特殊农贷列为本行 1941 年办理农贷重要目的之一。就四川而言，荣昌县地处川中，人口稠密，抗属为数甚多。1942 年来，中行于该县倡导抗属参加合作组织，以取得低利资金之资助，增益生产。中行工作人员除向各社宣示以吸收抗属为考成之一项外，于抗属贷款尽量予以便利。自倡导以来，各社抗属社员人数已大量增加，其他社员协力抗属耕作之义举，也所在皆有。倘各县均能倡导，则于安定抗属生活一端，自多贡献[③]。

（八）川中行办理工业合作社贷款史况

1939 年 2 月，四川中行开始酝酿工业合作贷款，以"发展一地特殊的工业以为中心（如荣隆二县应以夏布为中心），将纵的与横的机构应一并配合起来，加强指导应注意各点"为本行工业合作的使命[④]，随后将川中行工业合作贷款区域设重庆、成

---

① 中国银行农贷人员推行农村植树工作计划大纲．《中行农讯》第八期，1941 年 2 月 25 日．
② 参见《中行农讯》第一期，1941 年 7 月 25 日。
③ 参见《中行农讯》第九期，1942 年 3 月 25 日。
④ 工业合作的使命及其后注意事情．《农放月报》第一卷第十期，1939 年 10 月 1 日．

都、乐山、三台、灌县、万县、梁山、荣昌、江津等九处。1940 年后，因物价波动甚剧，已成立工合社，以基础未固，业务渐感困难，新社亦不易推进。从 1941 年度起，川中行对新成立各工业合作社暂停贷款，已贷款各社则注重其内部整理，并就各地原料运输等条件加以完善，以促进当地中心工业之发展。如在重庆之化学工业，成都、乐山之印刷、制革工业，三台、万县之棉织工业，梁山之造纸工业等。到1941 年底，四川中行工业合作贷款对象为 142 社，贷款余额 132.32 万元，占中行工业合作贷款余额 552.85 万元的 23.93%。

1. 万县工业合作贷款情形

1941 年上半年，万县中行贷款之工业合作社，有半数以上未能到期还款，其原因为原料上涨殊猛，流通资金不敷周转，工合事务所人事常有变动，以致影响各社存心观望，现正设法补救中[①]。

万县中行贷款之工合社，均多亏折；且工合事务所主持人迭有更动，故事业甚少起见，其原因有三：（一）资金不足，物价上涨太快；（二）经办人缺乏技术知识与商业能力；（三）无切实合理之指导等，未易乐观[②]。

1941 年下半年，中行在万县办理之工合贷款。最近除大八箱染织、白岩书院布匹、新城镇染织、西溪埠纺织、万中丝厂染、兹云奄等社全部或局部开工外，仍多停工。至环城路皮件服装、环路服装、五梁桥皮件、西较场皮件、北山公园罐头、梯子岩榨油、三十乡榨油、新城镇机械、红十梁染织等九社，其贷款正谋解决办法，其余明镜滩面粉、西溪埠布匹服装、沙河子肥皂、孙家书院染织等社，一时无法复工。且开工之社，也全部为染织社，以资金之周转多不灵活，无不牵扯为之，贷款之日与此时沙价比较，高涨达一倍以上，颇感困难[③]。

1942 年初，中行万县工合贷款仍本原定方针，经行整理催收各社欠款，所有本行贷款 64000 元之明镜滩社已全部本息收清；其他还款者有红十梁染织社、三十乡榨油社、白岩书院、新城仿机械社、大八乡染织社等社。最近并放款大八社、白岩书院、二纺织社各 35000 元[④]。

2. 梁平县工业合作贷款情形

1941 年春，中行以梁山（今梁平）县造纸联合社所出纸张，当地难差价，乃于今春指导该社集中各单位社纸张，办理运销业务。于 3 月中旬将各项手续办妥，利

---

① 参见《中行农讯》第一期，1941 年 7 月 25 日。
② 参见《中行农讯》第三期，1941 年 9 月 25 日。
③ 参见《中行农讯》第五期，1941 年 11 月 25 日。
④ 参见《中行农讯》第八期，1942 年 2 月 25 日。

用水道及板车自乐山经大竹渠县至渝，每万张运费 110 元，于 4 月间抵达重庆，每万张售价 400 元，稍有盈余，唯因中间停留过久，资金周转欠活，已召集联社负责人会议改善，以后并拟继续办理云①。

1941 年下半年，川省中行梁山工合贷款，以纸业为中心，贷款造纸计 9 所，尚有联社 1 所，贷款总额计 18.5 万余元。该县造纸工业经中行提倡后，工协会也逐渐重视，疑有造纸贷款基金 5 万元，并将指导站改为事务所。中央工染试验所也派技术员二人前往作技术上之指导，前途或有希望②。

3. 荣昌县工业合作贷款情形

1941 年上半年，荣昌中行贷款之麻织社，以制成品未能随生产成本比例上涨，销路滞阻，颇多亏累，即各社已与军粮局订定合同，承制麻袋，业务或能好转，至中行之借款工合事务所并拟先予偿还③。

荣昌县区域较大，合作社分配未见普遍，中行同人拟积极协助指导室指导组织新社，促进合作。进行步骤，拟照县各级合作社组织大纲规定，先成立合作社。经过努力，到 1941 年秋，中行在荣昌贷款之工业合作社，计有厂织 15 社，绵织 11 社，杂类 6 社，贷款结余为 19 万余元，过期未还者 9.7 万元，其中以葳织社亏折最大，目前已完全停顿，正在催还。棉织社情形虽较良好，但以资金不敷周转陷于停顿；陶瓷社亏本约 2 万元，主要原因在资金不敷周转④。

4. 乐山县工业合作贷款情形

1941 年下半年，中行与乐山工业协作组第一、第四组之织绸，第二组之棉织、织线、制革、印刷、缫丝等社，近来业务均甚佳。尤以印刷社业务，日渐扩大，嘉定、峨眉及五通桥各机关、银行、公司、商号均为该社顾客，并承印川康税务局税票等⑤。

1942 年上半年，乐山工贷业务情形：经中行派员调查所辅导之合作社，计城厢印刷生产合作社近来业务日趋开展，向中行押透 5 万元，已全数支作购买纸张及铅字之用。本期于困难中仍添置机器 4 万余元，损毁之平台机刻已修复，照常工作。本年上期决算正在赶办中，匡计纯益约 2 万元，人事方面亦正予以调整中。城厢第一制订合作社，近将承□之第一制革社第三批贷款 5000 元偿清，并将制革料收回，

---

① 参见《中行农讯》第一期，1941 年 7 月 25 日。
② 参见《中行农讯》第五期，1941 年 11 月 25 日。
③ 参见《中行农讯》第一期，1941 年 7 月 25 日。
④ 参见《中行农讯》第五期，1941 年 11 月 25 日。
⑤ 参见《中行农讯》第六期，1941 年 12 月 25 日。

所有投资股东均请其退回。上期决策纯益不多。其他如通江第一、第四组之绸织合作社，第二组之棉织合作社，怀苏第一组之绸织合作社及嘉定城厢第一组之制革合作社等业务，均在积极推进中①。

5．潼南县工业合作贷款情形

1941年，中行辅设之潼南金库与川北手纺织推广处接洽，贷款于信社社员购置改良纺织机，由农本局供给棉纱，收回纱布，付给工资。唯有大批改良机之运输问题，社员个别生产时之管理及技术指导问题，改良机之修理问题，该所在当地设置接洽处所问题，火险问题等有待切实解决，一俟商定具体结果，再定进行办法②。

6．三台县工业合作贷款情形

1941年9月，川中行农贷蓉区三台工作站指导员赵阁华③在《三台的农村合作社》报告中记述：三台的工业合作社，有一部分与一般的工合社的性质不同，它不是由纯粹的工人所组织，而是由兼营某种副业的农民所组织，最普通的棉纺织，由许多家中备有纺织设备的农民组织起来共同的信用向外借款，再转资给各社员个别经营。这种合作社名之曰农村工合社，其一般现状如下。

（1）放款办法。三台农村工合社多系采用转贷自营制，合作社借到贷款后，即按各社员之需要决定每个社员需用款额，由合作社转贷于社员，社员借到款后，即各人自己筹划工作之进行。举凡进贷工作，以至销售均由社员个别自营，合作社之办公费，有由转贷时在利息上加高，此为筹集之方者，必有由社员所产成品中按件抽费者。亦即现阶段之农村工业合作社，只是一种合借的性质，称之为合借社。农村人民对于其副业之依赖性甚大，在农民事实上均已自筹一部分经营副业之资本，否则早被淘汰，故贷款对于农民之副业只系补助性质，只助其生产能力有较大的周转，而增加其生产耳，殊非其全部资金也。

（2）特点有五。第一，销路不成问题。各社社员之产品均无滞销现象，每逢一场三天，约织窄土布一匹，均能换成现款或原料回家。爱三台之土纱、土布均有贩庄大批收买，故全无销售上之困难。第二，以家庭为社员之单位。每个家庭中任何一员任何时间之剩余劳力，尤其是妇女之劳力，均已用上。第三，工作绝对自由。社员工作均系自动的无一定之工作时间，无一定之产量，在市场有利时，社员之工作再超加增，则产量可增加一倍至二倍，此外社员的贫富与产量之多寡必有关系。第四，有工作即有盈余。农民对于副业产品的成本是不计算其工资在内，故销售收

① 参见《中行农讯》第十三、十四期，1942年8月31日。
② 参见《中行农讯》第二期，1941年8月25日。
③ 赵阁华，广东新会人，1939年2月入川中行。

入减去购买原料之成本之差，均被视为盈余，故对于资金可谓相当安全，过去农村工业合作社贷款到期，均能顺利收回贷款。第五，多数社员均渗入信用合作社。三台信用合作社甚为普遍，全县凡 800 余社，故农村内工合社社员，多已身兼农村信用合作社社籍，办事职员尤为普遍。（余略）

7. 重庆龙门浩肥皂生产合作社访问记

1941 年 9 月，中行工业合作贷款培训班学员在学习三个月后，有一篇蔡习传的实习报告《龙门浩肥皂生产合作社访问记》被《中行农讯》编为专页向全行转发，从中可看出重庆市郊工业合作社运转情况及中行所进辅助之责任。

（1）浩肥皂生产合作社概况。浩肥皂生产合作社成立于 1940 年 1 月，1941 年 5 月登记，社址位于重庆南岸龙门浩 58 号，输渡频繁，交通极便。厂屋系自建，地皮系租赁。办公处为木屋，制作场为竹身上覆以瓦，尚称宽敞。空气与光线亦甚充足。厂中并无卫生设备，惟尚属清净。寝室与工厂分开。消防设备缺乏，亦未保兵火险。厂址宽阔，有扩充余地。全社社员人数包括社员 9 人，预备社员 10 人，练习生 6 人，工合事务所派来会计 1 人。全社股数为 1000 股，已缴者 300 余股；每股金额为国币 10 元；保证倍数为 20 倍，保证金额为 20 万。此外，该社社员大会之记录未见，理事会按期举行，每次均有记录，指导员未出席。

（2）该社原料及设备情况。原料为木油（桐油）、烧碱及松香等。如制药皂或香皂，尚需加入石炭酸及香料。原料取给，悉在重庆市或其附近，供应充足，随用随取，并无采购专人，由总务司之。原料取给与成品销售，均以重庆市为中心，接近市场，而少遭日机轰炸之患，治安绝无问题。厂屋独立，其他灾害亦无波及可能。该社为小型工业，无机械设备；有之，仅一简单之足踏刻字机而已。肥皂制法，先以木油在一铁锅内熔化，然后放入一个铁缸内，加碱及松香等热之，以遂行其碱化作用，六小时左右即制成，倾入木箱，冷凝后，以钢丝切为数片，再入钢丝架上推为条状，再通过铁箍，去其四棱以成圆角，由是复通过钢丝架裂割为成品。制造洋烛时，则有模箱多具。

（3）该社组织及人事情况。该社社员大会下为社务会议、监事会及理事会。理事主席下有经理及会计。经理综合管总务、工务、营业三部。总务主管人事、采购、文书及设计工作。工务主管制造及保管工作。营业主管宣传、门市、批发及运输工作。该社组织分工合作，职责分明。以数十人之小社，得有如此机构，可称健全。然以社员人数有限，职务繁多，不免兼职，故内部之监察制度，似难严密。社员被举为职员者，多不直接生产，盖忙于社务，无暇工作。经理、总务、工务之薪资百元，有奇推销员（雇用者）且达 260 元。盖社务之发展，成品之推广，依赖良多，不得不以高价雇用之。社员智识尚可，工作处理有一定程序，能力尚可胜任，似无人事纠纷。

（4）该社会计制度情况。会计制度略其规模，表格单据亦属齐备。计分传票、日记账、分户账、总账，管理及推销费用表、实产负债表、捐益计算书等。传票分现金收入、支出及转账三种，日记账分现金、销售、进料三种，成本计算极简，未作精细计算。

（5）该社生产情况。制造部分由训练技师（社员）主持之。制造程序简单，尚无不当之处，工作效率亦佳。产品可以推销，无过剩之病，其标准产量日出 50 箱，月出 1500 箱，因限于流动资金，现仅出五六百箱一月。香皂制品不佳，因取料不当，香料多散失。副产品如甘油等，因燃料不足及监析技术不够，致无法提取。材料尚无何浪费，惟目前出产既少，生产效率未有发挥。成品质量，亦较大厂出品为低。然售价略低，故尚有出路。

（6）该社运输情况。特雇推销员一人，专管宣传运销事宜。除门市部外，并托其他商店代销，营业区域分为四片：（1）重庆市，含重庆、江北、南岸。（2）嘉陵江，含化龙桥、沙坪坝、磁器口、白庙子、北碚、合川。（3）长江，含江津、泸县、宜宾、长寿、涪陵、丰都。（4）川黔路，含土桥、南泉。出品商标牌号有建国、大象、抗战、生卫药皂、光明、民生及陪都香皂等。

（7）该社财务情况。固定资金为 2 万元，已缴股款为 3073 元（其中包有已退股者），实际缴足者为 2500 余元。各项折旧准备，并未按月提存，流动资金，不够运转。每年盈余规定以 20％为公积金，10％为公益金，15％为理事雇员之酬劳金，由理事规定分配办法，余 55％由社员分配之，按其工作及认股数而定。如有亏损，则以公积金及保证金批偿。

（8）该社基本问题。目前后方各物缺乏，肥皂与洋烛为日用所需，推销畅旺，且该社地点适宜，原料之取给，产品之输出，均接近市场，并无停滞之虞，自有生存理由，但是在战后，恐难立足。

（9）该社应改进之点。第一，该社股金未收足半数即行开幕，此点与合作社法不符应尽速收足之。第二，银行贷款时应规定其用途，或至少以若干购买必需原料始可。南岸有某合作社向银行借款后，买进白凡士林数百磅，囤积待价而卖，此事与合作社生产毫无关系，若各社借款皆如此，则银行实助纣为虐矣。一面以借款从事囤积，一面宣称资金不足，生产困难，以冀再得借款，此种恶习，必须根绝。第三，该社未保兵火险，有相当危险性。必要时宜令之保险。第四，社员皆由社内支薪津，且相差甚大，最多者月入 200 余元，最少则仅得数十元，多数社员，对合作社意义不甚明了，故指导人员对于社员教育亦应注意①。

三、川中行农贷经营机制及管理措施

在中行战时农贷战略之引领下，四川中行秉承"辅助农民，增加农产，以厚国力"之农贷使命，在兴农三方之体制下，以调研先导发展农贷业务，在实践中探索农贷微观经营机制，在内部建立促进农贷良性经营之稽核检查制度，还注重通过指导合作社优化借款主体，以辅设合作金库扶植贷款主体等两项基础性工作，与此同时还加强对农工贷人员的素质培育与文化熏陶，从而有力促进了四川中行农贷及工业合作贷业务的发展。

（一）倡导建立兴农三方之体制

所谓农贷宏观经营体制，指抗战时期为促进后方农业发展，由三方力量（合作社管理系统、银行、农业科技）有机结合所形成的复兴农村之宏观经营格局。1937年7月16至20日，国民政府曾在庐山召开由各界代表参加的"牯岭谈话会"，张心一约于7月19日分组讨论经济、财政会上，提出了"战时农业经济建设及农村动员"之意见，并被中行认为是"本行对战时农业经济建设之主张与办理农贷工作之路线"。其中，张心一在会上最先向政府提出，解决战时农业经济问题必须有适当之机构，始能有效解决战时农业经济问题；而推动复兴农业经济计划之机构在于："在每县内应设一统一的农村指导机关，凡关于合作社、普通农业技术，以及水利积谷等事，均由此机关直接向农民推行；在每省设一农村改进机关，负责计划各县农村建设及农村动员办法，对于各县指导员之调派、训练、监督，绝对负责。"这就是抗战时期兴农三方体制的最初之渊源。

1. 政府建立兴农三方体制之概貌

抗战爆发时，国家收入主要来源仍是农业，后方农业的发展，对战时经济全局起决定性作用。国家行政当局把农贷作为战时发展农业的主要措施，并以四川为农贷重点地区。由于农业贷款是一种风险极高、收益很低的投资，战前沿海地区农贷的主角是私人商业银行，战时其则纷纷停办农贷业务。在严峻的战争形势和国内经济的压力下，在张心一等农业经济专家的建议下，人们认识到只有通过政府主办合作社、国家银行提供资金的农贷形式，才是战时唯一可行且快速见效的农村贷款形式。因此，复兴农村之三方力量的有机组合，则成为一种大势。

1937年春，四川中行与四川省合作事业委员会协定放款合约，划定内江等六县

---

① 蔡习传. 龙门浩肥皂生产合作社访问记.《中行农讯》第六期，1941年12月25日.

为中行农贷区域，并订定农贷办法，信用贷款于同年5月放出。1939年2月，四川省农业改进所在《川农所简报》中称："三者实为一体，为复兴农村、抗战建国共同努力。（一）手段：四川省农村合作委员会负责组织指导合作事项；（二）资本：中国银行重庆分行提供贷款，并协助政府辅导农民组织合作社；（三）技术推广：四川省农业改进所负责行政调查、品种改良等；国立中央大学农学院负责技术指导等。"对此，中国银行农贷工作会议报告中，也明确指出"直接协助农村经济建设的人员有三种，即农业技术人员、合作指导人员、农贷人员。此三种人所属之机关不同，职责不同，但目的相同"。这就是兴农三方体制之由来，其体制示意图如下所示。

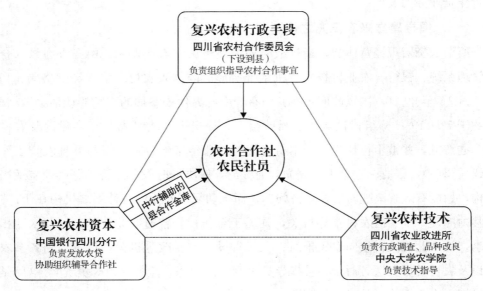

兴农三方之农贷宏观体制示意图

2. 建立协调兴农各方力量之机制

在兴农三方宏观体制下，建立协调兴农各方力量之机制至关重要。因此，到1941年6月，中行总处副稽核陶桓棻在《农贷全工今后应有之认识》讲话中指出："目前办理农贷，对外关系日多，对内接洽增繁，如何加紧各方面之联系，力求彼此融洽合作一端，不能不加注意。……对于当地政府人员，各级合作社人员，四行联合贷放区域之会派人员等等，均宜力求融洽无间，在不放弃基本立场之前提下，应避免无谓之磨擦。"这也如金百顺在《致农贷同人书》指出："对于当地党政机关，农业改进机关，社会教育机关，应与取得密切联系，期在同一目标之下，合力并进，获得农贷与有关部门工作之协调。"在此农贷体制下，四川中行与兴农各方协力搞好农村建设之片史如下。

（1）与县政府合作共组合作指导团的成效与遗憾。1941年2月，中行与资阳县政府共组合作指导团，由县长任团长，中行农贷人员与合作指导人员分任实际督导之责，对于合作社的调查、训练分组办理，将全县合作社分为十数组，选定适中乡场，先将应督导之合作社做一普遍调查，再集合作社理事主席、会计、司库等职员，分发合作讲义，讲授四日，并将已调查各社之缺点，逐一指导改正，听讲人员均可早出晚归，午餐由各人自理，期限虽短，收效甚宏。各社除担负讲义费2元及听讲职员之午餐费用外，其他文具费用完全由本行供给，现已完成者5组，听讲职员达500余人，特为介绍，并悉潼南县亦将开始办理①。总之，资阳合作巡回督导团开始工作以来，费时6月，中行各同人历经艰苦，至8月底止，全县仅2组尚未举办。该团为指导室与本行同人共同组织，但指导室指导人员始终未曾参加工作②，这也成为共组合作指导团的遗憾。

（2）函商县府颁发特许农贷员召集会议。1941年8月，资中县政府以非常时期，限制各种集会，规定凡合作社举行会议，非经县政府指导员召集，不得擅行开会。以公函发表此项办法后，对中行农贷业务，不无牵制，业由内江支行函嘱各办事处函商各县府颁发特许农贷员召集会议③。四川中行对此事件的理念与态度有三：第一，我们贷款的对象是农工业合作社，社业务是否健全与合法、运用资金是否得当合理，这是与贷款能否收到预期效果有密切的因果关系的。农工贷款合约之规定贷款机关得派员协助参加组社指导等工作，其意义正在于此。因此，对合作社的指导监督，是我们的岗位工作。第二，至于合作行政机关的主要任务，则在指导民众组织一个合法健全的团体，使他便于接受外来资金与技术上之援助，他的最终目的当然也是在增加农工业生产而改善一般人民之生活，所以合作行政机关和金融机关目的相同，异途同殊而已，所以两方面的指导工作，并不冲突，必不重复。第三，金融机关派员指导合作社，不能认为侵犯他们的权利，干涉了合作行政。合作行政机关但决无理由视合作指导为影响而拒绝金融机关的参加。并且应当进一步邀请技术机关派员作技术上的指导，这样一来，非但贷款可以发生功效，合作事业必可因之而蒸蒸日上。所以合作指导机关之仇视本行同人参加指导工作，这是他们的短视，心理上的缺陷，合作事业失败之祸根，至于资中县府之明命拒绝本行指导人员之召集社员大会，这是资中合作事业的一个污点，不胜为之惋惜！吾人唯有刻苦自励，坚定主张，更加强我们的工作，以事实来表明，我们的立场，应当认清对合作社的

---

① 参见《中行农讯》第二期，1941年8月25日。
② 参见《中行农讯》第五期，1941年11月25日。
③ 参见《中行农讯》第一期，1941年7月25日。

指导监督，是我们的岗位工作[①]。

（3）请四联总处转函省府查办胁迫贷款案。1941 年 3 月，四川资中县学田沟信用合作社改选时不合手续，中行未对其贷款。乃该社僧、缪两职员，于中行农贷人员下乡调查时，纠众威胁，迫使具函向中行证明该社选举合法，准予贷款等字样。后被围之农贷员脱险，即以长途电话将上情报告行中，该社借款，幸未贷出。所有该社职员胁迫贷款各节，经中行转请四联总处转函省府查办，以儆将来。事隔经年，1942 年 3 月，据省府函据资中县政府呈复，以学田沟信用合作社胁迫贷款一案，已将僧、缪两职员取消社员资格，并令该社理事主席没收其股金，以示惩戒，并将全案移送法院传案讯办[②]。

（4）澄清资、内蔗糖贷款真相之高层协调。1941 年冬，四川省合作界某先生致函中行陶桓棻副稽核，就中行四川农贷情形，对合作制度，合库通汇，农贷分区，资中、内江蔗糖贷款等项有所商榷。陶副稽核以私人资格，引证事实，一一剖析，予以复函。陶之所论有四大问题：略论合作金库制度、合作通汇问题、农贷分区办理之原因、中行办理资中内江蔗糖贷款真相。陶之所论均属农贷重要问题，其复函被刊载于《中行农讯》第六期[③]。从中行办理资中、内江蔗糖贷款三种情形中，可以看出中行与兴农各方努力协调搞好农村建设之苦心与史实。

第一，从陶桓棻对中行办理资中、内江蔗糖贷款额度的回复中，可以看出中行似已竭尽其最大努力支持地方发展。即"中行在资、内一带，办理农贷，迄今六载，目前外勤工作人员，六县共计 40 余人，贷款总额截止 1941 年 9 月底止，结余数已达 4200 余万元，其中尤以资、内两县，各在 1000 万元以上，实超过全国任何一县农贷数额之二三倍。去岁中央扩大农贷后，四行局与川省府所定全省农贷合约，其普通对农民组织贷款数额规定为 11000 余万元，而各行局办理县份，为 130 余万元，平均每县虽放贷款不及百万元。而本行成渝 10 余县已贷总额，几占全省应放额之半数，中行方面似已竭尽其最大努力，将其原拟贷估计额一再增加，在目前我国一般农贷水准，当不能不谓为大量矣"。

第二，陶桓棻对外界有关"中行农贷资金只对蔗糖等少数特产的一二县作无限额之贷款，有厚此薄彼之嫌"的指责做出解释。即"尤有进者，中行在川省应负之农贷县份，力求贷款之普通，以适应国家之农贷与粮食增产之普通政策，对其筹划之农贷资金，自不能只对蔗糖等少数特产，就一二县内作无限额之贷款，且同属需

---

① 作者不详. 我们的岗位工作.《农放月报》第三卷第九期，渝行农贷股编，1941 年 9 月 1 日.
② 参见《中行农讯》第九期，1942 年 3 月 25 日.
③ 陶桓棻. 几个实际问题的商榷——答合作界某先生一封信.《中行农讯》第六期，1941 年 12 月 25 日.

要扶助之其他县合作社，不应有厚此薄彼之嫌。在负一县之合作指导责任者，或有不免求其贷款多多益善之意，但恐非主管全省合作事业者所默许，质之高明，以为然否？故企希望川省合作当局，对各县农贷额度，应就各行局能供应之资金，作一合理之平均分配，严加注意执行，当更可以加强分区负责，以免偏枯之效用矣"。除此之外，陶桓棻对内江中国制糖公司事的回复，说明中行参加投资该厂的理由及意义，且该厂并没有设法贱收合作社之原料以自肥的事实。他还对资中县联社向中行申请购置炼糖机器贷款未允照贷一案，做出"实不必贸然举办此风险既大而利益未可预料之事业"的回复，并对资中县联社挪用各单位社还款事件提出批评，对基层合作单位易为少数地方狡黠者所把持操纵的现象，提请川省合作界某先生关注。（详略）

（二）建立以调研先导发展农贷机制

张嘉璈主持行务时期，中行形成将"调查研究作为一切工作的先导，把重视调查研究工作当作开拓业务所依赖的事业"的调研文化传统，使中行成绩斐然，久居全国之冠。这一传统在抗战时期又得到了进一步传承与弘扬，仅从中行总处副稽核陶桓棻"所有本年度办理农贷之各项计划与程序，在年初总处第五届农贷会议中，已有简明切实之决定，条分缕析，纲举目张，吾人自应悬为鹄的，循序推进，以底于成"[①] 之言语中，即可看出中行当年拓展农贷业务是经过条分缕析与纲举目张的调研功力打磨而成的。在此背景下，四川中行在拓展农贷业务过程中，较好地弘扬与传承了中行调研文化传统，确立起以调研先导发展农贷之理念，形成了依靠调研拓展农贷之机制，有力地推动了农工贷业务的发展。

1. 确立以调研先导发展农贷理念

（1）确定成渝公路各县之农贷区始于调研。1936 年春，四川中行就派刘国士、吴一峰先后至成渝公路各县调查农村情形。在此基础上，四川中行与四川省合作事业委员会于 1937 年春，协订放款合约，划定内江等六县为四川中行农贷区域，并订定农贷办法，川中行农贷业务由此发端。再到 1941 年夏，内江农贷区专员张汝俭组织人手对成渝公路各县农村特产和农村经济情形进行了较为全面的调研，以此作为制定贯彻第五届农贷会议十大决议案的措施之依据，其调查结果有两方面：第一，成渝公路各县农村主要农工产品分布情况。内江有蔗糖、麻布、黑猪、黑猪鬃，资中有蔗糖、杂粮、冬菜，资阳有蔗糖、烟叶、柑橘、花生、杂粮，简阳有棉、麦、蔗糖、烟叶、柑橘，荣昌有夏布、水稻、白猪、白猪鬃、陶瓷、折扇，隆昌有水稻、

---

① 陶桓棻. 农贷全工今后应有之认识.《中行农讯》第一期，1941 年 7 月 25 日.

夏布、猪。第二，成渝公路各县农村经济情形要点：农户类别与租佃关系；地租情形；借贷情形，普通利率在月息五分以上，农民以预卖粮食及甘蔗为获得资金之唯一办法；内江之预卖制度（卖青山及长项，见后）；糖商停止贷款；工资；农作情形；农村副产等。① 从这一调研后的农贷史实之中，不难反观出四川分行农贷区确定与农贷发展均始于调研：第一，成渝公路各县农村主要农工产品分布情况调研，是后来确立内江、资中、简阳、荣昌、隆昌等六县为四川中行农贷区域，以及被确定为四川中行特产农贷区——糖区的划分基础。第二，调查内江蔗农之预卖制度即"卖青山"和"长项"（见后），则是中行组织蔗糖产销合作社和制定蔗糖贷款条件之基础。

（2）调查农村土地租佃条件以更好设置本行农贷条件。1942 年初，川中行组织对万县第一区三正乡土地之苛刻租佃条件进行了详尽调查，其条件有八点（详略）②。这就是说，中行农贷条件的设置也始于调研，即调查研究农村土地租佃条件，是为了更好地设置农贷条件。因为在推广农贷过程中，中行认识到"事实上真正需要贷款帮助者，不是少数的富农、地主，而是绝大多数的贫农、小农、佃农"，从而设置了资金要向贫农倾斜及防止富农多借款的贷款条件（详见后）。

（3）邀请专家一道调查猪种情形及研究推广事宜。四川隆昌县特产有水稻、夏布和猪，川中行曾邀请中大畜牧教授和省农改所技士一同赴隆昌县调查猪种情形及研究推广事宜。即 1939 年 4 月，四川中行与四川农改所及中大农学院订定猪种贷款合约。为了拓展隆昌县养猪事业及猪种贷款，四川中行关于养猪事业之调查与推广事宜，就是由中大畜牧教授许振英先生与省农改所技士梁正国先生，一同前来隆昌调查猪种，即先行从事调查白猪区域，然后准备推广事宜。提推广白猪的两种办法：设法将各地之种猪逐渐换为白猪；利用合作社共同购买白猪，或限制社员，必须饲养白猪③。

（4）川中行工贷之兴起亦始于调研与专家的指导，1939 年 2 月，四川中行正拟着手办理工业合作贷款之初，鉴于工业及其内部的特殊与复杂联系，均有待于专家指导。为此特约集在重庆的专家多人到行内聚谈，被邀请者计有农业界之中央农业实验所、中央农学院等单位的专家，工业方面被邀请的有商品检验局技术官员、重庆大学教授、豫丰纱厂实业家等。首次聚谈会后，即决定该项会谈有继续之必要，每月第一周星期三由川中行召集一次，但会谈可不拘形式，亦可通过在行聚餐的方

① 张沁俭. 成渝路之农贷与农村.《中行农讯》第二期，1941 年 8 月 25 日.

② 参见《中行农讯》第九期，1942 年 3 月 25 日.

③ 隆昌工作报告.《农放月报》第一卷第四期，1939 年 4 月.

式来交换意见，餐费则由各人自付。聚谈时，凡有关于"工业所希望于农业者，或农业有赖于工业者，及产销与工业合作者，如何才能进行得尽善尽美"等问题，均可于开会时商谈①。

（5）川中行特邀重大教授培训改进麻布事业计划。1938年1月，川中行将荣昌、隆昌两县定为夏布特产区（夏布就是一种手工织麻布）。1939年夏为拓展夏布这一特产之工业合作贷款业务，川中行特邀请重庆大学李充国教授来讲授"改进麻布事业之计划"，这说明即便是麻布事业之农贷业务拓展，也是从科学的教授辅导入手的。李充国教授讲授要点有：第一，中国麻布生产概观；第二，中国麻布事业之问题；第三，改进麻布事业之计划（详略）。

2．形成依靠调研开拓农贷之发展机制

纵观《农放月报》各期所设栏目的标题信息，即可看出川中行在抗战期间，就形成了依靠调研拓展农贷业务之机制与文化传统。

（1）1939年《农放月报》刊载的调研文章。第一期：资中一年，资阳概况，桐区概况；第二期：一年来的工作检讨；第三期：推进工业合作事业应注意各点，荣昌农村养猪事业之现状及其改进办法，糖区概况，乐至概况，隆昌县麻织调查报告；第四期：简阳县1939年份推行合作事业工作计划，隆昌工作报告，忠县桐油之产销状况，丰都高家镇桐油市场情形，丰都榨房调查，荣昌安富镇陶瓷业今昔概况；第五期：资中县农村经济概况，桐区农放之过去与未来；第六期：荣、隆、内、资、资、简六县家畜保育促进计划大纲；第七期：资阳县26年度工作计划，调查合作社之讨论；第十期：再谈信用产销及工业合作，稻谷储押应注意事项；第十二期：荣昌工业合作社概况及其问题，眉山调查报告，工合社业务计划书提要，信用合作社簿记谱释等。

（2）1941—1942年《农放月报》刊载的部分调研文章。第二期：一年来的工作检讨；第四期：农贷惠及贫农问题；第九期：三台的农村合作社，合作行政与合作指导；第十二期：对于县各级合作社组织的意见，巫溪县农村合作事业概况；1942年第五期：推进单位社业务应由中心社做起；1942年第八期：内江农贷之我见，农贷效果泛论等。

3．农贷贷前调查与贷后辅导独特方法

由于农民个体是运用农贷和达成农贷运用之应有效果之最终主体，鉴此，农贷之贷前调研与贷后辅导的特殊性，就在于银行既要指导合作社以优化贷款主体，更

---

① 举行专家谈会.《农放月报》第一卷第二期，1939年2月1日.

要搞好对农民个体之贷前调研与贷后辅导。值得一提的是，抗战期间川中行在总处农贷业务经营框架内，结合川省各农贷区具体情况，建立起了一种适合四川农村形势与农民心理的贷前调研经验做法，并在农贷实践过程中取得良好效果。

（1）总处推荐的贷前调研与贷后辅导方法。第一，农贷资金安全经营理念。唯有使贷出资金，直接与间接地皆入真正农民之手，完全用于诸有益之途，则生产可望增加，生活可望改善，本行贷出资金则获得稳固保障。因此，勿仅以到期收回贷款为已足，尤当求取实际效果之增进。第二，贷前调查应明澈与真确之要点：申请贷款之合作社互助社等，其组织分子，是否悉为忠实农民，并于合作有相当之认识？负责人是否开诚布公，具有为大众服务之信心？业务设施是否有合理计划，而非徒托空言？申请贷款之数额与用途，是否切合所定计划与实际需要？第三，贷款后辅导要点。在贷款之后，则当注意其资金营运情况，如为生产信用贷款，是否确皆用于社员共同生产或转贷于社员？如为供销贷款，所办物品是否确供社员之应用？如为储押贷款，所承受者是否确为社员之生产品？与夫经营前项业务是否合理？账目是否公开？此不独借款信用于以征验，而社务设施，是否符合合作信条，寓有发展之希望，尤必于此观之。第四，贷前调查与贷后辅导之态度要求。对借款农民应以诚恳谦和之态度，切戒浮夸，尤不可稍存轻慢之念，必能尊重农民，而后自身亦能得农民之推重。（1）农民竟日劳作，罕有余间，对农民有所访问与接洽，宁可多多踵门造访，少使农民抽时奔走；又与农民约定日期，时刻必须准时践约，免其徒劳等候，妨及农作。（2）农民节衣缩食，生计维艰，应体念其疾苦，下乡食宿所需，本已由行支给旅费，绝对不得接受农民之款待，即于不得已，在农家进膳寄宿，亦应给予相当代价，使农民了然本行农贷工作之服务精神。（3）农村教育尚未普及，农民又囿于见闻，但如国家现势，生活常识，当为农民所关怀与乐知，如遇农民讨论质疑时，应尽量解答，以匡正其思想，灌辅其知识。第五，农贷效果最终取决于农民倾向和农贷员倾向之改变。即本行为发展农村经济而推行农贷，在事实上，农民之倾向达如何程度，实决定于农贷员在生活及行动方面所予农民之观感。凡此诸端，果能身体力行，一一做到，则农民自然发生衷心之信仰，自可由此获得工作上种种便利①。

（2）川行基于五年实践所总结的贷前调查理念及方法。1942年8月，四川中行副经理王君韧曾总结了五年来与农民打交道的感想及经验，内含川中行贷前调查的理念与技巧："办理农贷，非深入农村，朝夕与农民接触，逐渐取得农民之信任不

---

① 金百顺. 致农贷同人书.《中行农讯》第三期，1941年9月25日.

可。要取得农民信任，需要应有之觉悟、打消农民畏惧心理，必抱无我之精神，取尊重农民之态度，须有家人父子间之真诚，以身作则，然后出全力以赴之，事乃有济。"① 这也正如川中行辅助的潼南县合作金库经理赵兴民匠心独具地总结出来的贷前调研技巧那样。

第一，将贷前调查分为每社集中调查或社员个别抽查，前者为召开社员大会，按户调查；后者为个别抽查，个别访问，并于邻户之间探询实况。在个别访问时，调查员理应先熟读调查表的各项问题，并善能应用，乃与社员"摆龙门阵"时利用机会，使被调查者于不知不觉中，吐出真话。

第二，调查员下乡之应有准备事项有：熟记调查表格，介绍文件，入乡问俗，服装与行囊应以坚固国货布料短装最宜，切忌西装革履与丝绸丽服。

第三，如何和农友接近之技巧，正如施德兰氏所说"彼此相互熟睡乃农人合作社之基础"，要以和平及同情心、忍耐及机警、术语及兴趣为谈话关注要点；以礼貌、诚然、廉明、庄重的态度举止，调查申请贷放和已放款之合作社。

（三）川中行农贷微观经营机制窥探

所谓农贷微观经营机制，指从抗战时期川中行农贷案例中所隐含的农贷微观经营之内在逻辑。川中行《四川潼南合作金库农田水利贷款实施计划》一文，刊载于《中行农讯》第六期。细品此文，可以看出川中行办理农贷过程中为促进农业水利建设所尽的保姆之责：该笔贷款对于如何优化农贷借款主体——合作社，如何以农民利益为利益而修水利，以及如何设定严密的贷款手续、还款手续、贷款保障办法及稽核办法都有涉及。现将其贷款经营逻辑和防范风险技术归纳如下。

1. 压实四方责任之川行农贷案例

第一，贷款目的。潼南今夏苦旱，为全川旱灾较重之三台等十二县之一。以往一般乡农多漫无组织，且缺少资金，因此原有塘堰大都毁塞，以致"靠天吃饭"已成通谚。本次拟借合作组织兴办农田水利，其工程浩大者，需要专门工程技术，所需资金为数甚大；一切经营管理，更非目下合作社人员所能胜任，因此拟由简易着手，以资示范，而树立起初步的基础，本此目标，草拟贷款计划。

第二，贷款对象。拟以另组新营合作社方式发放贷款，其理由有二：其一，目下保合作社或乡镇合作社，均以政治划分区域为其业务区域，且水利业务受自然环境限制较大，而受政治划分之影响小。例如，甲保合作社社员田地临乙保合作社社员田地，因地势地形等因素，适合共同灌溉、排水诸功用。若依政治划分，则两保

① 王君韧. 告别渝行农贷同人.《中行农讯》第十三、十四期，1942 年 8 月 31 日.

合作社业务必须分开；若照自然环境划分，则此两保合作社可合并组成一水利合作社，因此拟以另组新营合作社方式发放贷款。其二，另组新营合作社，可避免一部分社员因利益不同而不热心互助，或消极阻碍与破坏。例如，某社已有水利业务，甲乙丙三社员之田地可利用水利设备，而丁戊已庚四社员之田地不能享受此项灌溉利，虽同在一社，亦不愿尽其义务。

第三，贷款用途。（1）开筑，修理旧堰塘所需之人力工资，所需人工除技术工人外，以利用社员家属为原则。（2）购置必需之工具及材料。凡工程浩大，所需技术资金等项，非合作社社员所能担任者，暂不举办。

第四，贷款额度。（1）人工工资，以全部工资之七成为最高额估计标准，包括估计土方费用和招标开工费用。（2）工具及材料，以时价之七成为最高额。

第五，贷款期限。（1）人工工资借款，得分二年平均拟还。（2）工具及材料借款，得分三年平均拟还。上项应拟还贷款数额，均于借据内载明。

第六，贷款手续。（1）借款除按潼南合作金库贷款简单各项手续，办理申请书外，还需附填项目有：业务计划书，附办事细则；所办开筑或修理塘堰之详明地图，需标明地点方向、邻界面积、水源地势等；土方费用预算清单，或包工合同副本，如不需人工，工资借款可不填；工具及材料预算清单或承包合同副本，如不需工具及材料，借款可不填；开支预算书；其他。（2）借款之合作社根据两种预算清单，折合前定成数计算出申请贷款额度，连同前条规定各项书表，陈由县府核转给合作金库。（3）潼南合作金库接到上项书表后，即派员前往调查，复核各项表报，填具农田水利人工费用调查表及农田水利及材料调查表，一式三份，自留一份，送管辖行一份，金库一份，连同原有规定各报告，经审查核准后，通知各合作社领款。（4）为避免借款之合作社草率兴工，敷衍塞责，而将借款挪移他用起见，共借款额在 2 万元以上者，必须分期领款，每次取款数额，根据下列各标准：工资费用借款，未开工前支取总额 30%；开工后经合作金库负责业务员第二次调查，或经派驻该区业务员签盖证明确如预定计划进展者，得再取总额 50%；全部工程形将完成，照上条办第三次调查证实后，再支借款总额 20%。工具及材料借款每种在 1 万元以下者，得一次取清，如超过该额，酌分二次或三次取款。（5）借款之合作社移用贷款，或不照预计计划进行工事，以及其他舞弊情况，经调查确实，得照本库贷款简章办理。

第七，还款手续。除照本库贷款章程办理外，还须履行以下手续：（1）社员不论本年有否享受水利利益，于秋收后均须按照各社员耕种田亩，平均摊派还款，旱地面积不可计算。（2）借款之合作社平时流动资金超过 1000 元时，即须存入金库，或提前还款，以免存留合作社现金过多而发生意外。（3）如借款过期，或有拖欠贷款时，合作行政机关应负催收之责。

第八，贷款保障及稽核办法。（1）合作社主管行政机关负有贷款的介绍及保证之责。（2）借款社社员得以水利工作所出劳力，折合未缴股金，其标准随当时工价而定。（3）除法定职员外，得由理事会聘请或推选理事一二人，负管理修□等项专责（办事细则另订），每月酌支薪津。（4）所有各项工程，应不妨碍耕作灌溉，以利用社员农闲时间进行，较为适合。（5）新兴塘堰，如属包工性质，不受前条限制，但以兴工日起至完工时止，能适合农时为原则。（6）借款之合作社的会计方面，除照规定账册（日记账、总账）外，其关于人工费用方面，另立人工工资等辅助账；其关于设备材料方面，另立材料收付，工具明细账等辅助账。有关会计设计、记账方法、监督工程等工作，本库所派人员得予以辅导与考核。（7）合作金库业务员，平时每月至少前往借款之合作社考核查账一次，详见报告，分寄中行总处和四川分行合作金库。（8）合作社全部社员入股之股金，得存入本合作金库以策安全，而资证实，以后有正当用途时，得陆续支取。①

2. 从案例观察农贷微观经营机制

从《潼南合作金库农田水利贷款实施计划》中，可以看出川中行在办理农贷过程中所采取的"坚持一个助农责任前提"和"压实四方十三项农贷管控责任"的农贷微观经营机制之内在逻辑，该经营机制的要义如下。

（1）坚持一个助农责任之前提。指通过川中行所辅助的潼南合作金库提供的贷款，尽到本行促进川省农业发展的前提性保姆责任，即采取"打破行政区域划分界限，按照兴修水利项目的自然环境划分，合并组成新的水利合作社"的重组与优化贷款主体的方法，发放农田水利贷款，促进食粮增产，从而打破农村"靠天吃饭"之通谚。同时，"要以农民利益为利益"而兴修水利，水利工程应不妨碍耕作灌溉，以利用社员农闲时间进行为宜，新兴塘堰以兴工日起至完工时止，均能以适合农时为原则。

（2）压实四方十三项农贷管控责任。指压实合作金库、合作社、合作社社员、合作行政机关等四方管控贷款之十三项责任，以保证贷款的良性循环与正常经营。这也就是川中行农贷微观经营机制之要旨。现将此案例中所隐含的农贷微观经营机制之内在逻辑解释并整理如下。

第一，压实潼南县合作金库（贷款主体）的六项责任。其一，发放农贷复兴农村之责任：发放该笔农田水利贷款。其二，贷款审查与审批责任：潼南合作金库接

---

① 四川潼南合作金库农田水利贷款实施计划.《中行农讯》第六期，1941年12月25日.

到借款项目书表后，即派员前往调查，复核各项表报，填具农田水利人工费用调查表及农田水利及材料调查表，经审查核准后，通知各合作社领款。其三，用款条件设置责任：为避免借款之合作社将借款挪移他用，借款额在 2 万元以上者，必须分期领款。对于工资费用性借款，在未开工前、开工后、全部工程形将完成时各支取总额 30％、50％、20％。对于工具及材料借款，每种在 1 万元以下者，得一次取清，如超过该额，酌分二次或三次取款。另外，借款之合作社平时流动资金超过 1000 元时，即须存入合作金库，或提前还款。其四，贷后管理责任：项目开工后，经合作金库负责业务员第二次调查，或经派驻该区业务员签盖证明确如预定计划进展者，得再取总额 50％；全部工程形将完成，照上条办理第三次调查证实后，再支借款总额 20％。其五，贷后稽核责任：合作金库业务员，平时每月至少前往借款之合作社考核查账一次，详见报告，分寄中行总处和四川分行合作金库。其六，辅导与考核合作社会计之责任：对于合作社会计设计、记账方法、监督工程等工作，合作金库得派人员予以辅导与考核。

第二，压实合作社（直接借款主体）的三项责任。其一，借款项目真实性责任：填写与上报业务计划书及办事细则、开筑或修理塘堰之详明地图、土方费用预算清单、工具及材料预算清单、开支预算书，确保借款项目真实性与申请贷款额度的准确性。其二，合作社会计真实性责任：除照规定录入日记账和总账外，还须另立人工工资等辅助账和材料收付及工具明细账等辅助账。其三，合作社股金保证责任：合作社全部社员入股之股金，得存入中合作金库，以策安全，而资证实，以后有正当用途时，得陆续支取。

第三，压实合作社社员（间接借款主体）的两项责任。其一，社员还贷责任：社员不论本年有否享受水利利益，于秋收后均须按照各社员耕种田亩，平均摊派还款。其二，社员缴纳股金责任：借款社社员得以水利工作所出劳力，折合未缴股金，其标准随当时工价而定。

第四，压实县合作委员会（行政主体）的两项责任。其一，贷款项目介绍及保证之责：县府合作社主管行政机关负有贷款的介绍及保证之责，借款的各项手续及书表应先陈县府合作社主管行政机关（审核），再核转给县合作金库。其二，催收还贷之责：如遇归还借款过期，或有拖欠贷款时，县府合作行政机关应负催收之责。

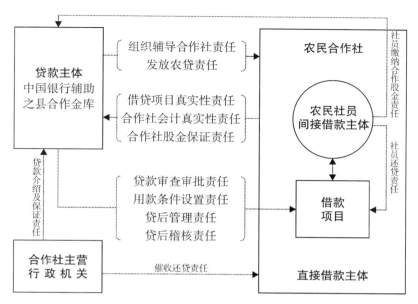

四川中行农贷微观经营机制示意图

（四）建立良性经营之稽核检查制度

值得注意的是，在上述压实贷款主体六项责任之中，贷后稽核责任只是中行稽核的部分责任，其实早在抗战之前，中行就形成了"稽核前置，控制风险"文化传统。所谓稽核前置，是指由于那时还未形成现代银行风险管理理论，因而中行是以加大事前稽核功能的方式，去行银行信贷风险管理之实。事前稽核项目包括：所属行处有关金额较大或风险较大的放款、机构设置与撤销、新业务的开办、当地军政机关贷款等，必须事前向上级行请示，经审核认可后方得办理。其目的在于事先监督，决定是否可行，或有必要进一步改善补充，制止和防止经营失误。事前稽核的内容较为广泛，包括银行经营管理情况、会计制度执行状况，综合资金来源与营运状况，而成本与投放款情况更是稽核的最重要部分，着眼于放款的营利与安全性，查核各笔放款手续是否照章办理；利率的确定是否得当；抵押品的价值、抵押权是否可靠，借款人和保证人的资信状况；放款中有无中行行员投资开设的公司、商号；有无一个客户同时在透支、押款、贴现等方面多头叙做放款的，特别对于透支、呆滞、坏账及处理措施，进行切实查核。在此基础上，再加上严格的事后稽核，即根据已成事实，进行分析审查，借以考察所属行处对经营方针、业务政策、规章制度的执行情况，分析各类业务的增减变化趋势，以测定各该行处业务经营是否正常发展等。由此，使中行稽核工作成为全行业务中心、管理中心和参谋中心。到 1946 年中行甚至将"严行稽核"的重要性，上升到"便利社会"的高度来看待。纵观抗战时期中行及四川分行建立良性经营之稽核检查制度的史实要点，有以下几方面。

1. 稽核前置的防范农贷风险之岗位设计

中行办理农贷之稽核前置与防范风险的岗位设计规则如下。第一，总处设农业放款委员会，秉承董事长、总经理及总稽核之命办理一切关于农贷事宜。该放款委员会委员由总稽核就业务有关及有农业与农村经济学识经验之人员中选出，陈请总经理指定之。第二，总管理处业务管理室设业务稽核及帮核，承总副经理，总稽核副总稽核之命，掌握拟定业务推进计划，审核办法，审核及考核监督各地农工贷款业务；征选举荐办理农工人员等事宜，并派视察员以资助理。第三，办理农贷之各分行，设立农贷股，除派主任一人或派副主任一至二人，秉承经副襄理之命办理辖内农工贷事务，拟定计划、契约、办法，推荐调度辖内办理农工贷人员并考核其成绩等事项之外，并派视察员、辅导员、助理辅导员若干人以资佐理：（1）负责办理一省或数县农贷之支行办事处，得视农贷范围之广狭，分别设立农贷系，派专员一人。如兼工贷者增设视察员一人去办，秉承支行经理、襄理或办事处主任办理一切农工贷事务。（2）办理农工贷之县份，每县设辅导员一人至五人，助理辅导员若干人，视事实之需要，每县或数县得设主任辅导员一人，以负联络之责。由此可见，稽核前置的农贷岗位设计理念主要表现如下：第一，总稽核选择并提名农贷放款委员会委员人选；第二，总处农贷领导层的稽核前置之岗位设计，即总管理处业务管理室设业务稽核及帮核，承总经理、副经理、总稽核及副总稽核之命，掌握拟定业务推进计划，审核办法，审核及考核监督各地农工贷款业务；第三，分行操作层的稽核前置之表现，即是对办理农贷之各分行，派视察员、辅导员、助理辅导员若干人以资佐理，办理农贷之每县设辅导员和助理辅导员若干人。

2. 构建多层级的农贷视察及检查之网络

中行总处业务管理室设业务稽核及帮核，承总副经理，总稽核副总稽核之命，掌握拟定业务推进计划，审核及考核监督各地农工贷款业务，并派视察员以资助理；分行设立农贷股，并派农贷视察员若干人以资佐理；支行设立农贷系，并派农贷专员一人以资佐理；办理农工贷之县份，每县设辅导员一人至五人，助理辅导员若干人。在此基础上，出台了总处农贷视察员、省行农贷视察员、支行农贷专员、各县农贷辅导员等各级人员的稽核检查责任，由此在中行内部形成了以稽核控制贷款风险的综合视察制度及农贷检查网络。

（1）视察制度：省行视察员职责

第一，实体性责任。视察员应输流至辖内视察执行下列八项职务：宣达本行农工贷方针及计划，指示并考核各级农工贷人员之工作，考核各县农工贷业务，检查并考核各县农工贷合作社社务业务，调查各级农工贷人员之生活情形，有关农工贷特殊事项之处理，审查各级农工贷人员之报告，拟具改进办法及意见。

第二，程序性责任。视察员每次视察完毕，应缮具视察报告格式分为分县报告与总报告二种。分县报告内容：农工贷业务之推动情形，农工贷人员工作情形，合作社一般情形，一般经济情形，其他。总报告内容：一般视察，特殊问题之接洽与解决，视察结论，建议事项，其他。分县报告于每县视察完毕后报告之，每次复写三份，分别寄渝行、管辖行、总处；总报告于每区视察完毕后报告之，复写份数，同分县报告。（见《渝行农贷股办事细则》）

（2）视察制度：省行视察员职责补充

第一，视察员负有宣传行中意旨，使每一个工作同人都能深切明了本行推行农工贷的方针、计划、办法之所在。第二，就近协助当地工作人员，使工作纳入正规等。第三，实地调查当地情形等。第四，考核同人之工作成绩等。第五，介绍并推荐各县区优良经验等。第六，举行视察会议[1]。

（3）视察制度：视察员与联络员职责和目的

第一，就地帮助各指导员，解决一切困难，助成其良好之计划。第二，严密注意各工作人员工作之勤情与成绩，以便在考绩时，有所依据，并希望劝善规过，使勤劳者愈益奋勉，敷衍塞责者，知所警惕。第三，忠实执行行中意旨，贯彻行中主张，以免公函内为废纸，命令而为具文。第四，指导员训练工作人员，使对一己能力愈加充实，对工作更感兴趣。第五，对工作人员用费之考核，严格绳之以行规，使不致有报销不实并浪费公帑之弊。第六，对区内人员分配，依事务之繁简缓急，予以临时之调动，使不因偶尔之事件，致忙者自忙，闲者自闲。第七，依照各县分区制度，使指导员轮流下乡，期各人经验机会与夫劳逸均等[2]。

（4）视察制度：工业合作放款指导员的任务

工放指导员指在办理农工贷之县份所设的工业合作社贷款辅导员，据川行《工放指导员的任务》记述，其任务有四条：第一，注意社内的财务，一方面使其计算精确，作为业务计划的依据，另方面使财政公开，取得社员共同的信任。第二，经常指导社员开会，决定业务方针，规定增加生产，改进技术的办法，使社内重要的问题都能在社员大会中讨论，防止主席或经理等把持操纵。第三，指导社员的日常生活（如伙食、住宿、清洁、卫生等）以及分工办法，使社员有增加生产的各种便

---

① 加强视察制度　严密内外联系.《农放月报》第三卷第十二期，1941年12月1日.
② 严密视察制度.《农放月报》第一卷第十期，1939年10月1日.

利，并实行新生活，破除迷信赌博等恶习惯。第四，时常注意社员的文化教育，如指导他们组织认字班、读书会、讨论会、壁报图书室、体育会、俱乐部等，这样不但使合作社充满学习的精神，并且可以提高他们抗战的情绪。

综上可见，抗战时期中行以稽核前置防范风险的视察制度有以下特点。

第一，总稽核及副总稽核派农贷视察员以资助理，各分行亦派农贷视察员及辅导员以资佐理，这就将整个中行农贷业务置于稽核控制风险的检查网络之中，并形成以稽核控制农贷风险的视察制度。

第二，视察员职责及补充职责，既有实体性规定而来（如视察员八项职务），又有程序性规定（如视察报告的格式、内容、上交要求）；既要检查农工贷业务及农工贷人员工作情形，又要调查各级农工贷人员之生活情形；既注重指导合作社以优化借款主体，又关注辅设合作金库以优化贷款主体，由此将川中行整个农贷业务管理过程，都置于严密的稽核控制之下。

3. 践行农贷视察制度的农贷员检查史貌

《抗战时期四川内江农贷》一文，曾记述了川中行农贷视察员践行农贷视察制度，做好农贷检查工作之史实。

（1）省行农贷视察员践行农贷视察制度之情形。1942年，农贷视察员许文周由川东区万县被调往省行农贷股任农贷视察员，2月份到重庆后，3月即被派去川中区视察农贷业务，视察长达4个月之久，直到6月才返回重庆。其中，3月份在荣昌县10天检查277社中之16社，在隆昌县一周检查322社中之10余社。同时，各县设农贷工作站，有主任农贷员一人，再划分为若干区，由四五位农贷员分片管理，每人管理六七十个合作社，距县城距离数十至二三百里。农贷员们须进行调查、指导、监放、复查以及出纳、计息、点券、保管现金、填写"工作报告""贷款月报""合作社概况表""社员经济调查表"等各种报表。仅隆昌县石鹅乡一个区计有11乡镇、72社，方圆达300里，均由农贷助理辅导员梁应生[①]经管，梁君除办理申借、监放及复查等主要任务外，还要辅导基层业务。各区"职员多能胜任且感兴趣。无舞弊情形"。

（2）资中办事处审核书表、农贷监放、查搞的工作情形。1940年2月，资中县农贷指导员张翰青[②]在《一年来的工作检讨》[③]中，讲述了他与马丹祖、李身泰、高

---

① 梁应生，四川荣县人，1941年3月入行，后任隆昌中行农贷助理员。
② 张翰青，河北密云（今属北京）人，1938年5月入行，1939年1月任简阳县农贷助理员，1941年1月任资中县农贷指导员，1942年8月时任简阳县农贷主任指导员。
③ 张翰青. 一年来的工作检讨.《农放月报》第三卷第二期，1941年2月1日。

中域、秦五鲁等农贷同人一道，在1939年当中推动资中县组社、指导、训练、监放等十项农贷工作之事例，其中审核书表、农贷监放、查搞工作等情形如下，从中亦可看出他从一个农贷助理员起步的成长过程。

我于1939年12月27日调来本行资中办事处。当时在资中工作的旧人有：马君丹祖[①]和徐君福修[②]，谢君启群为资中办事处指导员，然谢君在11月中旬即已离行，内部工作由吴视察员兼理。吴视察员走后，我是新来的人，摸不着大门，凡事感赖马、徐两君之指教，虽因年关在即，申请书积压颇多，但是开始工作，又必须从内部着手，除翻开旧券外，大部时间是同马、徐两君讨论内外部的情形，研究工作推进的办法。一年来我们对本县农贷的推动工作主要如下：

（一）审核书表，是一件不但使人头痛而且辣手的工作。300多份申请书对每个社员名字，借款用途，借款数额，都须逐一去核，纯信用社的比较容易审核，而信用兼营蔗糖社，就发生了疑问，如蔗土有无虚报？有无双料跨社？有无捏造假名？因而核款标准，就无法确定下去。核减多了，恐怕不足农民需要，致失农贷的意义，核减少了，又怕社员意图多借，而至虚报，滥放。如果等到把疑问解决了再放款，事实上确属来不及，于是对有印象的合作社，根据印象去核，没有印象的合作社，根据标准去核，全部贷款虽然及时放出，但其中有无弊端，当时总觉得有些怀疑。

（二）农贷监放，是农贷员唯一的重要工作。可是因为人少事多，时间迫促，虽然规定了一个放款、领款、监放日程，但以缺乏内外互相沟通的联系，至有很多社未能监放，其因监放而查出之弊端案，有观音坝社理主舞弊1.5万余元，皇觉寺社因查出双料跨社而退款计2.5万余元，其因情节较轻而退款者，数字必相当可观，如果人手充实，逐社监放，或有更大的收获。

（三）就便训练新人与实行集体复查。是时，马丹祖兄调渝办理工贷，省行派李身泰、俞朝元来资工作，总处派魏之辉、田元信、吴其恬来资实习，人手虽增，可是除李身泰、徐福修两兄是有经验的老手外，余均不能直接担任起这复杂繁难的工作，对于工作的分配，工作的推进特别感到困难，于是决定集体复查，白天下乡，夜里开讨论会，研究问题。历时二月，计查145社，仅查出双料跨社32人，放款于非社员者27人，因而退款计4万元。后因调查糖房修建而停止此项工作。

（四）调查本县合作设糖房建设。此时，徐福修兄调任奉节合作金库经理，总处

---

① 马丹祖，山东济南人，1939年10月入行。

② 徐福修，1941年调任奉节合作金库指导员。

又派张逸民、吴锡贵两君来资中实习，未及一月，张逸民又被调昆明，魏之辉、田元信因能力太差，陈准辞退。由于人事调动频忙，对于本县整个工作推进，不无影响，勉强将全县 160 所糖房调查完后，除顺便核对贷款外，因时间匆忙，预计之中心工作，大部未能顾到。

（五）利用蔗糖加工贷款。此项贷款，在 1939 年系由单位社承借，由县联合办事处统筹代领，本年改由单位社直接领取。城区消费社在 1939 年时，农村合作社虽普遍全县，但城区民众尚未得到合作社的利益。旋经组织 10 社，为便于借款计，故定名为信用合作社，其实是消费合作社，曾贷款数万元，侯因超出贷款范围，省行函令停贷。

（六）监督联合漏糖厂。本县原有糖厂 1 所，因本年参加编制社数达 128 社，又增设糖厂 6 所，共为 7 所，可容糖清 1300 万公斤。由于该县产销业务日渐扩大，贷款总额将近千万，原有人员仅辅导单位社尚感不足，再兼任监督漏糖厂业务，更感困难。嗣经陈准，在漏糖厂派会计 1 人——高君中域[1]，7 个漏糖厂派稽核 1 人——秦君五鲁[2]，对担保品及销售糖款之监督，可谓无虞。

（七）成立红糖运销处。红糖社预买预卖之风甚盛，而入社职员预买社员青山几成习惯，为健全合作组织，易于监督产品计，逐商县指导室设立联运处，陈准派许君鸣球[3]兼任会计。本年因红糖运销处成立仓促，本身缺乏资金，加上银根寄窘，糖价较低，销路不畅，结果未能达到理想之目的。

（八）组织蔗糖产销合作社。本县农村合作社均系兼营蔗糖产销，关于加工蔗糖利用贷款，与前合作委员会所订合约，应由蔗糖产销合作社承借，为适应法令，便于贷款，协助县指导室组织建立蔗糖产销社 60 余所，将来加工蔗糖利用贷款则改由蔗糖产销社承借。

（九）查搞工作。其主要目的，一是为本年全县各社熬搞数量，究竟虚报若干，二是为核放下一年度贷款之根据。本年查搞结果与比较说明：本年白糖社借款为 184 万（蔗土应为四万一千万土），应搞熬糖清 2400 万公斤，截至 12 月 31 日止，经确实调查，全县 7 厂仅收糖清 700 万公斤，虽有 30 余社尚在搞熬中，即泛宽估计，必不过 1100 万（公斤）左右，因而证实社员虚报蔗土总数 2210 万土，等于滥放生产款 99 万元和加工贷款 154 万元，虽然多放这样大的数字，因为本年放款标准过低，物价暴涨，生产成本增高，仍未能适应其需要，按现在糖价每万公斤 2.5 万元计算，

---

[1] 高中域，湖北定县人，1940 年 8 月入行。
[2] 秦五鲁，湖南湘潭人，1940 年 10 月入行。
[3] 许鸣球，时为资中办事处农贷助理员。

不惟不会折本，反可赚钱，归还贷款自不成问题，可是这种冒险而且侥幸的工作，总是不合理的。

（十）今后农贷动向。1941 年之各种贷款，根据上年查搞结果，严予核减外，并对不健全之合作社一律停贷。关于 1941 年度的工作计划，一是已商县指导室举办职员讲习会，整理旧社，充实社业务；二是令各社积极自集资金，使其走上自力更生之道路；三是尽量设法逐年减低贷款总额。

（3）川中行所属黔区农贷员检查农贷工作情形。据李安平《抗战时期四川内江农贷个案研究》记述：1942 年 1 月 28 日，川中行所属黔区台江县农贷工作站李身泰[①]在报告其工作条件时写道："向为土匪出没之地，旋平旋起，几无宁岁。匪徒众多，情形复杂，乘机复出，在所难免。人心殊觉不安。……目下存款已放完，请勿悬念，将来演变如何，再续报。"报告中并无自夸之词，但带上钱款进山沟放贷，人烟稀少交通不便，匪情迭起匪风复炽，是何等危险。同时，他还汇报了这么一件事："此次放款二社合计为 7270 元，尚不敷 526 元，为适合其需要不应再为减少，而一时资金之筹措又无别法，当由职个人暂为垫付其不敷之数（用个人支票与盐店兑换）。款系职发，蒋柏森君监放。"而 526 元当时大约相当农贷员 3 个月的薪金，这时再有半个月就是阴历年关，他却在贵州一年中最冷的三九、四九时节，在湿冷的山区为农民奔波，显然是因为他很清楚他所发放的钱，是农民在年关必须向地主缴纳地租以获得土地租佃权和准备农事的钱。

（4）隆昌县农贷助理辅导员梁应生[②]检查农贷工作及被省行视察员复查情形。四川隆昌县石鹅乡一个区计有 11 乡镇、72 社，方圆达 300 里，均由时任内江支行隆昌办事处农贷助理辅导员梁应生经管，梁君除办理申借、监放及复查等主要任务外，还要辅导基层业务。1942 年 3 月，渝行农贷视察员许文周对荣昌县 277 个农业合作社中之 16 社进行了为期十天的复查，对隆昌县 322 个农业合作社中之十余社进行了为期一周的复查，之后，许文周在向省行的视察报告中称，各区"职员多能胜任且感兴趣，无舞弊情形"。

（5）农贷员调侃写农贷检查报告之轶事。云阳县合作金库张学培在《农贷生活散记》中曾调侃道："有两件事，在我们休息的时候，总是来打扰我们。一是写报告：我们在乡下跑得累呼呼的，回来以后，还要像高尔基所说的：'订在桌子上'写

[①] 李身泰，河北深泽人，1940 年 4 月入行，1941 年 1 月为内江支行资中办事处农贷助理员，后升任川行黔区台江县农贷工作站主任指导员。

[②] 梁应生，四川荣县人，1940 年 5 月入行，时任内江支行隆昌办事处农贷助理辅导员。

报告，细细地搜索枯肠，一直要几点钟的工夫。二是发警报……"（详见后）。

（五）建立合作辅导与合作金库机制

在兴农三方宏观体制下，川中行除建立"压实四方十三项农贷管控责任"的农贷微观经营机制，以及构建多层级农贷检查网络制度外，还注重通过指导合作社优化借款主体，以辅设合作金库扶植贷款主体等两项基础性工作。

1. 通过指导合作社优化借款主体

抗战时期，各国家行局的农贷对象大多是农民组织的合作社，因此发展合作社的数量并提高其质量，则成为推广农贷业务的一个重要保障。中行早在战前就高度重视全面指导合作社各项工作，将推进合作社数量之发展与素质之健全，列为促进农贷业务发展的重要工作之一来抓。指导合作社的宏观目的，就在于使合作社及其社员能够做到：自集资金，自营社务业务，合理运用资金，增加生产，改善生活，增加爱国心①；指导合作社的金融目的，在于优化农贷之借款主体。

指导合作社具体工作包括组社、指导、训练三方面。第一，在组社方面，中行办理农贷自始即采取深入民间，力求实效之政策。故着手之初，极端慎重，各地合作组织，大多数由本行工作人员组成。第二，在指导方面，中行调查与指导不厌其详尽，尽量利用机会，协助各县办理合作讲习会，辅导各社业务，培训合作社职员，并指导各县整顿旧社，组织新社，推动合作事业健康发展。实行农贷辅导员驻乡工作，对于合作社业务之推动，账册之应记载，随时随地均加意指导。前述之贷前调查与贷款后辅导要点，亦属于指导合作社之工作范畴。合作组织一经成立，即以最简捷之手续，使资金迅速流入生产者之手；款项贷出后，更随时予以严密监督，故中行农贷深受各地农民欢迎，而历年呆账甚微。第三，在训练方面，既求各社素质之提高，又谋农贷工作人员工作能力之充实。中行外勤同人亦多能秉此精神努力以赴，因以奠定了中行农贷工作健全强固之基础。现将川中行所属机构指导合作社以优化农贷借款主体的片史整理如下，以窥其全貌。

（1）中行内江支行组织、指导、训练合作社情形，其片史如下。

1941年，中行内江农贷区所办蔗糖贷款，为达增加食粮生产之目的起见，对增种甘蔗一项，就实际情况于贷款中加以限制。所有旧社新增社员，贷款种类以信用贷款为限，不甚健全之合作社，则限制增加社员；如有职员收买社员红糖之合作社则酌情停贷，以示限制②。

---

① 石涛. 民国时期商业银行农贷业务述评——以中国银行为中心的考察. 历史教学，2013年8月.

② 参见《中行农讯》第一期，1941年7月25日。

内江支行为求合作社之健全，促进合作农业，鉴于会计制度之需要，会编印蔗糖产销簿记大纲一册，详载记账办法及规则，以备各合作社之参考；并令各驻县农贷人员分区召集各合作社会计予以解讲，俾其彻底明了，记账整齐划一。惟尚未商得合作行政之指导人员同意，暂难施行，刻正极力设法解释商洽①。

内江县各合作社，以经营蔗糖业务者为多，账目也较繁杂，各合作社以会计人才缺乏，记载不清，且多错乱，刻由中行编订会计大纲，分赠各社，一面利用集市赶场机会，进行训练。现已训练者有龙洞沟等10余社，成效尚佳②。

中行与内江县产蔗区协组之各蔗糖产销社，至1941年11月底已开始制糖者计有衰衣店、半节冲、黄莲坝、楠木房子、黄泥堰、盒子石、熊家坝、风兴寺、仙女井、袁家坝、扈家坝、临江寺、汉地坝等13社。其中，后5社为全部制造红糖或片糖，前8社曾系制造白糖者，刻均在熬制糖清，以现在各社材料计算，则每千公斤糖清之成本将需1200元左右③。

内江农贷区各县，为便于辅导各社的业务及训练各社的职员，各县内普设工作站，实行农贷辅导员驻乡工作，对于合作社业务之推动，账册之应记载，随时随地均加以指导。内江中行编印了蔗糖产销社簿记大纲，以及拟订了《糖产销社制糖业务经营细则》，一面送县府请采择施行，一面赠送各合作社备充参考。内江中行所制定的《蔗糖产销社经营制糖业务细则》主要内容如下。社务方面：第一，产销社各项会议须有记录。第二，产销社之进货、售货须有单据，单据上须注明度量衡各类，及单据等以便记账。第三，产销社罢免及停止理事职权时，须立即将社员大会记录，以及变更登记事项，呈报县政府，并同时向各有关方公告之。第四，产销社社务方面，以及进货销货之各项开支，须按年编造预算，呈报核准后，照预算支付。组织及责权方面：产销社除依法成立理事会监事会外，其糖房漏棚之管理员及事务员之组织以及责权规定如下：第一，糖房漏棚合设经理一人，由社员大会选举理事兼任；第二，糖房设内管事一人，青山管事一人，采购管事一人（由经理兼任），以上各项管事，关系重要由理事会提出人选，由社员大会认可后聘任用之；第三，经理遵照社员大会及理事会之决议办理一切；第四，各项管事并承现理事及经理办理一切；第五，经理兼任采购时，须遵守本细则关于进货方面之规定；第六，各管事负责管理各部门之工作及工匠；第七，经理及各管事，如因不忠实服务，无意或故意使该各社发生损失者，须负赔偿之责；第八，经理及各管事失职，由社员举发者，经理

① 参见《中行农讯》第六期，1941年12月25日。
② 参见《中行农讯》第七期，1942年1月25日。
③ 参见《中行农讯》第七期，1942年1月25日。

监事会查实后，召集临时社员大会罢换或惩处；第九，工匠之雇佣及退雇，由经理会同各部门管事商请理事主席办理之；第十，理事主席及司库，不兼任糖房漏棚经理及管事；第十一，监事不得兼任糖房漏棚任何职务；第十二，糖房漏棚之聘用人员，须妥觅保人同产销社出具保证书[①]。

（2）中行资中办事处组社、指导、训练、监放等情形（见前）。

（3）荣昌中行组社与指导情形。四川荣昌县区域较大，合作社分配未见普遍，中行同人拟积极协助县指导室指导该县组织新的合作社，以促进合作农业。进行步骤，拟按照县各级合作社组织大纲规定，先成立保合作社。经过努力，到1941年秋，中行在荣昌贷款之工业合作社，计有厂织15社，绵织11社，杂类6社，贷款结余为19万余元。过期未还者9.7万元，其中葳织社亏折最大，目前已完全停顿，正在催还。棉织社情形虽较良好，但以资金不敷周转而陷于停顿。陶瓷社亏本约2万元，主要原因，在资金不敷周转[②]。

（4）潼南、云阳中行指导农民点旱秧种杂粮情形。如，四川潼南县四乡水利欠佳，在回龙坝一带之农民，众采点旱秧办法，以防天旱种之缺乏。其法：选较阴湿之地土，耕耘后如点种黄豆之法，将浸水把种点下，初时假人力担水灌溉，一俟种子发芽长齐，即可听其自然，间或除草而已。如此可以维持秧苗不死。遇有大雨，田内水分充足，即可分种[③]。又如，1941年夏秋，四川云阳县均旱，水田多无冬水。中行为督导中行贷款之合作社社员，增加杂粮生产起见，由中行驻该县农贷人员劝其将所有干涸水田，种作小麦、豌豆等，成效尚佳，总计全县涸田栽培各作者约有三分之二。幸雨水尚匀，生长良好[④]。

（5）简阳、开县中行简便迅捷服务于农村合作社。如四川简阳县边辽阔，龙泉山以西各地，距石桥约80华里，非特交通不便，因山高路狭，人烟稀少，携带现款，易为路劫。故该地合作社一再要求改向中行成都支行领款，现经内江支行与成都支行洽妥，所有龙泉山以西简阳境内各合作社领款还款，以后一律改向成都支行办理，其付款办法与收款办法（略）[⑤]。又如，四川开县之农贷，以前各社申请手续，均系由该县指导室办理，合作社社员常感迟缓。兹已由中行商妥开县县府，自1942

---

① 蔗糖产销社经营制糖业务细则——三十一年度内江支行订用.《中行农讯》第九期，1942年3月25日.

② 参见《中行农讯》第五期，1941年11月25日。

③ 参见《中行农讯》第三期，1941年9月25日。

④ 参见《中行农讯》第七期，1942年1月25日。

⑤ 办法摘要.《中行农讯》第二期，1941年8月25日.

年度起，各社得向中行直接办理申请借款手续，以资迅捷[1]。

（6）永川、万县、资阳中行推进乡村储蓄与安定农村经济片史。推行储蓄，足以养成节俭风气，吸收游资，用于生产事业；劝储余谷以防粮荒，有助于国家社会及安定农村经济。中行于1940年订定推行农村储蓄办法，由各省农贷工作人员，在不妨碍原有事务之原则下，利用工作之便，积极推进乡村储蓄事业，其方式有二：第一，指导合作社办理储金储粮。中行农贷人员指导合作社办理储蓄业务均称努力，其效著者，如四川永川县各合作社自存之款总计达到36793.5元。第二，劝购节约建国储蓄券。如1941年万县合作金库对节储券推销颇为注意，各农贷人员下乡，对农民认购节储券之意义，极力详解后，各社员均能明了，热心认购，一、三月来已销3万元有奇[2]。还有，资阳中行农贷员为推广节约建国储蓄，亦发起合作社30万元节储竞赛运动，经驻县工作人员分头宣传后，各合作社众起响应，不久即可勤储足额[3]。

2. 以辅设合作金库扶植贷款主体

川中行战时农贷贷款三种方式之一就是，通过辅助县合作金库方式办理农业贷款。这就是说，中行所辅助的县合作金库即是发放农贷主体之一；中行辅设合作金库或接收其他行局所辅设的合作金库，其金融目的则是优化贷款主体。

（1）川行辅设与接收合作金库经营简况。为适应地方需要，协助树立合作社自有、自营、自享之合作金融制度起见，中行采取试办的做法，各分行从1940年起开始辅设县级合作金库，以及接收已辅设之县级合作金库。即由中行统一与各县合作金库签订合约，规定贷款总额、使用范围、还款期限以及透支额度等。通过参与金库组织，进行辅导等办法，促进有关县的农业经济发展。到1941年，广西、云南、甘肃、陕西、浙江、河南六省中行共接收19个县合作金库，加上四川中行所接收合作金库15个，全国各省中行计有34个县合作金库。总的来看，1940—1942年，中行为各县合作金库提供股金约300万元，给予透支额约3000万元，但各县合作金库自筹资金困难，本身开支又大，除少数能略有盈余外，大多亏损，成效有限。这也是中行对合库采取试办态度之原因。

就四川中行辅设与接收的合作金库而言，1940年4月，川行所辖贵阳支行在贵州省平越、瓮安、榕江等县试行辅设县合作金库，同年，川行又接收了川省合作金库辅设之永川、铜梁、潼南、万县、云阳、奉节、开县等七县合作金库。1941年，

---

① 参见《中行农讯》第八期，1942年2月25日。
② 参见《中行农讯》第六期，1941年12月25日。
③ 参见《中行农讯》第八期，1942年3月25日。

川行先后接收农本局辅设之川省巫山、巫溪二县合作金库，以及湖北省巴东、秭归二县合作金库。同年 1 月 20 日，川省大足县合作金库亦由川中行接收辅设。可见，川中行所接收的 15 个县合作金库数，占当时全国各省中行接收 34 个县合作金库总数的 44%。川中行辅助的合作金库经营情况，列表如下。

各县合作金库概况（渝属各行）

省县	原辅导机关	中行接收	股本金额			透支金额（千元）	1941 年盈亏
		日期	合作社	其他机关	中行提倡股		盈 +/亏 -
四川万县	川省合库	1941.7.10	13040		189960	2000	−4303.80
云阳	川省合库	1941.7.10	6310	10000	182470	1936	−11341.66
开县	川省合库	1941.7.10	5150	28140	166710	1254	−17267.01
奉节	川省合库	1941.7.10	13250	1000	189500	888	−2644.94
潼南	川省合库	1940.7.26	13330	——	186670	1789	
铜梁	川省合库	1940.11.20	4380	2000	193620	1974	−4625.24
永川	川省合库					2600	
大足	川省合库	1942.1.20	5340	13910	181050	1613	+4757.84
巫溪	农本局	1941.8.11	2310		97690	602	−7919.22
巫山	农本局	1941.8.20	3560	——	96440	930	−8915.97
湖北巴东	农本局及中农行	1941.8.10	6720	9330	83950	419	−14552.51
秭归	农本局	1941.11.1	2260	9810	87930	390	−7844.20
贵州平越	中行	1940.4.1	1980	9900	88120	332	+12359.00
瓮安	中行	1940.5.19	112	9820	89060	18	−6961.28
榕江	中农行	1941.8.26	11230	10030	78740	550	−2387.75

由上可见，除四川大足合库盈利 4757.84 元，贵州平越合库盈利 12359 元外，其余 13 个合库均为亏损，亏损最大者前三位为：开县亏损 17267.01 元，巴东亏损 14552.51 元，云阳亏损 11341.66 元。

（2）川省各合作金库运行过程片史窥貌。

尽管川中行所接收的 15 个县合作金库大多经营亏损，但中行农贷人员对辅设与接收合作金库，推进农村合作事业所付出的艰辛贡献，却不可埋没。

潼南县合作金库运行情况。如，1941 年 5 月 2 日，潼南合作金库同人举行第一次工作讨论会决议案有：（一）办理合作训练班，将全县划分五区，由合库同人及合作指导室人员担任教课，定期一月，经费在增加一厘利息下支用。（二）防止社员跨社及冒名弊端。（三）推进节建储券。（四）全体同人下乡复查春耕借款。（五）试办中心合作社等①。又如，中行辅助之潼南合库，以四联各种农贷准则中对消费贷款供销贷款之担保品提供方式，均无明文规定，特为转请核复，兹经四联农贷审核会决定：（一）消费贷款应以农村为范围，适用农贷准则中农村消费合作社贷款栏内各项之规定。（二）供销贷款之担保品，如当地无保险机构，所有保险手续，可斟酌免除，另由本总处函中信局尽量委托各县合作，全库代办保险业务。（三）担保品交由合作社保管，采取透支方式②。还如，1941 年 9 月，中行辅设四川潼南合库，为求与县内农业机关联络，以增进工作效率起见，特设定《潼南县农业有关机关工作联系办法》，要点有：（一）农业机关暂包括合作室、农业推广所、农业仓库、合作金库、棉织业指导所。（二）农业设施包括合作社、农技术及设备改良、农业推广等项。（三）一切工作之进行，先约同有关机关开会商讨，得有议案，再分工。如遇有疑议时，再行请示商讨之。又合库与合作指导室工作人员之联络办法，也经议定其要点为：（一）双方计划随时互相商讨。（二）双方工作情形随时互相通知。（三）每月开联络会一次，由双方轮流召集。（四）各社召开社员大会时，双方得同时参加③。

奉节县合作金库运行情况。1941 年 7 月，中行辅设之奉节合作金库，以人手缺乏，奉节境内多山，交通不便，下乡指导时多感不易。现任决定采用常川轮流指导法，每个农贷员各在一乡居住一、二个月后，再转赴他乡，周而复始，以增进农贷效能④。

大足县合作金库运行情况。1942 年 4 月份，由中行辅设之大足合作金库开始贷款，截至七月底止，单位社贷款者计有 101 社，以及接收联合作社，共计贷额达 146 万余元⑤。

万县合作金库运行情况。1942 年 6 月初旬，中行辅之万县合作金库，贷放给东狱庙等 7 社共 7 万元，此项放款合社自有资金加入贷放者计有 2000 余元，各社合计增认金库股 28 股，各社员每人增续股金 1 股，共增加 500 余股，向各社劝募储蓄券共 1000 余元，至于此次放款，均按细数表逐一监发⑥。

---

① 参见《中行农讯》第一期，1941 年 7 月 25 日。
② 参见《中行农讯》第二期，1941 年 8 月 25 日。
③ 参见《中行农讯》第三期，1941 年 9 月 25 日。
④ 参见《中行农讯》第一期，1941 年 7 月 25 日
⑤ 参见《中行农讯》第十三、十四期，1942 年 8 月 31 日。
⑥ 参见《中行农讯》第十三、十四期，1942 年 8 月 31 日。

（六）加强员工业务培训及文化培育

抗战时期，中行所配备的农贷人员，大部分是征聘或公开招考而来，其中不少是学有专长，或者委托大学农学院代为培训以后，再分派到各行工作，因而有助于地方的农业增产及农业改良。同时，中行还发行内刊培育抗建报国文化。

1. 四川中行农贷人员培训情况

（1）金大农贷训练班专页。由于缺乏四川中行农贷人员培训情况的一手史料，可以通过"金大农贷训练班专页"之记述，窥见当年中行各分行对农贷人员培训情况之一斑。中行上海分行因战事西迁后，因"农贷业务扩展甚速，非有适合之人才共同负荷此工作不可"，以及"金大农学院有完美设备，著名教授，丰富资料，能予本行训练同工希望上十分之满足"之缘故，于1941年4月委托金陵大学农学院代办农贷人员训练班，并以"有高尚之人格，有强健之身体，有服务之精神，有熟练之技术，有研究之兴趣"为本班训练之方针[①]，本期训练班之课程编制与配合情况、成绩考核等情况如下[②]。

第一，课程编制与配合情况。农贷班分高、初二级，高级学生系专科以上学校毕业而考取者，初级学生系高中毕业而考取者，因为学历不同，受训时期与课程分量遂有出入。初级农贷班受训六个月，课程设合作学、农业金融、簿记学、会计学、农业推广、农业调查、农村社会、应用文、珠算、农业、讨论、参观实习、毕业论文等13门，计36学分；高级农贷班受训期间为三个月，课程设合作学、农业金融学、会计与审计、农业概论、农业推广、农业调查、珠算、讨论、参观实习、毕业论文等10门，计25学分。

第二，成绩考核分为学业成绩与操行成绩两方面。学业考核，则注重各科小考、月考、期考，并按时呈阅听课笔记、实习报告与毕业论文，以资评定。操行考核，则注意学生之言行与作业之勤惰。此外尤注意各人之理解能力与服务能力，由此可以鉴别个人之长短，将来结业以后，在中行配备人员，分派工作时，也可借此为参考。值得注意的是，中行对农贷班课程进行理论联系实际的配合性施教，例如，农业概论课程之教学，先选定若干专题，如稻、棉、茶、甘蔗、纱、桐油、果树、烟草等，聘请对各题有专门研究之专家，莅临本班作有系统之演讲，由本班预定纲要，请各专家依次准备，使所讲内容更适合农贷人员之口味。又如，讲桐油问题，则将桐油之生产、运销、制造、市场、价格，及其在国内外之经济价值及如何以金融力

---

① 陈名选. 本行农贷同工应备之条件——泸行委托金大办理农贷人员训练班开学典礼演讲词摘要. 《中行农讯》第3期，1941年9月25日.

② 金大农贷训练班专页. 《中行农讯》第四期，1941年10月25日.

量促其发展等，作一详尽之阐述。本班学生以前虽不习农，对于桐油虽无认识，经此一讲，其对于桐油则可知其领域与重要，若有一朝至油桐产区办理农贷，即可有此概念与常识，审核调查，也不致漫无鹄的。还有问题讨论一课，每周二小时，先指定有关农贷问题，预先使学生参观若干已发表之论文与报告，在讨论时提出讨论，一则可借此交换意见，增长学识；二则把以往办农贷之经验或错误，先有认识，免以后自己办农贷时重蹈覆辙。

（2）本行工贷人员之训练。据《本行工贷人员之训练》①记述，因中行办理工业合作贷款已两年，鉴于此种贷款性质涉及专门，经营与制造又须有专门人才负责领导，庶可达到扶植小工业之本旨，再加工贷业务日益扩大，各地工贷人员均须补充，中行总管理处乃于1941年7月15日至11月5日，在重庆举行本行工贷人员之训练，从中可看出中行对工贷人员培训之详情。

第一，工贷人员招考经过及报到情形。1941年6月，总处发函各分行，就各地工合业务之实际情形，拟定需要人数，分别性质先行陈报，由总处统筹征训。后据各行电陈，共需工贷人员38名，计化工系15人、机械系7人、管理系11人、纺织系5人。7月初，经总处决定招考办法，分别于重庆、昆明、成都、嘉定四地招考国立大学毕业生。综上四地招考工作，共计有90人应试，共录取工贷员34名，内含化学系17人、机械系7人、经济系10人。上列录取人员，经分别通知于7月15日前来重庆报到。但由于后方交通困难，各员到重庆时间未能一致，更有因交通困难未能来重庆报到者3人，结果实际到重庆报到者计有25人，即化学系14人、机械系5人、经济系（含管理系）6人。其中，由昆明录取来重庆报到者11人，由嘉定录取来重庆报到者3人，由重庆录取就近报到者10人，由成都录取来重庆报到者1人。

第二，工贷人员的训练步骤及内容。此次对工贷人员训练，从7月15日开始，至11月5日完毕。训练分四个部分加以进行，除各员个别在各工厂实习三月外，集中听训并参观为期三个星期。四个部分具体学习内容如下。

工厂实习。学员们报到后，先分发到重庆市郊的各种制革、造纸、机器工厂，以及资中酒精制糖厂等厂受训。其工厂实习具体安排如下：（1）化工系人员分四个专业加以实习：一是制革部分，派赴××制革厂实习共计5人；二是制纸部分，派赴××制纸厂实习共计5人；三是陶器部分，派赴××陶瓷厂实习共计1人；四是农产加工部分，派赴××酒精厂及××糖厂实习共计3人。（2）机械系人员，派赴××纱

---

① 本行工贷人员之训练.《中行农讯》第六期，1941年12月25日.

厂实习共计5人。（3）工厂管理及会计系人员，派赴××纱厂实习者3人，到重庆分行办事处实习者2人，共计5人。上述各部实习人员，技术方面人员要以亲手完成全部工作程序，能单独制造成品为主要目标；管理、会计方面人员要以切实参加会计工作，能办简单决算，并熟习全厂管理事项为目标。实习期中均应各拟成实习报告上交。同时，由于各工贷人员之实习地点计分多处，为便于管理，特订《工贷人员实习须知》，各学员在实习期内一应遵守（略）。

理论或专题讲述。假借豫丰纱厂内举行，讲题及讲师摘要如下：（1）霍副总稽核宝树主讲；（2）本行沿革及工业贷款之演进；（3）束经理士方主讲工厂之经营；（4）姚主任崧龄主讲工厂内部之审核；（5）蔡稽核公椿主讲科学管理；（6）陶副稽核桓菜主讲本行办理农工贷之经过与意义；（7）张永惠先生主讲工业人才之训练与实务；（8）杜春晏先生主讲制革工业；（9）罗正刚先生主讲工合运动概况；（10）杨公庶先生主讲目前后方工业之危机；（11）吴任之先生主讲青年应如何从事工业；（12）严希纯先生主讲工合运动之检讨；（13）潘经理仰山主讲检查工厂之要点；（14）郑厂长彦之主讲创设工厂之要点；（15）毛襄理端午主讲中国之纺纱工业。

参观工厂。集中听讲完毕后，即行开始赴各工厂参观，计有机器厂、造船厂、制革厂、造纸厂、化学厂、制药厂、榨油厂、钢铁厂、动力油料厂、水泥厂、酒精厂、陶瓷厂等，参观归来即书写参观报告。

再实习环节。赴各工业合作社实习，专案研究讨论与设计。前者到重庆市郊龙门浩肥皂合作社等处实习，后者就实习参观访问所得之材料及重庆分行办理工贷之材料分别加以研究并设计。

由此可见，中行及川中行对工贷人员训练步骤及内容，有以下特点。

第一，四个训练步骤（工厂实习、理论讲述、整体参观、工合社实习与专案研究设计）具有符合认知规律和快速提升业务素质之特点，即先进行感性认知之实习，再理论提升小工业知识与全面了解小工业情况，最后再到工业合作社这一贷款对象进行实习并研究解决实际问题。

第二，为期两周的理论讲述，讲题设计系统科学，既有开办工贷之崇高使命及理念，如本行办理农工贷之经过与意义、本行沿革及工业贷款之演进、青年应如何从事工业等专题，又有工业宏观情况概览，如目前后方工业之危机、中国之纺纱工业、制革工业、工合运动之检讨、工合运动概况；既有工业经营知识，如工厂之经营、创设工厂之要点，又有工业管理知识，如工厂内部之审核、科学管理、工业人才之训练与实务、检查工厂之要点。与此同时，讲师安排既有专家，又有不少具有丰富实践经验的学者型领导或管理者。

第三，四个训练步骤均以增加学员实践能力为要务。如首次实习时，要求技术方面人员以亲手完成全部工作程序，能单独制造成品为主要目标；管理、会计方面人员要以切实参加会计工作，能办简单决算，并熟习全厂管理事项为目标。而且，实习期中均应各拟成实习报告上交。又如集中整体参观工厂归来后也要书写参观报告。还如再实习环节要结合实际问题写出研究设计报告。

2. 发行内刊培育抗建报国文化

（1）总处创办《中行农讯》月刊。战时农贷地点分散，通讯又多阻碍，即使是在同一地区的农贷人员，也因各有任务，不能经常见面，很难对农贷业务进行及时的沟通与交流。1941 年 7 月 25 日，中行总管理处于重庆创办《中行农讯》月刊，定位为"同人刊物"。时任中行副总稽核的霍宝树在创刊号撰文说："与研究学术的专门杂志不同，它的目标在于，一是沟通消息，集中意志；二是交换经验，研讨实务。广泛言之，在不妨碍本行整个政策的原则下，它是本行农工贷同人随便谈话的园地。"主要栏目内容有：有关农贷之论著、生产调查、特种农贷办理方法、农村社会风尚、农贷实务讨论、业务消息、同人业余生活等。迄 1942 年 8 月 31 日，共发行了 14 期。该刊物面向全行广大员工，特别是农贷部门的员工，内容具体实际，文字明白易懂，成为中行交流经验，推动农贷的有力工具。

（2）四川中行创办《农放月报》。1932 年 7 月，川中行曾创办《四川月报》，但因抗战影响于 1937 年 10 月停刊。此后，为促进农贷业务的及时沟通与交流，川中行于 1939 年 1 月创办了《农放月报》，介于当时的条件艰苦和资源紧缺，该刊是以手刻蜡版而印制的。至 1942 年 8 月因农贷业务移交而停刊，共存续 3 年又 8 个月。《农放月报》将其使命归纳为四点：第一，抗战资源之供给，类多赖于川省。渝行秉承中央农放政策，总处农放宗旨，积极辅助农民，增加农业生产，以厚国力。第二，农村社会具有半封建之素质，合作社组织训练与稽核指导均具有特种方法与相当技术，因此以本刊为交换经验及心得之场合，使彼此足资借镜。第三，本行办理农放，各工作人员平日感观所及，依实际需要，各抒所见，以凭采纳，而收事功。第四，各县社会环境不一，地理人和亦互异，若特产之调查，农村之写实，生活之现况，可报道消息，沟通信息，则彼此千里一堂，如同晤对，可省各别通讯之烦。据对 1939 年第 1—12 期、1941 年和 1942 年部分月刊各栏目内容的归纳，该刊各栏目对促进农贷业务的知识积累与文化培育之效用如下。

小言论栏目：主要效用是树立农贷人员正确之农贷理念，及培育农贷人员抗建报国之文化精神，如，《拿工作答复大轰炸》《农放员对农放的认识》《工放指导员的任务》《工业合作的使命及其后注意事情》《我们的岗位工作》《几点信念》等。

专载栏目：用以传递中行总管理处的农贷信息；调查栏目：主要刊载各地之农贷调查报告；工作计划栏目：用以报道各地之农贷工作计划，如，川中区二十六年度工作计划，荣、隆、内、资（中）、资（阳）、简六县的家畜保育促进计划大纲等；工作讨论栏目：用于同人工作研究与问题探讨；工作报告栏目：主要报道各地之农贷工作报告，如，隆昌工作报告、川中区之整理工作、一年来的工作检讨等；工作经验栏目：主要报道各地之农贷工作经验；工作区概况栏目：报道各农贷区工作动态，如，桐区概况、糖区概况、忠县桐油之产销状况、桐区农放之过去与未来等；农放室消息栏目：主要报道渝行农贷股之农贷消息；同人消息栏目：主要是为农贷员提供一个业余文化生活之园地，如，自我介绍二则、寇机狂炸渝市、忆资中、永川某晚的同乐会、独幕剧歌德与诗人对话、读书会运动、旅途随笔、漫谈农村文学等。

（3）内江支行创办《经济商业调查月刊》。值得一提的是，由于成渝公路之内江、资中、资阳、简阳、隆昌、荣昌六县物产富厚，特产甚多，1937 年四川省合作事业委员会与川中行协订放款合约，划定该六县为川中行农贷区域，内江办事处则成为川行开办农贷业务之先驱。内江六县亦成为全国中行系统之甘蔗生产及制糖加工的特产农贷区。由于内江农贷区之地位重要性，内江办事处乃于 1939 年 5 月改设内江支行。为促进农贷业务的沟通与交流，内江支行于 1940 年 5 月创办了对外发行的《经济商业调查月刊》，存续至 1944 年，这是四川中行唯一的一家支行级农贷刊物，而且对外发行。

（七）川中行农工贷业务之历史评述

纵观四川中行抗战时期农工贷款业务的历史地位与贡献，大致如下。

1. 农贷逐年增加部分缓解农村金融枯竭

川中行发放农贷始于 1937 年 5 月，抗战后做积极扩充。1940 年 2 月，政府即指示四联总处："农贷须定中心地区，不可普遍一律，并以四川为首区，所有人才组织，首先用之于四川、西康。"到 1940 年底，中行农贷总额增至 4912 万元，四川中行农贷额增至 2700 余万元，居全国中行第一位；1941 年，川中行贷出总额 6199 万余元，占全国中行农贷总额 1.02 亿元的 31.77%，居中行各省分行第一位，占全国各行局农贷总额 50 亿元的 12.39%，占四川省之四行局贷出总额 1.48 亿元的 41.9%；1942 年 6 月，川中行农贷总余额 8480 万元，占中行系统农贷总余额 2.39 亿元的 35.46%，仍居中行系统第一位。这说明四川中行对开展战时农贷，促进农业发展的态度是积极的，措施是有力的，对战时大后方农业发展提供了大量资金，一定程度上缓解了部分农村地区的金融枯竭。而且，川中行发放之农贷，"利率只有八厘，尚不足以敷开支及资金利息之成本"，由此打击了四川农村借贷利率的高利贷剥削，改变了农村传统的借贷格局，使得"高利贷者已无形敛迹，并自动将利率降低，如四川蔗糖区域，糖商放款利率由月息三四分减至八厘，并有不计利息，仅以蔗农所产甘蔗由彼购买为条件者"①。与此同时，川中行农贷"当更着重对贫农、小农、佃农的放款。我们要尽力于谋农民大众的利益，而防止土豪劣绅的操纵把持，以冀一般贫苦的农民，都能得到贷款的帮助"，促进了四川农村农民大众的生产能力，亦相对改善了他们的穷困生活。

2. 促进了农业生产和大后方的社会安定

抗战时期，川中行在分管区域内，力求贷款普及于全体农户，并特别注重振兴水利，扩大耕地，提倡农村副业，促进出口商品的生产，因而收到较明显的效果。不仅使农贷区增加生产，农民增加收益，而且促进了大后方社会的安定，增强农民对政府的信赖，有利于加强长期抗日的力量。农民因农贷而得到实惠后，对中行救济农村的措施"莫不感激称道"，对政府兵役、工役、募捐等政策也乐于遵行和配合。总之抗战时期，四川省这一大后方农业，不仅实现了自给自足，而且支持了长期抗战的需要，这与川中行等国家行局的农贷支持密不可分。

3. 推动了合作事业培养了社员经营能力

中行农贷主要以合作社为对象，在推行农贷过程中，中行积极鼓励农民组织合作社，鼓励合作社吸引贫农小农为社员，合作社数量明显增长。同时，川中行办理农贷，不满足于贷款金额的增长，更注意于社员农业技术及经营能力的改进与提高。除吸收一批专门人才，对社员进行技术指导外，还配合当地有关部门，培训了技术及管理人员。同时，川中行农贷人员利用贷款发放及复查之际，协同合作指导人员整顿社务，并推动发展社务，除信用合作社外，促其酌量兼办共同购买、共同贩卖、公共造产及储蓄等业务，并拟定指导办法纲要，分发各县，切实推进。这对促进合作运动的开展和农村社会的近代化进程都有积极作用。

4. 贷款多能按期收回并实现了良性循环

中行在发放农贷中，强调贷款用途的适当，注意资金的安全。尤其是川中行农贷之贷前调研的"取得农民之信任"理念，为打消农民畏惧心理乃练习与社员"摆龙门阵"时使其于不知不觉中吐出真话的技巧；以促进农业发展的保姆角色，压实合作社、合作金库、合作社社员、合作行政机关等四方共同防范农贷风险的金融责任，由此使每年底的农贷余额均小于上年年底余额与当年贷出金额之和，这说明中

---

① 石涛. 民国时期商业银行农贷业务述评——以中国银行为中心的考察. 历史教学，2013 年 8 月.

行贷出款项多数能按期收回，实现了良性循环，发挥继续周转融通效果。

当然，川中行农贷业务在取得显著成效的过程中，也存在着不少问题和不足（见前）。但制约中行农贷效果的更多还是客观原因和当时的政治经济环境，这些制约因素，并非中行自身力量所能完全解决。总体来看，瑕不掩瑜，川中行在推动农业发展上，还是对抗战事业做出了较好的贡献。

四、川中行抗建报国之农贷群体意识

川中行农贷股主办的《农放月报》，以积极辅助农民，增加农业生产，以厚国力为使命，以交换经验及心得之场合和彼此千里一堂如同晤对为办刊宗旨。其每期刊于卷首的"小言论"栏目，几乎每期都撰文，用以培育川行农贷人员正确之农贷理念，树立起抗建报国之文化精神。其中，有的文章虽未属个人之名，但可以推测，这些小言论应当多出自川中行农贷股及下属农贷区负责人之手，另从多期《农放月报》封面看，刘子钦是该刊的责任编辑，亦应是"小言论"的重要作者之一。纵观《农放月报》各期小言论的内容。不难看出，各期"小言论"的内容，在本质上体现出一种四川中行抗建报国的农贷群体意识与群体精神。

（一）小言论：严密视察制度与农贷报国精神

《农放月报》第一卷第十期小言论为"严密视察制度"，内容虽以加强稽核以防范农贷风险为要义，但其中概括出川中行群体农贷报国精神的内涵。

我行农村工作人员，要以高超的理想，抱牺牲的精神与百折不回之志愿，摩顶放踵，焦唇敝舌，献身于合作事业和繁荣农村的重大使命。

此项工作并无虚荣之可言，同人所以孜孜不怠者，在于个人仅求内心的安慰，对社会则希望有微薄之贡献，职是之故。

总之，我行所期望于同人者在于：肯努力，负责任，足资信任，能胜任愉快。愿同人各本斯旨，上下一体，和衷共济，使事业益臻于完善，苟有成就，非特同人之幸，抑亦社会之福也[1]。

（二）小言论：我们的岗位工作及其重大使命

《农放月报》第三卷第九期刊载《我们的岗位工作》一文，要义有三：号召农贷人员首先站在社会角度看待本行农工贷的重大使命，进而站在国家角度看待本行农工贷的重大使命，同时站在履行好使命角度看待对合作社的监督指导。不难看出，其内容的本质体现出一种农贷报国的群体意识与群体精神。

---

① 作者不详. 严密视察制度.《农放月报》第一卷第十期，渝行农贷股编，1939 年 10 月 1 日.

第一，站在国家角度看待农工贷重大使命。办理农工贷款目的在供给农工阶级以低利资金，增加农工业生产，以改善农工阶级之生活。贷款使命并不以贷出款项可以安全收回为满足，而是当更深切地注意，贷出款项是否已为农工阶级利用而增加生产，农工阶级的生活是否因之而有所改善。

第二，站在社会角度看待农工贷重大使命。农工贷同人之工作，归纳起来不外是农工贷款之核放和收回以及合作社社业务之指导和监督两端，经办贷款之核放和收回应当做到贷款的安全得有保障。农贷资金大部来自社会上的存款，保障农贷资金安全，实在就是保障社会资金安全。故对于合作社申请贷款之审核贷款之监放以及放款后之复查，一步都不能放松：一是，审核贷款，以贷款用途是否正当、数量是否适合需要、合作社组织是否健全为主要根据；二是，监放工作，在于明了合作社贷款有无弊端，务使每一分贷款都能真正到达农民手中，而不为少数人所中饱或利用；三是，复查的目的，是在补足上列二项工作之缺陷，对贷款用途作最后之审核，务使每一分贷款，都能发挥它固有的功效。上列各项工作是完成农贷使命所必须做的。

第三，站在履行使命角度看待监督指导合作社的意义。我们贷款的对象是农工业合作社，合作社业务是否健全与合法、运用资金是否得当合理，这些是与贷款能否收到预期效果有密切的因果关系的，因此我们对合作社的监督、指导是不容推诿的工作。应当认清对合作社的指导监督，是我们的岗位工作。[①]

（三）小言论：农贷同人必备精神及注意各点

《农放月报》第一卷第一期小言论，刊登了内江支行棉区主任辅导员王慕曾[②]的《同人应注意各点》[③]，其要旨为农贷同人必备的精神及注意各点。

第一，农贷员必备热心、毅力、吃苦耐劳精神。

热心：从东三西四的散漫农户，和一盘散沙的农民，去苦口婆心地做说服工作，使他们感到合作的需要。再从只知合伙借钱，不懂合作真谛，进到合力做事。发展社务业务，健全组织，是非常烦琐和艰苦的。我们一定要用热心，不敷衍、不苟安地去做扶植与培植的工作。

毅力：下乡工作，阴晴无常，加以山径仄险，道路崎岖，又有盗匪潜伏，常常杀人越货，容易畏缩不前；加以土劣专横，把持一切，使我们无法工作。即能工作，

---

① 作者不详. 我们的岗位工作.《农放月报》第三卷第九期，渝行农贷股编，1941 年 9 月 1 日.

② 王慕曾，江苏江隆人，1937 年 1 月入职中国银行汉口支行，1938 年 9 月撤离至重庆中行报到，1939 年任四川棉区射洪合作金库助理员，1941 年任内江支行内江农贷主任辅导员直至农贷移交时。

③ 王慕曾. 同人应注意各点.《农放月报》第一卷第一期，渝行农贷股编，1939 年 1 月.

亦是一筹莫展。因此我们仅有热心还不够，更要勇敢，要能勇往直前、不屈不挠地化这些阻力为助力。

吃苦耐劳：农贷员还需要吃苦耐劳，深入农村和农民打成一片，蔬菜淡饭可以果腹，草铺木榻可以歇夜；手做脚走，不辞劳苦，农民才会感动，工作才易深入，任务才能如期完成。

第二，农贷员应随时充实自己并须能自我教育。

在工作中学习。我们的工作对象是农民，工作目的是发展农村特产。我们有了必备的工作精神，积极地去干，希望能及早完成任务。在工作开展的进程中，会历尽无数艰难困苦，发现无数疑难问题，我们用尽心力来克服这些困难，想方设法来解决这些问题。怎样去克服困难的呢？怎样来解决问题的呢？在试验与研究的过程中，除去了试行错误（试错）的历程，就得了一种活的知识和正确的经验。在工作中就有了学习关系。

接受他人批评。一个人定的工作计划未必就完善，一个人定的工作方式未必就正确，要随时和其他工作同人开会讨论。别人贡献的意见要虚心接受，至少要作为主要参考材料。因为单靠自我检讨，常会犯着主观的错误，而不自知。何况工作态度、工作步骤，都需要旁观者才会看得清呢。

第三，农贷员要切实做到以农民之利益为利益。

计划之设施要以农民利益为转移。我们深入农村，发现了农民的需要，知道了农民的痛苦，怎样来组织、怎样来发展业务和社务、怎样来计划与设施，使农民才有利益，我们就该怎样去做，即使困难要多些，个人生活要苦些，也应牺牲小我，不要叫农民来迁就我们。

多加切实训练指导农民。村民能够懂得合作道理的人极少，即使一知半解，对社务业务的进行还是茫然无措。要使农民由被动而自动，一切能自力更生，初步就要加以切实训练指导，先要处处代做；要农民看着你做，学习你做，进而由你指导他去做，到后来他自己才会做。所以指导的方式，是由辅导而诱导，最后才是真正的指导。

农贷手续要简单敏捷。合作社初组织成立时，农民还只知合伙借钱，不懂合力做事。他们只要目前的利益，不管高深的合作理论。你要进行社员经济调查，一般社会情况调查，代填借款申请书手续，都要力求简单敏捷。不要老是麻烦他们，借款失了时效，农民或者反而得了害处，他们就会对你发生反感，信仰更谈不上。所以要使工作效率真正增加，应以农民之利益为利益做前提。

总之，农村工作人员应有热心、毅力和吃苦耐劳的精神，才能负起农村工作的艰苦任务；采取自我教育，在工作中学习，以增加知识经验；采取工作检讨，检讨的范围由自我而扩大至集体，以增进工作效率。然而这些设施，都要以农民之利益，方能真正获得实效，完全达到我们的任务。这亦如第一卷第六期"小言论"的大意所谓：我们要一本"人生以服务为目的"之名训，共相淬励焉。

（四）小言论：要充实自己以得到农民的信仰

《农放月报》第一卷第一期刊载的另一篇小言论《充实自己》，并未署名，但应当出自农贷人员之手，大意谓：要充实自己以得到农民的信仰。

第一，我们要得到农民的信仰，绝对要忍受农民所能吃的苦、所能跑的路；我们的体力就不能不迅求加强。

第二，合作社所经营的业务非常复杂，农村问题又是头绪万千，我们身居指导地位，书本的知识既感不能面面俱到，而经验又是缺乏，实苦穷于应付。要能胜任愉快，唯一的法宝，是在工作中学习，在工作暇时读书，在有机会时求教别人，不辜负我们的责任与青春，充实自己要下最大的决心和努力。

（五）小言论：农放员对农业放款的应有认识

《农放月报》第一卷第七期的小言论《农放员对农业放款的应有认识》，此文作者为川行农贷股副主任兼视察员吕则民[①]，其要义如下。

金融机关向农村投资，其宗旨在复兴农村经济，从农村之繁荣而培养工商业之基础。

农村放款之目的不在盈利，而在健全农村金融机构，故其放款性质与商业放款不同。

农村合作社是农民自力更生之组织，金融界之投资须为辅助性质。

合作社不是一个纯粹的借贷组织，而在外力扶助之下，力求自有资金之充实，培养自立的能力，方为合理。

合作社由下而上，由单合社而区联社而县联合社，在主管机关督导之下，循序渐进，指导者应当不好大不喜功，不以放款多寡为夸类，就其自然趋势而利导之，重看之改进而轻量之发展，则合作社之组织健全而金融界之须有保障，合作社资金之来源自无问题。

农民之智识水准较低，故审核者应多加注意。

（六）总回顾：五年来川中行农贷理想及信念

1942 年 8 月，中行移交农贷业务给中国农民银行时，四川中行王君韧副经理在

---

① 吕则民，江苏江阴人，1937 年 7 月入行。1939 年 1 月任丰都合作金库指导员，同年 4 月调四川分行农贷股服务，1941 年 1 月任四川中行农贷股副主任，1942 年 8 月任川行农贷视察员兼农贷股农贷组领组。

致《告别渝行农贷同人书》中，总结了他个人深信不疑的、五年来无日不以此自勉并以此勉励川行农贷人员的理想及信念。

办理农贷非深入农村，朝夕与农民接触，逐渐取得农民之信任不可；欲求得农民之信任，必须有吃苦精神，非任劳任怨不可。

办理农贷必须对于事业，必抱"无我"之精神，取尊重农民之态度，必须有家人父子间之真诚，以身作则，举凡本身日常生活习惯，无有逾越良善国民应有之标准，然后出全力以赴之，事乃有济。

吾人之使命，在以国家经济力量，使农民生活安定，接受政府指导成为完善国民；只要吾人负责区域内，有一社员尚未达到吾人理想标准，吾人之努力即不应一日中断。

（七）总回顾：五年来川行农贷同人几点信念

1942年8月，川行移交农贷时，川行农贷股金库组领组兼视察员刘子钦[1]亦将改隶农行服务，因千头万绪，他终以《几点信念》[2]一文，概括出川行农贷同人在过去五年工作中所形成的一种努力而诚恳的工作氛围，即"当一个同人有什么问题发生时，我们总是互相在那边替他着急，一直至问题解决才算了事——哪怕这件事情是烦琐或伤脑筋，也不管他是大问题或是小问题……渝行的农贷，如果还有一点成绩的话，我们可以说，这都是建筑在这种精神的基础上面"。从其下述内容中，不难看出《几点信念》的本质，就是一种川中行的农贷办事作风。

第一，必成的信念。我们做一件事，在开始的时候，就应抱一种必成的信念，有了这种信念，我们自然会对某种事业热心去做，你自己热心才会引起旁人的热心，因而他才会帮助你，事业有人帮助，进行自然容易，所谓天助自助者即此。

第二，公事当私事的去办。普通一般人把公事私事分得很清，就是说公事可以马虎，私事则毫不放松，这也是一种错误的想法。如果我们能把公家的事情办好，就可以表现出我们的成绩；万一成绩无法表现，我们自己也可以得到一番经验，这也是我们的收获。何况当此困难之际，个人表现的机会甚多，绝不会把人才永久埋没。所以我们无论到什么地步，应当把一种热忱的态度，对事业应当尽十二分的努力去做，所谓尽其在我者是。

第三，到处学习。一般人认为所谓学习，只是学校里边的工作，或者以为读书才是学习，这是大错而特错的观念，是社科书本上的那一点太渺小了。自然界的一

---

① 刘子钦，山西太原人，1939年10月入行，山西大学毕业，后任渝行农贷视察员兼农贷股金库组领组。系中共地下党员。

② 刘子钦. 几点信念.《渝行农放》第末卷第末期，1942年8月.

切，社会上的现象，在在都是学习。单就事业来说，成功的人有他的道理，大败的人也有他的原因。我们只要随处注意，事业既可顺利进行，还可少碰一些钉子，所谓三人行必有我师，择善而随，不善而改者是。

第四，造成共同意志。凡事绝对不会一个人可以做成功的，势必集合许多人来共同努力才可以达到目的。所以只要有一技之长的人，就可以成为我们的同志，不必求全责备。许多人在一起做事，必须有一种共同的意志，而共同意志的造成，一是，要坦白，坦白才可以得到对方的信任；二是，要乐于助人，助人才可以使感情融洽，所谓共信不立，互信不生；互信不生，团结不固，不能生存者是。

（八）咏志诗：农贷报国感人诗篇及作者故事

《中行农讯》及《农放月报》还刊登过署名或未署名的农贷诗歌数篇，从这些诗文中，同样可以感受并体悟到川行农贷员"高洁坚"的品德。

1. 蔡瑞征"农产未丰我辈责"之高洁坚品质

蔡瑞征[①]的《农村偶感》诗文，经请总处业务室张穆悄先生润色，刊登在《中行农讯》第三期，其诗文既描述了川东山区农贷工作的艰辛，更表达了蔡瑞征与农民打成一片，并为农贷事业而积极献身的精神。

农村偶感二首

数年萍踪寄山林，万壑千岩着我身。

襟被一肩甘自苦，残书几册足平生；

农村凋落悲何极，都市笙歌梦未醒！

清俭从公安素志，愿同野老嚼藜羹。

戎衣脱却入民间，客地奔驰路万千。

野店炊烟聊就食，荒村落日暂趋眠。

蓬头垢面神仍壮，尝胆卧薪志益坚。

农产未丰我辈责，从今愿更着先鞭。

不难看出，蔡瑞征二首诗文，同样展现出对中国银行"高洁坚"伦理精神的传承弘扬与另类场景的演绎：第一，展现忠于职务即忠于国家的高品德之诗句有："农

---

① 蔡瑞征，湖北黄梅人，1940 年 4 月入行，1941 年 1 月任万县合作金库助理员，1942 年 8 月任奉节合作金库指导员。

产未丰我辈责，从今愿更着先鞭。"第二，展现操守廉洁和公而忘私的洁操守之诗句有："襆被一肩甘自苦，残书几册足平生；清俭从公安素志，愿同野老嚼藜羹。"第三，展现任事不避艰险，战胜难关的坚品质之诗句有："数年萍踪寄山林，万壑千岩着我身。戎衣脱却入民间，客地奔驰路万千。野店炊烟聊就食，荒村落日暂趋眠。蓬头垢面神仍壮，尝胆卧薪志益坚。"

2. 夏承璧寒林寒灯诗及"芝麻小职员"故事

川行《农放月报》第一卷第三期，刊登了川行黔区农贷员夏承璧①《寒林》和《寒灯》诗两首，从中也足见他们在寒冬时节坚守农贷岗位的艰辛与意志。

诗一：

寒　林

更无寒叶护云根，一抹唯余霜雪痕。

多少寒鸦不归去，绕枝还恋故巢温。

诗二：

寒　灯

宵深顾影怯衣单，炉火无温蜡泪干。

毕竟青灯饶有味，照人同耐五更寒。

这就是说，川黔山区的冬天本来就是很冷的，何况这又是冬天的夜间，还有可怕的寒风与霜雪痕迹，为了坚守农贷工作岗位，农贷员夏承璧等就似"寒鸦"一般，绕着农贷区的枯树枝，恋着农贷岗位的故巢之温。与此同时，在寒冷的山区的冬夜间，在炉火无温和衣单少暖的艰苦条件下，农贷员们仍抱着那种"毕竟青灯饶有味"的坚强意志去战胜那寒冷山区五更之寒。

夏承璧一位"芝麻小职员"的故事。抗战时期，中行形成了以多层级稽核控制风险的农贷视察制度。对于可能发生混进合作社骗取贷款的行为，通过中行农贷层层把关的严格检查制度，大多能及时发现并迅速处理。据李安平《抗战时期四川内江农贷个案研究》记述：中行派驻的黔区镇宁县合作金库指导员夏承璧，对于违法行为，严正处理，决不宽容。一次，他在检查合作社的工作时，发现田官堡合作社职员某某舞弊，把资金转放于社外农民，滥收利息，以图厚利。夏君立即上报处分

---

① 夏承璧，1939年曾任四川遂宁县合作金库指导员，后调任黔区农贷员。

该职员，追回暴利。还邀请借款人加入合作社。夏君发现沙锅堡职员向某改名加入细窝社任职，即跨社兼职，当即予以除名。一位"芝麻小职员"，竟具备这种既铁面无私又雷厉风行的作风，尤为难得的是，处罚对象并非银行系统本身的职员，他把银行的监督任务执行得何等认真。

3. 刘子钦"农贷交响曲"诗及地下党员经历

1942年8月，在中行移交农贷业务之际，川行农贷视察员兼农贷股金库组领组刘子钦也将被迫离开中行改隶农民银行服务。此时，他百感交集，原拟以"农贷交响曲"为题撰文，但因千头万绪，不知从何处说起，特以诗代之。其诗文刊于川行《农放月报》第末卷第末期，诗中饱含着他那农贷报国之不舍情怀。

农贷交响曲

又当农贷移交时，沧海桑田幻瑗奇。

十年奋斗余白发，几许功过问天知。

愿把山河重收拾，莫将光阴赋嘘唏。

凡我同志多蹈励，一德一心一戎衣。

据对史料的推断：刘子钦具有"十年奋斗余白发"的辗转从业经历；而"一德一心一戎衣"之诗句含义，正如他将四川中行五年来获得良好农贷业绩的精神支撑归结于几点信念，即"有必成的信念，将公事当私事的去办，到处学习，造成共同意志"。刘子钦在本诗中还劝导那些即将改隶农民银行服务的川中行农贷同人"愿把山河重收拾，莫将光阴赋嘘唏"，亦如他《几点信念》中所说："我们办理农贷是完成一种使命，为老百姓们服一点务，当我们的目的还没有实现的时候，我们应当在任何情形下把握住我们自己的目的，毫不放弃地干下去。现在我们好像是波涛澎湃中的小舟一样，为要实现我们的目的，我们应当对这环境有一种把握。"不难看出，具有这种情怀与精神，并非常人所能具有的，究其原因，刘子钦还有另一种隐蔽之身份，即中共地下党员（见后）。

五、川中行抗建报国之农贷感人故事

四川中行农村工作人员，以高超的理想，抱牺牲的精神与百折不回之志愿，摩顶放踵，焦唇敝舌，献身于合作事业和繁荣农村的重大使命。他们是这样说的，也是这样做的。现将川中行农贷群体抗建报国之动人故事整理与编辑如下。

（一）故事：堪称"社会服务家"的农贷领导

本故事根据何忠洲、刘震《上世纪的中国"尤努斯"们》、王安乔《抗战时期的中国银行农贷》、李安平《抗战时期四川内江农贷个案研究》与《普惠金融——80多年前中国银行在河南开封的创新实践》等文及相关史料改编而成。

20世纪30年代初，国民政府需要巩固政权，银行家鉴于工业受列强排挤，需另谋资本投资出路，实业家需要拓展原料和市场，这几股力量与爱国并关心中国农民的知识分子合流，不约而同地把目光投向农村。中国银行作为政府特许的国际汇兑银行，其国际汇兑业务受到国外资本的挤压，由此在国家银行中率先办理农业贷款。时任中行总经理张公权认为，发展农村经济，可以提高农民购买力，并可发展工商外贸，从另一个方面带动国内金融之全局。张公权非常清醒地认识到：上海向内地"输送钱是比较容易的，人才的产生则困难"。在此背景下，两位留洋的高才生——张心一、李效民进入了张公权的视野，并成为中行农贷领导层人员。到了抗战时期，中国银行总管理处专职农贷领导共六人，其中两位即是张公权亲自挑选到农贷战线上的张心一和李效民。张心一是中行农贷总体规划与业务领导人，李效民是总行农贷帮核兼四川中行农贷专员及农贷股主任。中行农贷工作会议曾明确提出，农贷需要的不是普通的银行工作人员，而是"社会服务家"，可以说，张心一和李效民即是堪称"社会服务家"的中行及川行农贷领导。

1. 中行农贷业务总指挥：张心一

张心一，1897年1月17日出生于兰州。少时家庭贫寒，7岁启蒙，读私塾3年。10岁起在家帮助母亲务农。13岁进兰州师范附属小学，1914年考入兰州中学，正读一年级时，适逢北京清华学堂（清华大学前身）在甘肃选考公费生。张心一凭着学了几个月英语的优势，得以入选。1922年清华学堂毕业后，张心一去美国著名的衣阿华农学院学习3年畜牧学。1925年大学毕业后，又进入康奈尔大学农学院深造，一年后获得农业经济学硕士学位。海外留学的经历为他回国后以科技报国，成为著名农业经济学家奠定了坚实基础。1926年，张心一学成回国，次年担任南京金陵大学农学院农业经济系副教授并兼农业推广系主任。这是张心一致力于学术研究工作的重要时期，对于中国农业统计工作做出了开创性的贡献。1931年与著名教育家黄炎培长女黄路结婚。

（1）入职中行主持农贷工作因缘与经过。当年张嘉璈经常在《统计月报》上看见张心一发表的文章，又从本行一些清华校友那里听到张心一的为人，就对其引起了重视。1932年，张嘉璈委托中行国际部营业部主任陈长桐邀请张心一到中国银行来主办农业贷款。张心一考虑到教书、做调查，只能停留在书本上、口头上，而银行拿出一笔钱帮助农民发展生产，可以让农民得到经济实惠，于是辞去金陵大学教职。在结束金大的调查任务后，他于 1934 年 1 月入职中国银行，担任总管理处农贷稽核兼经济研究室副主任。从 1934 年到 1940 年，张心一主持中国银行"农业放款委员会"工作，制定了中行农贷原则和办法，并摸索出富有成效的发展农贷业务的经验做法。在他主持下，中行农贷系统始终严格遵循为贫苦农民服务和有利于发展农业生产力的原则，农贷系统控制权始终掌握在遵循上述原则的知识分子群体手中。他在中行农贷会议上明确说："我们绝不苟且敷衍，凡与农民无益以及不合理的主张，决不迁就，这种态度不免得罪了许多人，但为事业的成功，以后还要这样（做下）去，永远要以生力军自居，以打先锋自任。……因为我们热心起劲。"尽管中国银行农业贷款超过亿元，各地专职人员有五六百人，但总管理处张心一的办公室里，却只有两个人：一个是他自己，一个是银行练习生张达之（后来添了个练习生，共三个人）。中国银行的每笔农贷，经农贷员核定后，由当地的支行、办事处，接收借款申请书，办理一切手续，还款时也如此。张心一除了日常事务之外，主要到各省农村，调查银行和农贷员在办农贷中遇到的困难问题，总结经验，商量解决。练习生帮助他整理贷款、放收统计报表及各农贷员的通讯报告等资料。全行的各省主任农贷员等每年开一次年会，总结经验，商定各分行对各省下一年度农贷定额、放款种类等事项。

（2）提出中行战时办理农贷工作路线。抗战全面爆发后，国民党政府在庐山召开由各界代表参加的"牯岭谈话会"，有许多知识名流和工商界名流被召集上山参会。1937 年 7 月 16 日，庐山第一期谈话会开幕式在牯岭图书馆举行。约于 7 月 19 日下午分组讨论经济、财政会上，张心一代表中行提出"战时农业经济建设及农村动员"之意见，包括我国战时农业经济四大问题及其解决方法，在此基础上提出了中行办理战时农贷之工作路线。应当说，张心一上述认识、建议是与我国战时农业经济和农贷业务大力发展的演进史实相吻合的。由于战时国家收入主要来源仍是农业，为此国家行政当局应把农贷作为战时发展农业的主要措施。然而，农业贷款是一种风险极高、收益很低的投资，战前沿海地区农贷的主角——私人商业银行在战时纷纷停办农贷业务。在两难形势下，政府主办合作社、国家银行提供农贷资金、农业科技部门提供技术支持之方式，成为战时唯一可行且快速见效的农村贷款形式，所以政府兴农三方体制应运而生。不难看出，抗战时期在全国非沦陷区所演变出的"兴农三方力量"，其最早来源亦与张心一代表中行所提出的"战时农业经济建设及农村动员"之建议不无关系。后来，蒋介石强行调张心一回祖籍甘肃省任建设厅厅长，张曾当面找蒋婉拒，蒋对他说了"去！去！去！"三个字（到甘肃去），于是张心一不得不离开了正在大力开展的中国银行农贷工作。张出任甘肃省建设厅长后，一切官场中应酬不参加，荐人说情不理睬，送礼即斥退，家中不谈公事，从不沾公家的丝毫便宜，上下班骑脚踏车，抱定"要做事，不要做官"的精神，"他不请客，也不被请，终生如此"，"他不愿与士绅接近，而善于同普通贫苦农民接近"。

（3）对农贷工作之贡献获得高度赞赏。1941年1月，中行在重庆召开中国银行第五届农贷会议，已经赴甘肃担任建设厅长的张心一应邀出席并主持会议。在这次会议上，中行对张心一为中行农贷发展所做的突出贡献，给予了极高的评价。

中行副总稽核霍宝树说："还有，值得我们欣慰的，就是张稽核仍能够从百忙中如期地赶回来主持这个会议。张稽核自从主办本行农贷工作以来，不仅对行的贡献很大，即对整个中国农村经济的发展亦有很大的功绩。此次因特殊原因暂时离行，上至董事长以及各同人都不愿他离去，就是他本人也极不愿卸下行里的职务，我们盼望着他能够早早回行……这里我们再提到张稽核的暂时离行，这是不得已的事情，诸位只要认清我们只有一个意志，有一定的方针，那么就不会因为张稽核今年不在行里，而动摇了事业的基础。我们可推举出一位能够暂代总指挥的职务，领导大家本着张先生的一贯精神更加奋力的去做。"

川中行经理徐广迟在致辞中讲道："回想本行最初办理农贷的时候，仅仅只有张心一先生一人，居住在总处四楼一角，独自草拟办法，无人帮忙，而那时分支行对于农贷还未能深切认识，甚至还没有引起办理的兴趣来，所以当时农贷情形，非常局促。然而终于在霍副总稽核及张先生的积极领导之下，率领各同人努力工作，克服困难，而农贷业务也就逐渐开展，达到了今天这样的成绩。"

应邀出席会议的四联总处秘书长徐可亭说："二十九年度扩大农贷的得以成功，多得霍亚民、张心一二先生的热心赞助，当时虽有很多人出而阻碍，但经霍、张二先生及其他同人之努力，终能将二十九年度农贷纲要订立公布。委座对此，非常满意，曾在成都扩大纪念周、参政会及六中全会中提出报告。"

1942年8月中国银行移交农贷业务时，在饯别农贷同人仪式上，中行总经理宋汉章发表《告本行农贷同人书》，亦高度赞扬张心一领导农贷业务的功绩："（本行办理农贷）肇端伊始，收效尚微，幸赖张心一君，与最初着手以及后起之诸同人实地深入农村，对农民开导启发，不遗余力，农业贷款，得直接达于农民，成效始著。一方面为国家树立农村金融之基础，增加生产实力；另一方面使农民免除向来高利贷之压迫，直接蒙受其益。"

总之，张心一一生活跃在不同领域，但他在耄耋之年还曾表达出他那恋恋不舍的中行情怀：他在中行主办农贷虽然只有7年，却是他一生"最得意、最骄傲"的岁月。在他 90 多年漫长人生旅途中，吸引他的不是权力、地位、金钱、纸醉金迷的享乐，而是生命的激情、社会的责任。张心一无愧为我国农业经济学家、土地利用和水土保持专家、中国农业统计学的奠基人，由于他对中国农业经济科学的贡献，1988 年第 20 届国际农业经济学家协会授予他"荣誉终身会员"称号。

2. 川行农贷工作主持者：李效民

李效民，1901 年生，山西离石人。1917 年考入清华大学，1926 年考入美国西北大学商学院，1928 年考入美国哈佛大学商学院，获得商业管理硕士学位，1930 年考入美国哈佛大学研究院。1934 年回国后任山西大学法学院教授，讲授国际关系和英美法。后在中国银行天津分行、重庆分行、上海分行等部门任职，为中国银行农贷先驱之一。

（1）入职中行并主持河南中行农贷工作由来。"九一八"事变后，国民政府失去了东三省之农业基地，粮油棉花等农产品严重不足，政府要求内地各省努力发展农业。中国银行本着支持国计民生的原则开始筹划农业贷款。1933 年张嘉璈亲自到棉花主产区河南、陕西、山西调研农业经济。在山西太原的一次酒会上，于达官贵人、军阀士绅的觥筹交错之间，张嘉璈见到了时任山西大学法学院教授、30 岁出头的李效民。李效民满腔实业报国之志，他面对张嘉璈侃侃而谈金融、经济、农村、农业，向他陈述乡村的凋敝与他的复兴意见，张嘉璈对李效民的见解非常赞赏，并一见如故。于是力邀李效民到中行任职，将理论付诸实践。李效民爽快地答应了，很快李效民辞去山西大学教职，便入职中国银行。从 1934 年 6 月起，李效民被委派开创与主持中行河南省农贷工作，他在河南开办农贷的做法是：鼓励贫农加入农贷团体，中国银行及分行支行"着重对贫农、小农、佃农的放款"，"对各合作社及其他农民团体贷款，务由本行派员直接贷放，以免假手他人剥削农民之弊"，"已经核准之农贷，均按照农业季节贷款，免失时效"，而且贷款利息相当低。这一做法在河南很快发生作用。在农贷开展的第二年，贷款额猛增 2.76 倍，第三年贷款额继续增长 1.5 倍，贷款的县份从零开始发展到 16 个县，联系农民 3 万户，贷款额跃居当时的中国银行在全国各省贷款额的第二位。

（2）主持川黔两省农贷工作以支持抗战建国事业。抗战全面爆发后，河南沦为战场，国民政府迁都重庆，中国银行亦被迫撤往重庆。1938 年李效民被调到重庆，任中国银行总处帮核兼四川分行农贷专员，主持川黔两省农贷工作。此时四川农贷在抗战前夕才从零起步，张心一、李效民针对抗战爆发以来，全国各军政机关、工厂、学校大量内迁，各省难民蜂拥而至四川等西南地区，大后方人满为患，且由于日军的封锁，进口渠道中断，沿海产糖区沦陷，食糖奇缺，供应全国食糖需求的重任落到内江等六县身上的严峻形势，以及面对内江高利贷如猛虎，糖房趁机压榨，蔗农被迫同意"卖青山"而苦不堪言的现实，即着手将中行内江办事处升格为支行，在内江组织"蔗糖产销合作社"，将蔗农自愿组合为一个命运共同体，银行直接低息无抵押贷款给合作社，蔗农各自种甘蔗，共同制糖、销售获利，以甘蔗数量及质量作股分红，彻底斩断了盘剥蔗农的利益链条，为贫苦蔗农带来了希望。李效民亦将河南"棉花贷款"演变为四川"甘蔗贷款"，领导内江中行农贷员继续为贫苦蔗农服务，使蔗糖产量大幅提高，供应了全国军民之需。

同时，李效民作为农贷股主任，要对大量报表像分行主管农贷的经理、副经理一样的批复，要处理大量政策性、日常性问题；而且他不同于经理层，更要承上启下，放下洋硕士的架子，直接深入农村基层，巡查、检查工作。当年，四川大部分村镇没有任何农贷基础，除成都平原，农村多为丘陵山峦，气候潮湿，夏天闷热，冬季湿冷。村镇偏僻分散，土匪出没，交通不发达。在中行负责贷款的四川 27 个县份，有 16 县还曾遭到日机多次轰炸，农贷领导及行员们都只能迈开双腿携款步行于小路。总的来说，抗战时期，渝行农贷股统辖四川、贵州两省 40 余县的农贷业务，发放农贷额占中行农贷总额 48.8％，占全国全部农贷额 11％左右（1940 年）；两省农贷人员编制 145 人，其中农贷人员 128 人，工业合作贷款人员 17 人。李效民在主持川黔两省农贷工作期间，其做人品格和做事风范由下述评价之中可见一斑。

张心一先生在回忆中曾写道："李为人忠直，不阿谀，常打抱不平，能吃苦耐劳，同情贫苦人。……河南、四川一般老百姓很喜欢他，他没有臭架子。他手下工作的农贷员也喜欢他，因为他没有上司的架子，能和他们一道平等研究问题。放贷对象为农村合作社，由省县政府合作事业管理局的合作指导员组织；组织健全的就放款，如由土豪劣绅把持，或借贷不是用于生产，就不放款。李效民不通融让步，宁肯得罪人。"

农贷员许文周在回忆中还写道："李效民在四川下乡时，夏天赤脚穿草鞋，背着个背包，到合作社不接受招待。如发现农贷工作人员接受合作社招待，则斥为贪污。"而且"李效民工作作风踏实，生活比较朴素，能吃苦耐劳，脾气爽直，但比较生硬。对上级不会逢迎拍马，经常硬顶硬撞。对下级不欺不压，同事间亦很少往来应酬。对工作认真负责，不草率从事"。

川行农贷视察员刘子钦记述：李效民"对工作人员严格要求，不沾农民任何馈赠。同时下乡以步代车，每周都有工作汇报。对合作社，经常进行检查"。他"深入农村，组织合作社，作为农民组织，予以贷款。一面避免高利贷剥削，另一方面帮助农民解决肥料、种子、水利、农产加工等问题"。

总之，李效民这种为贫苦农民服务的坚定信念，显示了那个时代中国主流知识分子共有的历史使命感、社会责任感和独立人格。2006 年，孟加拉国经济学家穆罕默德·尤努斯，因创建了世界上第一家专门借钱给贫困农户的穷人银行而获得诺贝尔和平奖。而在兵荒马乱的年代，李效民在中国银行开创的农贷政策，也彰显了百年中行始终以民族利益和社会进步为重的担当精神。

（二）故事：脚踏实地与抱有信念的农贷员群体

川行《农放月报》曾开辟过"自我介绍"专栏，编者用意是"我行农放人员分散各处，绝少互相谋面之机会。为使彼此有相当认识，特辟此栏。望各人自作小传，自我介绍。对个人之特性特长，尽量发挥。文字不妨诙谐，趣闻轶事尽情吐露"。仅从现有"自我介绍"史料中，不难看出，川中行农贷人员来自五湖四海，而且是一个朴实无华的、既有知识又有信念的农贷群体。正如张心一所评价的那样："中行农贷同人，均能以事业为重，不辞艰苦。十载以还，精神如一。且多数同人中，均能不顾名义之高低，待遇之厚薄，乐于在中行担任清苦之农贷工作者，实事业与志趣之问题，似非待遇与地位之可左右也。"

1. 自我介绍：忠县合作金库指导员赵兴民

1939 年 1 月，科班出身的赵兴民，时任忠县合作金库指导员，他在"介绍我自己"时说："调渝行所做的工作，可以亲历许多地方，增加见闻，给我最大的满意。"

离杭三四十里的小城——余杭——就是我的故乡。少年时跟随着我父亲，奔走了许多地方。于是小学教育不能顺次修完。十四岁的时候，考进□州蕙兰中学。在学校里因为对于篮球、美术、摄影特别有兴趣，就加入这三项课外活动。出学校想做点工作，又想继续升学，犹疑莫决。经过家长亲友的劝导，以为前者没适当的职业好做，后者可多学得一些。每次入学考试都很小心，生怕不能录取，自己"脸上无光"，又给人"取笑"。进金大农学院后，发觉所学的都不够，初始一二年很吃力，每天开"晚车"来应付洋教授，出其不意的"小试"。毕业后就进了中行，做农放工作。在皖省做了一整年，奔走了宣城、芜湖、望江、太湖、安庆、潜山等县。调浙行后，常驻诸暨，短短的二三年工作期间，自己觉得应当习学的地方很多。现在调渝行所做的工作，可以亲历许多地方，增加见闻，给我最大的满意。[①]

据史料还可知，1941 年 1 月，赵兴民调任四川中行辅设的潼南县合作金库经理，

---

① 《介绍我自己：赵兴民》刊于 1939 年 1 月之《农放月报》第一卷第一期。

该库仅有三人（赵兴民、赵傅琦、谢惠丹），然而他们却负责着一县的上百成千个农民合作社的指导工作。在赵兴民的带领下，他们的农贷工作颇有成效：刊于《中行农讯》第三期的《农贷促增食粮之实例——本行于潼南举办食粮增产经过》一文，为全国中行农贷的典型经验材料；刊于《中行农讯》第六期的《四川潼南合作金库农田水利贷款实施计划》一文，包含着压实农贷四方十三项责任之农贷微观经营机制原理；渝行《农放月报》还刊载过他的《忠县桐油之产销状况》之数千字长文与《调查合作社之讨论》等文。

2. 自我介绍：资中县农贷指导员李傅珪

1939 年 3 月，资中县农贷指导员李傅珪[①]在"自我介绍"时，有担当地说"如今到了天富的四川，来负增加后方生产的使命，深觉个人渺小，责任重大"。

大别山的北面淮河的南岸，这里是我故乡——固始。我在这里受过小学教育，十一岁后才到北平去受中学教育，初到北平同班中以我年龄较小，又带些乡屈的意味，时尝有同学和我取兴，终于在这里渡了七年的读书生活。当时喜读植物、生物一类的自然科学，毕业后入金陵大学农学科，两个年头把我演成一个有知识的农夫。初在政府农事机关做事，教会学校管育种场、金大农院农艺系当助理。六年的育种繁殖的工作，感到最有成效的只是施肥改进品种清洁，廿五年底才到本行服务。江西、安徽两省前后到了五十余县。不同的人情风俗饱尝了二年，吃了不少各处的特产，见了不少各处的施政。如今到了天富的四川，来负增加后方生产的使命，深觉个人渺小，责任重大。

3. 我的自白：射洪县合作金库助理员王慕曾

1937 年 1 月，王慕曾由张心一亲自面试招至中国银行汉口支行；1938 年武汉将沦陷时，接张心一指令从湖北撤离至重庆报到。1939 年任四川棉区射洪合作金库助理员，1941 年任内江支行农贷主任辅导员，其下属有 9 人，系当时川中行最大的县级机构。王慕曾既是四川中行农贷战线的活跃分子，又是前述小言论《农贷同人必备精神及注意各点》之作者，还是中国银行农贷集体之中具有爱国情怀、亲近贫苦农民之感情，以及亲近共产党主张之倾向的知识分子，他曾在湖北、四川帮助过中共地下党（见后）。1939 年 1 月，他在"我的自白"中说：

---

① 李傅珪，河南固始人，1936 年 12 月入行。1939 年 1 月任资中县农贷指导员。1941 年 1 月任永川农贷区主任辅导员兼永川县合作金库经理，下辖永川、铜梁、潼南 3 个合作金库，全区 11 人，其中永川县合作金库有 4 人（李傅珪、王润、蒋俊之、蹇松柏）。1942 年 8 月升任川行所属贵阳支行农贷专员。

我的家乡——长江下游的门户江阴，各级社会里都流传着黄山大砲的神怪故事，这样一个国防重镇，又是鱼米之乡。家乡人是常引以为自慰的。我是东南乡人，进城去念书，总带些乡屈气。可是有个东南乡学社是以左右全县教育，挂着"宾主尽东南之美"之横额，在城里人面前，可以夸耀夸耀。我在初小毕业后，就近了子曰店，三年当中，养成了文质彬彬的秀才气魄。我到高小插班后，还保持着这种态度，剪着和尚头，同学们叫我小秃头。进了家乡一个省立中学，体育成绩考查得很严，才努力去学各种运动。但不久父亲又叫我去常州学生意，过着八个月的学徒生活，一场伤寒病，才使我改了业。在家没事做，帮朋友教书，这样一个小学生目光中的"先生"反很受欢迎，一混就是一年多。感到教书还有味，就考进了一个省立乡师。那个学校正在实验工学教育，我感到学问的需要，这时才肯发奋，同时才感到自治活动的兴趣，打球亦每日不间的练习着，几年过去总不肯放松。这些风头总想做超人。学校毕了业，被选派到江苏教育厅。厅长那副炯炯的目光，在再受训的一周中，总是小心翼翼，惴惴不安。后来一个慈善机关需要我去负生产部分的计划与管理的责任，这时才认识了好多位海上的名流。进本行二年了，最初的志愿，到江西看看新社会的建设。不到一年，又调到湖北。农村社会的认识，渐渐有些深刻的印象。

4. 自我介绍：涪陵中行农贷助理员陈位达

1939 年 3 月，涪陵中行农贷助理员陈位达①，在"自我介绍"中颇有抱负地说："抗战的狂流，又把我迁回到四川来了。这儿一切事业待兴，一切破旧正淘汰，它正是抗战建国的摇篮。"

在四川的西南角一个古老的西昌县城，那儿山清水秀，良田千顷，虽是远处西隅而且交通梗阻，可是因物产的丰富，生活用度的低廉，也还有"小成都"的头衔，决不是一般人所想象的吃番薯小米的荒漠不毛之地。正因为环境太好了才惹起大官僚、小政客、军阀走狗们争先恐后地到那里去做山高皇帝远的发财梦。在我二十六岁的那年，正读本地初中二年级，感于环境的恶劣，□学的腐败，我们叔伯弟兄二人同一表弟，向家中提议要出成都。几经交涉，都不允许。最后一策逃之夭夭，到成都以后，各校考期已过，又由母校办转学证书，转到雅安师范（此校后来改为高中）。在那清风雅雨中，悠忽四年，也就过去了。可是回家后，问题就来了。就在家

---

① 陈位达，西康省西昌（今属四川）人，1936 年 7 月入行，1939 年 1 月任桐区之涪陵中行农贷助理员，1941 年 1 月任云阳县合作金库经理，该库共 3 人（陈位达、胡新磐、张学培），1942 年 8 月任云阳合作金库经理。

中苟安下去呢，还是继续升学？在宗法的家庭，自然是反对后一条。可是这于我很不利，结果倔强的我不得不同家庭决斗，出外远征，让孝顺的弟兄们，在家父子团圆。抗战的狂流，又把我迁回到四川来了。这儿一切事业待兴，一切破旧正淘汰，它正是抗战建国的摇篮，决非已往苦闷的象征，黑暗的天日。努力吧，正是时候了。人生总是矛盾的，理想与现实终究是各走极端，我们要努力把理想成为事实。

5. 自我介绍：四川中行农贷视察员吕则民

吕则民，江苏江阴人，1937年7月入行；1938年8月至1939年3月先后任涪陵中行指导员、丰都合作金库指导员，1939年4月调四川分行农贷股服务；1941年1月任四川中行农贷股副主任；1942年8月任川行农贷视察员兼农贷股农贷组领组。渝行《农放月报》先后刊载过他的《丰都高家镇桐油市场情形》《寇机狂炸渝市》《拿工作答复轰炸》《农放员对农放的认识》等数文。1939年7月，川行农贷视察员吕则民是这样介绍自我的："余等四人，由张稽核心一征选来行，陶兄被先来四川，余则服务江苏……辗转皖、鄂、湘、黔而至蜀中，今则固守重庆，与炸弹争锋……已屡请李专员效民还我田园矣。"

吕则民别字维之，籍贯江苏江阴，道地下江人也。居乡间，和农家子而为书香稽。家贫甚，性顽劣而好勇敢。幼入邑人乙种农校，学种田，校中免学膳费，吃白饭三年而毕业，家中强迫考师范，贯教白饭主义，但雅非所愿，考期迫而临阵脱逃，潜行考进邑中南青中学，造成既成事实，典资以赴。在校好运动，踢足球，打篮球，田赛径赛，十八般武艺，件件当能，自命为将士也？曾任学生会会长，体育部总干，光禄寺大夫等要职，文跌武打，有如"药里甘草"，风头之健，盛之一时，至今思之，不禁喟然数日，昔日之雄而今无历哉。驹光如轶，五年又告毕业。明知与大学无缘，但雄心不死，仍与同学十二人投考中大，中十一人，鄙人与焉，无奈何诸作祟，被迫而为教书匠，饱尝粉笔灰七年，弟子不下三千人，此后青出于蓝而胜于蓝者不知凡几？老师然至老羞成怒，投笔而起，再考中大，不幸落第，使人啼笑皆非。后乃考进金陵大学专科，挑大粪，挖土地，养鸡饲畜，至无乐趣，读□之路，踯躅于菜园果园之间，怡怡如也！惟醉翁之意在于新鲜蔬果之间，学校防范虽严，终以手段高强，□□失风。追怀往昔，又有余味焉。在校两年，承同学不弃，连举学生自治会常务干事两任，粗有贡献，幸不辱命。金大考试素工严格，考试场中，教授助教莫不绷起脸孔，威风十足，但余则处之坦然也。为人师七年，理知出题奥妙，抓着教授心理，猜测试题，十中七八，故成绩总在中人以上，比较才能出众，实经验使然也。经过考查成绩及格，准予毕业之后，与大学本部同学同行毕业大典，大学学生头举羽冠，身披道袍，飘飘然欲仙之概，令人艳美之致，不禁自惭形秽，当此时侯，方知避不参加之同学有先见之明焉。典礼告毕，大部同学照例留守校中，听候介绍，完像低廉，货真价实，不数日而存货一空。余与陶兄金庭等四人，由张稽核心一征选来行，陶兄被先来四川，余则服务江苏，无何小鬼作祟。辗转皖、鄂、湘、黔而至蜀中，今则固守重庆，与炸弹争锋，惟静极思动，已屡请李专员效民还我田园矣。拉话写此，作为自述也可，谓之吹牛必无不可，是为信。

6. 自我介绍：万县中行农贷指导员许文周

1939 年 5 月，万县中行农贷指导员许文周[1]在"自我介绍"[2] 中说："川省于此抗战期间，负望甚殷，则今后工作将更因责任攸关而加重矣。"

余江苏宿迁人也，十龄侨居安徽芜湖，是以芜湖必为余之第二故乡。孩提时曾在家乡度过三年"子曰"生活，迄至芜湖后，始改读于学校。从小学而中学，总在该地，个性好动，学校生活除课业外，惟运动是从，田径赛、球类运动均所乐也。高中时曾数度代表芜湖市埠际篮、足、排球及田径出席省运动会，惟因花色太多，致有"学书学剑两无成"之感，结果成绩平平而已。于功课则喜国学，尤喜个中之文学史及诗词，是时如唐诗、宋诗、元曲、晋赋、汉文章等，各家谁学于谁，影响人迄于谁，渊源派流，则列，如数家珍，诗词上现追忆及之，仍引为笑者，即当时大有"不做骚人势不休"之感。吟花弄月亦曾写之，燕赵悲昂慷慨之声亦曾作之……诚不知自身能吃几碗干饭。如此将近高中毕业，始为南京中央日报所载全国学术工作咨询处布告所惊醒，缘该处所披露失业求事者多为文法系学生，于个人瞻观国家环境，参照本人体质及个性，乃毅然又实习空军或飞业，投考航校，不幸因沙眼而落选。继乃考入金陵大学农专科，在校两年，经过"老牛"一般的训练，奠完了农村工作人员之雏型。廿五年（1936）卒业，这即入本行，派往河南工作，黄河南北，陇海东西，近乎两年的奔驰，加诸豫省我行铁一般地精神训练之后，更加强个人农村工作志趣。去岁（1938）五月奉调来川，川省于此抗战期间，负望甚殷，则今后工作将更因责任攸关而加重矣。

---

① 许文周，江苏宿迁人，1936 年 6 月入职中行并被派往河南工作，1938 年 5 月奉调来川任万县中行桐区农贷联络员，1941 年 1 月任万县中行农贷指导员。1942 年 2 月，由万县调往川中行农贷股，担任川中行农贷视察员。

② 自我介绍：许文周.《农放月报》第一卷第五期，1939 年 5 月.

1939 年 1 月，许文周在《桐区工作报告》中，记述了他到万县中行办理桐区农贷工作的艰辛，也反映出他决心搞好桐区农贷工作的奋斗精神：

四川多山，尤其是本区各县所种桐树，多生长在山林之中。桐产在今日说，仍然是我国，尤其是四川省出口大宗之一，每年吸收外来资金为数甚多。万县中行农业放款属于桐区各县，计有涪陵、丰都、忠县、万县、开县、云阳等六县，本区之农放创始于 1938 年 8 月。本区各县桐树产地，涪陵以五、三两区，万县以一、五、六，三区，开县以一、三、四，三区，云阳以小江流域地区最多。且各县凡产桐地区域多偏僻，自然治安方面，会成问题；加以民智方面亦比较其他各处落后，在推进桐油产销组织工作上，不无困难。

我们为使四川的特产尽量发展，以牢固后方经济，同时为能大量收买外汇，和扶植农民经济，确保农民自身利益，非加速成功各县产销合作组织不可。所有治安之不良，交通的不便，民智的不开，以及农民各别植桐产量太少等，都应该用我们的力量去改善、去努力，把我们理想的桐区，要从我们工作人员培植起来。……如果再加强我们刻苦、耐劳、艰绝、奋斗精神，我想过一个相当时期，这些困难，自然会变成我们工作的目标，而使我们不会感到失望的。[1]

据史料还可知，许文周于 1941 年 1 月升任万县中行农贷指导员，1942 年 2 月调往川中行农贷股，担任川省农贷视察员，由此不难看出许文周的成长轨迹。

（三）故事：抗战时期内江农贷光彩夺目之一页

本故事根据王安乔《内江农贷与抗战》、北京联合大学李安平《抗战时期四川内江农贷个案研究》以及《中行生活》《农放月报》相关史料而改编而成。

内江抗战时期建制为县，位于四川省沱江流域，大致处于连接陪都重庆和省会成都的公路中点。全县人口近 60 万，农民约占全县人口 73%，其中大约半数种植甘蔗，计 3.3 万余户。内江糖业之发达，为沱江沿岸各县之冠，享有"甜城"美誉，但当时中国的糖业已经被"洋糖"冲得七零八落。抗战爆发后，洋糖来源断绝，我国东南蔗糖产区纷纷沦陷，位于内陆的四川沱江流域蔗糖业遂成为我国蔗糖市场最主要的供应来源，使得内江已经奄奄一息的蔗糖业在交通阻塞的情况下肩负起了供应全国蔗糖的重任。而且，内江的蔗糖还成为开发甘蔗渣制酒精，以替代奇缺的汽油的重要能源补给线。然而，此时内江的蔗农却面对着双重剥削：一是，因种植甘

---

[1] 许文周. 桐区工作报告.《农放月报》第一卷第一期，1939 年 1 月.

蔗周期长、风险高而受糖房的压榨。每年3月下种后，蔗农需要肥料、发放雇工工资等资金继续投入，至11月始能收割出卖而收回资金，但往往收割时遭遇收购方的压价。甘蔗又不能够长期保存，所以蔗农一般采取"卖青山"的方式，即在甘蔗未种或未收之前，预计产量、预定价格，将尚未出苗的甘蔗预售给制糖作坊，以抵还债务。这时，糖房有优先收买权，而糖房却分期付款给蔗农。甘蔗预卖价格，一般仅相当于市价的50%左右。如果因天灾人祸等原因，蔗农到期不能还清借款，未还清额，即"尾欠"延至次年交付，并继续计息，即又遭所谓"长项"之剥削，而且在还清债务前，不得向其他人卖青山，糖房再以最低价格预买下年度甘蔗。二是，因蔗农资金周转不足，致使高利贷盛行。当时的商业银行、钱庄纷纷从国家银行以1~2分月息取得资金，然后以3~5分利息贷于糖房、漏棚（蔗糖加工作坊），再由其转贷于蔗农。到了蔗农这一层，负担的利息少则5~6分，多则7~8分。当时，专放高利贷的个人和机构遍布全川。上述之历史大背景，成为川中行及内江中行农贷能够发挥较大作用的基础之一。

1. 内江中行开办蔗糖农贷始末

抗战爆发时，国家收入主要来源仍是农业，后方农业的发展，对战时经济全局起决定性作用。因此国家行政当局把农贷作为战时发展农业的主要措施，并以四川为农贷重点地区。同时国民政府为了尽快向战时经济转变，确定在大西南开展大规模的开发和建设，制定"充分依靠旧有经济中心"的方针，而四川"蔗糖业务为量巨大，实属国家固有经济基础"，必然受到极大重视。

究其内江中行农贷之始末，其实早在抗战之前，四川中行就开始关注并着手准备四川蔗业农贷，以扶植蔗糖生产。1934年，四川中行经过调查研究出版《四川省之糖》一书，详细介绍沱江流域土法制糖工艺、成本、价格等情况。同年5月13日，中行总经理张嘉璈一行参观内江茂市镇附近的制糖厂家时，川行特邀来到川省做糖业调查的专家吴鹄飞为大家讲解了外国人制糖可在20分钟完成沥糖、水糖、糖清、桔糖等工艺流程。吴鹄飞先生亲自到内江、资中、资阳、简阳等沱江流域产糖诸县深入调查，确定当时最有效的方法不是全面引进新设备、选用良种，而是首先提供农贷资金，利用原有技术谋求发展。他的这一独辟蹊径的农贷策略，得到了张嘉璈及川中行的认可。然而，当时四川各方，或邀请沿海糖业专家来川考察，或派人出国调研学习，纷纷购买日本、捷克制糖机械运川，其建议和方略都是走机械化之路。但事后的史实证明，吴先生这一农贷策略，使得川中行对蔗糖业的农贷走了一条符合当时四川农村情况的道路，尤其是在后来战争情况下，为川中行迅速取得农贷绩效赢得极其宝贵的时间。1936年4月，四川中行派刘国士、吴一峰先后至成渝公路各县调查农村情形。其中，他们对内江县松柏乡等四乡十村蔗农及制糖土法作坊进行调查，写出调查报告，提出农贷建议。1937 年春，四川中行与四川省农村合作委员会协订《中国银行对四川省试办农村合作社放款合约》，划定内江、资中、简阳、荣昌、隆昌、资阳六县产蔗糖区域各县合作社全部由中国银行派员调查、放款、稽核账册，组织信用合作社。内江中行开始参与组织内江"蔗糖产销合作社"，集种蔗与制糖于一体，将农贷款集中用于生产，首笔信用贷款于 1937 年 5 月间进行办理。

抗日战争爆发后，国际通道受阻，进出口贸易陷于停滞。中行放款方针转为以扶持国内生产为主，以期减少依赖进口，其中包括加大对蔗糖业的农贷投入。1938 年 1 月，内江中行开始于资中、内江两县办理甘蔗生产及制糖加工放款。同年夏，中行总处农贷帮核李效民被调到重庆兼任四川分行农贷专员，主持川黔两省农贷工作。1939 年，中行与中国工业合作会约定将此六县划为工业合作贷款区域，资中、内江甘蔗生产及制糖加工贷款已至推广阶段，资阳亦开始办理。1940 年，甘蔗生产及制糖加工产销合作社更形发达，除简阳全部生产社，资阳、隆昌一部生产社不办加工外，其余各县均全部加工，贷款总额 2000 万元。是年，四川省政府和国家五行局订立农贷合约，进一步确定国家各行局分片分工各自负责贷款的县份，专门划分给中国银行独家贷款的县份包括内江、资中、万县等二十余县。1941 年，内江中行甘蔗生产贷款，贷出总额达 1500 万元，甘蔗加工贷款约 2500 万元；烟叶生产与加工贷款，于简阳、资阳加以推广，贷款约 120 万元。至 1942 年 7 月止，内江蔗贷余额已达 6000 余万元。然而，根据政府决定，全部农贷工作于 1942 年 8 月 31 日收归中国农民银行独家发放。

2. 内江中行办理蔗糖农贷措施亮点

蔗糖产销链大致为：蔗农出售甘蔗给制糖作坊，先由粗加工作坊"糖房"制成糖清，"漏棚"再以糖清为原料，漏制成白糖及桔糖。但蔗农却因种植甘蔗周期长、风险高而受着糖房的"卖青山"及"长项"之压榨，以及因资金周转不足而受到高利贷的盘剥。在此情况下，内江中行所设计的甘蔗生产贷款与甘蔗加工贷款及其贷款之方式，具有组织蔗糖产销合作社、推出切合农民之贷款办法、实行最高贷款额限制、严格的农贷检查制度等亮点。

（1）组织蔗糖产销合作社。由于农业贷款是一种风险极高、收益很低的投资，抗战爆发后，原来在农贷中唱主角的、以追求盈利最大化为经营目标的商业银行纷纷退出，由合作社管理系统—银行—农业科技三股振兴农业力量的兴农体制，成为战时唯一可行、快速见效的农村贷款形式。为从根本上截断糖房等发放高利贷对蔗农的剥削，中国银行等"兴农三方"组织起蔗糖产销合作社，把种蔗和加工制糖组织在一起。1936年内江县划归中行发放信用贷款后，1937年，内江县政府、内江甘蔗试验场和中国银行四川分行三方，共同划定内江县"卖青山"最为严重的东兴镇松柏乡等乡组成"内江县蔗糖产销合作试验区"，达到蔗农自己制糖之目的。从1938年开始，川中行在李效民的主持下，在内江组织蔗糖产销合作社，发放甘蔗生产及制糖加工贷款，并推广优良蔗种。当年川省银行经济调查室一项报告中称："由中国银行贷放生产资金，内江甘蔗试验场在该区内试验，于压榨、澄清、煮糖……各步工作，先后设计改革。以科学方法精密研究土法制糖，内江甘蔗试验场实于吾川及全国为首创独举。""蔗糖产销合作试验区，合行政、金融、农工、技术于一炉"，被称之为"完美细致之操典"。此时，诞生的第一批"蔗糖产销生产合作社"，组织原则是农民自愿组合，业务为"分别生产（蔗农各自种蔗），共同加工（联合制糖）"。"其时仅7社，社员人数仅占全县蔗农百分之五、六。第因中行贷款能应社员之需要，而又恰值蔗农愤恨私人糖房过分剥削之时，故合作社之推行，若决江河，大有水到渠成之势，蓬蓬勃勃，每岁激增。"到1939年，内江蔗糖产销合作社已至推广阶段。1940年此项产销社则更形发达，蔗农甘蔗加工成蔗糖已全部在合作社内加工；迄于1941年遂达270余社，人数达蔗农50%。此种成就，中行贷款实居首功。

（2）切合农民之贷款办法。第一，信用方式：无抵押贷款，以合作社为放款单位，"对于已经加入各地的合作组织……可视为有力的保障"。第二，发放方式："对各合作社及其他农民团体贷款，务由本行派员直接贷放，以免假手他人剥削农民之弊。"内江县农贷则由中行内江支行派驻农贷员直接对合作社发放，其余各县由支行下级银行办事处发放。第三，贷款种类：分甘蔗种植贷款和蔗糖加工贷款两类。甲、甘蔗种植贷款，先由蔗农申报种蔗面积，请贷金额，经合作指导员与银行农放员挨户核实后，造具花名册，呈报县合作指导室审批后，转银行发放，银行仍严格再次审核，贷款在新糖上市（阴历十月）后归还。乙、蔗糖加工贷款，则供蔗农加工制糖共同使用。产销合作社不但免除糖房的中间剥削，而且由于甘蔗收割后直接作为合作社糖房的原料，成本降低。贷放甘蔗加工款和糖房、漏棚的设备款，并自己经营糖房、漏棚的生产。其原料的来源，主要是收购社员的甘蔗，由合作社按甘蔗质量评价，俟制糖后视盈利情况进行分红。合作社经营的漏棚也是集若干糖房组成的，收购糖房的糖清，至业务结束后，按所购糖清比例分红。一般说来经营糖房、漏棚不易亏本，尤其是合作社还能拿到银行的低息贷款，又不愁原料来源。由此，产销合作社使农民收益有了保证，不但对农民有好处，银行贷款的安全性也同样得到保证。

（3）最高贷款额限制之意义。农贷的特特殊性在于，围绕农贷展开的复杂的利益斗争，既有来自外部的农村势力，如农村霸权、痞化士绅攫取低利贷款的行动，失去利益的糖房的暗中阻挠，也有存在于"兴农三方"内部的势力，如主管部门官商勾结、合作社内部职员的贪污行为等。因此，农贷的控制权必须掌握在农户利益代言人的手中，农贷控制权决定了农民收益权。1937—1942 年，中行制定了农贷主要面向贫困农民，投向农业生产等一系列政策，并为了保障政策真正贯彻，在人员安排，特别是高层人员聘用方面，保证了农贷控制权牢牢掌握在农民利益代言人的手中。所谓最高贷款额的限制，指中行贷款额的多少，不是简单依据土地经营量的多少，无限制地按比例发放，而是要受到每户最高贷款额的限制。在推广农贷的过程中，中行认识到"事实上真正需要贷款帮助者，不是少数的富农、地主，而是绝大多数的贫农、小农、佃农"，因此强调资金要向贫农倾斜，推出"减低最高贷款总额，以限制富农之借款"。内江中行在执行此限制中，逐年降低总亩数，从 1939 年至 1941 年三年，甘蔗生产贷款最高额由每户 33 亩，经每户 14 亩，降到每户 10 亩蔗田。因为当时的蔗农种蔗亩数，没有超过 10 亩的。总之，内江县的农贷对象，70％为达不到"维持农户最低限度生活水平"的借债户，其余较富裕农户也受到最高限额的限制。正因为中行所实行的小额信贷的瞄准机制，通过贷款额、贷款资历的审查，使得小额信贷的对象，能有效瞄准目标人群，保证受益农户的主体为贫苦农户。

（4）严格的蔗贷检查制度。由于银行贷款手续中，一切借贷审查手续不但由地方政府机构办理，而且放款过程银行也要负责审核管理，并且强调借贷用途，银行绝对不是消极地发放贷款而已。对于可能发生混进合作社骗取贷款的行为，中行农贷建立严格的层层把关的检查制度，尽量及时发现，迅速处理。其措施之一就是派出视察员监放、复查，川行农贷股设立农贷视察员 5 人以巡查各县基层工作，每县又设辅导员 1 人至 5 人，助理辅导员若干人，以加强贷款检查。总处张心一稽核曾写道：李效民对于"组织健全的就放款，如由土豪劣绅把持，或借贷不是用于生产，就不放款。李效民不通融让步，宁肯得罪人"。总的来看，在内江中行发放农贷的年代，内江没有发生农贷全局性或银行系统的贪污舞弊事件。

3. 内江农贷员群体积极作为与精神

内江中行机构在战前尚为办事处，设有农贷主任指导员 1 人，各县设指导员 1 人，1937 年即增至 14 人。1939 年 5 月，内江办事处改设为内江支行，工作人员增至 19 人。1940 年，农贷联络员改为农贷视察员，各县派设主任辅导员 1 人，并设辅导员、助理辅导员多人。1941 年 1 月，内江支行添设农贷系，调派农贷专员 1 人，内辖农贷工作人员其时为 38 人。据史料可知，中行内江支行同样拥有一个脚踏实地与持有信念的农贷员群体，其代表人物及其农贷事迹如下。

内江支行代表人物：张汝俭①。1941年1月，张汝俭调升内江支行农贷专员后不久，就组织开展"成渝路之农贷与农村"调查。1942年8月，张汝俭在移交农贷之际，曾以《内江区农贷之我见》，对内江农贷区进行了"拉襟写出，以为纪念"的整体回顾：内属内、资、阳、简、隆、荣、六县农贷，自1937年开始办理，至目前为止前后将近六年，其农贷数字与发展情形，超国内其他区域，无有出其右者；农贷效率方面成绩亦颇显著：第一，资中、内江糖商的高利贷"买青山"制度之被铲除，资阳、简阳特用作物（美、烟、棉等）之推广，隆昌、荣昌之麻布及副业贷款之提倡，以及各县牛猪贷款之提倡饲养，肥料之设法供给，直接增加农家收入，间接培养土地生产力，均不能不归功于本行农贷。第二，资中、内江、资阳、简阳四县之合作社方面，因贷款关系有低利资金得以协助，产量不但可以保持，种蔗面积反可以逐年增加，故对于政府税源之培养，以及动力原料之供给，均有莫大助益，农贷之功，定非浅显。

内江支行代表人物：张翰青。如前所述，资中办事处张翰青在《一年来的工作检讨》一文中，讲述了1940年一年当中，他与马丹祖、李身泰、高中域、秦五鲁等农贷同人一道，推动资中县十项农贷工作之事例，从中亦看出他从一个农贷助理员起步的成长过程。

内江支行代表人物：马丹祖②。移交农贷时为荣昌办事分处农贷主任辅导员，他在即将离开中行去农民银行工作时，还憧憬着农贷为了促进中国农业立体发展而势必达到的远景，以表达其坚定的信念（见后）。

内江支行代表人物：李文彰。资阳办事分处农贷助理员李文彰③在中行移交农贷时，与许文周一起代表省行视察员作《献辞》，表达"惟吾人既身此伟大使命，应即放大眼光，穷力前进，不应因中途荆棘遍地，险阻横生，而稍有所虑。今者因国家对农贷之调整，事业得以集中，机构因而单纯。吾人为事业着想，更当发奋有为，努力迈进。则理想目的终有实现之一日，而农贷之前途，必因吾辈之努力而益臻灿烂光明之境"的农贷信念。

---

① 张汝俭，江苏江宁人，1938年10月入行，1939年1月，任四川棉区农贷视察员，后任贵阳支行农贷视察员，1941年1月调升内江支行农贷专员直至1942年8月。

② 马丹祖，山东济南人，1939年10月入行，1940年任资中办事处农贷助理员，1941年1月任荣昌办事分处农贷指导员，移交农贷时为该处农贷主任辅导员。

③ 李文彰，山西离石人，1935年1月入行，1939年1月任中行资阳办事分处农贷助理员，1941年1月升任该办事分处农贷指导员，1942年8月时任四川分行农贷视察员。

内江支行代表人物：贺之荣[①]。资阳办事分处农贷助理员贺之荣于 1940 年夏，调到贵州省剑河县工作站任主任辅导员，下述"渝行点滴"中"我们几乎不能见面了"的故事（见下），则反映出他调到剑河上任后，患较轻脑充血症，还为做好农贷工作而拼命的精神。

内江支行代表人物：王慕曾。前述《农放月报》刊载的王慕曾《农贷同人必备精神及注意各点》之"小言论"，代表了川中行农贷员的群体意识，同时，王慕曾在内江农贷过程中还曾帮助过中共地下党员白诗甫（见后）。

总之，经过他们的艰辛努力，内江的"蔗糖产销合作社"如雨后春笋般建立了起来。至 1940 年已有近 200 个合作社，入社农户 1 万多户，多数合作社均获利颇丰，贫苦蔗农拿到了实利，生产热情高涨。"产蔗 3.8 亿市斤，与战前相比，增幅 1940 年相对 1936 年达到 209.3％"；贷款总金额，从 1937 年的法币 8000 元增至 1940 年的 567.3 万元。再到 1941 年底，共成立合作社近 300 户，农户数近 1.8 万户，比上年分别增 50％、70％；贷款总金额增至 1642.5 万元，是 1940 年总金额 3 倍左右，使 1941 年蔗糖产量达 7000 多万斤，再加周围五县产糖量，能大致满足来华支援抗战的国际友人及军民之需。与此同时，由于日本的封锁，汽车、飞机所需要的燃料极其紧张，而制糖的副产品"漏水"正是制造代用汽油——酒精的理想原料。中国银行内江农贷优异的成绩催生了内江糖业大发展，产生了许多副产品"漏水"，可制作酒精，替代汽油，供应战时之需。1938 年 8 月 15 日，内江首先建成酒精厂，1939 年内江生产的酒精负担全国酒精产量一半以上，尽管后来后方有更多酒精厂建成，但内江县始终保持全国酒精产量 1/4 至 1/5 的份额，加上中行内江贷区资中等五县所产酒精，数量相当可观，使所产燃料酒精满足了我国和援华盟友的汽车、飞机的紧急需求。而且资中县所产无水酒精还可替代航空汽油，专供航空委员会之需。内江中行农贷员群体就是如此这般地为民族抗战的胜利做出了重要贡献。

当然，内江中行农贷还存在一些问题，如，农贷数额总量较少。据四川省农村经济调查委员会等单位 1941 年的调查，内江县农户（包括社员与非社员）希望借款 865 元，实际借得 494.1 元，实借款占需借额的 57.1％。尽管对于入社农户，当年中行对社员每户贷款额为 941.6 元，但贷款面尚仅达蔗农农户数之半。又如，内江合作社过期欠款原因，虽然主要是行政管理的责任，但是中国银行对于合作社也负有一定监管责任，其主要原因有业务不健全、资金被挪用、职员舞弊（内江近 300

---

① 贺之荣，河北肥乡人，1940 年 10 月入行，1940 年 1 月为中行资阳办事分处农贷助理员，同年夏调贵州省剑河县工作站，至农贷移交时为该站主任辅导员。

社中有两社职员有舞弊行为）、存糖不善、存糖未售。但是，由于中行监管总体还是得力的，在中行对内江发放农贷的近六年里，内江没有发生农贷全局性或银行系统的贪污舞弊事件。

（四）故事：农贷生活感人之场景及高洁坚品质

张学培，1941 年为四川云阳合作金库农贷员。从特产农贷划分角度看，云阳县属于桐区农贷，该县合作金库农贷人员仅 3 人，其任务繁重，环境较差，条件艰苦。《中行农讯》第七、八两期，曾连载他的《农贷生活散记》一文，从四种感人场景，形象而细致地记述了川中行那些工作在大山里的桐区农贷人员的艰辛，也反映出他们那"高洁坚"品质。现将其原文辑录如下。

农贷生活散记[①]

农贷场景 1：翻过重叠大山到合作社监放农贷

到茅坝子合作社去监放农贷。一出门，就要和农贷同人最大的劲敌——山，开始亲昵起来。那些山，一叠一叠的，数不清有好多。无论你是怎样达观或愉快的人，对之也总不能不忧愁起来哟！但是，我们必须要继续前进，这正是事业的象征，你不跨过重重的困难，也就不能收到事业的效果，达到快乐的平原。

汗流浃背地爬到一座高山，那位只顾前冲的沉默的向导，用手指着左面的一座古庙，说道："就在那里，要不到一袋烟的时间就到了。"事实是，世界上没有那样伟大的一袋烟可以支持到一个多小时的时间，这里也正可体味着本地人所说的"看见屋，走得哭"的道理。

在鼎沸声中，在汗臭、兴奋的脸色，及不同语言的人们常用表示快活的呼哨声中，一大堆钞票跑到一个个农民手里去了。有一位很巴结的老年人，不住地闪着因病而流泪的眼睛，跑到我的背后，拍着我的背，轻轻地说："张先生！你放了款，到我家里来坐坐吧，就在那边蟒牛湾的草屋里呀！"我还来不及向（刚才）那位亲切的老人说声"不敢当"，又有一个似乎很卖弄聪明的农民，用着自以为很了然的声调来问我，"你说，这款子是来做庄稼用的，可是，未必说是做买猪不可以的吗？"他并不等我回答，就很聪明的向其余包围者解说着储蓄券的道理，合作社是咱们庄稼人的所有等。上帝知道，这位聪明的先生的确说错了几个小地方了。在夜色苍茫的时分，社员们愉快的回家去了，一如久在海洋中闷着的水手们，突然得在一个陆岸上

---

① 《农贷生活散记》，《中行农讯》第七期，1942 年 1 月 25 日，第 11 页；《中行农讯》第八期，1942 年 2 月 25 日，第 19 页。

喝着很多的酒，以致东歪西倒的一路打着口哨回到船上去，再继续着刻板似的生活。

宿在司库的室里，我的个子不算挺高，但是，我将身子打了个对折才窝进司库的屋门。这是北风凛冽的时候，里面烧着很大的火，松树的针叶在经烧化了以后，还很兴奋地满屋的飞扬，不到十分钟，我的脸上、身上以及那精美的晚餐的每一碗菜里，都满沾着松针的白灰。那耀武扬威的火焰，也凶猛地刺我的眼睛，使我痛苦地流着泪水，以致妨碍了一席亲切的谈话。

我只记得那位康健的老太太的谈话："你们公事人苦呀！你们这些公事人真和气呀……"以后是谈到私事了，只有她扯着她那面像诚实的儿子来比喻时，我的脸是不自然的红起来。"你先生说了亲事没有？啊！像我们这样的娃儿，总赶不上你们，天生成的，你先生好像很年轻的呀……"我在独自睡着的时候，眼睁睁地思想着，这些和气的农民才是我们民族的伟大的主人。

农贷场景2：三个农贷同人在回县城的泥泞道上

很偶然的，我们三个同人在一条泥泞的路上不期的遇见了。背着背包，顶着蓑叶笠，头上淋着初春时所惯见的细雨，落在蕨薇和满铺树叶的山林，唰唰地响。

草鞋在这样的时候才显示它的功能，它像刺一样的抓住土地，使我连受惊都没遇到过，虽则那土地是如此的滑。

我后面跟着两个农民，他们时时提示我，叫我留心。实在说，我们在亲密地"摆龙门阵"，那种真诚朴实的语言，口讲着有趣的故事，我在细心地倾听，对于雨、山林、难走的道路，我是一点也没有留心的。不知是怎样谈到天气和耕作的事，他们立刻以气候，甲子、晴雨、天日等项来算定年岁的丰收，用有韵的句子，编出许多定义，这虽是许多年来经验的结晶，我极钦佩他们记得那样熟，可惜在行路中没有记下来。现在还记得有几句很确切的句子："白露不低头，割去喂老牛""寒露籽，立夏死，立夏三天连排响""欲看来年春，但看八月晴"。

当我们谈到兴趣极浓时，在一个大坳里，我的名字被一个熟悉的声音叫出来，当时我很害怕，在惊诧一瞥之后，才告释然。原来是我们的两位外勤同人（陈位达，胡新磐），奇巧地会在一块了。我们像久违的兄弟，从心底里发出愉快的笑。

大家淋得像落水鸡，但精神很健旺，一路叽叽咕咕地说着，不知是从哪里搜集起来的那样多的话。有一位的脚后跟，被过于粗糙的绳子磨破了，血液滴滴地渗出来，把绳子染得绯红，因为太兴奋，他却没有注意。只是在我的提醒以后，他就立刻感到难忍的痛楚，竟至不能走动，后来是勉强的走动，都跛跛得很厉害。

路是愈走愈坏，雨又密珠似的落着，背包愈背愈重，我们现在只能以三双脚才能举步行动，泥浆飞溅到脸上。偶不小心，就得长条条地躺在泥沼里，手里拿着手杖会飞到三尺以外，接着是一场大笑，不久又是一场报复的大笑，连跌倒的人也忍耐不住地笑起来。到城里已是黄昏的时候，我们疲倦极了。推开大门，电灯有神的照射出来，我们都被这明亮光辉弄得兴奋起来。

农贷场景3：山区农贷员下乡时准备出发的装扮

我们是这样准备下乡的：穿上草鞋，不如明确的说，叫作"包谷草鞋"，洗面巾、皂匣、牙刷及应用的空白书表、铅笔装进背包，此外我们还得准备一顶画家们所惯画的"渔笠"，是用蓼叶做的，既可遮雨又可抗日，我们名之曰"良友"。但也有干脆不要这家伙的，这是痛快主义者的作风，因为真的有了雨，单是一顶蓼叶笠，实在是不够遮蔽的，反而因为手足不空，甚不痛快。

以自卫关系，我们每人都准备一根考究的"司的克"。所谓自卫，大约不外两种情形：我们常常爬越山岭，穿过护林，或有一段荒凉的山径，在这样时候，人们最易陷入无谓的恐怖，一经有根结实的手杖，实可增加三分担气。假若真有一头不客气的野兽或毒蛇，也不会陷入"身无长物"的态度。我在一个冷静而茂密的森林里，就全凭一根红豆木的手杖才演得一出"白芒斗蛇"的剧情的。在乡下，每一人家，不论贫富，都成规似的养着狗，倘若我们没有一根棍子，实有被狗包围之危险。等了这些工具都准备以后，这里，还有一件准备，倘若不见责的话，我可以说明这一个准备就是：吃，用明确的字义是"嘴馋"，我们农贷员也不能逃出这个规定，当我们出发以前，还得在荷包里塞点食物……

我们就是这样个装扮出发：背着背包，头上挂着一顶蓼叶笠，脚上穿着包谷鞋，手里提着"司的克"，荷包里塞得胀鼓鼓的，配合着我们每一个铁牛般的体格，以一种庄严的稳健的步法，踏入农村去了。在街道上，人们致以惊异的赞赏。在乡下，走着崎岖的山道，你会说"这是打虎的武松啊！"当你这样说时，我们的武松已提着哨棒，跨过一个山头了。

农贷场景4：农贷员工余休息之情形

用一种急促而沉重的脚步，满面风尘的回到行里，可以听见同人们戏谑的声音，这是一种溢于言表的喜悦，但那语句是如此粗糙："草鞋花脸们回来了！"

旧戏常使用脸谱以说明人物的性格，无疑的这是艺术的精致的做法，这是高乎一等的艺术。现在内部同人们也给我们画一张脸谱，没有颜色、笔画同线条，只用"花脸"二字来说明，并且是"穿草鞋的花脸"，这又是更进一层的描写。所谓花脸，的确象征着我们的性格：活泼、烦躁、放任不羁、认真、强硬等等。

现在是热闹极了，我们都回来休息。自从读到陶稽核咸九先生的一篇脍炙人口的文章以后，我们也在学习"彬彬"同"翩翩"，但总不成。我们来自乡下，的确带着若干土气，骤然彬彬翩翩，就有些不自然，很觉难为情。一位同人穿上一件挺珍贵的大衣，头鬃梳得光光的，我们就都开始讽刺起来。第二天，那件大衣又在衣箱里去长久的睡觉去了。至于头鬃，却并不怕讽刺，总是梳得光光的。

假若休息，是指静挺挺的睡觉，或其他不动的事情。可是，我们的所谓休息总在动，没有一会儿是空闲的。不成熟的京调哼起来了，各种时新的曲子唱起来了，行里的小孩也快乐得不可开交，向我们追逐嬉笑，偶尔因为一点小事情，就号啕大哭，弄得很难为情。不一会，乒乓球在格格地响，本来在缮写报告或访问录的，突又被引动似的还维持着不久的平静，便又被热烈的谈笑声打破。

这里要介绍一下我们的宿舍。在宿舍门首大梁"介之斋"三个大字，旁面用拉丁化的字母，注成韵。有位幽默的同人想起了乡下随时看到的古庙的名字，特别提议把宿舍的名字改为"三圣宫"，因为我们这间小屋恰恰挤着三个人，可惜这提议没有通过，现在仍然是"介之斋"。这屋子有着精贵的设备，同奇异的布置。这屋里时时漫漫着野花的香味，牛蟒刺花、野菊、野棉，和许多不知名的野花，把这间阴湿的小屋点缀得颇不落寞。三张床铺置成三角形，而且垫得隔地面四尺那么高，小孩子们自然没法上去。某一位客人偶然进屋来，就觉得实在不可攀登，而我们自己也得费点劲才得爬上去，经常的姿势是以跳撑竿的姿势跳上去，这就叫作"室内运动"。每一人的床头都设法贴一小画片，但在书桌上则不怎样漂亮，一面是书籍、纸笔，一另面却是衣服袜子以及许多应放在上面的东西，一句话：我们这间屋子有一种说不出的情调。

我们有三种事情是公约规定的，就是按时的辩论会，学京戏，读指定的书籍。这几项事情似乎要以读书一项颇收了点效果，这因为读书的本身含着正经、庄重，和意义，其余的两项事情，总说不出有些什么成果。尤以辩论会为最，起初是循规蹈矩，后来渐渐的出了轨，以致没有法去收拾，结果是大家都口若悬河，闹起来，辩论会主席是早被削去了职务，也满面通红地闹了起来，直到大家都疲倦了以后才胜利地分散，上帝明白：每个人胜利了。至于学京戏，我们有好几位沉静的老大哥都觉头痛，其实每个人很难以从头至尾地唱完两句，可是都能哼几句，以各种各样的声调和音律，随时都不停地哼唱，其惟一的好处是在乡下走路时可减少寂寞之苦。还有两件事，在我们休息的时候，总是来打扰我们：一是写报告，我们在乡下跑得累呼呼的，回来以后，还要像高尔基所说的"订在桌子上"写报告，细细地搜索枯肠，一直要几点钟的工夫。二是发空袭警报，满以为从乡下回来以后，可以休息一下，但空袭警报来了，真是一个不好受的玩笑，把我们驱逐到荒郊，而被它邀来许多生疏的客人，在露天里无趣地叹息。很久的时间，就这样被荒业了。

与此相关，还有一篇中行农贷员（笔名：婆）的纪实文章——《农贷生活的断片》，刊登在《中行农讯》第四期，此文描述了农贷员"在李家祠堂、野店住宿、自行车、吃和玩"等四个工作与生活的片段，现对其文编辑整理如下。

农贷生活的断片（婆）[①]

农贷生活断片 1：在李家祠堂

本行的分支机关距我们贷款的合作社，近则四五十里，远则百里左右。因为本县的农贷机关还没有设立，所以我们的农贷据点，就落在一个很小的村庄里。这个据点的房屋，是座李姓的祠堂，租金可不用付。一间办公室，一间卧室，还有不少破敝的厅堂楼房环绕在前后。邻近有零落的农家，他们知道我们是中国银行派来办农村贷款的，对我们和蔼可亲，原因不仅为了我们帮助他们发动组织合作社，实在因为我们的生活习惯和他们没有什么两样，彼此之间有了同声相应，同气相投的作用。我们在这里，粗茶淡饭，通常不穿袜子，不着上衣，睡的门板，坐的条凳和简陋的方桌。要说我们是银行里的先生，连我们自己也觉好笑。

农贷生活断片 2：野店住宿

"就在这里等等他吧——替他们肩挑行李的挑夫——他落在我们后面很远了。"这里是乌竺岭的腰部，两个农贷员在火伞之下登高，气喘如牛，说着就在树荫下一方比较平正的石块上坐下。"要是把它当作旅行，到处可赏心悦目，我们就不会觉得疲劳的。"其中一个这么说："可惜正是赶路，不论炎夏和严冬，赶路总占着我们工作上的大部分时间。"他俩这次的任务，是由甲县到乙县去开农贷会议。因为平时不常来往，所以这条路是相当生疏的。

到达预定宿站的时候，人家已经准备睡觉了。当踏进那预先打听好的宿店里的时候，一切的供应，都不是所希望的：豆火一盏，高挂在正厅中间；在昏暗朦胧之下，似乎有桌客饭，已经吃得杯盘狼藉，吃的人是小贩之流，因为地上堆满了成件的布匹杂货。楼上楼下的房，矮小得可怜。旅客都赤膊挤在一起，前面一个小天井，暗得什么都辨不清，只闻得炎热熏蒸的臭气。

我们虽然已经把载重的自行车（装着工作所需的材料），推进了宿店的大门，可是老板娘忙得无意招呼。我们赶了一天的山路，现在感觉到的是疲劳饥饿和口渴。同时铺上的臭虫不能以双数，而要以斤两来论的。"我已经疲劳得不想再移动了！"说时带着失望和忧惧的脸色。"那么让我独自出去找找看，有没有可以解决我们饿着

---

① 农贷生活的断片（婆）.《中行农讯》第四期，1941 年 10 月 25 日，第 10 页.

肚子的地方。"另一个无精打采的和着，好像抱了略尽人事的态度。

"老兄，街梢的茶楼上，有西瓜和蛋炒饭"。出去的那个回来这样喊，其神气好像发现了新大陆。当天晚上，就睡在那楼面的木桌上，清风和着皎洁的月色，从破烂的窗槛上翻进，我面对万里晴空，憧憬着香岛上的南洋景色。

农贷生活断片3：农贷员的自行车

黄梅天的气候最难过，不但气温高，并且一日之间，有几次变化。这个季节也是农贷员的难日。在出发下乡的时候，要预先准备应付各种天时地利的环境。比较幸运的，是有相当的路程，是沿着公路前进。此外，像渡河爬山，在荒凉的古庙度宿，狂风暴雨的时候在山谷中，也并不是偶然的事。

在出发的时候，第一步：检验各自所驾的自行车，有没有中途可能发生的毛病，先把它施一些预防的手术。第二步：安排简单的行装，大凡雨衣和擦汗的毛巾，绑扎在自行车的把手上；公事上需要的空白书报表册和简单的文具，装在车身的袋中；此处尚有日常必需的用品，如牙刷、脸布、皂匣、亲衫裤、草鞋、药品、手电筒等，包装在车后的架子上。至于修理自行车的工具零件，并不每个人都齐备的；被席、蚊帐等等虽有必要，但是带不胜带，只好把它剔除。在霉天出店的时候，普通都是短装，凉帽是最需要的东西，把它挂在颈项，充满"自尊"的心理，我们觉得，精神武装起来了，何等"庄穆"！凑巧的时候，比如，开月会或管辖会议的时候，我们有四五辆乃至六七辆的自行车集中，向同一个目标行进，在偏僻的小县城里，人们常用奇异的眼光注视，把我们当作一队机械化的勇士，也有羡慕着我们体格的雄壮，精神的饱满。

农贷生活断片4：农贷员的吃和玩

农贷员在比较常时期外勤工作之余，或多数同志会集在一起的时候，就希望寻求口福：四川同人叫"打牙祭"，江浙的同人叫"叙餐"。四川的吃品，常以"实心馒头""天津馆子""炸酱面"和"江阴云吞"为尚，因为那里有许多的同人都来自华北。江浙的佳品是"红烧蹄子""清炖鸡"，还有浙东各县的"梅糕"和"盒酥"为一般农贷同人所喜吃的。同人中有会自己做面，亲下厨房的。

茶话会也常举行，参与的人除了农贷员之外，来宾居多：有当地学校的教授，有医院里的护士，有合作室的指导员，有农贷员的眷属。他们都是农贷员的故旧和知友，大凡是30岁以下、意气相投的年青人。会场的布置，是非常简洁而明朗的：洁白的椿毯上，放着青翠的花草；座位很少超过20席的；点心和鲜果相当细致。宾主融洽愉快的情绪，充满着室内外。会的方式，先由主人介绍宾主的名姓和简略的出身，并且说明会谈的志趣和预定的节目。由于主人谈锋的轻松和幽默，全场的空气能生动有趣而不涣散。有许多健谈的来宾，能侃侃而谈，尽闻轶事，趣味横生。各种腔调的歌咏，会连续不断地唱演。但是刻板的报告和不配大众口味的公事，从不会在会内提起的。会，是不定期的，但时间总在周末的晚上或月梢，这种叙餐和联欢，能恢复疲劳，陶冶德性。

由此可见，20世纪30年代初，中行上下层面均形成了"高洁坚"的伦理精神：人人忠于职务即是忠于国家，人人须操守廉洁和公而忘私，人人任事须不避艰险，战胜难关。抗战时期四川中行所属农贷区之农贷员所留下的工作与生活的史料故事，其中不乏对中行"高洁坚"伦理精神之深入演绎，以及在另类场景的有效传承，其事实表现如下。

第一，农贷员特殊装束与昂扬面貌。

山区农贷员的特殊装束：背着背包，头上挂着一顶蓼叶笠，脚上穿着苞谷鞋，手里提着"司的克"，荷包里塞得胀鼓鼓的，配合着我们每一个铁牛般的体格，以一种庄严的稳健的步法，踏入农村去了。走在街道上，人们致以惊异的赞赏；走在崎岖的山道，你会说"这是打虎的武松啊！"内部同人们还给我们画一张脸谱，没有颜色、笔画同线条，只用"花脸"二字来说明，并且是"穿草鞋的花脸"，这又是更进一层的描写。所谓花脸，的确象征着我们的性格：活泼、烦躁、放任不羁、认真、强硬等等。

平坝农贷员的特殊装束：出发时，一要检验所驾的自行车，有没有中途可能发生的毛病；二是将雨衣和擦汗毛巾绑扎在自行车的把手上，将公事上需要的空白书报表册和简单文具，装在车身的袋中；三是把牙刷、脸布、皂匣、亲衫裤、草鞋、药品、手电筒等日常用品，包装在车后的架子上。出店时，普通都是着短装、凉帽挂在颈项，这种装束充满"自尊"的心理，觉得精神都武装起来了，何等"庄穆"。到开会时，我们有四五辆乃至六七辆的自行车集中，向同一个目标行进，在偏僻的小县城里，人们常用奇异的眼光注视，把我们当作一队机械化的勇士，也有羡慕着我们体格的雄壮，精神的饱满。

农贷员的生活习惯：与农民没有什么两样，使彼此之间同声相应，同气相投。农贷员在这里，粗茶淡饭，通常不穿袜子，不着上衣，睡的门板，坐的条凳和简陋的方桌，要说我们是银行里的先生，连我们自己也觉好笑。

第二，农贷员任事坚韧品质的形象写照。

农贷员一出门，就要和农贷同人最大的劲敌——一叠一叠数不清的山，开始亲昵起来。以我们的装束，走在崎岖的山道，你会说"这是打虎的武松啊！"当你这样说时，我们的武松已提着哨棒，跨过一个山头了。

路是愈走愈坏，雨又密珠似的落着，背包愈背愈重，我们现在只能以三双脚才能举步行动，泥浆飞溅到脸上，偶不小心，就得长条条地躺在泥沼里，手里拿着手杖会飞到三尺以外，接着是一场大笑，不久又是一场报复的大笑，连跌倒的人也忍耐不住地笑起来。

第三，农贷员忠于职务高尚品质的形象写照。

无论你是怎样达观或愉快的人，对重叠数不清的山也总不能不忧愁。但是，我们必须要继续前进，这正是事业的象征，你不跨过重重的困难，也就不能收到事业的效果，达到快乐的平原。

在鼎沸声中，在汗臭、兴奋的脸色，及不同语言的人们常用表示快活的呼哨声中，一大堆钞票跑到一个个农民手里去了。我在独自睡着的时候，眼睁睁地思想着，这些和气的农民才是我们民族的伟大的主人。

第四，农贷员在艰苦环境下的乐观向上品质。

在时时漫漫着野花香味的阴湿小屋里，三张床铺置成三角形，而且垫得隔地面四尺那么高，以跳撑竿的姿势跳上床去休息的动作叫作"室内运动"；每人床头都设法贴一小画片，一面是书籍、纸笔，另面却是衣服袜子以及许多应放在上面的东西，一句话：我们这间屋子有一种说不出的情调。我们休息时，有三种事情是公约规定的：按时的辩论会，学京戏，读指定的书籍。

茶话会也常举行，参与的人除了农贷员之外，更多的是有当地学校的教授、医院里的护士、合作室的指导员和农贷员的眷属。他们都是农贷员的故旧和知友，大凡是30岁以下意气相投的年轻人。会的方式，先由主人介绍宾主的名姓和简略的出身，并且说明会谈的志趣和预定的节目。由于主人谈锋的轻松和幽默，全场的空气能生动有趣而不涣散。有许多健谈的来宾，能侃侃而谈，尽闻轶事，趣味横生。各种腔调的歌咏，会连续不断地唱演。宾主融洽愉快的情绪，充满着室内外。这种叙餐和联欢，能消除疲劳，陶冶德性。

到达预定宿站时，人家已经准备睡觉了，一切的供应，都不是所希望的：豆火一盏，高挂在正厅中间，在昏暗朦胧之下，地上堆满了成件的布匹杂货。楼上楼下的房，矮小得可怜。旅客都赤膊挤在一起，前面一个小天井，暗得什么都辨不清，只闻得炎热熏蒸的臭气。铺上的臭虫不能以双数，而要以斤两来论的。当晚，我就睡在那楼面的木桌上，清风和着皎洁的月色，从破烂的窗槛上翻进，我面对万里晴空，憧憬着香岛上的南洋景色。

（五）故事：忍饥挨饿中尽显中行农贷人的高洁坚品质

蔡瑞徵，湖北黄梅人，1940 年 4 月入行，1941 年 1 月任万县合作金库农贷助理员，1942 年 8 月任奉节合作金库指导员。蔡瑞徵的《饿》一文刊于 1941 年 10 月《中行农讯》第 4 期，该文深刻反映出川行一线农贷人员的高洁坚品质。现辑录原文如下。

饿

是一个冬天的早晨，我翻开暖烘烘之被窝，负着使命，踏上昨夜铺好了的霜的原野。冬天，在江南本来就是很冷的，何况这又是冬天的清晨，清晨还有着可怕的寒风呢。我的皮层被吹得像鸡皮一样的起着粗糙的斑点，牙齿也起了交错的响声，这时我整个的身躯都受着冷和风的包围。但是，我并没有畏缩，我只知道前进，风的冷，在我看来毫无损害，感谢它增加了我前进的速度。

我从乡间的当房——合作金库走进县城，又从县城走到乡间——十四保的保合作社。一离开江边繁华的街市，眼中便是一片山的前途。山是整个地被烟雾笼罩着，它们就像宫女穿上了宫装。秃着头的又像是和尚。穿着深灰色的袈裟，静默地端坐着，紧靠着，等待着我这个"财神菩萨"在它们的上面爬行。这是神仙的境界？要不是远处有几声犬吠的回音，我简直不相信尚在凡间的一隅。

因为肚子是饿的，鼻子也格外灵敏地嗅到饭的香味。大概又走了二里路的光景，耳朵里听见了村童在唤他爸爸回去吃饭的声音。可是，尽管我眼睛怎样寻找，到底不知道哪儿有个村庄。

我打破寂静的空气，掉转头去这样问着与我发生债权关系的老年同伴："老先生，到你府上还有多远呢？"他答道："到舍下还有……三十多里路吧？指导员先生。"他说到有字的时候，用头向周围做了一个圆形的观望，到底因为烟雾太厚了，除了附近的草木，再也没有让他望出别的一点东西。他失望地把右手举起往肚子上一摸，这动作在他今天是最纯熟不过的，你以为他饿吗？不！他早把饿忘到九霄云外去，只是留意着那肚皮上捆着的九千元钞票。我却惦念着那已经饿了十六个钟头，时时叫唤着的肚皮。看见他接二连三地摸着肚子，我愈是觉得饿。

"老先生你觉得办合作社，有没有好处呢？""有，有啊！指导员先生，我们这里因为地皮太坏，收成总不好。近年来又是旱灾哟、水灾哟！这乡里头真是弄得一贫如洗呀？你们银行里的行长良心好，放钱给我们老百姓用，咳！不说丢丑的话，真过不成呢。再说你们放款的利息又低，你们办公事的先生和气又公道，这在我们乡里头，我活了五十多岁，还没有看到这号放钱的人啊！真是……"

"那么，你们把钱借去大概做什么用呢？""你先生知道，我们种田的人，哪里敢借政府钱买吃的穿的，总还不是买牲畜啊，买犁买耙啊，买点种子肥料啊"，"我看，拿去买粮食囤积的，拿去抽大烟的，赌钱的，也有吧？""啊唷！阿弥陀佛！那哪里敢，就是有这种人，哼，我们也不许加入呀！别看一个人借百把块钱，用起来容易，还起来就难哪。再说，假是有个三长四短，那还不是我们办事人的责任吗？何况你们先生办事又细巧：东查点，西查点，即使我们通得过，也逃不过你们的关口，你先生说是不是？啊呀！下雨啦先生，来，我这撑子给你。你们读书人哪里淋得雨？真是，布鞋也舍不得穿一双！你们真是……"

"你老先生不要客气，这伞还是你自己打吧，穿草鞋淋雨，我是弄惯了的，我们干这种工作的人，是要能够吃苦，因为我们除了跑路之外，还要跟农民做很多的事啊！老先生你今天走得很累吧？来吃个桔子。""啊唷，啊唷！得罪，得罪！咳！你们真是……"

我们为了要忘掉饿和寂寞，老先生又问我住过哪些学堂？家里有多少人？以后出门有多少年？我也问他种多少田？去年（收成）好不好？一年有多大开支？地方上有什么不公平的事情？就这样，东拉西扯地不觉又走了二十多里路。据说现在只有十来里就可到了。由于心中的愉快，我觉得似乎饱了一点。

雨，越下越大。我蓬蓬的头发，被雨淋得像擦了"凡士林"一样的湿润。发，它是那么亲热地紧贴着它主人的额角。大衣，这时成了雨衣，两双厚厚的肩膀吸收进去千万滴的雨点，使我起码加重了五斤的负担。

老先生还是不断地摸着肚子，他脚上的旧布鞋，因为今天走的是泥泞的山路，多了好几处创伤。他始终跟在我的后面，我停着，他也停着，我快，他也快，我慢，他也慢。我让他前面走，他好像怕我看见他屁股上捆着的秘密，坚持着不肯。我有一次下意识地开了他一个玩笑，是在上坡的时候，我放开大步飞奔而上。不出我所料，他也就追踪而来，到底因为他年纪大了，不到二十步，就"扑通"一声跌倒在泥泞的石级上。当我在六步以上回头看他时，他却已经起来了，他脸上堆满了笑容，我也禁不住笑了，但是我是十分的后悔。

我用惭愧和好奇的眼光看着他，他那健康的、充满着少年气概的脸上带着红晕，我甚至于觉得他嘴上的胡须是一种多余，像这样年老的人，有着这样健康的身体，且为着地方的公益，负这样大的责任，跑这样远的路，而无怨言。这种精神，真是值得敬仰和赞扬。我不知道都市里的那些抱着爱人的少爷，囤积粮食的奸商，许许多多不务实际、贪逸恶劳的知识青年，对这位年将半百而犹是辛辛苦苦地为着农村新兴事业出力的乡下长者，该有多么的惭愧！

由于这一点偶然的感觉，我连带地想起了胡适之先生有一段很有趣的叙述，他说："前几个月我的大儿祖望和他的同学徐君在上海郊外看见一只水牛，这两个孩子莫有见过这种怪物，他们研究的结果，断定这怪物是一只小象，旁边可笑坏了我七岁的小儿思杜，他说：'这是水牛，你们连水牛都不认得。''因为思杜跟他母亲在徽州乡间住了四五个月……'"我想，大家看了这段故事，或者要不相信。然而，事实上现在的一般青年尤其是知识青年"认不得水牛"的正多着呢！

这时，我们挣扎着饿着的肚皮，又走去了十来里路，经那位老先生的指点，我更正了已走错了的路线，又经老先生的介绍，我知道路旁的古镇，是唐朝的遗迹。雨天的山路，石头上的浮泥，是很容易把人滑倒的，所以使我这已经走累了的腿，愈是时常表演着溜冰的姿势。虽然，老先生在不断地讲什么昭君的，前朝皇帝的，我却给滑倒的念头占有了整个的注意力，我很抱愧！我没有听取老先生的故事。我们刚转过垭口，在五十丈远的眼前忽然出现了一块平原和平原上的几座房屋。"喂！大哥，二伯回来了，噫，发款的先生也来了。""是的：不要乱叫，不……"受着耳房的传达，我知道目的地已经到了。

于是，我大胆地走进了那座村庄，从数十位农友让开的一条路线，走到了一座阳式瓦屋的门口，在那位老先生"请"的声音下，我跨了进去。这时合作社的社员都齐集在这里等候着领款。虽然，我还没有吃饭，没有洗脚，没有烤干衣服，但是时间已是下午五点多钟了，时间不能将就我一人，我当然要将就大家，于是我拒绝了众人好意的劝告，马上宣布开会放款。会场的人数将近一百了，一个个健康而诚实的面孔都朝着我，静听着我的演讲。这种场面确实使我愉快！虽然肚皮是饿的，我还是愉快：因为要讲述合作及农贷的意义和借款应注意的手续，并监视每一个到场人的贷款发放。所以，当正式散会的时候，鸡已经啼了一遍。我又拒绝唤醒村妇起来弄饭，忍着饿的肚子，匆忙地洗好脚，就有气无力地爬上那硬梆梆的板铺，与臭虫开始血的斗争！睡在床上，我这整整饿了一天一夜的肚皮，叫得格外响亮。这音响，好像是进行曲，又好像是战鼓，是那么激昂地槌着。

夜，已经随着人们沉入睡乡了。在这静静的夜里，留下我这一个飘零的人，在这陌生的地方饿着，疲倦而没有睡眠地躺着。这使我回忆起不少可歌可泣的往事：死在鬼子手里的姐妹，丢在铁蹄下受罪的母亲，这都是使我伤心的资料，我终于悲伤地迸出了几滴眼泪。可是，我又想到我现在所负的农贷任务，这伟大而真实的任务，我又马上拭干刚才所流的眼泪，我笑着！我幸运而快乐地笑着！

由上可见，抗战时期川行万县合作金库指导员蔡瑞徵所留下的《饿》的农贷史料故事，其中也不乏对中行"高洁坚"伦理精神之深入演绎与另类场景的有效传承，其践行"高洁坚"品质之事实如下。

第一，忠于职务即忠于国家的高品德之演绎。

会场的人数将近一百了，一个个健康而诚实的面孔都朝着我，静听着我的演讲。这种场面确实使我愉快！虽然肚皮是饿的，我还是愉快：因为要讲述合作及农贷的意义和借款应注意的手续，并监视每一个到场人的贷款发放。

我这整整饿了一天一夜的肚皮，叫得格外响亮。这音响，好像是进行曲，又好像是战鼓，是那么激昂地槌着。夜，已经随着人们沉入睡乡了。我回忆起不少可歌可泣的往事：死在鬼子手里的姐妹，丢在铁蹄下受罪的母亲，这都是使我伤心的资料，我终于悲伤地迸出了几滴眼泪。可是，我又想到我现在所负的农贷任务，这伟大而真实的任务，我又马上拭干刚才所流的眼泪，我笑着！我幸运而快乐地笑着！

为转移饥饿感，在与具有借债关系的乡村老年同伴"摆龙门阵"时，不忘记进行农贷调研，如"老先生你觉得办合作社，有没有好处呢？""那么，你们把钱借去大概做什么用呢？"

川行农贷工作获得老百姓的好评："你们银行里的行长良心好，放钱给我们老百姓用，咳！再说你们放款的利息又低，你们办公事的先生和气又公道，这在我们乡里头，我活了五十多岁，还没有看到这号放钱的人啊！真是……"

第二，任事不避艰险战胜难关的坚品质之深入演绎。

为农贷使命而出发：一个冬天的早晨，我翻开暖烘烘之被窝，负着使命，踏上昨夜铺好了的霜的原野。忍受着时时叫唤着的肚皮和已经饿了十六个钟头的饥饿，又走去了十来里路，终于走进了那座村庄。

为使命而继续挨饿并遭臭虫叮咬：这时合作社的社员都齐集在这里等候着领款。虽然，我还没有吃饭，没有洗脚，没有烤干衣服，但是时间已是下午五点多钟了，时间不能将就我一人，我当然要将就大家，于是我拒绝了众人好意的劝告，马上宣布开会放款。当正式散会的时候，鸡已经啼了一遍。我又拒绝唤醒村妇起来弄饭，忍着饿的肚子，匆忙地洗好脚，就有气无力地爬上那硬梆梆的板铺，与臭虫开始血的斗争！

第三，为农贷使命而充满战胜困难的精神。

冬天的清晨，有着可怕的寒风。我的皮层被吹得像鸡皮一样的起着粗糙的斑点，牙齿也起了交错的响声，我整个的身躯都受着冷和风的包围。但是，我并没有畏缩，我只知道前进，风的冷，在我看来毫无损害，感谢它增加了我前进的速度。

山，是整个地被烟雾笼罩着，它们就像宫女穿上了宫装。秃着头的又像是和尚。

穿着深灰色的袈裟，静默地端坐着，紧靠着，等待着我这个"财神菩萨"在它们的上面爬行。这是神仙的境界？

雨，越下越大。我蓬蓬的头发，被雨淋得像擦了"凡士林"一样的湿润。发，它是那么亲热地紧贴着它主人的额角。大衣，这时成了雨衣，两双厚厚的肩膀吸收进去千万滴的雨点，使我起码加重了五斤的负担。雨天的山路，石头上的浮泥，是很容易把人滑倒的，所以使我这已经走累了的腿，愈是时常表演着溜冰的姿势。

（六）故事：我们要拿工作去答复寇机的大轰炸

值得一提的是，《农放月报》第一卷第六期《同人消息：寇机狂炸渝市》和第七期《小言论：拿工作答复轰炸》两文，均为吕则民所作。该文记述了1939年5月日寇飞机狂炸重庆时，川行多处被炸情形及川行员工面对寇机狂炸所表现出的一种浓厚的"职务报国"精神：拿工作答复大轰炸！其原文如下。

寇机狂炸重庆市：

1939年5月3日、4日、12日、25日4日，寇机大发兽性，狂炸渝市，精华所在，摧毁殆尽，市民伤亡者逾万人，情状之惨，自不忍睹。5月血债，更加一层。希望全国上下，一心一德，咬紧牙关，拼命苦干，向强暴的野兽清算，使他本利一得清算！4次的轰炸中，3日本行未有损失。4日则大公馆宿舍被炸，宁行（南京分行）新来同人十余人被压于防空壕内，先后逃出，幸未受伤，然物质损失则甚大。12日寇机狂炸江北，南岸弹子石亦中一弹，玄德庙宿舍同人亦受虚惊。25日寇机狂炸新街口银行区，聚新（聚兴）行中燃烧弹二（枚），适落沙中，未能延烧，又中炸弹一（枚），洞穿二层，损失不大，惟库工同人十余人，已受惊不小。是日小梁子亦遭炸，（本）行中为飞来巨石击穿层顶三处，一在档案室，一在外汇部，一在门房间，皆重百余斤，令人吐舌！此外公票处宿舍全部倒塌，蓝家巷宿舍震毁一部，同人又遭损失，然前后数次均未伤人，诚不幸之中大幸也。被炸地点遍及全市，举其大者则有小梁子、会仙桥、鸡街、赛家桥、石灰街、上下都邮街（下都邮街全被毁）、大阳沟、米花街、苍坪街、总工地、通达门、黄家垭口、三教堂、行营画周、储奇门、老古楼、新皇街、申象街、人和湾、道门口、簧学街、上下陕西街、金沙岗、新街口、大什字、小什字、打铁街、公园、兴隆街、□家沟、机房街、观阳巷、德星里、韦家院坝、七星岗、字骨寺沟、神仙洞、领事巷、五福宫、市民医院、弹子石、马家店，以及江北城内五处。炸后，市民自动疏散者近十之六七，商店十室九空，日用品价格倍涨，且无处购买。沿街设摊之临时商店，莫不利市百倍，吃食店大有供不应求之概。据问七星岗一带，每一小食店，每日或获利百元左右云。目前，每日上午六时至十时街上行人最多，十二时以后即逐渐过河下乡。自下午三点至五点时间，行人疏疏无几。六时之后，又呈复活气象，八时至十时市容最好，惟弯眉毛、红嘴唇之摩登小姐、太太们已告绝迹，大概一以怕飞机，一以无享受之故。行中地下室，据建设计室称，可吃五百磅炸弹，除中头彩而外，危险当少，请在外各同人，勿以留渝同人为念，可也。

编后：五月中，连遭轰炸，心绪不免慌乱，且以股中工作繁忙，故本期内容，未免空虚，刻以为憾。炸后，纸张缺乏，改用土纸，加以行役行动失常，印刷模糊，尤觉歉然，希阅者原谅！

拿工作答复大轰炸：

重庆市被轰炸以后，物价显然在日趋高涨，其原因不外是来源缺乏，供不应求，以及运输困难，运费高昂。解决之道在增加生产，充实人民需要，使各地均能自足自给，不必转相迁徙。足见农业之供给粮食及原料品，工业之就地取材，加工品制造同属重要。前者，组织农业信用合作社及产销合作社，运用资金及技术，以求农产品之量的增加及质的改进；后者，组织各种工业合作社，利用组织及技术上的指导，供给各地日用必需品。二者相辅而行，并驾齐驱，虽然吾各大都市受到敌机威胁，而广大的农村足可负起这经济上自足自给之重要任务，今者在设立川省农放区域内，拥有蔗、烟、桐、棉、米、麦、木材、猪畜等特产，足资提倡，更有广大之工业合作贷款区正在发展中，则在解决经济之自足自给上，实负有莫大之使命。愿吾全体同人明了本身责任之重大，慨然自励，加紧工作，充实后方资源，用来答复敌人疯狂的轰炸。视察员处应对同人鼓励其服务精神，涤除旧有玩忽因循习惯，对工作力求社的健全，质的改进，业务的充实，使全区合作社日上轨道。一是对不健全之合作社严加取缔，勿稍姑息，以免将来不堪收入。二是对各种放款，务须依照规定，严格办理，使农民自筹一部资金，以免过于依赖他人，存取款无问本身得失之观念，对公债金尤须严予提存，使日趋自营、自主、自享之地步。三是对土劣把持，与巧立名目，或因维持开支而举办非驴非马业务之联合作社，应认真取缔。

对于川行员工这种"任凭寇机狂炸渝市，拿工作答复大轰炸"的精神，宋汉章总经理曾在总处同人团拜集餐会上表扬说："去年敌机连日轰炸重庆，而在渝同人，仍镇静从公，照常工作，这种努力的精神，实堪感佩。"由此可见，《小言论：拿工作答复轰炸》主旨就是职务报国精神的体现，亦如中行副总经理贝祖诒训词所说："我们在银行界服务，也就是努力建国；一桩事业的成功，就是国家一部分的成功，个人站在个人岗位上努力，也就是为国家努力。"

（七）故事：农贷员"山中夜行"的高洁坚品质

王业琛，湖北汉阳人，1941 年 7 月入行，系川行万县合作金库农贷练习生。入职中行仅两个月，就经历了"有生以来空前第一次最艰辛的尝试"，即头天他在大梁办理合作社申请贷款手续，下午办完事已是傍晚，此时黑云压顶山雨欲来，为了不耽误第二天到螺寺合作社开会，他"借了一个破斗笠，赤了脚，在许多惊讶的目光下"，冒着随即到来的暴雨摸黑翻过两座大山，最后累得"一分钟只走一步，直至匍匐行进"，终于返回到响水（地名）。他用真实感受写出《山中夜行（九月十九日于万县响水滩)》一文，刊于《中行农讯》第五期。此文从一个细微视角，深刻反映出川行一线农贷人员工作的艰辛及品质的坚毅。

山中夜行（九月十九日于万县响水滩)①

这真是我有生以来空前第一次最艰辛的尝试。四年前，我由鄂入川，踯躅在利万大道上，茫长千余里崎岖山路的跋涉，也曾经过好几次险困的夜行，却也没有这次仅仅二十余里之遥的山路夜行——从大梁到响水，来得利（厉）害。

晨间，我是由响水（地名）翻过两重高山来大梁（地名）办理该地合作社申请贷款手续的。到达目的地时，已经近午，开会便定在午后一时举行，会罢，已是晚餐的时分了。晨间满天的阴云，这时候终于变成雨滴，沙沙沙地落下。同时天的四周堆满了更浓厚的恐怖的云层，象征着恶雨将要来临，风凄立地吼着，暮色也苍茫了。许多人劝我就歇宿在大梁，但我却没有听。说是由于经验的缺乏，或者说是因时间紧迫（明天还要赴海螺寺合作社开会），使我在这种情况下，决心返回乡水，不如说被一种青年人的冒险心驱使来得确切。因为，虽然当时我诚然不晓得这两个山头要好些时候才能翻完？是不是要摸黑路？但是我却显然地没有顾及到，我只是被一种深厚的好奇心和冒险心所支配。

毅然地，我借了一个破斗笠，赤了脚，在许多惊讶的目光下，离开了大梁，踏上了返途。久未赤漏的脚，踏在被雨水冲洗得非常光洁的石板道上，是很够难受的。但从大梁到响水这段路上的石板道，却是异乎寻常地少。

初时两脚起落在山的溪流两旁，锋利的乱石和坚硬的沙粒上，由于神经的感应，心房不断紧缩着，牙也自然地咬紧了，脚趾吃力地弯卷起来，免得使尖锐的石渣在

---

① 王业琛. 山中夜行（九月十九日于万县响水滩).《中行农讯》第五期，1941 年 11 月 25 日，第 16—17 页.

脚板的皮肤里，刺进得更深些。虽然如此，我却没有忘记我的动机，我正是为着要享受一些不平凡的味道。我觉得现在顶好——天还很明亮——路可以看得非常清楚，这该让我骄矜地向着一些怯懦的人们。然而，夜幕却一秒钟一秒钟地垂下来，这使我不得不利用目前这一点宝贵的"稍纵即逝"的天光，忍耐着脚板的疼痛，尽力加速了步度，希望在未入黑前结束我的路程，在有几段较平的石板道上，我简直赛跑一般地急走。

好容易地我已经翻过了一个山头，到达了它底脚下。回头看时那山头半截埋没在深厚的乌云里，使我回悟到刚才在那山头时周围厚雾的由来及呼吸困难的原因。再看四周，高高低低的山群，也都被一簇簇的乌云笼罩了大部或全部的山头。那些云急急地移动着，颇为壮观，好像我所有看过的图画一样。我有意贪婪地欣赏着，忘记了一切应有的顾虑。终于远处的昏暗渐渐逼近了来，一百公尺以外的树林，只能看见他们是些像树形的影子，慢慢地连影子又隐了。刚才的图画也好像突然由伟壮变成可怖的威胁的样子，围绕着山头山腰黑压压的浓云，使先前沙沙的雨，渐渐变成哗哗的雨，破斗笠也失了效用，雨水布满了两颊和脖子里，又顺势流进因跑步出满汗水的背脊上，冷的和热的互相渗透着。心里开始有些忐忑，但我抱了一种听天由命的态度，迎接前途不堪设想的遭遇。笑话！你看我今天能不能回到乡水，苍——苍——海——。有时我奋激，便和同谁赌气似的这样自语着，随着便鼓起喘气的嗓子高歌一曲"白云故乡"，好像这快慰的歌声能充分地表现我的自信，同时在这极孤零单调的步行中，它好像颇能解除一些寂寞，于是一曲完了，略停，又来第二曲……但可惜除了在风雨尽量地收小了劲势的时候，即使连我自己也很难将它们听得清楚。

我仍然不停地一步步地前进着，冒险心和自信心使我鼓起了无限的勇气，脚板已不像以先那样疼痛了，因为它已经渐渐地麻木起来，走进细粒的沙路，竟可尽自己的步度跨去，不必加以选择。但现在显然地连这种路也很少见了，现在大半是被稀泥占满的较宽的田埂，一上一下，凸凹不平，即使将脚趾卷缩得再紧些，也不能避免前后左右的溜滑。我于是不歌唱了，我只屏住了呼吸目不转睛地望着地面，以便应付急变，这是常有的事，左脚或右脚一不小心向某个方溜去，他的距离，通常超过了一大步，于是身体向相反的方向一歪，头上便迸出一阵冷汗。要不是我习惯地在每次爬山时，总携带着一根手杖，那我真难估计我要向各种方向跌倒的次数。在每次神速地恢复了身体重心以后，呼过一口长气，骄傲占据了我整个的心，我想要……我想着……一直到行程的终结，也不要滑倒一次。

这时我不觉已开始攀爬第二个高山了，周围更加黑暗起来，使我除了前面的一条白晃晃的路径以外，不能看见其他的一切。

黑了，终于要摸黑路？我绝望了，算了算回到响水还有好多时候的路程，我不禁立刻消失了我刚才所有的自信，这时我颇有点后悔，为什么不听他们的劝告呢？他们都是有经验的？然而我仍然未曾稍懈我的脚力，上坡路并不很滑，我如士兵冲锋时一样地照着前面一条隐约的白径向上奔驰着，不久我的呼吸短促和心房跳动都到了最高度，脸上布满了豆粒的汗珠。我率性停了下来，将大衣脱下塞进袋囊里，裤子卷到股际，衬衣的扣子都解开来，又继续更快地向上面跑，我没有些微疲态的感觉，我也毫不姑息腿杆和脚杆在青石缝上碰破和踢破的创伤和从中流出的鲜血。我只草率的用一些泥浆堵塞着——这些在平时也许是认为非用药膏绷带不可的。

不一会，我发现自己在雾的包围中了，雨似乎没有落，但漫山地飞舞着细雨粉子，把衣服浸个透湿，风却越刮越大了，告诉我已快到达那毫无遮挡的山头。我变换了常步来通过山头，周围的浓云在身边飞驰着，一团紧接一团，从未见过的大风，汹涌地怒吼着，好像要在这黑暗中把我掀下山去，我靠了我的手杖，费力地支持住我的身子。附近的树林也引起一种凄惨可怕的响声，震耳欲聋。前面白晃晃的路径也渐渐模糊了，二十公尺以外便看不见它。四面连一星灯火也没有，我深深地感受到倘使一个人孤存在这世界，将是多么可怕。被汗水浸湿的衣服还在滴水，而全身忽然慢慢地有些寒冷的感觉，摸索着将衣服重装起来。一个可怕的念头，突然地开始来袭击我：这时候正是豺狼出现的时候！大腿和两臂敏感地反应起许多鸡皮来，每根寒毛都竖立着。我的冒险心虽没有和自信心同时消灭，但这时即使勇敢和大胆的人，在这种情况之下，也很难心安定下来。云、风、雨、高山、黑暗、野兽等等尽量地施展着威胁，我胸中一股不顺利的气直冲上喉头，几乎要使我破声号啕起来，但我并没有这样，我只是像煞极度虔诚的带着西洋迷信的口吻，把两手向左右伸开来，头仰望着天，呻吟地哀恳着：上帝！默佑我吧——愿你帮助我——。

翻过山头，前面的困难只有一步步地增加，乃是意料中的事。下山时，眼前的一切更为漆黑，终于使我成为一个睁眼瞎子，我不得不靠了手杖和脚尖的探索来慢慢地继续我的行程。在一处下坡的石级上，我开始第一次跌跤了。那块石板显然是非常溜滑的，上面浮满了一层稀泥，而它又偏偏倾放着，于是左脚踏上去好像穿了冰鞋踏上溜冰场，手杖不能帮助我支撑身体，它便沿着这石块滑了几层去，右膝及右股很重地落在石板上，泥浆洒湿了我的满身，我想要不是由于灵敏的反射作用，右手很快地扯住了路旁的一根树枝，也许还有十级甚至于二十级的石板坡，我会一步将它们走完。

懊丧地爬了起来，终于滑倒了，心中难受；但随即也就释然了，正因为这是无法避免的，以后的跌倒真不知还有多少次呢，随它吧！我仍然探索着前进。很不容易，我屡次地受着这路给我许多的欺骗；有时你以为这是下坡了，不巧一脚踏去，却是平路或上坡路；有时你认为这是上坡路了，不巧一脚则踏了个空，重重地落在下坡或较低的石板上，两者都使脚甚至于全身都受到极大的震动。腿杆也渐渐不大愿意听我主宰了，跌倒的次数便如所料地跟着加多，不过花样有种种的不同，遭殃的有时是腿部脚部，有时是臀部腰部，有时是背部和头部，总之，每次都有异样的感觉。有几次我几乎被摔下山坳里和池塘里，都被我临机应变地救了危局，但后来在一处山坡旁的岩石上，我终于没有幸免。左边是一个急倾的崖坡，上面生长了许多杂乱的植物，一不小心左脚踏了个空，身体便由这崖上直坠下去，着落后又向下滚了约丈余的距离，才停止在一堆挡住了我的去路的植物的旁边。你是无法想象到我当时心中悲哀的样子，我终于迸出了两颗泪珠，我简直不敢相信这遭遇是真实的事情，我希望这是一个梦，一个噩梦！

虽然全身被泥浆裹满了的尽是创伤，我却毫不感觉疼痛，静静地躺了一会，脑中映起了无穷的幻想，爸、妈……都立时涌现在眼前。不知是什么给予了我一种伟大莫测的力量，在平时是绝对没有产生的可能的。我靠这力量将手和脚一齐动员循着跌下去的方向很快地攀登到了路旁。

这一定是路……我摸到了一级路的石板，我有把握地想着，毫不迟疑地，两手"伟大莫测"的力量一撑，给我又重新站立在来时的路上。呆了一会，两腿阵阵地有些抖颤，牙齿发出互相碰击的声响。我的确不想再去了，我用两手圈成筒状，套在嘴旁，大声地喊着：有没有人呀……给我帮助……我看不清路啊……我相信这时风雨并不大，我的喊声至少在五里路以内是可以被听见的。但始终没有一个人回音，除了唤起些山谷清脆的反声。也许左近是有人的，不过恐怕他们已经入睡了，即使他们听见了我的惨叫，但是谁又肯从一个温暖的被窝里爬出来，救助一个毫不相干的陌生人呢？

我又摸索了一截，这一截我是胡乱走的，并且速度也快了起来，因为脚已经麻木得不像是自己的了，同时抱定了一种牺牲到底的决心，任他去东倒西歪、滑、跌、滚……幸亏从大梁到乡水只有一条乡径，这使我在黑暗中不至于有踏上歧途的危险，不过有些地方道路是打从一块面积很大的山石上经过的，石上并没有留下显著的路迹，石的他端和道路的衔接点，究竟在甚地方，便不得不费了相当的时间，在山石上绕了几个圈子才将它搜觅出来；有时错误地走上了一条田埂，越走越不像路，于是又转身摸索回原来的地方，重觅出路。像这样屡次地耽误了我极大的时间，山坡下完时，约莫将近午夜了。

风完全停了，雨却变本加厉地倾落起来，全身好像浸没在游泳池里。远处突然发现一两滴血红的灯火，看去也许是五里路的远近，也说不定是十里，移动着，分外明亮，比都市的电灯还要明亮，它照彻了这里所有的群山，照彻了这无边的大地，甚至于这整个的世界，这宇宙。

但是一瞬间，它们先后的熄灭了，一切一切恢复漆黑，天地好像突然缩小了。然而在一瞬间，我的确获得了不少人间的温暖和亲切。我依旧用已经疲软得无丝毫力量的两腿，探步前进着，几乎是一分钟只走一步。

最后，我实在无法再提起它们了，脑子也晕荡起来。我终于用了匍匐行进的方式，结束这一段为一个青年人的冒险心驱使着而行的艰辛的途程。

雨歇了，几声犬吠，告诉我目的地——响水已靠近了。没有一家还燃着灯火，经过街心时，由两旁住户窗隙门缝间传出的阵阵的清晰或混浊的鼾声，显然地表示着他们到甜蜜的梦乡已经很久了。

（八）故事：于诙谐之中的渝行点滴与广播新闻

川行《农放月报》曾开辟过"渝行点滴"[①]、"广播新闻"[②]、"工作与生活"[③] 等栏目，将其于诙谐之中的若干农贷生活小片段加以记述，这同样反映出川行农贷工作人员的工作与生活面貌乃至内在精神。

1. 于诙谐言语中感受"农放精神"

（1）广播新闻：农放精神。某君自川中川西视察归来，尤以招考工贷人员，终日奔波于烈日之下，虽汗流浃背，气喘如牛，仍然安步当车，不以为苦也。某星期六下午自沙坪坝返渝行时，两脚顿感迟钝，蹒跚而行，步履似甚艰难，然犹足蹬草鞋，肩挎背包，手持龙头拐杖，一颠一摆，渡江而回黄桷垭宿舍，甫过江双足泡出如豆，已寸步难行矣，素以"不坐滑竿"为标榜之某君，仍然咬紧牙关，拾级而上，据云费三小时而至宿舍。仅入门，头昂然而倒，甫甫登床，即吟语大作，测其体温，高至103度（即摄氏39.4度），视其足，则肿胀如鼓，家人为之惊倒。多时，某君稍醒，因其素通医理，于是阿司匹林、金鸡纳霜……药石齐下。不数小时，而汗出热消，神智大清矣。但足部则以受创过巨，且以红药水、高锰酸钾涂洗，费时三周有余，方渐见痊可，刻已返行，力疾犹公。

（2）广播新闻：一失足险成千古恨。1941 年 8 月 19 日，敌机袭巫山，同人刘庆

---

① 渝行点滴.《农放月报》第三卷第九期，1941 年 9 月 1 日.
② 广播新闻.《农放月报》第三卷第九期，1941 年 9 月 1 日.
③ 工作与生活.《农放月报》第三卷第四期，1941 年 4 月 1 日.

459

侯君①，仓皇奔避，失足坠岭，头部重伤，血流不止，竟至昏厥。经电知其尊翁奉分处刘主任，星夜驰往，陪至奉节就住，闻已脱险。刻在调养中，渝行农贷股同人闻恙之际，苦为紧念，曾去电慰问。

（3）渝行点滴：我们几乎不能见面了。1941 年，黔省榕江金库之剑河工作站贺之荣君②到任后，于溽暑下乡工作，积热颇深，甫归，即匦计本县借款及预订事上，8 月 26 日，正执笔起草最近报告，忽觉心房跳动，肋内麻木，自以为西归期近，便执笔作遗嘱。请医生，态瞳目无光，视觉不敏，期于内心，更感急躁。乃起而出外觅医，行于街市，神稍定，目心能视，方自身尚赤膊以行，乃归室，往卫生所求治，始□患较轻之脑充血症。病榻冷袭，秋雨潇湘，晚间各处同人闻讯，均来慰藉，聊解客病之苦。第二日，榕江金库经理李镜波君③视察到此，握手言欢，第一句曰"我们几乎不能见面了！"

（4）渝行点滴：念念不忘的贵阳。同人某君，翩翩年少，尚独处无偶，自黔区镇库移交归交通银行后，回籍资阳省亲，由友人之介绍，得识某女士，肖白扬风度，一见情深，愿结佳偶。遂因黔南三合事又紧张，又奉派前往工作，悬歌唱别，不胜依依。某君以事业为重，在崇山峻岭中，仍努力于岗位工作，绿衣使者频送百里情书，以相慰问，某君谈话口吻中，时常念念不忘贵阳云。

（5）渝行点滴：清江河惊涛拍岸。某君由台拱赴剑河，途经清江河玉展家（乡镇名），下有长滩十里，河中乱石星罗拱饰，水流急湍，惊涛拍岸，不亚于三峡艳湘之景。一叶扁舟，常盛满江水而流，行囊尽湿，面包骤没。甫定至某寨，素称有土匪之处，忽闻有呼停船检查声，舟子均将携带之硬币（清江河各县仍多用硬币），到处藏塞。某君至斯状更窘，以为棒老二光顾，以将携用十年之皮夹置于舱底，泊舟近岸，见衣衫褴褛之武装同志者，近十人"剑河保警队"，逐船检查，无一幸免——收船捐——并检查是否携带硬币及阿芙蓉。口称我不要你的钞洋（钞洋即法币），某君至此，方喜形于色，又是一番拍岸惊涛。

（6）广播新闻：许视察员泛舟巫山峡。万县许文周视察员，最近以协助巫山合作金库各县接收事宜，曾赴巫山、巴东等县接洽。因万县以下交通困难，仅能搭坐木船，而许君所坐着又属小舟，扁舟一叶，泞荡于巫峡一百六里惊涛骇浪之中。许君胆素壮，非持毫不惊心动魄之表情，且能饱览奇景，追据古诗，文人雅士也。兹将许君抄来巫山十二峰古诗一首□□，聊供仰慕名山胜景之各同人之吟哦，而收望

---

① 刘庆侯，四川巴县人，1941 年 5 月入行。

② 贺之荣，河北肥乡人，1930 年 10 月入行，原为资阳中行农贷助理员。

③ 李镜波，河北任丘人，1941 年 7 月入行。

梅止渴之效①。

> 翠屏百丈起云烟，远望霞光照圣泉。
>
> 聚鹤面跨千载盛，登龙直到九重天。
>
> 朝云有雨名飞凤，净坛无路可集□。
>
> 是问松恋撺子尽，上升擎月数□还。

2. 于诙谐言语中窥见农贷员生活

（1）工作与生活：渝行情形。其一，渝行共有女同事十二人，已婚者八人，其中四人于本年结婚，连不久将婚者在内，共有五人之多，故今年可称为"女同事结婚年"，大约明年将一变而为"娃娃年"。其二，本行友德社，将举办乒乓球比赛，推报名者，未见踊跃。又本行同人所组业余□□，曾一度消沉，近来经颜副理打气，又开始活动，□□，复成立图书室外，并将举行座谈会议。其三，渝行同人消费合作社于年秋在贵阳购进大批货物，已于最近发售，定价相因（价廉），购者云集，生意兴隆，利市百倍。其四，另据渝行档案史料显示，中行总处、渝分行曾发布调整职员工作及督促业余进修的通函（1932年4月12日）。

（2）工作与生活：永川某晚同乐会。永川金库工作同人与合作室，每月均有一次同乐会之举，除聚餐外，且有余兴。某晚，到会者除"光杆"而外，均偕同"太座"前往。筵席盛开，"六大菜"杯觥交错，饮至半酣"一杯酒"，首由某君夫人引吭高歌"夜半歌声"，次及川剧、相声、学摩登走路、学老太婆说话，最后有"太行山上"及"江南梦"，在"梦里家园路迢迢"的歌声中散会。

（4）工作与生活：吹箫引凤。某县工作同人因感跑乡下之余无适当之娱乐，与合作室同人拟组织音乐供应合作社，每社员缴股金50元，预备置风琴一架及小规模乐器，以备工作之暇，得以舒畅心神，闻尚有附带条件为"吹箫引凤"云。

（5）工作与生活：太太不见了。某县某君方新婚宴尔，与新太座情感颇笃。某日，因某事获罪于"内阁总理"，"内阁总理"便宣布某君"解职"，遂不别而行。某君大为着急，各方寻找，至万家灯火之时，扫兴而归，及至闺阁，见内阁总理早已稳坐室中，彼此及仍呢喃如故云。

---

① 原文注释：望霞岭又名美人岭；十二峰中，现可又见者，仅望霞、上升、圣泉、净坛诸峰，其他如飞凤峰，前本横于江中，因行船不便，已于清末入江除去，松恋、聚鹤，业无松鹤存在，且鹤原非直鹤乃草象鹤。

（九）精神：川行农贷报国群体意识与精神总括

综合川中行抗建报国之农贷小言论、农贷感人故事、农贷报国感人诗篇及后述之川中行移交农贷场景等内容，现将川行农贷报国群体意识与精神总括如下。

1. 农贷抗建使命

四川素称天府之国，自全面抗战以后，遂为西南经济建设之中心，抗战资源之供给，类多赖于川省。川行秉承中央农放政策，总处农放宗旨，积极辅助农民，增加农业生产，以厚国力。（川行农贷股，1939）

吾人之使命，在以国家经济力量，使农民生活安定，接受政府指导成为完善国民。只要吾人负责区域内，有一社员尚未达到吾人理想标准，吾人之努力，即不应一日中断。（川行王君韧副经理，1942）

2. 农贷群体精神

我行农村工作人员，要以高超的理想，抱牺牲的精神与百折不回之志愿，摩顶放踵，焦唇敝舌，献身于合作事业和繁荣农村的重大使命。此项工作并无虚荣之可言，同人所以孜孜不息者，在于个人仅求内心的安慰，对社会则希望有微薄之贡献，职是之故。愿同人各本斯职，上下一体，和衷共济，使事业益臻于完善，苟有成就，非特同人之幸，抑亦社会之福也。（川行农贷股副主任吕则民，1939）

3. 办理农贷态度

办理农贷非深入农村，朝夕与农民接触，逐渐取得农民之信任不可。欲求得农民之信任，须有传教士之信仰，必抱"无我"之精神，取尊重农民之态度，必须有家人父子间之真诚，以身作则，举凡本身日常生活习惯，无有逾越良善国民应有之标准，后出全力以赴之，事乃有济。（川行王君韧副经理，1942）

农贷人员应必备热心、毅力、吃苦耐劳的精神，随时充实自己并须能自我教育，切实做到以农民之利益为利益，并取得实效。即使我们所遇到的困难要多些，个人生活要苦些，但也应牺牲小我，不要叫农民来迁就我们，这样方能完成我们的任务。（内江支行主任指导员王慕曾，1939）

4. 农贷工作作风

五年以来，川行农贷同人在做一件事开始的时候就抱一种必成的信念，以公事当私事去办的热忱态度而对事业尽十二分的努力去做，再通过到处学习，择善而随，不善而改，并在共信互信和乐于助人的基础上造成共同的意志，由此完成一种为老百姓们服务的使命。（川行农贷视察员兼农贷股金库组领组刘子钦，1942）

5. 农贷群体风貌

中行农贷同人，均能以事业为重，不辞艰苦，十载以还，精神如一。多数同人中，均能不顾名义之高低，待遇之厚薄，乐于在中行担任清苦之农贷工作者，实事业与志趣之问题，似非待遇与地位之可左右也。（张心一，1942）

蜀山巍巍，嘉陵沧沧。我农贷同人，历年一本本行之服务精神，朝斯夕斯，共信共行，趼足炙肤，吸风餐露，殚心擘画，劳苦备尝，固非一语所能尽也。语云"有志者事竟成"，则将来农业生产发达，农村经济充裕，外则贸易繁荣，内则民生安定，当可预卜。（中行副总经理贝祖诒，1942，注：概括其意）

6. 农贷人员修养

对于农贷人员个人之修养，务以不自足之心理，事事求进益，时时求进益。举凡为人之道，个人性情以及各种常识，各种有关事项，无时不用心，然后将留心所得者，加以判断，孰应效法，孰应摒除，以虚怀若谷之心，接受多方面之教训，如是方能求得充实之修养。吾人不必患怀才不遇，但恐遇而无才，无力胜任。诚如是，然后方可无得失之心，竭尽心力，为事业努力，为国家尽应尽之责。（川行副经理王君韧，1942）

7. 农贷形象特写

我们就是这样的装扮出发的：背着背包，头上挂着一顶蓼叶笠，脚上穿着苞谷鞋，手里提着一根结实的手杖，荷包里塞得胀鼓鼓的，配合着我们每一个铁牛般的体格，以一种庄严的稳健的步法，踏入农村去了。在街道上，人们致以惊异的赞赏。在乡下，走着崎岖的山道，你会说"这是打虎的武松啊！"当你这样说时，我们的武松已提着哨棒，跨过一个山头了。当我们满面风尘地回到行里时，可以听见同人们戏谑的声音，这是一种溢于言表的喜悦，但那语句是如此粗糙："草鞋花脸们回来了！"（四川云阳合作金库农贷员张学培，1941）

8. 农贷豪迈诗句

数年萍踪寄山林，万壑千岩着我身。野店炊烟聊就食，荒村落日暂趋眠。蓬头垢面神仍壮，尝胆卧薪志益坚。农产未丰我辈责，从今愿更着先鞭。（万县合作金库助理员蔡瑞征，1941）

十年奋斗余白发，几许功过问天知。凡我同志多蹈励，一德一心一戎衣。（川行农贷视察员兼农贷股金库组领组刘子钦，1941）

9. 农贷远景描绘

合作社的组织将以农场为单位，农贷以农场为贷款的对象；原始技术因农贷的促进将被代以机器工作；农田水利事业的高度进展使农民靠天吃饭的心理减到最小的程度；农业技术的发展以及交通的发达使农村中自给自足情形代之以商业化；农业技术的发达和农村用工的减少使部分农业劳动力流入城市而被发展中的工业所吸

收。（内江支行荣昌县办事处主任辅导员马丹祖，1942）

六、川中行移交农贷场景及历史憾事

1942 年，正当中国银行决定"不以盈亏为顾虑"扩大贷款额和增加农贷人员至千人以上时，根据四联总处理事会《各行局农贷业务交接原则》规定，中、交两行及中央信托局原有农贷业务，连同工作人员一起同时移交；交接日期定为 1942 年 8 月 31 日，自 9 月 1 日起新放款统由农行承做。中行遵照规定共计移交农贷 2.3 亿余元，农贷工作人员 637 人；工业合作贷款 631 万余元，专任工合贷款人员 41 人。其中，四川中行移交农贷约 8480 万元，移交农贷工作人员 132 人；移交工合贷款 130余万，移交工贷工作人员 13 人。至此，中行已开办十年及四川中行已开办六年的农贷业务即宣告结束。

《中行农讯》于 1942 年 8 月 31 日刊出第 13/14 合期，详细记述了中国银行移交农贷时的各种情形，并发出停刊小启。与此同时，四川中行农贷股创办的《农放月报》历经三年又八个月共出版 43 期后，也于 1942 年 8 月在第末卷第末期刊出停刊词。从两刊诸多文章的选用及超大文字容量的编排中，不难感受到整个中行从领导到普通农工贷人员，对中行十年农贷和川行六年农贷之艰辛历程的回顾与眷恋，对一如既往发展中国农贷事业的意犹未尽之热忱，对多年共事的本行农工贷同人即将离开中行而转属中国农民银行所引发的浓浓深情。

（一）总处及川行为农工贷同人惜别

1942 年 8 月 19 日，中行总处在重庆玉灵洞为农贷同人饯别，宋汉章总经理、贝祖诒副总经理、陶桓棻副总稽核等领导均亲自莅临，四川、上海等分行[①]亦派代表到会为农工贷同人话别，其情其景感人至深。

1. 宋总经理告本行农贷同人书

宋汉章总经理首先说明了移交农贷的原因及背景，然后回溯了本行自 1933 年以来开始办理农贷经过，强调"其时正值我国农村破产，社会极度不安之际，而当时复无其他机关着手承办此事，于是本行以社会责任之殷，爰本一贯服务精神，不得不起而肩此重任"。其后，他对张心一等开拓农贷先驱的贡献表示感谢（见前）。然后，他对即将离开中行到农行工作的同人们，提出继续为农贷事业做出贡献之希望："诸同人将来在农行领袖指导之下进行工作，与在本行服务初无二致，希望仍本以往

---

① 抗战时期，上海沦陷后，中行上海分行在重庆设驻渝办事处，下设农贷股及两组，下辖湘支行、桂支行、赣支行、滇支行的农贷业务。

奋斗精神，以所得经验，□献于农行，为农贷业务尽其全功。"最后，他表达了对多年共事的本行农贷同人的依依惜别之情："汉章虽不克与诸同人继续共事一处，唯此后农贷业务既已集中专办，当有更大之建树，而本行倡导及办理农贷之初衷，必能由诸同人贯彻发扬，自亦乐观厥成，私衷庆幸，宁有涯涘①。今日略具菲宴②，为诸同人饯别，借此机会，将本行办理农贷业务经过，及汉章对于诸同人期望略述如上，作为临别赠言，希共鉴之。"

2. 贝副总经理发表惜别之感言

首先，贝祖诒副总经理从"以农立国、惠农保元"的历史重要性，论及复兴农村经济，为充裕国计民生和平衡国际收支之要图，道出中行乃本斯意旨于1933年开始办理农贷之渊源。洎乎③抗战军兴，农产品得输出国外换取军需用品，裨益抗战尤大；农产品还可作为发展工业之原料，力求自给自足。及今本行农贷区域遍及各省。其次，贝副总形象概括与高度赞赏农贷员的贡献并深表感谢："念及我农贷同人，历年鞍足炙肤，吸风餐露，殚心擘画，劳苦备尝，衷心感慰，固非一语所能尽也。"再次，他务希即将离去的农贷同人，"一本在本行服务精神，继续为国家尽其贡献。诸君朝斯夕斯，共信共行，将来农业生产发达，农村经济充裕，外则贸易繁荣，内则民生安定，当可预卜。本行以发展国际贸易之地位，更不胜引领以望者也"。最后，贝副总动情地说："蜀山巍巍，嘉陵沧沧，诸君珍重，谨祝前程光明，身体健康！"

3. 渝行致告别渝行农贷同人书

渝行王君韧副经理对"共司其事，砥砺策进，公私谊切，已历五载"且即将改隶农行服务的川中行农工贷同人，表达了"离别有期，衷心惆怅，曷可言宣"的告别致辞，将他个人深信不疑的、数年来无日不以此自勉及勉励员工的农贷理念，作为临别赠言赠予农工贷同人。

农贷理念一：办理农贷，非深入农村，朝夕与农民接触，逐渐取得农民之信任不可；欲求得农民之信任，必须对于事业先有传教士对于宗教之信仰，必抱无我之精神，取尊重农民之态度，必须有家人父子间之真诚，以身作则，然后出全力以赴之，任劳任怨，事乃有济。

农贷理念二：搞好农贷需要未雨绸缪，上仰政府防止囤积之风，下为农民谋万全之对策，以维护农村经济和后方社会之安定。

农贷理念三：农贷员个人修养，务以不自足之心理，事事求进益，时时求进益。

---

① 涯涘，指水的边界，引申以比喻事物的界限。
② 菲宴，指简单粗略的酒席，用于自谦。
③ 洎乎：及至，或到了。

不必患"怀才不遇"，但恐"遇而无才，无力胜任"。诚如是，然后方可无得失之心，竭尽心力，为事业努力，为国家尽应尽之责。

最后，王君韧副经理深情地说："以上三者，韧不敢谓其必是，然数年来无日不如此想，或者尚不过错。兹以别离在即，用敢以诚为诸君告，并愿提供诸君作为今后之参考。他日与诸君重逢，必当先以上述三则向诸请益，并希诸君有以教我。临别依依，书不尽意，敬祝：诸君健康，事业畅顺①。"

4. 农贷视察员李效民致告别书

农贷奉令移交时，总处农贷帮核兼四川农贷视察员李效民，对那些相处数载、同为合作事业相互勉励、将前往农行服务的渝属农贷同人，遂尔②言别，不能已于一言，仅就继续建设"自营、自有、自享"之农村合作事业提出殷切希望。

农贷事业尚在垦荒阶段，然千里之程，起自跬步，只事耕耘，不问收获，事业终必有成就之一日。建设"自营、自有、自享"之农村合作事业应把握要点：合作社不应只求量的发展，而应求质的提高，故训练社员对合作社有信念、有认识，职员对社务肯奉公、肯尽责，并且有经营能力；合作金融应力求与合作行政、农事机关、技术机关打成一片，相互联鳌，分途发展；积极提拔农民干部，训练可资造就之人才，而不为少数土劣所操维把持等。致合作事业于正轨，其道多端，上所云云，卑不足道，故云心得，聊作纪念。最后，李效民深情地说："劳燕东西③，后会有期，暂时分手，精神永契！谨祝诸君，为事业珍重，为合作增光。"

此外，1942年8月31日，中国农民银行总经理顾翊群亦向即将离开中行而转隶农行的人员致以为实施专业化管理的《致全体农贷人员暨合作金库人员书》。

（二）张心一诚为农贷同人奔走呼号

最令人感动的是，远在甘肃任建设厅长的，但却被中行人仍然认为是"领导本行农贷历时十载，现暂离总处，对本行农贷工作仍无时不尽其指示领导之责"的张心一，在1942年6至8月移交农贷之际，仍以他那眷恋不舍的农贷情怀，对我国今后农贷事业多有希冀，并深切关心中行农贷同人今后的发展与命运。

在农贷专业化即将实施时，张心一就在《中行农讯》发表《在调整农贷机构声中告同人书》，对农贷专业化趋势表示意见，对中行农贷同人们均多希冀。

---

① 畅：畅，畅顺即畅顺。
② 遂尔，即指于是乎。
③ 劳燕，代指伯劳和燕子两种鸟类。劳，指伯劳，伯劳俗称胡不拉，是一种食虫鸟类。燕，鸟类的一科，候鸟，常在人家屋内或屋檐下用泥做巢居住，捕食昆虫，对农作物有益。含义：伯劳、燕子各飞东西，比喻夫妻、情侣别离。出自《乐府诗集·东飞伯劳歌》。

在农贷专业化办法实施过程中，张心一先生特别致函中国农民银行顾总经理顾翊群说，因"贵行今后专员全国农贷之大责"，现"仅将十年来办理农贷之微得及个人对于今后农贷工作之意见，列陈于左以供参考"，要旨有两方面。

第一，张心一对今后农贷事业发展提出三点希冀："（一）过去各行农贷办法各有所长，用人行政亦各不同，今后切望实行参照各行办法，去短补长，俾工作效率更趋宏大。（二）农贷目的在扶助农民，而农贷办法以适应农民之需要为唯一之标的。过去因银行习惯所限，农贷办法不无削足适履之憾，今后方针：一面必须使银行主管当局，尽量明了农村实况，一面又须多用得力下级干部人员，使其深入农村，随时研究农民之需要，而一切农贷办法，应富于弹性，使下级干部有因地制宜，随时伸缩之权便。所有中下级干部之意见，尤须尊重。（三）贵行今后既已专负农贷之责，为求事业之发展，今后各分支行负责人员，应尽量以对农贷有实际经验之人员充任，俾免上下隔阂，影响工作。前陈各点，以弟愚见，均属为求农贷事业成功之先决条件。"

第二，张心一尤其希望中农行顾总经理对即将接收的中行农工贷人员 678 人（川行 145 人），给以恰当的管理方式与人文关怀，其原话读来感人至深，恰似一位慈祥父亲对外嫁闺女之生活与命运的深切关怀，他希望顾总经理：（一）俟各行移交农贷后，宜将中行移交人员分区集中于三四个省工作，俾以保持原有工作精神；（二）承嘱转劝中行农贷同人踊跃参加贵行工作，而农行亦应解决移交人员加入新环境之先决条件；（三）中行农贷同人，多数均能不顾名义之高低，待遇之厚薄，乐于在中行担任清苦之农贷工作者，实事业与志趣之问题，似非待遇与地位之可左右也。所以只需贵行对于今后农贷事业能找出最适合于现在环境，而且最有功效的办法，则无论原有人员或移交之员，必能乐于从命，努力向前。

农贷专业化办法已付实施时，张心一又特地致函中国银行陶桓棻副稽核，强调两点：一方面，他按照本人的做人做事原则，对农民银行今后走向作出善良的预判："贷专业后，关键在于农行当局能否诚心干。我以为他们可以干，因有本行同人帮助，而顾先生亦是想做事者。我以为他们必定干，因为专业之议倘认真执行，即为农行前途及行员前途，均非如此不可。"然而，张心一太过善良，事后发展并非如其所愿（见下）。另一方面，张心一希望陶副稽核向即将离行的农贷同人转告自己殷殷嘱托与希望：**"在同人入新环境的时候，我还是劝大家以事业为重，把自己的学验充分献出来，而时时不要以客人自居，却不妨以丫头自视，忍耐数年，自然会有结果。"**不难看出，张心一那胜似父女之情的动人言语，即便今天来看也会让人"泪奔"的！

（三）农贷同人犹未尽之报国热情

从《中行农讯》第 13/14 合期和渝行《农放月报》第末卷第末期之超容量刊登的各类文章中，还可深深感受到那些即将离开中行转隶农民银行服务的农贷同人，对中行农贷十年艰辛历程的回顾与眷恋，对农贷美好远景的憧憬，以及他们从骨子里热爱农贷事业和献身农贷事业之情怀，其印证史料如下。

1. 从骨子里热爱农贷事业之情怀

同期《中行农讯》刊载的各行农贷同人热爱农贷事业的调研类文章如下。

——中行副稽核陶桓棻的近万字长文《从银行创办农贷说到农贷专业后的希望——献给多年共事的本行农贷同人》；

——中行长沙支行农贷视察员张葆良《谈谈农贷视察问题》；

——张寅生《记旌德县三溪乡合作社——皖南农贷实验区一个合作社的报告》；

——尹彤墀《农贷的检讨与展望》；

——瑞文《四行局农贷业务集中办理后之我见》；

——王田夫《贫农的信用》等农贷业务调研类文章。

同期《中行农讯》刊载的四川中行农贷同人关于农贷业务调研文章和对农贷美好远景憧憬的文章如下。

——川中行农贷股金库组刘子钦《论实物贷放之得失》一文，针对"三十一年度四行局办理农贷方针规定：参酌各地情形试办理实物贷放"，本行于川、浙、桂诸省小规模试办的具体情况，有理有据论其利弊得失，颇有参考价值。

——川中行永川县合作金库经理赵兴民，作为一位颇有工作成效的合作金库老经理，在《如何调整县合作金库》一文中，针对中行辅助各县合作金库"自筹资金困难，本身开支又大，除少数能略有盈余外，大多亏损，成效有限"（其中川行除四川大足和贵州平越两合库盈利外，其余 13 个合库均为亏损）的普遍问题，以他那从骨子里热爱农贷事业之情怀，在临别时还那样执着地提出建议，而且有的建议，即便是在今天看来也似曾相识："实事告诉我们，金库是先天不足，后天失调，人不敷出，赖辅设机关的透支才能支持，今后实有改弦更张，自力更生的必要：（一）筹备金库时，须避免建筑设备上的铺张，已成立者尽量节省，如原屋租典期满，不妨借用祠堂文庙等公共房屋。（二）金库专办合作社放款。（三）库内人员尽量减缩，工作另行分配……（四）营业时间——乡人习惯，于赶场日进城者多，金库既以合作社为唯一对象，不妨于逢场日开门营业，以便常驻县城的负责辅导员抽暇下乡。（五）征用人员——金库以合作社为唯一对象，金库职员以能下乡的为合格。负责辅导员不征用大学农科毕业生，其他人员也以毕业职校或高中生，经过短期合作训练后，最合理想。因为他们比较尽心，吃得起苦，把事当作事做，这样一来，金库的人事较少麻烦。（六）盈亏问题——金库做不到也做不过银行的业务，倒不如根本不做。"

——马丹祖，移交农贷时为荣昌办事分处农贷主任辅导员，他在即将离开中行去农民银行工作时，还憧憬着农贷为了促进农业的立体发展而势必达到的远景："合作社的组织将以农场为单位，农贷以农场为贷款的对象，原始技术因农贷的促进将被代以机器工作，农田水利事业的高度进展使农民靠天吃饭的心理减到最小的程度，农业技术的发展以及交通的发达使农村中自给自足情形代之以商业化，农业技术的发达和农村用工的减少使部分农业劳动力流入城市而被发展中的工业所吸收……"今天，当我们看到马丹祖当年所憧憬的农贷远景，终于在 2021 年中国全面脱贫伟大运动中得以实现以后，我们不禁会对这个 80 年前的内江中行小伙子的高远的想象力及坚定的信念，而感到由衷的敬佩。

与此同时，渝行《农放月报》第末卷第末期刊出的农贷业务调研类文章和对美好农贷远景憧憬的文章还有：

——内江县农贷主任指导员王慕曾通过《农贷效果泛论》一文，为纪念中行十年农贷业务时，提出了"理想中的农贷效果"之两方面标准（见后）。

——许文周、李文彰此时已成长为四川分行农贷视察员，在即将离开中行时，二人共作《献辞》抚今追昔，畅想将来，表达其犹未尽之农贷报国热情："吾人过去献身农贷，曾历有年时，对农民之贡献，然今可稍方笔其端。因农贷经纬多端，千头百绪，欲定现吾人之理想，致农货于合理之地步，谈何容易。惟吾人既身此伟大使命，应即放大眼光，穷力前进，不应因中途荆棘遍地，险阻横生，而稍有所虑。今者因国家对农贷之调整，事业得以集中，机构因而单纯。吾人为事业着想，更当发奋有为，努力迈进，则理想目的，终有实现之一日，而农贷之前途，必因吾辈之努力而益臻灿烂光明之境。"

2. 对农贷艰辛历程的回顾与眷恋

同期《中行农讯》还刊载了由中行总处组织人员编写的长达 27 页五六万字的《本行农贷业务史略》，内容包括：农贷沿革，农贷分期概况，各种类农贷业务分述，农贷区域演变，农贷管理机构，农贷会议，本行工合贷款概况，本行农工贷工作人员名录，以此回顾与总结中行开办农贷十年之艰辛历程。同期《中行农讯》还刊载了以下回顾总结农贷艰辛历程的文章：

——川中行贵阳支行经理赵雨圃《黔省苗岭南区农贷视察纪实》

——川中行贵阳支行天柱县工作站马鸿瑞《天柱县侗家习俗锁记》

——西安分行农贷股副主任邱文清《陕西三渠视察记》

——福建分行农贷专员林鼎《本行闽省农贷业务概述》等文章

同时，川行《农放月报》第末期亦刊载了回顾川行农贷艰辛历程的数篇文章：

——川行贵阳支行农贷专员李傅珪的《足□回味的黔区农贷》

——川行员工余南康的《渝行训练农贷人员经历》

——川中行内江支行农贷专员张汝俭的《内江农贷之我见》，他自豪地说："内江贷区高利贷买青山制度之被铲除，麻布及副业贷款之提倡，各县牛猪贷款之提倡饲养，肥料之设法供给，直接增加农家收入，间接培养土地生产力，均不能归功于农贷；在糖品产量的保持，种蔗面积逐年增加，对政府税源之培养，以及动力原料之供给方面，农贷之功定非浅显。"

3. 以伪名诗委婉表达疑虑及不满

川行《农放月报》第末卷第末期，刊登了署名"伪名"的《草鞋有感》打油诗二首，以及川行农贷股副主任吕则民《农贷移交之答客"同人"问》。《草鞋有感》诗既述说农贷员对草鞋的感触与感情，又对政府实行农贷专业化经营而将中行农工贷人员一并划归中国农民银行管属的做法，委婉地表达出"弓藏狗烹自古然，世道人情原如此"的不满情绪，也正因为如此，此打油诗才以"伪名"而署名。

草鞋有感（打油诗）

爱学时髦买草鞋，登山涉水有凭借。

耐劳吃苦得美名，鞠躬尽瘁已垂死。

暴雨滂沱突然来，看者功成名必就。

弓藏狗烹自古然，世道人情原如此。

不难看出：诗句"暴雨滂沱突然来，看者功成名必就"，意指1942年正当中行决定"不以盈亏为顾虑"扩大贷款额和增加农贷人员至千人以上时，根据政府有关部门决定，全部农贷工作于1942年8月31日收归中国农民银行独家管理与发放。而诗句"弓藏狗烹自古然，世道人情原如此"，则表达了对将中行农工贷人员一并划归中国农民银行管理的做法的不满。

这正如吕则民在《农贷移交之答客"同人"问》文中所表露出的疑惑那样："自银行专业化农贷移交农行办理之消息公布以来，各处同人倍极关心，私人函件，雪片飞来，目的无疑地都在别样军情，兹特归集其问题三四点，作为'答客问'，想必为同人所乐闻也。"接着他在问题回答中既以服从大局劝告大家，又对中行无法择俊留用那些年轻有为之士而感到遗憾：第一，农贷移交突如其来，本行之主张为何？答曰：银行专业化此系国策，农贷移交农行办理，见诸政府命令，本行为国家银行，当以服从政府命令为天职，别无主张。第二，本行办理农贷十年于兹，即以渝行论亦有五年之历史，同人对本行不无感情。此次是否酌予留用？答曰：本行农贷工作人员都系年轻有为之士，本行平素从事训练，确实煞费苦心，所费亦属不菲，此次移交，择俊留用原无不可，但为整个农贷事业开展计，为各同人个人前途计，统不挽留（至少渝行如此），"以照大公"，且无论在本行或农行，均系为国家社会服务，各同人对本行似亦不必有所眷恋。第三，本行农贷同人待遇较农行为低，在移交前有无破格加薪之希望？答曰：农贷同人待遇虽较农行为低，但决不于移交时作额外加薪，而破坏本行一贯之精神，更于本年七月份起之考绩加薪则仍照章办理，按各同人之工作成绩，已自一级起至四级止，分别核办完后。盖值兹变动期间，吾人尤需"奉公守法，以维持过去之精神也"。第四，本行农贷作风与农行迥异，将来移交之后，同人工作必有困难，本行曾有所顾及否？本行以往之"农贷精神""农贷作风"是否无懈可击？是否切合农行环境？值兹变动期间，似否作一彻底检讨之必要？答曰：自可继续奉行，但时代有不同，潮流在变迁，办法是活的，故步自封大可不必，至于各同人将来工作之领导，则稳处有某大员转移农行，一切均无问题，尽可放心。

（四）农民银行接收农贷之历史憾事

所谓农民银行接收农贷之历史憾事，主要指中行移交农贷业务后经营困境，以及农民银行接收农贷后的阴暗面等两方面史实。

1. 中行移交农贷业务后经营困境

1942 年 8 月 31 日，国民政府实行中央、中国、交通、农民四行专业化分工，蒋介石一纸命令下，将中国银行农贷业务全部移交给由蒋本人任理事长的中国农民银行独家办理，由其垄断了全国农贷业务，中国银行业已开办十年及四川中行已开办六年的农贷业务至此宣告结束。中行除按照规定于 1942 年 8 月底前移交农贷业务外，还按规定将机关存款移转央行，其余的存贷款业务，也按专业分工原则相互移转交接。中行移出金额大过转入金额，特别是由于国库垫款移交央行抵缴发行准备，定期放款数字减缩很大。因而迄同年 8 月底，中行存、贷款余额均有明显下降，致使中行业务发展受到局限，实力有所削弱，业务只能勉力维持。同样，四川中行也由于存款、贷款业务显著减少，使业务收益下降，该行在一份报告说："截至 1942 年 8 月底止，存款约 8 万万元，贷款约 5 万万元，其中农贷占 9000 余万元，四行专业化后，应交出各种贷款共约 3 万万元。因此自农贷移交及专业化后，贷款骤减，收益顿少，此后获利甚难。现在重庆分行投资合作事业共 4400 万元，汇出汇款共 8.71 万元，其中，普通商业汇款可酌收汇水者仅占 10%，其余以军政汇款为大宗，俱系免费承汇，次为国营事业汇款及侨汇，所收汇水极微。今年……收支恐难相抵。"总的来说，四行专业分工后，致使中国银行保持了三十年的"存款、放款、汇款均比别家为多"之银行业领导者地位换手易主。

2. 农民银行接收农贷后的阴暗面

四行专业化分工后，农贷业务全部移交给由蒋本人任理事长的中国农民银行独家办理，由其垄断了全国农贷业务。然而，仅对内江农贷工作情况略微往后追踪两三年，就发现农贷工作中的阴暗面，已经不是个别的现象。据李安平《抗战时期四川内江农贷个案研究》记述，内江农贷自改由中农行发放后，合作社蔗农只能经营到生产糖清为止，而官商勾结抬高糖价，压低甘蔗、糖清价格，糖清与蔗糖之比价竟然降到传统比价的二分之一，蔗农经济利益遭到严重损失。《四川省政府调查团报告书》承认，早在 1935 年，中农行在四川创设合作社时就"注重负责还款人，以致入社者多系绅董、保甲长及富农，贫农反不能入社得到合作社之利益，此实有失救济农民之本质"。而且，作为农贷专业银行，农民银行不以有效支持蔗农发展糖业为本职，却热衷于发放更有利的"军政贷款"。1943 年初，一位经过短期训练班培训的高中生，担任内江县东区合作社辅导员后，目睹了农民银行农贷的弊端："农放员是大权在握，凡是和他关系处得好的，或者是给了他一些好处的，不管你成分如何，种蔗多少，都可贷款。反之，则休想享受这一好处。农贷的对象，反而成为农村中的地主富农了。"不只基层农贷员如此，内江县级农贷管理层亦不例外。农民银行接手内江农贷后，"有一年，都 5、6 月间了，贷款还没发下去。蔗农们天天成群结队地到中国农民银行要求发放贷款，闹得满城风雨。连内江县官员都说，'每年（中国银行发放农贷）这时早已发放，今年因为银根紧，子金（利息）高，一个比期（15天）就是大二分。'原来是中国农民银行把农贷款拿去放高利贷了。农行陆经理发觉此事被内江官员周某知晓，连忙派人给周某送去借款一万元（堵嘴）"。农贷本来对农村高利贷造成巨大冲击，现在反被用作来放高利贷，控制权对农贷的作用由此可见。1943 年冬爆发轰动全川的大贪污案，主犯是内江县合作社联社主席和内江县合作指导室主任，二人勾结在一起。当年国民政府中央社会部按内江全县合作社社员人数，无偿拨给每人供制作两套制服的布匹，这两个头头竟敢贪污此笔巨款。四川省政府为扶助内江糖业有一笔巨额拨款被内江官吏贪污，侵吞黄金数额高达两千两以上。对此事件，中国农民银行内江支行葛经理了解其内情，却很不光彩的去向可能获利的官员祝贺。从 1943 年起，四川沱江流域种蔗诸县农民对侵犯他们权利的权势掌控者，展开多次大规模抗争：同年资中县蔗农数百人与专卖局论理，同年富顺县蔗农二百余人向当局请愿，遂宁县民众千余人捣毁专卖分局，资中县又发生蔗农六百余人捣毁业务所一事。由于蔗农反抗事件层出不穷，此起彼伏，最后酿成 1946 年声势浩大的内江县蔗农请愿活动和 1947 年资中县蔗农捣毁县政府和警察局事件。

总而言之，中国农民银行独家办理农贷后，大搞官商勾结，对农民进行盘剥，被称为"完美细致之操典"的集行政、金融、农工技术于一体的内江蔗糖产销合作社之命运，正如史学研究者所言："但好景不长，这个组织（蔗糖产销合作社）的领导权又被官僚、地主、恶霸夺去，使这个为发展生产而建立起来的机构，又变成剥削蔗农的工具。"这也使蒋介石所作所为更加失去人心。

考察两行在同一地从事农贷工作之效果的巨大差异之根源，就在于"行为是文化的函数，人是文化的囚徒"，正是由于张公权自 20 世纪 30 年代初在中行大力倡导职务报国、公而忘私、不避艰险的"高洁坚"三大道德纪律，才逐渐在全行上下形成浓厚的文化氛围，这才是导致中行与中农行的不同农贷结果的根本原因。然而，最为遗憾的是，随着农贷业务一同移交给中农行接收的中行农工贷同人（678 人，含川行 145 人），他们都是中行一个一个招收入行，又一手一脚严格训练，一言一行文化熏陶出来的"一本本行之服务精神，朝斯夕斯，共信共行"的农贷群体，他们到了一个格格不入的工作环境和文化氛围中，他们是如何艰难地生存下去的？史料虽无记载，但境地却可想而知！

第五章

抗战后至新中国成立时川中行略史

（1945—1949）

抗日战争胜利后，1945年8月25日，毛泽东赴重庆同国民党谈判，10月10日，双方签订了《政府与中共代表会谈纪要》。1946年6月23日，蒋介石调动30万军队向中原解放区发动进攻，揭开了全面内战的序幕。我解放区军民奋起反击，经过8个月的激战，迫使蒋介石不得不改取重点进攻的方针。1947年7月至9月，蒋介石的重点进攻也被粉碎，我人民解放军转入全国规模的大反攻。经过辽沈、淮海、平津三大战役，中国人民解放军解放了除台湾以外的全国大部地区。1949年10月1日，中华人民共和国宣告成立。总的来看，抗战胜利后至新中国成立时，四川中行业务处于艰难应付的窘境之中。

第一节　抗战后川中行业务开展之窘境

一、抗战后四川金融业之险恶环境

早在抗战后期，因通货膨胀，法币贬值，中央、中国、交通、农民四行对四川省工矿业放款虽有增加，但企业所需生产资金仍极感困难。抗战胜利后，由于复员东迁和全面内战，对四川经济金融造成了严重的影响，尤其是在支撑内战的金圆券改革，使国统区经济金融走向崩溃。这就是战后四川金融业之艰险环境。

（一）复员东迁对四川经济金融影响

抗战胜利后，国民政府还都南京，各内迁工厂、企业也纷纷迁回，各类金融组织的总部机构多迁往上海等沿海城市，川帮银行也到上海设行。整个四川省资金大量外流，市场游资锐减，各类融资活动均呈萎缩状态。与此同时，四大家族控制的官办银行高度垄断金融业，其机构数量、存贷款与私营行庄相比均占绝对优势。国民政府通过掌握黄金、外汇，操纵黄金、外汇市场，致使投机日盛。众多金融机构携资东归，致使重庆、成都金融业渐显冷落。其例证史料如下。

1945年8月，抗战胜利，重庆及四川各地物价大幅下跌，资金大量流向沿海，企业资金周转困难，生产处于危机状态。迁川工厂联合会等三团体联合向政府请求贷款救急。抗日战争胜利后的重庆第一个比期，因黄金、美钞惨跌，商业行庄存户多提存，重贴现受限制，存底较丰行庄停做押放，以致银根奇紧，政府发新钞20亿元调节，勉强度过。

1945年9月，国民政府财、经两部和中央银行公布《紧急工贷后方实施办法》，规定工贷暂以50亿元为限；利率为月息3分4厘，财政部担保，中央银行按九折承做转抵押；期限18个月。重庆地区工矿企业据此申请贷款40亿元，但经四联总处和战时生产局核准发放的仅25.4亿元。300多家制革企业，只有9家得到贷款4000余万元，纺织业则完全没有得到贷款。同月，中央、中国、交通、农民四行及中央信托、邮政储金汇业两局开始由重庆东迁上海。

1946年农历年关，重庆及成都的大小工厂，因受外货倾销影响，产品销售受阻，资金十分紧张。重庆工业界向政府申请贷款1000亿元，结果只批准48亿元，而且要求以工业原料和出口货物作抵押，折扣率不超过七成，每笔贷款不得超过5000万元。在成都核准发放的167笔贷款，贷款额最高2000万元，最低200万元，不少企业将物资押存入银行仓库，所得贷款很少，周转仍极困难。

（二）内战使国统区的经济金融衰败

1946年6月，全面内战爆发。国民政府一面通过"四行两局一库"加强金融垄断，一面对私营金融业施行多种管制。同时，国民政府又继续无限制发行纸币，导致通货恶性膨胀，致使商业行庄存款业务萎缩，放款虚盈实亏，正当的存、放、汇业务无法开展。银行资金多不愿投向周期长的生产领域，大量资金投向买卖金银、外币以及囤积物资等商业投机活动。商业行庄多设暗账，牟利自保，金融资本蜕变为商业资本；国家银行也紧缩了对工农商业的贷款和投资。其史料据《四川省金融志》《成都市金融志》记述。

成都私营行庄业务日渐萎缩。由于长期通货膨胀，私营行庄放款恐难保本，正常业务已无法开展，金融投机、黑市拆放盛极一时，出现"工不如商，商不如囤，囤不如金，金不如汇（外汇）"的混乱局面。成都的正娱花园、中山花园、安乐寺等处金钞银钱市场火爆非常，人山人海，势若鼎沸，银行、钱庄亦注资其中投机牟利。

1947年初夏，成都米粮紧缺，粮价飞涨，省田赋粮食管理处核准粮商在附近产粮县区采购食米 1500 石供应市场。由粮商出票，四川省银行承兑，市政府（市银行）担保，办理贴现 3 亿元。四联蓉分处以事关救济粮荒紧急措施，准由中央、中国、交通、农民和中信局共同办理，平均摊放，推农行为代表行，月息 4 分。

1947 年下半年，物价波动剧烈，四行奉令停止放款和收回贷款。是年，国家银行停止联合贴放，对四川地区的工矿事业贷款，基本停止。

1948 年上半年，只发放少量的国策贷款及业务贷款。国策贷款由总处核定，中央银行仍可重贴现、转质押、转押汇。业务贷款计划由总处核定后，各行自行办理。金圆券发行后，各种工商放款，一律停止。唯有以预算作抵之借款，经行政院核准可商办。同年 8 月，《财政经济紧急处分令》颁布后，财政部规定"对一般商业性贷款，应暂停办"。

1949 年初，政府对工业放款稍有放开，允许 100 万元以下贷款，各行可自行核贷。同年 5 月，政府将贷款额提高到 200 万元，因数额太小，申请者甚少。银圆券发行后，各种贷款全部停止。同年因物价暴涨，7 行局除以抵押方式急贷启明电灯公司、都江电厂燃料款 10 亿元金圆券外，其余公私行庄的正常工商贷款陷于停滞状态。

新中国成立前夕，成都百业萧条，市场衰败，银圆券极度贬值，商民拒用纸币，市场通行银圆，资本南逃，银根奇紧，多数行庄处于瘫痪状态。四川省仅存国家行、局 11 家，商业行庄 97 家，保险公司 29 家，比抗战胜利时减少三分之二。这些名义上尚存在的商业行庄和保险公司，多数只挂牌，不营业，等待时局变化。

（三）金圆币改使经济金融全面崩溃

所谓金圆券，指解放战争后期民国政府为支撑其崩溃局面而发行的一种本位货币，于 1948 年 8 月 19 日开始发行，至 1949 年 7 月停止流通。金圆券流通不到一年，形同废纸，国民党政府财政金融陷于全面崩溃。

川中行主办之《渝行通讯》曾转载报道了金圆券币改对重庆造成的严重后果，还载文报道了金圆券币改给成都带来的不良后果。

报道一：一年来我国金融之风云变化

《渝行通讯》转载了 1949 年 1 月 19 日《重庆商务日报》刊出的《一年来我国金融之风云变化》一文，其文对金圆制度的来龙去脉、严重恶果及形成原因，做出了理性的分析判断和具有正义感的评价。从中可以看出战后四川金融业经营之险恶环境。现将其文四部分内容的关键语编摘如下。

（1）不堪回首忆当年。公历 1948 年，这一个年头中国金融上的动荡与危险，正和政治军事上的动荡与危险一样地震撼苦难的中国人民。凡是受过这种苦难折磨的人民，没有一个不怀念着和平时代的温暖，也没有一个不诅咒或暗恨这战乱时代的残酷。金融方面出现了两次重大的改革，偏偏愈改愈坏，金圆赶不上银圆，半兑现的金圆券反而赶不上完全不兑现的法币；未改金圆制时代的纸币物价，其高涨速度固有如脱缰之马，但改为金圆制后的金圆物价，其高涨之速度，竟似振翅凌霄的大鹏。自1月至5月底，物价约两个月打一滚，自6月至8月19日，物价约一个月打一滚，自8月19日至11月11日，物价约半个月打一滚，自11月11日至年底，物价竟愈涨愈速，几乎10天打一滚了。中间虽然也有物价的休眠期间，但一觉醒来，便比休眠以前更为凶猛。苦了政府的财政当局，苦了当月靠月薪度日的公教人员，更苦了赤贫的人民。

（2）8月19日以前物价之波动。8月19日改行金圆制以前，整个大半年物价之高涨，较1947年为速，原因是战区扩大，军事支用更为浩繁，法币发行量的增加率亦较卅六年之增加率为大。故于8月19日毅然实施法币的改制，满以为金圆制度一经建立，便可稳定物价，平衡财政收支，以加强作战的力量。然识者早已判断：一个国家在仍然依靠纸币之发行以作非常的开支之时，要想利用改革币制的手段以稳定物价，那简直是白费气力。八一九以前的法币固已因衰老而被活埋，八一九以后的金圆，竟亦不免于11月11日便告夭折。

（3）8月19日第一次金圆制度。八一九的金圆制度，第一没有伴随着纸币之停止增发，第二他本身的缺点太多又太严重（共有五误，详略）。这样的一种坏币制，怎不走上失败之路？

（4）11月11日第二次的金圆制度。第二次的金圆改制和八一九的金圆制相比，有三大不同特性：金圆自动贬值；新的金圆可以半兑现；取消了限价并开放了商业银行的贷放业务。这一套办法，似乎是针对着八一九的金圆制之缺点而予以补救的。然而，首先自动贬值而提高外币金银的兑换率，等于合法地追认物价及外币金银的高涨，并以此为起点重新领导着物价的高涨。其次，半兑现的办法，本在于吸收游资回笼，但因存款一半，兑现一半，等于将1000圆一两的黄金提高为2000元，10圆一块的银币提高为20圆，使金银黑市一直涨到存兑所需的数字（到2000元一两黄金）。到了央行限制存兑及最近暂停存兑之时，金银外币黑市、物价与利息三者便手牵手地一直往上冲。一种货币制度或金融措施，若不能稳定物价或有意识地引导物价之涨落，以利于生产事业的发展，则此种币制与金融便无可所言地是失败了的东西。

报道二：渝市"倒风"大观

《渝行通讯》第十二期以"雅根室"名义，撰文报道了重庆市当年10至12月间，因金圆券改革所造成的重庆市物价上涨及倒闭风潮之情形。

话说政府自 10 月内取消限价政策之后，物价便似人猿泰山从万力挟持之中一下挣脱，便大展神威，以致不可收拾。苦闷的游资，泛滥成一股洪流，倾向商品市场。本市抓货者多，因而需钱者众。日折利率便从月初之三四十元，步步高升，迨至 11 月半，便达 140 元之境。开古今中外未有之奇，要算是利率史中"三十三天天上天，玉皇头上加桅杆，桅杆之上巅之巅"的地位了。货字一变而为祸字，一阵狂风刮地而来，吹倒不少的公司行号，甚而银行是谓"倒风"。渝市倒风在 12 月上旬即开始吹到，第一家为豫昌烟号，比期前又倒岁丰和纱号（还是纱帮的硬牌子），到比期这天，便如火线上放排枪，商号应声而倒的，随处皆是。报上载的有十余家，计为和康糖号、蜀甲通糖号、和生祥、和济油行、协和商行渝分号、庆通字号、万成祥、协生纸号、宏元纸号、启明书局，其他榜上无名的尚不知若干。有人说，每条街总有一家。当日街上充满了神色慌张的债权债务当事人，形容愁惨的地下钱庄小额存户，兔死狐疾首蹙额而相告的店友，新闻虽是热闹，随景确属凄惨。此外尚有金融业二家：一为总汇银号，因差头寸 40 余万元办不拢，而遭停止交换；一为华侨兴业银行，缘于比期夜头寸办不拢，奉令停止交换三日，以观后效，乃于期满后，仍差 80 余万元不能"过脚"，乃 21 日奉令停业。23 日以后，又倒三家商号，计为路易实业公司、意生百贷行及永和祥山贷字号。综计各家倒号，负债少者 30 万元，多者 300 万元，总数约在 1000 万元左右。各家中不乏经营多年者，经理为本市名人者，然而时不利，货不涨，货涨兮可奈何，头寸头寸兮奈若何！分析倒号的原因，自不外债台高筑，物价平疫，其中亦不乏受牵连者。总之，货币拖倒银行，同时又拖倒游资资本家。一个社会经济的基础，是建筑在"商号靠高物价以维持，平民靠高利率以生活"的原则上，求其不"一塌糊涂"，其可得乎？大家痛定思痛，于是有废除比期制度问题座谈会及相请缓署压低利率之举。假使物价不泄气，恐怕也无此事。

报道三：成都拒用金圆券前后

《渝行通讯》第十七期于 1949 年 6 月刊载了《成都拒用金圆券前后》一文，从中可以看出金圆券币改给成都金融环境带来的乱象。

由于金圆券恶性膨胀，急剧贬值，粤桂等省先后拒用，流通地域日渐缩小，政府所有发行，多运川康，尤以成都为最。如蓉市钞荒情形，经常较康渝等地为好，复因蓉物价较外埠低，单帮客乘机偷运大量现钞入境，附近城乡镇又多以物易物，金圆券遂失却流通作用。省参会曾一再呼吁严禁金圆券入川，亦未生效。致各货市场一日数价，又因时局关系，人心偏重应变，大都收购银圆；单帮客更在市场不择价值，抢购银圆，凡市民持有纸币者，均即刻购进银圆；不足一元者，亦不敢留存，乃转购镍币或铜圆，免受贬值损失。于是中山公园一帮，大小银贩聚集，铜镍币买卖昼夜不休。6月6日，国行又发出千万元定额本票，银圆价格更直线飞腾，上午每元一亿二三，中午一亿五六，午后升至二亿二三。次日由二亿三四直升至五亿左右。至6月8日更如火如荼，晨间方五亿三四，中午升至十七八亿及廿一二亿。一时市间秩序大乱，商店关闭，摊贩停售，各货市场均以金圆券贬值过速，不堪赔累，一致拒用，社会顺成不安之象。以金圆券抢购货物食物者，纷纷迭出。省府当局立邀监察行署、省参会、市政府、市商会及国行开会，采取紧急措施，旋即成立四川省稳定金融紧急措施委员会，命由国行并委托其他行局及商业行庄，当日下午即以每枚七亿五千万价无限制增售银圆，平抑涨风，挽救金圆券信用，同时宣布国行库存银圆甚丰。自改币以来，在川康两省发行之金圆券及本票不过十余万亿，连同单帮客运来四五万亿，共计不过廿万亿，如以七亿五千万价抛售，仅二三万银圆即可全部收回，并晓喻市民不可歧视金券，如盲从投机，定受处罚。一时市民纷往国行兑取银圆，斯时金圆券始渐恢复流通，社会秩序亦转安定。唯因国行连日抛售银圆，市面金圆券几全部回笼。零星找补，均以铜镍币代之，此后市面间一切货价均系银圆，市场拆借，汇兑收交，亦以银圆为之。币制于无形中已改为银圆矣。

二、中行的职能性质及文化之演变

抗战胜利后，四川中行业务开展之窘境受多方面影响，如中行职能及性质之演变、复员复业成为中行工作重点、1946年行务大会之文化变迁等。

（一）中行职能及性质之历史演变

中国银行职能在民国时期曾有过三次变化：1912—1928年，中国银行是南京临时政府和北洋政府的中央银行；1928年10月，国民政府另行组设中央银行，中国银行改组为南京国民政府的"特许的国际汇兑银行"；1942年7月，国民政府对中央、中国、交通、农民四行实行专业化分工，中国银行不再参与货币发行，不再为国库垫款，外汇改由央行统筹，中国银行成为发展国际贸易的专业银行。

《中行史》在"1937—1945年小结"中，对抗战中后期中国银行职能、实力、性质的演变过程，曾做出三点历史评价。

第一，中国银行在抗日战争过程中，执行战时财政金融政策，调动和发挥自己的金融实力，做了许多有效的工作，支持了长期抗战，对国家、民族做出了一定的贡献。中行之所以能在战争环境的恶劣条件下发挥较好的作用，除去它本身有较强的金融实力外，还在于广大员工爱国爱行，顾全大局，把自己的行动和抗日救国联系起来。在许多重大问题上，他们能服从全局利益，甘愿承担艰苦繁重的任务。这是取得较好成绩的重要条件。

第二，国民政府加强了对金融的垄断，在抗日初期设立四联总处，成为掌握全国金融中枢的权威机构，并通过它的活动和作用，壮大了中央银行的实力。1942年7月，四行专业分工，中行由政府特许的国际汇兑银行变为发展国际贸易的专业银行，使中行的地位、作用有所下降。专业化分工以后，中行在业务范围缩小，提用现钞存在某些不便的困难条件下，仍想方设法，挖掘潜力，确定业务重点。既积极做好业务分工项下的工作，又努力完成四联总处交办的专业分工以外的各项任务。这一阶段中行的工作还是很有成绩的，是努力为抗战服务的。

第三，抗战时期，国民政府所制定的金融政策，有为支持长期抗日，巩固战时财政经济的一面；同时也有为四大家族加强垄断，聚敛财富的另一面。中国银行作为四大家族金融垄断的重要成员之一，由宋子文、孔祥熙直接主持，在贯彻执行有关政策规定中，必然会为官僚资本的扩张，提供便利与支持。因此说，抗战时期中国银行的作用也具有两重性，服务于抗日战争是其主要方面，也有支持官僚资本扩张的另一面，这就是说，早在抗日战争后期，蒋介石就通过调整四行业务分工和强行增加官股等手法，大大削弱了中国银行的业务权限和商股作用，使中国银行实际上已成为政府的金融垄断工具。

（二）战后四年多中行业务之窘境

1943年7月27日，中行总处根据四联总处的部署，组设"复员设计委员会"。四联总处和中国、中央、交通、农民四行等金融机构，即于此时，先后组织了复员设计委员会，为加强战后的金融垄断做准备。中行的复员设计委员会由总经理、副总经理、总稽核、总秘书、总账室主任、各部经理、国内外各分行经理、直辖支行经理和有关的高级人员组成，共35人，几乎包括了当时中行的所有高级职员。复员设计委员会就战后的机构设置、业务发展、人员配备等问题，进行了集中讨论。四联总处战后金融复员设计委员会曾制定《战后金融复员计划（草案）》印发央行及各专业银行征求意见。

1945年8月15日，日本无条件投降。日伪统治期间，广大敌占区商业银行遭到极大的破坏，许多地方银行钱庄被取缔或被迫停业。因此，要恢复发展收复地区的经济，调剂金融，建立正常的经济金融秩序，除接收清理伪金融机构外，促使收复区商业银行的复业，也就成为当务之急。为使收复区商业银行尽快复业，国民政府财政部于1945年9月和1946年1月公布了《收复区商业银行复员办法》和《收复区商业银行复员办法补充办法》。在此背景下，1945年8月16日，中行发出有关复员复业事项的通知，接收、清理敌伪中行机构的工作，相继在全国原各沦陷区展开。

与此相关，接收、清理后的机构之复业工作也随之进行。

《中行史》"1945—1949年小结"中，对抗战胜利后四年多有关中国银行业务开展的窘境，是这样描述的：

第一，总的来看，在抗战胜利后的四年多时间里，中国银行名义上是政府发展国际贸易的专业银行，但在业务上能够自主进行的只有揽收存款，办理汇兑，解付侨汇和经办一些有关国际贸易的具体事务，即使是这些业务也因经济日益萎缩、通货恶性膨胀而难以正常发展。

第二，在信贷工作方面，复员初期对支持恢复经济、发展生产做了一些有益的工作，但以后实际上都由四联总处安排，成为壮大官僚资本企业的一种手段。也就是说，据《中行史》记述，在复员初期，中行通过发放复工贷款、生产事业临时贷款、春茧贷款、食盐贷款等，支持恢复经济，发展生产。然而，在复员以后几年中，政府一再加强金融管制，紧缩信贷。中行的贷款业务，除政策性贷款按照四联总处指示办外，一般业务贷款亦受国策贷款监控。1948年起，四联总处将贷款分为国策贷款和业务贷款两大类，中行国内行处的贷款，全由国策贷款核定的国策贷款占40％，业务贷款占60％，但亦须报四联总处审核及备查，中行已毫无自主权了。而在中行承担的国策贷款中，主要是官僚资本工矿企业。

第三，当军事上进入战略决战的决定性阶段，蒋介石考虑更多的是如何搜刮人民财富，做逃离大陆的准备。他玩弄货币改革的骗局，搜刮民间的金、银、外汇，中行自有的外汇资金，蒋介石也"面谕"移存央行。中行反复申述困难，请求减少或延缓移存都不被允许，中行在政府的政治压力之下只得服从。

（三）1946年行务大会之文化变迁

中行文化变迁可从1946年行务大会开幕及闭会训辞中加以观察。1946年5月27日，中国银行行务大会开幕，孔祥熙董事长致开幕训辞，其背景为"兹值抗战胜利结束，诸君远道来此，聚商行务并谋协助建国工作；建国工作经纬万端，银行执金融业之牛耳，是故其职责亦较任何事业为重要"。6月14日，中国银行行务大会闭会，孔祥熙致闭会训辞时，在总结"本行三十余年来，备历艰险，树立今日之基础"创业史基础上，在"世界日在进步，本行不宜故步自封，必须不断改进方可免予落后"的特定语义中，"特缀数语，望诸位共勉之"[①]，由此显现出抗战胜利后中国银行经营管理文化传统传承与变迁之演变要义：

---

① 卜明. 中国银行行史资料汇编（1912—1949）. 南京：档案出版社，1991：1141.

　　巩固行基，建全组织，慎用资金，提高信誉。

　　推进业务，改进技术，严行稽核，便利社会。

　　罗致专才，培植后进，合理待遇，赏罚分明。

　　明察密访，世情灵通，协力合作，联络感情。

　　严正持己，和宽待人，先国后行，勤勉努力。

　　根据中国银行在 20 世纪 30 年代由张嘉璈总经理所创立的中行经营管理文化核心价值体系要义，再对照孔祥熙董事长闭会训辞"特缀数语"，可以看出中行经营管理文化之演变如下。

　　将中国银行 30 年代"服务大众，改进国民生活"的报国使命和"积极成功，三方同为模范"的立行使命，扼要概括为"先国后行，勤勉努力"。

　　将中国银行 30 年代"以革新精神谋本行业务之进展，以创造能力图一切事物之改善""进步之保守，稳健之主义"的经营理念，变为"巩固行基，建全组织；慎用资金，提高信誉"，淡化了"进步之保守"理念积极进取的内涵。

　　将中国银行 30 年代"稽核前置，位高任重；会计责广，计算精明；关注效率，积极节支；细则要点，工作规范"的管理理念，变为"推进业务，改进技术，严行稽核，便利社会"。其中，将"稽核前置，位高任重"理念变为"严行稽核，便利社会"，说明战后中行将"严行稽核"（相似于今天的银行信贷风险管理）的重要性，上升到"便利社会"的高度来看待，这是对公权时期管理理念的进一步认识与发展。然而，对其他的管理理念，则相应淡化。

　　将中国银行 30 年代"三者育人，四者激励；全行智识，理想行员；寓教于刊，展现精神"的行员培育理念，变为"罗致专才，培植后进；合理待遇，赏罚分明"。所谓罗致，基本释义是用网捕捉鸟类，后多喻延聘、搜罗、招致人才。不难看出，罗致专才的管理假设含有把员工视为"手段人"的功利主义色彩，而"三者育人"理念的管理假设则含有把员工视为"目的人"的人本主义色彩。同样，"合理待遇，赏罚分明"理念与"理情力三者并进育人，衣食住行四者统筹激励人"理念相比较，前者的管理格局与层次既小又低。此外，"培植后进"理念则与张公权在《指挥与联络》中所说的"对各个缺点的指示"理念具有相通之处，亦即"不论什么人，都有相当的缺点，不知不觉的发现出来，若不纠正这个缺点，像微生虫一样会慢慢的滋长起来，以致不可救治。……故必须在他的缺点刚刚萌芽的时候，即设法纠正他，使缺点不致滋长，使这个人不因缺点的滋长，而致毁坏堕落，因为一个机关培养一个人才，是极不容易的事，不知道要花多少精神、多少金钱才能养成一个人才，然而当首领的人往往在积极教导方面注意，于消极纠正方面反而忽略，使培养垂成的人才，中途倾覆，这是何等不经济的事。……当首领的人果能随时留意，一见他有缺点，就诚恳的指示他，一而再，再而三，吾想虽顽石亦必点头，果能从此革新，岂不留下一个人才"。

将中国银行 30 年代"高洁坚"三大道德纪律，变为"严正持己，和宽待人"。不难看出，此二者之间具有文化之"道"与文化之"术"的差别。

将中国银行 30 年代"调研先导，科学态度；条分缕析，谙悉环境"的调研理念，变为"明察密访，世情灵通，协力合作，联络感情"。在变化了的调研理念中，"世情灵通"与"谙悉环境"基本是逻辑同义语，但"世情"的外延似乎比"环境"更广。而对"明察密访"的理解，据中行发起成立中国征信所的相关记述可以推知，"明察密访，世情灵通"大意指：重视明察密访的征信调查，达到世情灵通的目的。也就是说，中行为了对团体及个人的信用与资产负债状况做超然的缜密的调查研究，其本质就是指明察密访的征信调查。然而，这种征信调查与张公权时期"银行业务之实施要着重于一事一物之详细调查"是有区别的：前者更为务实，后者相对务虚；前者效用体现为为贷款决策做战术性指导（该笔贷款能不能贷款），后者效用则体现为为贷款决策做战略性参考（全行贷款重点置向何处）。不难看出，中行调研理念在传承基础上被变为"明察密访，世情灵通"的根本原因在于：中行高层对经济研究促进业务发展的认识存在差异，而对微观征信的调研更有管理偏好而已。亦即微观征信调查简单明了、务实可靠，切合行内多数人的认识水平；宏观经济研究相对务虚、对银行业务间接适用，行内不少人觉得深奥费解等。

中国银行 30 年代具有卓绝之法人伦理，由于专业化分工，中行实力被削弱，业务发展受局限，致使张公权时期永葆中行同业领袖地位的前提条件已不复存在，"枢纽自任，改进民生"使命底气也明显不足，因而不断提升中行法人伦理的律己标准，已没那么必要，因此在 20 句"特缀数语"里未有提及。

三、抗战后四川中行业务经营窘境

四川中行第七任经理徐维明于 1945 年 9 月奉总管理处委派为中国银行上海收复区复业主持人，11 月被任命为上海分行经理。同年 12 月 18 日，四川中行第八任经理赵宗溥接任（抗战时期曾任川行所属贵阳支行经理），1949 年 10 月赵宗溥去港后，由刘守礼副理暂代经理，直至重庆解放。与此同时，成都中行第九任经理杨康祖于 1942 年 8 月 6 日上任，又 1946 年 2 月 19 日交任于成都中行第十任经理颜大有；1948 年 1 月 6 日，颜大有调任四川中行副理，由徐良槐代理成都中行经理，1949 年

2月3日，徐良槐由代理经理补实为第十一任经理。总的来看，成渝地中两行在抗战胜利后至新中国成立的时期里，受行内与行外多种原因的影响，业务发展受到局限，业务实力大不如前，业务只能勉力维持。

（一）抗战后川行业务开展片史窥貌

抗战胜利后，中国银行业务开展之特点大致如下：第一，在移交了钞券发行工作及其准备金及机关存款等业务后，争揽存款，办理国内汇兑业务，以勉力维持业务发展之资金需要；第二，在复员初期，通过发放复工贷款、生产事业临时贷款、春茧贷款、食盐贷款等，支持恢复经济，但后来无论国策贷款还是业务贷款实际上都由四联总处安排的，中行已毫无自主权；第三，努力开展进出口贸易外汇业务，应对侨汇业务下滑势头，拓展本行海外业务；第四，受理特种业务，诸如经办劝销美金公债及短期公债，办理特种外汇贷款及垫款，代办购粮业务，代办收购产商成品业务等。在此背景下，战后川中行业务开展之片史如下。

片史一：战后川中行调拨资金之困境。

四行专业化后，央行成为全国唯一的发行银行。中行在移交了钞券发行工作及其准备金及机关存款等业务后，大大削弱了中行的业务权限。四川中行也因业务范围缩小，提用现钞存在某些不便的困难条件，使其业务发展陷于困境。比如，1945年7月，中行四川分行上报总处的一份代电中，比较具体地反映了统一发行后所存在的调拨资金受制于央行的问题，代电中说："自本行头寸集中存放国行（央行，下同）以来，商请国行提取现钞，时因该行存券不多，亦常以外埠行处多余头寸拨充，仍由上项额度内予以轧抵。凡此代为拨汇地点，均非本行实际需款之处，但因各地本行头寸紧迫，处此提汇两难之境，只能于勉为接受以后，另再派车分别转运。因此，本行不惟直接损失运送用费，且使本行原可享受免费调拨之额度，因大量轧抵日益减少，以致不敷应用。截至目前，根据国行记载：本行结欠该项免费调汇额度已达30亿元之巨。以本行历尽调拨困难，支耗巨额运费所得之承解军政汇款及收付库款额度，均耗于并不需款之地点。例如，近半年以来，国行在成都常属多款，代本行承汇成都之款为数将达50亿元，当时由渝汇蓉，市场汇率经常属于倒贴，倘以市上贴费计算，本行应收入汇费为数当不在少。但本行对此不惟未收分文，且须增付转运之费，同时轧抵免费可汇额度，其中损失自不待言。及至最近成都因银根转紧，汇费突涨，而本行实际亦需该地头寸，国行则以额度已满，不能代汇；否则亦须按照规定汇率收取汇费。如本行要求改为重庆取现，则又困难万分，不能如数允提。致使本行各地所需头寸无由调剂，实际陷于呆滞状态。似此情况，如不早谋改善，不惟本行汇兑业务无由推进，各地所需头寸，必将因受限制而无法调拨……请商陈四联总处，对于本行向国行请求调款提现等办法重新会商改订，俾达平允灵活之目的……"由此可见，统一发行后，因央行并未认真执行头寸调拨规定，使得四川中行在头寸调拨和存款取现时多次遇到困难，从而影响了全行存贷汇业务的经营。

片史二：战后川中行业务开展困境。

1946年，由于国民政府复员南京，机关东迁，储户减少，加上黄金储蓄停办，四川中行业务与前一年末相比，有以下变化：第一，本部普通存款下降59.8%，储蓄存款下降28%；第二，放款方面，由于重庆四联分处办理年关紧急贷款以缓和市场银根奇紧局面，兼之币值日益低落，放款余额上升61%；放款以扶持猪鬃、桐油、生丝、皮革等出口业及生产运销事业为主。1946年6月，全面内战后，随着蒋介石挑起的大规模内战日益激烈，国统区经济金融走向崩溃，四川中行业务每况愈下，普通存款和储蓄明升暗降，放款大幅度上升，实值亦剧烈下降。后来，当局规定军政存款一律移存中央银行，同时四川中行资金奉命部分上调；实行金圆券制度时，四川中行又遵令将库存金银交售中央银行等种种因素，使四川中行资力进一步削弱，业务停滞，经费开支只好依赖存放国外之外汇调回变现度日。

片史三：战后川中行受理特种业务。

据《中行史》记述，战后在中行受理特种业务，其中一项是代办收购产商成品业务。1948年初，国家各行、局奉令停止贷款，此时正值年关，厂商存货滞销，资金困难，政府为掌握物资，以救济厂商为名，采用收购成品办法，规定由国家行、局代政府办理。申请收购的厂商，限于生产民生日用必需品的工厂和基本工业如钢铁、水泥、机器等行业。收购价格依核定收购的前六天平均市价为标准，由行、局初步审核，提请四联分处决定后办理。代办此项业务的有中行上海、重庆、天津、北平、青岛等五个分支行。以法币价格计算，青岛分行427亿，上海分行419亿、重庆分行330亿、天津分行44亿、北平支行136亿。中行受理各项特种业务情况表明，"战后四年多这一时期，中行已成为政府垄断经济与金融的工具之一，使自身处于唯命是从的境地"。

片史四：战后川中行投资业务概貌。

抗战时期，四川中行所属机构跨川、康、黔三省，川中行本部又地处战时的陪都重庆，因此川中行对各种事业的投资，成为中行投资的重要组成部分。战后昆明支行亦划由四川中行管辖，云南省企业的投资业务亦划归四川中行管理。但由于种种因素，使投资单位及金额常有变动。截至1947年10月底，四川中行投资计39个企业，情况见下表。

投资单位	投资金额（万元）	占该单位总投资百分比（%）	投资单位	投资金额（万元）	占该单位总投资百分比（%）
重庆电力公司	415	13.83	中国手工艺商品公司	1000	20.00
民生实业公司	101327.5	10.13	中国产物保险公司	10.6	—
西南麻织公司	9	9.00	中国棉业公司	20	2.00
中国国货联营公司	20100	—	裕滇纺织公司	12000	—
四川丝业公司	18045	7.22	中国纸厂	14400	—
华西建设公司	25	8.63	重庆中国国货公司	410	20.50
川康兴业公司	129.5	1.85	贵阳中国国货公司	120	—
华懋公司	600	30.00	成都中国国货公司	200	10.00
贵州煤矿公司	3000	—	中国国货实验工厂	15	7.50
四川农业公司	875	—	联合票据承兑所	4800	—
江西光大瓷业公司	62.5	—	渝西自来水公司	400	5.00
时与潮印刷公司	480	16.00	重庆缆车公司	500	8.33
中国油脂工业公司	300767	76.70	云南锡业公司	30150	—
中国炼糖公司	673.77	—	华新水泥公司	84810.88	—
建国造纸公司	2600	65.00	中国人寿保险公司	0.2	—
建川煤矿公司	300	16.66	丹阳纱厂	500000	—
贵州企业公司	1194	—	中国盐业公司	40000	—
中国兴业公司	2000	16.66	云丰造纸厂	540	—
四川畜产公司	875	17.50	金融日报	1000	—
豫丰纱厂	105	7.14			

片史五：币改引发存兑金银之热闹。

《渝行通讯》第十二期刊载了 1948 年 12 月重庆发生的大事——存兑金银之热闹，从中可以看出四川中行按国行（即中央银行）要求，承接民众办理存款兑换金银业务之申请书发放，由此所遭遇的"人山人海，热闹异常，几至无法开门"的热闹场面，其况如下。

国行自 1948 年 11 月 22 日开始办理存款兑换金银业务后，申请者初尚寥寥，不数日即踊跃，迄至 12 月 1 日，国行门首已有长蛇行列，后更至于黎明即有候列者；12 月 6 日，国行宣告一两二两兑毕，仅余三两六两两种；12 月 9 日，国行限制存兑黄金，规定每人购买不得超过三两；12 月 13 日，又加以购买人须凭身份证买之规定。

12月17日，国行宣布修正办法，大要如下：（1）申请地区改在中正路中国银行，缴款及兑现等手续仍在国行办理；（2）每人凭身份证，每三月兑换黄金一市两，银圆四十九元；（3）凡在1942年以前出生者，皆为成年人；（4）每月发出申请书之多寡，视金银运输情况而定，每星期三调整公告一次；（5）购买者先申请领取申请书，次日再办手续，号次于中央日报公告之；（6）星期日接受公教及武职人员之申请。

自12月18日起，市民前往渝中行领取申请书者，至为踊跃，人山人海，热闹异常，几至无法开门。同时黄金黑市倍涨，黄牛党为之活跃。

12月21日晚八时，渝中行门首即有一二百人排队守候通宵，其中不乏衣冠楚楚之公务员及太太小姐之流。闻前几名可取得两百元之代价。

12月22日下午二时，即有人前往排队，入晚陷入混乱状态，排成三四行之纵队，互相拥挤。每人汗流满面，经漫漫寒夜，绵绵细雨，全身湿透，均不退缩。其中百分之八十，可认为黄牛党，八九成帮，赤膊拼拥，换班守候，有人供应饮食及保管衣服。闻当日各电影院均无黄牛党踪迹，似均集中此地。据云："站得之每个位置，可取得三百元之代价；若领得申请书，更可卖六七百元。"

迨至12月23日晨，人群空前拥挤，较之以前抢购食盐和兑换镍币之镜头，更惊险十倍。一时交通阻塞，闹嚷喧天，在大批警宪人员用皮带木棍鞭打并用汽车二辆冲击之下，秩序仍无法维持。情形险恶，可酿剧变。至11时，国行特呈准绥署朱主任令饬本市警备司令部布告，此项存兑业务，以秩序太坏，暂行停止，一俟秩序恢复，再续续办理。同时，国行奉到俞总裁来电，为安定秩序，原定之存款兑现办法，暂行停止，当即公告。人众散去，秩序始复。至于原有已领申请书，并于中央日报上公告存兑日期，或未公告日期者，究应如何处理，国行已电向总行请示，结果如何，且听下回分解。

片史六：从坊处擒贼看险恶之环境。

《渝行通讯》第十五期刊载了重庆林森路办事处周主任擒获伪造渝中行本票之贼的故事，从中亦可看出战后金融业之险恶环境。

1948年闹钞荒之时，渝市发现有人伪造渝中行的本票，纸是真的，系承印工厂未交货之前遗漏出去，其他一切"乱酰"，一望而知是假的。当经行方报告刑警处侦查，捉了几个工人问起，结果仍未办穿。金圆一改，也就算了。哪知伪造本票之贼贪心不足，在1949年2月钞荒之际，他又在发行伪造渝中行的本票。行方发现之后，也无从查起。

忽然在1948年3月3日的一天，坊处隔壁庆余堂，派人拿了一张渝中行本票来问是否靠得住，同人一看便知是假的，追问来源，来人说："一个军人买药付的，我们已交货，看见此票有点怀疑，故来一问，那军人还未去。"我们（坊处人员，下同）说："请你把他弄过来。"来人回去，不一刻，这个军人竟手挟皮包，随其昂然而入。我们告诉他："这本票是假的，谁给你的？"军人（应为伪造渝中行本票之人）理直气壮地道："票后有背书，可以找得到给票之人。"坊处周主任遂请其稍待，命警监视，一面打电话报告渝中行，请速派员前来洽办。此公一见打电话，便恍然大悟走进了中国银行，一个黑眼晕，砰碰一个仰栽，脑壳碰到大门的玻璃上，把玻璃碰得稀烂，脖子上也嵌了两块玻璃片，鲜血长流，面色苍白，瘫坐椅上，口中喃喃言说："唉！这回要我的命了！钱就是命，命就是钱！"在这当儿，他在袋里拿出本票几张撕毁，意思灭迹，然而晚矣。因而证明贼就是他。霎时，渝中行韩长润主任赶来，与周主任一同报告宪兵队及警察局。宪兵很快来了四名，在此公身上搜出来发行的本票多张，伪刻阎益三襄理的木章一个。工厂都带在身边，还有何说！一言未发，捉将官里云。

当晚又由宪兵队将刻字匠也捉住，另外一个主犯亦于此日就捕。该犯之就捕，尤为可笑。其事系由宪兵队从这个军人口供，讯问出另一个主犯的住址。次晨押起一同往捕，入门，该犯早不在屋，但留一便条，说"某某兄，弟在某某处等候，请速来"等语，宪兵按图索骥，就把他也一齐归案了。正是"踏破铁鞋无觅处，得来全不费功夫"。

片史七：新中国成立前夕四川中行情形之一。

1949 年 10 月 15 日，重庆《征信新闻》报道，中行总处自当日起在渝中行楼上办公的消息。实际上，当时南京、上海、武汉等地解放后，中行总处主要部分即迁往香港。虽曾在重庆设立"渝处"，但只办理有关账表的登记和保管工作，由原汉口分行副理邹君斐主持其事，只有办事人员二人。重庆解放前夕，邹君斐等把所保管的账表挂号邮寄香港，并于解放后数日离渝。与此同时，1949 年 10 月，中行四川分行经理赵宗溥去港，其职务由刘守礼副理暂代，直至重庆解放。

（二）抗战后川行机构及其人员情况

抗战胜利之时，四川中行机构数在全国中行的占比达到战时之峰值。四川分行所属分支总数为 72 个，包括分行 1 个（全国 5 个，四川占比 20%），支行 5 个（全国 26 个，四川占比 19.23%），办事处 52 个（全国 111 个，四川占比 46.85%），办事分处 15 个（全国 47 个，四川占比 42.85%），简易储蓄处 5 个（全国 8 个，四川占比 62.5%）。随着抗战胜利后众多金融机构携资东归，1945 年 8 月至 12 月，四川中行被裁撤的机构达 27 个，占中行全行当年撤销机构数比例约 40%。1945 年末，四川中行（含西康、贵州）分支机构总计仅为 44 个。

1. 1946 年四川中行全辖分支行机构情况

1946 年 6 月，中行总处形成了抗战胜利后中国银行机构设置的意见后，在中行的复业工作基本告一段落时，国内机构设置和管辖区的划分贯彻了"经济为主，政治为辅"的原则，以利于更好地发展业务。1946 年 8 月，上海分行所辖昆明支行①亦由总处划归四川中行管辖，川中行成为西南四省的区域管辖行。但是，由于东迁复员复业已成为中行新时期的工作重点，川中行地位与作用也随之相应有所改变。据《行史资料》记述，1946 年，四川中行全辖分支行机构有分行 1 个，支行 6 个，办事处 37 个，大小机构共计 44 个，具体如下图。

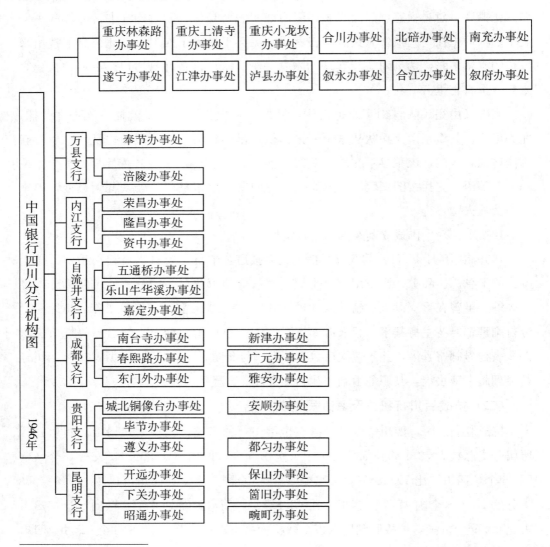

① 1942 年专业分工时，中行辖 5 个国内分行，其中除四川分行外，还有上海、西安、浙江、福建 4 个分行，而上海分行（实际为上海分行驻渝办事处）下属湘、桂、滇、赣支行及韶处。

2．1947 年四川中行内设部门、下辖机构、人员配置

据对南京国家第二历史档案馆之《民国卅六年中国银行重庆分行职员录》的整理，四川分行内设部门、下辖机构、人员配置情况如下。

（1）分行领导机构：设经理 1 人，副理 2 人，襄理 3 人。

（2）分行职能股室 10 个，股室以下设业务职能组，具体如下。

文书股 31 人：正副主任各 1 人，函件组 13 人，收发组 8 人，译电组 8 人。

人事股 9 人：正副主任各 1 人，考核组 3 人，福利组 4 人。

事务股 11 人：正副主任各 1 人，庶务组 7 人，管工管理组 2 人。

会计股 32 人：正副主任各 1 人，综合 2 人，稽核组 7 人，清分组 3 人，账务组 6 人，联行组 12 人。

营业股 34 人：正副主任各 1 人，调拨组 2 人，调查组 4 人，存款组 6 人，汇款组 12 人，放款组 5 人，仓库组 3 人。

外汇股 8 人：主任 1 人，外汇组 1 人，侨汇组 3 人，洋文组 3 人。

出纳股 19 人：正副主任各 1 人，收付第一组 7 人，收付第二组 5 人，清券组 5 人。

储蓄分部 7 人：正副主任各 1 人，储蓄组 5 人。

信托股 30 人：主任 1 人，信托组 22 人，派驻员 7 人。

报务员 11 人：领班 1 人，报务员 10 人。

（3）分行直属办事处 11 个，共 104 人，具体如下。

上清寺办事处（庙处 10 人），林森路办事处（坊处 10 人），小龙坎办事处（坎处 11 人），合川办事处（合处 8 人），遂宁办事处（遂处 7 人），南充办事处（充处 10 人），江津办事处（津处 7 人），合江办事处（洽处 7 人），泸县办事处（泸处 15 人），叙永办事处（永处 8 人），叙府办事处（叙处 11 人）。

（4）内江支行：辖荣昌办事处（荣处 7 人）、隆昌办事处（隆处 7 人）、资中办事处（资处 9 人）、简阳办事处（简办 10 人）；支行本部内设 4 系：经理、襄理各 1 人，文书系 5 人，会计系 6 人，营业系 6 人，出纳系 6 人，报务员 1 人，本部 26 人，共 59 人。

（5）成都支行：辖成都东门外办事处（莒处 6 人）、成都南台寺办事处（寺处 6 人）、广元办事处（利处 9 人）、雅安办事处（雅处 6 人）；支行本部内设 5 系：经理 1 人，襄理 1 人，代理襄理 1 人；文书系 7 人，会计系 8 人，营业系 7 人，储蓄支部 2 人，出纳系 10 人，报务员 4 人，本部计 41 人。全辖共 68 人。

（6）自流井支行：辖嘉定办事处（定处 13 人）、五通桥办事处（桥处 7 人）、牛华溪办事处（牛处 7 人）；支行内设 4 系：代理经理 1 人，代理襄理 1 人，文书系 4 人，会计系 7 人，营业系 3 人，出纳系 3 人，报务员 1 人，本部 23 人。全辖共 50 人。

（7）万县支行：辖涪陵办事处（涪处 8 人）、长寿办事处（寿处 8 人）；支行内设 4 系：经理 1 人，文书系 3 人，会计系 7 人，营业系 4 人，出纳系 4 人，报务员 2 人，本部计 21 人，全辖 37 人。

（8）贵阳支行：辖城北铜像台、安顺、遵义、毕节办事处（详略）。

总的来看，1947 年中国银行四川（重庆）分行内设 10 个职能部门，下辖内江、成都、自流井、万县、贵阳 5 个支行及 11 个直属办事处，5 个支行共辖 17 个办事处。全辖共计有分行 1 个，支行 5 个，办事处 28 个，大小机构共计 34 个，全辖（不含贵支行）共 517 人。

3. 川行《咏群英会（五言拼律）》

《渝行通讯》第九期曾刊登了"雅根室"所撰写的《咏群英会（五言拼律）》一文，作者以古时文人笔风，将川中行的 24 名管理人员，以文人雅兴般的"五言拼律"之排律形式[①]，描述出 24 人各自为人处事特点，即"言行风度，尽属楷模；谑浪诙谐，当原狂妄。珠辉璧晕，略陈雨老之珍藏；笔涩墨枯，徒愧□生之腹俭"，并将此举自褒为"人生一乐，广结英豪"的咏群英会，即"盛矣群英会，家珍数不完；钗光围四坐，如逛大观园"。比如，川行副理颜序耕的"五言拼律"为"兆丰耕有序"，其人特点为"序公温文有大度，象征一个风调雨顺预兆丰收的年岁。耕是以去莠留良为目的，正合公之铨修人事，以进贤退不肖为指归之原则"。其余 23 名管理人员的"五言拼律"如下，各自的为人处事特点详略。

川行刘敷五副理：圣化行敷五（详解见后）

川行副理杨学行：力行学富源	川行副理吴梦白：长庚寿若山
川行襄理刘韦池：韦楚池为水	川行襄理王新华：新华多事业
川行襄理阎益三：良朋重益三	川行朱宗风先生：诗学宗风雅
川行马文藩主任：文名重国藩	川行严元勋主任：元勋将者贤
川行华积善副主任：积善生余庆	川行杨立之主任：令公办总务
川行杨志主任：名驰青面虎	川行赵震生副主任：生震黑名单。

内江支行经理赵菊轩：松菊傲南轩（详解见后）

自流井支行经理李仲强：仲子强哉矫

---

① 即每谈起一人姓名时，要以五律诗句来恰如其分地表达并与该姓名意思相符。

成都支行经理徐良槐：良槐炮震天（详解见后）

成都支行襄理王杜若（名阴棠）：阴棠碑载道（详解见后）

坊处蒋侬疾副主任：侬疾费金钱

坎处董世禄主任：冠裳绵世禄　　　洽处苟运陶主任：陶公勤运甓

聿处黎咸章主任：黎母懒挥拳　　　雅处黄翰周主任：将军镇雅安

滇支行王广延襄理：施泽务广延

此文作者在用"五言拼律"述完 24 人情况后，还意犹未尽地说："才尽材难尽，留在下面谈。"观此颇有一种雅兴自褒和聊以自慰的色彩，然从史学角度看，《咏群英会（五言拼律）》也为后人观其管理团队素质提供了一个视角。

四、抗战后成都中行经营管理情况

1946 年 2 月 19 日，成都中行第十任经理颜大有接替第九任经理杨康祖的工作，后于 1948 年 1 月 6 日升任四川中行副理，再由徐良槐代理成都中行第十一任经理，1949 年 2 月 3 日徐再由代理经理补实为经理。

（一）成都支行 1947 年经营管理概况

1947 年春，渝属行务会议有各行、处举行工作座谈会之议。成都中行第十任经理颜大有（字序耕）即行办理。1947 年夏，渝行下发渝辖字第 1283 号通函，为加强内部工作，增进服务效率，特规定支行每周举行一次，办事处每两周一次，每次由同人轮流报告工作。在此背景下，1947 年 8 月 2 日下午六时，成支行 1947 年度第一次工作座谈会在东御街本行营业厅召开，出席人员有颜大有、王杜若、马克明、罗蕴光、牛柏祥、马纯清、鲍仑年、朱天爵、阴伯燨、叶锡纯、张永达、王香亭、吴其睿、毛作垣、高宗丞、吴德方、王逈钺、陈心泉、倪学华、李迁生、王静楠、易明德、蒋烈勳、吴钦承、吴诚、胡实鲁、何天祥、孙家让、金亦祥、任明道、文张弓、钟伯奎、王尊洪、李新齐、田世昭、尚光荪等 37 人。会议主席为颜大有经理、记录人朱天爵。在这些与会人员中：

——成支行经理颜大有的"五言拼律"为"兆丰耕有序"，其人特点是"序公温文有大度，象征一个风调雨顺预兆丰收的年岁。耕是以去莠留良为目的，正合公之铨修人事，以进贤退不肖为指，归之原则"。

——成支行襄理王杜若（名阴棠）的五言拼律为"阴棠碑载道"，其人特点是"杜若在行几三十年，可算一位老前辈。为人老成持重，以豪与酒驰名，现则看破红尘，'洗手'不饮。君历主办事处多处，均留去后之思。甘棠遗爱，名符其实"。王荫棠后于 1948 年 12 月奉调自流井支行经理。

——成支行存放组领组吴德方，1941 年 8 月至 1949 年 12 月，先后任中国银行成都支行练习生、营业系存款组领组、会计系账务组领组。从 1978 年改革开放重新组建中国银行成都分行时起，至 1987 年 1 月，先后任会计科、计划信贷处办事员、稽核处稽核员、调研室负责人，并为高级会计师。

——成支行汇款组练习生吴钦承，1947 年 5 月考入中国银行成都支行作练习生，1985 年 6 月任人民银行四川省分行副行长兼总稽核（见后）。

成支行第一次工作座谈对于服务之旨及举行工作座谈会之重要性详为阐述，并提议开会办法十点，经讨论议定如下：（1）成支行工作座谈会每星期三举行，如该日适逢例假停开一次。（2）每次开会由经理、襄理轮流担任主席。（3）关于出席人数，除各系主任、副主任每次均应一律出席外，其他各员生（包括电台报务员及派驻人员）每次每系一人或二三人，其轮次由文书系排定通知。（4）每次开会除因特殊事故临时出席报告外，其余各员生则轮流报告，所有每次经常报告人员至少五人，亦由文书系先行排定俾资准备。（5）报告事项应切合实际，力求简明，尤须注意建议与改进。（6）凡经座谈会议定事项，应一体遵照办理。后又增加了"希就平素服务之心得、业务之推进，手续之改良，以及对本行之观感等多多发表意见"之会议要求。现据 1947 年度成都支行第一至四次及第十六次工作座谈会等五次会议记录，观察抗战以后成都中行业务开展之概貌。

1. 1947 年上半年成支行经营概况

成支行 1947 年度第二次工作座谈会上，李迁生领组、胡赓鲁君分别报告了成支行 1947 年上期的整体经营数据。

第一，7 月份经营数据：7 月份实际营业日数计 7 天，传票共有 6996 张，平均每日约 780 张；业务总量约 730 亿，平均每日约 29 亿。7 月份存款数字约 9 亿（包括同存、甲活存、乙活存），较 6 月底约减少 2 亿。7 月底放款数字约 24 亿（包括结贴现、押款），较 6 月底约增加 10 亿。7 月底汇出汇款余额为 33 亿，较 6 月底约增 1 亿。7 月底收益数字约为 13000 万元，损失数字为 15800 万元，两相轧抵，约损 2800 万元。

第二，7 月份损益状况：属于损失方面者，计利息支出 912 万，现金运送费 8 万，各项费用 11204 万，器具折旧 72 万，四联经费 89 万，联行利息 20 万，各项提存 3022 万，合计 15830 万。属于收益方面者，计利息收入 4951 万，手续费收入 3 万，汇费 8069 万，合计 13032 万。损益轧抵，计纯损 2998 万。

第三，7 月份汇出汇款：累计款计 497396 万，6 月份为 275038 万，两相轧抵，7 月份计增 222358 万。主席指示：初进行的同人应将入行后之感想及对于本行各方面之意见予以发表，不能仅报告经办一部分工作之有关数字。

2. 1947 年存放及储蓄业务情况

第二次会议上，储蓄主任唐德钧报告储蓄业务情况：第一，本行储蓄部成立于 1935 年 7 月，所有会计规程及内部组织等均系有独立性，其主旨在养成一般人民储蓄美德，吸收一部分零星小款。最初所收储款成绩可观，其后因抗战关系币值日贬，故存者日少。储蓄分定期与活期两种，定期储蓄又分整整、零整、存本、集团、人寿数种。在抗战期间，政府为使法币回笼，曾举办甲种、乙种节约建国储蓄券，乡镇公益储蓄券，以及代国行办理黄金存款及法币折合黄金存款等。第二，本行各种储蓄存款截至目前，余额计有：活储 3400 万，零整 38 万，整整 190 万，人寿 39 万，甲、乙种节约建国储券 780 万，乡镇公益储蓄券 4085 万，法币折合黄金存款 83 万，美券 5 万。定期储蓄项下之整整、零整各户存款多已到期，唯因增值返还问题尚未解决，爰是均未提取；至甲、乙种节约建国储券因面额过小，持券人多，未来行兑付。又，乡镇公益储蓄券约将于本年底及明年初先后到期；其他人寿储蓄，系本行行员存储，亦将于本年底 12 月到期，故各项储款行将逐渐减少。第三，由于现时储蓄业务清简，所有对外营业及内部记账等项，均已分别合并，银行部存放组及账务组办理储蓄，总部鉴于本行储款日见减退，为挽救此种颓势，特推动小额支票储蓄，以期揽收。最近受国行委托，代售 1947 年美金公债及美金短期库券，望各同人在外多方劝销。对此，主席指示：在目前社会经济未臻稳定，币值日降之际，限于环境，储蓄业务推动困难，惟活储较易，尚望各同人设请广为争揽，共赴事功。

第三次会议上，存放组领组吴德方报告存款与放款业务情况。第一，存款方面情形：（1）甲种存款：本行现时存款余额约有 6 亿余元，其原因一为自军政机关存汇办法实施后，再有军政机关存款均须存入公库支用。又，其他商业行庄利库既高，复对于往来存户，予以特殊便利，如办理信用透支及送存交换票据在未收妥前亦可支用款项，综上诸因，故存款不易吸收。（2）定期存款：余额现仅 10 余万元，因本行所订期限较长、利率亦低，故存者少。（3）同业存款：余额甚少，盖各行庄存款多于交换轧抵后，即开具支票支付。第二，放款方面情形：本行放款多属四联交办者，自动放出者甚少，其余额共有 20 亿元，贴现约为 85000 万元，押透为 115000 万元，其中代放者约有 65000 万元，占三分之一弱。又，利率自 8 月份起已予调整，以维成本。第三，交换情形及问题：交换分上下午两次，上午十一时前送达国行，国行于十二时半前送来；下午二时前送达国行，国行三时半送来。送出票据以支票为多，送入则以汇款为多，每日平均送出票据约 20 张，送入约 60 张，几为送出之三倍。目前办理交换有以下五点问题（略）。对此主席指示：第一项以不代担保为原则，如为殷实可靠、往来有素之户，而知其来历者，得酌情办理。其余各项，俟询其他各行局是否亦有上项情形，再提付四联蓉支处讨论，向国行交涉。

第十六次会议上，唐德钧主任报告11月下旬成支行储蓄业务情况：到目前，本行储蓄存户共5400余户，其中尾零户约3000户，经常动者只20～30户，余额共约3000多万元，约抵战前三四百元。因市面利息甚大吸收不易，甚盼同人努力介绍储户。又，乡储券现有4000万元，甲乙券有800万元均将于本年底到期，故今年下期决算总余额将更减少。

3. 1947年投资及押品管理情况

第二次会议上，成都支行派驻成都中国国货公司会计主任张永达报告本行投资的成都中国国货公司的投资管理情况。

成都中国国货公司之组织在经理、副理以下计分会计、营业、总务、门市四部。会计部以下，又分账务、贷账、出纳、贷栈四股，营业部以下分批发、经理、收货、广告四股，总务部以下分事务、文书二股，门市部以下分疋头、化妆、五金食品、鞋袜、杂货六柜。另有食品、印制二作坊。会计部分，负责处理各项交易及一切银货收支之账务记载及稽核每月由会计部清点存货一次，亦有各项事务因各同人多是熟手，且能合作，故尚无陨越之处，堪以告慰者也。又，本行同人每月向该公司购物，承照九折优待。惟原额度150万元，因近来物价昂贵，似嫌过少，拟请该公司增以为1000万元，此事请由王襄理洽商（现已谈妥）。

第三次会议上，赵振钢报告本行对建成面粉厂押品及其经营的管理情况：

第一，质押物堆栈。本行质押物原堆存于A、D两栈，A栈存放小麦，D栈堆存面粉。交通银行押品则堆存于B栈，惟B栈地较偏僻，搬运原料成品颇感不便，乃向本行商洽，请将本行所有之A栈与该行之B栈，彼此互拨一半应用，经查A栈平地位所存小麦之价值已超过建成面粉厂向本行借贷之数额，为便利厂方存取起见，乃允其对调。现本行计有A栈之一、二、三、四及B栈之六、七、八、九、十，共九个仓库，堆存小麦另有D栈D1、D2两仓，堆存面粉。

第二，购办原料。该厂购买原料——小麦，计有两种方式，第一种系由指定之麦贩送至厂中，其第二种系由厂方派员赶场购买。

第三，工作时间。厂方每日工作时间，原定为24小时昼夜不停，因启明电气公司不时停电，无法办理，乃规定为18小时，每日午夜11时起至翌日下午6时止，每月约有540小时。其因机件发生故障，如马达损坏、皮带断裂、粉管不通等，亦不得不予停工，爰是每月实际开工时间仅在四五百小时。

第四，推销。关于销售业务，由城内公司负责，其大户如上海食品公司、冠生园等，厂内只可零星小户，以不超过五袋为原则。又，所余麦麸其细者，军校购以养马，粗者由附近农民购去饲猪或牧场用以喂牛。

第五，监管员工作。厂方存取麦粉均由本人会同办理，所有仓存押品数量由本人于厂方每日送来之存货报单，视其所登载者与实存数是否相符，经核对无误后始行盖章。对于仓库内押品有无破漏或鼠啮虫伤等情，当随时注意。

第六，贷款价值。现时麦价高涨，每市石价约 20.8 万元，加上佣金、开支、运费等共有 3 万元之多，以该厂每日工作 18 小时，每小时出粉 34 包半，每天出粉 621 包计算，所有向本行押借之 2 亿元，仅数 5 天之用，故该公司对于借款数额，甚感不敷应用。

第七，其他事项。该厂职工现约有 70 人，每月发放工资为数颇巨，经理、部分高级人员月入约 400 万至 500 万元，主任阶级月入在 300 万至 400 万之间，普通职员 90 万至 200 万，技工 50 万，工人 5 万至 30 万。厂中会计科，自设有存款组，所有员工每人均可开主存户，收取便利利息优厚。又，自建厂成立以来，此间上海商业储蓄银行即代其经收，售出粉款及代购进麦款，不取手续费，对于该厂同人汇款所收费率较其他各行为低，且不收邮电费。前此本人对于该厂同人存汇款项有代本行揽收之意，及见以上情形，恐不易办到耳。对此主席指示：对于该厂所报之麦价是否确实，有无虚加情事，应予注意，并希设法探悉其盈亏情形如何，以作贷款之参考。至于向本行所借 2 亿元数额嫌小一节，闻政府将举办实物货款，现在拟定办法中。

4．1947 年汇款及押现业务情况

第二次会议，易明德报告本行汇款业务情况。第一，所有汇入汇款，无论电汇、信汇均是随到随送，以当日送出为原则。关于解付情形：凡汇款金额在 10 万元以下者，凭收款人图章及信封及其他证明文件，足以证明为本人者，即行付款；其在 10 万元以上至四五十万元以下者，如收款人除上项手续外，不能提出特别证明文件，仍需觅保始可解付，以昭慎重。惟军校学生汇款办理较为困难，因该校单位太多，所有各单位关防又多，未能预先留存印鉴，致无法验对，又其番号更动频繁，时有汇款收条所注地址等项与实际情形不能相吻合，若嘱其觅保，对方无有困难，良以学生请假不易，且与外界不熟，无法觅具铺保，故唯有斟酌当时情形，相机办理。又，大数及同业汇款取现者极少，大车提送国行交换，并均由代收银行背书担保，所有各项手续均属齐备，办理尚称便利。其代收行庄内中，以金城通商永利涪泰等银行为最多。第二，本年汇入汇款，截至 7 月份止，计有 400 亿，以西北行处汇来

为最多，约占总额十分之六，比如陇支行一处即有 120 亿。对此，主席指示：如某行处汇水起伏过大，应随时向本人报告。又，对方划来分润汇费，如有不实情形，应向对方行查询，嗣后所有调款无论调进调出，其数额及笔数，应立便查簿登记，以资统计，而便查考并自本年起实行，以往各笔应查联行往来，抄回报账补登。第三，关于运现方面，由出纳系立簿登记。又，以后应介汇款数额在 50 万元以下者，如有相当证明，即可付款，不必非由取款人办理觅保手续，以资便利。

第三次会议上，王静楠领组报告本行汇款业务情况：第一，关于应解汇款支付手续，其数额在 10 万以上者，原系送由主任盖章后，始行付款，兹改以 50 万元以上者始行送由主任加章，以资迅捷。第二，汇出款办理手续：关于与本行常有交往之顾客来行汇款，商请减让汇水，原由汇款组请由罗襄理决定，惟间遇经理、襄理均因公外出无法请示，为求争取时效并免因汇水未能决定而汇款为他行承做起见，所有该项汇水可否，由汇款组参照牌价及渝市行情酌减收汇。第三，本行送汇信及查保工友缺乏雨衣雨帽，为便于工作及汇款委书保单等件免受雨湿起见，该项衣帽可否由行购备。对此，主席指示：办理汇入汇款最易与顾客发生争执，除需顾及内部手续外，一面对外应予圆通，以期顾客对本行发生好感，乐与往来。关于熟顾客商请减让汇水，如主管人员因公外出时，由汇款组根据牌价及渝行行市酌做。至送汇信及查保工友所需雨衣帽等，为提高其爱护心起见，其费用公私各半担负。

第四次会议上，吴钦承报告汇款业务之练习情况：现在汇款组练习每日经办事项，除缮制督监信电委托书及开发汇票外，办理销账及转账暨查询汇款事宜。对此，主席指示：练习时应处处留意凡事，细心填制委书，应以顾客交来汇款申请书之先后次序顺序办理，不得随意提前或压后，以免顾客责难。

第十六次会议上，阴伯壎报告汇款业务之译电情况：所有并发国内外之外国人收汇款，因译电组现在所用成密电本，对于此类电报则不通用，过去均系照原电文译，并明码自经。经理前次指示后，金额一项已改用成秘译，并希望汇款组以后收有此类汇款时，除收款人限于事实不能改为中文，其他如地址等均请尽可能改用中文，以便译用密码。

第四、十六次会议上，牛柏祥报告去国行取现及押运券料赴各处情形：第一，每日去国行取现及押运券料赴各处情形……对此，主席指示：对于国行同人宜善事联络，以期办事方便。凡出外取款数额在 500 万元以上者，应随带行警三名随行，以资保护。关于押运券料在外，应随机应变各事，小心为是。第二，本人经常押运钞票，深感行路艰难责任重大，所有券八年□□及其他零星费用，以后拟请予增加，俾办事便利。又，本行司机二六技术尚称纯熟，惟军车在公路上横行直撞，易生危险，本人已屡嘱司机尽量躲让，免生意外。再，成都至广元公路最近尚称安谧，并无大股匪肇事。对此，主席指示：押运费用数目较小者，可相机处理，不必过于拘泥，免生其他枝节。

5. 会计及出纳业务情况

第一次会议上，出纳主任马克明报告出纳业务情况：本行门市收进本票时常发现伪票，唯真者系铜版印制花纹清晰，又号码之前列有英文字母暗记，五千元者为A，一万元为B，二万元为C，三万元为D，四万元为E，五万元为F，十万元为G，二十万元为J，卅万元为K，其伪者系属石印花边模糊且有小数涂改成大数者，如一万元之本票改为四万元之类，至于真假究以何为标准，此则完全凭一己之经验，以判断非言语所能解说详尽。对此，主席指示：多多训练人才。

第三次会议上，任明道君报告出纳业务情况：关于在出纳系练习情形，以及现金收入传票每日有30张至50张，现金付出传票有70张至90张，又储蓄部收付传票约有10张。

第四次会议上，会计主任王逦钺报告会计业务情况。第一，成支行装订账册办法，过去因无一定章则，因人而异，致移交清点颇感困难，兹持参酌会计内规，拟定办法一种（办法附后），以后即照此办理。第二，应付款项材料业已用罄，现以转账及现金传票代替，惟卡德一联，以往系以现金付出传票代替，为免发生误付现金起见，嗣后卡德一联改用转账付出传票，如该款系以现金支付，则另制现金付出传票，即以原转账付出传票作附件。

第十六次会议上，吴诚君报告决算需用之印刷材料事项：决算需用之印刷材料，现已向渝行领妥，至文具等亦已购进一批，足数两年之用；他如墨水、印油，因经久即须变坏，故未大量购进；又，保险仍以汇款关系投保者较多，正设法推展业务中。主席指示：以前作□（废）材料，可尽量利用改印，如汇款申请书信封及钞票封签等，均可利用改印，以资博节，希材料室即清理，以便照办。

6. 文书及庶务工作情况

第二次会议上，文书主任朱天爵报告文书工作情况：第一，自本年下期截至目前止，收文已有几百件，平均每日约30件，去文达540件，平均每日约有20件。现时来去函件均较以往为多，即以上期（上半年）而论，收文共5000余件，几已超过去年全年所收之数，来文既多则去函亦必随之增加，爰是文书系每日送至各系、组会签函稿，拟请各关系部门提前洽阅，以便及早缮发。第二，本期来电已有1000余件，平均每日49件，去电较少约有700余件，平均每日30件，所有来电均是随到随译随送，毫无积压。发出汇款电则因交换关系须在下午始能识发。又，周末事务较忙，偶有一部分信件未能当日发出，次日星期邮局又不收大批信件，须延至第三日（星期一）始能寄发，不无迟延，应否函请邮局于星期日照收大批信件，以利寄到。对此，主席指示：此事因邮局限于定章，恐难办到，如有周末不能当日发出信件，可多派工役分区或分批交寄，若分批投进邮局仍行拒收，当再向交涉。

第一次会议上，事务主任汤光森报告庶务事务工作情况。庶务事务分三方面言之：一开支，成支行人事开支约占 60％，其他开支占 40％。二警工管理，成支行警工共有 32 人，关于警工之工作效率及礼貌方面，如有未尽善美之处，本人见到当随时督促改进，唯一人所见容有未周，尚望各同人予以协助。三保管，计分家具与材料两种，成支行现有器具因时间已久，数目或有缺少，而存放位置亦有移动，拟予重新清理，至材料因现时物价昂贵，尚望各同人多加爱惜及节约。对此，主席指示：力求节约避免浪费，对于公物必须爱护，严加管理。

7. 成支行对下属机构管理片史

第四次工作座谈会之会议主席颜大有经理报告。首先，本人此次去雅视察，该地气候环境两俱优良，不失为西康省首要之区。所有雅处同人身体均属健康，且能公忠体行，互相合作，深为欣慰。其次，关于雅处业务存款，因地瘠民贫，商业行号林立，利率甚高，故不易吸收。汇款方面，以本行所收汇水较低，且有专用电台电报，快捷交款迅速，爰是尚可揽收一部分。至于放款，则以边茶为大宗，每年约产 30 万，已所需资金数约 150 亿元，该项边茶运销西藏，对于康藏经济关系甚大。又，应办之事均应速办，不得延误，以免渝行催询，辖内方面如有未办各事亦应督催。

（二）成都支行 1948 年经营尚有进境

1948 年 1 月 6 日，徐良槐代理第十一任成都中行经理。接任不久他即到重庆参加省行工作会议，返回成都半年后，支行业务"尚有进境"，他于 1948 年 7 月 4 日向四川中行第八任经理赵宗溥报告了工作情况，赵经理于 7 月 4 日复函徐良槐，既有"具徵贤劳，至为忭慰"的褒赞，也有增收节支之期望。从赵宗浦、徐良槐关于检送成支行业务情形的往来函，还可看出徐良槐作为民国时期成都中行最后一任行长，他颇有文采，话语得体，恰到好处，且工作雷厉风行，在艰难困境中居然使业务尚有进境。正如《咏群英会（五言拼律）》记述，成支行徐良槐经理的五言拼律为"良槐炮震天"，其人特点是："十余年前，是一员驰骋篮球场中的猛将，君长于远射，百发九十余中，有徐大炮之称。君长于文笔，书法犹飞舞，尚保留许多投篮姿态。少年得志，才可重也。"赵、徐往来函原文如下。

1. 徐良槐汇报成都支行工作的函

两公钧鉴：来渝共会，备承教益，迭扰①。那香复荷，珍赐。厚德隆情，感篆无暨②。返蓉以后，初感不适，继以事冗未遑③，裁谢罪，疚良深。

敝处业务，数月以来，尚有进境。存款，包括同存④在内，最高曾达500余亿，经常亦在300亿元以上；汇出汇款，累计已达9000余亿，较之原定全年8000亿之目标，业已超逾；收入汇费370余亿；放款，因奉尊示，应酌加紧缩，未敢放手做去，目前余额仅120余亿元。

上期⑤决算，约可纯益330余亿，此皆我公指示周详，得以轧占机先所致，仰企尽筹钦感无似，嗣后仍恳时加教诲。

俾有遵循关于放款一项，近以敝处存款增加经常已在300亿元以上，敝属利处⑥存额亦常逾200亿元，较前略增。

为适应需要，借可拓展业务。计拟请准自下期起，将敝及所属（机构）放（款）额酌予放宽，俾能以放款吸引存汇，借增收益如何，乞核示。

再，敝处建筑行屋一事，因原设计图样尚有须加修改之处，已嘱新华公司加速改制，大约一周内即可寄奉。此次晚经内（江）返蓉（成都），曾参观内支行新厦，其外表尚属壮丽，惟内部设计少处未臻理想，尤以营业厅光线较暗为最，故敝处新屋图样，不能不慎之于始，审慎将事，俟图制妥当，即为函寄，请核阅指示。内支行新屋工程，在此物价剧烈波动情况之下，该包工工厂家（志诚营造厂所包）尚能如期完工，各项工作亦颇认真，殊为难得。敝处新屋工程，将来在渝招标估价，如该厂比价尚属合宜，可否即委其承造，以免将来多生枝节，尚请酌夺核定。至关于建厂纳税事，已数度向税局进行，大约可望照谢会计师所拟方式解决，惟数额尚待详商如何，容后再陈。

蓉垣⑦一切如常，惟米价激涨升斗，小民难以维生，近已抢案层出，秋后治安殆成问题，耑⑧肃，只颂崇绥！⑨

---

① 迭：屡次；迭扰：多有打扰。
② 感篆：感恩不忘，铭记于心；无暨：无限。
③ 事冗未遑：事情烦琐，没有空闲。
④ 同存：同业存款。
⑤ 上期：上半年。
⑥ 敝属利处：成都支行所属广元办事处。
⑦ 蓉垣：成都市简称蓉城。
⑧ 耑：同专。
⑨ 只颂崇绥：旧时书信常用祝颂、问候语。

晚，徐良槐谨上，民国卅七年七月四日

2. 川行赵宗溥经理对徐良槐复函

良槐吾兄大鉴：接四日手轮就稿。（一）尊处存、汇、放概况，上期盈余数字，在辖内列在前茅，具微贤劳[1]，至为忭慰[2]。（二）惟将来开支逐月递增，而收益未能比例调整，本期损益尚难逆睹[3]，仍有待于我辈之继续努力。（三）尊处建屋俟改图寄到，再行核办。弟，明日去沪，一行耽误或不过久，并函即颂公绥[4]。弟赵宗溥，民国卅七年七月六日。

第二节　抗战后川中行文化传承与变迁

一、传承中行文化传统之印迹与故事

在中国银行职能与性质的历史演变及中行文化既传承又变迁的历史背景下，在解放战争时期四川经济与金融业艰难支撑的险恶环境中，四川中行苦于应对，勉力经营。1948 年 1 月，四川（重庆）中行创办了内部刊物《渝行通讯》，至 1949 年 7 月停刊，共出刊 17 期。该刊设有转载、金融经济、渝属人事动态、渝行新动态、渝行近讯、园地等栏目，从其内容中可以窥视出四川中行在解放战争时期，既传承了20 世纪 30 年代以来所形成的优良文化传统，也变迁出一种由于济世无助，而清高孤傲、聊以自慰的文化倾向与状态。

（一）恤贫运动：随时体念贫苦之饥寒

1948 年 12 月，在金圆券币改引发的物价上涨、挤兑金银、倒闭成风的恶劣外部环境下，四川中行发起了节约恤贫活动。川行前任经理周宜甫之子，时为本行襄理的周仲眉在《渝行通讯》第十三期发文《渝行之节约恤贫运动》，详细记述了此次节约恤贫运动发起缘由、节约恤贫会章程、恤贫工作具体落实、恤贫运动之启示等史实。从中不难看出，此次节约恤贫运动，既反映出川行传承中行"服务大众，改进

---

① 贤劳：劳苦，劳累。

② 忭：欢喜，快乐；慰：使人心情安适，心安。

③ 逆睹：预见；睹：观察、明白、懂得。

④ 公绥：敬辞之问安语，意谓在为公家办事中平安幸福。

民生"文化传统之印迹,又可看出川行对任事坚韧之品德——说干就干,能行则行——的传承印迹。

1. 发起节约恤贫与颁发恤贫章程

发起节约恤贫缘由。渝行赵宗溥经理于日理行务之余,随时体念贫苦之饥寒,每以发起救济之善举为志。1948 年 12 月内,曾于偶谈中,以此旨告知重庆林森路办事处蒋依疾副主任,嘱其拟具计划,提倡同人节约恤贫。蒋副主任于遵办后,赵经理即以提议于星期三座谈会,经全体同人赞成,又指派林世丞、朱盛沛、韩长澜、王克强、蒋依疾君等及周仲眉共六人,研讨方案,陈获核准实施。

制定节约恤贫章程。6 人研讨方案,经呈陈获赵宗溥经理核准后实施,内容如下:第一,本会定名为"重庆中国银行同人节约恤贫会",包括同城办事处,由同人组织之。第二,会金由同人捐集,捐款标准如下,可由同人自由选择:普通会员 100 元,赞助会员 200 元,维持会员 300 元,名誉会员 500 元,特别会员至少 1000 元。第三,会金补助办法:一为欢迎同人向亲友劝募,将来仍揭示其亲友及劝募人之姓名,以示崇敬。二为凡有庆贺或聚餐之应酬,估量其应费之资,愿以移作捐款者,将来仍揭示其主客之姓名,以资效法。凡属个人捐赠及劝募,均于渝行通讯揭示姓名。第四,本会会金,用于救济赤贫,一为无息贷款,一为施济。第五,凡出席星期三谈话的人员,均为节约恤贫委员会委员,再由委员会推定人选,成立常务委员会,主持恤贫会一切事宜。渝行经理、副理、襄理均为常务委员,并加推林世丞、韩长澜、蒋依疾、朱盛沛、王克强、赵根厚君等 6 人为常务委员,计共 16 人,请赵宗溥经理任主席。第六,常务委员会暂设募捐、会订、营运、调查、施放等五组。

2. 典故性故事与渝行之恤贫启示

武训先生乞丐兴学之故事。周仲眉恐有同人或许不悉武训先生为何许人者,兹就所知略述武训先生乞丐兴学之故事,向同人推荐《武训书传》《武训传》等书文,据说此文业转译成外国文而广播海外,外邦人士多重视之。又闻电影界更将武训乞丐兴学之事,导成国语影片,其教育意义,不亚于《居里夫人》。

渝行向员工发出恤贫启示。部署既定,赵宗溥经理即出名发动向同人募捐,启事如下:清季武训先生,以乞丐兴学,认为吾人遇知之事。先生系本不求救己、先求救人之精神,坚苦不挠,卒成厥志,开人类之奇迹,留万世之景思。是以吾人欲先求救己而后救人,则终身无救人之日;何况吾人尚能自救,何乐而不救人?值此天寒地冻，薪桂米珠①之日，人群多困于啼饥号寒②之境，凡具有人性者，虽己身之能温饱，应念及人之饥寒，似应抱"有一分力，救一个人；救一个人，尽一分责"之宗旨，节衣缩食，作推食解衣③之举，外以改良社会之风气，内以厚培恻隐之心田，对于劫运之挽回不无小补。此余发起同人节约恤贫之运动，谅为慈悲为怀之同人所赞助也。上项运动之原则，会提由星期三座谈会讨论，常经全体赞成，并经派由同人六人集议，拟具方案，审核施行。用特公布如后。甚盼同人踊跃输将④，多方协助，能使仁浆义粟⑤，早得布施，不难寿果福花，来同影响，余常代灾黎而拜赐，愿布腹心，即希公鉴！

3. 经理募捐开盘与同人响应热烈

赵宗溥以经理名义发出之募捐启事一出，同人响应者极为热烈。赵经理开盘行市，即为捐助黄金一两，创最高峰。其他同人望尘莫及，然幸捐千元者，亦不在少数；往来厚交，经劝募而见义勇为者，亦多慨捐巨数。原议本行警工收入较少，不在劝募之列，但是林森路办事处警工，看见同人捐得热闹，自愿加入，每人慨捐一百元。站在"能力"出发点来看，警工捐出的一百元，也抵得我们的二三百元，这点热情，值得珍贵。

4. 说干就干急贫苦当救者之所急

时届伏腊⑥，贫苦之特救济者甚急。赵经理因嘱从速拨款，发动施放，以蒋依疾君熟知本地情形，命其担任调查，又嘱周仲眉就近会同办理，负责审核。蒋君奔走数日，以赤贫老弱为施放主要之标准，多者200元，少者60元至100元，填具恤贫调查表，经由周仲眉襄理核准后，即由领款人持收条前往林森路办事处领取，再由周仲眉复问观察，始行发款。截至腊月底，计发放金圆9240元，领款者共计96户。上项贫苦之调查，多属孤孀老弱，尤以老而有子，有子而被拉未归者为最可怜，于斯可证战争之残酷。领款人多瑟缩委顿，表现贫穷压迫之苦，令人酸鼻。领款到手时，不意得到如此之多，更不意领得如此之速，愁云惨雾之额眉间，顿时露出欢悦之情，称谢不已。相信他们得此小数，可以买米过年，我们心中亦觉非常快活。在座谈会报告之时，赵经理及在座同人，都觉欢欣鼓舞，更积极策划扩充办法，为善

---

① 薪桂米珠：汉语成语，比喻物价昂贵。

② 啼饥号寒：汉语成语，啼：哭泣；号：叫。因饥饿寒冷而哭叫，形容生活极其贫困悲惨。

③ 推食解衣：汉语成语，指把穿着的衣服脱下来给别人穿，把正在吃的食物让别人吃，形容对人热情关怀。

④ 踊跃输将：汉语成语，输将：捐献，缴纳；指群众纷纷捐献东西以表支持。

⑤ 仁浆义粟：汉语成语，意思是施舍给人的钱米。

⑥ 伏腊：原为古代伏祭和腊祭之日，或泛指节日；在此借指生活或生活所需的物质资料。

最乐之训，于斯体味得之矣。

5. 节约恤贫会后改为公益协助会

1949 年 3 月上旬，大公报发表一篇文章"看看下一代"，为重庆歌乐山第六、第二育幼院及育婴院艰苦几于断炊的情形而呼吁，引起各地人士的同情，送食物的，送钱的，颇不乏人。渝行赵宗溥经理见而悯之，提议由本行恤贫会基金下拨付 10 余万元，购买上等食米廿袋，合市石 24 斗，以同人互助会名义，办好公函，派周仲眉、赵震生、邓英贤等三君乘车押运，送上门去，分赠三院，面交各负责人。三院对于赵经理的倡导及中行同人的热情，均感谢不尽，且登报致谢。是为本行恤贫会善举的第二次。恤贫会的名义，后经有人提议，以为不妥，嫌其有自居于富有使人有"嗟来"之感，不如改为"重庆中国银行同人公益协助会"，聚题其议，遂通过。

6. 外改风气内厚心田之恤贫精神

周仲眉在总结节约恤贫活动效果时说：恤贫会之推行，如此顺利，既系赵经理提倡，又赖同人等踊跃拥护，好好干下去，可以标榜社会，唤起响应，实属贫苦之福音，前途未可限量。汉昭烈帝有语："勿以善小而不为，勿以恶小而为之。"人们往往以救济为小善，忽而不为，殊不知小善多做，便是大善。我们应本恻隐之心做去，期此善举，日趋广大，不恤其他不爱人以德者"沽誉""市义"之消，则幸甚矣！——总的来看，渝行发起的恤贫活动体现出一种"外改风气，内厚心田"之恤贫精神，即应抱"有一分力，救一个人，救一个人，尽一分责"之宗旨，节衣缩食，作推食解衣之举，外以改良社会之风气，内以厚培恻隐之心田。

（二）共济钞荒：牺牲私利全公益精神

《渝行通讯》第十六期刊载的周仲眉《同舟共济于暴风雨中之精神》一文，记述了重庆市 1949 年 4 月发生钞荒，渝中行无法以现钞支付行员工资时，员工"俱能体谅行方之困难，牺牲私利，以全公益"之史实经过，周仲眉对此举既予褒扬，又"绎思"其精神，其中不乏对中行"高洁坚"品质之演绎意味。

1. 员生警工协力共济渝市之钞荒

1949 年 4 月下旬，渝市钞荒之严重达于极点，行庄本票在市贴水至六七成。渝行当时需发给员工薪津，但无法取得适量现钞，而物价与贴水之两重威胁，又与日俱重，行方竭力应付，难至束手。

赵经理乃于本年 4 月 26 日，召集渝行员生警工，宣告薪津无法以现钞付给，希望同人及警工，于收账后，陆续以本票支取。语次，即以"风雨同舟，协力共济"为训，并谓"吾人与行相依为命，应求养鸡得卵，不可杀鸡取卵，同人警工若有更好办法，希即提出，以供研讨"云云。

赵经理语气沉痛，意味深长，听者均为感动，黯然相对。后经刘副理提议，薪津除暂时收账而以本票支取外，别无办法，只有希望行方加强合作社之供应，借以稍补职工之损失而已。当经以此案付表决，全体通过。于此，足见同人俱能体谅行方之困难，牺牲私利，以全公益，此种精神，令人兴奋。

赵、刘两公更又于星期三座谈会中，阐述本行处境之难，历所未有，希同人仍以再接再厉之精神，共济时难。其中，动人之语云："当此难关若为自了计，本可设法规避，不过余负此重任，若畏难而退，并非健者，临危苟免，尤为良心所不许，我当尽力以赴之！"寥寥数语愿收"振臂一呼，创病皆起①"之效。

2. 振臂一呼创病皆起之精神绎思

周仲眉于会后，对行方"振臂一呼，创病皆起"——员生警工俱能体谅行方困难并接受以本票领取薪津——这种"牺牲私利，以全公益"之举动，进行其精神基础之绎思，这就是：同舟共济于暴风雨中之精神，内容有四点。

第一，守法不如守理。法是死的，人是活的，以法治人，终难控制百分之百；而理则不然，理是发于天性，处处能窒塞不良之行为。君子者，系以理自治，不以法治者也；人小者，不以理自治，专赖法治，即法亦有时而穷者也。而且，办事亦须有守法不如守理之精神，方能增加效率。例如使用材料，若以"一粒一饭，当思来处不易；半丝半缕，恒念物力艰难"之训为念，则处处均能以自动之精神，谋物力之节省。其效果不仅节省直接之物力，间接又省若干管制之人力及物力；否则规定虽多，浪费自如，而搏节之效，亦属有限。吾人若存爱行之心，亟应养成自动之纪律及联系，使行方省却若干治内之精神，以之增加应外之能力，其功利当何如耶！守法不如守理，实为吾人对行应尽之天职。

第二，重利不如重义实为今日稳定脚跟之实地。利，人之所爱也；义，人之所重也，然二者不可得兼，实则二者并不能两立，只在二者之轻重如何取舍而已。能只取义而全不取利，则为圣人；能重取义而轻取利，则为贤者；若只知取利而全不取义，则为小人。吾人虽圣不能，亦应以贤自励，抱利人利己之旨，身之外即为人，私之外即为公。吾人处此大家不得了之时，处处最易驱人专为自己打算之途。要知自己之利，即他人之害大众之害减，即自己之利增。假使世人能转此念，则化乖戾②为祥和，指浩劫于郅治③，又何难哉？本行处境困难，日甚一日，吾人应与行方作生死之团结，在可能范围内，尊重公众之利，分担公众之害，对于行方安全之计划，

---

① 创病皆起：指受伤的兵卒都奋起作战。

② 乖戾：指古怪，不合情理。

③ 郅治：大治之意。

多方协助，健其周详，不事阻挠，以利进行。此重利不如重义之主张，实为今日稳定脚跟之实地也。

第三，为人处事应当谨记责人不如责己。今日世风之坏，无以复加。人人谈到人心，也都摇头感叹，是人知有礼义廉耻也，然而利之所在，趋之若鹜，又置礼义廉耻于不顾，盖只知责人而不知责己也。吾人虽不能"无诸己而后非诸人"，也应"躬自厚而薄责于人"。至于"尤而效之"，而真可鄙！"以身作则"人皆责之于他人，殊不知身即自己之谓，凡人均应以自己为改良环境之中心。原子弹之威力，即由于原子之放射及影响邻近原子而爆裂所致。若以此理推之于改良社会，由每个单位人做起，其力量当不知如何伟大。虽然人欲横流之世，往往目麟凤为妖翼，好人每以此自沮，但是非之认识在己，毁誉之权柄在人，毁誉每为一时之误觉，而是非则为永久之公谕。吾人只求自己行端立正，自能改造风气，建设心理，先求自我检讨，再对他人批评。为人如此，治事更应如此。

第四，消极不如积极。当今道低魔高之时，有正义感者每有"滔滔皆是""蹙蹙么骋"① 之慨，甚者追从屈予，以求解脱，否则佯狂遁迹，不闻不问，似除消极外别无办法。实则人为社会动物。社会为良，己亦有责；大家不管，同归于尽。对于大环境，吾人虽无法控制，而对于所处小环境，应求积极建设之方，小环境建设好了，自能建设大环境。盘尼西林为晚近特效之药，而其发明，则系取自极腐败物体之生机物质。吾人若能以盘尼西林自居，则社会有复兴之望。以本行而论，目前业务几于停顿，工作减少，自属当然现象。然如：清理积压以补忙时之不及；研讨节流以补开源之无计；请求技术以借复原之精进；提倡读书以增身心之健康，均系消极环境中之积极工作，吾人均应利用时间，刻不容缓。若于消极情绪之下，再加逸豫，则由松懈而颓废而堕落，则真自杀之道，殊可畏也！

3. 值精神烦闷时当力寻精神出路

赵宗溥经理又以时刻推进扶贫工作及勉力读书为嘱，凡人值精神烦闷之时，每以娱乐为麻醉剂，实则麻醉一过，精神愈为痛苦；只有力寻精神出路，可使心安理得。赵公之嘱，实为得道之见，至足宝贵。是以吾人亟宜砥砺廉隅②，同心合作，在这惊涛骇浪之中，合力向安全之岸驶去，是唯一化险为夷之法。

由此看来，渝行员生警工协力共济渝市钞荒之史实，所反映出来的同舟共济于暴风雨中之精神，概括讲有以下几点。

---

① 蹙蹙么骋：应为蹙蹙靡骋，指局促，无法舒展。
② 砥砺廉隅：砥砺，即磨炼，廉隅，指棱角，引申为方正、有志节，原意为磨出棱角。砥砺廉隅，比喻磨炼品德，使端方正直。

第一，同舟共济于暴风雨中之精神实质：牺牲私利，以全公益。第二，同舟共济于暴风雨中之精神之文化基础有四点：一是守法不如守理实为吾人对行应尽之天职，二是重利不如重义实为今日稳定脚跟之实地，三是为人处事应当谨记责人不如责己，四是消极不如积极地建设好小环境。第三，同舟共济于暴风雨中之精神是对中行"高洁坚"品德精神的另类传承与演绎。即吾人值精神烦闷之时，只有力寻精神之出路，可使心安理得；亟宜砥砺廉隅，同心合作，在这惊涛骇浪之中，合力向安全之岸驶去。

（三）回顾传统：渝行掌故周宜老略述

1949 年 5 月，面对金圆券改革使国统区经济金融走向全面崩溃之险恶环境，川中行仍本着"砥砺廉隅，守理自治"的精神，通过回顾传统，缅怀榜样，传承渝行掌故周宜甫等老一辈川中行人之创业精神。

1. 渝行掌故：周宜老绾渝行略述

《渝行通讯》第十六期刊载之孙嗣璋《渝行掌故：周宜老绾渝行时之略述》一文，回顾了渝行前经理周宜甫工作经历及其退休后的勤勉治学的情形。与此相关，第十八期刊载之周仲眉《回忆录（二）》，补充记述了周宜甫公在 20 世纪 30 年代，对外相处极洽，对内励精图治的有关史实，为行员树立了一个"久于其任，功德圆满"之川行模范人物形象（详见前）。

2. 缅怀榜样：挽胡中侯先生

《渝行通讯》第十一期刊载了谢汉良《忆胡中侯先生》一文，第十四期又刊载了周仲眉《挽胡中侯先生》，周说："谢君著《忆胡中侯先生》一文，确是一篇情词均茂值得过诵的文字，凡属深知中侯先生的人，读了均感到他长者之风度，令人悼念不已。谢君悼之以文，更可发扬他高尚的人格，尤富意义。"这就是说，缅怀榜样胡中侯先生，同样具有回顾传统而励后人之意义，由此周仲眉再挽胡中侯先生，向年轻行员介绍侯先生的为人品质及精神："眉与中侯先生识于 1933 年赴宜昌调查之时，蒙其殷勤招待，指导剀详①，至今犹感于心。以后在渝，虽常得把晤②，惜以限于时间，未得畅谈。1933 年秋，眉绾碚处③时，中侯先生曾因公赴碚，得聚首一日，杯酒话旧，乐逾班荆④。先生酒后耳热，谈锋颇健，一易平常循循之态，更留深刻之印

---

① 剀详，剀：跟事理完全相合；切实。
② 把晤，握手晤面。
③ 眉绾碚处：周仲眉主持北碚办事处工作。
④ 班荆：谓朋友相遇，并坐谈心。

象。复员匆匆，常以未与先生祖饯①为歉。讵意②噩耗传来，先生竟以病而归道山，世上好人，又弱一个，可胜叹哉！眉本拟就挽联一副，以道远无法置于灵右，兹借本刊发表，以和谢汉良君蒿里③之唱，联云：俗世拔孤标，经纶展货殖尺才，永光行史；深情思旧谊，风仪共夔巫山色，长在我心。"

对于胡中侯先生之品德精神，《渝行通讯》编者还将内江支行赵经理菊轩之语摘，作为缅怀榜样胡中侯的画龙点睛之语，即所谓：吾人做事，应具有事业心，而欲事业成功，则必须从"忠实""负责"两点做起。

再据《咏群英会（五言拼律）》记述，内江支行赵菊轩经理的"五言拼律"为："松菊傲南轩。其为人处事特点为：短小精干，可为君喻。身处物产丰富之甜，饱尝行务经营之苦。其办事负责之精神，至为钦佩。总之，君为一事业家，壮志凌云，鹏翮正奋。若夫三径松菊，南轩寄傲之逸情，恐尚一时谈不到也。"

（四）家行一体：立行使命之价值传承

1930 年，张嘉璈为中行确立了"积极成功，三方同为模范"的立行使命，他将"中行真正的安乐"的目标，建立在"同人精神快乐，同人家庭快乐"基础之上的，且互相推演，循环不已。其中，行员精神快乐标准有三：身体康健，不做道德上负心的事，俭以养廉。行员家庭快乐标准也有三：夫妇和睦并使家庭生活简单，注意子女健康与教育，养成家庭内幽静优美之空气。不难看出，该立行使命直到当今亦具有价值普适性与人文关爱性。

1. 赵经理拟写银行员家庭对联

时隔近 18 年后的 1948 年，《渝行通讯》第九期之欧阳炎《拟银行员家庭对联》一文所记述的史实，其中包含着对中行"积极成功，三方同为模范"的立行使命和"俭以养廉"文化理念的传承。

1948 年 8 月，四川中行赵宗溥经理自沪返渝，道经万县，曾亲莅万县支行，批示一切，当以"勤俭"二字勖勉全体同人，并鼓励同人业余阅读曾文正公家书，以为立身处世之根本，"鄙人于格遵训示之余，爰以银行业务习用名词，及曾文正公家书内成语，撰银行员家庭对联一副"，联曰：

> 存放汇储，借贷损益，愿大家留心行务；
>
> 考宝早扫，书蔬鱼猪，看小子仿立家规。

---

① 祖饯：指古代饯行的一种隆重仪式，祭路神后，在路上设宴为人饯行。
② 讵意，指超出预言范围的情况。
③ 蒿里，山名，相传在泰山之南，为死人墓地。

同人欧阳炎在评述此对联时说："值兹勤俭建国运动风行全国之际，上述联语似于银行员家庭，尚属切合，倘能身体力行，则于行、于家、于国，更多裨补。"

2. 银行员家庭对联之文化内涵

不难看出，赵宗薄经理所拟之银行员家庭对联，上联"存放汇储，借贷损益，愿大家留心行务"之本质，就是将"中行真正安乐"的目标加以具体化；下联"考宝早扫，书蔬鱼猪，看小子仿立家规"，亦是对中行"同人精神快乐，同人家庭快乐"目标达成路径的细则化与国学典故化。

曾国藩被誉为"晚清第一名臣"及"立德立功立言三不朽，为师为将为相一完人"。曾氏家族亦是历史上数得着的侯门望族，而曾氏家族人才辈出，这和曾国藩的家教家训有着密切的关系。曾氏曾经将治家之道概括为八个字：早、扫、考、宝、书、蔬、鱼、猪。然而，就在这八字之中，就包含着既好理解和又易实行的治家文化之深刻道理，大致如下。

第一，考：考是家中厅堂上方那个祖宗牌位上的"考妣"二字的简称，意思是要重视祭祀祖先。曾国藩认为，祭祀祖先就能培养一种家族亲情，是孝道的具体化；如果对祖先都没有感情，对那些陌生人何来感情？

第二，宝：宝是指亲族邻里，曾国藩是为了押韵而简称，取"人待人无价之宝"之意，也就是要善待邻里，邻里和睦。

第三，早：即早起。曾国藩认为，早起能使人强打精神。古人有闻鸡起舞的故事，古今中外很多成功人物都有一个共同的经验：早起。

第四，扫：此字来自曾国藩的祖父，其祖父很注意将田间地头、家里面、院子里打扫得干干净净，他自言这是一个家庭的气象。如果一个人家里乱七八糟的，那一定是败家之兆，即所谓"一屋不扫何以扫天下"，扫的就是一种气象。

第五，书：即读书，读书始终是曾国藩摆在第一位的。他认为家中一定要藏书，要读书，要有书香氛围，这事关一个家庭的气象。"三代不读书，一屋都是猪"，如果一个家庭中不闻读书声，那也就不难想象这家成员的个人修养了。

第六，蔬、鱼、猪：指一个家中一定要种蔬菜、养鱼、喂猪。农耕时代，这三样是一个农家是否勤俭的标志。曾国藩认为，这事关一个家庭的气象。家中种了蔬菜，绿油油的，充满生机；池中养的鱼，栏中喂的猪，活蹦乱跳，充满生机。

最后，曾国藩总结道：书蔬鱼猪，养一家之生气；早扫考宝，养一人之生气。可见，曾国藩的八字家训，所隐含的文化密码就是"生气"二字，即生机勃勃，活力向上。这就是曾国藩选择这八个字的奥秘所在，既好理解，又易实行。

（五）德教体恤：传承育人励人之文化

20世纪30年代，张嘉璈提出了"三者育人"的关爱行员理念，即以教育明道理方式引导行员观念步步向上，用高级情趣熏陶行员具有善良人性的生活方式，提倡体育以健全行员的体格；"衣食住行"的关爱行员理念，即四者要整体计划，使其物质生活庶几解决十之八九，以收同人诚能克勤克俭、自无后顾之忧的激励功效。从《渝行通讯》共计十七期的史料信息中，亦可看出在抗战后至新中国成立的时期，川中行传承中行育人、励人文化传统印迹为：德教体恤。

1. 格言聊璧启迪人

《渝行通讯》第十四期刊载了"格言贡萃"，第十五期又选载《格言聊璧》之格言若干而组成"格言集萃"，以此方式来对本行行员品德进行"刊化教育"。（1）不虚心，便如以水沃石，一毫进入不得，不开悟，便如胶柱鼓瑟①，一毫都转动不得；不体认，优如电光照物，一毫把捉不得；不躬行，便如水行得车，陆行不舟，一毫使用不得……（3）大其心容天下之物，虚其心受天下之善，平其心论天下之事，潜其心观天下之理，定其心应天下之变。

2. 注重调研提高人

中行具有"调研先导，科学态度；条分缕析，谙悉环境"的文化传统，调研既是开展业务的先导性决策参谋，又是提高行员业务能力的重要途径。时隔多年后，川中行仍将"调研先导，谙悉环境"文化传承下去，以此普遍提升行员之能力。纵观《渝行通讯》之史料信息（注：一—六期缺），其所刊载的调研报告内容，约占全部文字容量的四分之一以上。主要内容有第七期《我国国际贸易概况》，第八期《云南锡业公司通讯》《西康宁属矿产志要》，第十期《万县桐油产运销概况》，第十三期《台湾的经合总署》，第十四期《沱江流域土法制造蔗糖程序》《剖视"桐油之都"》，第十五期《烟草路——记贵州的烟草事业》（转载），第十七期《黔省的地下宝藏》（转载）、《四川的麝香》（转载），第十八期《重庆的外销物资》（转载）。此外，《渝行通讯》还分七期刊载《贵州一行记》。

3. 福利新讯关心人

据《渝行通讯》第十四期记述：1949年2月14日，渝行举行员工消费合作社社员代表大会，到代表及理监事等40余人。除由该社经理孙许卿报告1948年度业务概况外，并通过1949年度盈余分配，股份增资及1949年度业务计划等议案，随即

---

① 胶柱鼓瑟：汉语成语，柱：琴瑟上调音的短木。鼓：弹奏。瑟：古代一种弦乐器。把柱用胶粘住，柱不能动，就不能调音调。比喻拘泥死板而不知变通。

选举理监事。该次会议见闻所及如下。

颜副经理序耕代表行方莅会指导并致辞，略谓"本社过去一年虽在经济动荡、币制改革、物价涉涨之环境中，对于员工生活需要，仍能不断有所贡献，足见理监事诸位苦心经营，行方深致嘉勉，今后仍塑应一本过去精神，为社员服务，行方决在可能范围内继续予以协助"等语，语重心长，闻者咸为感奋。各出席社员代表对于该社过去销售货品之分配数量及种类管理技术等批评甚多，有谓争购之风及应改善，进货时应估计必需数量，务以每一社员均能购到一份为原则，否则不必购进。有谓对于日用必需品之供应，希望能作有计划而适应季节之配补；同城办事处之社员代表则希望每次发售货品，均应早日通知同城社员，以免逾期买不到。此外，对于理发室之收费及登记办法发表意见者亦多，由各代表发言之踊跃情形，可以亲见社员对本社瞻望之殷切。易言之，本社今后业务之动向，实与全体社员切身福利有关。深望本社执事诸君能勉以赴！

由此可见，总行"衣食住行四者计划以激励行员"文化的传承印迹为：第一，在过去一年虽在经济动荡、币制改革、物价涉涨之环境中，对于员工生活需要，仍能不断有所贡献，行方深致嘉勉，今后仍塑应一本过去精神，为社员服务，行方决在可能范围内断续予以协助。第二，川中行对"四者励人"的关心程度细致深入，如小到日用必需品之供应当适应季节而配补，每次发售货品的通知时间应及时，理发室之收费及登记办法等，都在关心员工之列。

4. 行长热心照拂行员

据四川省档案馆成都中行文档记述：1946 年 9 月，成都支行员工陈玉涛突患急性盲肠炎，行长"热心照拂"，即送医治，使员工"得庆余生"。事后，远在千里之外的陈玉涛之父亲陈益祥，满含深情向行长致信深谢，原文如下。

行长钧鉴谨启者：小儿玉涛此次突患急性盲肠炎，愚以千里迢隔，不能亲顾，辱蒙行长热心照拂，即送医割治，得庆余生，是皆出于贵行长之所赐也。愚受惠之下，不胜铭感，为特函达敬此道谢，奉上填就小儿保证书一份，仰祈察收。肃此敬颂台安！愚陈益祥谨上，九月二五日。

通过此信，既可看出一个行长一把手"热心照拂"行员之史实，但按常理说，员工陈玉涛突患疾病，部门同事、主任，支行其他领导都可以送医治疗，为何偏偏只是行长一把手亲往送医割治？对此史料本身没有答案。经查，此时成都支行行长为颜大有（序耕），据《咏群英会（五言拼律）》记述，颜大有的五言拼律为"兆丰耕有序"，其为人处事特点是"序公温文，有大度，象征一个风调雨顺预兆丰收的年岁。耕，是以去莠留良为目的，正合颜公之铨修人事，以进贤退不肖为指归之原则"。这也许可以做出部分解释，但不管怎么说，此信说明那时行长一把手关心员工的程度是不浅的。

（六）严守制度：追还重复托解之款项

中行还具有"细则要点，工作规范"的管理文化传统，这既可使各项业务工作，有章可循，操作有序，运作规范；又可使是非有标准，以按图索骥，循序操作。久而久之，约定俗成，成为中国银行文明作风的一个组成部分。四川中行早在 1915 年成立之初就按照"细则要点"要求，建立起"工作规范"的规章制度，经过多年的补充完善，形成了制度体系与严格执行规章的制度意识。值得一提的是，即便是在 1948 年那战火纷繁，经济动荡、物价上涨、民不聊生之险恶环境中，本行行员也不忘严守制度与工作规范。重庆档案馆民国时期中国银行全宗档案里，有一则 1948 年 1 月 9 日"中国银行重庆分行关于向财政部追还重复托解蒋介石款项致中国银行总管理处信托部的函"①，其主要内容如下。

　　总管理处信托部台鉴：查纽行 1942 年 2 月 11 日电托交蒋委员长国币 25300 元一款，鄙处于同年 10 月 17 日凭尊处 1942 年 10 月 8 日信字第 110 号函要求以原币交付，并按每国币元折美金伍元肆角行市，以美金 1336.20 元收入鄙处开立第 7835 号美金往来户，代财政部经收统一债捐户内在卷□。查该笔之款，鄙处于 1942 年 6 月 11 日按上述行市折合同数美金列收。尊处第 7835 号往来户账内于 10 月 17 日所付一笔款系重付。……追回，除上述美金 1336.20 元划由国外部转付尊处外，随函附上款转付票抄件二份，又致国外部报单副本一□，即请查收，转向财部将该项重付款项追还，并盼贵处为荷，此颂公绥。渝行记。

（七）守望正义：转载与婉转关心国事

据记载，中国银行曾为本行办刊规定了以下"戒条"："讨论本行的'事'的问题，而不及'人'的问题；从事'学术'的研究，而不作'时事'的批评。"因为《中行生活》诞生于日寇侵华的"一·二八"事变之后，当时东北也沦陷为伪满洲国，办刊的言论环境险恶。该"戒条"也是川中行办刊所应遵循的规则。

纵观川中行 1948 年 1 月至 1949 年 7 月刊印《渝行通讯》之 17 期内容，其中转

---

①　原始档案号：0287 0001 0232 1000 0135 000。

载刊登过多篇批评国家政治经济时事之文章，以婉转地关心国事，守望心中之正义。对此《渝行通讯》的编辑表达方式及内容如下。

1. **选编文章大多客观叙事而不作评论**

如《渝行通讯》第十二期，编者以"雅根室缉征信新闻"的名义，以类似说评书的开头语——"话说政府自十月内取消限价政策之后，物价便似人猿泰山从万力挟持之中一下挣脱，便大展神威，以至于不可收拾"，记述了1948年12月里重庆发生的两件大事：存兑金银之热闹和倒风大观。

再如第七期刊登的《我国国际贸易概况》、第九期刊登的《释金圆券中的数字》等，第十二期刊载的《比期利率问题座谈会意见集萃》，第十七期刊登的《成都拒用金圆券前后》，第十八期刊登的《七月二十五日成都镍潮记》等文，刊物编者所采取的态度只是客观地叙事而不作任何评论。

2. **为避嫌疑直接转载抨击时弊之要文**

仅以《渝行通讯》第十三期转载的1949年1月10日重庆商务日报的《一年来我国金融之风云变化》一文来看，便可知刊物编者即是为了避免嫌疑，而直接转载了抨击国民党政府时弊之要文：该文将1948年喻为"不堪回首忆当年"，即"这一个年头中国金融上的动荡与危险，正和政治军事上的动荡与危险一样的震撼苦难的中国人民。凡是受过这种苦难折磨的人民，没有一个不怀念着和平时代的温暖，也没有一个不诅咒或暗恨这战乱时代的残酷"。《渝行通讯》转载此文，既反映出其济世无助的复杂心态，还可看出其借它报之口道出自己真实看法之目的，即"一个国家在仍然依靠纸币之发行以作非常的开支之时，要想利用改革币制的手段以稳定物价，那简直是白费气力。一种货币制度或金融措施，若不能稳定物价或有意识地引导物价之涨落，以利于生产事业的发展，则此种币制与金融便无可所言地是失败了的东西"。

3. **借故事人物之口婉转发泄愤世嫉俗**

《渝行通讯》第十二期刊载的《观婚记》记述：1948年12月5日，渝行赵宗溥经理第三位女公子与广东分行同人程道昌君结婚，嘉礼在求精中学礼堂举行，采用牧师证婚仪制，庄严雅静，一洗尘俗烦嚣之气，为在渝参观婚礼之新纪元，作者因兹记述花絮及感想以志欣怀。其中，作者嘉宝（笔名）通过牧师训勉新婚夫妇的话语，及作者对牧师说法持有异议的反思方式，委婉地发泄人门对现实的不满，即牧师在训勉新婚夫妇时说："我们要治国，必先齐家；我们要今日中国富强起来，一定要先把家庭健全起来。"对此，作者委婉地发泄对现实的不满："这话听来，似乎有点倒因为果，把家庭太冤枉了。今日家庭的痛苦，例如开门七件事，哪样不是国给我们带来的？国不求富强之道，家亦无健全之途。"

4. 以小环境窘迫事直言国家社会大事

如前所言，《渝行通讯》第十六期刊载之周仲眉《同舟共济于暴风雨中之精神》一文，几乎是该刊唯一的一篇由员工署真名而批评时事的且极具主观思想的文章。周仲眉以川行因钞荒无法用现钞支付行员薪资，而全行员工"俱能体谅行方之困难，牺牲私利，以全公益"的小环境窘迫之史实，"绎思"出这种同舟共济于暴风雨中之精神的文化基础为：守法不如守理、重利不如重义、责人不如责己、消极不如积极。然而，周仲眉在每"绎思"一点，总要引发出他对国家与社会大事的关注，以及对社会时弊的直言批评，如，"今日世风之坏，无以复加"，"当今道低魔高之时，一般有正义感者，每有'滔滔皆是'、'蠢蠢么骋'之慨，甚者追从屈予，以求解脱，否则佯狂遁迹，不闻不问，似除消极外别无办法"，"吾人若能以盘尼西林自居，则社会有复兴之望"。

二、清高孤傲与聊以自慰之文化变迁

总的来说，抗战胜利后至全国解放为止的这一时期里，随着国统区政治腐朽、经济衰败、金融崩溃、道低魔高、世风败坏之时事演变，四川中行员工倍感济世无助，于是便滋生出一种"躲进小楼成一统，管它春夏与秋冬"的出世文化之变迁，其主要文化基调是：行内充满着一种清高孤傲与聊以自慰的文化氛围，人们或沉浸于文雅追寻之孤芳自赏之中，或沉浸于对过去的美好时光的回忆之中，实在无聊则回忆悬虚或没事说事，从中聊以自慰。

（一）清高孤傲地追寻文雅之境界

之所以说川行员工滋生出一种"躲进小楼成一统，管它春夏与秋冬"的出世之文化变迁，沉浸于文雅追寻之孤芳自赏之中，从下述两则史料即可看出。

1.《渝行通讯》之"雅根室"释名

"园地"是《渝行通讯》主要栏目之一，从其各期刊载的文章中，可以感觉到字里行间充满着清高孤傲的文化气氛。这种感觉首先表现为《渝行通讯》为其编辑部取了一个文雅的代称名号——"雅根室"，并解释道："雅根者何，货币也。货币在雅人目为俗物，而以雅命之，更命曰雅之根，何也，其说盖有自为。"纵观"园地"栏目内容，不少文章都是以"雅根室"为文作者之署名的。

2. 反差巨大的蒙太奇式文章观察

1948年9月至1949年4月，中国人民解放军先后发起辽沈、淮海、平津及渡江四次大的战役。与此同时，国民政府于1948年8月19日进行第一次金圆券币制改革，11月11日又进行第二次金圆券币制改革并造成物价飞涨与民不聊生的后果，到1949年7月金圆券已形同废纸。在此激战正酣与民不聊生的全国大形势下，川中行文人们却沉浸于共赏静月的小氛围里。

1948年10月，辽沈战役激战正酣时，《渝行通讯》第十期刊登了章子良副主任《月》一文，主要谈月与人的关系，为全行员工勾画出一幅多么宁静、安详、清高、孤傲的心理画面与理想境界："这是不可思议的，在月下的一切，经过月光洗体，多少会给予你一种近乎美化的感觉。肮脏不堪的阴沟，月光映照，它就顿时身价百倍，'月照沟渠'，不也含有诗意吗？美国短篇小说米格儿（Miggle）记载一段故事：'美丽的女子米格儿家住公路旁，她的情人是个瘫痪了的废人。有一晚，大雨，一辆公共马车满载着客人，因阻水不能前进，便耽搁在她家里过夜。夜深了，雨霁，云破月来，光照屋中，朗如白昼。'……"

1948年12月，当辽沈战役已经胜利，淮海战役、平津战役激战正酣时，《渝行通讯》第十二期又刊载了章子良续文《月（中篇）》，并加序语骄傲地说道："拙作《月》在第十期中刊出上篇后，承周仲老（周仲眉）指教，并见告将有《月与笛·笛与曲》一文为和，这真是'抛砖引玉'，喜不自胜！兹趁珠玉尚未当前，再抛余砖，倘能引出更多的结缘夜光来，则益幸矣！"《月（中篇）》主要谈月与物的关系，以及月字在文学上所起的作用。第一，先谈山月：在平原上看明月东升，不如在山岳地带看山间明月："四更山吐月"，"月出照关山"，"窗迎紫翠千峰月"，"山钟敲月上栏杆"，因为有山作背景，就烘托出月色分外皎洁，而山势也益见雄伟了。第二，资谈水月：水光浩渺的有"波光摇海月"，"月鸿大江流"，"孤舟移棹一江月"，"绕船明月江水寒"，景色清幽的有"竹送清溪月"，"洗菊夜潭月"，"雁度池塘月"，"松湾随櫂月"。水月与山月不同之处，好有一比，山月如曾子固的文章，气息浑厚，水月如欧阳永叔的文章，风神荡漾。假如有人问："究竟哪一种月景美？"，我答道："这又有一比，山月如程砚秋演碧玉簪，幽娴淑静，水月如荀慧生演钗头凤，态有余妍。两者各擅胜场，无分轩轾，如不可得兼，从君所好可也。"

1949年1月，蒋介石宣布下野，由副总统李宗仁代行其职。与此同时《渝行通讯》第十三期由雅根室撰文《春风花絮》献给全行员工，还刊登了周仲眉以"顾曲簃主"为笔名的《月与笛笛与曲》一文。

1949年2月，《渝行通讯》第十四期又载章子良之《月（下篇）》，他继续执着地为人们构造一幅宁静、安详、清高、孤傲的心理画面。

1949年3月，《渝行通讯》第十五期还刊登了章子良《月明忆语》，章还以其清高孤傲的心态，撰文《乐府陌生桑几个有趣的问题》以博文人雅趣。

（二）沉浸于回忆与追寻美好时光

由于川中行员工倍感济世无助，于是便形成一种沉浸于对过去的美好时光的回忆和对未来充满无限希望的人生态度。

1. 渝行掌故：银杯记

《渝行通讯》第十五期刊载了"雅根室"撰写的回忆录《渝行掌故：银杯记》，记述了1933—1934年，川行当局热心提倡体育，同人参加颇众，后练成一支篮球劲旅，名中行队，夺得了商务银杯之史实。并对其中五虎大将庐定中、徐良槐、王尊骥、杨昌龄、杨昌平分别作了介绍，还记叙了赛场情形。由此将川行员工从险恶的当下环境带到了十多年前美好时光的回忆之中。

2. 渝中小学盛会记

据《渝行通讯》第十期《渝中小学之盛会》记述，渝中小学类似中行员工子弟校，四川中行是该校投资股东。1948年10月17日，渝中小学举行成立七周年校庆，董事会派董事周仲眉襄理及章子良副主任前往参加。开会时，本校教务主任萧贵仁女士致辞，对学生勉以"读书要严肃，生活要清洁"的道理，意见精辟，言词畅达，颇为参加人士所倾听，可惜小朋友不能全懂，有负良师耳提面命之至意。周校董说话着重在"最爱的是小学生，因为他们代表中华民国的前途，最敬的是小学教师，因为他们正肩负着最神圣最艰苦的工作"，也颇予本校师生兴趣的鼓舞。最后由章副主任致辞。章君以前服务教育界，颇富经验。他一"开腔"，姿态、声调、说话的立意与层次，都迥然不同，把场中的耳目之觉都集中于一身。他以金字牌"天地国亲师"五个字的故事，向渝中小学教师道出了教师职业的崇高性，又通过故事向学生们说明"学问事业由苦干成功的最靠得住"的道理。不难看出，此文所叙之事，似有一种生不逢时，期寄于后代小学生的感觉。

3. 探讨旅行与假日

《渝行通讯》第九期刊载了章子良《旅行与假日》一文，向全行员工提出两个探讨题目："假日旅行对银行员工究竟有何益处？利用假日来旅行是不是最相宜？"然后，他从徐志摩的名言说起，逐一阐明了自己的观点，末了对行方提出了有关建议。这就是说，在战火纷飞和民不聊生的岁月里，《渝行通讯》通过章子良之文，为全行员工描述了未来的美好时光。

4. 诗情画意慰闲情

《渝行通讯》第十期刊登了匏庐（滇支行时归渝行管辖）的三首风景诗，为全行员工描述了本行所辖滇支行所处的邻省之美丽景色与其人的闲情逸致。

楚雄途中口占

前山酿雨拭清尘，叠峋披云绾大钧；

安得万家齐仰望，天公只为送诗人。

楚雄寓中瓶梅

小瓶插满梅花瘦，说自山巅采折来；

独有高枝犹未著，翁归吟到逐诗开。

咏西山壁

日醉滇池水，深红两类生。

酡颜浑不老，尤物最率情。

（三）话悬虚及没事说事聊以自慰

由于川中行员工倍感济世无助，于是还形成一种回忆悬虚或没事说事并以此聊以自慰的文化氛围。

1. 以不疼不痒的隔世之感聊以自慰

继 1949 年 5 月 27 日上海宣告解放后，渡江战役宣告结束。就在此时，《渝行通讯》第十七期刊登了署名英晖的《假中随笔》、署名衣芰荷的《闲话沉默》，章子良摘录的《莲（续）》等多篇文章，其字里行间，以一种不疼不痒的隔世之感来聊以自慰。比如，《假中随笔》写道："窖里光阴，容易消磨，一年半逝，又临溽暑，长夏如蒸，困人欲眠。川地多山，熟季漫长，远客初临，习都不惯。江南六月，柳舞菱熟，凉丝拂人，清凉如仙……"

2. 以立意不明的回忆悬虚聊以自慰

1949 年 7 月，《渝行通讯》第十八期刊登了署名巩池的《历险忆略》一文，文中回忆了作者 1942 年 9 月 4 日因公出差，由会理县乘军粮局车赴西昌时发生车祸，然而作者及同行同事均无恙的故事。此故事既无主题，又无引申评论，真有一种以立意不明的回忆悬虚来聊以自慰的感觉。

3. 以没事说事说无意义事聊以自慰

《渝行通讯》第九期刊登的《解字解颐》一文说：旅昆时，某女同事问袜字写法，庄告之曰："古从韦，沿从革，皮革制也；俗从衣，已易以纱布为之；自丝袜行，而应从系，今则不著，殆不知所从，书作蔑得（滇音作无字训）之蔑可耳。"以为讽也，泊后气候不时，遂相率而著袜矣。不难看出，此文真有一种没事说事的聊以自慰的感觉。

《渝行通讯》第十三期还转载了《一篇有趣的日记》一文，本文原题目为《戒烟七日记》，原载于 1949 年 1 月 21 日渝版中央日报副刊，作者笔名斯菲。"雅根室"认为，此文"遣词利落，妙语解颐，有类东方曼倩滑稽家言，特转刊之，以飨同人"。不难看出，此文真有一种在银行刊物刊登无意义但可以逗乐的文章来聊以自慰的感觉。

第三节　成渝中行获得新生之历史梗概

一、川中行革命星火之史概及意义

抗战伊始至新中国成立之时，在中行职能性质及文化演变过程中，川中行既有对中行传统文化之传承与弘扬，又有孤傲清高与聊以自慰之文化变迁。与此同时，这一阶段的四川中行还存在着一批隐蔽红色人员，以及爱国爱民亲近共产党主张之倾向的进步人物，其窥探视角大致有以下四条线索：第一，与湖北、陕西地下党有关的四川中行革命人物；第二，具有爱国爱民亲近共产党主张之倾向的进步人物；第三，与中共川东特委、重庆市委有关的四川中行地下党员；第四，参加其他进步地下组织之川中行员工。他们作为革命星火力量及其所形成的革命精神，既在川中行迎来新生过程中起到过重要作用，又为后人留下了永久的精神财富。

（一）中行农贷集体中的红色记忆

抗战时期，在中国银行及四川分行农贷集体中，交织存在着一批具有爱国情怀、亲近贫苦农民之感情，以及亲近共产党主张之倾向的知识分子群体，其中亦不乏隐蔽的中共地下党员，由此形成一种红色革命星火力量及其精神。

苏全有《汤池训练班与中国共产党》和王安乔《内江农贷与抗战》两文记述了1942 年 9 月中行移交农贷业务及其工作人员之前，四川中行农贷群体之中与中共湖北、陕西地下党有关的红色记忆以及红色隐蔽人物的大致情况。前者展现了中国银行总行农贷稽核张心一、汉口中行农贷主任辅导员孙耀华、农贷助理员王慕曾（后任四川内江中行农贷主任辅导员），在湖北成功利用农贷资金，支持共产党举办汤池训练班，为八路军和新四军建立抗日武装输送了大批干部。后者展现了中国银行内江农贷在抗战期间所做出的卓越贡献。两文一同展现了抗战时期在国统区内，中国银行农贷系统的一批知识分子认同共产党的理念，在湖北及四川帮助共产党而为抗战做出应有贡献之史实。在这一特殊的知识分子群体中，亦不乏中共地下党员及爱国进步人士，他们的爱国情怀、历史责任、高洁操守，在中国革命史、抗战史、农贷史上书写了光彩夺目的一页。

1. 汤池训练班与中行农贷群体红色记忆之源头

1937 年 11 月，中共中央驻武汉代表董必武与国民党人李范一、湖北省建设厅长石瑛[①]、建设厅棉业改良所所长及棉业专家杨显东（当时与美国、苏联共产党联系密切，新中国成立时周恩来总理聘请的农业部第一任副部长。1956 年加入中国共产党）等协商，以国民党湖北省建设厅农业合作委员会的名义，在湖北应城汤池开办汤池训练班，全称为湖北省建设厅合作事业指导员训练班。石瑛发起该训练班的原意是："国民党是腐败了，我想培养一批像你们共产党人那样能吃苦耐劳，为民众做事的人，到湖北各县去推广合作事业。"但汤池训练班的实际决策者是董必武与时任中共中央长江局负责人的周恩来，举办该班的目的也是为我党培养抗日游击战争干部。该班 1937 年 12 月开学，共举办 4 期，培训学员 300 多人。中共中央长江局派当时中共湖北省工作委员会副书记陶铸以共产党员的公开身份，去汤池训练班主持实际工作，曾志为训练班党支部书记，对外事宜则由李范一向湖北省建设厅农村合作委员会负责。还有该训练班的教员，亦是经中共湖北省工委选派，由八路军武汉办事处介绍去的。该班对抗日战争所产生的巨大影响，正如后来任国家主席的李先念所说：汤池训练班成了"鄂豫边区敌后抗日战争的战略支撑点之一，为民族解放事业做出了贡献"。围绕着汤池训练班的有效举办，引发了中行及川中行农贷群体之红色记忆。

2. 亲近与帮助共产党的农贷人物：张心一

由于湖北省建设厅农业合作委员会的主要任务是训练农村合作人员，组织农村合作社，发放农业贷款，促进农村经济发展，而且汤池训练班名义上也是训练鄂省之农村合作人员，因而与中行发放农业贷款有关。中行农贷稽核张心一作为具有爱国爱民情怀与亲近共产党主张之倾向的进步人物，其亲近共产党主张与帮助共产党的史实大致有两条线索。

第一，张心一为党举办汤池训练班提供重要的经费来源。汤池训练班的经费来源主要有三部分，一是争取湖北省建设厅拨款；二是由一些进步人士捐助，如周苍柏、杨显东、孙耀华等人自己捐助和向外募来的捐款，石瑛也以朋友的名义捐款5000 元；三是向外募来的捐款。其间，中国银行农贷稽核张心一曾为汤池训练班在

---

① 石瑛曾是湖北同盟会支部长，与湖北同盟会会员董必武过从其密，建立了深厚的战斗情谊。

湖北发放农业贷款 25 万元，同时又商请中国农民银行也在湖北发放了贷款 25 万元，这些贷款对发动群众开展游击抗日战争起了很大作用。

第二，中行与黄炎培家族的历史因缘因张心一得到另类延续。黄炎培作为中国近现代爱国主义者、民主主义教育家，1905 年加入中国同盟会。辛亥革命后，他长期投身教育界，为建设中国的职业教育做出了重要贡献，并与中国银行结下不解之缘。1917 年 5 月，黄炎培联合梁启超、蔡元培等 48 位社会知名人士在上海发起创立了我国近代史上第一个全国性职业教育机构——中华职业教育社，并亲任办事部主任。在发起人中，至少有 3 名中行人：时任中国银行上海分行经理宋汉章、副经理张嘉璈，著名实业家、时任中国银行商股股东联合会会长的张謇。中国银行与黄炎培家族的历史因缘，还以另一种形式得到了延续：张心一于 1931 年与黄炎培先生的长女黄路女士结婚。黄炎培与张心一翁婿两人，一个是投身教育、唤起民众的爱国名士，一个是扎根农业、实践兴邦的专家学者，竟都与践行金融报国理念的中国银行结缘，留下一段永久的历史佳话。

3. 亲近与帮助共产党的农贷人物：王慕曾

由于汤池训练班在名义上又是训练农村合作人员，因而与中行发放农业贷款有关。汉口中国银行农贷主任辅导员孙耀华及农贷助理员王慕曾则负责汤池训练班"穿针引线"的联络工作。王慕曾系孙耀华在上海中学黄渡乡师的学生，1937 年 1 月由中行农贷稽核张心一亲自面试招至汉口中行。

1938 年 9 月，武汉即将沦陷，王慕曾接到张心一指令，从湖北钟祥几经辗转撤退至重庆报到。四川分行农贷股主任李效民，将王慕曾从上海分行①商调到四川分行，并派往四川中行内江农贷区工作，先任棉区射洪县合作金库助理员，后任内江县农贷区主任辅导员。川中行《农放月报》第一期小言论，刊登了内江农贷主任辅导员王慕曾《同人应注意各点》一文，其要旨为："农村工作人员应有热心、毅力和吃苦耐劳的精神，才能负起农村工作的艰难任务；采取自我教育，在工作中学习，以增加知识经验；采取工作检讨，检讨的范围由自我而扩大至集体，以增进工作效率。然而这些设施，都要以农民之利益，方能真正获得实效，完全达到我们的任务。"这体现了内江支行乃至四川中行农贷同人的干事精神。

仅从 1941 年 1 月内江中行机构编制及人员配备情况看，内江农贷区设专员 1 人，全区辖 6 县共 38 人，包括内江 10 人、荣昌 4 人、隆昌 4 人、资中 8 人、资阳 6

---

① 1927 年中行汉口分行因故停业，1929 年汉口分行改为驻汉沪券汇兑处，1930 年第三区域行即汉口分行归并第一区域行上海分行管辖，1932 年起改为汉口支行属上海分行管辖。王慕曾此时应属上海分行之汉口支行之行员。

人、简阳 6 人。可见，王慕曾所管属的内江县农贷人员为当时四川分行县级机构配属人员之最。同年，日机开始轰炸内江，炸死伤 200 多人，炸毁、烧毁房屋上千间，数千人无家可归，最繁华的街市一片残垣断壁。人们成了惊弓之鸟，稍有风吹草动，警报四起，跑警报成了常态，严重干扰了农贷工作。农贷员们却不畏日机的威胁，更加勤奋，至年底共成立合作社近 300 户，农户数近 18000 户，反而比上年分别增50%、70%；贷款总金额增至 1642.5 万元，是 1940 年总金额三倍左右。当年内江一县蔗糖产量达 7000 多万斤，如果加上周围五县产糖量，能大致满足来华支援抗战的国际友人及军民之需。与此同时，内江糖业大发展产生了许多副产品"漏水"，可制作酒精，替代汽油，供应战时之需。初期，内江酒精产量占全国的 50%，后来各地纷纷建酒精厂，内江的产量仍占全国的 25% 左右，"仅内江一县就满足了主持战时经济的资源委员会需求量的 13.8%"。然而，此时王慕曾带领下的内江县农贷员仅10 人，其中外勤人员占 9 人，而 1941 年内江县合作社有 17443 户，因此平均每位外勤农贷员须负责联系和监督 1900 余户的借款情况，其工作量之大、劳累程度与所需之高度责任心可想而知，他们就是如此地为抗战胜利做出了应有的贡献。直到 1942年 8 月四川中行移交农贷业务及人员时，王慕曾还憧憬着"调剂农村金融，打倒农村高利贷！增加农民收益，改善农民生活！解除农民所受一切封建剥削痛苦！维持后方农业生产，增加抗战资源！实现耕者有其田的国策！"的理想农贷效果。

4. 亲近与帮助共产党的农贷人物：李效民

作为美国哈佛大学商业管理硕士的李效民，是中国银行农贷先驱之一，抗战时期曾负责主持川黔两省的农贷工作。据王安乔《内江农贷与抗战》记述，李效民还是一个具有爱国情怀、亲近贫苦农民之感情，以及亲近共产党主张之倾向的进步人士，其亲近与帮助共产党的史实如下。

第一，李效民规定川中行农贷员订阅《新华日报》。王慕曾当年从湖北撤退到四川从事农贷工作时，对李效民并不甚了解，一件事使他在 70 年后（2008 年）94 岁时仍记忆犹新，他在回忆录中写道："我订了一份中共的《新华日报》，是李效民先生规定的，农贷人员订《新华日报》才能思想进步，同情农民。"王慕曾刚刚帮助过湖北的共产党人，撤退到内江，看《新华日报》是很自然的事，但他见留美专家李效民先生也如此公开亲共，大胆号召，立时刮目相看，感慨颇深，直到几十年后还感叹不已。由此，在李效民带领下，川中行农贷员们在军、警、宪、特横行的国统区，在蒋介石的"反共、限共、溶共"政策的高压下，一边看着《新华日报》，一边深入穷乡僻壤搞农贷。内江农贷同人们头戴斗笠，卷着裤管，常冒狂风暴雨，行进在乡间泥泞的小道上，日夜奔波于内江的山山水水间，睡的是门板，吃的是粗茶淡饭，竭诚帮助农民组织合作社。常常怀揣大量现款下乡放贷，自己要经得起金钱的诱惑，不时与匪盗周旋，还要与土豪劣绅操纵合作社的企图做斗争。李效民对他们的要求极为严格，他们决不吃请，不卡、拿、要，还要逐社、逐户访察，帮助解决生产、技术中的各种难题。

第二，李效民在川东办理农贷的成果——竹制纸曾被重庆《新华日报》采用。1939 年 8 月到 1942 年 1 月底，李效民曾来过万县二三次，去区内开县、梁山（今梁平）、云阳、奉节等地视察行内农贷业务。梁山县山峦起伏，但经他细致调查，梁山县竹林资源极为丰富，可惜原来只有竹席、竹帘等利微产品，"黄表纸"这一迷信产品，则随时代进步而销路自然衰落。李效民提出利用梁山县方圆百里的竹林制造纸浆，建立起梁山制纸工业合作社，并请清华同班同学、重庆《新华日报》主编谢启泰（即后来担任外交部长的章汉夫）介绍给重庆《新华日报》采用。

第三，李效民的妹妹李效黎亦是著名爱国人士。抗战时期，李效黎与英国丈夫林迈可一起在晋察冀边区和延安为共产党的电讯事业做出突出贡献，在延安还两次受到毛泽东的宴请。而且，李效民妻子也是黄炎培亲戚。换言之，物以类聚，人以群分，李效民的爱国情怀、亲近贫苦农民之感情，以及亲近共产党主张之倾向，与其上述的社会关系背景亦是相互关联与促进的。

5. 川中行农贷群体中亦不乏红色隐蔽人物

川中行农贷群体中的红色隐蔽人物，一是指与陕西地下党有关的川行革命星火人物白诗甫，二是指与解救白诗甫有关的川行革命星火人物刘子钦。

第一，地下党员白诗甫。白诗甫是四川石柱人（现属重庆市），毕业于西北大学，是著名经济学家、早期共产党人沈志远教授的学生，系中共地下党员。据对《1942 年 8 月渝辖区工贷人员一览表》及王安乔《内江农贷与抗战》记述之整理：1942 年 7 月，白诗甫由内江农贷主任辅导员王慕曾面试后录用为内江中行农贷试用员。白诗甫当时是由中共陕西省委地下党组织派遣潜入四川搞革命活动的，党组织关系暂不转。他被分在内江观音滩一个偏僻的农村发放农贷，借与农民接触的机会向农民"经常宣传共产主义，揭露国民党的反动和腐败"，被特务发现，正密商要抓捕他。一个内部人员将此信息好意地透露给了王慕曾，王意识到白诗甫是中共地下党员，即刻告知了重庆分行农贷股副主任刘子钦。刘子钦是王慕曾的直接上级，关系较密切，王慕曾从言谈举止中就发现刘子钦与共产党人没两样。刘子钦接王慕曾报告后，因白的组织关系不在四川，故不知白诗甫是共产党员，便立即将他调荣昌县，使其幸免于难。上海解放后，白诗甫赴上海参与接收银行系统，后曾任淮南市统计局局长，对自己遇险被救浑然不知，也不知刘子钦其人。20 世纪 50 年代，王慕曾告知白诗甫当年调动的真相时，他回信感谢刘子钦的救命之恩。刘子钦于 1949 年南京解放后任中共南京市委办公室主任，不久即自行请调至南京金陵中学任教。

第二，地下党员刘子钦。刘子钦是山西太原人，山西大学毕业，1939 年 10 月入行，后任川中行农贷视察员兼农贷股金库组的领组，其入党经历不详。首先，从川中行多期《农放月报》封面看，刘子钦是该刊责任编辑，亦应是"小言论"的重要作者之一。纵观《农放月报》各期小言论的内容，在本质上体现出一种四川中行抗建报国的农贷群体意识与群体精神。换言之，四川中行抗建报国的农贷群体意识与群体精神之中，不乏凝结了刘子钦等地下共产党员的先进思想。其次，1942 年 8 月，在"自因银行专业化，农贷将移交农行办理之消息公布以来，各处同人倍极关心，私人函件，雪片飞来"的思想混乱情况下，在对中行无法择俊留用那些年青有为之士而深感遗憾的氛围里，在一些农贷人员甚至以"弓藏狗烹自古然，世道人情原如此"的诗句表达不满情绪时，刘子钦既总结出四川中行五年来形成的"有必成的信念，将公事当私事的去办，到处学习，造成共同意志"农贷信念与精神，又阐明"我们办理农贷是完成一种使命，为老百姓们服一点务，当我们的目的还没有实现的时候，我们应当在任何情形下把握住我们自己的目的，毫不放弃地干下去，对这环境有一种把握"的使命感，同时还以"农贷交响曲"诗发出"愿把山河重收拾，莫将光阴赋嘘唏。凡我同志多蹈励，一德一心一戎衣"的呼唤，充分显示出一个共产党员对时势变化的关切。

总而言之，从抗战全面爆发至 1942 年整整五年间，是中国银行农贷最辉煌的时期。以张心一、李效民、孙耀华为首的中国银行农贷集体，是旧时代下特殊的知识分子群体，他们及与之合作的农贷人员中不乏中共地下党员、革命者及爱国进步人士，他们有理想，有抱负，满腔热血。他们的爱国情怀、历史责任、高洁的操守在中国革命史、抗战史、农贷史上书写了光彩夺目的一页。然而遗憾的是，刘子钦、白诗甫等隐蔽中共地下党员，以及亲近与帮助共产党的王慕曾等，均随着农贷业务的移交而一并改隶于中国农民银行，其后之行踪暂无从考证。

（二）与中共川东特委有关联的地下党员

据重庆市人民银行金融研究所重庆金融志编写组《重庆金融志党史资料》，孙雨新、叶新华《窗含千秋：新华路 41 号与中国银行的抗战岁月》，以及交通银行重庆分行所保管的史料《解放前交通银行重庆分行的地下组织与活动》记述，与中共川东特委有关的川中行地下党员的有关情况如下。

1. 隐蔽于重庆中行的地下党员之情况

总的来看，抗战伊始，国共第二次合作后，南方各省遭受严重破坏的共产党组织得到逐步恢复和发展，但国民党不允许共产党组织在其统治区内公开活动，因此中共中央南方局确立了隐蔽精干、长期埋伏、积蓄力量、以待时机的工作方针。在中共川东特委及重庆市委领导下，重庆银行系统的党组织逐步建立起来，1939年1月已建立有五个支部，即以曾冕庄任书记的中国银行、交通银行支部，以建设银行为主的支部，以和成银行为主的支部，以江海银行为主的支部，以中央银行、中央信托局为主的支部。当时重庆市金融界的地下党员已发展到40余人（包括外地转来的党员）。到新中国成立前夕，重庆金融界先后有百余名地下党员以银行职业为掩护，进行各项革命活动。

抗战时期，在重庆市金融界党员分布情况中，重庆地区中国银行的地下党员有蒋文桂（字甘丹）、曾冕庄、杨志（字尚之）、耿一民、徐绳武、孙天铭、沈镛、桂华之、吴富周等九名同志。本书编者将这九名同志信息分别与《1942年8月中国银行农工贷人员名录》《渝辖农工贷人员统计》《1943年1月中国银行渝行及所属职员录》《卅六年中国银行职员录》《1949年重庆中国银行复业拟留用原行职员名单》之人员信息进行比对，整理出下述地下党员的简要事迹。

第一，重庆中行地下党员杨志及其事迹。据《1943年1月中国银行渝行及所属职员录》记述，蒋文桂系重庆中行会计股副主任，时年29岁，江苏无锡人，1941年4月入行。抗战时期，蒋文桂曾担任中共重庆城区的区委委员和下城区区委书记。新中国成立后蒋曾任中国银行副行长，中国人民银行国外局局长，中国人民政治协商会议第六届、七届委员会委员。

第二，重庆中行地下党员杨志及其事迹。在《1943年1月中国银行渝行及所属职员录》《卅六年中国银行职员录》《1949年重庆中国银行复业拟留用原行职员名单》中，均记载有杨志的信息。1943年1月，杨志系重庆中行文书股人事组办事员，时年约28岁（约1915年出生），四川巴县人，1932年6月入行，1947年任重庆中行会计股主任。1949年底，在重庆中国银行拟留用原行职员及新职务的初步意见名单里，杨志在军代表办公室负责清理债权债务工作。

抗战时期，杨志从事地下党工作的记述："当时，杨志担任重庆中行会计主任，按照党的指示，他利用在银行工作的便利条件，将王朴（北区工委委员）家出卖田产款项存入中国银行，随后买成金条作为资本，在民国路弘泰大楼二楼开设'南华贸易公司'，由王朴任经理，杨志也参与其中，以做生意为掩护为川东各地下党组织提供活动经费。"

1948年《渝行通讯》第九期之《咏群英会（五言拼律）》中，对渝行杨志主任的特点及身体状况是这样描述的："君是一位银行实务全手匠人。对于新闻学，颇有兴趣，与之一谈，可省看若干报纸杂志。君健康欠佳，目前正在养病，有健康的心理，而无健康的身体，实为美中不足。"

2. 重庆地区银行业地下党员活动概况

重庆地区银行业地下党员通过建立联谊会、读书会、互助会和学习小组等群团组织，创造性地开展国统区党的工作，广泛进行抗日救亡活动。

第一，重庆市银行业学谊励进会。1939 年 2 月 12 日，在中共银行特支直接领导下，重庆市银行业学谊励进会成立，这是战时重庆金融界最大的公开的群众组织。其宗旨是：改善业余生活，提倡正当娱乐，联络感情，交换知识，增进服务效能，促进银行业务。中共银行特支在重庆市银行业学谊励进会中建立党团组织，积极引导会员参加抗日救亡运动。抗战时期，重庆市银行业学谊励进会主要活动有三：一是救亡的歌咏、话剧活动，以喜闻乐见的方式向大众传递思想；二是开展政治时事讲演及学术活动，汇集最新的政治局势信息唤醒大众意识；三是以图书、摄影、棋类、球类、国术、旅游和俄语、英语补习等活动丰富自身素养。

第二，重庆青年职业互助会。1936 年 7 月，重庆青年职业互助会成立，这是重庆金融界地下党员和进步青年为领导骨干的中共外围群众组织。会员最多时有职业青年 200 余人，包括银行、商店、公司的职业青年。宗旨是：培养健全身心，养成高尚人格，从事学术研究，提倡正当娱乐，建立集团生活，借以自助助人，共谋青年之福利。1938 年 8 月间，重庆青年职业互助会被国民党重庆市党部下令停止活动，所属人员转入其他团体，继续组织民主活动，进行抗日救亡宣传。另外，搜集国统区经济情报也是重庆地区银行业地下党员的重要任务之一。

（三）四川中行曾是《挺进报》办刊密址

据胡雁冰《〈挺进〉报再版的故事》①、董夏民《风雨〈挺进报〉》②、宋禾《我参与办〈挺进报〉的一段经历》③ 等文记述，抗日战争胜利后，与中共川东特委及重庆市委有关的隐蔽于四川（重庆）中行的地下党员的情况及事迹，大致如下。

1. 中共重庆地下市委机关报 "三起三落" 概略

抗日战争胜利后，蒋介石国民政府罔顾中国人民希望和平民主建国的强烈要求，于 1946 年挑起全面内战。重庆新华书店惨遭捣毁后，1947 年 2 月，国民党反动派又查封了重庆《新华日报》，胁迫中共四川省委、八路军办事处撤回延安，并开始大肆逮捕共产党人。因《新华日报》的撤离，使重庆消息闭塞，谣言充斥，白色恐怖加

---

① 胡雁冰.《挺进报》再版的故事. 来源：重庆晨报上游新闻.
② 董夏民. 风雨《挺进报》(1—4).《中国人才》，1998 年第 2、3、4 期.
③ 宋禾. 我参与办《挺进报》的一段经历.《红岩春秋》，2007 年 3 月.

剧，许多人感到悲观彷徨。在这种背景下，中共地下党员刘镕铸、陈然、蒋一苇创办了《挺进报》，一期期《挺进报》带来了人民解放军在各地战场节节胜利的消息，有力揭露了国民党政府的反动本质。《挺进报》的影响力日益扩大，成为中共重庆地下市委的机关报。总的来看，《挺进报》从1947年7月创刊到1949年8月，在敌人的心脏里，总共战斗了两年零一个月，经历了"三起三落"的过程：第一代《挺进报》于1947年创刊，1948年4月暂时停刊；第二代《挺进报》于1948年7月恢复出刊，1949年1月再度暂时停刊；第三代《挺进报》再于1949年2月继续出刊，1949年8月奉命休刊隐蔽。

其中，小说《红岩》中成岗的原型人物——革命烈士陈然，于1947年7月任中共重庆地下党主办的《挺进报》特支组织委员，后任书记，负责报纸油印工作。1948年4月22日，由于叛徒出卖，被国民党特务逮捕。在军统白公馆监狱，他受尽折磨，宁死不屈，留下了著名诗篇《我的"自白"书》："任脚下响着沉重的铁镣，任你把皮鞭举得高高，我不需要什么'自白'，哪怕胸口对着带血的刺刀！人不能低下高贵的头，只有怕死鬼才乞求'自由'；毒刑拷打算得了什么？死亡也无法叫我开口！对着死亡我放声大笑，魔鬼的宫殿在笑声中动摇；这就是我——一个共产党员的'自白'，高唱凯歌埋葬蒋家王朝！"（1949年10月28日，陈然被国民党特务杀害于重庆渣滓洞附近的大坪刑场）陈然被捕后，中共重庆市委机关报《挺进报》被迫停止出版发行。因叛徒出卖，中共川东地下党遭到重创，被捕133人，党组织几乎瘫痪。之后不久，中共川东特委副书记邓照明在敌人疯狂追捕的情况下，出面清理组织，完成了恢复川东和重庆党组织的任务。同时，先后两次组织了《挺进报》的再版发行。

2. 四川（重庆）中行曾是《挺进报》办刊密址

在上述历史背景下，鲜为人知的是，第三代《挺进报》再于1949年2月继续出刊，其刊印工作就是在新华路41号中国银行四川（重庆）分行的大楼里进行的，这是与隐蔽于重庆中行的地下党员李卓颙的付出与努力分不开的。

为了给身处黑暗的人们带来革命的希望和曙光，把党的政策和消息传播出去，中共重庆地下党决定要继续刊印《挺进报》。1949年2月，中共社会大学支部的宋禾、马华滋、董夏民、朱镜等同志受命承担《挺进报》复刊工作。此前，川东、重庆的党组织由于叛徒出卖受到极大破坏，敌人将传播革命消息的《挺进报》视为眼中钉，外部形势严峻，复刊风险极大，选择稳妥的复刊地点至关重要。经过审慎权衡、比较，中共社会大学支部决定将《挺进报》复刊的地址选在重庆中国银行大楼四楼的李卓颙宿舍。李卓颙是缅甸归国华侨，在重庆中国银行工作，他思想进步，积极参加反蒋活动，经过长期考察，党组织刚刚批准他入党。当时，国民政府明令禁止使用短波收音机，董夏民经过几番周折，从长寿乡下弄到一台"飞歌牌"电子管收音机，并把收音机藏在李卓颢的中行宿舍内。复刊伊始，为了分散风险，《挺进报》的刊印流程是：董夏民负责在重庆中行宿舍内收音、校对，之后将稿件带到龙门浩江边宋禾、马华滋住所进行刻写、油印，成刊后由朱镜负责发行，李卓颢负责保管收音机。后来，中共社会大学支部决定将《挺进报》全部刊印工作，包括收听消息、编辑、刻写、印刷、发行等都集中在重庆中行大楼内进行。从 1949 年 2 月复刊到 1949 年 8 月，《挺进报》在重庆中行累计印刻 13 期，每期 300 份左右，其中包括 1949 年毛泽东同志发表的新年献词《将革命进行到底》《中国土地法大纲》《中国新民主主义青年团团章》等重要文献。由此在国民党统治下的重庆各界，终于可以及时得到中国革命节节胜利的消息，及时知晓中国共产党的政治主张，及时了解到国民党反动政府风雨飘摇、摇摇欲坠的真实窘况。这极大地震慑和瓦解了敌人，鼓舞和激励了重庆区域内广大的革命群众。1949 年 11 月重庆解放后，李卓颢原职为重庆中国银行调拨组办事员，重庆市军事管制委员会金融部在《拟留用重庆中国银行原行职员》名单中，李卓颢拟任新职务之初步意见为营业股副股长。

（四）参加民革进步组织之成都支行职员

如前所述，1947 年 8 月 20 日成都支行召开年度第四次工作座谈会，吴钦承君报告了现在汇款组练习生每日经办事项，吴钦承是当年参加民革进步组织之川中行职员之一，根据其女儿吴晓波所提供的档案史料，吴钦承经历如下：吴钦承，四川营山人，1927 年 4 月 8 日生。1947 年 5 月考入中国银行成都支行作练习生；在成都中国银行工作期间，于 1949 年 8 月 5 日在成都参加中国国民党革命委员会之进步组织，在成都中行组织马列主义学习，向群众宣传革命思想，与其他同志一道组织图书会，学习新哲学和政治经济学，对群众进行宣传。1950 年 1 月至 5 月，任中国银行成都分行清审小组副组长、中国银行成都分行会计股会计员。1959 年 7 月加入中国共产党，以后陆续任过人民银行四川省分行办公室主任、四川省分行副行长兼总稽核、四川省金融学会常务副会长等职，先后获得先进工作者、五好积极分子、优秀党员等称号，1990 年离休。

二、成渝中国银行移交过程及清单

1949 年 11 月 1 日，人民解放军第二野战军主力，第一、第四野战军各一部，在地方武装配合下，发起"西南战役"，11 月 15 日解放贵阳，11 月 30 日解放重庆，12 月 9 日云南、西康两省和平解放。被围在成都之敌，除一部分在突围中被歼外，其余宣布起义或投降，12 月 27 日解放成都。1949 年 12 月 11 日，奉中央人民政府令，重庆市人民政府成立并于次年 1 月开始正常运行。与此同时，1950 年 1 月 1 日，中国人民解放军成都军事管制委员会成立；1 月 5 日，成都市人民政府正式宣告成立。4 月 12 日，中共成都市委成立。在此背景下，中国人民银行在人民政府领导下，按照"边接管、边建行"的方针，迅速组建起西南区行和重庆、川东、川南、川西、川北、西康省 6 个分行，成、渝中国银行在此过程中，向人民政府办理业务及人员移交并从此获得了新生。

（一）重庆中国银行移交过程及清单

1949 年 10 月，中行重庆分行经理赵宗溥去港后，由刘守礼（字敷五）副理暂代经理，直至重庆解放。《咏群英会（五言拼律）》记述，刘守礼其人特点是："刘公之待人接物，是一本此义的。公平日修养极深，态度雍容，尤其遇紧急事，最能镇静。有时乔语逸情，对之如坐春风，舒服得很。"

1949 年 11 月 30 日，重庆解放，接管工作随即展开，担负金融业接管工作的是重庆市军事管制委员会金融部。

1949 年 12 月 5 日，金融部派出军代表分赴各行进行接管，召开员工大会，传达接管命令，宣读"约法八章"及有关政策，办理员工报到，责成原主要负责人造具移交清册，限期办理移交。这次接管的有原国家行局中央银行总行及重庆分行、中央合作金库、中国银行重庆分行、交通银行重庆分行、农民银行重庆分行、四川省银行、重庆市银行、外省驻渝省银行办事处等以及其他官僚资本银行。

1949 年 12 月 10 日，原中国银行重庆分行经清理改组，以重庆中国银行名义恢复营业，归人民银行重庆分行领导，经理毛步奇。行址设于重庆市民族路原中国农民银行重庆分行旧址。主要办理外汇业务。

再据重庆档案馆民国时期中国银行历史档案记述：中国银行重庆分行向中国人民解放军军管会及有关部门的整个移交过程直到 1951 年 7 月。重庆分行移交清单的内容主要包括：（1）中国银行重庆分行及属内清理工作总结（40 页）。（2）中国银行重庆分行及所辖行处职员名册（70 页），此项移交清单日期为 1949 年 11 月 30 日。（3）《中国银行重庆分行内部办事细则》，包括文书、储蓄、出纳、营业、农贷、会计等六大方面制度。（4）《银行人员手册》（第十九编）——暂行四联总处暨各行罚统计方案；《中国银行会计内规》（第四编）——储蓄会计（续）等。（5）中国银行重庆分行 1950 年 12 月总账。（6）中国银行成都支行清理工作简介（9 页，1951 年 7 月 3 日）。

（二）成都中国银行移交过程及清单

据四川省档案馆民国时期成都中国银行档案记述，中国银行成都支行移交清单中，《成都中国银行组织及业务概要》对该行自成立以来迄今为止的各项情况，向人民政府作了全面介绍，也对民国时期成都中国银行历史进行了总结。

1. 成都中行沿革及组织

中国银行为官商合办制度，1927 年资本为 2500 万元，内有官股 500 万元，商股 2000 万元。1935 年增资为 4000 万元，内有官股 2000 万元，商股 2000 万元。1943 年又增资为 6000 万元，内有官股 4000 万元，商股 2000 万元。目前，中国银行各级机构组织分为"总管理处—分行—支行—办事处—收付处"五级。成都为支行组织，创始于 1915 年，初为分号，翌年改为支行。1924 年改为成处，1930 恢复为支行，以遂于今。原辖有广元、雅安及本埠东门、南台寺四办事处。1949 年以各地业务清点地区管辖行重庆分行指示，除将南台寺办事处改为收付处暂予保留外，其余广元、雅安及本埠东门三办事处一律裁撤。

2. 资金来源及运用方式

过去本行为支行组织，例以重庆分行之规划、指示为推动一切业务之方针。因此在债益方面，系统账制，资金运用及调账亦系由渝行统筹支配的，盈及虚之权悉之于渝行主管部分，此间不过承其意旨作适应性的配合而已。基于上述原因，有些地方不能主动地争取业务，是其弱点，但在货币不能稳定，工商百业摇摇欲坠，充满危机的时候，上述制度亦不失为巩固行基，促进集体安全之较好措施。

3. 支行近三年业务概况

（1）存款情况。主要存款分甲种活期存款（简称甲存）、乙种活期存款（简称乙存）、同业存款（简称同存）。甲存多以工商业、学校团体及国营事业机关为账收对象，乙存则为个人及零星小户，同存系银钱行庄腾余及暂时搁置之资金，为期极短，普通存放期不过三五天，因本行所定利息颇低，揽存时极感困难。因此，我们遂于无办法中想办法，如改进存取款手续，使之迅速简便；提高服务精神，让存户发生好感；广泛地接近工商百业，劝导诱掖，使他们知道虽然货币时在贬值，但普通备用金仍然不在少数，何妨存于本行，既可保障安全，多少还可得到一些利息，这样活动的结果，存款数字虽然没有特别巨大的增加，但已能逐渐保持上升纪录。不过，在金圆券改为银圆的时候，因时局及币信关系，渝行为持慎重态度，曾一再函令减少存放业务，于是这两项业务遂停顿至今。

（2）放款情况。以往放款方针，大致以扶植内地工业增产及推广外销物资为原则，唯因币值不稳，本行资金亦较短绌，不能发挥很大的力量，只能按照本身仅有的资金，选择安全稳健的放款对象，选择标准为信誉甚佳，资金充足，偿债不误期限，所提押品均为易于销售物品，符合上面四种条件，始将详细情形列表，并签注意见，报请渝行核定，等渝行核定后，方能贷放。有时因数目比较巨大，渝行亦不能核定，必须由本行总管理处决定，这样在时效上不免有缓不济。总之，单以成都来说，工厂方面如申新宝星、裕华等，还有启明电气公司、建川实业公司等，日用品运销商如中国国货公司、宝元通公司等，外销物资如复昌猪鬃公司等都曾向本行借过款项。

（3）汇款情况。为本行专营之主要业务，尤以近二三年来，币值贬得太快，物价急剧暴涨，存放业务无法展开，只汇业尚能维持。总之，本行汇业向系采取主动把握时机，根据市面情形及各地银根松紧、物价差额或收或交以调剂市场金融为原则，今后全国解放各地通汇汇业前途当可更趋发达。

（4）储蓄情况。本行储蓄部为会计独立制，分活期定期二大类，活期分用存积及用小额支票二种；定期分七种，零存整付、整存整付、整存零付、存本付息、人寿储蓄、教育养老储蓄、集团储蓄等。储户最高额活期到达 21000 余户，定期 2000 余户，暨人寿期尚有 7000 余户，定期 1400 余户，每户均不足人民币 60 元（值银圆一分）已转入尾另户。1940 年增办节约建国储金、国币储蓄券及美金储蓄券三种，原售总额到 30 余万张，除部分已陆续兑付外，现尚有 20 余万张尚未来行支取，每张均折成人民币 60 元。1943 年又代办法币折合黄金存款共计代售黄金 36000 余两，均已陆续兑付，现仅有 3 户计黄金二两尚未来行兑取。

4. 支行人事及福利

（1）讫 1949 年 12 月，现有经理 1 人，襄理 1 人，各系正副主任 9 人，领组 9 人，办事员 14 人，助员 2 人，练习生 7 人，报务员 3 人，雇员 9 人，又警工共计 40 人，全体员生合计共为 95 人。

（2）行员目前工作分配计文书系 8 人，会计系 8 人，营业系 9 人，出纳系 10 人，储蓄系 4 人，事务系 5 人，电台 3 人，南台寺收付处 4 人及派驻员 2 人。

（3）本行行员任用向系以考取为主，征用为副，各区每隔一二年视业务需要可能招考员生一次。招考方式系由本行临时组成招考委员会，通知各公私立高级中学或大学，介绍成绩优良毕业生则来报考，取录后须分派在各股系历练，以期蔚成全材，然后观其所长调派工作，储为行用。平日行员服务采取分层负责制，此间系支行组织，尚无人事股之设置。员生调派系秉承管辖行（重庆分行）之指示办理，至警工之管理及训练，即由事务系员负责办理。

（4）本行人事制度，较上正轨，为提高员工工作效能，俾便安心服役起见，平日对于福利设施极为注意。近年以来，并订有员工保健规则及员工子女教育贴补等办法。

5. 库存及账册档案资料之保管

（1）本行全部库存：截至接管日为止，计存银圆 13522 元，银圆券 426273 元，银币四角五分（面额四元五角），寄库黄金 196 两，其历年全部重要账册、传票及文书档案等，均经妥为保管完整，存置库内。对于物料之管理向极注意，平日对于员生警工训练，必须爱护公物，珍惜物力并注意废物利用，以免浪费。凡关于营业用不可或自之器具物品需要购置者，应随时请购。购置之物并须严格检查其质量，然后妥为保管。家具分为铁制木制两类，均分别编号登记，并于原件上粘贴标识。其常用物品材料系分别门类存放物料室，分立专账登记。同人因公领用时，应由领用人签具领用单，经主管人员核定后方能领取。其领用单即作为记账凭证，是以用心。其家具物料均得保存妥善并有账可稽。

（2）本行投资情况。本行投资事业系由总处信托部集中办理，股票或收据由当地行代为保管，股东代表授权当地行负责人员办理，兹将投资成都中国国货公司及成都四川农业公司，由成支行代为保管之股票及收据内容分列如下。第一，成都中国国货公司：（甲）中寺记，计 8000 股合法币 80 万元；（乙）中成记，计 12000 股合法币 120 万元（投资于 1942—1946 年，详略）。第二，成都四川农业公司：1944 年 4 月，中成记、中碚记、中坎记、中庙记、中渝记、中服记、中业记、中农记、中川记、中四记共 10 户每户 5000 股，股款法币 50 万元，共计法币 500 万元。1942 年 4 月 24 日，上列十户增加股款法币 2500 万元；1944 年 2 月 9 日，上列十户增加股计金圆券 56445.65 元；1944 年 3 月 15 日，受实产升值款，按充上列十户，增资股本计金圆券 3724.35 元。

（3）本行房地产：本行房地产购置及行缮事先必须陈奉核准，其工料费用均由总管理处列账，当地行统代总管性质，兹将成支行代管之房地产分述如次：第一，东御街行产（略）；第二，毕节巷宿舍（略）；第三，春熙路行产（略）；第四，雅安行房与宿舍（略）；第五，广元行屋及宿舍（略）；第六，凤凰山田地（略）；第七，益和堂及通源和记柜头，系益、通两户押品（略）。

6. 今后业务长望

就本行立场说，当本以往经验及近来学习所得，遵照政府经济政策，努力于国家富强人民康乐的事业而迈进。协助方面，我们报道国际及各地市场消息，展示国际市场货物标准。扶助方面，贷款收购原料，督促洗制提炼，进而包装运输抵达口岸，运销外洋或国内通都大邑，均可于报办上及资金上以辅助。总之在有利于国计民生之下，做切实有效的工作。

三、成渝中国银行获得新生之梗概

据《四川省金融志》《重庆金融》《成都市金融志》等记述，新中国成立后成渝中国银行获得新生及其后的演变过程大致如下。

（一）重庆中国银行新中国成立后演变梗概

1950年1月12日，人民银行西南区行成立，受中国人民银行总行和西南军政委员会的双重领导。建行初期的主要任务是接管原国家行、库和接收旧的官僚资本金融机构和从业人员，领导辖区范围的建行建库工作。归人民银行西南区行管辖的分行有重庆分行，云南、贵州、西康三个省分行，四川境内的川东、川南、川西、川北四个行署的分行，以及重庆中国银行、重庆交通银行、西南发行库、西南区保险公司、西南人民房地产公司、人民银行印刷厂及西南区行干部学校等。1954年中央人民政府决定撤销大区一级行政机构，人民银行西南区行随之撤销。在此背景下，重庆中国银行演变梗概如下。

1949年12月10日，原中国银行重庆分行经清理改组，以重庆中国银行名义恢复营业，归人民银行重庆分行领导。

1950年7月1日，改名为中国银行重庆分行，实行中国银行总管理处和人民银行西南区行双重领导，下属成都、万县支行。

1951年，撤销中国银行重庆分行，其业务、资金、账务移交人民银行西南区行外汇管理科。

1952年，人民银行西南区行外汇管理科撤销，外汇业务移交市人民银行第一区办事处办理。

1960年5月，外汇业务移交市人民银行营业部办理，对外挂中国银行重庆办事处的牌子，内部在营业部下设侨汇组，专办侨汇、藏汇、外币的兑换业务。

1976年，改侨汇组为国外业务股。

1978年，外汇业务由重庆市人民银行营业部划出，对外挂中国银行重庆支行牌子，对内为人民银行的一个科。

1979年，中国银行重庆支行收支与重庆市人民银行划开，独立核算。

1981年，人民银行总行通知，中国银行重庆支行升格为重庆分行，受中国银行成都分行和重庆市人民银行双重领导。行址设新华路市人民银行大楼。

1983年4月，中国银行总行通知，重庆中国银行为口岸管辖分行，受中国银行总行和重庆市人民政府双重领导，以中国银行总行领导为主。

1985年10月，中国银行总行通知，重庆中国银行享受省厅局级待遇。行址设民族路104号。

1992年7月1日，根据中行总行通知，该行改称为中国银行重庆市分行。

1994年初，根据国家金融体制、外汇管理体制改革精神，中国银行重庆市分行由外汇外贸专业银行逐步向国有商业银行转化。

（二）成都中国银行新中国成立后演变梗概

1949年12月27日，成都解放，全市国民党官办的国家行局、公私合办的地方银行及私营银行、钱庄共72家。

1950年1月1日，根据"凡属国民党伪政府的公营事业、官僚资本与战争罪犯财产，均应收归国有"的政策，成都市军事管制委员会财政接管部金融处接管成都中国银行。中国银行成都支行单独设置，归中国人民银行川西分行领导。

1950年5月，中国银行成都支行改组为中国人民银行川西分行中城办事处，办理国内业务、侨汇、非贸易、外汇收支等，仍保留"中国银行成都支行"名称。

1951年2月9日，四川省的全部中国银行机构奉命停办，外汇业务移交人民银行西南区行。

1966年，中国人民银行成都市支行春熙路办事处挂出中国银行成都支行牌子，兼办成都地区的侨汇、对苏联等国家的记账贸易结汇等业务。即原人民银行川西分行中城办事处先后改组为春熙路营业处、东城区办事处、春熙路办事处。

1977年6月1日，经中国银行总行批准正式组建中国银行成都支行，对外办理港澳贸易结算、国外汇款、外币兑换、国际贸易保险等业务，实行独立核算，仍归人民银行成都市支行领导。

1979年7月1日，中国银行成都支行升格为中国银行成都分行，对内为人民银行四川省分行的国外业务处，下辖中国银行重庆支行。

1984年5月17日，中国银行总行与四川省委省政府商定，中国银行成都分行升格为厅局级分行，受中国银行总行和四川省政府双重领导。同年6月，国家外汇管理局四川分局同时划归人民银行四川省分行领导。

1992年7月，经中国银行总行批准，正式更名为中国银行四川省分行。

2004年8月22日，经中国银行业监督管理委员会批准，中国银行改制更名为中国银行股份有限公司。

2005年4月25日，经中国银行业监督管理委员会四川监管局批复，中国银行四川省分行更名为中国银行股份有限公司四川省分行。

附　录

民国时期中行四川分行

编年大事记

一、四川中行史前大事

1905 年（光绪卅一年）

8 月 29 日，户部银行作为中国第一家国家银行在北京成立。

1908 年（光绪卅四年）

正月，"户部银行"改名为"大清银行"。

3 月，大清银行设立重庆分行，行址千厮门正街，首任总办刘宇泰。

七月，大清银行设成都分号，行址成都暑袜北街，属重庆分行管辖。

1910 年（宣统二年）

2 月，大清银行设自流井分号，属重庆分行管辖。

2 月，大清银行设五通桥分号，属重庆分行管辖。

1912 年（民国元年）

2 月 5 日，中国银行在上海大清银行旧址成立并开业。

8 月 1 日，北京中央政府在清理大清银行基础上组建中国银行，中国银行总行在北京大清银行旧址成立并开业。

二、四川中行诞生大事

1914 年（民国三年）

12 月初，四川省财政厅电请财政部转饬中国银行来川开办分行，并建议先从收回军用票着手，以救眉急而纾积困。中行接到川省财厅电文后，于 12 月 11 日派王丕煦等员到重庆调查川省情况，并携来中行兑换券，为筹设中行渝分行做准备，筹建人员计 9 人。

1915 年（民国四年）

1 月 18 日，中国银行四川（重庆）分行成立，首任经理为王丕煦，行址为曹家巷 27 号。主要业务是代理国库，代收盐务款项，发行银两和银圆两种兑换券，经大总统照准，公私收支一律通用。

4 月 4 日，中国银行成都分号成立，首任管理为邓孝然（1915 年 3 月约至 8 月），行址位于暑袜街原大清银行旧址。

5 月 13 日，中国银行泸州分号成立，筹建管事为张宗濬（字恩泉）（1915 年 5 月至 8 月），行址为钮子街 37 号。

5 月 24 日，大清银行成渝清理处奉北京函，自 5 月 1 日至 8 月 1 日，清理四川各种票存。即由中国银行四川（重庆）分行及所属机构负责清偿由大清银行重庆分行及所属机构遗留债务。

7 月 4 日，中国银行万县汇兑所成立，管事为岳秀恺，行址为二马路 92 号。

8 月 6 日，中国银行自流井分号成立，管理为王纶言，行址为八店街 80 号。

9 月 3 日，中国银行万县汇兑所准改为万县分号，管理为朱劼；中国银行泸县分号准改为泸县汇兑所，管事为于毓林。

9 月，四川巴县知事周询得重庆中国银行唐经理士行（字瑞铜）之荐，奉中国银行总处派管成都中国银行，为该行第二任管理，是即周询弃官为商之始。

10 月，中国银行潼川分号筹建人员租用四川三台县柴市街民房，开始办公并着手筹建机构。

12 月 29 日，中国银行在大清银行五通桥分号基础上，改组建立中国银行五通桥汇兑所。

是年，渝分行纯益 118371.31 元；成都分号纯益 2941.27 元，万县分号纯益 5408.10 元，自流井分号纯益 3230.16 元，泸县汇兑所纯损 207.68 元。

三、军阀混战时期四川中行大事

1916 年（民国五年）

1 月 26 日，四川巡按使陈宧致电财政部，呈报了上年 11 月 27 日四川财政厅与四川（重庆）中国银行草签借款合同之事由及合同条款。

是月，云南护国军入川讨袁，四川巡按使陈宧将借供收销军用银票的款项移供军需，并强提重庆中国银行库款 180 万元，引起市面挤兑中券风潮。

2 月 18 日，中国银行潼川分号为应对"聚兴银行着手揽收川北各场盐款"的竞争局势，提前于本日对外营业。

2月28日，财政部回复四川巡按使公署1月26日为咨陈事，详查了四川财政厅与四川（重庆）中国银行所订合同，尚属妥洽，应准备案。

3月23日，四川军务会办曹锟驻重庆，提走重庆中国银行兑换券100万元，濬川源银行兑换券15万余元。

4月6日，中国银行潼川分号继上年2月18日为应对聚兴银行之竞争而提前对外营业后，因川北盐务稽核分所原有由射洪洋溪镇移设绵阳或移设潼川两议，现仍决定移设潼川，为此中国银行潼川分号正式成立。

5月12日，国务院通电中国、交通两行，自即日起，对所有两行发行之纸币及应付之存款，一律不准兑现与付现。

5月14日，川省得停兑令消息后，因官俸军饷全赖中行券周转，且中行券发行以来，现金准备充足，食用素著，则一致主张继续兑现，维持川中券币信。然此时兑现更挤，发生挤兑风潮，渝行得重庆钱帮合作照常兑现后，风潮稍平。

5月19日，自流井中国银行因总行不准兑现，而各军队仍要措拨军饷，在秩序混乱中被劫停业。

5月24日，袁世凯调陈宧入京，陈先后向中国银行强提现金和兑换券215.5万元，向濬川源银行提兑换券30万元。

6月3日，在中行总处督促下，川中行于宣布执行国务院命令。其后川中券币值逐年下跌，最低时跌至3.6折。

6月25日，中国银行成都分号被招讨司令杨维部"自行开库，将库存兑券178446元、印花票价22元、现洋4元余、铜圆900串，扫数提去"。

同月，成都中国银行因现银阻隔在重庆，一时不能兑现，市面恐慌。四川都督府令将省城备荒的丰豫仓存谷137700余石扫数变卖，按市价可得银20余万元，借与该行供兑现之用。

7月10日，中行函报财政部称：军兴以来，本行成都分号（5月16日至6月17日）被各路军阀多次强提硬借库款，共约280余万。

7月14日，渝行致电中行总处称："据成都分号函报，陈宧将军代保管兑券120万元，临行函告，全数提用，嗣后仍由财厅归还。"

同日，自流井中国银行自5月19日停业后，经该行重庆分行经理康瑞铜到井与南军联系，并受盐务稽核所催促，恢复代收盐税。

8月，成都中国银行因6月间各路军阀将库存现银及兑券提空，行员多被拘押，只得将金库交濬川源银行代理。中行则专收盐款，对外停止营业。

10月26日，北京中国银行总行从今日起，恢复以该行兑换券照兑现银。此后，各地分支行也陆续恢复兑现。

11月25日，中国银行向财政部函报本行泸县汇兑所前因避乱迁渝，回沪后原住行址为护国军中国行占据不肯退让，并将账表器具扣留，屡争无效，暂借住南河公司之事，函恳财政部准予电咨四川罗佩金督军电饬迅予迁让。

12月7日，中行总处调沪行副经理张嘉璈任重庆分行经理，后撤销命令。

同年，全川纸币陆续停兑后，无法清理，市面流通数达1000余万元，其中，中国银行券570万元，云南中国银行券180万元。

1917年（民国六年）

2月24日，中国银行致函财政部称：渝行经理一职业已遴派唐瑞铜前往接充。

4月19日，川滇两军在成都城内激战通宵，成都中国银行请有黔军保护，虽未受损失，但暂停营业。

4月下旬，北京政府任命戴戡暂代四川督军。成都中国银行第二任管理周询因病离职，副管理杨兆熊代理主持工作。

5月3日，杨兆熊副管理向陈征祥管理移交工作，第三任管理陈征祥接事，成都中国银行复业。

5月10日，成都中国银行以代理金库，各军迫胁提款时有其事，而四川财政厅又不能负责，函请该行重庆分行设法补救。

5月24日，罗佩金督军退出成都后派驻自流井刘法坤旅长以命令来自流井中行查账，勒提各县局征收解款，共计提去现券计洋51748.534元。

6月7日，东川道尹及重庆总商会致电财政部盐务署和中国银行称：川中券价由八一二折陡落至六五六折，且有江河日下之势。

7月5日，四川省财政厅函促成都中国银行代付公债利息，但川黔两军于是日起在成都巷战十余日，该行库存已被各军提去，只得以重庆收款万余元开始付息。是日，成都中国银行设临时草账簿记账。因各军借提之款，包括营业库存与国库库存，无法确实区分，不能强为记载。至10月9日取消该草账时，计各军提用银券546000余元。

7月14日，成都中国银行函报重庆分行称：此次战事发生，自7月5日结账以后，各款库存被提殆尽，计戴督提去生洋4万元、兑券35万元；第二师骑工团团长兼城区司令田颂尧两次提去生洋1.5万元、兑券2.5万元；又军司令部军需处处长唐能智提去生洋兑券共9.3万元，合计共提去银券52.3万元。

7月24日，城区司令田颂尧派袁副官来成都中国银行提券5万元（战事以来该师已提取该行券现13.3万元），库空如洗，无款应付，遂将华会计管押司令部，并将该行正副管理监视，生命攸关。重庆分行急电中行总处称：请速汇款以解倒悬，并恳总处迅商财政、陆军两部速电成都刘存厚师长，俯念成都中行款已提净，重庆分行欲汇无从，即将华会计释放，并勿监视陈、杨二管理。

7月31日，中国银行总裁王克敏函呈报财政部：川行经理唐瑞铜面请辞职业经照准（因戴戡被川军击败而自杀，唐瑞铜只能逃出四川）。

10月22日，周询病休半年多后到行视事，接充成都中国银行第四任管理。

据调查：辛亥革命至本年止，四川发行纸币9852237元，其中浚川源银行2973632元，中国银行重庆分行5924966元，交通银行重庆分行953639元。其他各行没有确实统计报告。同年，四川境内各军阀自本年创"就地筹饷"例，防区之名从此开始，全省金融更加紊乱。

1918年（民国七年）

1月6日，四川督军刘存厚、省长张澜以军饷需要，向成都官商银行索借50万元，浚川源、裕商公、聚兴诚三家各认5万元，成都中国银行库存兑券仅4000元，准备将金库兑券4万余元挪拨。

1月15日，成都中国银行因军事影响，库空如洗，自1917年夏以后，新旧存户概停付还。现循存户要求，函请渝行同意将旧有存款改为有息存款，但在该行开兑以前，不得取走本息。

2月19日，附北京政府之刘存厚督军、张澜省长于是夜离开成都出走，浚川源银行存款被扫提一空，造币厂大遭劫掠。全市商号停贸。成都中国银行将行门紧闭，并函川财厅称，照总处指示申明暂停代理金库。

2月23日，靖国军又入成都，令成都中国银行将库存扫数提解，以供军需。

2月25日，熊克武率四川靖国军进占成都，在熊入成都与刘退走陕南乘除之际，城中异常惊惶，各机关主体逃匿一空，机关门首皆由西川道加以封条。惟中国银行仍逐日照常办事，行款亦未受损失。

2月27日，成都中国银行因军政借款无力应付，奉总处指示收缩期中，该行决定将部款、厅款陆续支付后，准备歇业清理。

6月，四川督军熊克武召集财政会议，由财政、银行、税务等负责人会商，决定整顿川省纸币办法，成都中行管理周询建议熊克武将川省征收税捐改为七银三券，薪饷以七成现洋核发，以缓解四川政府财务危机，此议后被熊氏采纳。

7月，成都中国银行在"干戈满地，盗贼纵横，运输极其艰难，数月无货物出口，商号亏者居多，本行仅靠收关税盐税"的经营困境中，仍取得了"中行兑券价高于浚行兑券价；上半年营业有盈余，多为利息收入"的经营效果。

是年，川属中行机构综计纯益 4.1 万余元。

1919 年（民国八年）

1月1日，川政府颁布命令，各属税款一律按银七券三征收，中、浚两行券概照五折，对浚券随收随销，对中券盖"停用"戳记交回中行还历年官厅欠债。

同年，四川境内无战事，经济有所好转，金融较平稳。中行总处将所有分号、兑换所、汇兑所等名称一律取消，改为分行、支行两级，主管人员统称为行长。是年，综计渝属本年纯益 11136.20 元，较上年减 3 万余元；年终发行额共 425 万余元，存款额共 1383 万余元，放款额共 1601 万余元，汇款总额 182 万余元。

1920 年（民国九年）

7月2日，四川省财政厅布告：浚川源银行、重庆中国银行、云南中国银行共发行兑换券 1040 余万元，已收回 700 余万元，未收回的还有 300 余万元，经督军、省长公署核准展期至年底停用。

10月2日，成都中国银行经理周询升任四川（重庆）中国银行经理，于本日从成都启程，历时 20 天左右，始抵重庆上任。

是年上期，成都中国银行将四川省财政厅借中行券 100 万收清。

是年，综计川属本年纯损共 167567.21 元，年终发行额共 149 万余元，存款额共 678 万余元，放款额共 950 万余元，全年汇款总额共 150 万余元。

1921 年（民国十年）

1月15日，陆军一师将一旅之众开到三台，满街驻扎，潼川中国银行被驻军作为营部。

2月底，川行经理周询与杨孟候同行赴北京参加行务会议。

3月14日，中行总裁、副总裁裁示，万县支行会计兼国库主任万明彝，在当地商号借款请假时，未经清结，以致发生缪辖[①]，应记大过一次，以示薄惩，仍由渝行转饬文，该员速将所欠之款，限期清理完结，勿得迟延。

是年，成渝中国银行抓住熊克武之改革机遇，经过 1919—1921 的三年收券清欠，取得省府和中行双赢效果：川省既收回全省纸币约 900 万，又还归中行旧欠 500 万；川行既收回兑换券 500 万元，又清收回官欠 500 万元，使中行官欠款项从近千万元减少到 400 余万元。年末，川中行兑券市面流通额仅为 69 万。

是年，为谋省开支，裁减职员，曾将分行本部 60 余人减至 22 人，全辖则由 120 余人减至 50 余人。同时，整肃行内"人党"现象，着手构建"一堂之内，相视莫

---

① 缪辖，指杂乱不清。

逆"的协作文化氛围。

是年，中行汉口分行洪苓西经理见渝支行的行屋旧陋，同意拨款 30 万元改建，周询经理为长远计而婉谢之。

是年，综计川属本年纯损共 370852.89 元，本年年终发行额共 69 万余元，存款额共 1030 万余元，放款额共 1346 万余元，全年汇款总额共 666 万余元。

1922 年（民国十一年）

1 月 31 日，自 1919 年 1 月起至本月底停收止，四川省共收销浚川源银行券 2983048 元，中国银行券 4508181 元。

7 月，中行总处将重庆分行改为支行，隶属第三区域行汉口分行管辖，周询兼汉口分行副理；川属成都、万县两支行暂改办事处，潼川支行改收税处。

7 月，本年上期，川中行纯损 139972.49 元。

8 月底，一、二军战事息后，市面始得宁静。川中行竭力整理官厅旧欠，一切营业，须待川局平定，方有可为。

是年，周询经理在上年收券清欠各 500 万元基础上，乘势又与中行总处及北京政府财政部交涉，最后将川省政府所余 400 多万官府欠款，转作财政部欠四川中行 200 余万元，至此所余川省官欠仅有 200 余万元。

1923 年（民国十二年）

9 月，中国银行汉口分行发行的五省通用兑换券，随北军入川携至重庆行使，商人因汇水低落也自运到重庆流通，由重庆中国银行兑现。但这种兑换券在成都中国银行推行时，成都市面表示拒绝。

本年，要津重庆，战事无已，易手多次。渝支行周询经理督率行员经受住了"一年五变，活像闹剧；四人护行，三章告示；用命履责，对抗勒借"的传奇经历之考验。由于重庆百业俱滞，金融颇受影响，渝支行处此时局，只能暂抱收缩主义，非俟川局稍定，无从进行。本年，成都为川省政治中枢，战事最烈，金融枯竭，业务一时尚难发展。万县办事处亦因战事暂行停业。

1924 年（民国十三年）

2 月 7 日，周询因中国银行两总裁电约进京面商行务，遂由汉口乘快车赴京，11 日夜起行回汉口，13 日到汉口，次日起程回川，27 日至重庆。

是年，渝支行因调集现款，稍受亏耗。成都、潼川、自流井、五通桥、万县各办事处，值川局牧平之际，本可徐图进行，但因东南战事影响，依然停滞。

1925 年（民国十四年）

4 月 20 日，川境内战云密布，军队纷纷开向成都。成都中国银行在风声鹤唳中，将库款全部调出，对各联行委托解款，不论大额小数，一律止做，业务陷于停顿。

8月8日，三台驻军自7月23日至今，半月之内换防三次，每次都要当地筹款。三台中国银行先后对二混成旅、十三师、独立一团的三次派款，以库内空虚婉拒，虽三次幸免，又因田颂尧即将到达，仍以一时恐难平静为苦。

10月，四川军务督办刘湘、省长赖心辉委任梁叔子及渝行经理周询为代表，入京谒段祺瑞，接洽统提盐税事。

是年起至1933年，四川保定系军阀刘文辉、邓锡侯、田颂尧三军分区共管成都，成为四川军阀防区制之典型形式，史称"三军共管成都"。

是年，渝支行营业相机因应，尚能获利。成都、潼川、万县、自流井、五通桥各办事处，均以川局时生变化，只能维持现状。

1926 年（民国十五年）

5月3日，杨森在万县向中国、聚兴诚两银行各派款2万元。

11—12月，川军各部相继易帜，名义上归属国民政府统辖，仍令他们统率原部，然其军阀本质没有改变，川军防区制更具体化。

是年，渝支行营业向以稳健为主，尚能获利。成郡、潼川、自流井、五通桥各办事处均因时局不靖，难以发展。万县办事处9月间暂停营业。

1927 年（民国十六年）

4月，中行汉口分行遇唐生智之变，存券及现金被强提一空，因而搁浅。渝支行存于汉行款无从拨用，而托沪行交款原恃拨汉款抵，汉既难拨，沪即不交。同时，成都支行又以金融紧张，函电索济数十万。

是月，渝支行周询经理于拮据之中，既筹办抵沪交，又筹接济成都支行急，直至同年沪行始允透支30万元，所幸两两兼顾，信用无亏，竟得转危为安。由于信用渐阔，存款逐年增加，渝行力量逐渐活泼。

12月，刘湘电汉口中国银行，请保留自流井中国银行，继续代收盐税。该行因自流井办事处营业清淡，决定于本年底结束。

是年，渝支行营业稳健，尚可获利。潼川办事处购买潼渝汇票，酌做短期放款，亦有微利可沾。成都、自流井、五通桥、万县各办事处均以时局不靖，业务仍难发展。

1928 年（民国十七年）

下半年，重庆因有战事发生，一再筹垫军饷，金融不无影响，兼之汇水暴涨，成、渝间汇价，由1400有奇涨至2300以上，为从来所未有。嗣经政府出示维持，并由商会请托渝中行代出3月期票，就渝市行使周转，收回成都各家汇票，于是汇价始得渐平，市面转危为安。

10 月，周询赴上海参加总处行务会议，因中行自是年 11 月起奉命改组为特许国际汇兑银行。会议期间，周询将重新树立川中行信誉并应各界多请再发兑换券的情况，陈明中行总处。未几，因汉口分行遇变停业，奉中行总处示渝支行改为直辖于总处之支行。

11 月 19 日，张嘉璈被推选为中国银行总经理。

12 月，刘湘因军队开拔，向重庆中国、聚兴诚、美丰三家银行各借 5 万元，中、聚两行如数照借后，美丰因有刘湘股份，只交 2 万元了事。

是年，渝支行营业向以稳健为主，尚能获利。自流井、五通桥两办事处，自 3 月间改为收税处后，不做存、放，只略做汇款，尚能维持现状。万县办事处，因承汇关款，做沪渝期票，微获余利。潼川办事处尚获盈余。成都办事处，以川局时生变化，业务难求发展。

1929 年（民国十八年）

是年，第三区域行汉口分行被裁撤，改为驻汉沪券汇兑处。万县中国银行因属汉口分行管辖，随汉口分行同时裁撤。直到 1932 年复设办事处。

是岁，渝支重又发行川中兑券 70 万，此次发行钞券虽为数不多，但极得民间信仰，深入农村，毫无阻滞，川券至此始得复活。

1922—1929 年间，面对渝行曹家巷行屋三面被几十家民房包围的现实，周询经理择遇机会，逐户逐屋商谈收购，费数年力终成，为后任经理建筑"四面无遮，方显堂构"的渝行新大楼，储备了宽阔地皮。

1930 年（民国十九年）

1 月，中行总处复将重庆支行改组为分行，成都办事处改组为成都支行。

5 月 10 日，中行张嘉璈总经理提出本行业务政策为服务大众、改进国民生活。

5 月 16 日，二十四军刘文辉在防区 50 余县内筹建设经费约 30 万元，约定由聚兴诚银行代理收存，成都中国银行经理（周荣光）从报纸上得到消息，立即利用与川省财政厅厅长等二十四军当道要人情感甚孚的有利条件，使其解除前约，收归成都中国银行代办，一则削弱聚兴诚行实力与信誉，二则得到运用利益，成为争夺中的胜利者[①]。

---

① 据田茂德等《辛亥革命至抗战前夕四川金融大事记（初稿）》记述，此条大事记发生于 1920 年，然而，这与史实不符：一则刘文辉第二十四军是 1926 年 11 月才被广东国民政府改编而成；二则刘文辉是在 1925 年驱逐杨森之战后才崭露头角，因此，1920 年不可能有二十四军的历史，这很可能是作者后期成稿时误将 1930 年的史料编入 1920 年。

7月1日，张嘉璈总经理提出培育团体精神之文化育人主张。

10月初，张嘉璈总经理提出"居乎上者公，居于下者忠，同心同德，保持中国银行为银行界领袖的地位，这亦是我们共同的光荣"之中行企业伦理精神。

12月18日，张嘉璈总经理提出"三方安乐（个人、家庭、全行），同为模范"的、在今天看来是类似中行"立行使命"之宣言。

1931年（民国廿年）

2月，渝中行对1931年份渝埠各帮营业进行了调查。

3月13日，成都因十一师与四川边防军争防，北门至正府街断绝交通，银根奇紧，利率汇水大涨。成都中国银行因此止做解汇。

5月，中行总行调查室对四川等地1931年份水灾进行了调查。

秋间，中行总处派经济研究室调查课副课长张嘉铸（禹九）入川调查一切，商定营业进行方针，不久即充任渝行襄理。

9月25日，重庆市银行业同业公会成立并通过章程，渝中之银行公会，即为周询公之手创，且被选任为第一任主席。

是年，中行在是年营业报告称：渝行及成都支行，立于敌对双方势力范围之内，逼借勒索，在所不免，当地同人，苦心应付，非有抵押，非各行共同分担，不允借垫，幸无特殊单独损失，此堪为股东告者二。

1932年（民国廿一年）

1月，因银根枯窘，利率飞涨，川中行向所属机构如富顺、泸县、内江、乐山等地调款。

2月，川中行增设乐山办事处、成都少城办事处。

3月21日，川中行增设重庆上关岳庙街办事处。

3月，中行管理处组织对四川自流井进行调查。

4月18日，成都中国银行运到有"四川"字样的中行绿色五元兑换券25万元，红色一元兑换券15万元，呈请川省政府暨各军部在全川发行，随时兑现。

春间，渝行动议在曹家巷原行址之上新建"四面无遮，方显堂构"行屋，并将现行址由曹家巷暂迁至小樑子街汤府对门的住宅暂居。

5月15日，中行总处主办之《中行生活》创刊，专供该行行员阅读。"实为遍布国内外各地二千余行员，知识交换之总汇，与情愫沟通之枢纽。"

是月，川中行每逢星期二星期五，同人皆有谈话会举行，定名为"二五会"，讨论一切银行实务以及同人公私生活问题，并以名人读书所得及引证《中行生活》中所载各项，鼓励同人公开研讨，竭忠尽思，同人兴趣，甚为浓厚。

5月24日，中行万县办事处前于1929年裁撤，现万县军财两政归二十一军统辖，地方情形安靖，商务繁兴，汇兑业务可做者甚多，兹决定是日开幕。

5月29日，川中行增设重庆四牌坊办事处。

5月，中行总管理处组织对四川荣昌烧酒、坊瓷业进行了调查。

6月4日，二十四军因出兵康藏需款，由经理处处长李光普向成都中国银行以期票贴借20万元，该行推拒不成，只得借给10万元。10天后，该军十师师长陈鸿文在简阳又通过财政厅长文和笙向该行强借5万元。

7月1日，因成渝马路约三月内汽车可通，内江居成渝之中心，上下均一日可达。该处实为买卖成渝票之中枢，由此川中行在内江增设寄庄。

7月2日，中国银行成都支行上半年损益情况：总收入达28.48万，摊销历年累积账面旧亏4万，摊销历年兑换亏耗10万元，当期实际亏损7万余元。

7月14日，成都商业场广和参分局因汇款5万元至北平总局，因成都、北平两地中行意见不合，广和参分局以成都中行拒收，认为有意刁难，散布该行有倒闭之说，并派人持该行兑换券到银钱市及码头以八折、九折出售，损及成都中行信誉，发生挤兑。该行准备金充足，保证兑付，并委托福川、聚兴诚等行代兑，中行挤兑风波至7月17日才告平息。

7月，在张禹九直接领导和周仲眉、赵循伯具体负责下，《四川月报》创刊，同时，川中行调研工作也由此发端。

8月，成都中国银行为便利商民汇兑，缩短时间起见，凡汇往汉口天津上海等埠，均用航空兑往，并不加收汇水。

8月，自流井中行办事处前奉总处令裁撤，所有经收盐税事宜，一律停止。其各方存汇款项，亦限期前往结束。该处已遵令将手续于6月底办理完善。

秋间，因四川叙府（宜宾）居川滇咽喉之地，为成渝间水路往来之中心，商务素称繁盛，川中行在叙府（宜宾）设寄庄。

10月1日，川中行在重庆成立了第一个省级国货介绍所，改变了川商原来在外埠采办国货七道程序的层层盘缴与重重分利之弊病，简化为"厂客→介绍所→字号→分销商→消费者"等五道程序。

10月4日，成都川军战事又紧，凡以军人为背景的银钱行号连日都发生挤兑。二十八军的康泰祥银号，二十四军的裕通银行，都因此向中国银行借款。

11月，川中行主办之《四川月报》刊发"如何改进今日之四川"征文启事："爱国似乎经历小范围作为起点，川人爱国更宜先由爱本省出发，而爱国爱省，必须先由认识，后由工作入手，所以我们特选这个题目来讨论。"

12月15日，四川近月来战事紧急，成都、乐山都受影响。成都发生巷战后，各行业停业，二十四军退出，二十八、二十九两军进驻，田颂尧向成都中国银行借款4万元；乐山中国银行中弹甚多，交通阻塞，物价上涨。

12月，川中行襄理张禹九《国人欲图自爱自救须对己先有相当认识与研究》一文刊载《中行生活》第八期，阐明了川中行"调研报国"理念。

1933 年（民国廿二年）（1—9 月）

是年起，张嘉璈总经理开始用新的战略及文化重建中行各分支行处。

1月1日，因川东南一带战事皆告结束，业务有发展之望，由渝行陈准总处，自是日起将叙府（宜宾）寄庄、内江寄庄均改组为办事处。另少城办事处设立后，成绩尚佳，经此次省门之战后，市民不免损失，存款遽形减少，于是月裁撤。

1月15日，乐山县政府向乐山中国银行强迫借款2000元，并用硃单将中行行员传入拘押，从是日起乐山中行悬牌通告各界，暂行停止业务。经多方调停后，该行即又悬牌通告于本月23日照常营业。

2月14日，二十九军向成都中国、聚兴诚两银行强迫借款各5万元，共10万元，专作"剿赤"之用。

3月，成都中国银行因与成丰银号之汇款纠纷而请官厅解决。官厅为保障人民私权起见，因该号无价值8万元之不动产交案担保，已暂将该号当事人收押。

3月6日，涪陵为下东川重镇，商务发达，交通便利，川中行为发展营业，适应地方需求起见，特选定延寿堂为地址，设立中国银行涪陵办事处。

3月，中行成都支行本属经营旺月，但商务萧条，市面利率维持在月息一分二厘左右，铜圆市价逐渐松落，国币1元平均兑换铜圆22千文上下，生金每两值112元。

4月18日，成都中国银行因有人向二十四军军长刘文辉密告，谓该行前代理金库尚有余款甚多，请即清出备用。刘氏派财政厅文厅长清查金库款项，由此发生挤兑风潮。经解释、请其他行庄代兑、登报辟谣，至24日挤兑风潮平息。

4月，因隆昌地当东道，为成渝间冲要之地，该县又以麻布为出口特产之一，川中行为扩展营业计，隆昌办事分处于是月开幕。

5月31日，中行总处就"节选苏州支行营业系员工许善道、助员许善林共同作弊，造假账目要点，并检送该员照片"等事项，致函川中行经理密鉴，川行则将其文密发全辖分支行、处，以进行案防警示教育。

6月，因泸县为川南重镇，地当沱江与长江之交，商业极繁，川中行在泸县复设寄庄，并于1934年1月1日改组为办事处。

7月8日，二十四军离开成都前，向银钱业公会派垫款8万余元，勒令中国、聚兴诚两行再垫4万元。乐山也因战事紧迫，各银行、商号暂停营业。

7月25日，刘湘由重庆到成都后，所属部队、机关带去大批钞票，虽布告通令市面流通，但成都市民因受纸币危害已深，拒绝行使，换钱业全体罢市。经各方协议，由中国、聚兴诚两行代为兑现，形势才渐缓和。

8月25日，午后二时五十分钟，渝城发生地震，荣昌、隆昌两邑交界处火山爆发。我行人多屋少，同人尤苦热不堪，每日仍将对外对内事宜办毕，至早亦午后四钟半或五钟殆散。

9月，二刘大战以刘湘统一全川而结束，17年混战也基本终结。

四、川政统一时期四川中行大事

1933年（民国廿二年）（10—12月）

10月20日，成都中国银行左邻公济银号因故停止营业，市面误传为中国银行关门停业，以讹传讹，引起误会，造成挤兑。该行一面辟谣，一面保证兑付，当天共兑付10余万元。次日公济银号开门，误会消除，挤兑平息。

是年底，周询经理将"有富有德性和精神及社会观念之行员"考核标准，分解为两方面，公的方面标准：勤恳、用心、合作、才具、应付；私的方面标准：诚恳、修学、习惯、健康。该经验被总处《中行生活》刊发全行借鉴参考。

是年，川中行及所属机构均出现过类似准刊物的《定期半月通讯》，这些通讯形式上是手写的，一期只有几页容量，内容大多报告当地经济金融信息。

1934年（民国廿三年）

1月1日，中行泸县寄庄升格为办事处。

1月15日，周询经理提出四川中行经营管理宗旨为：对外之旨不仅在行而须在国，对内之旨不徒重才而先重德。

同日，川中行襄理王君韧在《中行生活》发表《应以何者为本行业务之重心》一文，此为军阀混战结束后川中行对农贷业务的最早探讨。

2月中旬，兵工厂前总办以作废存单向重庆中国银行索款5万元不遂，又约杨荣向师长之军需官向成都中国银行估取，在武装压力下，行方同意杨借5000元了事。三台中国银行也因催收2万余元贴放款，与军队、团防发生纠纷，主任及行员一人被打伤，因而停业。后经当地军政商界调解，才告平息。

3月15日，中行成都南台寺办事处成立。

4月28日，张嘉璈总经理率领格雷、张肖梅、史久鳌等人乘轮船赴四川各地考察，历时一个半月，与分支行交换意见，研究上海资金入川从事开发的业务方针。

5月8日，张嘉璈一行乘轮船赴四川万县办事处视察，发表题为"一个青年行员应具之性格"演讲。

5月13日，张嘉璈一行返内江视察，发表"以创造能力打破环境"演讲。

5月16日，张嘉璈总经理视察成都支行并作"存款行的职责"演讲。

5月20日，张嘉璈总经理视察乐山办事处行务，并作"我人本身之能力是否足敷本行今日之需要"演讲。

5月26日，张嘉璈总经理视察宜宾办事处行务并作"吾们应以人格与能力为竞争的工具"演讲。

5月29日，张嘉璈总经理到渝行视察行务，向同人训话，作"如何使我行成为'最进步最稳固之银行'"演讲。

5月30日，重庆金融、交通两机关公宴张嘉璈于一园，张嘉璈总座发表"银行界的责任应以商业道德改良政治"演讲。

6月，中行总处主办之《中行月刊》发起对四川金融季节考察、内江金融季节考察、叙府金融季节考察、嘉定金融季节考察。

6月，川中行经过调查研究出版《四川省之糖》一书，详细介绍沱江流域土法制糖工艺、成本、价格等情况，这为内江蔗糖产销农贷发展奠定了科学基础。

7月，中行资中办事分处成立。

8月1日，四川善后督办公署下令组设四川地方银行兑换券准备库，委托中国、聚兴诚、市民、商业、川康殖业、平民、美丰、川盐、四川地方九家银行共同管理，专司发行、保管事宜。后因二十一军提用钞券及洋水高涨，失去作用。

9月，中行总管理处对四川现金近况进行了调查。

10月19日，四川航务处处长何北衡先生，承中行张公权总经理之嘱，于是日应邀莅临中行别业新建宿舍大礼堂作"四川人心目中所希望的中国银行"演讲。

11月7日，涪陵军、政、学、商、绅一百余人，就涪陵中国银行近日以低价出售渝票，只收现洋，拒收券洋，造成金融恐慌一事，提出对策：要求当局布告城乡，买卖渝票，券洋一律通用；请刘湘督办饬中行按月披露财产，接受监察。

12月1日，川中行编研的《四川省之药材》出版发行，总处经济研究室主任张肖梅以"商品研究的重要性"为序，其中总行经济研究室及四川分行"调研报国"精神，在此书出版时得到了富有实效的成果体现。

同年，前被裁撤之自流井办事处于是年复设为寄庄，次年改为办事分处。

1935 年（民国廿四年）

2 月 21 日，中国银行举行第一次农业放款会议，重心在创立制度，规定办法，促进合作组织。

3 月，川中行主办之《川边季刊》创刊。

4 月 1 日，中国银行再次增加官股并改组，张嘉璈被迫辞职。

5 月 10 日，中行宋子文董事长致函川中行周询经理，检送中行储蓄部章程，言明储蓄事业与国民经济有密切之关系，本行开办储蓄对国民经济者实深且巨之意义，至盼各行一致努力，妥慎经营，借以增厚本行实力，以备打破未来难关。

6 月 1 日，四川省政府规定各税收机关除中央、中国、地方三行纸币外，其他杂钞一律拒收。并于 29 日通令三行钞票视同现金行使。

7 月 1 日，四川各地中国银行增设储蓄部，社会人士以其历史及地位关系，闻风转移，存户极多。本行为提倡团体储蓄起见，已奉总行令创办集团储蓄，职员薪俸或工友工资用团体名义存入银行，利息较普通为优。

9 月 15 日，财政部长电令四川财政特派员公署，查川省公私款项收付，自 9 月 15 日起，概以中央银行本钞为本位。所有中国银行发行之重庆、成都等埠地名兑换券，自应一律收回，改发申钞，以肃币政。

10 月 18 日，财政部为统一川省币制起见，特于本日电川财政特派员公署转渝市商会：经本部于 9 月奉蒋委员长电，请即令中国银行赶运申钞来川，即期全部收回地名兑换券。对于中国银行申钞，准于中央银行本钞，在川境内概为本位币行使，以利金融。

12 月，中国银行总管理处呈财政部，因中行沪券缺乏异常，在川不敷应用，为使法币流通普遍，接济渝城市面起见，中行以前印有四川地名券甚多，现请将中行印有四川地名钞券运往川省发行，作为法币，以应急需。财政部照准中国银行四川地名券作为法币行使，并电四川省府查照。

12 月，已年满 65 岁的川中行周询经理，照章退休。他以"待人以诚，治事以掘"二语为与众人的临别赠言，为本行留下宝贵之精神财富。

同年，据中国银行调查：全国货币 20 亿元，全国人口 4 亿，每人平均 5 元；四川货币 7000 余万元，全省人口 7000 万，每人平均仅 1 元左右。

1936 年（民国廿五年）

1 月，中国银行总管理处指派徐维明（字广迟）接替周宜甫任四川分行第七任经理，并于是月由上海到重庆视事。

2 月，中国银行潼川办事处撤销，有关业务移交中央银行三台办事处。

3月6日，中国银行涪陵办事处因贷款给鸦片烟商，连年亏折，继去夏聚兴诚银行涪陵办事处受烟商拖累歇业之后，现亦宣告结束。

4月，重庆市金融界为谋安定市场，减低利息，于月前商得川中行同意，由其拨款300万元，以办理转账事务。

4月，川中行派刘国士、吴一峰先后至成渝公路各县调查农村情形。尤其是对蔗农及制糖土法作坊进行调查，写出调查报告，提出蔗糖农贷之建议。

10月15日，重庆市各银行钱庄请托川中行办理转账一事，业已圆满解决。

川中行规定了票据交换办法及操作程序，新票据交换所决于十月半成立，并同时开始转账工作，后于次年10月停办。

9月，四川省府允中国银行之请，约其向成渝路线之资中、内江产糖区域做农村放贷，期与农业合作社宗旨相符，并与农民银行并行不悖。

是月，川中行决定在本行曹家巷旧址基础上正式建筑新屋，并做好开工准备。

1937年（民国廿六年）（1—6月）

1月，四川运销商盐载押汇原本由各家银行押汇，现为商者手续起见，重庆运销商办事处特与银界订定合同，除合川由川盐独办外，其余销盐各口岸由四银行公举四川中国银行办理，凡以前各行押汇之盐未到岸者均准延期，利息仍旧。

是月，为救济川北各盐场灶户起见，川北盐务稽核支所特拟具经济扶助方案，由川中行借款60万元，限期一年本息还清，由川北盐务稽核支所担保，扣放办法为盐斤入公垣时，在盐价内每担扣4角，按日由售票所缴存盐场署逐月摊还。

2月，川中行为扶助小商人起见，特决定举办轻息贷款。贷款200元起至500元止，利率照市面减低二厘，最高额至一分二厘止，贷款期间定两个月。

是月，因内江近月来铜圆无形稀少，市面极感钱荒，一切交易找补均感周转不便。内江中行向总行请领大批铜质辅币，由重庆运送100万元巨额铜质辅币至内江，以资救济钱荒，活动市面金融，遂使该县法币价格逐渐回涨。

是月，泸县中国银行鉴及小本经商者经济之窘迫，特派行员在本市各街，调查一切小本营生而有店宇者，记诸调查簿上，决定提出一部款项，作一般小本经营商人活动之需，每月行息，最多不得超过一分，准于调查完毕后即行贷款。

3月，川中行与川省合作委员会协订放款合约，划定内江、资中、简阳、荣昌、隆昌等六县为本行农贷区域，并订定农贷办法，此为川中行成渝路农贷之开端。川中行于5月办理首笔农业信用贷款。

4月，中国银行总管理处对民国以来四川币制历史及现状进行调查。

6月，内江中行在沱江上游水陆重镇简阳石桥镇筹设中行石桥办事处，租定该镇南华宫为行址。拟于年底开幕。

截至全面抗战爆发前，四川中行分支机构有 14 个：分行 1 个，支行 1 个，办事处 10 个，办事分处 2 个。

五、抗战时期四川中行大事

1937 年（民国廿六年）（7—12 月）

7 月 7 日，中国全面抗日战争爆发。

8 月 12 日，中国银行总处通告全行："当此国难时间，人人当具有为国牺牲精神。凡我同人无论如何不得借故请假。倘有托词请假，意图逃避，即予开除，以示敬戒。"川中行在总处领导下，进入"抗建"工作模式。

8 月 14 日，财政部于公布《非常时期安定金融办法》后，中行总处即于 15 日电告各分行遵照执行。上海银行业银钱业两公会拟定补充办法，于同年 8 月 16 日经财政部核准执行，缓解了商业资金紧张局面。四川中行也于此后不久，实行了大体类似的办法，在安定金融的同时，兼顾市面资金的流通。

9 月 30 日，中行内江办事处同人 24 人认购救国公债款共计 450 元。叙府办事处、隆昌办事处、泸县办事处等同人亦认购了救国公债。

10 月 7 日，中国、中央、农民三行重庆分行组成的联合贴放委员会成立后，仅一个月联合贴放总额已达 1300 余万元，大部分系公债作抵，仅限于重庆一处。

1938 年（民国廿七年）

5 月，中国银行上年在川省内江、资中、资阳、简阳、荣昌、隆昌六县试办的甘蔗及养猪生产贷款，贷款额虽仅 20 余万元，然成绩颇佳。本月，中行与合作委员会所订农贷合约期限已满，张心一特前来四川约谈，拟将中行本年在川农贷扩大数额，除原有六县外，可再扩充五六县。

12 月 5 日，财政部与四联办事处商订办法，由中央、中国、交通、农民四行在西南、西北各省重要地点设立行处，三个月为一期，限于 1939 年内完成西南、西北金融网。

12 月 29 日，国民政府公布《节约建国储金条例》，把推进"节约建国储蓄"运动作为战时各级政府的一项基本任务，储蓄即成为国家银行的主要业务。主要有节约建国储金券、特种有奖储蓄、外币定期储蓄、美金节约建国储蓄券、乡镇公益储蓄、法币折合黄金存款、有奖储蓄会单、节约建国储蓄邮票等。

是年起，由于政治、经济等各方面的需要，推动了四川省内中行网点的迅速增加。除战前已经设立的分支行处外，陆续添设了合川、荣昌、资阳、简阳、牛华溪、江津、涪陵、合江、太和镇、广元、新津，以及西康省雅安、西昌等办事处，还成立了奉节、云阳、开县、牛佛渡、蓝田坝、永川、叙永、贡井、夹江等办事分处。上述川、康、黔三省中行机构均由重庆分行管辖，成为战时管辖区域最广，辖属机构最多，业务量最大的分行。

1939 年（民国廿八年）

1 月，川中行在条件艰苦和资源紧缺的条件下，以手刻蜡版而印制的方式创办了《农放月报》。至 1942 年 8 月因农贷业务移交而停刊，共存续三年又八个月。

是月，在中共川东特委及重庆市委领导下，重庆银行系统的党组织逐步建立，其中包括中国银行、交通银行支部。其后重庆中行有地下党员 9 人。

2 月，川中行拟办理工业合作贷款之初，鉴于工业及其内部的特殊与复杂联系，特约集中央农业实验所、中央农学院的专家，商品检验局技术官员，重庆大学教授，豫丰纱厂实业家等行内聚谈，接受专业指导。

4 月，川中行为拓展夏布这一特产农贷及其工业合作贷款业务，特邀请重庆大学李充国教授来行讲授"改进麻布事业之计划"。

是月，川中行与四川农改所及中大农学院订定猪种贷款合约，还邀中大畜牧教授与省农改所技士，一同前来隆昌调查猪种，并提出如欲推广白猪的办法。

5 月，日寇飞机于 3、4、12、25 日狂炸重庆市，精华所在，摧毁殆尽，市民伤亡者逾万人。渝行大公馆宿舍被炸，小梁子遭炸时本行为飞来巨石击穿层顶三处，公票处宿舍全部倒塌，蓝家巷宿舍震毁一部。对此川行农贷股提出：全体同人应慨然自励，加紧工作，充实后方资源，用来答复敌人疯狂的轰炸。

同月，中国银行内江办事处升格为支行，负责内江县农贷业务，兼辖资中办事处，资阳、简阳、隆昌、荣昌办事分处等五县农贷业务。

10 月，川中行《农放月报》发表小言论，号召我行农村工作人员，以高超的理想，抱牺牲的精神与百折不回之志愿，摩顶放踵，焦唇敝舌，献身于合作事业和繁荣农村的重大使命。

12 月，财政、交通两部与法国银行团及中国建设银公司成立借款合同，修建叙昆铁路（从四川宜宾到云南昆明全长 774 公里），其中法币借款部分 3000 万元由中国建设银公司担任。次年 6 月，该公司将该笔放款转让给中央、中国、交通、农民四行，中行按 35% 摊放 1050 万元。

是年，经过努力，中行存款余额又增加 12 亿元，四联总处对此给予了较高评价："中国银行存款总数为各行之冠，且较战前有大量之增加，而其增加之数十分之九系后方各行所增收，国外各行存款总额亦较上年增加一倍以上，在此抗战期间有此长足之进步，实堪嘉慰。"

是年，川中行开始在四川试办工业合作社贷款，并先后在成都、泸县、万县、宜宾、江津、合江等行处，办理出口外汇的承购工作。

1940 年（民国廿九年）

1 月 1 日起，川中行及其支行、办事处开始揽收外币定期储蓄存款，并举办节约建国储金存款。

4 月 2 日，川省府修正县政府组织规程中的金融条款，重庆中国、聚兴诚、四川省、金城等 23 家银行登报，奉财政部令停做粮食及日用品押放。

5 月，为促进农贷业务的沟通与交流，内江支行创办了对外发行的《经济商业调查月刊》，存续至 1944 年，这是四川省唯一的支行级刊物。

是年，国民政府实行《公库法》，中央银行曾委托中国、交通、农民三行分别代理重庆的一、二、三分库，川中行成为国库重庆第一分库之代理行，每月按通知负责筹运足额钞券备解。

年末，川中行投资各事业达 40 家，占中行投资各事业数 68 家的 58.82%，包括纺织、化工、机械、冶炼、电力、采矿、食品、运输、贸易等行业。

是年，中行经办农贷区域增为 16 省、139 县，贷出金额增至 4900 余万元，四川中行农贷贷出总额 2000 万元。

1941 年（民国卅年）

1 月 13 日，中国银行第五届农贷会议在渝牛角沱总处举行，至 18 日告毕。会议对农贷方针、农贷资金、普通农贷及特殊农贷办法等作进一步统筹部署，以利于扩大推行农贷。

1 月，中行辅助之潼南合作金库从本月 16 日至 31 日对合作社发放信用贷款。此次食粮增产贷款总额计 425375 元，借款合作社计 108 社，借款社员计 7329 人，当年增加食粮数量有红薯 27321 亩，小米 730 亩，玉米 236 亩，绿豆 187 亩，芝麻 170 亩，马铃薯 207 亩，高粱 457 亩，荞麦 185 亩。

3 月，四川资中县学田沟信用合作社改选时不合手续，中行未对其贷款。遭该社两职员于中行农贷人员下乡调查时，纠众威胁，迫使具函向中行证明该社选举合法，准予贷款等字样。对此事件经中行转请四联总处转函省府查办，于次年 3 月省府函据资中县政府呈复，以学田沟信社胁迫贷款一案，已将两职员取消社员资格，并令该社理事主席没收其股金，以示惩戒，并将全案移送法院传案讯办。

4 月，总处下发《筹设简易储蓄处办法纲要》，要求各地分支机构增设简易储蓄处。是年，中行各分支行遵照总处规定积极筹设简储处，新设简易储蓄处共 64 处，其中以四川省最多，达 27 处。四川中行新增储蓄部柜数占中行新增储蓄部柜数比例 16.33％；新增简易储蓄处数占中行新增简易储蓄处数的比例 42.19％。

6 月，川中行农贷区包括内江、万县、永川、巫山和贵州等农贷区业务。

7 月 25 日，《中行农讯》第一期发行，迄 1942 年 8 月 31 日，共发行了 14 期。这一刊物，面向全行广大员工，特别是农贷部门的员工，内容具体实际，文字明白易懂，成为中行交流经验，推动农贷的有力工具。

9 月，《中行农讯》根据四川潼南举办食粮增产经过，总结出农贷事前调查技巧，即在个别访问时，乃与社员"摆龙门阵"时利用机会，使被调查者于不知不觉中，吐出真话。

同月，中行对资中、内江等六县办理农贷总额，结余数已达 4200 余万元，其中尤以资、内两县，各在 1000 万元以上，实超过全国任何一县农贷数额之二三倍。迄今内江支行农贷外勤工作人员，六县共计 40 余人。

12 月，太平洋战争爆发后，南洋各地为日本占领，外商银行几完全停业，侨汇受阻。香港沦陷后，大部分侨汇移至四川中行解付，重庆遂成为吸收侨汇的中心，川中行成为收解侨汇之枢纽。

同月，"四川潼南合作金库农田水利贷款实施计划"刊载于《中行农讯》第 6 期，其中蕴含着川中行压实四方管控责任之农贷微观经营机制。

是年，在四川省四行局贷出总额 14796.4 万元中，四川中行贷出总额为 6199.3 万元，占四川省之四行局贷出总额的 41.9％；在中国银行 19515.3 万元贷出总额中，四川中行贷出总额为 6199.3 万元，占全国中行农贷总额的 31.77％，居中国银行系统第一位。

是年，川中行工业合作贷款对象为 142 社，贷款余额 132.32 万元，占中行工业合作贷款余额 553 万元的 23.93％。

是年，四川中行分支数占中行分支数比例：56/280×100％＝20％；四川中行新设机构数占中行新设机构数比例：32/102×100％＝31.37％

1942 年（民国卅一年）

1 月 20 日，随着四川省大足县合作金库亦由川中行接收辅设，川中行已接收 15 个县合作金库，占全国各省中行接收 34 个县合作金库总数的 44％。

1 月，日本侵略军入侵滇西，云南形势日紧，中国银行昆明支行为防万一，做好向川境转移之准备，即在撤退路线之西祥（滇西）公路上设立中行会理办事处，1944 年滇西战局好转，于当年 7 月迁往云南祥云县南驿。

6 月，川中行作为国库重庆第一分库之代理行，是月分配给川中行国库垫款数为

1.8 亿元，实垫数为 2.08 亿元，其中在渝拨付者 1.56 亿元，占 75％，由渝转汇各地拨付者 0.52 亿元，占 25％。

6 月，中国银行农贷总余额为 2.39 亿元，其中：川中行农贷总余额为 8480.3 万元，占中行系统农贷总余额比重 35.46％，居中行系统第一位。

7 月，中行对内江、资中、资阳及简阳四县蔗贷余额由 1938 年的 60 万元增加到本年 7 月底止的 6000 余万元，取得了良好成绩。

8 月底，中行遵照政府规定将农贷业务及工作人员一次移交给农行。中行工业合作贷款也于当年 9 月底移交农行。共计移交农贷 2.3 亿余元，农贷工作人员 637 人；工业合作贷款 631 万余元，专任工合贷款人员 41 人。

是月，川中行副经理王君韧，在移交本行农工贷业务及其工作人员于农民银行，发表感言时，总结了本行五年以来与农民打交道的感想及理念。

11 月，中行总处将四川盐务中心的自流井办事处扩充为支行，并将附近产盐区的五通桥、嘉定、叙府等办事处及所属办事分处划归该支行管辖，以便集中办理盐务贷款，协助政府发展专卖事业。并裁撤了资阳办事处。

12 月 10 日，川康食糖专卖局宣布：粮贷 4 亿元，由四川中国、交通、农民三行核放。

是年，四川中行新设机构数占中行新设机构数比例 20％；四川中行新增储蓄部柜数占中行新增储蓄部柜数的比例 21.31％；四川中行新增简易储蓄处数占中行新增简易储蓄处数的比例 15.38％。

是年，四川中行发放扶持国际贸易贷款 17333 万元，占全国中行此贷款总数的 26.80％，其中：川中行发放的协助出口矿产品贷款占全国中行比例 17.88％；协助出口农、畜产品加工制造事业贷款占全国中行比例 99.29％；减少进口贸易品生产贷款占全国中行比例 16.80％。

1943 年（民国卅二年）

1 月，经上年四行专业化调整后，至本月四川分行计有大小 64 个机构与网点：分行 1 个，支行 4 个，办事处 29 处，办事分处 24 处，简易储蓄处 6 处，全辖总人数 761 人。

9 月 11 日，因上年新津机场再次扩修，中行新津办事处于本日在新津县五津镇又设置办事分处。

是年，四川中行储蓄部柜总数占中行储蓄部柜总数的比例 25.66％；四川中行新增储蓄部柜数占中行新增储蓄部柜数的比例 32.26％；四川中行撤销简易储蓄处数占中行撤销简易储蓄处数的比例 60％。

1944 年（民国卅三年）

1 月 28 日，中行成都支行上报雅安办事处摊认火灾捐款 14000 元、雅安县属草坝场火灾捐款 500 元、远征军捐款 2900 元的函，三项共计 17400 元。同年 2 月 1 日重庆分行上报总处，2 月 15 日总处批复捐款国币 17400 元。

6 月，四联总处核定贷放在四川和重庆的各类放款总额达 302863 万元，其中：重庆地区 286749 万元，成都、自贡、内江、万县、乐山等地共 16114 万元。这次对工矿业贷款最多，仅重庆就有 173774 万元，占总额的 60％。

6 月，民生实业公司申请借款 7000 万元，四联总处核准由中央、中国、交通及邮汇四行局按 30％、25％、25％、20％的比例摊借，中行摊借 1750 万元，为发展大后方的内河航运事业及陆上交通给予了积极支持。

9 月 15 日，四行两局在重庆、成都、昆明、贵阳、桂林、西安、兰州七地同时开办两种黄金存款。同日，中行重庆分行开办两种黄金存款，中行成都、贵阳两支行先后于 16 日和 25 日开办两种黄金存款。

11 月底，中行重庆、成都两行经收法币折合黄金存款数（市两）及占当地四行两局之份额如下：重庆四行两局合计 30453，重庆中行 12799，占比 42.03％，排名第一；成都四行两局合计 9835，成都中行 1370，占比 13.93％，排名第四。

12 月，政府战时生产局为加强战时生产，向中、交、信、邮四行局签订 100 亿元贷款协议，四行局按 30％、40％、15％、15％的比例分摊，并按贷出数的八成向中央银行办理转抵押。在中国银行摊贷 30 亿元中，四川中行及其所属分担 15 亿元，总处及其他分支行分担另外的 15 亿元。

年底，四川中行资产占全国中行的 25％，负债占全国中行的 32％。

1945 年（民国卅四年）（1—8 月）

1 月，重庆、成都中行所经收法币折合黄金存款数（市两）及占当地四行两局之份额为：重庆四行两局合计 194481，重庆中行 60874，占比 31.30％，排名第一；成都四行两局合计 26064，成都中行 4147，占比 15.91％，排名第三。

3 月 15 日，川中行经收法币折合黄金存款到期，开始兑付半年期的首批折金存款共 191 市两，并遭遇兑付困境。到 4 月 21 日因无金供应而暂停兑付，积欠数额越来越大，财政部遂不得不宣布于 6 月 25 日起停办法币折金存款。

5 月，交通部为修理 40 艘船舶申请贷款，四联总处批准照借 4 亿元，由交通、中国、中信、邮汇四行局按 40％、30％、20％、10％比例摊放，中行分摊 1.2 亿元。

6 月，从上年 9 月 15 日至今，中行重庆、昆明等六家分支行及东南各省分支行收存折金存款约 58 万余两，回笼法币 166 亿元，占各行局累计收存折金存款总数

219.56 万两，回笼法币 624 亿元的 26％。中行六家分支行中，以重庆分行、昆明支行吸收折金存款储额最高，分别为 28.09 万两及 15.79 万两，回笼法币 78.66 亿及 46.48 亿元，占中行系统折金存款总额的 75％。

六、抗战后至新中国成立时期四川中行大事

1945 年（民国卅四年）（9—12 月）

9 月，国民政府财、经两部和中央银行公布《紧急工贷后方实施办法》，规定工贷暂以 50 亿元为限；利率为月息三分四厘，财政部担保，中央银行按九折承做转抵押；期限 18 个月。重庆地区工矿企业据此申请贷款 40 亿元，但经四联总处和战时生产局核准发放的仅 25.4 亿元。300 多家制革企业，只有 9 家得到贷款 4000 余万元，纺织业则完全没有得到贷款。同月，中央、中国、交通、农民四行及中央信托、邮政储金汇业两局开始由重庆东迁上海。

12 月 18 日，因川中行第七任经理徐维明于 9 月奉总处委派为中国银行上海收复区复业主持人，四川中行第八任经理赵宗溥于本日接任视事。

是年 8 至 12 月，四川中行被裁撤的机构达 27 个，占中行全行当年撤销机构数比例约 40％。年末，四川中行（含西康、贵州）分支机构总计仅为 44 个。

1946 年（民国卅五年）

1 月，值农历年关，重庆及成都的大小工厂，因受外货倾销影响，产品销售受阻，资金十分紧张。重庆工业界向政府申请贷款 1000 亿元，结果只批准 48 亿元，而且要求以工业原料和出口货物作抵押，折扣率不超过七成，每笔贷款不得超过 5000 万元。在成都核准发放的 167 笔贷款，贷款额最高 2000 万元，最低 200 万元，不少企业将物资押存入银行仓库，所得贷款很少，周转仍极困难。

2 月 19 日，颜大有就任成都中行第十任经理，任期至 1948 年 1 月 6 日。

6 月，全面内战后，随着蒋介石挑起的大规模内战日益激烈，国统区经济金融走向崩溃，四川中行业务每况愈下。

8 月，中行昆明支行亦划由川中行管辖，川中行成为西南四省的区域管辖行。

是年，由于国民政府复员南京，机关东迁，储户减少，加上黄金储蓄停办，四川中行业务与前一年末相比：本部普通存款下降 59.8％，储蓄存款下降 28％；放款方面，由于重庆四联分处办理年关紧急贷款以缓和市场银根奇紧局面，兼之币值日益低落，放款余额上升 61％；放款以扶持猪鬃、桐油、生丝、皮革等出口业及生产运销事业为主。

1947 年（民国卅六年）

初夏，成都米粮紧缺，粮价飞涨，省田赋粮食管理处核准粮商在附近产粮县区采购食米 1500 石供应市场。由粮商出票，四川省银行承兑，市政府（市银行）担保，办理贴现 3 亿元。四联蓉分处以事关救济粮荒紧急措施，准由中央、中国、交通、农民和中信局共同办理，平均摊放，推农行为代表行，月息 4 分。

年夏，川中行下发通函，为加强内部工作，增进服务效率，特规定支行每周举行一次，办事处每两周一次，每次由同人轮流报告工作。

8 月 2 日，成支行卅六年度第一次工作座谈会在东御街本行营业厅召开，其中报告了 7 月份损益状况：收益 13032 万元，支出 15830 万元，纯损 2998 万元。

10 月，截至本月底止，川中行投资计 39 个企业。

是年，国家银行停止联合贴放，对四川地区的工矿事业贷款，基本停止。

是年，川中行下辖 6 个支行及 31 个办事处，本部内设 8 个股及储蓄分部和报务员班。全辖（不含云、贵支行）共 517 人。

1948 年（民国卅七年）

1 月 6 日，徐良槐代理第十一任成都中行经理。

1 月 9 日，中行重庆分行就向财政部追还重复托解蒋介石款项事宜，致函中国银总管理处信托部，请求追回重复托解蒋介石之款项。

7 月 4 日，成都中行徐良槐经理接任半年后，支行业务"尚有进境"，川中行经理赵宗溥看报告后称"具徵贤劳，至为忭慰"，还期望增收节支。

夏末，赵宗溥经理自沪返渝，道经万县，曾亲莅万支行，批示一切，当以"勤俭"二字勖勉全体同人，并鼓励同人业余阅读曾文正公家书，以为立身处世之根本，并以银行业务名词及曾文正家书内成语，撰银行员家庭对联一副。

12 月，川中行按国行要求，承接民众办理存款兑换金银业务之申请书发放，遭遇了"人山人海，热闹异常，几至无法开门"的"热闹"场面，

12 月，四川中行发起了体念贫苦之饥寒的恤贫活动，抱"有一分力，救一个人；救一个人，尽一分责"之宗旨，节衣缩食，作推食解衣之举，外以改良社会之风气，内以厚培恻隐之心田，对于劫运之挽回不无小补。截至腊月底，计发放金圆 9240 元，领款者共计 96 户。

1949 年（民国卅八年）

年初，政府对工业放款稍有放开，允许各行可自行核贷 100 万元以下贷款。

2 月 14 日，川行举行员工消费合作社社员代表大会，在过去一年经济动荡、币制改革、物价陡涨之环境中，该社对于员工生活需要仍能不断有所贡献，行方深致

嘉勉，今后仍应一本过去精神，为社员服务。

是月，《挺进报》刊印工作转移到重庆市新华路 41 号重庆中行大楼秘密进行。至同年 8 月，《挺进报》在重庆中行累计印刻 13 期，每期 300 份左右。

3 月，中行重庆林森路办事处周主任擒获伪造渝中行本票之贼。

3 月上旬，重庆歌乐山第六、第二育幼院及育婴院几于断炊，赵宗溥经理见而悯之，提议由渝中行恤贫会基金下拨付十余万元，购买上等食米廿袋，以同人互助会名义，办好公函，派人乘车押运，送上门去，分赠三院，面交各负责人。三院对于赵经理的倡导及中行同人的热情，均感谢不尽，且登报致谢。

4 月 26 日，重庆市钞荒之严重达于极点，行庄本票在市贴水至六七成。川行需发给员工薪津，但无法取得适量现钞，加之物价与贴水之两重威胁与日俱重，行方赵经理乃召集川行员工、警工，宣告薪津无法以现钞付给，希望同人及警工，于收账后，陆续以本票支取。同人俱能体谅行方之困难，牺牲私利，以全公益，"风雨同舟，协力共济"地应对渝市钞荒。

10 月 15 日，重庆《征信新闻》报道中行总处自当日起在川中行楼上办公的消息，实际上，宁、沪、汉等地解放后，中行总处主要部分即迁往香港，虽曾在重庆设立"渝处"，但只办理有关账表的登记和保管工作。

10 月，川行赵宗溥经理去港后，由刘守礼副理暂代经理，直至重庆解放。

11 月 30 日，重庆解放，接管工作随即展开。担负金融业接管工作的是重庆市军事管制委员会金融部。

12 月 5 日，金融部派出军代表分赴各行进行接管，召开员工大会，传达接管命令，宣读"约法八章"及有关政策，办理员工报到，责成原主要负责人造具移交清册，限期办理移交。

12 月 10 日，原中国银行重庆分行经清理改组，以重庆中国银行名义恢复营业，归人民银行重庆分行领导，经理毛步奇。行址设民族路原中国农民银行重庆分行旧址。主要办理外汇业务。

12 月 27 日，成都解放。新中国成立前夕，四川省仅存国家行、局 11 家，商业行庄 97 家，保险公司 29 家，比抗战胜利时减少 2/3。这些名义上尚存的商业行庄和保险公司，多数只挂牌，不营业，等待时局变化。

是月，川、康两省相继解放，中国人民银行按照"边接管、边建行"的方针，迅速组建起西南区行和重庆、川东、川南、川西、川北、西康省 6 个分行。

后记

值此《中国银行四川分行编年史（1915—1949）》封稿付梓之际，感慨颇多，难以言表。总的来看，世间一切皆因缘而起，做人做事之大本有二：一是"发心"，解决"为何"的问题，大到确立人生愿景，小到为何要做当下之事，都属"发心"。二是"愿力"，解决"如何"的问题，即对于自己"发心"去做的正确之事，持之以恒，尽力做好。亦即怎么做人全看"发心"，能否做成一件有意义的事情全看"愿力"。现仅就三年半来，如何"发心"与"愿力"地做好编研及撰写四川分行编年史之主要经过，作简要回顾。

一、"发心"编撰行史之心路

概括地讲，我"发心"编撰行史之心路，包括以下三方面的体悟。

（一）"发心"撰史之缘起

简而言之，此次撰史缘起于编写《四川中行百年行史》之续编。2017 年 8 月 21 号，中行四川省分行郑国雨行长批准了编写《四川中行百年行史》的立项报告，拉开了编撰行史的序幕。其编写大纲分六章：四川中行组建史，军阀混战时期创业史，川政统一时期发展史，抗战时期历史贡献史，战后时期存续史，四川中行早期公司文化史。在编撰过程中，我们按照占领制高点的写法，将第六章"中行及四川分行早期公司文化简史"作为"修史问道"的"道"之重点，先行编研。随着编研的深入，浮出的史料不断增加，最终形成了长达四十多万字的单章内容。2018 年 9 月 6 日，郑行长对这部分书稿进行审阅后，批示了《几点参考意见》，决定将这部分内容先行出版，书名定为《中国银行四川分行公司文化简史（1915—1949）》，同时明确四川中行百年行史还将有续篇出版。2019 年 5 月《中国银行四川分行公司文化简史（1915—1949）》出版问世，从同年 6 月起我们又开始了行史续篇的调研与编写历程，至 2022 年 12 月，《中国银行四川省分行编年史（1915—1949）》在现任行长王果的高度重视和有力推动下，封稿付梓。

（二）"发心"撰史之目标

1. 探路求法

因编写《中国银行四川分行公司文化简史（1915—1949）》是以搜集民国时期中行图书、期刊等被整理过的历史文献为主，中行及其各省行曾先后举办过各类期刊，且保存相对完好，这就使得公司文化简史的编研出版周期仅用了 18 个月。然编撰《中国银行四川分行编年史（1915—1949）》则是以搜集未经整理过的原始档案资料为主，编研与写作难度相当巨大，这首先需要下苦功夫和笨功夫。仅以中行史成书为例，1985 年中国银行与地处南京的中国第二历史档案馆合作，经过四年多的共同努力，终于整理出有 200 万字之巨的《中国银行行史资料汇编》，并于 1990 年 6 月出版。此后，总行又组织专业团队再用四年多时间，于 1995 年 9 月编撰出版了《中国银行史（1912—1949）》上下两卷。与此同理，仅就四川中行史料最集中的重庆市档案馆史料而言，中行史料目录达八九千页，计有 28 万多条，每条少则几十页，多则几百页，文字总量浩如烟海，且很多档案影印件的文字不清晰，毛笔草书手稿繁多，没有断句的文言体及其生僻字亦繁多，辨认与编研的难度很大。在此情况下，仅靠我和同事王福希两人的有限能力，只能搜集与占有相对有限的史料，进行有限的史料梳理与编研。可见，在浩瀚史料中如何搜集到更多的有价值的史料，其方法论也是科学，搜集史料既要下笨功夫、苦功夫，还需在搜寻史料"导航"问题上下一些巧功夫。于是，我就此方法论问题，曾系统地请教过高校历史学教授、成都图书馆博士衔馆员及民国金融史研究生等，在多次试错的基础上，我们找到了搜集史料一些有效方法。

2. 确立目标

为扭转以往一些银行史类书籍可读性欠缺和缺乏深刻时代背景及前因后果关系而就业务说业务等问题，我们确立了"力争编撰出一本可读性较强和时代背景宏阔的编年行史"之编撰目标，着重从以下几方面"发心"：（1）通过厘清近代中国及四川军阀混战历史的大背景及其政治经济金融特征，阐明四川中行艰苦创业的艰危历史环境，使读者深刻认知川行早期斩荆披棘与筚路蓝缕的艰难创业历程，以增强其可读性。（2）通过编写民国时期四川中行之行史人物小传片段，概括其所存留之精神要义，以增强本史的可读性。（3）从中行总经理张嘉璈视察四川分行行务之经过、对外一展银行业领袖之风采、情茂词切地内育企业文化之情形，四川之行使中行文化思想得到升华等视角，有故事、有启示地全景史叙中国银行早年企业文化风采之一幕，以增强本史的可读性。（4）在全面抗战宏阔历史背景下，从抗战时期四川战略大后方之背景、川中行抗建历史贡献之总体概观、川中行抗建农业贷款之全景史篇等三方面，全视野展现四川中行的抗建历史性贡献。同时，通过中行抗建农贷战略、经营概观、农贷史貌、社会成效、农贷经营机制、抗建报国之农贷群体意识及农贷感人故事等七方面，全景展现四川中行抗建农业贷款之史实。（5）注重全书第一至五章的编写视角，以述为主，辅以记、志、传、图、表、录等，多侧面与多方式地反映四川省中行历史事件的内在联系；同时，恰当选编"文白相兼"的原始史料之故事，以增强可读性。

（三）领导关怀对"发心"撰史的激励

通常，对新任省行主要领导来讲，修史在现实中并不是首选项工作。然而，冥冥之中的缘分，使得我以退休之身在细搜苦撰行史过程中，有幸得到那些深谙修史问道、察往知来之重要意义并富有中行情怀的四川省分行前后几任领导，所给予的殷殷激励与满满关怀，由此方使我能够坚守数载而奋力写出 60 万字的编年行史。

1. 现任领导关心指导撰史

2020 年上半年，为阐明本史宏阔的历史背景和增强可读性，我们集中搜集与编研四川军阀混战史及其对川中行早期创业之影响，从 7 月起至 11 月上旬终于写完行史第一章《中国银行四川分行组建历史》，第二章《军阀混战时期四川中行艰苦创业史》，长达 23 万字。与此同时，改革开放后中行四川省分行第八任行长王果到任，大家亲切地称他"果行"（因班子里还有位同姓领导而以示区别），自此以后，省行党务部对行史编写工作明显抓得更紧了。12 月 8 日，党务部前部长龙兵约我相见新部长李俊民，沟通行史进展情况，重估编年史定稿付梓日期。

2021 年 3 月 8 日，省行纪委书记张立波约见我，并说王果行长准备见我，希望我草拟学习行史及行史文化馆策划的方案。半月后我草拟了《关于学党史与学行史结合之策划草稿》《中国银行四川省分行行史文化馆策划纲要》传给张书记。继因省行将举办行史讲座，9 月 10 日，张立波书记带我见到王果行长，17 日，我应邀在省分行党委理论学习中心组"学党史，修行史，传文化"扩大学习会议上，主讲《张嘉璈的四川行及四川缘》。之后王果行长让我去他办公室聊了半个多小时，主要意思是：希望通过行史编写与文化传统挖掘，促进本行在文化影响力和当下发展上的作为，他还特别重视对中行总经理张嘉璈 1934 年历时 40 多天四川之行这段历史的编写，希望用史实说明四川分行史在中国银行史上具有重要的历史地位。据此，我于 10 月 15 日以行史第三章内容制作成 10 万字的长文《张嘉璈的四川行及四川缘》，果行看后说很好，并思忖是否请总行研究行史的专家和川内有此方面研究的专家一起开个座谈会，以便对这段历史进行更深入的研究。11 月 23 日，我又搜集整理出张嘉璈四川之行几十张旧照及所留下的 90 多首诗词，果行看后说："了不起，这样把张嘉璈一行的思想、风采和才情更丰满地呈现出来。"再到 2022 年 4 月 17 日，总行研究院出版了《薪火百年的中行故事》一书，刊登了我的文章《中行公司文化的风采与升华之一幕——张嘉璈 1934 年四川之行三种叙事》，果行看后说："百十年史册书四川行几页，卅六行格局争巴蜀一席，殊为不易！"为了提高川中行历史文化品牌的知名度，5 月，他还安排将此稿投于《四川日报》，至当年 11 月 29 日，川报终于刊出《银行家张嘉璈 1934 年四川行》一文，他看后回复说："中行在四川的影响力，一靠当下的作为，二靠历史的挖掘，两条路线，双向奔赴。你的工作极有意义，继续努力，笔耕不辍。"

2022 年 8 月 15 日，王果行长看了行史第四章第三节《川中行抗建农业贷款之全景史篇》五级目录后说："非常有意义，历史最有说服力，今天我们做乡村振兴，涉农贷款，经常因无经验而踌躇，而甚至不知道多少年前中行就有艰辛探索，这也说明不了解历史，不向历史学习是多么可惜的事情，让历史照进现在，你做的恰逢其时。"8 月 31 日，他来电话说，四川省将于 10 月举办第八届四川农业博览会，给中行 50 个展板，希望我用 10 个展板 6000 字左右来反映川中行抗战时期农贷历史及文化。9 月 20 日，我写完中国银行空间展示方案之第一章《四川中行农贷史篇》的 PPT，果行看后说："非常好，这些都可以作为今后的行史教育内容，长期展示。"后因疫情影响，省农博会推迟于 12 月初举行，据省行普惠金融部反馈说，12 月 2 日王果行长向黄强省长做了农贷史、乡村振兴成果介绍，农贷史亦成为我行展馆最大的亮点。

四川分行经理周宜甫"受任于川行危难之际，卸职于川行繁荣之时，拯救川行于惊涛骇浪之中"，其入职中行 20 年经历就是川中行早期创业史的缩影。2022 年 11 月 26 日，王果行长看了周宜甫一生精神存留之"拙诚主义"（惟天下之至诚，能胜天下之至伪；惟天下之至拙，能胜天下之至巧）修改稿后，详述了"拙诚"的历史出处（曾国藩对李鸿章说过的一段话），以供我参考。

2．前任领导关心指导撰史

2019 年 12 月，我将草拟给龙兵部长的"编年行史写作计划大纲"传给一直关心行史进展的原行长郑国雨及老行长白树屏征求意见。郑行阅后说："个人认为挺好的：第一，大框架，小案例；大脉络，小细节，符合现在写史潮流。第二，在其位谋其政，这个事情应当通过一定渠道汇报给现在的领导征询意见。"白行说："完全赞同编年行史大纲，以客观叙述为主，以纪、传增强故事性和可读性。"

2021 年 10 月 15 日白树屏行长看了《张嘉璈的四川行及四川缘》长文说："挺好的，有故事，有启示。"郑国雨行长用了 7 小时阅完此文后回信说："半文半白，洋洋洒洒，近十万字，一气读完，酣畅淋漓！于我，既是读史，更是学法，受益匪浅，相信读者已有同感。"再到 2022 年 3 月 22 日，郑国雨行长看完短文《中国银行企业文化风采之一幕——记张嘉璈 1934 年四川之行》后说："写史不易，难在史料的查阅和整理，这是要下苦功夫、笨功夫的，没有热爱、坚韧和专业，是做不到的，感谢您！"白行则说："有缘与张嘉璈神交，这也是足以自豪的啊！"

2022 年 5 月 19 日，白行看了重新整理的行史前三章五级目录后说："认真拜读了行史前三章目录：第一，付出了巨大辛苦，资料丰富详细，背景宏阔，见人见事，特色鲜明，成果十分不易。第二，军阀混战的背景和接待张嘉璈的生活部分，可以独立出来，作为行史附件之一之二等，使行史内容更为集中。"7 月 7 日，白行看了川中行抗建农业贷款防范风险技术史料时说："中行农贷史是不朽的一页，应当被发掘出来！仅从业务技术角度都值得总结，为今人所镜鉴。"

2022 年 8 月 20 日，郑行看了第四章《抗日战争时期四川中行历史贡献》五级详目后说："写史不易，能有今日成果，实赖你的坚韧，时间荏苒，不变的是金融的本质和规律，变化的是社会的需要和实现手段。所以，前人的精神不会因时光流逝而暗淡，我们有责任让它继续熠熠发光，传承不灭。"

2022 年 11 月 6 日，白行看了《中国银行四川省分行编年史（1915—1949）》送审稿后说："千辛万苦，终于终稿完笔，值得大加祝贺。细看了一遍纲要目录，初步感受：以史说事，无愧于史；背景宏阔，特色鲜明；条分缕析，叙中有评；文以图丰，庄共谐趣！不容易，上报吧！"

总之，四川省分行现任王果行长及前任行长郑国雨、白树屏关心指导撰史的感人事例，融入于我"发心"撰史的过程中而给予深受鼓舞之动力。

二、编撰行史之"愿力"过程

总的来说，三年半撰史之"愿力"过程，是一个搜集与编研史料的下苦功夫、笨功夫和巧功夫的过程，是一个几乎每天都好像在啃骨头或攻山头的过程，还是一个兼领总行的写史任务及省行宣传行史任务的过程。然而，这三个过程的集合，对我"愿力"写好史稿是相互促进的——写好川行史内容可以丰富总行史内容，写好总行史的思路又可促进对川行史的修改。

（一）搜集编研史料为编写行史做好准备工作

继续搜集与编研史料。2019年6月3日，党务部龙兵部长对我说："听张立波书记讲，新领导忙于业绩顾不上，让我们继续干，有这句话就行了。"为此，我们在同年夏秋之间，冒酷暑继续到成都、重庆、雅安、广元多地继续查寻史料，并按照烦琐步骤整理、录入、校对、编研史料。还耗用一个多月时间编写出"四川分行编年史大事记草稿"，以期根据大事记的线索，找到搭建全书框架结构之思路。到同年12月拟定出行史编写及出版的初步计划草案。

编研四川军阀混战简史。为了达成行史编撰目标，于2020年1至5月费力耗神地搜集与编研了"四川军阀混战简史"，以及对四川中行早期创业之影响，对于数十万字且相互矛盾的史料，常需耗神费时地考证与甄别。

重新搭建目录大纲。2020年4月9日，重新搭建了全书三级目录大纲；4月24日龙兵部长退居二线，约我到党务部向副部长交接工作并与沟通行史进展情况。

（二）艰难撰稿反复修改并兼领总行写史任务

撰写川行史第一章内容。从2020年7月24日起，开始写第一章《中国银行四川分行组建历史》内容，至31日初稿完成。

交叉承担编写总行史大纲任务。2020年8月9日，中行研究院首席研究员宗良电话找我说：《中国银行史（1992—2012）》续写大纲，从去年6月启动到目前已是第14稿，但仍觉不够，希望从全行及专业角度，参照工商银行的行史目录，编出一个不逊色于该目录的新目录大纲。20天后我将修改完的新大纲传给宗首席。9月1日总行研究院召开专家论证会，我被以电话会形式邀请参加，2至11日我再次修改《中国银行行史（1992—2012）》大纲并上传宗首席。

艰难撰写川行史第二章并第一次修改第一、二章。2020年9月12日至11月18日，经两个月攻关克难，终于"啃下这块硬骨头"，写出了第二章四个小节内容。11月19日至12月31日，第一次重新修改完第一、二章内容。

调整川行史编研计划。2021年1月12—13日，省行党务部李俊民部长向我了解行史写作进展情况，我在新的行史编研计划中，预估川行编年史的编研脱稿期为36个月，即2019年7月至2022年6月。

第二次修改第一、二章。2021年1月至6月27日，历时近半年，终于第二次重新修改完成第一、二章全部内容，两章文字量总计 23 万字。

撰写第三章并两次修改。2021 年 6 月 29 日至 10 月 17 日，写完第三章的川政基本统一时期内外形势、张嘉璈视察四川中行全景史叙等两节初稿。在此三个半月来，每天面对繁杂史料，其梳理、编研、写作过程，就像每天都在攻山头一样，步步艰辛。11 月 20 至 28 日，撰写完第三章第三节《川政统一时期川中行继续创业》内容，至此完成第三章初稿。12 月第一次修改第三章全部内容；2022 年 1 月 1 至 16 日，第二次修改完成第三章内容。

交叉承担编写总行史有关章节任务。2021 年 2 月 5 日，总行研究院召开中行史编撰研讨会，我被聘为"行史专员"。2 月 23 日，总行向四川省分行发出《关于协助行史编撰工作的函》，以避免我在编写四川分行史时精力分配上的尴尬。2 月 25 日，我承接了参与第 27 章《优秀企业文化传统的传承与弘扬》的编写，以及参与第 10 章《建立企业全面风险管理制度》的策划等任务。3 月 26 日，重新搭建了总行史第 27 章框架并上传总行。7 月 1 日，拟写对总行史第 10 章的修改意见。8 月，两次参加总行史编写阶段会，对总行第 27 章第五轮修订稿进行修改与增写。10 月 28 日起历时 40 多天完成了对总行史第 27 章第二次修改。12 月 13 日，总行专家刘墨海审看完 27 章修改稿后，提出再修改意见，据此我又于 14 至 24 日对第 27 章进行第三次修改，其间还应邀对总行第 23 章《信息科技助力业务快速发展》、第 24 章《全方位构建运营管理体系》初稿，提出书面修改意见。

艰难撰写川行史第四章内容。从 2022 年 1 月 17 日起，开始整理川行史第四章抗日战争时期四川中行历史贡献的史料，搭建写作框架，至 27 日开始撰写第四章，其中 1 月 31 日至 2 月 7 日（大年三十至正月初七）每天都写三四小时，终于写完第四章第一节抗战时期四川战略大后方之背景的内容。2 月 8 日至 3 月 5 日写完第四章第二节川中行抗建历史贡献之总体概观的内容。

借势第三次修改第三章内容。2022 年 3 月 7 日，总行宗良首席让我将 10 万字的张嘉璈四川之行文章压缩改写为 1 万字左右，以便上总行拟出版之书。历史上张嘉璈四川之行所留下的史料就有四五万字，将 10 万字原文压缩到 1 万字谈何容易，其费力耗神难度可想而知。4 月，总行研究院出版了《薪火百年的中行故事》一书，其中刊登了《中行公司文化的风采与升华之一幕——张嘉璈 1934 年四川之行三种叙事》，我顺势将此短文进行整理。3 月 20 日至 31 日据此短文的新思路，我第三次修改了第三章第二节张嘉璈视察四川中行全景史叙。

顺势第三次修改第一、二章。2022 年 4 月 2 日至 5 月 15 日，又顺势第三次改写了四川分行组建历史和军阀混战时期川中行艰苦创业史的全部内容。

继续艰难撰写完第四章，继而撰写第五章和重编大事记。2022 年 5 月 16 日至 8 月 6 日，历时两个半月，在重新补充录入新史料基础上，终于写完第四章第三节川中行抗建农业贷款之全景史篇，至此第四章初稿完成，总计近 20 万字。8 月 19 日起历时 21 天，写完第五章抗战后至新中国成立时川中行略史的三小节内容。9 月，成都市全市实行静默管理，几乎天天都要做核酸检测，其间整理全书参考文献，并重新编写了"四川中行百年大事记"。

（三）在送审送编期间反复多次进行完善改稿

为形成送审稿第四次修改全文。2022 年 10 月 5 日起历时一个月，经第四次修改后，最终形成送审稿。11 月 7 日，王果行长在省行听取我的汇报，并委托办公室陈建明和宣传部陈秀代审书稿。

在代审及送编期间再两次修改全稿。2022 年 11 月 8 日至 24 日，第五次修改全书内容并整理上书的历史照片；11 月 26 日至 12 月 11 日第六次修改全书，形成送编稿，比第五稿又精简了 3 万多字，其间还到省档案馆查史补充，增写四川中行红色金融史及抗战汇款史。

第七次修改全书形成最终送编稿。2022 年 12 月 12 日，我与王福希一道去四川人民出版社照排部交第六稿书稿并对接出书立项事宜；13 日，出版社王定宇编辑告知我，"经初步排版，你的正文加照片总页码已超合同规定的页码数，需要我再压缩文字 30 页左右"，下午我已有新冠"中招"感觉；14 日上午，开始第七次修改全书，并压缩了 6 页文字，下午发低烧；15 日，烧退却浑身酸痛，勉强改短文稿 4 页；16、17 日，无法工作；18 日，再改短文稿 2 页；19 日，照顾 87 岁"阳了"的老母亲；至 22 日，历经 10 天，第七稿总共改短 24 页；23 日，改写 8 页插图文字说明，并将第七次修改的最终送编稿发往出版社王定宇编辑。这时，第二本四川中行史书总算真正封稿，我难免百感交集，遂吟诗一首，以告慰心迹，真所谓：横跨五省寻踪迹，纵览史山苦登攀。繁冗陈文乱如麻，条分缕析凝心酸。六十万字三载乘，千日逾越克难关。终成卷稿今付梓，留下功德慰辛艰。

三、对多方助力撰史深表谢忱

成就一件事情的力量和资源，无外乎高人指点、贵人相助、同事支持、个人努力。为此，要特别感谢那些在我们"发心"与"愿力"撰写行史过程中给予过我们关心、支持与帮助的人们。

真诚地感谢省行前后任主要领导王果行长、郑国雨原行长、葛春尧原行长、白树屏老行长对行史撰写工作的指导、关心和帮助；真诚地感谢省行班子其他各位领导对行史撰写工作的指导、关心和帮助；真诚地感谢原省行纪委张立波书记数年来对行史撰写工作的指导、关心和帮助。

真诚地感谢总行研究院宗良首席研究员、孙雨心高级研究员、王超老师对行史阶段性初稿所提出的指导和建议；真诚地感谢中行甘肃省分行党务部的行史专家李贵义老师对我每轮阶段性初稿的评阅及建议；真诚地感谢中行重庆市分行党务部叶新华高级经理对我们到重庆查史的帮助及对阶段性初稿的建议；真诚地感谢重庆分行党务部对四川中行抗战时期有关机构始末史料的协助调查。

真诚地感谢原省行党务部龙兵、李俊民部长，省行办公室陈建明副主任、党务部李凌清副部长、陈秀高级经理，以及陈思国主任，邓岳、幸娟等同事对行史撰写工作的关心和帮助；真诚地感谢省行办公室、财会部、人力部为编写行史所做的各种保障工作；真诚地感谢我的搭档王福希同事所做的努力付出。

真诚地感谢乐山、五通桥、夹江、绵阳、三台、凉山、会理、内江、自贡、泸州、雅安、广元等分支行等为我们调研所提供的支持与帮助；同时感谢绵阳分行王小涛、乐山分行杨锐对我们梳理抗战票据史的帮助。

真诚地感谢四川大学蒋和胜教授、肖进教授，四川师大严澍副教授，西华大学安勇教授、刘俊副教授，成都市图书馆肖娇娇博士，重庆市档案馆及图书馆相关人员，给予我们行史调研的支持与帮助；真诚地感谢复旦大学历史系吴景平教授对有关民国金融史问题咨询所给予的中肯解答。

最后，真诚地感谢四川人民出版社编辑王定宇老师，为本书顺利出版所给予的支持、建议与辛勤的付出！

倪宏伟

于 2022 年 12 月 26 日

一、专著

1. 卜明主编. 中国银行行史（1912—1949）［M］. 北京：中国金融出版社，1995.

2. 中国银行总行，中国第二历史档案馆. 中国银行行史资料汇编（1912—1949）［M］. 南京：档案出版社，1991.

3. 四川中行百年行史编撰委员会. 中国银行四川分行公司文化简史（1915—1949）［M］. 成都：四川人民出版社，2019.

4. 姚崧龄. 张公权先生年谱初稿［M］. 北京：社会科学文献出版社，2014.

5. 黄鉴晖. 中国银行业史［M］. 太原：山西经济出版社，1994.

6. 孔祥贤. 大清银行行史［M］. 南京：南京大学出版社，1991.

7. 刘平. 稀见民国银行史料［M］. 上海：上海书店出版社，2014.

8. 肖波，马宣伟. 四川军阀混战（1917—1926）［M］. 成都：四川省社会科学院出版社，1986.

9. 肖波，马宣伟. 四川军阀混战（1927—1934）［M］. 成都：四川省社会科学院出版社，1984.

10. 四川省文献研究馆. 四川军阀史料（第五辑）［M］. 成都：四川人民出版社，1988.

11. 吴晋航，邓汉祥，何北衡. 四川军阀的防区制派系和长期混战，四川文史资料集粹［M］. 四川省政协文史资料委员会. 成都：四川人民出版社，1996.

12. 陈书农. 四川防区制的后果，四川文史资料集粹［M］. 四川省政协文史资料委员会. 成都：四川人民出版社，1996.

13. 王成斌主编. 民国高级将领列传（第一至第七集）[M]. 北京：解放军出版社，1993.

14. 谢本书，冯祖贻. 西南军阀史 [M]. 贵阳：贵州人民出版社，1991.

15. 刘志英，张朝晖等. 抗战大后方金融研究 [M]. 重庆：重庆出版社，2014.

16. 中国人民政治协商会议西南地区文史资料协作会议编. 抗战时期西南的金融 [M]. 重庆：西南师范大学出版社，1994.

17. 四川省人民政府参事室，四川省文史研究室. 抗日战争时期四川大事记 [M]. 北京：华夏出版社，1987.

18. 倪宏伟. 企业文化管理逻辑——基于企业领导人文化管理力视角 [M]. 北京：中国经济科学出版社，2010.

19. 倪宏伟. 职场经济学——释然职业生涯的经济理性 [M]. 北京：机械工业出版社，2016.

20. 四川省地方志编纂委员会. 四川省志·金融志 [M]. 成都：四川辞书出版社，1996.

21. 成都市地方志编纂委员会. 成都市志·金融志 [M]. 成都：四川辞书出版社，2000.

22. 成都市银行业志编纂委员会. 成都市银行业志 [M]. 成都：四川大学出版社，2009.

23. 重庆金融编委会. 重庆金融 [M]. 重庆：重庆出版社，1991.

24. 万县地区金融志编纂领导小组. 万县地区金融志 [M]. 成都：四川人民出版社，1992.

25. 四川省内江市东兴区志编纂委员会. 内江县志 [M]. 成都：巴蜀书社，1994.

26. 自贡市地方志编纂委员会. 自贡市志 [M]. 北京：方志出版社，1997.

27. 会理地方志编纂委员会. 会理县志 [M]. 成都：四川辞书出版社，1994.

28. 四川省资中县志编纂委员会. 资中县志 [M]. 成都：巴蜀书社，1997.

29. 乐山金融志编撰委员会. 乐山金融志 [M]. 成都：巴蜀书社，1999.

30. 乐山地方志编撰委员会. 乐山市志 [M]. 成都：巴蜀书社，2001.

31. 五通桥区志委员会. 五通桥区志 [M]. 成都：巴蜀书社，1992.

32. 夹江县编史修志委员会. 夹江县志 [M]. 成都：四川人民出版社，1989.

33. 四川省三台县志编纂委员会. 三台县志 [M]. 成都：四川人民出版社，1992.

34. 四川省《新津县志》编纂组. 新津县金融志 [M]（内部发行），1983.

35. 四川省人民政府参事室，四川省文史研究室. 抗日战争时期四川大事记 [M]. 北京：华夏出版社，1987.

二、期刊

1. 中国银行总管理处经济研究室. 中行月刊 [J]. 1930 年 7 月创刊.

2. 中国银行总管理处. 中行生活 [J]. 1932 年 7 月创刊.

3. 中国银行总管理处. 中行农讯 [J]. 1941 年 7 月 25 日创刊.

4.　重庆中国银行. 四川月报〔J〕. 1932 年 7 月创刊.

5.　重庆中国银行. 川边季刊〔J〕. 1935 年 3 月创刊.

6.　重庆中国银行农贷股. 农放月报〔J〕. 1939 年 1 月创刊.

7.　重庆中国银行. 渝行通讯〔J〕. 1948 年 1 月创刊.

8.　四川地方银行经济调查部. 四川经济月刊〔J〕. 1934 年创刊.

9.　神田正雄. 民国以后之四川〔J〕. 新四川月报. 第 1 期. 1937 年 6 月.

10.　周宜甫先生主持四川中国银行廿年来之经过〔J〕. 四川月报. 第 7 卷第 6 期. 1935 年 12 月.

11.　马学斌. 百年智库溯源——中国银行早期的经济研究工作〔J〕. 国际金融. 2016 年第 2 期.

12.　马学斌. "团体精神"的载体——历史上的《中行月刊》〔J〕. 国际金融. 2015 年第 7 期.

13.　马学斌. "家庭通信机关"——历史上的《中行生活》〔J〕. 国际金融. 2015 年第 11 期.

14.　马学斌. 论《中国银行通信录》兼谈企业报刊作用——纪念中国银行创办报刊 100 周年〔J〕. 国际金融. 2015 年第 1 期.

15.　马学斌. 中国银行历史上创办报刊一瞥——农贷业务报刊和分支机构报刊〔J〕. 国际金融. 2016 年第 9 期.

16.　蒋宣相. 一位德高望重和博学多才的银行经理〔J〕. 重庆地方志. 1990 年第 5 期。

17.　王光. 四川军阀防区制形成原因初探〔J〕. 天府新论. 1999 年第 2 期.

18.　王友平. 四川军阀割据中防区制的特点〔J〕. 天府新论. 1999 年第 2 期.

19.　徐涛. 略论孙中山支持发动倒熊之战的原因〔J〕. 兰台世界. 2012 年第 2 期.

20.　田青青. 1935～1937 年中央银行重庆分行与四川省的币制改革〔J〕, 重庆交通大学学报 (社会科学版). 第 18 卷第 6 期. 2018 年 12 月.

21.　石涛. 民国时期商业银行农贷业务述评——以中国银行为中心的考察〔J〕, 历史教学. 2013 年 8 月.

22.　重庆市人民银行金融研究所《重庆金融志》编写组. 重庆金融志党史资料专辑〔J〕. 1986 年.

23.　董夏民. 风雨《挺进报》〔J〕. 中国人才. 1998 年 2，3，4 期.

24.　宋禾. 我参与办《挺进报》的一段经历〔J〕. 红岩春秋. 2007 年第 3 期.

25.　赵柏田. 入川记——张嘉璈 1934 年的四川之行〔J〕. 四川文学. 2020 年第 11 期.

三、电子文献

1.　全国报刊索引《中国银行业务会计通信录》

http://www.cnbksy.com/search?author=&searchContent=%E4%B8%AD%E5%9B%BD% E9%93%B6%E8%A1%8C%E4%B8%9A%E5%8A%A1%E4%BC%9A%E8%AE%A1%E9%

80％9A％E4％BF％A1％E5％BD％95&categories＝1％2C2％2C3％2C4％2C6&types＝1％2C2％2C3

2. 全国报刊索引《中国银行通信录》

http：//www. cnbksy. com/search?author＝&searchContent＝％E4％B8％AD％E5％9B％BD％E9％93％B6％E8％A1％8C％E9％80％9A％E4％BF％A1％E5％BD％95&categories＝1％2C2％2C3％2C4％2C6&types＝1％2C2％2C3

3. 全国报刊索引网《中行月刊》

http：//www. cnbksy. com/search?author＝&searchContent＝％E4％B8％AD％E8％A1％8C％E5％86％9C％E8％AE％AF&categories＝1％2C2％2C3％2C4％2C6&types＝1％2C2％2C3

4. 全国报刊索引《中行生活》

http：//www. cnbksy. com/search?author＝&searchContent＝中行生活&categories＝1％2C2％2C3％2C.

5. 全国报刊索引《四川经济月刊》1934—1940

http：//www. cnbksy. com/search?author＝&searchContent＝％E5％9B％9B％E5％B7％9D％E7％BB％8F％E6％B5％8E％E6％9C％88％E5％88％8A&categories＝1％2C2％2C3％2C4％2C6&types＝1％2C2％2C3

6. 全国报刊索引《四川月刊》

http：//www. cnbksy. com/search?author＝&searchContent＝％E5％9B％9B％E5％B7％9D％E6％9C％88％E6％8A％A5&categories＝1％2C2％2C3％2C4％2C6&types＝1％2C2％2C3

7. 全国报刊索引《农放月报》

http：//www. cnbksy. com/search?author＝&searchContent＝％E6％B8％9D％E8％A1％8C％E5％86％9C％E6％94％BE&categories＝1％2C2％2C3％2C4％2C6&types＝1％2C2％2C3

8. 全国报刊索引网《渝行通讯》

http：//www. cnbksy. com/search?author＝&searchContent＝％E5％9B％9B％E5％B7％9D％E7％BB％8F％E6％B5％8E％E6％9C％88％E5％88％8A&categories＝1％2C2％2C3％2C4％2C6&types＝1％2C2％2C3

9. 张嘉璈锐意改革，中国银行走向国际化［EB/OL］. 来源：凤凰卫视官网. http：//phtv. if-eng. com/a/20160309/41560778 _ 0. shtml.

10. 李祥国. 从前辈风采看别样中行人青春［EB/OL］. 来源：中国银行. https：//www. so-hu. com/a/395235634 _ 652676.

11. "当此国难期间，人人当具为国牺牲精神"——那些你不知道的中行抗战故事［EB/OL］. 来源：中国银行. http：//www. sohu. com/a/164837151 _ 556378.

12. 李贵义. 张艺谋冬奥演绎的"二十四节气"，源于这位银行农贷专家的苦心推广［EB/OL］，来源：上海市银行博物馆. https：//www. 163. com/dy/article/H4DVQ0UM0519O1MP. ht-ml.

13. 杨立平. 拥有两个祖国的美国传教士：毕启与华西协合大学［EB/OL］. 来源：Gale 数字档案及电子参考资源出版经理，原文发表于 Gale Review Blog. https://zhuanlan.zhihu.com/p/359865187.

14. 杨光曦. 华西协合大学首位华籍校长张凌高一家在华西坝的往事［EB/OL］. 来源：四川省情网. http://scdfz.sc.gov.cn/whzh/bsjy/content_44543.

15. 孙雨心，叶新华. 窗含千秋：新华路 41 号与中国银行的抗战岁月［EB/OL］，来源：上游新闻·老重庆. https://baijiahao.baidu.com/s?id=1697542834496639592&wfr=spider&for=pc.

16. 彭文伶. 近代巴蜀文人周询及其诗歌研究［EB/OL］. 重庆工商大学硕士学位论文，2016 年 6 月. https://xuewen.cnki.net/CMFD-1018219264.nh.html.

17. 北京联合大学李安平. 抗战时期四川内江农贷个案研究［EB/OL］. 原载：黄宗智主编：《中国乡村研究》（第八辑）. 福州：福建教育出版社，2010 年 4 月第一版，第 196-241 页. https://www.lishiyushehui.cn/article/item/366.

18. 何忠洲，刘震. 上世纪的中国"尤努斯"们［EB/OL］. 来源：参考网. https://www.fx361.com/page/2008/0329/4446225.shtml.

19. 普惠金融——80 多年前中国银行在河南开封的创新实践. 中国金融信息网，https://www.cnfin.com/bank-xh08/a/20180404/1755203.shtml.

20. 田茂德等. 辛亥革命至抗战前夕四川金融大事记（初稿）［EB/OL］. 原载于《西南金融》. https://wenku.baidu.com/view/52aaa31da11614791711cc7931b765ce05087af2.html?_wkts_=1682129736171&bdQuery=田茂德等.辛亥革命至抗战前夕四川金融大事记%28初稿%29.

21. 田茂德等. 抗日战争时期四川金融大事记（初稿）［EB/OL］. 原载于《西南金融》. https://wenku.baidu.com/view/1e17cec10608763231126edb6f1aff00bed570fe.html?_wkts_=1682129844936&bdQuery=%E7%94%B0%E8%8C%82%E5%BE%B7%E7%AD%89.%E6%8A%97%E6%97%A5%E6%88%98%E4%BA%89%E6%97%B6%E6%9C%9F%E5%9B%9B%E5%B7%9D%E9%87%91%E8%9E%8D%E5%A4%A7%E4%BA%8B%E8%AE%B0%28%E5%88%9D%E7%A8%BF%29.

22. 王安乔. 内江农贷与抗战. 来源：甜城旧事_内江论坛_内江在线；原载于《和谐》丛书总第 42 辑，2014 年 12 月. 政协武汉市委员会办公厅主办. http://www.0832nj.com/forum/thread-8529621-1-1.html.

23. 川军简史［EB/OL］，品略图书馆. http://www.pinlue.com/article/2018/09/1515/027191614525.html.

24. 刘平. 沉浸在"川普"的语境中——张嘉璈 1934 年四川之行的三种叙事［EB/OL］. http://www.360doc.com/content/17/0310/16/8102575_635589541.shtml.

25. 徐亚玲. 张嘉璈经济管理思想［EB/OL］. 南京大学，1997 级中国近代史专业硕士学位论文. 来源：https://www.docin.com/p-1531710914.html.

26. 苏全有. 汤池训练班与中国共产党［EB/OL］. 来源：湖北党史＞党史研究. http://www.hbdsw.org.cn/dsyj/201801/t20180110＿131067＿mob.shtml.

四、其他

1. 南京国家第二历史档案馆中国银行案卷号"807（1）"项下相关史料.

2. 重庆市档案馆民国时期重庆中行全宗号"02870"卷下相关史料.

3. 四川省档案馆民国成都中国银行档案"民068—"项下相关史料.

4. 湖北省档案馆民国时期中国银行档案项下相关史料.

5. 四川省三台县档案馆民国时期《三台县志》及潼川中国银行相关档案.

6. 四川省三台县档案馆《人民银行大事记（1912—1990）》.

7. 四川省泸州市档案馆民国时期中国银行泸县办事处全宗档案介绍.

8. 四川省自贡市档案馆民国时期自流井中国银行相关档案.

9. 四川省内江市档案馆民国时期内江中行相关档案.

10. 中国银行重庆市分行内部编写的《重庆中国银行史料》.